MGGprisma

Streichinstrumente

MGGprisma

Streichinstrumente

Die Mitarbeiter

Marianne Bröcker	Johannes Löscher
Thomas Drescher	Ulrich Mazurowicz
Bram Gätjen	Annette Otterstedt
Jörg Jewanski	Alfred Planyavsky
Kai Köpp	Marianne Rônez
Heinz von Loesch	Wolfgang Sawodny

MGGprisma

Streich-
instrumente

Herausgegeben

von Christiana Nobach

Mit 37 Abbildungen

Bärenreiter Kassel
Basel London New York Prag
Metzler Stuttgart Weimar

Die Deutsche Bibliothek –
CIP-Einheitsaufnahme
Streichinstrumente / hrsg. von Christiana
Nobach. - Kassel ; Basel ; London ;
New York ; Prag : Bärenreiter ; Stuttgart ;
Weimar : Metzler, 2002
  (MGG Prisma)
  ISBN 3-7618-1628-6 (Bärenreiter)
  ISBN 3-476-41043-9 (Metzler)

Gemeinschaftsausgabe der Verlage
Bärenreiter,
Kassel · Basel · London · New York · Prag
und J. B. Metzler, Stuttgart · Weimar

ISBN 3-7618-1628-6 (Bärenreiter)
ISBN 3-476-41043-9 (Metzler)

Dieses Werk einschließlich aller seiner Teile
ist urheberrechtlich geschützt. Jede Verwertung außerhalb der engen Grenzen des
Urheberrechtsgesetzes ist ohne Zustimmung der Verlage unzulässig und strafbar.
Das gilt insbesondere für Vervielfältigungen, Übersetzungen, Mikroverfilmungen
und die Einspeicherung und Verarbeitung
in elektronischen Systemen.

© 2002 Bärenreiter-Verlag
Karl Vötterle GmbH & Co. KG und
J. B. Metzlersche Verlagsbuchhandlung
und Carl Ernst Poeschel Verlag GmbH
in Stuttgart.

Gedruckt auf chlorfrei gebleichtem, säurefreiem und alterungsbeständigem Papier.

Typographie und Ausstattung:
Brigitte und Hans Peter Willberg

Satz: Dörr und Schiller GmbH, Stuttgart
Druck und Bindung:
Franz Spiegel Buch GmbH, Ulm
April 2002
Printed in Germany

Inhaltsverzeichnis

Vorwort 14

Einleitung 15

Streichinstrumentenbau 20

A. Die Violinfamilie 21
I. Thematische Eingrenzung 21
II. Die Frühgeschichte bis ca. 1550: Rebec, Fidel, Lira 22
III. Entwurf und Bau 24
　1. Proportionen, Maße, Modelle 24
　2. Materialien 25
　3. Zargenkranz 26
　4. Boden und Decke 27
　5. Hals, Wirbelkasten, Schnecke 30
　6. Steg, Griffbrett, Saitenhalter, Wirbel 31
　7. Lack 31
　8. Verbesserungsversuche, Sonderentwicklungen 32
　9. Manufaktur-Arbeiten und industrielle Fertigung 34
IV. Historische Bauweisen 34
　1. ›Archaische‹ Bautechniken 34
　2. Die Cremoneser Bauweise 36
　3. Änderungen um 1800 37
V. Reparaturen 38
VI. Bogenbau 40
　1. Material 40
　2. Bogenstange und Spitze bis ca. 1750 41
　3. Froschkonstruktionen bis ca. 1780 41

  4. Der moderne Bogen:
   Die Modelle nach Cramer und Tourte 42
 VII. Saiten 43
 VIII. Herstellerkennzeichnungen 45
 IX. Handel und Expertise 45

B. Die Familie der Viole da gamba 46
 I. Die Formen 46
 II. Bautechniken 47
  1. Prinzipien des Lautenbaues 47
  2. Prinzipien des Geigenbaues 48
 III. Der Korpus (Boden und Zargenkranz) 48
  1. Konstruktion 48
  2. Materialien 49
 IV. Die Decke 50
  1. Konstruktion 50
  2. Materialien 52
 V. Halskonstruktionen 52
 VI. Äußere Teile 53
  1. Griffbrett 53
  2. Steg 54
  3. Saitenhalter 56
  4. Materialien 56
 VII. Die Innenkonstruktion 57
  1. Versteifungen 57
  2. Baßbalken 57
  3. Stimmbrett und Stimmstock 58
  4. Unterklotz 59
 VIII. Ornamente 59
 IX. Historisierender Gambenbau seit dem späten 19. Jahrhundert 60

C. Geschichte des Streichinstrumentenbaus 62
I. Überblick 62
II. Streichinstrumentenbau bis ca. 1800 63
1. Italien 63
2. Frankreich 65
3. Deutschsprachige Länder 66
   a. Süddeutschland, Tirol, Österreich, Böhmen 67
   b. Mitteldeutschland und Nordwestböhmen 69
   c. Norddeutschland 70
4. Polen 70
5. England 70
6. Gebiet der Benelux-Länder 71
7. Dänemark und Skandinavien 72
8. Iberische Halbinsel 73
III. 19. und 20. Jahrhundert 73
1. Italien 73
2. Frankreich 74
3. Deutschland 75
   a. Markneukirchen und Klingenthal 75
   b. Schönbach/Luby 76
   c. Bubenreuth 76
   d. Mittenwald 76
   e. Städte 77
4. Österreich 78
5. Tschechien 78
6. Ungarn, Südosteuropa 79
7. Polen 79
8. Sowjetunion/Rußland, Baltische Staaten 79
9. Britische Inseln 80
10. Benelux-Länder 81
11. Schweiz 82
12. USA 82
13. Lateinamerika 83
14. Australien, Neuseeland 83

15. China 83
16. Japan 84

Viola 91

A. *Geschichte* 91
  I. Etymologie und Bedeutungswandel 91
  II. Geschichte 93
  III. Sonderformen innerhalb der Violinfamilie 99
  IV. Reformversuche im 19. und 20. Jahrhundert 100

B. *Violamusik* 102
  I. 17. Jahrhundert 102
  II. 18. Jahrhundert bis 1770 103
  III. 1770 bis 1850 105
  IV. 1850 bis 1918 109
  V. Ab 1919 111

Viola d'amore 116

A. *Geschichte* 116
  I. Zur Terminologie bis ca. 1740 116
    1. Viola d'amore 116
    2. Englisches Violet 118
  II. Zur Terminologie bis ca. 1810 120
  III. Zur Organologie 121
    1. Instrumente ohne Resonanzsaiten 122
    2. Instrumente mit Resonanzsaiten 123

B. *Repertoire und Aufführungspraxis* 125
  I. Das Repertoire bis ca. 1740 127
  II. Das Repertoire bis ca. 1810 128
  III. Die Viola d'amore im 19. und 20. Jahrhundert 128

Viola da gamba 132

- A. *Geschichte* 132
  - I. Allgemeines 132
  - II. Terminus 132
  - III. Geschichte und Repertoire 133
    1. Die Anfänge 133
    2. Das 16. Jahrhundert 134
       - a. Italien 134
       - b. Deutschland 135
       - c. Frankreich 136
    3. Das 17. Jahrhundert 136
       - a. Italien 136
       - b. England 137
       - c. Frankreich 138
       - d. Deutschland und die Niederlande 139
    4. Das 18. Jahrhundert 140
       - a. Frankreich 140
       - b. Das restliche Europa 141
    5. Das 19. und 20. Jahrhundert 142

- B. *Instrumente* 143
  - I. Allgemeines 143
  - II. Der Bogen 143
  - III. Spezielle Typen 145
    1. Viola bastarda und Division viol 145
    2. Lyra viol, Baryton und andere Gamben mit Resonanzsaiten 147
    3. Siebensaitige Gambe 150
    4. Alt-/Tenorgambe 150
    5. Dessus und pardessus de viole und Quinton 152
  - IV. Stimmungen 152

C. Lehrwerke und Spieltechnik 153
I. Allgemeines 153
II. Einzelne Regionen 153
 1. Deutschland und Frankreich im 16. Jahrhundert 153
 2. Italien 156
 3. England im 17. Jahrhundert 157
 4. Frankreich im 17. und 18. Jahrhundert 158
III. Wiederbelebung im 20. Jahrhundert 159

Violine 166

A. Verwendung, bauliche Merkmale, Geschichte 166
I. Generelles 166
 1. Verwendung 166
 2. Name 167
 3. Stimmung und Griffweise 168
II. Bauliche Einrichtung 169
 1. Bestandteile und Aussehen 169
 2. Baugrößen 170
 3. Bauliche Veränderungen 172
  a. Hals und Griffbrett 172
  b. Baßbalken 174
  c. Steg 175
  d. Stimmstock 176
 4. Haltungshilfen 177
III. Geschichte 177
 1. Italien 177
 2. Länder nördlich der Alpen 179
 3. Soziale Aspekte 181
IV. Verwandte Instrumente 183
 1. Violino piccolo 183
 2. Pochette / Taschengeige / Tanzmeistergeige (engl. kit) 185
 3. Sonderformen 187

B. Akustik der Violine 187
I. Geschichte 187
II. Akustische Grundlagen des Violinklanges 188
1. Einführung 188
2. Der Anstreichvorgang 188
3. Schwingungsübertragung Saite/Korpus 190
4. Die Schallabstrahlung 193

C. Violinspiel 194
I. Geschichtlicher Überblick 194
II. Technik 207
1. Haltung 207
2. Bogen 209
3. Technik der rechten Hand 211
   a. Bogenführung allgemein, Tongestaltung 211
   b. Strichregeln 213
   c. Stricharten 214
   d. Mehrgriffiges Spiel 217
   e. Pizzicato, col legno, sul ponticello, sulla tastiera, Dämpfer 219
4. Technik der linken Hand 220
   a. Stimmung – Besaitung – Intonation 220
   b. Fingersätze: Allgemeines, Übergreifen, Streckung, Doppelgriffe 221
   c. Lagenspiel 222
   d. Mehrgriffiges Spiel 226
   e. Vibrato 228
   f. Flageolett 230
5. Avantgardistische Effekte 231

D. Violinmusik 232
I. Formen und Gattungen 232
II. 17. und 18. Jahrhundert 233
1. Italien 233
2. Deutschland 239
3. England 244
4. Frankreich 245
5. Die Wiener Klassiker 248
III. 19. Jahrhundert 253
1. Das Konzert 253
2. Die Sonate 258
3. Freie und kleinere Formen 261
IV. 20. Jahrhundert 262

Violoncello 287

A. *Geschichte* 287
I. Allgemeines 287
1. Nomenklatur 287
2. Besaitung und Stimmung 288
3. Geschichte 289
4. Haltungshilfen 291
II. Violoncello piccolo 292
III. Guitare-Violoncell/Arpeggione 293

B. *Violoncellospiel* 294

C. *Violoncellomusik* 299
I. Das Cello als Soloinstrument 299
II. Das Cello im Ensemble 305

Violone 310

I. Probleme der Terminologie 310
II. Instrumententypen und Überlieferung 311
III. Geschichte 313
   1. Italien 313
   2. Frankreich, England, Niederlande 316
   3. Der deutschsprachige Raum 317

Kontrabaß 322

I. Einleitung 322
II. Die Frühgeschichte in Quellen des 16. Jahrhunderts 323
III. 17. Jahrhundert 324
   1. Quellen und Instrumente 324
   2. Die Musikpraxis 326
IV. Die Entwicklung im 18. Jahrhundert 329
   1. Violone und Violoncello 329
   2. Spieltechnische Anforderungen 330
   3. Kammermusik und Solospiel 332
V. 19. Jahrhundert 334
   1. Modifizierte Stimmungen 334
   2. Der dreisaitige Kontrabaß 334
   3. Unterrichtswerke und der viersaitige Kontrabaß 336
VI. 20. Jahrhundert 337
   1. Interpreten und Komponisten 337
   2. Der Kontrabaß im Jazz 339

Abkürzungen 344

Vorwort

Der vorliegende Band bietet eine Zusammenstellung von Artikeln aus mehreren Sachteilbänden der neuen MGG und bezieht sich in seiner Auswahl der behandelten Streichinstrumente hauptsächlich auf diejenigen aus dem mitteleuropäische Bereich, die in den letzten Jahrhunderten und auch heute noch im Kultur- und Konzertbetrieb von Bedeutung waren und sind. Der *Violone* wurde insofern mit einbezogen, als es sich hier um einen Vorläufer des Kontrabasses handelt und es zu dieser Vorläuferfunktion divergierende und noch nicht endgültig geklärte Auffassungen gibt, die hier in den Artikeln *Violone* und *Kontrabaß* bewußt nebeneinander gestellt sind. Auch über den frühen Einsatz von *Viola* und *Violine*, die beide von dem italienischen Begriff *Viola da braccio* abzuleiten sind, gibt es angesichts der Mehrdeutigkeit der mittelalterlichen Instrumentenbezeichnungen unterschiedliche Sichtweisen, die hier auf dem neuesten Forschungsstand diskutiert werden. Die Entwicklung der Familie der *Viola da gamba* vollzog sich parallel zu der der Violinfamilie bis ins spätere 17. Jahrhundert hinein und erfuhr im 20. Jahrhundert im Rahmen historischer Aufführungspraktiken eine deutliche Wiederbelebung. Ähnliches läßt sich hier – in bescheidenerem Umfang – von der *Viola amore* sagen. Andere Vorläufer heute noch gespielter Instrumente – wie etwa die *Fidel* und das alte Diskantstreichinstrument *Rebec* bei der Violine – werden dagegen im Rahmen der umfassenden historischen Kapitel der jeweiligen Artikel abgehandelt, und Hinweise auf verwandte ethnologische Streichinstrumente finden sich in der Begriffsbestimmung und Einordnung des einleitenden Kapitels. Ein umfassender Artikel zum Thema *Streichinstrumentenbau* geht in großer Ausführlichkeit auf historische wie zeitgenössische technische und bauliche Details zu allen hier abgehandelten Instrumenten ein und kann das durch anschauliche Bebilderungen verdeutlichen. Die Artikel zu den einzelnen Streichinstrumenten gliedern sich jeweils in Kapitel zur Geschichte, zur Technik und zum Repertoire, wobei der Violine der größte Umfang eingeräumt wurde, da hier übergreifend auch auf akkustische Phänomene und Spieltechniken (ergänzt durch zahlreiche Notenbeispiele) eingegangen wurde.

Der Prismaband ist gegenüber der neuen MGG durch aktuellste Literatur und Datenauswertungen ergänzt worden.

Ich danke allen Autoren herzlich für ihre Ergänzungen und Korrekturen.

Kassel, im November 2001
Christiana Nobach

Einleitung

Als Streichinstrumente (engl. *bowed instruments*, frz. *instruments à archet*, ital. *strumenti ad arco*, span. *instrumentos de arco*) bezeichnet man Chordophone, deren Saiten durch Anstreichen mit einem Reibstab, einem Band, einem Rad oder einem mit Haaren bespannten Bogen zum Erklingen gebracht werden.

Das Anstreichen von Saiten ist eine im Verhältnis zu anderen Arten der Klangerzeugung auf Chordophonen relativ junge Entwicklung, obwohl im 17. und 18. Jh., einer Zeit, in der die Violine eine hohe Wertschätzung genoß, immer wieder versucht wurde, den Ursprung der Streichinstrumente weit in die Geschichte zurückzuverlegen. Man war der Ansicht, daß bereits die Hebräer in biblischer Zeit gestrichene Chordophone benutzten, aber vor allem die griechische Antike konnte man sich nicht ohne Streichinstrumente vorstellen (plektron/pekten wurde mit »Bogen« übersetzt): »*Die Violin ist von Orpheus, dem Sohn des Apollo erfunden worden; und die Dichterinn Sapho hat den mit Pferdehaaren bespannten Bogen erdacht, und war die erste, welche nach heutiger Art gegeigt hat*« (L. Mozart, *Versuch einer gründlichen Violinschule*, Agb. 1756, S. 19).

Im 19. Jh. sah man im Zuge der Evolutionstheorie die Ahnen unserer heutigen Streichinstrumente in sehr einfachen Instrumenten Außereuropas, entweder in Südostasien, in Indien oder in Skandinavien. Man nahm einerseits an, die seit dem 11. Jh. nachweisbare gestrichene Griffbrettleier (Rotta) habe später die Jocharme verloren und sei so entwicklungsgeschichtlich der Vorfahr unserer heutigen Streichinstrumente. Die indische Theorie geht auf Fr.-J. Fétis zurück (*Antoine Stradivari*, P. 1856), der das zweisaitige indische Ravanastron (ravanahasta) als Urahn anführte, von dem er annahm, es sei in vorgeschichtlicher Zeit entstanden und immer mit einem Bogen angestrichen worden. Diese Theorie fand zahlreiche Anhänger, ihr wurde aber auch schon von Rühlmann widersprochen: »*Einmal steht dieser Annahme entgegen, dass diese von ihm beschriebenen angeblich indischen Bogeninstrumente weder nachweislich alte, ursprüngliche sind, noch daß sie primitiv, also roh in der Construction sind*« (J. von Rühlmann 1882, Bd. 1, S. 11f.). Inzwischen gelten diese Theorien als überholt, denn nach dem bisher bekannten Quellenbestand haben Streichinstrumente weder ein so hohes Alter, noch sind sie auf eines der früher diskutierten Instrumente zurückzuführen. Tatsächlich lassen sie sich nicht vor dem 10. Jh. nachweisen und entstanden, wie Werner Bachmann überzeugend dargestellt hat, offensichtlich in Mittelasien: »*Der Ausgangspunkt für die Entwicklung des Streichinstrumentenspiels ist* […] *in Ḫwarizm, im sogdischen Transoxanien und Ḫorāsān zu suchen*« (1966, S. 163).

Das Streichinstrumentenspiel verbreitete sich schnell im arabisch-islamischen und zeitgleich im byzantinischen Reich, aus dem zahlreiche frühe Darstellungen überliefert sind (vgl. ebd., S. 46ff.). Die ersten Erwähnungen eines mit einem Bogen angestrichenen Instruments finden sich bei den aus Mittelasien stammenden Gelehrten Abū Naṣr al-Fārābī (um 870-950), der von Saiteninstrumenten berichtet, »que l'on frotte au moyen d'autres cordes ou de quelque chose de similaire« (Übs. nach R. D'Erlanger, La Musique arabe, Bd. 1, P. 1930, S. 166), und bei Ibn Sīnā (um 980-1037), der Instrumente erwähnt, deren Saiten man nicht zupft, sondern »on traîne sur elles [un archet], tel est le cas du rebab« (ebd., Bd. 2, P. 1935, S. 234). In diesen Texten sind eindeutig Streichinstrumente gemeint, denn beide Autoren benutzen das Verb garra, das mit »schleifen« oder »über etwas hinwegstreichen« zu übersetzen ist. Die Existenz des Streichinstrumentenspiels läßt sich in Indien erst im 12. Jh. und in Ostasien im 13. Jh. eindeutig nachweisen, so das chinesische huqin (Yuan-Dynastie 1271-1368) und das mongolische chuur. In Europa begann es sich Anfang des 11. Jh., über das arabische Spanien und Byzanz kommend, zu verbreiten und entwickelte hier sehr schnell eine große Vielzahl an regional unterschiedlichen Streichinstrumenten.

Auffallend ist, daß Streichinstrumente in vielen Gebieten Europas und Außereuropas zunächst vor allem in der Volksmusik eine große Bedeutung hatten und erst später auch Instrumente der Kunstmusik wurden. Das bedeutet, daß sich das Streichinstrumentenspiel nicht für die Belange der Kunstmusik, »sondern aus der Sphäre der Volksmusik heraus« entwickelte und »bald zum charakteristischen Ausdrucksfaktor breitester Kreise der Bevölkerung« wurde (W. Bachmann 1966, S. 68). In Europa verlief die Entwicklung in gewisser Weise gegenläufig, denn die Streichinstrumente wurden schnell auch zu den bevorzugten Musikinstrumenten der höfischen Gesellschaft und gehörten seit dem 13. Jh. selbst zur Kirchenmusik. Die außerordentliche Beliebtheit der Fidel läßt sich z. B. daran ablesen, daß sie in der gesamten Ritterdichtung des 11. bis 13. Jh. an erster Stelle steht.

Es ist davon auszugehen, daß der Ursprung der Streichinstrumente nicht in der ›Erfindung‹ eines neuen, eigens entwickelten Instrumentes zu sehen ist, sondern daß existierende Saiteninstrumente nicht mehr gezupft, sondern mit einem Reibstab oder Bogen angestrichen wurden. Es finden sich zahlreiche Hinweise auf ein solches Vorgehen, denn gewöhnlich änderte sich der Name eines Instrumentes nicht. In den europäischen Quellen des Mittelalters wie im außereuropäischen Bereich existierten Instrumente gleichen Namens, die gezupft oder gestrichen wurden (vgl. griech. Lyra, mittellat. lira). Häufig lassen die Quellen nicht erkennen, um welche Art der Klangerzeugung es sich bei dem erwähnten Instrument handelt, so daß viele Mißverständnisse in der Interpretation von Quellen entstehen mußten – und auch heute noch nicht zu vermeiden sind.

Ein anderer Aspekt der Streichinstrumentenentwicklung ist darin zu sehen, daß die meisten Saiteninstrumente mit Ausnahme der Harfe ohne Veränderung in Konstruktion und Form sowohl gezupft, geschlagen als auch angestrichen werden konnten. Als Streichinstrumente eingesetzt wurden und werden: Zithern, Jochleiern und alle Arten von Lauteninstrumenten, d. h. Spießlauten mit durch das Korpus gestecktem Spieß, der als Hals dient, sowie Halsinstrumente mit angesetztem Hals und Instrumente, deren Korpus und Hals aus einem Stück bestehen (Rebec). Das Korpus selbst besteht zumeist aus Holz und hat eine Fell- oder Holzdecke. Es kann röhrenförmig, bauchig oder mit Zargen versehen sein. Bei der Vielfalt der möglichen Formen von Streichinstrumenten kann das Spiel mit dem Bogen daher nicht allein als konstitutives Merkmal für die systematische Einteilung von Saiteninstrumenten benutzt werden.

Spielhaltung, Grifftechnik und Bogenführung von Streichinstrumenten sind abhängig von Konstruktion, Größe und Proportionen des Instruments: Bei Kasteninstrumenten liegt das Instrument auf einer Unterlage vor dem Spieler, bei Leiern ruht es auf den Oberschenkeln (Rotta). Im Falle von Chordophonen mit Hals wird das Instrument vertikal vor dem Körper gehalten und im Sitzen auf den Boden, auf den Knien oder den Oberschenkeln (Da-gamba-Haltung) aufgestützt oder an Brust/Schulter gelehnt (Da-braccio-Haltung). In den ost- und außereuropäischen Kulturen überwiegt bei den Halsinstrumenten eindeutig eine Da-gamba-Haltung, während sich in Westeuropa schon im Mittelalter die Schulter-Brust-Haltung als dominierend herausstellte, lediglich Instrumente mit eingezogenem Mittelteil (in Achterform) wurden häufiger in Kniehaltung gespielt.

Abhängig von der Spielhaltung eines Instrumentes ist auch die Grifftechnik. In westeuropäischen Ländern überwog bei Halsinstrumenten immer das Abgreifen der Saiten auf einem Hals oder einem Griffbrett, in anderen Regionen aber ist sehr häufig das Abgreifen der sehr hoch über dem Hals geführten Saiten mit den Fingerkuppen oder -nägeln (ohne Berührung des Halses) nachzuweisen. Auch die Bogenführung ist sehr unterschiedlich. Den Bildquellen zufolge kann ganz allgemein gesagt werden, daß der Bogen bei vertikal aufgestützten Instrumenten mit Untergriff, bei gegen Schulter oder Brust gelehnten Instrumenten mit Obergriff gehalten wurde.

Ein wesentlicher Aspekt für die Verwendung von Streichinstrumenten war in vielen Kulturen die Möglichkeit, mehrstimmig, d. h. bordunierend oder in Parallelen spielen zu können, wobei mehrere Saiten gleichzeitig angestrichen wurden (Drehleier, Fidel, Rebec, Rotta, mittelalterliche Viola, Lira). Auch bei den europäischen

Streichinstrumenten des Mittelalters wurde von dieser Möglichkeit ausgiebig Gebrauch gemacht, dafür sprechen die flachen Stege, die das gleichzeitige Spiel auf mehreren Saiten förderten und ein Spiel auf einer Saite nicht zuließen, sowie die Anbringung zusätzlicher Bordunsaiten. Die früher vertretene Ansicht (SachsH, S. 179; H.-H. Dräger 1937, S. 51), der eingezogene Mittelteil von Streichinstrumenten hätte der besseren Bogenführung gedient, hat sich als Irrtum herausgestellt. In der Mehrzahl der Abbildungen von Fideln in Achterform wird der Bogen gerade nicht an dieser Stelle aufgesetzt, und auch die frühe Achterform der Drehleier widerspricht dieser Ansicht. Erst seit dem 15. Jh. gab es Bestrebungen, auf einem mehrstimmig spielbaren Instrument nur jeweils eine Saite anzustreichen, und das hatte Auswirkungen auf die Entwicklung aller abendländischen Streichchordophone der Kunstmusik.

In Europa entwickelten sich aus den mittelalterlichen Streichinstrumenten vor allem zwei Instrumentenfamilien, die ganz bestimmte klangliche und ergologische Merkmale besitzen. Die Viola-da-gamba-Familie (Standardausstattung: sechs Saiten, Griffbrett mit Bünden, abfallende Schultern des Korpus, weiter Einzug der Mittelbügel ohne Eckklötze, hohe Zargen, kein Randüberstand von Decke und Boden, flacher Boden, meist C-Löcher) und die Viola-da-braccio-Familie (vier Saiten, Griffbrett ohne Bünde, Schultern stehen senkrecht zum Hals, stärkerer Einzug des Mittelbügels mit Verstärkung der Ecken durch Eckklötze, niedrige Zargen mit Randüberstand von Decke und Boden, gewölbter Boden, F-Löcher) unterscheiden sich nicht nur in der Spielhaltung, sondern auch im Klang (→ Viola da gamba, → Viola d'amore, → Violone, → Violoncello, → Kontrabaß). Insbesondere die → Violine entwickelte sich zu einem strahlend klingenden Solo- und Virtuoseninstrument, das aber gleichzeitig wie kein anderes Instrument der abendländischen Kunstmusik Auswirkungen auf Volksmusikkulturen gehabt hat. Es wurde nicht nur vielfach versucht, einheimischen Volksstreichinstrumenten die äußere Form der Violine zu geben, sondern sie wurde auch in zahlreichen europäischen Ländern eines der wichtigsten Volksmusikinstrumente überhaupt. So spielt die Violine in der Volksmusik Schwedens und Norwegens eine ebenso herausragende Rolle wie die *fiddle* in der anglo-amerikanischen und anglo-keltischen Musik. Die Violine verdrängte inzwischen sogar autochthone Instrumente anderer Regionen, z.B. wird auf Kreta kaum noch die einheimische *Lira*, sondern die Violine gespielt. In den andalusischen Ensembles in Marokko findet man statt des Rebāb ebenfalls europäische Violinen. Allerdings werden in diesen Fällen die Instrumente immer dem vorherrschenden Klangideal und der gewohnten Spielpraxis und -haltung angepaßt, man entfernt z.B. Saiten, spielt in Knihaltung und bevorzugt statt des brillanten europäischen einen matten, manchmal rauhen und kratzenden Klang.

LITERATUR LE PRINCE, *Observations sur l'origine du violon*, in: Journal encyclopédique ou universel, Lüttich 1782, 489-492 ▪ E. DE COUSSEMAKER, *Essai sur les instruments de musique au moyen âge (Instruments à cordes)*, in: Annales archéologiques 3, 1845, 147-155 ▪ FR.-J. FÉTIS, *Recherches historiques et critiques sur l'origine et les transformations des instruments à archet*, P. 1856 ▪ L. A. VIDAL, *Les Instruments à archet*, 3 Bde., P. 1876-1878 ▪ J. VON RÜHLMANN, *Die Gesch. der Bogeninstr.*, 2 Bde., Braunschweig 1882 ▪ H. M. SCHLETTERER, *Die Ahnen moderner Musikinstr.*, Lpz. 1882 ▪ C. ENGEL, *Researches into the Early History of the Violin Family*, L. 1883 ▪ A. TOLBECQUE, *Notice historique sur les instruments à cordes et à archet*, P. 1898 ▪ H. BALFOUR, *The Natural History of the Musical Bow*, Oxd. 1899 ▪ J. F. R. STAINER, *Rebec and Viol*, in: The Musical Times 41, 1900, Nr. 691, 596-597 ▪ I. GRILLET, *Les Ancêtres du violon*, P. 1901 ▪ A. HAMMERICH, *Zur Frage nach dem Ursprung der Streichinstr.*, in: Kgr.Ber. IMG Basel 1906, Lpz. 1907, 225-229 ▪ K. SCHLESINGER, *The Instruments of the Modern Orchestra, and Early Records of the Precursors of the Violin Family*, 2 Bde., L. 1910 ▪ E. S. J. VAN DER STRAETEN, *The Romance of the Fiddle*, L. 1911 ▪ R. LACH, *Der Einfluß des Orients auf die Musik des Abendlandes*, in: Österr. Mschrf. für den Orient 40, 1914, Nr. 11/12, 327-332 ▪ C. SACHS, *Die Streichbogenfrage*, in: AfMw 1, 1918, 1-9 ▪ SACHSH ▪ A. MOSER, *Das Streichinstrumentenspiel im MA.*, Einl. zu: H. J. Moser, Gesch. des Violinspiels, Bln. 1923, 1-34 ▪ J. PULVER, *A Dictionary of Old English Music and Musical Instruments*, L. 1923 ▪ A. HUTH, *Die Musikinstr. Ost-Turkestans bis zum 11. Jh. nach Christi*, Diss. Bln. 1928 ▪ O. ANDERSSON, *The Bowed Harp: a Study of Early Music Instruments*, L. 1930 ▪ A. KOCZIRZ, *Über die Fingernageltechnik bei Saiteninstr.*, in: Fs. G. Adler, Wien 1930, 164-167 ▪ H. G. FARMER, *Studies in Oriental Musical Instruments*, R. 1, L. 1931 ▪ E. S. J. VAN DER STRAETEN, *History of the Violin, Its Ancestors and Collateral Instruments, from Earliest Times to the Present Day*, L. 1933 ▪ M. GREULICH, *Beitr. zur Gesch. des Streichinstrumentenspiels im 16. Jh.*, Diss. Bln. 1934 ▪ W. WÜNSCH, *Die Geigentechnik der südslaw. Guslaren*, Brünn/Lpz./Wien 1934 ▪ H.-H. DRÄGER, *Die Entwicklung des Streichbogens und seine Anwendung in Europa (bis zum Violenbogen des 16. Jh.)*, Kassel 1937 ▪ H. NORDEN, *Harmony and Its Application in Violin-Playing*, Boston 1937 ▪ H. PANUM, *The Stringed Instruments of the Middle Ages*, L. 1940 ▪ N. BESSARABOFF, *Ancient European Musical Instruments*, Cambridge/Boston 1941 ▪ C. MARCEL-DUBOIS, *Les Instruments de musique de l'Inde ancienne*, P. 1941 ▪ B. EDGERLY, *From the Hunters' Bow. The History and Romance of Musical Instruments*, N.Y. 1942 ▪ K. GEIRINGER, *Musical Instruments. Their History in Western Culture from the Stone Age to the Present Day*, ebd. 1945 ▪ H. HICKMANN, *Art. Fidel I. Orientalische Vorläufer und Verwandte*, in: MGG 4 (1955) ▪ W. KRÜGER, *Aufführungsprakt. Fragen ma. Mehrstimmigkeit*, in: Mf 9, 1956, 419-427; 10, 1957, 279-287, 397-403, 497-505; 11, 1958, 177-189 ▪ H. G. FARMER, *The Music of Islam*, in: NOHM 1 (1957) ▪ D. DROYSEN, *Die Saiteninstr. des frühen und hohen MA. (Halsinstr.)*, Diss. Hbg. 1961 ▪ W. BACHMANN, *Die Anfänge des Streichinstrumentenspiels*, Lpz. ²1966 ▪ B. GEISER, *Stud. zur Frühgesch. der V.*, Bern/Stg. 1974 ▪ CHR. PAGE, *An Aspect of Medieval Fiddle Construction*, in: EM 2, 1974, 166-167 ▪ M. REMNANT, *English Bowed Instruments from Anglo-Saxon to Tudor Times*, Oxd. 1986 ▪ CHR. PAGE, *Voices and Instruments of the Middle Ages*, L. 1987 ▪ P. BEC, *Vièles ou violes?*, P. 1992.

MARIANNE BRÖCKER

INHALT:
A. Die Violinfamilie. – I. Thematische Eingrenzung. –
II. Die Frühgeschichte bis ca. 1550: Rebec, Fidel, Lira. –
III. Entwurf und Bau. 1. Proportion, Maße, Modelle. 2. Materialien.
3. Zargenkranz. 4. Boden und Decke. 5. Hals, Wirbelkasten, Schnecke.
6. Steg, Griffbrett, Saitenhalter, Wirbel. 7. Lack. 8. Verbesserungsversuche,
Sonderentwicklungen. 9. Manufaktur-Arbeiten und industrielle Fertigung. –
IV. Historische Bauweisen. 1. ›Archaische‹ Bautechniken.
2. Die Cremoneser Bauweise. 3. Änderungen um 1800. – V. Reparaturen. –
VI. Bogenbau. 1. Material. 2. Bogenstange und Spitze bis ca. 1750.
3. Froschkonstruktionen bis ca. 1780.
4. Der moderne Bogen: Die Modelle nach Cramer und Tourte. –
VII. Saiten. – VIII. Herstellerkennzeichnungen. –
IX. Handel und Expertise.

B. Die Familie der Viole da gamba. – I. Die Formen. – II. Bautechniken.
1. Prinzipien des Lautenbaues. 2. Prinzipien des Geigenbaues. –
III. Der Korpus (Boden und Zargenkranz). 1. Konstruktion.
2. Materialien. – IV. Die Decke. 1. Konstruktion. 2. Materialien. –
V. Halskonstruktionen. – VI. Äußere Teile. 1. Griffbrett. 2. Steg.
3. Saitenhalter. 4. Materialien. – VII. Die Innenkonstruktion.
1. Versteifungen. 2. Baßbalken. 3. Stimmbrett und Stimmstock.
4. Unterklotz. – VIII. Ornamente. – IX. Historisierender Gambenbau seit
dem späten 19. Jahrhundert.

C. Geschichte des Streichinstrumentenbaus. – I. Überblick. –
II. Streichinstrumentenbau bis ca. 1800. 1. Italien. 2. Frankreich.
3. Deutschsprachige Länder. a. Süddeutschland, Tirol, Österreich, Böhmen.
b. Mitteldeutschland und Nordwestböhmen.
c. Norddeutschland. 4. Polen. 5. England. 6. Gebiet der Benelux-Länder.
7. Dänemark und Skandinavien. 8. Iberische Halbinsel. –
III. 19. und 20. Jahrhundert. 1. Italien. 2. Frankreich. 3. Deutschland.
a. Markneukirchen und Klingenthal. b. Schönbach/Luby.
c. Bubenreuth. d. Mittenwald. e. Städte. 4. Österreich. 5. Tschechien.
6. Ungarn, Südosteuropa. 7. Polen. 8. Sowjetunion/Rußland, Baltische Staaten.
9. Britische Inseln. 10. Benelux-Länder. 11. Schweiz. 12. USA. 13. Lateinamerika.
14. Australien, Neuseeland. 15. China. 16. Japan.

A. Die Violinfamilie
I. Thematische Eingrenzung

Streichinstrumente sind in Europa seit dem 10. Jh. nachweisbar, in Mittelasien noch etwas früher (W. Bachmann 1964). Aufschluß über Details des Herstellungsprozesses können einzelne erhaltene Objekte geben sowie in seltenen Fällen ikonographisches Material. Mit dem Aufkommen der Violin- und der Viola-da-gamba-Familien um 1500 etablierte sich eine Bautradition dieser Instrumente, die bis heute fortlebt, auch wenn gewisse Elemente einem steten Wandel unterworfen waren.

Der vorliegende Artikel behandelt den Bau der Streichinstrumente in der europäisch geprägten Musikkultur. Bis vor kurzem war dies gleichbedeutend mit der Bezeichnung *Geigenbau*, d.h. mit dem Bau von Streichinstrumenten der Violinfamilie (Violine, Viola, Violoncello und Sonderformen des 17. und 18. Jh.) sowie von Kontrabässen. Mit dem Aufkommen einer historisch orientierten Musikpraxis seit dem Ende des 19. Jh. ist aber auch der Bau von Viole da gamba wieder belebt worden. Die Rekonstruktion mittelalterlicher Streichinstrumente wird heute ebenfalls gepflegt, muß allerdings mit einer schmalen Basis an gesicherten Erkenntnissen Vorlieb nehmen.

Die zeitgenössische Praxis des Streichinstrumentenbaus unterscheidet sich in einem – allerdings wesentlichen – Punkt von anderen Instrumentenbausparten: Die qualitativ besten Instrumente werden heute noch mit Verfahren und Materialien hergestellt, die sich in der ersten Hälfte des 16. Jh. herausgebildet haben. Umgekehrt werden im heutigen Musikleben noch Instrumente verwendet, deren wesentliche Teile – im extremsten Fall – über 400 Jahre alt sein können. Neben dem Neubau von Streichinstrumenten existiert deshalb seit über 200 Jahren eine rege Tätigkeit im Umbau und in der Reparatur alter Instrumente, die bei der Behandlung des Themas berücksichtigt werden muß.

Die Möglichkeit der Weiterverwendung historischer Streichinstrumente der Violinfamilie bzw. neuer Instrumente in einer überkommenen Bauform im heutigen Musikbetrieb dürfte in dem Umstand der materiellen Trennung von ›Resonator‹ (Instrument) und Klang-›Generator‹ (Bogen) liegen. Dies führte dazu, daß ein Wandel im Klangideal vor allem durch die Veränderung nur eines Elements, nämlich des Bogens, bewerkstelligt wurde, während die Instrumente selbst durch Eingriffe in sekundäre Teile (Hals-Oberklotz, Baßbalken, Adjustierung) den neuen Verhältnissen angepaßt werden konnten. Nicht zufällig ging eine erste Welle solcher Umbauten mit der Verbreitung des modernen *Tourte-Bogens* um 1800 einher.

Auf Grund der beschriebenen Situation stellen die historischen Bautechniken immer noch den wichtigsten Bezugspunkt für die zeitgenössische Praxis des Handwerks dar, wenn es im Rahmen kunsthandwerklicher Produktion betrachtet wird. Der folgende Artikel wird sich auf diesen Aspekt konzentrieren. Daneben existiert schon seit dem 18. Jh. eine zunehmend arbeitsteilige Produktion zur Bereitstellung großer Mengen von Streichinstrumenten zu günstigen Preisen, die in die industriellen Fertigungsmethoden des 19. und 20. Jh. münden. Diese stellen mittlerweile einen wichtigen wirtschaftlichen Faktor des Gewerbes dar.

Technische Einzelheiten des Baus werden im folgenden am Beispiel der Violine erläutert. Für Viola und Violoncello gelten analoge Verfahren. Kontrabässe sind organologisch näher bei der Familie der Viole da gamba angesiedelt. Bei ihnen überschneiden sich allerdings Merkmale des Baus von Violin- und von Gambeninstrumenten.

II. Die Frühgeschichte bis ca. 1550: Rebec, Fidel, Lira

Ein gemeinsames Merkmal der frühen Zeugnisse des Streichinstrumentenbaus, das bis um 1500 konstitutiv zu bleiben scheint, ist die Materialeinheit des Resonanzkorpus mit Hals und Wirbelhalterung. Diese Charakteristika sind schon beim ältesten erhaltenen Streichinstrument Europas zu beobachten, einem kleinen Instrument mit längsovalem Korpus von gut 40 cm Gesamtlänge, dem Rebec ähnlich. Es kam bei Grabungsarbeiten in Novgorod zum Vorschein und wird ins 11. Jh. datiert (B. A. Kolchin 1989). Damit entstammt es einer Zeit, in der gestrichene Saiteninstrumente im mitteleuropäischen Bereich noch relativ jung waren. Unter weiteren Instrumenten ähnlicher Bauart ist die ›Violeta‹ im Grab der Hl. Catarina de' Vigri in Bologna († 1463) hervorzuheben, die allerdings im Korpusumriß hybride Züge aufweist.

Im Fall eines halbrunden Korpus – den die genannten Instrumenten besitzen – liegt es nahe, an die Ausgangsform eines halbierten Baumstammes zu denken, aus dem die Instrumente herausgeschnitten wurden, doch findet sich die gleiche Methode auch bei kastenförmigen Zargenkonstruktionen des Fideltypus, wie Fragmente von Instrumenten aus dem 1545 gesunkenen englischen Kriegsschiff *Mary Rose* zeigen. Abbildungen von lire da braccio um 1500 weisen meist deutlich konkave Zargen auf, die von außen her ausgedünnt worden sein könnten und folglich ebenfalls einen Beleg für die Materialeinheit von Boden und Zargen darstellen würden. Im Bau volkstümlicher Streichinstrumente setzte sich diese ›ganzheitliche‹ Bautradition, die Karel Moens (1984) als *archaisch* charakterisiert hat, bis ins 20. Jh. fort.

Beispiele hierfür liefern kleine dreisaitige Formen des Rebec-Typs aus der Mährischen Wallachei, die Iglauer Bauernfideln und Klarfideln in Kastenbauweise aus Westmähren sowie die polnische *mazanki* (kleine ›Geige‹) und *basy* (kleine ›Baßgeige‹). Man kann davon ausgehen, daß Instrumente der beschriebenen Art einer Tradition entstammen, in der Spieler und Instrumentenbauer in Personalunion wirkten oder zumindest aus demselben Milieu kamen.

Diese Einheit begann um 1500 in Italien auseinanderzubrechen, als professionelle Kunsthandwerker durch humanistische Kreise (Alfonso D'Este I. in Ferrara, Isabella D'Este-Gonzaga in Mantua) mit dem Bau von neuartigen Streichinstrumenten – in diesem Fall von Viole da gamba – beauftragt wurden. Für die ersten Instrumente der Violinfamilie, die vermutlich im gleichen Umfeld kurz danach entstanden sind, dürfte eine ähnliche Konstellation vorliegen. Beide Familien zeigten im weiteren eine unterschiedliche Entwicklung hinsichtlich ihrer bautechnischen Merkmale. In den Viole da gamba lebten deutliche Bauweisen gezupfter Saiteninstrumente fort (Vihuela, Laute), die in der Violinfamilie stärker durchmischt waren mit Elementen älterer Fideln und Rebecs.

Die Herstellung durch kunsthandwerklich geschulte Instrumentenmacher führte um und nach 1500 zum Aufbau aus dünnwandigen Einzelteilen, die im Falle der Violine und ihrer Familie über einer stützenden Innenform mit Leimverbindungen zusammengefügt wurden. Diese Bautechnik war im Lautenbau bereits vorgeprägt, ebenso wie die Hals-Korpus-Verbindung mit Oberklotz, Nagel und Leim. Daneben existierten aber, besonders im nördlichen Europa, die älteren ›ganzheitlichen‹ Herstellungstechniken weiter, wie die genannten Beispiele aus dem Volksinstrumentenbau zeigen. Die Durchdringung der verschiedenen Traditionsstränge führte im kunsthandwerklichen Bereich schon im 16. Jh. zu regional unterschiedlichen Konstruktionsverfahren.

Als früheste erhaltene Violine gilt ein kleinformatiges Instrument von Andrea Amati, das 1564 in Cremona datiert ist (Oxford, Ashmolean Museum; der Zettel wird allerdings angezweifelt). Alle Elemente der italienischen – kunsthandwerklichen – Bauweise wären demnach bereits um die Mitte des 16. Jh. (zumindest bei Amati) voll entwickelt gewesen. Wesentlich ›archaischer‹ sehen dagegen erhaltene Instrumente der Violinfamilie gegen Ende des 16. Jh. in Brescia aus. Frühe Zeugnisse des transalpinen Geigenbaus – mit den entsprechenden archaischen Baumerkmalen – stammen von ca. 1593 (Dom zu Freiberg in Sachsen) und aus dem mittleren 17. Jh. (Südschwarzwald und Raum Bern). In Paris wurde schon 1575 in Violinen *façon de Crémone* und *façon de Paris* unterschieden, wodurch bereits zu diesem frühen Zeitpunkt die bewußte Pflege unterschiedlicher Bauweisen dokumentiert ist.

III. Entwurf und Bau
1. Proportionen, Maße, Modelle

Die relativ kurze Zeit bis zum Auftreten ›klassischer‹ Formen der Violinfamilie läßt vermuten, daß bereits am Anfang der Entwicklung im frühen 16. Jh. ein Prozeß rationaler Formgebung stattgefunden hat. Es gibt hierüber keinerlei verbürgte Nachrichten. Ein erster systematischer Entwurf findet sich erst in Antonio Bagatellas preisgekrönter Schrift (1782), in der zwar ein geometrisches Verfahren für die Konstruktion der Form einer Violine auf der Basis Cremoneser Unzen mitgeteilt wird, wobei die dahinter stehenden ästhetischen Überlegungen aber im Unklaren bleiben. Im 20. Jh. wurde mehrfach versucht, die Violinform auf harmonische Teilungsverhältnisse bzw. auf den ›Goldenen Schnitt‹ zurückzuführen, der bereits von Euklid gelehrt wurde und von Fra Luca della Pacioli in seiner Schrift *De Divina Proportione* (Vdg. 1509) nochmals ausführliche Behandlung erfährt. S. F. Sacconi (dt. Ausgabe 1972, S. 10) sieht zudem in der Schnecke von A. Stradivari Teile der Spiralkonstruktionen des Archimedes (für die inneren Windungen) und des Barozzi da Vignola (für die Verbindung zum Wirbelkasten) kombiniert, ganz unabhängig davon, daß ähnliche Spiralen schon an jonischen Kapitellen zu beobachten sind.

Herbert Heyde (1986) plädiert für den Aufbau der Formen aus einfachen geometrischen Figuren, etwa Quadraten, Rechtecken, Kreisen und Dreiecken, wie dies bei den Architekten der Renaissance der Fall war, und weist auf die Bedeutung der Zahlenreihe des Fibonacci (i.e. Leonardo von Pisa, *Liber abaci*, 1202) hin, die sich dem ›Goldenen Schnitt‹ nähert. Auf der empirischen Seite lassen sich die Verhältnisse oft relativ einfach in Körpermaßen (›Handbreite‹) oder den jeweils ortsüblichen Längenmaßen ausdrücken, ein Kriterium, das auch bei der Herkunftsbestimmung eines Instruments von Belang sein kann.

Trotz der Geschlossenheit der frühen Violinformen war eine Normierung der Größe des Geigenkorpus zunächst noch nicht gegeben. Diese pendelte sich bis um 1650 bei einer Länge von 355 mm ein, die auch heute noch gültig ist. Ein wichtiges Maß für das Streichinstrument ist die klingende Saitenlänge (Saitenmensur). Die für eine solche Angabe nötigen Originalhälse alter Instrumente sind aber nur noch selten anzutreffen. Eine moderne Violine sollte eine Saitenmensur von rund 325 mm besitzen. Für das Verhältnis von Halsmensur (Obersattel bis Deckenrand) zu Deckenmensur (oberer Deckenrand bis zur Höhe der F-Kerbe) wird ein Wert von 2:3 angestrebt. Wesentlich größer ist der Variantenreichtum bei Instrumenten der Mittellage. Bratschen werden in Korpuslängen zwischen 390 mm (Saitenmensur: ca. 368 mm) und 420 mm gebaut (Saitenmensur: ca. 389 mm). Das 16. bis 18. Jh. kannte darüber hinaus sowohl kleinere als auch größere Bratschenmodelle, wobei die Halslängen ausgleichend überproportional lang bzw. kurz gestaltet wurden. Violoncelli bzw. Baßinstrumente der Violinfamilie im 8'-Bereich waren bis ca. 1700 von sehr unterschiedlichen Dimensionen. Erst dann pendelte sich ein Standard ein, der heute auf eine mittlere Korpuslänge von 750 mm und eine schwingende Saitenlänge von etwa 690 mm festgelegt ist.

Die überaus gelungenen Modelle von N. Amati, J. Stainer, A. Stradivari und G. Guarneri (II) del Gesù für Violinen und Violas, sowie von A. Stradivari, M. Goffriller und D. Montagnana für Violoncelli, fanden zahlreiche Nachahmer und stellen bis heute die wichtigsten Vorlagen für den Geigenbau dar. Unterschiedliche Klangvorstellungen führten dabei zu beispielhaften Lösungen für wichtige bautechnische Elemente wie Wölbungskurven, äußerer Umriß und Holzstärke.

2. Materialien

Resonanzkasten (Boden und Zargen), Hals und Schnecke wurden und werden meist aus derselben Holzart hergestellt, gewöhnlich aus Bergahorn (*Acer pseudoplatanus*). Darin drückt sich noch die alte Materialeinheit dieser Teile des Instruments aus. Die optisch reizvollen ›Flammen‹ der bearbeiteten Teile ergeben sich aus dem wellenförmigen Wuchs der Bäume. In Ausnahmefällen konnte der Resonanzkasten auch aus anderem Material bestehen (H. Jacobs etwa verwendete Ende des 17. Jh. gelegentlich kostbares Mahagoni). Vor allem bei größeren Instrumenten wie Violoncelli wurden im 17. und 18. Jh. Boden und Zargen auch aus Pappel, Buche, Birke, Weide oder harten Obstholzarten gemacht. Obsthölzer, besonders Birne, aber auch Maulbeere, finden sich an älteren Instrumenten gerne für Hals und Wirbelkasten, besonders dann, wenn eine figürliche Schnitzerei an die Stelle der Schnecke tritt.

Für die Decke verwendet man seit alters her mitteleuropäische Fichte, bevorzugt aus höheren Lagen (vor allem: *Picea excelsa*), ausnahmsweise aber auch Tanne. Die Reifchen und Klötze sind aus Fichte, leichtem Weidenholz, aus Linde, Buche oder Ahorn. Griffbrett und Saitenhalter sind heute massiv aus Ebenholz gearbeitet, das allzu rascher Abnützung widersteht. In früherer Zeit wurde dieses teure exotische Holz nur als Furnier auf Weichholzkerne geleimt. Die Griffbretter konnten aber auch aus - teils schwarz gefärbtem - Ahorn oder harten Obsthölzern sein. Wirbel wurden häufig aus Buchs oder Birnbaum gemacht, die sich besonders gut zum Drechseln eignen. Neuerdings verwendet man gerne Ebenholz oder Palisander. Die schwarzen Späne der Einlagen auf Decke und Boden bestehen meist aus Ebenholz, sowie aus gefärbtem Birnbaum oder Ahorn, der mittlere aus einer hellen Holzart, wie etwa Pappel, Ahorn oder Buche. Gelegentlich wurde auch Fischbein (Walbarten) für die Einlagen verwendet. Die ganze dreiteilige Ader besitzt nur eine Breite von 1,2 bis 1,5 mm.

3. Zargenkranz

Der Bau des Instruments mit Hilfe einer stützenden Innen- oder Außenform beginnt mit der Herstellung der seitlichen Wände, der Zargen. Sie bestehen bei Violinen aus etwa 1 mm starken Holzbrettchen von ca. 30 mm Höhe, die an einem heißen Eisen vorgebogen werden. Nach den klassischen italienischen Prinzipien werden die einzelnen Zargenleisten um eine Innenform (auch ›Formbrett‹) herumgelegt, die den Umriß des Modells definiert (Abb. 1). Die Reifchen (auch ›Futterleisten‹) am oberen und unteren Rand der Zargen stabilisieren diese und stellen eine vergrößerte Leimfläche zum Anfügen der Decke und des Bodens bereit. Im Umriß der Form sind sechs Aussparungen angebracht. Sie nehmen die Klötze des Zargenkranzes auf: den Oberklotz, an dem die Halskonstruktion hängt, den

Abb. 1: *Innenform mit Zargenkranz*
(Foto: H. Studer, mit Genehmigung von H. Hösli, Brienz)

Unterklotz, in dem später das ›Knöpfchen‹ für die untere Saitenaufhängung steckt, sowie jeweils zwei Eckklötze an der Seite, die den Zusammenschluß der Zargenteile an den Ecken stabilisieren.

Eine andere Methode wurde angeblich um 1830 von J. B. Vuillaume in Paris eingeführt. Er kehrte die italienische Vorgehensweise um und legte die Zargen in eine sogenannte Außenform, einen massiven Holzrahmen, dessen innerer Umriß die Form des Zargenkranzes präzise bestimmt und völlig symmetrische Konstruktionen erlaubt. Zeugnisse für diese Praxis finden sich im 19. Jh. auch außerhalb Frankreichs, z. B. in Wien. In anderen Bautraditionen, die besonders in Mitteldeutschland und Lothringen, aber auch in England zu beobachten sind, wurde auf ein Formbrett gänzlich verzichtet und die Zargenteile in gebogener Form direkt auf den Boden aufgesetzt. Diese oft als *Aufschachteln* bezeichnete Technik (meist verbunden mit einer Hals-Oberklotz-Einheit) erlaubt ein schnelleres Arbeiten, gewährt aber keine so gute Kontrolle über das Endergebnis wie die Verwendung der Formen. Unterschiedliche Stilistiken im Geigenbau erweisen sich bei näherem Hinsehen häufig als Resultate verschiedenartiger Konstruktionsweisen und Bearbeitungstechniken. Sie beruhen vermutlich in weit geringerem Maß als gemeinhin angenommen auf rationalen oder ästhetischen Entscheidungen der Hersteller.

4. Boden und Decke

Der Boden ist meist aus zwei symmetrischen Holzteilen zusammengefügt (Abb. 2a). Die Leimfuge (›Mittelfuge‹) dient als Orientierung für die mittlere Achse des Instruments. Einteilige Böden können – einen entsprechend starken Stamm vorausgesetzt – nach dem Spiegel geschnitten sein (Abb. 2b), meist jedoch wird dafür ein Holzstück nach der Schwarte verwendet (Abb. 2c).

Für die Decke gilt das gleiche Verfahren, wobei aber nur sehr selten einteilige Platten verwendet werden. Das Aneinanderfügen zweier, im Wuchs gleicher Hälften nach dem Spiegel sichert die ausgeglichenen akustischen Eigenschaften der Decke, die als ›Resonanzboden‹ des Instruments zu betrachten ist. Der Umriß des Zargenkranzes wird auf die beiden Platten übertragen und diese dementsprechend bearbeitet, wobei der äußere Rand ein wenig über die Zargenlinie hinausragt und auf diese Weise einen Überstand bildet.

Große Bedeutung für das akustische Ergebnis kommt der Ausarbeitung und Wölbung der beiden Platten zu, wozu Stecheisen und kleine Hobel verwendet werden. Es werden zwei hauptsächliche Wölbungscharakteristiken unterschieden: die sogenannten hohen Wölbungen nach Stainer und sogenannte flachere Typen der

28 Cremoneser Meister, allen voran A. Stradivari. Ausgangspunkt für beide Varianten bildeten wohl die Instrumente von N. Amati. Während Stainer seine Wölbungen mit einer kräftigeren Hohlkehle (einer Vertiefung nahe dem Rand) versah und sie verhältnismäßig steil zur Mitte hin aufsteigen ließ, entwickelte Stradivari einen Verlauf ohne ausgeprägte Hohlkehle und mit stetem Ansteigen zur höchsten Stelle der Mitte hin, wobei beide Wölbungsarten einen relativ flachen Rücken im Zentrum der Platten bilden. Die ›flachere‹ Wölbung, obwohl absolut gesehen nicht viel niedriger als bei Stainers Instrumenten, erwies sich nachträglich als geeigneter für die akustischen Erfordernisse der Gegenwart und ist daher heute fast ausschließlich in Verwendung. Stainers Lösung, die im 18. Jh. unzählige Nachahmer gefunden hatte, geriet nach 1800 außer Gebrauch (Abb. 3 und 4).

Um Boden und Decke aufeinander abzustimmen, wurden verschiedenste Verfahren entwickelt. Das einfachste ist, die Steifheit manuell durch leichtes Biegen zu kontrollieren, doch wird auch versucht, die Eigentöne der Platten durch Anklopfen aufeinander zu beziehen. Technische Hilfsmittel erlauben eine Durchleuchtung (K. Leonhardt 1969) oder die Erzeugung chladnischer Figuren mittels Vibration (C. M. Hutchins 1960).

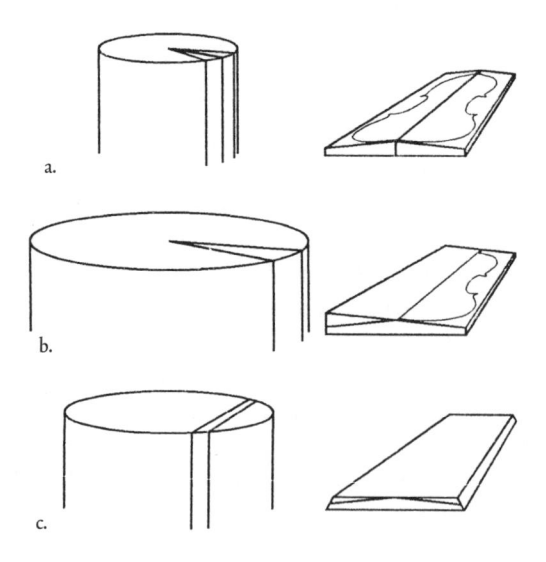

Abb. 2a: Bodenholz nach dem Spiegel (zweiteilig), aus einem radial geschnittenen und gespaltenen Holzkeil

Abb. 2b: Bodenholz nach dem Spiegel (einteilig)

Abb. 2c: Bodenholz nach der Schwarte (einteilig), aus einem tangential geschnittenen Holzbrett

MGGprisma (Zeichnungen: G. Söhne, Krailling)

Die Einlagen oder Adern in Decke und Boden dienen als Barriere für Risse. Bei Instrumenten einfacher Machart können die Einlagespäne auch fehlen und sind dann meist mit Tusche angezeichnet. In ihrer Führung, besonders in den delikat zu bearbeitenden Ecken, drückt sich die ganz persönliche Handschrift des Herstellers aus. Ebenso wie den Einlegearbeiten kommt dem Sitz und dem Schnitt der Schallöcher in der Decke, nach ihrer Form ›FF-Löcher‹ genannt, große Bedeutung für das Aussehen und darüber hinaus für die klanglichen Eigenschaften eines Instruments zu.

Der Baßbalken, eine dünne, sich an den Enden verjüngende Holzleiste, erstreckt sich im Inneren über etwa Dreiviertel der Deckenlänge unterhalb der tiefsten Saite. Er hat den Druck der tiefen Saiten über die ganze Deckenfläche zu vertei-

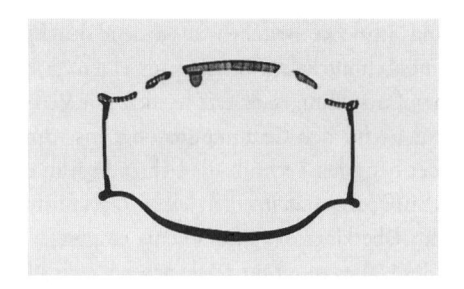

Abb. 3: Querschnitt (Computertomographie) im Brustbereich einer Violine von Gallus Ignatius Widhalm, Nbg. 1812, nach einem hochgewölbten Modell von J. Stainer (German. Nationalmuseum Nbg., MI 576)

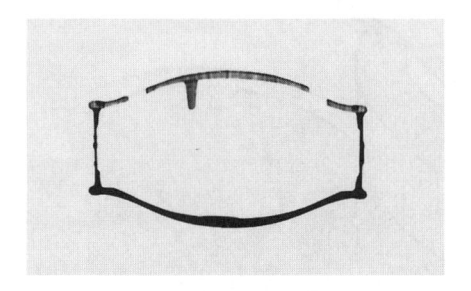

Abb. 4: : Querschnitt (Computertomographie) im Brustbereich einer Violine aus der Werkstatt der Gebrüder Widhalm, Nbg. um 1800, nach einem flachgewölbten italienischen Modell, später modernisiert (German. Nationalmuseum Nbg., MIR 815);
Abb. 3 und 4 sind Beispiele für die Interpretation der tonangebenden Violinmodelle gegen Ende des 18. Jh. in ein und derselben Werkstatt

len. Abmessungen und Lage waren in früherer Zeit nicht standardisiert, erst im 19. Jh. wuchsen seine Dimensionen. Heute sind Baßbalken der Violine etwa 5,5 mm stark und besitzen eine höchste Erhebung von etwa 10 mm. A. Guarneri machte sie 3,5 bis 7 mm hoch, N. Amati gar nur 0,3 bis 5 mm. Die älteren Baßbalken sind oft kürzer als die heutigen.

Als letztes Teil des Korpus wird nach Fertigstellung des ganzen Instruments im Inneren nahe beim rechten Stegfuß auf der Diskantseite der Stimmstock eingesetzt, ein Rundholz, das frei zwischen Decke und Boden eingepaßt wird. Seine Stellung bestimmt wesentlich die Klangfärbung des Instruments.

5. Hals, Wirbelkasten, Schnecke

Hals, Wirbelkasten und Schnecke bestehen aus einem durchgehenden Stück Holz. Die Schnecke als reines Schmuckelement kann von einem geschnitzten Tierkopf oder anderen figürlichen Darstellungen ersetzt werden. Die Verbindungsstelle zwischen Hals und Korpus ist für den Gesamtaufbau des Instruments von entscheidender Bedeutung. In der heutigen Technik, die sich zu Beginn des 19. Jh. herausgebildet hat, wird der Halsfuß paßgenau in einen leicht trapezförmigen Ausschnitt (›Schwalbenschwanz‹) im Oberklotz des Instruments eingesetzt (Abb. 5). Der Halswinkel – die Neigung des Halses unter die Deckenebene – wird bestimmt durch den Winkel, den die Saiten über dem Steg bilden, bei heutigen Violinen beträgt er 157 Grad oder mehr. Weiter ist die exakte Ausrichtung an der Längsachse des Instruments zu beachten sowie der sogenannte Halsüberstand, die Höhe, mit

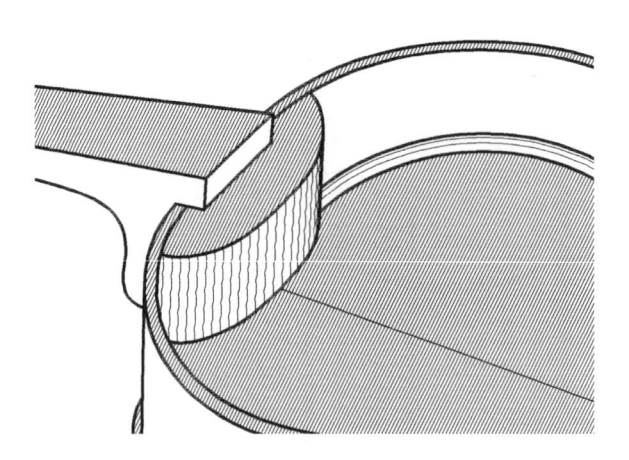

Abb. 5: Halsbefestigung in moderner Art, mit sog. Schwalbenschwanz (Zeichnung: G. Söhne, Krailling)

der sich der Halsfuß über den Deckenrand erhebt. Alle drei genannten Werte sind verantwortlich für den exakten Verlauf der Saiten und damit überaus wichtig für die Gebrauchsfähigkeit des Instruments und nicht zuletzt für den Klang. Grundlegend andere Verfahren der Halsbefestigung wurden vor 1800 angewandt (s. A. IV.).

6. Steg, Griffbrett, Saitenhalter, Wirbel

Zur Fertigstellung des Streichinstruments müssen zuletzt jene Teile angebracht werden, die den Bezug mit Saiten ermöglichen. Es handelt sich um das Griffbrett, die Wirbel, den Saitenhalter, der mit Hilfe einer Darm- oder Kunststoffschlinge am Saitenhalterknopf im Unterklotz angehängt wird, und den Steg. Für den Steg gilt, daß er so leicht wie möglich und so stabil wie nötig sein muß. Außerdem darf seine Form die Übertragung der Saitenschwingungen auf die Decke nicht behindern, wobei jedoch sich wandelnde Klangvorstellungen zu unterschiedlichen Lösungen der Stegform geführt haben.

7. Lack

Der Lack hat mehrere Funktionen für das Instrument zu erfüllen. Er soll vor allem eine Schutzschicht gegen Feuchtigkeit und Schmutz bilden und darüber hinaus so beschaffen sein, daß die Struktur des Holzes möglichst gut zur Geltung kommt. Außerdem stellt er eine wichtige Komponente für die Klangqualität des Instrumentes dar. Man hat zwischen einer Grundierung des Holzes und dem eigentlichen Lackauftrag zu unterscheiden. Für die verschiedenen Anforderungen bieten sich die unterschiedlichsten Stoffe an, von den seit alters her gebrauchten natürlichen Ingredienzien bis hin zu den chemischen Produkten der Gegenwart. Es kommt vor allem darauf an, die richtige Zusammensetzung von Lösungsmitteln, Harzen und Farbstoffen zu finden. Wenn sich nach dem Trocknen die Lösungsmittel verflüchtigt haben, sollten die gelösten Harze in einer zusammenhängenden, homogenen und möglichst elastischen Schicht zurückbleiben. Wie gut die Bindung der einzelnen Elemente tatsächlich ist, erweist sich manchmal erst nach langer Zeit.

Je nach Lösungsmitteln werden Spirituslacke (›Weingeist‹, Äthylalkohol) und Öllacke (Terpentin, Lavendelöl, Spiköl u.a.) unterschieden. Zahlreiche historische Lackrezepte belegen, daß Öllacke schon immer in Gebrauch waren und Alkohol-(Spiritus-)lacke zumindest seit dem 16. Jh. bekannt sind. Naturharze geben dem Lack die gewünschte Elastizität und teilweise auch schon eine gewisse Färbung (Benzoe, Bernstein, Mastix, Myrrhe, Sandarac, Schellack, Venetianisches Terpentin

u. a.), und schließlich wird mit Farbstoffen der gewünschte Farbton erzielt (Alkannawurzel, Schildlaus, Curcumawurzel, Drachenblut, Fernambukholz, Gummi Gutti, Krappwurzel, Orlean u. a.). Besonders zu erwähnen ist Propolis, ein Harz, das Bienen zum Verkitten ihrer Waben produzieren. Es kann im gelösten Zustand in Kombination mit anderen Harzen und Farbstoffen für den Lackauftrag verwendet werden.

Die unübertroffenen Lackbilder der alten italienischen Meister provozierten unzählige Versuche, das ›Geheimnis‹ ihrer Zusammensetzung zu ergründen, ohne daß dabei gültige Lösungen erzielt worden wären. Die relativ ähnlichen Lacke bei Meistern eines Ortes oder einer Region lassen vielleicht auf einen gemeinsamen Bezug der Substanzen bei Drogisten oder Apothekern schließen. Abwandlungen in Farbe und Textur waren dabei immer noch möglich. In jüngster Zeit wurde die Aufmerksamkeit auf eine relativ starke und harte Grundschicht der alten italienischen Instrumente gelenkt, weil diese ihre überragende Klangqualität auch dann behalten, wenn der eigentliche Lack im Lauf der Zeit fast vollständig abgeschabt worden ist. Die mineralischen Bestandteile könnten – als eine mögliche Erklärung – auf rote Pozzolana-Asche hinweisen, die in gelöster Form als Porenfüller, als festigende Substanz und gleichzeitig als Lackgrundierung fungieren kann. Als besonders erstrebenswert wird oftmals ein feines Craquelée angesehen, das die Lackoberfläche nach der Aushärtung überzieht und optisch belebt.

8. Verbesserungsversuche, Sonderentwicklungen

Zu allen Zeiten wurden Versuche unternommen, die Form der Streichinstrumente, einzelne Komponenten ihrer Ausstattung sowie den Herstellungsprozeß zu verbessern. Während dies bis ins 17. Jh. zur Evolution der Familie beitrug, waren die späteren Bemühungen um neue formale oder bautechnische Konzeptionen nur von ephemerer Bedeutung. Sie erkauften den Vorteil in einem Aspekt meist mit Nachteilen in anderer Hinsicht. Von den zahllosen Verbesserungsversuchen seit der zweiten Hälfte des 18. Jh. seien nur einige erwähnt.

Besonders zahlreich sind die Experimente mit eckenlosen Formen. George Barton (fl. 1772–ca. 1810) in London baute schon um 1775 solche Instrumente. Am bekanntesten wurde aber gegen 1817 das Konzept des Ingenieurs Fr. Chanot. Er ließ sich Instrumente dieser Art – auch in Bratschengröße – von seinem Bruder G. Chanot und dem jungen J. B. Vuillaume in Paris herstellen. Eine ganz ähnliche Idee verfolgte Carlo Antonio Galbusera (fl. 1813-1833) in Mailand, der um 1830 einige Aufmerksamkeit erregte. Schon 1823 ließ der Wiener Geigen- und Gitarrenmacher J. G.

Stauffer eine Streich-*Guitarre d'amour* größeren Formats, bekannt auch als *Arpeggione*, patentieren. Stauffer konstruierte später (Patent von 1832) auch Violinen in stark vereinfachtem ovalem Umriß, die an das Konzept eines anonymen ›P‹ in der Leipziger AmZ von 1808 (*Ueber die Violin*, H. 50, Sp. 775-828, Skizze der ovalen Violine Sp. 801, Beschreibung H. 52, Sp. 825-828) erinnern. Schubert schlägt in der AmZ von 1803 ebenfalls einen Korpus mit eingezogenen Ecken vor, bei dem Boden und Zargen aus einem Stück Holz gefertigt sind (*Ueber den mechanischen Bau der Violin*, Jg. 5, H. 47, Sp. 769-777; s. Kritik daran von F. A. Ernst in AmZ 7, 1804, H. 4, Sp. 49-56). Der Arzt und Akustiker F. Savart reichte 1819 an der französischen Akademie der Wissenschaften den Entwurf zu einer trapezförmigen Gestalt des Klangkörpers ein, mit nahezu flachen Platten, zentralem Baßbalken und schlitzförmigen, geraden Schallöchern. 1879 erwarb der Amerikaner Henry Collins ein Patent auf eine Violine mit kreisförmigem Korpus in einem umhüllenden Gehäuse und patentierten Wirbeln, die er *Echolin* nannte. Alfred Stelzner († 1906) in Dresden führte um 1891 den Umriß auf Kegelschnitte der Ellipse, Parabel u. a. zurück. Er bekam für die klanglichen Ergebnisse gute Kritiken.

Julius Zoller erdachte mittels einer mathematischen Reihe eine Violine mit runder unterer Hälfte und rechteckigem Oberteil, die um 1950 hergestellt wurde. Die Schallöffnungen waren in die Zargen verlegt, es gab je zwei Baßbalken und Stimmstöcke und zur Verstärkung der Baßtöne schwang eine fünfte Saite in C mit. Ferruccio Zanier (1887-nach 1937) entwickelte um 1937 den *Violino rationale* mit flacher Decke und flachem Boden sowie unregelmäßigem Umriß. Für ein erleichtertes Lagenspiel fiel die rechte Oberzarge stark ab, eine Idee, die schon in einer Violine von Franz Xaver Zwerger (1763-ca. 1830) in Neuburg a.d. Donau um 1800 realisiert wurde. Etwas weitere Verbreitung als Dilettanteninstrument erlangte in der zweiten Hälfte des 19. Jh. die mit Stahlsaiten bezogene *Philomele*, deren Umriß durch stark abfallende Schultern an die Gambenform erinnert.

Zahlreiche Änderungen aus klanglichen Gründen wurden an Einzelteilen der Streichinstrumente vorgenommen. Nicolas Sulot (fl. 1829-nach 1840) ließ um 1840 Instrumente mit gewelltem Boden und ebensolcher Decke bauen. 1839 erhielt er ein Patent für Violinen *à double écho* mit drei Resonanzböden. Viele Versuche an Form, Einzelteilen und Holzpräparierung machte Claude-Victor Rambaux (1806-1871) in Paris. Anton Sprenger (1833-1900) in Stuttgart erfand die sogenannte Tonschraube, einen gebogenen Stab im Inneren vom Hals bis zum Saitenhalterknopf, mit dem die Decke unter erhöhte Spannung gesetzt werden konnte. Der Ingenieur Paul Frank-Reiner propagierte um 1923 ein Tonveredelungsverfahren, indem er Seidengaze auf der Innenseite der Decke anbrachte. Experimentiert wurde auch mit dem Baßbalken oder mit verschiedenen Formen des Steges. In neuerer Zeit werden immer wieder Versuche angestellt, der Violine eine ›modernere‹ Form zu geben.

9. Manufaktur-Arbeiten und industrielle Fertigung

Der enorme quantitative Bedarf an Streichinstrumenten seit dem 17. Jh. hat zu immer weitergehenden Rationalisierungsmaßnahmen in der Herstellung geführt, die über Manufakturarbeiten ab ca. 1850 in industrielle Fertigungsmethoden mündeten.

Während schon in großen ›klassischen‹ Werkstätten, wie denen von N. Amati und A. Stradivari, arbeitsteilige Herstellungsprozesse vermutet werden dürfen, bildete die separate Erzeugung der Einzelteile durch Heimarbeiter in den großen ländlichen Zentren des 18. und 19. Jh. (Markneukirchen, Mittenwald, Mirecourt) die Grundlage für eine beträchtliche Steigerung der Produktion und für eine breite Produktpalette, für deren Vertrieb Händler (Verleger) verantwortlich waren, die die Instrumente mit ihrem Namen etikettierten. Die Übergänge von einer Werkstattarbeit zu einem Manufakturinstrument sind in jener Zeit fließend. Es wäre deshalb falsch, alle diese Arbeiten pauschal als qualitativ minderwertig abzuwerten.

Einen weiteren Schritt in der Rationalisierung brachten Kopierfräsen ab dem späten 19. Jahrhundert. Die Lackierung wurde in neuerer Zeit mit Spritztechnik erleichtert und beschleunigt. Je nach technologischem Aufwand und handwerklicher Nachbearbeitung ist die Herstellung unterschiedlichster Qualitäten von Streichinstrumenten in der industriellen Fertigung möglich. Es gilt zu beachten, daß erst diese preisgünstigen Herstellungsverfahren die Streichinstrumente zum allgegenwärtigen Faktor der Musikkultur werden ließen, der sie heute sind.

IV. Historische Bauweisen
1. ›Archaische‹ Bautechniken

Jüngere Untersuchungen (K. Moens 1984, 1987; O. Adelmann 1990, ²1997) stellen die Wichtigkeit bautechnischer Kriterien für die Zuordnung älterer Instrumente zu verschiedenen regionalen Traditionen heraus. Moens unterscheidet gegenüber der ›klassischen‹ kunsthandwerklichen Art, wie sie vermutlich in Italien entwickelt wurde, andere Bauweisen, die auf älteren Überlieferungen des Instrumentenbaus fußen. Wichtige Merkmale dieser Tradition sind frei – also ohne Zuhilfenahme einer Innenform – auf den Boden aufgerichtete Zargen, die zur besseren Fixierung manchmal in eine umlaufende Rille im Boden eingelassen wurden (Abb. 6). Hierzu gehört auch die Materialeinheit von Hals und Oberklotz. Der Oberklotz selbst läuft dabei im Inneren des Korpus manchmal wie ein ›Schuh‹ aus, auf einem Sockel, der am oberen Ende des Bodens stehen gelassen wurde (diese Verlängerung im Inneren ist allerdings nicht zwingend). Die oberen Zargen sind in seitliche Schlitze am Halsfuß eingelassen, wo sie mit Holzstücken von innen verkeilt werden können (Abb. 7).

Ebenfalls zu dieser freien Zargenkonstruktion gehören weit nach außen gezogene Ecken, deren beide Zargenteile auf Gehrung geleimt werden können, ohne

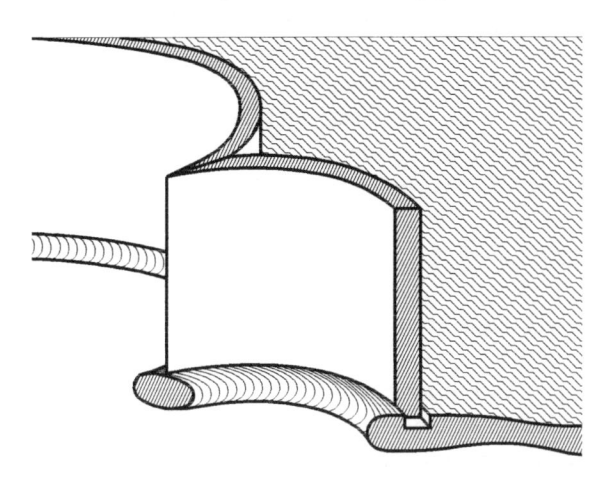

Abb. 6: *Zargen, in eine Bodenrille eingelassen*
(Zeichnung: G. Söhne, Krailling)

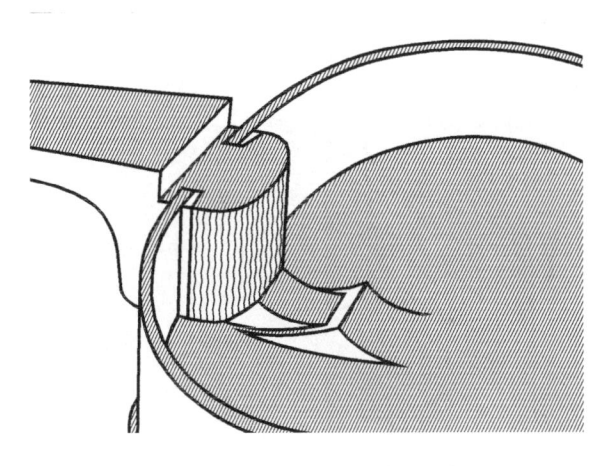

Abb. 7: *Historische Halskonstruktion mit Hals/Oberklotz-Einheit, sog. durchgesetzter Hals; die Skizze folgt einem Instrument von Ignaz Penzl, Markneukirchen 1786*

einen Eckklotz als Stütze und Leimfläche zu benötigen (Abb. 6). Bei größeren Instrumenten konnten zudem kleine Holzdübel helfen, die Verbindungen der Teile zu fixieren. Weitere Kennzeichen ›archaischer‹ Techniken sind Baßbalken, die aus dem Deckenholz stehen gelassen wurden, gelegentlich in der Mitte der Decke, meist aber an der üblichen Stelle auf der Baßseite. In manchen Instrumenten einfacher Bauart finden sich derartige Baßbalken bis ins 19. Jahrhundert. Sekundäre Stilmerkmale älterer Bautraditionen sind oftmals doppelte Einlagen, deren innere Ader gerne zu Ornamenten weiter gezogen wird. Manchmal sind die Löcher der FF durch einen dünnen Holzsteg von den Schäften abgetrennt.

Die beschriebenen baulichen Merkmale finden sich besonders im flämischen Geigenbau des 17. Jh., in Süddeutschland und Tirol, im sächsisch-böhmischen Raum und in Lothringen sowie im alemannischen Gebiet (Südschwarzwald, Raum Bern). Die stilistische Nähe zu Instrumenten der Brescianer Schule aus dem 16. und frühen 17. Jh. bietet Anlaß zu Spekulationen über den Einfluß des Nordens auf den italienischen Geigenbau.

2. Die Cremoneser Bauweise

Der hauptsächliche Unterschied der kunsthandwerklichen Bauweise früherer Zeit gegenüber der heutigen besteht in der Hals-Korpus-Verbindung. Das Bauen über eine Innenform – in italienischer Tradition – integriert den Oberklotz in den Zargenkranz und läßt damit keine materielle Hals-Oberklotz-Einheit zu wie in den nördlichen Bautraditionen. Der Hals wurde früher jedoch nicht in diesen Klotz

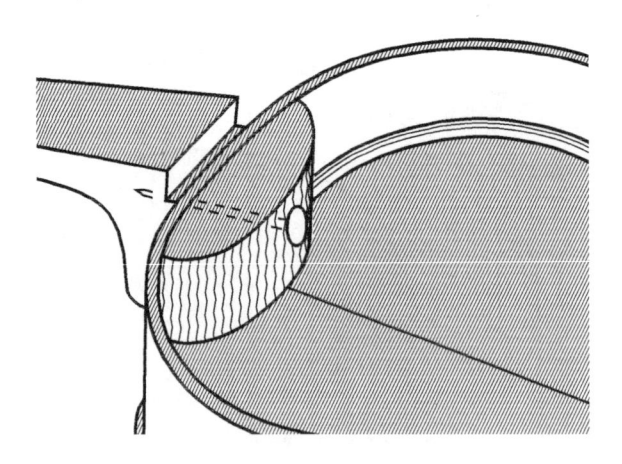

Abb. 8: *Historische Halsbefestigung in italienischer Art mit stumpf aufgeleimtem Halsfuß und Fixierung durch einen Nagel* (Zeichnung: G. Söhne, Krailling)

verzapft – wie heute üblich –, sondern nahezu rechtwinklig auf die Außenfläche der Zargen geleimt. Zusätzliche Stabilität wurde durch einen oder drei Eisennägel erzielt, die vom Oberklotz her in den Halsfuß getrieben wurden. Eine Aussparung am oberen Ende des Halsfußes nahm den Randüberstand der Decke auf (Abb. 8). Diese Methode hatte den Vorteil, daß keine aufwendige Anpassung des Halsfußes an den Korpus notwendig war. Zudem wurde der Neigungswinkel der Saiten über dem Steg nicht durch die Halsstellung bestimmt, sondern vom keilförmigen Griffbrett, dessen Neigung jederzeit nachgearbeitet werden konnte. Dieser Punkt führte in jüngerer Zeit zu neuen Überlegungen hinsichtlich der Cremoneser Bauweise (R. Hargrave, Artikelserie 1986). Es könnten zuerst Zargenkranz und Hals verbunden worden sein, bevor Boden und Decke bearbeitet wurden. Indizien hierfür sind Fixierungsstifte in Decke und Boden sowie die Tatsache, daß das Eintreiben der Nägel in Oberklotz und Hals bei einem vorher angebrachten Boden relativ unbequem wäre. Die Verbindung des Halses mit dem instabilen, aus der Form gelösten Zargenkranz birgt aber die Gefahr einer Fehlstellung. Hargrave kann die auffälligen Asymmetrien an Stradivaris Instrumenten dadurch erklären, daß eben solche leichten Abweichungen des Halses von der Mittelachse des Instruments beim Anpassen des Bodens wieder ausgeglichen wurden. Auch in diesem Fall erwiese sich also ein vielbewundertes ästhetisches Phänomen als – vielleicht bewußt in Kauf genommene – Folge einer bestimmten Bauweise.

3. Änderungen um 1800

Um 1800 begann man damit, bestimmte sekundäre Teile bei den Streichinstrumenten der Violinfamilie zu modifizieren (→ Violine II.3). Ältere Instrumente wurden entsprechend umgerüstet. Ziel der Umbauten war es vielleicht, einen tragfähigeren Klang zu erzielen, wahrscheinlicher jedoch, einer veränderten Grifftechnik der linken Hand Rechnung zu tragen. Die alten Hälse wurden häufig ersetzt. Um aber die alte Schnecke mit Wirbelkasten zu erhalten, wird diese von ihrem Hals getrennt und auf einen Schaft geleimt, aus dem dann der neue Hals geschnitten wird. Dieser – oft länger als der alte und schlanker im Profil, sowie mit einem größeren Überstand versehen – wurde dann in einen ebenfalls erneuerten Oberklotz eingesetzt und das Bodenplättchen entsprechend angepaßt. Der ganze Vorgang wird als ›Anschäften‹ bezeichnet und führte zum oben beschriebenen ›modernen‹ Hals (Abb. 9). Alte Hälse ausreichender Länge erfuhren manchmal nur eine Veränderung in ihrer Neigung. Darüber hinaus wurden die schlanken alten Baßbalken gegen stärkere ausgetauscht. Beide Eingriffe können jedoch zeitlich gestaffelt stattgefunden haben, wobei das Auswechseln des Baßbalkens, das klangliche Konsequenzen hat, später eingesetzt zu haben scheint (Abb. 10).

V. Reparaturen

Die erwähnte Anpassung alter Streichinstrumente an die neuen Erfordernisse des 19. Jh., im Verein mit dem aufkommenden Handel mit alten Meisterinstrumenten und der damit verbundenen Instandsetzung auch stark beschädigter älterer Instrumente, brachte es mit sich, daß das Reparaturwesen zu einer hochent-

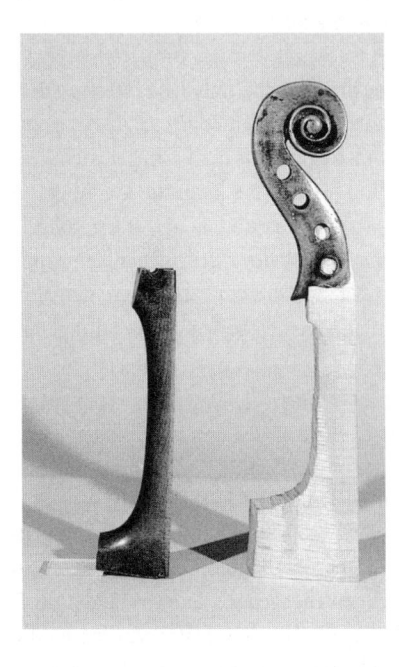

Abb. 9: Anschäfter im Rohzustand; die alte Schnecke ist durch die dunkle Lackierung deutlich von dem neuen Halsstück abgesetzt, links der abgetrennte alte Teil des Halses (Foto: K. Martius, mit Genehmigung von A. Leonard)

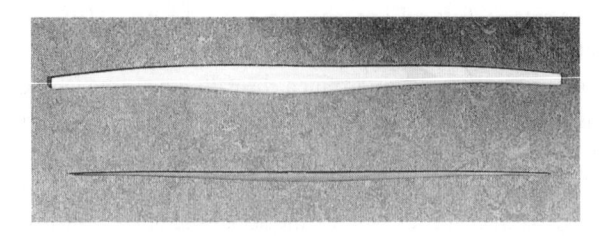

Abb. 10: Oben: moderner Baßbalken, unten: schmaler Baßbalken aus dem 18. Jh. (aus der Sammlung Schreinzer, German. Nationalmuseum Nbg., Inv.-Nr. MI 403)

wickelten Spezialdisziplin des Geigenbaus wurde. Ihre Ergebnisse werden von der Öffentlichkeit kaum wahrgenommen, obgleich sie sich auch wirtschaftlich zu einem sehr wichtigen Faktor des ganzen Gewerbes entwickelt hat, denn gute Reparaturen sind zeitaufwendig und deshalb teuer. Die Diskretion hat nicht zuletzt damit zu tun, daß es der Ehrgeiz guter Reparateure war und ist, ihre Arbeit gewissermaßen ›unsichtbar‹ zu halten. Die Wiederherstellung der vollen praktischen Funktionalität eines alten Streichinstruments kollidiert dabei gelegentlich mit konservatorischen Interessen.

Schäden können durch falsche Lagerung, mechanische Einwirkung und Abnützung entstehen. Die häufigsten Reparaturen erfolgen an den viel bewegten und oftmalig berührten Teilen der Streichinstrumente. An erster Stelle stehen hier die Wirbel, deren durch langen Gebrauch ausgeweitete Löcher ›ausgebuchst‹ werden, d. h. die alten Wirbellöcher werden zugesetzt und anschließend wird ein neuer, schmalerer Konus gebohrt. Eine Folge unsachgemäßer Lagerung ist z. B. der Wurmbefall, der durch Auskitten der Wurmgänge, Ausspänen oder Ersetzen besonders stark befallener Holzteile behoben werden kann. Am Korpus treten häufig Risse auf, bedingt durch mechanische oder klimatische Einwirkungen. Sie werden zugeleimt und von innen mit Holzstückchen oder Leinenstreifen gesichert. Als besonders kritisch gelten Längsrisse im Bereich des Baßbalkens und an den Auflagestellen des Stimmstockes. Ein guter Reparateur kann diese Schäden zwar nahezu perfekt beheben, doch führen sie zu einer spürbaren Wertminderung des Instruments. Neuralgische Punkte sind auch die hervorstehenden Ecken, die leicht verletzt oder sogar abgerissen werden können. Sie finden sich an alten Instrumenten nicht selten vollständig neu angesetzt.

Zu den aufwendigeren Arbeiten zählt das Belegen (›Doublieren‹) der Ränder. Dies wird notwendig, wenn der Deckenrand eines alten Instruments durch häufiges Öffnen so viel Holzsubstanz verloren hat, daß er nicht mehr plan auf die Zargen gesetzt werden kann. Bei starken Verletzungen von Decke und Boden bringt man sogenannte Futter an. Die entsprechenden Stellen werden von der Innenseite her ausgedünnt und ein separates, sehr dünnes Stück Holz von runder oder ovaler Form angepaßt und eingeleimt. Auf diese Weise kann volle Stabilität und eine Wiederherstellung der ursprünglichen Wölbung erreicht werden, ohne daß die Manipulation am Äußeren des Instruments zu erkennen ist. Bei einer großflächigen Deformation der Wölbung wird ein Negativmodell aus Gips oder einer anderen plastischen Masse hergestellt, in dem die ursprünglichen Wölbungsverhältnisse durch Ausschaben oder Auffüllen korrigiert werden. Anschließend wird das deformierte Teil in diese Form gedrückt und längere Zeit dort fixiert, bis es sich den Korrekturen angepaßt hat.

Im Geigenhandel achtet man darauf, die ausgebesserten Stellen durch Lackretuschen dem übrigen Erscheinungsbild des Instruments wieder anzugleichen. Bei den unzähligen Varianten des Lackaufbaus erweist sich dieser Teil einer Reparatur oft als der schwierigste.

VI. Bogenbau
1. Material

Das Material für den Bogen stammte zunächst aus einheimischen Hölzern. Eibe und Lärche kamen dafür bevorzugt in Frage. Das geringe spezifische Gewicht erzwang aber Holzstärken, die der Elastizität der Stange Grenzen setzten. Es verwundert daher nicht, wenn spätestens seit dem 17. Jh. auch schwere exotische Hölzer Verwendung fanden. Besonders dichte und schwere Sorten, meist aus Südamerika, wie etwa Schlangenholz (*brosimum aubleti*), eigneten sich gut für die Bogenherstellung. Aber auch das später bevorzugte Brasilholz scheint neben anderen überseeischen Sorten bereits sehr früh bekannt gewesen zu sein. Pierre Trichet meinte um 1640, Stangen aus »*bois de brésil, d'ébene, ou d'autre bois solide, sont meilleurs et plus estimés*« (AnnMl 4, 1956, S. 183). Ein Verzeichnis der Instrumente am Hof der Florentiner Medici aus dem Jahr 1700 nennt als Hölzer der aufgeführten Bögen: Schlangenholz (für V., Vc.), Esche (Viola da gamba), lackierten Ahorn (Vc.), Ebenholz (Viola da gamba, Kontrabaß), Steineiche (Kontrabaß) und Grenadille (Lira, kleine englische Viola da gamba).

Fernambuk (*echinata caesalpina*) fand als Farbholz schon im 17. Jh. Verwendung und kommt zu jener Zeit gelegentlich im Bogenbau vor. Seit dem Ende des 18. Jh. wird es zum Bau der qualitativ besten Stangen fast ausschließlich verwendet. J. B. Vuillaume produzierte 1834 bis 1844 eine Bogenserie aus Stahlrohr, neuerdings wird mit gutem Erfolg Kohlefaser eingesetzt.

Die Frösche älterer Bögen können aus dem Holz der Stange sein, aus Bein (Knochen), Elfenbein oder Ebenholz. Seit der Familie Tourte (um 1785) wird gewöhnlich Ebenholz verwendet. Die von ihnen hinzugefügten Metallteile des Frosches sind in der Frühzeit aus Silber, später aus Neusilber (erstmals 1819 in Lyon von Maillet und Chorier erzeugt und in Deutschland seit 1824 von den Firmen Henninger in Berlin und Geitner in Schneeberg industriell hergestellt). Bei kostbaren Ausführungen können die Metallteile auch aus Gold sein, sowie der Frosch aus Schildpatt oder Elfenbein.

2. Bogenstange und Spitze bis ca. 1750

Die Ausbildung einer separaten Spitze erfolgte offenbar erst im Laufe des 16. Jh. (PraetoriusS 2, Taf. V, XX, XXI), einhergehend mit einer steten Verjüngung der Stange zum oberen Ende hin. Erst die Verkeilung der Haare in einem Kästchen am oberen Ende der Stange machte eine Verdickung des Holzes und damit die Formung einer Spitze notwendig. Vorher konnten die Haare einfach mit einer Fadenwicklung fixiert, als Schlaufe in einer Kerbe eingehängt oder durch einen Kanal in der Stange geführt und oberhalb verknotet sein. Auch die Anhängung an einen Dorn oder die Fixierung mittels einer gedrechselten Hülse aus Holz oder Bein/Elfenbein ist zu finden.

Nach Entstehung der geformten Spitze erhöhte sich der Abstand zwischen Stange und Haaren bis ins 18. Jh. kontinuierlich, und es wuchsen ihre Dimensionen. Durch Kannelierungen konnte Gewicht eingespart werden, ohne Stabilität einzubüßen. Um 1700 ist die Stange in entspanntem Zustand bereits leicht konkav gebogen. Dieser traditionelle Typ des Bogens mit ›Hechtkopf‹-, bzw. ›Schwanenhalsspitze‹ ist in den verschiedensten Varianten bis in die zweite Hälfte des 18. Jh. zu verfolgen (z. B. bei L. Mozart, *Violinschule*, Agb. 1756, Frontispiz und Fig. II-V). Die oftmals reproduzierte Tafel zur ›Entwicklungsgeschichte‹ des Bogens von F.-J. Fétis (1856, S. 116-117) – die ihrerseits zum Teil auf einer Skizze bei Michel Woldemar (*Grande Méthode ou étude élémentaire pour le violon*, P. o.J. [ca. 1800], S. 3) beruht – vereinfacht die tatsächlichen Gegebenheiten allerdings bis zur Irreführung.

3. Froschkonstruktionen bis ca. 1780

Veränderungen am Griffende scheinen bald eingesetzt zu haben, sowohl, um die Haare von der Stange abzuspreizen, als auch der Hand bessere Griffmöglichkeiten zu bieten. In der Ikonographie sind schon vor 1500 Froschbildungen in Materialeinheit mit dem Holz der Stange zu sehen, um 1500 auch kleine bewegliche Keile, die die Haare am Handende von der Stange abspreizen (S. Virdung, *Musica getutscht*, Basel 1511).

Die gewöhnlichste Art der Fixierung, die seit dem 16. Jh. bis weit ins 18. Jh. hinein benutzt wurde (abgebildet noch in den oben genannten Stichen in L. Mozarts *Violinschule* von 1756), war jedoch der sogenannte Steckfrosch, der in eine Aussparung am unteren Ende der Stange eingesetzt wurde und auf diese Weise die Haare spannte (Abb. 11). Eine Regulierung war allenfalls durch den Druck des Daumens auf die Haare während des Spiels möglich.

Der Zahnstangen-Mechanismus (frz. *crémaillère*), erstmals um 1600 ikonographisch nachweisbar, trug dem Wunsch nach einer flexiblen Bogenspannung Rechnung. Er bestand aus einer gezahnten Schiene aus hartem Material wie Knochen oder Metall auf der Oberseite der Stange und einer Drahtschlaufe durch den Frosch, die darin eingehängt wurde und verschoben werden konnte. Als zweckmäßige und unaufwendige Technik blieb die Zahnstange bis ins 19. Jh. im Gebrauch. Die Spannungsregulierung mit Hilfe eines verschiebbaren Frosches brachte es mit sich, daß die Haare nun nicht mehr in der Stange, sondern im Frosch selbst befestigt wurden.

Ein einfacher Schraubmechanismus am Bogen einer Viola da gamba findet sich augenscheinlich schon in einer Skizze von Hans Baldung Grien (ca. 1485-1545), doch kam der Schraubfrosch, wie er gegenwärtig noch in Gebrauch ist, vermutlich erst um 1700 auf. Er setzte sich aber erst in der zweiten Hälfte des 18. Jh. allgemein durch.

4. Der moderne Bogen: Die Modelle nach Cramer und Tourte

Ein fundamentaler Umschwung in der Bogenherstellung fand um 1760 statt und ist mit dem Namen des Mannheimer Geigers W. Cramer verbunden, der das neue Modell in Paris und London bekannt machte. Es zeichnet sich durch eine verlängerte Stange aus, die auch unter Spannung deutlich konkav gebogen blieb. Im Zusammenhang damit mußte die Spitze massiv erhöht werden, um die Haare vom Holz fern zu halten. Sie erhielt zunächst eine Art Axtform. Der Frosch mit Schraubmechanik war noch häufig aus Bein oder Elfenbein. Bögen dieses Typs finden sich im ausgehenden 18. Jh. in Paris mit Brandstempeln der Familie Tourte und von Nicolas Duchaine (fl. 1770-1788), in London von E. Dodd, den Firmen ›Forster‹, ›Norris & Barnes‹ u.a. Im Cramer-Bogen waren die entscheidenden Merkmale des modernen Bogens schon angelegt. Ab ca. 1780 entwickelten Mitglieder der Familie Tourte, besonders Fr. X. Tourte, daraus das bis heute gültige Bogenmodell.

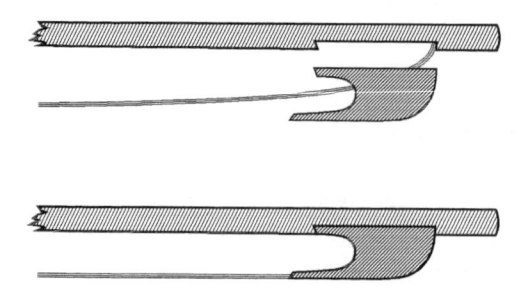

Abb. 11: Steckfrosch-Konstruktion des 17./18. Jh.
(Zeichnung: G. Söhne, Krailling)

Die Schraubfroschkonstruktion wurde durch die Applizierung mit feinen Metallarbeiten aus Silber perfektioniert. Besonders wichtig war die Einführung des metallenen Froschringes, der die Haare über die ganze Breite des Bezugs gleichmäßig verteilte. Die Metallbahn an der Auflagefläche des Frosches zur Stange wurde erst einige Zeit später hinzugefügt. Eine Umwicklung der Stange kurz oberhalb des Frosches aus Silberdraht, Leder, Fischbein u.ä. diente der Griffsicherheit der Hand.

Die Stärke des Bezugs hat im Lauf der Zeit stark zugenommen. Für einen Violinbogen gibt M. Mersenne (1636, Liv. 4, S. 178) 80 bis 100 Haare an, L. Spohr (*Violinschule*, Wien [1833], S. 18) für den Tourte-Bogen 100-110, und heute werden bis zu 180 Haare verwendet.

VII. Saiten

Die Saiten bestimmen durch ihre physikalischen Eigenschaften fundamentale Parameter des Instrumentenbaus. Variable Maße wie Saitendurchmesser, spezifisches Gewicht des Materials, Mensur des Instruments und gewünschte Spannung (Tonhöhe) mußten dabei aufeinander abgestimmt werden. Die Saitentechnologie wirkt auf diese Weise direkt auf den Instrumentenbau ein, ebenso auf die kompositorische Gestaltung und nicht zuletzt auf den Konzertbetrieb, in dem vor allem die Geiger bis ins 20. Jh. mit leicht reißenden E-Saiten aus Darm zu kämpfen hatten. Der englische Mathematiker Brook Taylor (1685-1731) fand eine Formel, mit der sich die verschiedenen Komponenten einer Saite aus einem homogenen Material exakt berechnen lassen.

Traditionelles Material zur Saitenherstellung bei Streich- und Zupfinstrumenten war der Darm von Schafen, von dem nur die mittlere der drei Schichten, die zähfaserige Muskelhaut, Verwendung fand. Gelegentlich benutzte man auch Seide, Roßhaar und Hanf, sogar Versuche mit Menschenhaaren wurden angestellt. Reine Metallsaiten konnten sich bei Streichinstrumenten nur als sympathetische Saiten bei Baryton und Viola d'amore etablieren. Mit den Technologien des 20. Jh. kamen Saiten aus Stahldraht (besonders für e" der Violine) in allgemeinen Gebrauch.

Mit verbesserter Saitentechnologie ließen sich sukzessive schwerere Saiten herstellen, indem der Darm immer stärker in sich gedreht wurde und damit eine Verdichtung erfuhr. Dies ermöglichte um 1500 die Einführung von Streichinstrumenten tieferer Lage. Gegen Ende des 16. Jh. kamen in Bologna hergestellte sogenannte venezianische ›Catlines‹ auf (erstmals von J. Dowland erwähnt, in: R. Dowland, *Varietie of Lute-Lessons*, L. 1610, D verso), die, wie in der Seilerei üblich, aus mehreren dünnen ineinandergedrehten Strängen bestanden und dadurch eine höhere Dichte als bislang üblich erzielten. James Talbot beschreibt um 1695 den Bezug einer Violine (von oben nach unten) folgendermaßen: »Best Strings are Roman 1st & 2d of Venice Catlins: 3d & 4th best be finest & smoothest Lyons all 4 differ in size« ([ohne Titel], GB-Och, Music MS 1187; Teilübertragung von R. Donington, in: GSJ 3, 1950, S. 30). Einer Beschreibung aus dem Jahr 1769 zufolge wurden in Neapel für e'' drei Stränge aus dem Darm sieben bis acht Monate alter Lämmer zusammengedreht und sieben Stränge für d'. Heinrich Gretschel macht 1869 noch ganz ähnliche Angaben für den französischen Saitenhersteller Savaresse (in: G. A. Wettengel, Vollständiges [...] Lehrbuch..., ²1869, S. 215). In jüngster Zeit wurden allerdings auch andere Methoden zur Erhöhung des spezifischen Saitengewichtes diskutiert, wie etwa das Tränken der Darmsaite mit verschiedenen Mineralsalzen. Th. Mace (Musick's Monument, L. 1676, S. 65-66) erwähnt charakteristisch tiefrot gefärbte Saiten namens »Pistoy-basses« (nach der mittelitalienischen Stadt Pistoia).

Einen entscheidenden Schritt zur Optimierung des Saitenmaterials stellte das Aufkommen der Umspinnungstechnik für tiefe Saiten kurz nach der Mitte des 17. Jh. dar. Zum ersten Mal findet diese Technik bei J. Playford Erwähnung: »It is Small Wire twisted or gimp'd upon a gut string or upon Silk...« (Introduktion to the Skill of Musick, L. 1664, Anzeige am Ende des Buches). Hierbei wurde um einen dünnen Saitenkern aus Darm oder Seide ein Silber- oder Messingdraht gewickelt (›gesponnen‹), der das spezifische Gewicht der Saite massiv erhöhte, ohne die unerwünschte starke Zunahme des Durchmessers zu erzwingen.

Während umsponnene Saiten gegen Ende des 17. Jh. zu einer Standardisierung der Violoncello-Größe führten und die Erweiterung der Viola da gamba um eine tiefe siebte Saite begünstigten, fanden auf der Violine umsponnene Saiten zunächst nur auf der G-Saite Verwendung, obwohl schon S. de Brossard ([Fragment eines Traktates über die Violine, nicht datiert], F-Pn, Rés. Vm^8 c.1, S.[17]) zusätzlich weit umsponnene D-Saiten erwähnt (»demi filee avec de l'argent«). Erst im letzten Viertel des 19. Jh. kamen zögerlich Stahlsaiten für e'' der Violine auf (H. Starcke 1884).

Rasche Veränderungen fanden im 20. Jh. statt. Die E-Saite aus Stahl für Violinen fand immer größere Verbreitung, und die übrigen Saiten wurden nun meist umsponnen. Als Saitenkerne kommen Darm, Stahl- und Bronzedraht, Stahlseile und seit 1946 auch Nylon oder Perlon, jüngst sogar Wolfram in Betracht. Diese Kerne werden mit Seiden- oder Kunststofffäden beflochten, um einen festen Sitz der Umspinnung zu gewährleisten und den Ton etwas zu dämpfen. Die Spinndrähte können je nach gewünschtem Ergebnis aus Silber, Aluminium, Bronze, Kupfer, versilbertem Kupfer, Messing u. a. bestehen. Neben den traditionellen Runddrähten werden auch Flachdrähte eingesetzt, die sich besonders für Saiten mit Mehrfachumspinnungen eignen.

VIII. Herstellerkennzeichnungen

Gewöhnlich geben handgeschriebene oder gedruckte Zettel, die im Inneren auf den Boden des Instruments geklebt werden, Auskunft über den Hersteller (Name, Ort, Jahr). Als zusätzliche Information kann - vor allem seit dem 18. Jh. - das als Vorbild gewählte Modell angegeben sein (Stradivari, Stainer etc.), oder es wird auf eine Werkstattarbeit hingewiesen (Sub disciplina...). Manufaktur- und Industrieinstrumente sind meist mit einem Einheitszettel versehen, der auf den Händler/Verleger oder die Fabrik verweist. Bei gedruckten Zetteln wurden überwiegend Hochdruckverfahren verwendet. Das Setzen ganzer Bögen im 17. und 18. Jh. konnte leichte Varianten ein- und desselben Zettelmusters zur Folge haben.

Die Marktmechanismen des Geigenhandels brachten es mit sich, daß Zettel in großem Maße verfälscht, gefälscht und ausgetauscht wurden. Diese Praxis setzte wohl früh ein, denn schon im Jahr 1559 wurde der Lautenmacher Benoît Lejeune (fl. 1551-1559) in Paris wegen der Fälschung eines (Lauten-)Zettels von K. Tieffenbrukker verurteilt. 1685 beklagte sich der Modeneser Geiger T.A. Vitali, daß er unter dem ›Amati‹-Zettel seiner Violine einen von Fr. Rugeri (Ruggieri) fand; er hatte das Instrument als natürlich teurere ›Amati‹ gekauft.

Eine etwas sicherere Kennzeichnung stellt der Brandstempel dar, mit dem einige Geigenbauer ihre Instrumente an bestimmten Stellen innen und außen versehen. Er findet vor allem bei Bögen Verwendung. Doch muß auch hier mit Imitationen gerechnet werden oder mit dem Mißbrauch alter Stempel.

IX. Handel und Expertise

Für neugebaute Streichinstrumente werden unterschiedliche Preise bezahlt, je nach Qualität des Objekts und Renommee des Herstellers. Die extrem ungleichen Preise für alte Streichinstrumente aber ergeben sich aus dem limitierten Angebot. Bezahlt wird gewöhnlich eine Art antiquarischer Wert, der losgelöst ist vom eigentlichen Zweck des Instruments als Klangwerkzeug. Dies ist verständlich angesichts der Schwierigkeit, ein objektives Urteil über den Klang eines Streichinstruments zu fällen. Die fatale Fixierung der meisten Musiker auf bestimmte historische Geigenbauer (vornehmlich italienischer Herkunft) führte allerdings zu grotesken Verzerrungen im Preisniveau, etwa zwischen guten italienischen und guten deutschen Instrumenten des 18. und 19. Jahrhunderts. Modifikationen am Preis innerhalb der einzelnen Kategorien bewirkt der Erhaltungszustand, indem z.B. bestimmte Schäden an Holz und Lack, oder ein fehlender Originalzettel preismindernd wirken.

Die Problematik der Herstellerkennzeichnung führte im Handel mit älteren Instrumenten zu einer Beurteilungspraxis, die auf schriftlichen Expertisen ausgewiesener Kenner der betreffenden Instrumente beruht. Diese Praxis birgt mancherlei Risiken in sich, da es kaum Möglichkeiten gibt, ein Fehlurteil wirksam anzufechten. Allerdings sollten seriöse Händler für ihre Einschätzung garantieren und das Instrument bei einer erwiesenermaßen falschen Zuschreibung zurücknehmen. Der Handel mit alten Streichinstrumenten beruht daher hauptsächlich auf dem Vertrauensverhältnis zwischen Verkäufer/Händler und Käufer.

THOMAS DRESCHER

B. Die Familie der Viole da gamba
I. Die Formen

Bei vergleichender Betrachtung von Gamben wird erkennbar, daß der Bau einer Viola da gamba keiner Norm folgte. Die Auffassung von einem sechssaitigen Instrument mit abfallenden Oberbügeln, stumpfen Ecken und bündigen Rändern trifft zwar zum größten Teil zu auf den englischen Typus, der seit dem frühen 17. Jh. beherrschend wurde. Daneben aber haben – möglicherweise sogar auch in England selbst – Umrisse existiert, die der Violinfamilie zumindest in Einzelaspekten nahekamen. Weder die Größe, noch die Formen in ihren Verhältnissen zueinander waren festgelegt, so daß neben der ›klassischen‹ Gambe mit abfallenden Schultern und eingezogenen Mittelbügeln eine Vielfalt von flamboyanten Formen (dies vor allem im süddeutschen und österreichischen Raum) zu finden ist, bis hin zur Form des Violinenbasses mit waagerechten Oberbügeln und Randüberständen. Da es vor allem die Baßgambe war, der hier die größte Aufmerksamkeit gezollt wurde – denn sie wurde nicht nur als unentbehrliches Generalbaßinstrument, sondern auch als Soloinstrument außerhalb des Consorts verwendet –, sind gerade diese Instrumente wohl am ausgeprägtesten der Formenvielfalt ausgesetzt. Über die kleineren Arten, mit Ausnahme des *Pardessus des viole*, der ebenfalls ein reines Soloinstrument blieb, kann weniger hierzu ausgesagt werden, da sie im Vergleich in wesentlich geringerer Anzahl erhalten sind, bzw. häufig in späteren Zeiten beschnitten und anderweitig verändert wurden, um sie z.B. einer Spielweise am Hals anzupassen oder einem ästhetischen Ideal zu dienen – eine Praxis, die bereits von H. Riemann in den ersten Ausgaben seines Lexikons (Lpz. ^{3}1897- Bln. ^{12}1945) bedauert worden ist.

II. Bautechniken

Aus der äußeren Form und der Innenkonstruktion einer Viola da gamba kann auf die Arbeitsgänge geschlossen und somit unter Umständen Aussagen darüber getroffen werden, wie das Instrument konzipiert worden ist. Die Erforschung handwerklicher Vorgehensweisen ist gegenüber dem Kommentieren und Kopieren der äußeren Erscheinungsform oft vernachlässigt worden, so daß in bezug auf die Bauweisen von Gambeninstrumenten, die ja im Laufe ihrer Existenz meist mehrfach umgebaut worden sind, oft Unklarheit herrscht. Die handwerkliche Vorgehensweise kann auch etwas darüber aussagen, wie weit ein altes Instrument echt oder gefälscht ist. Allerdings sind hier Schlußfolgerungen nur möglich, wenn zumindest Vergleichsdaten von Instrumenten zur Verfügung stehen, deren Originalzustand relativ unbestritten ist. Alte Bautechniken der Viola da gamba haben sich stets zwischen Bauprinzipien des Lauten- und des Geigenbaues bewegt, ebenso in der Art, wie das Instrument in seiner Spieltechnik und seinem Repertoire zwischen diesen beiden angesiedelt war.

1. Prinzipien des Lautenbaues

Für die Herstellung einer Laute scheint spätestens seit der Konstruktionsbeschreibung des Henri Arnault de Zwolle (F-Pn, Ms.latin.7295, fol.132r; ca.1450) die Anfertigung einer Korpusinnenform gebräuchlich gewesen zu sein, über die die Späne mit Hilfe von Wärme, Feuchtigkeit oder einer Kombination von beidem gebogen und mit Leim sowie Verstärkungsstreifen aus Stoff, Papier oder Pergament im Innern zusammengehalten wurden. Oberklotz und Hals scheinen zu dieser Zeit bereits aus zwei Stücken gebildet worden zu sein, dergestalt, daß der Oberklotz als stützender Abschluß des Korpus von vornherein als Teil der Innenform behandelt und der Hals mittels Leimung und Nagelung auf den fertigen Korpus aufgesetzt wurde. Diese Bauprinzipien wurden vom italienischen Geigenbau – und bedingt auch in manchen Gebieten nördlich der Alpen – übernommen, so daß hier eine Abgrenzung zum archaischen Geigenbau (s. Abschnitt A.IV.1) notwendig wird. Die Anlehnung des Gambenbaues an den Lautenbau offenbart sich auch darin, daß die Wandstärken durchgehend geringer sind als im Geigenbau. Ausnahmen bilden hier diejenigen Instrumente, die in vom Geigenbau dominierten Gegenden hergestellt wurden.

2. Prinzipien des Geigenbaues

Die archaische Technik, ein Instrumentenkorpus aus einem massiven Stück auszustechen, kommt für den Bau einer Viola da gamba nicht in Betracht, da es keine Nachweise dafür gibt, daß jemals derart verfahren worden ist. Dagegen sind jene Bauprinzipien bedeutsam, nach denen ein Instrument ohne Außen- oder Innenform gleich einer Schachtel aus Boden, Zargenkranz und Decke entworfen wurde. Hals und Oberklotz bilden hierbei eine Einheit, wobei dieser Sektion während des Bauens eine besondere Bedeutung als statisches Zentrum zukommt, da der Korpus nicht, wie bei der Laute, durch eine stabile Hilfskonstruktion gestützt wird. Die Verwendung von Innenformen im italienischen Geigenbau ist für diese Betrachtung unerheblich, da diese wohl auf die historische Entwicklung des italienischen Geigenbaus aus dem Lautenbau vor allem der Füssener Schule zurückgeht (d. h. auch für diese Geigenbautechnik sind lautenbauerische Kriterien anwendbar). Angesichts des großen Einflusses, den der italienische Geigenbau in den folgenden Jh. nördlich der Alpen ausüben sollte, bleibt es ein Rätsel, warum man im Gambenbau von dem älteren Prinzip des formenlosen Bauens so lange Zeit nicht abging. Die Vorstellung, daß das Bauen mit einer Form vorwiegend von professionellen Instrumentenmachern angewendet wurde, während das Bauen ohne Form – oder auch das Ausstechen aus einem massiven Stück Holz – in alte, nichtprofessionelle Spielmannstraditionen zu verweisen ist, läßt sich im Fall des Gambenbaues nicht aufrechterhalten, vor allem nicht angesichts der Tatsache, daß Gamben stets als Instrumente der Aristokratie angesehen waren, die deshalb nicht nur handwerklich perfekt, sondern überdies künstlerisch gestaltet waren.

Von den zwei Bauprinzipien wurde im Gambenbau im Verlauf der Jh. unterschiedlich Gebrauch gemacht, wobei je nach Epoche und Region die musikalischen Anforderungen bestimmend waren. Wo man die Viola da gamba vorwiegend als diskantierendes, figurativ wirkendes Instrument zusammen mit oder in Konkurrenz zur Violine auffaßte, kann eine Entsprechung zu Violinenprinzipien beobachtet werden. Wo hingegen akkordische Spieltechnik oder die Einbindung in ein homogenes Consort vorherrschten, dominieren Lautenbaumerkmale.

III. Der Korpus (Boden und Zargenkranz)
1. Konstruktion

Im Normalfall sind Boden und Zargenkranz getrennte Teile aus dem gleichen Material. Der Boden besteht in der Regel aus zwei symmetrisch zueinander angelegten Hälften, die beim ›klassischen‹ Typus plan gehobelt sind. Gewölbte

Böden sind erst seit der zweiten Hälfte des 17. Jh. nachzuweisen. Da bei ihnen in mehreren Fällen Brennspuren des Biegeeisens deutlich zu erkennen sind, scheint man zunächst auch bei den Böden von der in Abschnitt B.IV.1 besprochenen Technik des Biegens Gebrauch gemacht zu haben. Zur Stabilisierung des planen Bodens befindet sich im oberen Bereich, meist bei einem Fünftel der Gesamtlänge des Korpus, ein waagerechter Knick, der in Andeutung sogar gelegentlich bei gewölbten Böden zu beobachten ist.

Der Zargenkranz wird meist auf Gehrung, gelegentlich auch auf Stoß zusammengefügt und bündig auf den Boden aufgesetzt. Alle Fugen werden je nach Bautradition und Region entweder mit Leinen, Papier oder Pergament oder auch mit dünnen Holzreifchen an der Innenseite des Korpus verstärkt.

2. Materialien

Das Holz muß hart und biegsam sein. An europäischen Hölzern wurde bevorzugt Ahorn verwendet. In Nord- und im nördlichen Mitteleuropa wurde auch Birkenholz geschätzt; die Engländer verwendeten vor allem zu Beginn des 17. Jh.

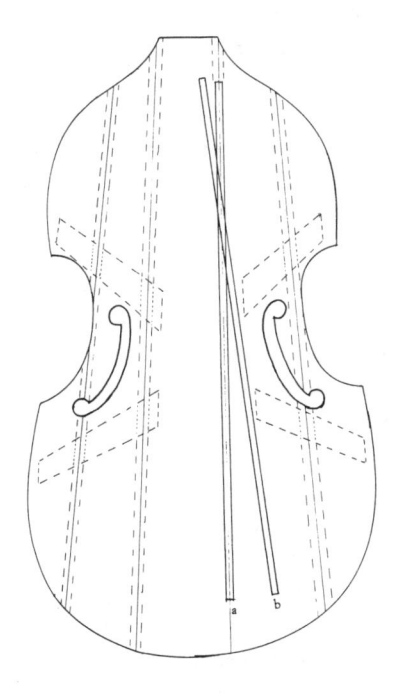

Abb. 12: *Konstruktion einer fünfteiligen gebogenen Decke mit Leinenstreifen (gestrichelte Linien) und Position des Baßbalkens (a. englisch, b. Colichon) (aus: A. Otterstedt 1994, S. 147)*

Obsthölzer wie Kirschen-, Pflaumen- oder Walnußholz. Für Italien ist auch Zedern- und Zypressenholz belegt (wobei jedoch die erhaltenen Exemplare in ihrer Echtheit als alte italienische Exemplare umstritten sind). Auch exotische Hölzer wie Ebenholz, Mahagoni oder Palisander sind vor allem seit ca. 1700 verwendet worden, nicht selten auch in Kombination mit Ahorn, um Farbkontraste zu nutzen.

IV. Die Decke
1. Konstruktion

Anhand der Deckenkonstruktion läßt sich eine Abhängigkeit vom Lauten- oder Geigenbau besonders sinnfällig belegen. Während über die Deckenkonstruktion von Gamben des 16. Jh. nur spekuliert werden kann, ist der englische Gambenbau des frühen 17. Jh. besser dokumentiert. Mit großer Wahrscheinlichkeit stammte er allerdings vom italienischen Bau der Renaissancegambe ab, da die ersten Gambisten in England Italiener waren, die ihre Instrumente mitbrachten. Der englische Gambenbau wiederum übte in der Folgezeit einen starken Einfluß aus auf den niederländischen und norddeutschen, teilweise auch auf den französischen. Die Engländer pflegten ihre Gambendecken nicht, wie heute üblich, aus zwei symmetrischen Hälften auszustechen, sondern leimten diese aus einer ungeraden Anzahl von gebogenen Holzstreifen zusammen, dergestalt, daß das mittlere Segment wie der Schlußstein eines Gewölbes den Druck der Saiten auffing und zu den Seiten ableitete (Abb. 12). Eben dieses Biegen einer ungeraden Anzahl von Holzstreifen stammt aus dem Lautenbau, wobei es sich allerdings bei der Korpuskonstruktion der Gambe umgekehrt verhält: Bei der Laute befindet sich die ebene Fläche unter dem Saitenbezug als Decke, während der Korpus gewölbt ist, die Gambe hingegen erhält die gewölbte Seite zum Saitenbezug hin, wobei die plane Seite den Rücken darstellt. Eine Erklärung für dieses Umkehrphänomen ist aus den historischen Dokumenten nicht herzuleiten, aber wahrscheinlich auch unnötig. Die Instrumentenbauer früherer Epochen besaßen wohl aufgrund von Erfahrung über Statik und Belastbarkeit der Materialien gute einschlägige Kenntnisse. So scheint es bald klargeworden zu sein, daß eine gewölbte Decke einen höheren Saitendruck verkraftet als eine flache. Die Lösung des Problems folgte dann den Handwerkstraditionen der jeweiligen Bauhütte, indem man bog oder ausstach. Das Biegen geschah mit einem heißen Biegeeisen, und bei vielen alten Instrumenten sind die Brennspuren von diesem Vorgang an der Innenseite der Decke oder des Bodens zu sehen.

Für den frühen englischen Gambenbau sind fünf Streifen typisch. Es ist jedoch möglich, daß frühere Decken aus mehr als fünf Streifen bestanden. Einen Anhaltspunkt hierfür bietet die Gambe auf dem Gemäde »*Das Gehör*« von Pieter Brueghel (Madrid, Prado). In späterer Zeit und auf dem Kontinent bevorzugte man drei Teile, wobei auch Mischtechniken aus Biegen und Ausstechen zur Anwendung kamen, so daß die Seitenteile ausgestochen, das zentrale Teil jedoch gebogen wurden. Die Fugen wurden von außen geglättet, so daß das Ergebnis gleichmäßig gewölbt erschien. Eine Hohlkehle entstand bei diesem Verfahren nicht. Die heute im angelsächsischen Bereich gelegentlich anzutreffende Nomenklatur von ›siebenteiligen Decken‹ deckt sich mit der fünfteiligen Machart, wobei die Engländer die durch die Mittelbügeleinschnürung zweigeteilten äußeren Streifen für jeweils zwei Teile rechnen.

Das Biegen scheint auch bei zweiteiligen Decken mindestens bis ins 18. Jh. hinein praktiziert worden zu sein (s. B.III.). Dabei scheinen vom Biegen ohne Nacharbeit bis zum endgültigen Glätten alle Zwischenstufen möglich gewesen zu sein. Die unbearbeitete Form einer zweiteiligen gebogenen Decke weist oft einen von außen sichtbaren Mittelgrat auf, dem von der Innenseite her eine Einkerbung entspricht, die gelegentlich von einem Stoffstreifen o.ä. gestützt ist.

Die Fugen gebogener Decken sind mit Stoff- oder Papierstreifen hinterlegt. Bei einigen Decken in originalem Zustand sind diagonale Streifen aus demselben Material erhalten, die die schwächeren Regionen an Ober- und Unterbügeln abstützen. Gebogene Decken waren oft recht dünn gearbeitet (ca. 3-3,5 mm unter dem Steg abfallend bis zu ca. 1,2 mm oberhalb der Schallöcher), so daß die Gefahr einer zu leichten Bauweise mit entsprechend vielen ›Wolfstönen‹ bestand, die unter Umständen durch derartige Streifen neutralisiert werden konnten. Andererseits gewährleisten gebogene Decken durch die Tatsache, daß beim Biegen weniger Holzfasern unterbrochen werden als beim Ausstechen, eine größere Elastizität und Stabilität als ausgestochene Decken bei gleicher Wandstärke.

Neben dem Biegen, das im übrigen auch für Viole d'amore belegt ist, kam wohl auch das Ausstechen vor, jedoch sind hier detaillierte Forschungen über die tatsächliche Verwendung dieser Technik bei Gambeninstrumenten bisher weniger angestellt worden als im Fall der gebogenen Decken. Dieser Mangel mag darauf zurückzuführen sein, daß man bis vor wenigen Jahren das Ausstechen aus zwei spiegelbildlichen Teilen für selbstverständlich hielt; dabei ist aber noch keineswegs die Frage geklärt, wie weit Schnitz- und Biegetechniken ineinandergreifen konnten in dem Sinne, daß ausgestochene Decken vor- oder nachgebogen wurden.

2. Materialien

Sowohl gebogene als auch ausgestochene Decken bestehen fast allerorts aus Fichtenholz (selten auch Kiefernholz). Im späten 17. Jh. experimentierte Michel Colichon (fl. 1666-1693) – und möglicherweise auch andere Gambenbauer, deren Werke sich nicht erhalten haben – mit Decken aus exotischen Hölzern wie Mahagoni. Die Decken einiger in Museen erhaltener Renaissancegamben bestehen aus einem italienischen ›Zedernholz‹, das rund um den Gardasee zu finden war, jedoch heute nahezu vollständig ausgerottet ist. Dieses Material ist plausibel angesichts von Resonanzböden anderer Instrumente, insbesondere Cembali, die aus Zedernholz gefertigt wurden. Andererseits aber ist die Echtheit gerade dieser Gamben umstritten.

V. Halskonstruktionen

Allgemeine Kriterien für die originalen Hals-/Oberklotzkonstruktionen an Viole da gamba sind heute nahezu unmöglich aufzustellen, da die meisten Instrumente seit dem 17. Jh. geändert worden sind. Vorsichtig kann man vermuten, daß zur gleichen Zeit nebeneinander sowohl Instrumente mit separatem Oberklotz und aufgeleimtem und -genageltem Hals existierten (gelegentlich trat anstelle der Nägel ein konischer Dübel aus Hartholz), als auch solche, bei denen der Oberklotz ein integraler Bestandteil des Halses war. Unklar ist, wann die Einpassung durch einen Schwalbenschwanz bzw. Zapfen/Zapfensenkung eingeführt wurde. Dieser ist bereits bei Gamben von Henry Yaye vorhanden.

Wichtige Konstruktionsmerkmale sind die Befestigung der Zargen am Oberklotz sowie der Halswinkel im Verhältnis zum Korpus. Bei einem integralen Oberklotz sind Erweiterungsklötze an den Seiten notwendig, um mehr Leimfläche und Stabilität für den Zargenansatz zu schaffen, vor allem, wenn es sich um spitz zulaufende Oberbügel handelt.

Theoretisch könnten Wirbelkasten, Hals und ein sich verbreiternder Oberklotz natürlich in einem Stück gearbeitet werden. Das widerspricht jedoch instrumentenbauerischer Logik, die sich stets nach ökonomischen Kriterien richtete. Zum einen bedürfte es eines größeren Stückes Holz, von dem allzuviel entfernt und damit vergeudet werden müßte, was der oft schwierigen Materialbeschaffung zuwiderliefe. Zum anderen spielt die Arbeitsgeschwindigkeit eine Rolle, und es ist wesentlich unproblematischer, Hals und Oberklotz aus einer Hobelbewegung heraus zu formen und anschließend Keile anzusetzen, als ein breiteres Stück am Ende des Holzklotzes zu schnitzen.

Der Neigungswinkel des Halses übt direkten Einfluß aus auf die Steghöhe und damit auf die Belastung des Instrumentes durch den Saitendruck. Bereits die französischen Gambenbauer des späten 17. Jh. haben damit begonnen, älteren, vornehmlich englischen Gamben neue, schräg gelegte Hälse aufzusetzen. Damit lagen die Instrumente nicht mehr mit dem gesamten Boden und dem Wirbelkastenabschluß auf dem Untergrund auf, sondern lediglich an den beiden Endpunkten. Diese Veränderung beeinflußt nicht nur den Klang (das Instrument wird lauter), sondern durch die vergrößerte Steghöhe auch die Statik, so daß in Grenzfällen neue Innenverstärkungen notwendig werden.

Oberklotzkonstruktion und Halswinkel können wichtige Aufschlüsse geben über Herkunft oder auch Umbauten eines Instrumentes. Leider sind die originalen Oberklötze in der Mehrzahl im Zuge von Umbauten verloren gegangen, so daß gerade im Fall von Baßgamben oft Unklarheit herrscht über die originale Konstruktion. Kleine Instrumente, die nicht so leicht in einen neuen musikalischen Kontext einzufügen waren (wie *Pardessus de viole*, gelegentlich auch Altgamben), geben hier unter Umständen mehr Aufschluß. Dabei muß beachtet werden, daß nicht grundsätzlich alle Parameter von einem kleinen auf ein großes Instrument übertragen werden können.

VI. Äußere Teile
1. Griffbrett

Zeugnissen aus der Ikonographie und erhaltenen Teilen nach zu urteilen, waren die Griffbretter bis ins 18. Jh. ziemlich flach. Ihre Wölbungen sollten mit der Stegrundung harmonieren, damit alle Saiten den gleichen Abstand zum Griffbrett erhielten. Chr. Simpson gab eine Richtlinie für eine *Division viol* mit einer schwingenden Saitenlänge von ca. 76 cm (Abb. 13), die im Vergleich zu erhaltenen Griffbrettern allerdings noch stark gerundet erscheint (1659, S. 2, und ²1665, S. 2). Dazu seien hier einige Vergleichsmaße von erhaltenen Griffbrettern mitgeteilt, wobei besonders französische Griffbretter (Nr. 1., 5. und 6.) auffallen durch ihre flache Wölbung, insbesondere, weil diese auf sieben Saiten hin berechnet waren:

Abb. 13: *Skizze zur Griffbrettrundung*
(aus: Chr. Simpson ²1665, S. 2)

Gambe	Griffbrettradius am Sattel	Griffbrettradius am Ende
1. Henry Jaye 1624, umgebaut, 7saitig (Paris)	84,2 mm	93,6 mm
2. Henry Jaye 1619 6saitig (Privatbesitz)	57 mm	110 mm
3. Barak Norman 1697, 6saitig (Berlin)	55 mm	87 mm
4. Barak Norman 1696, 6saitig (Genf)	?	100 mm
5. Michel Colichon 1683, 7saitig (Paris)	?	80 mm
6. Michel Colichon 1693, 7saitig (Genf)	?	92 mm
7. zum Vergleich: Christopher Simpson 1659/65	79 mm	89 mm
8. Fragment, anonym (Colichon?) 7saitig (Paris)	65 mm	70 mm

Während in der Literatur gewöhnlich von sieben Bünden ausgegangen wird, finden sich an einigen alten Hälsen, vor allem aus Frankreich, Spuren von acht Bünden, wie sie die bei M. Mersenne abgebildete Viola da gamba zeigt (Abb. 14). So mußten Hals und Griffbrett in ihrer Länge derart konzipiert werden, daß diese Bundanzahl Platz darauf fand. Die Gesamtlänge des Griffbrettes wird von Chr. Simpson (1659, ²1665, S. 2) und Sainte Colombe († vor 1700; Kommentar zum *Concert L'Emporté*, S. 1, F-Pn, Réserve Vma ms.866) mit zwei Drittel der schwingenden Saitenlänge angegeben, so daß die Duodezime gegriffen werden konnte.

2. Steg

Der Steg soll in seiner Wölbung dem Griffbrett entsprechen. Chr. Simpson empfiehlt einen Radius von 77 mm. Die wenigen erhaltenen Gambenstege bestätigen allerdings die ikonographischen Belege. Danach waren die Stege im unteren Teil massiv gearbeitet, wobei vor allem die Füße ohne seitliche Ausleger geschnitzt und der Decke angepaßt waren. Das durchbrochene Oberteil war deutlich dünner; gelegentlich fehlten Durchbrüche an den seitlichen Aussparungen, was bei geringer Masse größere Steifigkeit verleiht (Abb. 15a und b). Heute ist es üblich, Stege unbe-

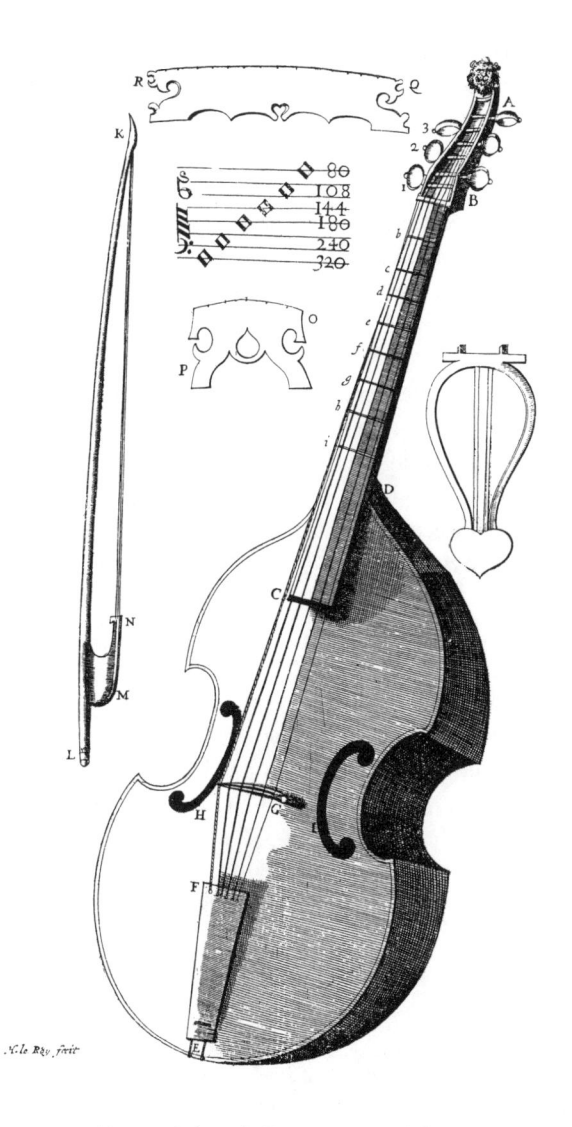

Abb. 14: Viola da gamba (aus: M. Mersenne 1636, Livre 4 des instruments à chordes, S. 192)

VI. Äußere Teile   MGGprisma

handelt zu lassen; früher jedoch wurden sie anscheinend in der Mehrzahl dunkel gefärbt sowie zuweilen mit figürlichem und floralem Schmuck versehen und vergoldet.

3. Saitenhalter

Gewicht und Länge eines Saitenhalters wirken sich dämpfend aus auf hohe Frequenzen. Es gibt keinerlei Anhaltspunkte für eine erstrebte Idealform, jedoch ist auffällig, wie oft auf Abbildungen lange Saitenhalter überwiegen, so daß für den Zwischenraum zwischen Saitenhalter und Steg zuweilen weniger Platz übrigbleibt als ein Quadrat.

Das untere Ende ist entweder mit einem Hartholzdorn oder einer Schlaufe an einem Unterknauf mit dem Unterklotz verbunden. Einige Kontrabaßinstrumente besitzen auch eine Metallbefestigung in Form einer metallenen Leiste über die Unterzarge oder auch einen metallenen Dorn, der von der Deckenseite her in den Unterklotz geschlagen wird, doch scheinen diese kraftvollen Befestigungsmethoden großen Instrumenten vorbehalten zu sein.

4. Materialien

Entsprechend ihrer hohen Beanspruchung bestehen Griffbrett, Steg und Saitenhalter aus Hartholz. Das war zunächst meist Ahorn im Spiegelschnitt; im Verlauf des 17. Jh. begann man, exotische Hölzer für Griffbrett und Saitenhalter zu

Abb. 15: Steg einer siebensaitigen Baßgambe von Dieulefait, erste Hälfte 18. Jh. (Paris, Musée de la Musique E. 505, Catalogue Chouquet Nr. 172);
a.: Zeichnung in: M. Viollet-Le-Duc, Dictionnaire raisonnée du mobilier francais de l'epoque carlonvingienne à la renaissance, P. 1874, S. 325

b.: heutiger Zustand (Foto: A. Otterstedt)

bevorzugen (meist Ebenholz), die als Furnier auf eine Unterlage aus leichterem Holz geleimt wurden.

VII. Die Innenkonstruktion
1. Versteifungen

Das Innenleben von Gambeninstrumenten ist ebensowenig einheitlich wie die äußere Form, wobei die Innenkonstruktionen von Renaissancegamben wiederum nur unter Vorbehalt zu diskutieren sind. Es kann jedoch angenommen werden, daß Leimfugen wie im Lautenbau mit Stützstreifen aus Papier, Pergament, Leinen oder Holz abgesichert waren. Dieses geschah in der Regel von der Innenseite her, aber auch Holzverstrebungen von der Außenseite sind zumindest in der Ikonographie dokumentiert.

Gelegentlich wurde der Bodenbruch ungesichert gelassen, zuweilen aber – vor allem im 18. Jh. – nicht nur durch leichtes Material, sondern auch durch einen Holzstreifen oder mehrere Holzklötzchen gesichert. Eine weitere Ausnahme in der Sicherung der Fugen bildet die Decke, die zwar in der Regel durch Holzreifchen am oberen Zargenrand eine größere Leimfläche erhielt, aber auch gelegentlich ohne jeden Schutz bündig auf die Zargen geleimt wurde. Eckklötze bilden die Ausnahme und setzen sich erst gegen Ende des 17. Jh. in Geigenbauzentren durch (Süddeutschland, Österreich, Italien, auch Norddeutschland). Dabei ist die gleichzeitige Verwendung von hölzernen Reifchen nicht selbstverständlich; oft findet man nur jeweils eines dieser Bauteile. Weitere Innenverstrebungen, darunter vor allem Querbalken am Boden, sind selten zu beobachten, kommen aber bei einzelnen Instrumentenbauern vor allem in den Niederlanden und Norddeutschland vor. Gregorius Karpp (fl. 1660-1699, Königsberg) verwendete regelmäßig je einen leichten Querbalken im Ober- und Unterbügel sowie einen zur Stütze seiner Stimmbretter, die er nur bis zur Mitte des Bodens legte. Die Technik von Querverstrebungen stammt wahrscheinlich ebenfalls noch aus dem Lautenbau, womit Stabilität bei dünner Wandstärke gewährleistet war.

2. Baßbalken

In der Ikonographie findet man Anhaltspunkte dafür, daß frühe Gamben oder andere große Streichinstrumente unter der Decke querverlaufende Balken besaßen. Diese Methode der Versteifung einer schwingenden Membran war aus dem Lautenbau bekannt, wo man die Decken schon früh durch mehrere Querbalken gesichert hatte, deren Anzahl sich mit der steigenden Anzahl der Chöre bis ins 18. Jh. erhöhte. Einen Baßbalken im modernen Sinn haben diese frühen Instrumente sicher nicht besessen. Auch in Längsrichtung verlaufende Mittelrippen, die man im Material stehen ließ, wie sie bei manchen Geigentypen erhalten sind, ergeben wenig Sinn bei gebogenen Decken aus drei oder fünf Teilen, bei denen die Mittellinie nicht von einer Fuge gebildet wird. Ein Balken – aus dem sich der Baßbalken entwickelt haben kann – verlief stets unter einer Fuge. Während auch zur Baßseite hin versetzte Rippen bei ausgestochenen Decken gewöhnlich aus dem Material herausgeschnitten (stehengelassen) wurden, ergibt sich handwerklich bei gebogenen Decken ein separat gearbeiteter Balken, der in die Decke unter die innerste baßseitige Fuge eingeleimt wurde. In diesem Sinne sind die aus alten englischen Gamben bekannten Balken tatsächlich als echte Baßbalken im Gegensatz zur Mittelrippe anzusprechen. Spuren alter Baßbalken dieser Machart finden sich zuweilen in englischen und norddeutschen Gamben. Sie deuten auf flache und zierliche, aber äußerst lange Balken, die sich fast über die gesamte Korpuslänge erstreckten. Meist wurden sie in späterer Zeit durch stärkere und zuweilen kürzere Balken ersetzt, so daß ein alter Baßbalken Seltenheitswert besitzt.

Bei Umbauten während des späten 17. Jh. wurde der ursprüngliche Baßbalken zuweilen durch einen schräggesetzten ersetzt, der den unteren Teil der Decke stützte und in seinem Verlauf auch die Stelle des baßseitigen Stegfußes berührte (s. Abb. 12). Ein derartiger Baßbalken fing eine größere Belastung – etwa durch eine zusätzliche siebente Saite – auf. Die Baßbalkengestaltung des 18. Jh. erfolgte meist in Anlehnung an den Violoncellobau.

3. Stimmbrett und Stimmstock

Gemessen an den traditionellen Prinzipien des Lautenbaues ist es wenig wahrscheinlich, daß frühe Gamben einen Stimmstock besaßen. Für das späte 16. Jh. kann er jedoch wohl vorausgesetzt werden. So läßt Shakespeare in »Romeo und Julia« einen Musiker namens ›James Soundpost‹ (engl. für ›Stimmstock‹) auftreten, und M. Mersenne erwähnt 1636 die Existenz ziemlich dünner Stimmstöcke für Violine und Gambe (etwa die Stärke eines Federkieles für Violinen, und etwas stärker bei der Gambe). Zum Stimmstock gehört auch das Vorhandensein eines auf den Boden geleimten Stimmbrettes, auf dem der Stimmstock steht. Dieses fällt je nach Region, Zeit oder auch Gambenbauer unterschiedlich in der Form aus.

Während bei aller Vielfalt der Formen in der Regel ein Brett mit quer zur Faserrichtung des Bodens verlaufender Richtung gewählt wurde, bevorzugte J. Tielke ein rundes oder ovales Brett mit parallel zum Boden laufenden Jahresringen, das er auch in gewölbte Böden einpaßte. Erst im Verlauf des 18. Jh. setzte sich das Querbrett endgültig durch. Das Material von Stimmstock und Stimmbrett bestand in der Regel aus Fichtenholz.

4. Unterklotz

Anders als im Lautenbau, aber wie im Geigenbau hatte der Unterklotz die gesamte Saitenbelastung aufzufangen. So besteht er meist aus einem Klotz aus Weichholz (Fichte, Linde oder Weide) von variabler Größe, in halbrunder oder - elliptischer, zuweilen auch trapezförmiger Form, die entfernt an die verstärkte Unterzarge bei der Laute erinnert.

VIII. Ornamente

Verzierungen an Instrumenten bedeuten nicht in jedem Fall deren Herkunft aus gehobenen Kreisen (man denke z.B. an die oft üppigen Einlegearbeiten und Schnitzereien an sogenannten Volksinstrumenten). Vielmehr ist es die Art der Verzierung (z.B. kostbares Material oder höfische Sujets), die ein Instrument einem gehobenen Stand zuweist. Bei den Gamben ist der Reichtum der Ornamentik nun tatsächlich ein Indikator für wohlhabende bis höfische Kreise, die Musik zuweilen auf einem beträchtlichen Niveau, jedoch zum Vergnügen anstatt zum Lebensunterhalt ausübten, und in denen man sich derart aufwendige und damit teure Instrumente leisten konnte.

Nahezu jede Partie einer Gambe kann verziert sein, wobei die Bässe oft am reichlichsten ausgestattet sind. Anstelle einer Schnecke - die in der Regel durchbrochen ist und mit geschnitzten Ornamenten überzogen sein kann - steht oft ein Frauen-, Männer- oder Tierkopf, der evtl. farbig gefaßt und vergoldet oder aus Elfenbein mit Edelsteinen geformt ist. Je nach Reichtum der Klientel, aber auch nach vorhandenen Ressourcen variieren diese Merkmale von Region zu Region. So besaßen die Instrumentenmacher aus Hafen- und Handelsstädten wie Hamburg oder Danzig einen guten Zugang zu Elfenbein, Schildpatt und exotischen Hölzern, weshalb wohl auch hier die aufwendigsten Instrumente der Gambengeschichte hergestellt wurden, die schon auf Grund ihrer Bijouterie besonders gesucht waren. Englische Gamben wurden bevorzugt mit farbigen heimischen Hölzern - Walnuß, Obsthölzern, aber auch Ebenholz - verziert, während Franzosen und Italiener hier zurückhaltender waren. Griffbretter und Saitenhalter waren oft mit Intarsien bedeckt, die von knotenförmigen Mustern bis zu figürlichen Darstellungen reichten. Lediglich französische Griffbretter sind meist schlicht mit einem Ebenholzfurnier bedeckt; allerdings kann hier der Saitenhalter besonders üppig aus durchbrochener, zuweilen vergoldeter Schnitzerei bestehen. Englische Gamben haben oft eine Rosette oder ein Ornament auf der Decke, das aus drei- bis fünfteiligen Spänen und Ritzungen mit der heißen Nadel gefertigt wurde. Deckenrosetten finden sich auch auf nord- und süddeutschen Gamben.

Eine doppelte Randeinlage auf der Decke und meist auch am Boden ist für englische, französische und andere Gamben üblich. Der Rest des Korpus war vor allem bei englischen Gamben oft mit drei- bis fünfteiligen Spänen eingelegt, so daß Boden und Zargen vollständig von Intarsien bedeckt sein können, ja selbst die Schallöcher erhielten manchmal eine Umrundung. Unterbrechungen solcher Ornamente lassen auf spätere Beschneidungen schließen. Schnitzereien am Halsfuß mit floralen, gelegentlich auch figürlichen Ornamenten trifft man vor allem an englischen und norddeutschen Gamben an.

Über den Lack ist wenig bekannt, da die Instrumente fast sämtlich im Lauf der Zeiten überlackiert und -poliert wurden. Aus Gemälden des 17. Jh. geht jedoch hervor, daß niederländische und englische Instrumente meist naturfarben belassen wurden. Der englische Arzt Theodor Turquet de Mayerne erwähnt (um 1620, GB-Lbl, Sloane MS 2052) einen Bernsteinlack, der sowohl für Gemälde, als auch für Musikinstrumente verwendet wurde, und allgemein kann wohl davon ausgegangen werden, daß sich die Oberflächenbehandlung von Instrumenten nicht von der feinen Mobiliars unterschied. Französische Gamben um 1700 dagegen lassen sowohl auf Gemälden als auch in natura einen undurchsichtigen dunkelroten Lack erkennen, dessen Farbgebung wohl auf Krapp beruhte.

IX. Historisierender Gambenbau seit dem späten 19. Jahrhundert

Im Zuge der Rückbesinnung auf alte Instrumente seit ca. 1880 wurde man aufmerksam auf zahlreiche Viole da gamba, die seit dem späteren 18. Jh. in Violoncelli umgebaut worden waren. Da sich vorwiegend Cellisten dafür interessierten (z. B. A. Tolbecque, P. de Wit, P. Grümmer, Chr. Döbereiner; eine Ausnahme bildete der Geiger J. Joachim), konzentriert sich das Interesse auf die Baßgambe, die man nunmehr wieder aus ihrer ›Cellorolle‹ befreite. Da man jedoch von der engen Verwandtschaft von Viola da gamba und Violoncello ausging, legte man bei beiden Instrumenten dieselben spiel- und bautechnischen Maßstäbe an in bezug u.a. auf Saitenmensur, Sattelbreite, Griffbrett- und Stegrundungen. Gleichzeitig begann man auch mit dem Neubau von Gamben, auch hier mit den Kriterien des Geigen- bzw. Violoncellobaues, wie sie zu dieser Zeit gültig waren. So erhielten die Instrumente der Zeit von ca. 1900 bis in die Mitte des 20. Jh. oft gewölbte Böden, Innenverstrebungen und größere Wandstärken als bei alten Instrumenten zu finden. Die Bünde wurden gelegentlich durch quer durch den Hals gebohrte Löcher geführt, um die Halsrückseite für die linke Hand des Spielers in gewohnter Glätte zu erhalten – da man glaubte, Bünde behinderten das Lagenspiel – oder es wurde auf Bünde völlig verzichtet. Griffbretter und Stege erhielten eine stärkere Rundung als die historischen Vorbilder.

Nach dem Ende des Zweiten Weltkrieges bahnte sich eine zweite Welle der Rückbesinnung auf alte Instrumente an, verbunden mit erneutem Interesse an historischen Bauweisen. Im Lauf der folgenden Jahrzehnte führte das zu einer oft übertriebenen Leichtbauweise, die sich jedoch ihrer Anfälligkeit halber (statische Probleme, Gefährdung durch Wolfstöne) nicht durchgesetzt hat. Seit den 1970er Jahren wurde der Instrumentenbau zu einem Hobby für handwerklich interessierte Amateure, der neben dem dadurch unvermeidbaren Niveauabfall durch den Elan dieser Vertreter zu zahlreichen, inzwischen auch von gelernten Instrumentenbauern akzeptierten neuen Erkenntnissen geführt hat (z. B. Verzicht auf starke Bebalkung, Technik des Biegens, dünner Lack).

Trotz dieser neuen Erkenntnisse hat man es jedoch bisher noch nicht vermocht, sich im Gambenbau von dem Vorbild des Violoncellos zu lösen. Die Tendenzen der letzten Jahre zielen trotz allen Beteuerns von Authentizität und bedingt durch die gegenwärtige Situation großer Konzertsäle vielmehr auf die Erzeugung möglichst großer Lautstärke durch größere Masse, gelegentliche Verwendung von modernen Stahlsaiten oder schweren Bögen und münden in dem Bestreben, die spezifische, oft geräuschhafte Obertonstruktur der Gambeninstrumente zugunsten eines glatten, warmen Klanges zu eliminieren. Für diese Entwicklung ist teilweise auch die Bedeutung der alten Musik auf modernen Tonträgern verantwortlich, die geräuschfreie Klänge ohne außergewöhnliche Obertönigkeit begünstigen und durch ihre weite Verbreitung für eine Gewöhnung sorgen, die das Ungewöhnliche nicht wünschenswert erscheinen läßt.

ANNETTE OTTERSTEDT

C. Geschichte des Streichinstrumentenbaus
I. Überblick

Verläßliche historische Daten zum Streichinstrumentenbau sind erst seit ca. 1500 zu finden (vgl. D. Boyden 1965, S. 6-30; I. Woodfield 1984). Sie fallen mit der Entstehung der Violin- und der Viola da gamba - Familie in Italien zusammen. Für frühere Zeiten kann angenommen werden, daß die Streichinstrumente vor allem von den Spielern selbst hergestellt wurden, doch existieren schon im 13. Jh. Hinweise auf spezialisierte Instrumentenbauer, besonders auf Lautenmacher. Die deutsche Berufsbezeichnung *Lauten- und Geigenmacher*, die im ausgehenden 17. und im 18. Jh. gebräuchlich war, sowie die italienische *liutaio* (venezianisch: ›lauter‹) und die französische *luthier*, die heute noch für die Hersteller sowohl von Streich- wie von Zupfinstrumenten verwendet werden, legen eine enge historische Verbindung zwischen beiden Handwerkszweigen nahe. Im Nebeneinander des deutschsprachigen *Lauten- und Geigenmacher* kommt überdies zum Ausdruck, daß hier zwei ursprünglich getrennte Handwerkstraditionen zusammengefunden haben.

Am Beginn des italienischen Geigenbaus um 1500 stehen deutliche technologische Einflüsse des Lautenbaus, der damals von Meistern der Füssener Schule (s. B.II.1. und C.II.3.a.) dominiert wurde, doch entwickelten sich beide Handwerkszweige in der nachfolgenden Zeit eher getrennt voneinander. Näherer Untersuchung bedarf indes noch die Rolle der zahlreichen Instrumentalisten aus nördlichen Ländern, die die Entwicklung im 15. Jh. in Italien begleiteten. Daneben ist vor allem für den frühen Gambenbau Italiens, der kurz vor 1500 einsetzte, ein deutlicher Einfluß iberischer Traditionen festgestellt worden, der besonders über die Borgia-Päpste des 15. Jh. und eingewanderte Sefardim wirksam wurde. Trotz aller Unklarheiten läßt sich festhalten, daß es um 1500 in Norditalien zu einer fruchtbaren Vermischung einheimischer, iberischer und transalpiner Traditionen im Saiteninstrumentenspiel und -bau kam, aus denen die Viole da gamba und die Violinfamilie hervorgegangen sind.

Die neuen Instrumente wurden zunächst nur in Oberitalien in kunsthandwerklicher Form hergestellt. Während der Gambenbau aber schon im 16. Jh. Aufnahme in anderen Ländern Europas fand, verbreitete sich die Herstellung von Instrumenten der Violinfamilie in kunsthandwerklicher Art erst im letzten Drittel des 17. Jh. - dann jedoch sehr rasch - in ganz Europa. Doch gab es nördlich der Alpen offensichtlich auch eine angestammte eigenständige Bautradition von Streichinstrumenten, die im Lauf des 16. Jh. gewisse, vor allem formale Elemente der cisalpinen Bauweise übernahm, in der Art des Zusammenbaus aber bis weit ins 19. Jh. eigenen Überlieferungen folgte (s. A.IV.1).

Die um 1500 in Gang gesetzte Entwicklung kann bis gegen Ende des 18. Jh. als historische Einheit betrachtet werden, in einzelnen Fällen sogar in Form von Werkstatttraditionen über viele Generationen hinweg. Die sozialen Veränderungen der bürgerlichen Emanzipation im 18. Jh. gingen einher mit Wandlungen im Musikleben, die auch im Instrumentenbau ihre Spuren hinterlassen haben. In Oberitalien lösten zudem die napoleonischen Feldzüge (1796/97) schwere wirtschaftliche Turbulenzen aus, die den Geigenbau in den traditionsreichen Zentren Cremona und Venedig zum Erliegen brachten. Deshalb ist es gerechtfertigt, um das Jahr 1800 eine Zäsur zu setzen. Die oft geäußerte Ansicht, diese sei gleichbedeutend mit einem deutlichen qualitativen Niedergang des Geigenbaus, muß allerdings kritisch überdacht werden. Es könnte mit gleicher Berechtigung auch von einer Gewichtsverlagerung im Kontext des allgemeinen Historismus um 1800 gesprochen werden, die sich in einer verstärkten Rückbesinnung auf die ›klassischen‹ Meister der Cremoneser Schule äußert. Indizien hierfür liefern die Zunahme des Handels mit alten Instrumenten, die Entwicklung spezialisierter Reparaturtechniken und die Herstellung von Kopien ›klassischer‹ Vorbilder, Tätigkeiten, die im Zeitalter der Erfindungen als wenig originell betrachtet wurden und deshalb den ganzen Handwerkszweig abwerteten. Daneben gab und gibt es aber eine stetig gepflegte Tradition im Neubau, die besonders innerhalb der letzten Jahrzehnte durch die Einrichtung zahlreicher Geigenbauschulen in verschiedenen Ländern einen großen Aufschwung zu verzeichnen hat. Die beiden Tätigkeitsbereiche Neubau bzw. Handel/Restaurierung haben sich im 20. Jh. weitgehend verselbständigt und zu spezialisierten Werkstätten für die eine oder andere Aufgabe geführt. Als drittes Element ist die industrielle Großserienproduktion von Streichinstrumenten zu nennen.

Der nachfolgende Überblick über die Handwerksgeschichte kann auf engem Raum zwangsläufig nur eine stark gedrängte Auswahl an Orten und Namen behandeln, strebt aber zumindest geographisch eine gewisse Vollständigkeit an.

II. Streichinstrumentenbau bis ca. 1800
1. Italien

Die früheste Nachricht über kunsthandwerklichen Streichinstrumentenbau in Oberitalien ist die Bestellung von drei Viole da gamba im Jahre 1495 durch I. D'Este-Gonzaga bei einem leider ungenannten Brescianer *maestro delle viole*. 1562 wird Battista Doneda (ca. 1529-1610) in Brescia ausdrücklich als Hersteller von *violini* bezeichnet. G. Bertolotti da Salò fand somit eine bereits bestehende Tradition im Bau von Streich- und Zupfinstrumenten in der Stadt vor. Zusammen mit seinem Schüler G. P. Maggini ist er der bedeutendste Brescianer Meister.

Cremona gilt als wichtigstes Zentrum des Geigenbaus schlechthin und weist neben Brescia die frühesten namentlich bekannten Meister auf. Das Bild des Handwerks wurde dort über etwa 150 Jahre allein von der Familie Amati bestimmt, beginnend mit Andrea, und gefolgt von seinen Söhnen Antonio und Girolamo. Girolamos Sohn Nicola Amati schließlich bildet neben seinem Sohn Girolamo (II) auch zahlreiche Fremde aus, darunter F. Rugeri (Ruggieri), Giacomo Gennaro (fl. ca. 1640-1655), G. B. Ruggeri, A. Guarneri, ein Mitglied der Familie Railich und vermutlich A. Stradivari, der heute als unbestritten größter Vertreter des Geigenbaus gilt. Seine Söhne Giacomo Francesco und Omobono Felice unterstützten ihn bei der Arbeit.

Die Familie Guarneri konnte sich nur schwer gegen die dominierende Stellung der Stradivari-Werkstatt behaupten. Giuseppe (I) führte die Werkstatt seines Vaters Andrea weiter. Der ältere Bruder Pietro (I) Giovanni ließ sich als Geigenbauer und Musiker in Mantua nieder. Giuseppe (II), genannt *del Gesù*, Sohn des Giuseppe (I), wird heute gleichrangig neben A. Stradivari gestellt. Er baute aber nur wenige Instrumente und diese in völlig anderer Konzeption als der seinerzeit wesentlich berühmtere Stradivari. Giuseppe del Gesùs älterer Bruder Pietro (II) zog um 1717/18 nach Venedig.

C. Bergonzi, vermutlich ein Schüler des G. (I) Guarneri, gilt als der letzte überragende Geigenbauer Cremonas. Mit dem Tod seines Sohnes Michele Angelo endet die lückenlose Lehrer-Schüler Kette seit Andrea Amati. Lorenzo Storioni (1744-1816), Giovanni Battista Ceruti (1756-1817) und N. Bergonzi, Sohn des Michele Angelo, verhalfen dem Geigenbau der Stadt zu einer Nachblüte.

Von der internationalen Einwohnerschaft Venedigs scheinen besonders die Deutschen durch die Technologien des Lautenbaus sowie die gegen Ende des 15. Jh. eingewanderten Sefardim durch den Import iberischer Streichinstrumente und deren Spieltechnik entscheidenden Einfluß auf den Geigen- und Gambenbau gehabt zu haben. Von etwa 1500 bis 1800 prägten oberschwäbische Lautenmacherfamilien den Bau und Handel mit Saiteninstrumenten (S. Maler, die Familien Tieffenbrucker und Seelos/venez.: Sellas).

Gamben von Mitgliedern der Familien Linarol (de Machettis) und Ciciliano gehören zu den frühesten Exemplaren der Gattung aus dem 16. Jh. Doch erst mit Martinus Kaiser (ca. 1645 bis vor 1710) aus Rieden bei Füssen beginnt die Blütezeit des Venezianer Geigenbaus, gefolgt von seinem bedeutenden Schwiegersohn M.

Goffriller aus Brixen und dessen Schüler D. Montagnana. Etwa 1730-1740 ist mit Santo Serafin (1699-1758), Montagnana und dem zugezogenen Cremoneser P. (II) Guarneri der Höhepunkt des Venezianer Geigenbaus zu verzeichnen. Vom eingewanderten Bologneser Carlo Tononi (1675-1730) stammen u.a. die frühesten namentlich gestempelten Bögen. Mit Anselmo Bellosio (1743-1793) geht die alte Venezianer Schule zu Ende.

Die Universitätsstädte Bologna und Padua hatten schon im frühen 16. Jh. zahlreiche oberdeutsche Lautenmacher aufzuweisen. Der berühmteste war sicher L. Maler in Bologna, der mehrere Werkstätten leitete und dessen Instrumente noch im 18. Jh. höchste Wertschätzung genossen. In Rom finden sich ab dem frühen 16. Jh. bis zur Mitte des 18. Jh. ebenfalls zahlreiche Streich- und Zupfinstrumentenbauer aus dem süddeutschen Raum. Als Geigenbauer war der deutschstämmige Alberto Platner (ca. 1642-1713) zur Zeit Corellis tätig. Ihm folgte sein Sohn und Schüler Michael (1684-1752). David Tecchler (um 1670-1747) aus der Diözese Augsburg ist der bekannteste römische Meister.

Eine bedeutende Geigenbautradition entwickelte sich in Mailand seit dem ausgehenden 17. Jh. mit G. (II) Grancino (fl. ca. 1670 bis ca. 1726). Mehrere Mitglieder der Familie Testore waren von ca. 1690 bis in die Mitte des 18. Jh. hinein tätig. Wichtigster Vertreter ist Carlo Giuseppe Testore (fl. 1690 bis ca. 1720).

Turin, obwohl schon 1523 mit Spielern von *vyollons* in Verbindung gebracht, hatte bis 1800 nur wenige namhafte Geigenbauer aufzuweisen, darunter Enrico Catenari (fl. 1671 bis nach 1700) und sein mutmaßlicher Schüler Gioffredo Cappa (1644-1717) aus dem nahegelegenen Saluzzo. In Turin verstarb auch G. B. (Giambattista) Guadagnini, der zu den bedeutendsten Geigenbauern des 18. Jh. zu rechnen ist und zuvor in mehreren anderen Städten tätig war (Piacenza, Mailand, eventuell Cremona, Parma, Turin). Seine Nachkommen betrieben den Geigenbau noch bis ins 20. Jh. hinein. Der Geigenbau Neapels wurde bis in die 1860er Jahre des 19. Jh. von der Familie Gagliano geprägt, deren ältester Vertreter, Alessandro, bei den Brüdern Grancino in Mailand gelernt haben könnte.

2. Frankreich

In Paris sind schon 1551 *viollons* verschiedener Größe dokumentiert. Um 1570 unterschied man in *viollons, façon de cette ville* und *viollons a filletz, faictz a la mode de Cremonne*. Gegen Ende des 17. Jh. treten dann vor allem ausgezeichnete Erbauer von Viole da gamba in Erscheinung: M. Colichon (fl. 1666-1693), Nicolas Bertrand (fl. 1681-1725), G. Barbey und Jacques Bocquay (ca. 1680-1730), deren Instrumente zum Inbegriff des ›klassischen‹ Gambenbaus wurden. Mit Cl. Pierray setzt schließlich eine stabile Geigenbautradition ein, zu der Meister wie Andrea Castagnery (fl. ca. 1720-1747), Louis Guersan (ca. 1700-1770) und Jean Baptiste (Deshayes) Salomon (1713-1767) gehören. Lyon ist in der älteren Geschichte des Geigenbaus vor allem durch den schon unter Zeitgenossen berühmten Lautenmacher K. Tieffenbrucker (Duiffoprugcar, u.a.) aus Roßhaupten nahe Füssen bekannt. Nancy, die Hauptstadt des Herzogtums Lothringen, konnte mit den Médard eine sehr frühe Geigenmachertraditon aufweisen. Die ältesten Instrumentenmacher der Familie sind um 1550 geboren, die letzten arbeiteten noch in der ersten Hälfte des 18. Jahrhunderts.

Im unweit gelegenen Mirecourt entstand ein ländliches Zentrum des gesamten französischen Geigenbaus. Als erster *façonneur de viollons* ist 1618 ein gewisser Nicolas Gérard [fl. 1615-1618] erwähnt (N. Gouillard 1983, S. 8 und S. 277). Dieudonné Montfort (fl. 1625-1672), Instrumentenmacher und Bürgermeister, kann wohl als wichtigste Persönlichkeit für den Aufschwung des Geigenbaus in Mirecourt gelten. Um 1700 wurde das Handwerk von Mitgliedern der Familien Waltrin, Trévillot, Mougenot und Regnault und – etwas später – Lupot repräsentiert. 1725 sind acht Geigenmacher genannt, 1760 schon über 60 (ebd., S. 220-222). Um die Mitte des 18. Jh. werden die ersten Mitglieder der Familien Vuillaume und Collin sowie die Chappuy nachgewiesen.

3. Deutschsprachige Länder

Der deutsche Sprachraum läßt sich in Regionen mit unterschiedlichen Traditionen einteilen. Süddeutschland und Tirol waren durch die Handelswege eng mit Oberitalien verbunden. Die österreichischen Stammlande und Prag profitierten davon. Dort arbeiteten vor allem Meister der Füssener Schule. Ein Sonderfall ist die sogenannte alemannische Schule im südlichen Schwarzwald und Raum Bern im 17. und 18. Jahrhundert. In Mitteldeutschland läßt sich der Streichinstrumentenbau bis zur Mitte des 16. Jh. dokumentarisch zurückverfolgen. Zum wichtigsten Zentrum wurden die vogtländischen Orte Markneukirchen und Klingenthal, zusammen mit den Ortschaften jenseits der nahegelegenen Grenze nach Böhmen, vor allem Schönbach (heute: Luby). Auch im schlesischen Raum Glatz (heute: Klodzko) lassen sich erste Geigenmacher schon kurz nach der Mitte des 16. Jh. nachweisen. Im Norden findet sich der Streichinstrumentenbau vor allem in den Küstenstädten mit ihrer stark ausgeprägten bürgerlichen Kultur.

a. Süddeutschland, Tirol, Österreich, Böhmen

Die Stadt Füssen am Lech (politisch zu Bayern und kirchlich zur Diözese Augsburg gehörig) war das europäische Zentrum des Lautenbaus und brachte seit der zweiten Hälfte des 17. Jh. auch viele bedeutende Geigenbauer hervor. Im Jahr 1436 läßt sich erstmals ein Lautenmacher nachweisen. Bekannte Lautenmacherfamilien der Stadt und ihrer Umgebung sind die Maler, Tieffenbrucker, Pfanzelt, Railich, Seelos, Rauwolf, Helmer, Lang, Höß, Endres, Hartung, Buchenberg, Boß (Posch), Ott, Hieber, Möst (Mest), Langenwalder u.a. 1562 kam es zur Niederschrift der ältesten Lautenmacher-Handwerksordnung Europas in Füssen.

Im Streichinstrumentenbau waren die Lechgauer Meister nicht mehr so einflußreich, doch findet sich schon 1589 »1 Corpus Geigen mit 8 Stimmen von Füssen« im Verzeichnis der Stuttgarter Hofkapelle (G. Bossert, Die Hofkapelle unter Eberhard III..., in: Württemb. Vierteljahreshefte für Landesgesch. N.F. 21, 1912, S.133). Zu den bekannten Geigenmacher-Sippen des Lechgaus im 17. und 18. Jh. gehören die Stoß, Niggel, Hollmayr, Fichtl, Geißenhof, Alletsee, Christa, Gedler, Enzensberger, u.a. Die meisten von ihnen ließen sich außerhalb ihrer Heimat nieder.

Jenseits der bayerischen Grenze, nur wenige Kilometer südlich von Füssen, liegt Vils (in Tirol), das im 18. und frühen 19. Jh. eine starke örtliche Geigenbautradition aufzuweisen hatte (Familien Petz und Rief). Zu den bekannten Auswanderern gehörten Georg Aman (1671-1731) in Augsburg, A. Posch in Wien und J. U. Eberle in Prag. Die meisterhaften Instrumente J. Stainers aus Absam in Tirol, nahe Innsbruck, wurden – außer in Cremona – zu den wichtigsten Vorbildern für den gesamten europäischen Geigenbau bis in die Jahre um 1800. Stainer, vermutlich um 1635 in Italien ausgebildet, arbeitete zeitlebens alleine und fand keine direkte Nachfolge. Eine Generation nach Stainer war M. Alban in Bozen tätig.

In Wien, dem kulturellen Zentrum der Habsburger Lande, lassen sich bereits im 14. und 15. Jh. Lautenmacher nachweisen. 1566 kamen mit zwei Cremoneser Geigern sicher auch die neuen Violininstrumente an den Hof, doch erst seit dem 17. Jh. lassen sich Streichinstrumentenmacher namhaft machen, die meisten aus der Füssener Gegend. Zu nennen sind besonders Hanns Kögl (1614-1680) und Marcellus Hollmayr (ca. 1594-1681). 1696 kam es zur Gründung einer Innung (Zunft) mit acht Mitgliedern. Im 18. Jh. finden sich zahlreiche erstklassige Handwerker, darunter A. Posch, D. A. Stadlmann, dessen Sohn Johann Joseph, sowie M. I. Stadlmann. Herausragend sind die Instrumente von J. G. Thir.

In Prag lassen sich Lautenmacher seit dem 14. Jh. nachweisen. Häufig stammen sie auch dort aus dem bayerischen Schwaben. Die Tochter von Andreas Ott (1611 bis ca. 1665) heiratete den Geigenmacher Leonhardt Pradter (fl. 1670 bis vor 1692) und in zweiter Ehe Thomas Edlinger (1662-1729) aus Augsburg. Von besonderem Rang sind die zahlreichen Arbeiten von J. U. Eberle aus Vils.

In Salzburg und Umgebung sind zwar schon im 16. Jh. Lautenmacher genannt, doch erst die Mitglieder der Familie Schorn sind als Streichinstrumentenmacher von größerer Bedeutung: Vater Johann (1658-1718) und die beiden Söhne Johann Paul (1682-1758) und Johann Joseph (1684-1758). Nachfolger Johann Schorns im Hofamt wurde der aus Wien stammende Andreas Ferdinand Mayr (1693-1764). In Salzburg und Hallein arbeitete auch Marcell Pichler (fl. 1662–1694). In Goisern im Salzkammergut entwickelte sich ein lokales Zentrum der Geigenmacherei um die Familien Keffer, Gändl und Perr.

Bereits seit dem 15. Jh. lassen sich Lautenmacher des Füssener Landes in München nachweisen. Schon seit 1554 waren oberitalienische Geiger am Hof engagiert, doch erst der Wiener Lorenz Hollmayr (1635-1681) läßt sich als ein früher Geigenbauer ansehen. Ihm folgte sein Lechgauer Mitarbeiter Rudolph Höß (ca. 1650 bis ca. 1710), der seine Ausbildung u. a. in Oberitalien vervollkommnet hatte. Johann Paul Alletsee (1684-1733), Joseph Paul Christa (1700-1741) und Johann Kolditz (fl. 1733 bis ca. 1766) sind die Exponenten im 18. Jahrhundert. Der Mittenwalder Andreas Jais (1685 bis nach 1751) arbeitete im oberbayrischen (Bad) Tölz.

Nürnberg besitzt eine der ältesten Streich- und Zupfinstrumentenbautraditionen Europas. Überregional bekannte Lautenmacher waren Hans Ott (Mitte 15. Jh.) und C. Gerle. H. Gerle schließlich ist im zweiten Drittel des 16. Jh. als Lautenmacher, Lautenspieler und als Hersteller von Streichinstrumenten ausgewiesen. Erbauer von Viole da gamba signifikanter Bauweise finden sich bis zur Mitte des 17. Jahrhunderts. Ein neuer Abschnitt begann mit dem Zuzug (vor 1678) von Matthias Hummel († 1716) aus Augsburg. Über Sebastian Schelle (1676-1744) und die Familie Widhalm reicht diese Werkstatttradition bis weit ins 19. Jahrhundert. Leonhard Maussiell (1685-1760) und Schelles Schwiegersohn L. Widhalm, der vermutlich im Wiener Umfeld ausgebildet worden war, zählen zu den allerbesten deutschen Meistern ihrer Zeit.

Regensburg hat mit Georg Müller († ca. 1670) recht früh einen Geigenbauer aufzuweisen und mit David Gabriel Buchstetter (1713-1773) einen der ersten in Deutschland, der nach Stradivaris Modellen arbeitete.

Zum wichtigsten Geigenbauzentrum Süddeutschlands stieg nach 1700 der Ort Mittenwald im bayrischen Karwendelgebirge auf, der bis 1803 zum Hochstift Freising gehörte. M. (I) Klotz, der einige Jahre in Italien verbracht hatte, ließ sich 1684 in seinem Heimatort nieder. Seine rege Ausbildungstätigkeit, die auch seine drei Söhne Georg (I) Karl, Sebastian (I) und Johann Karl einschloß, legte die Basis für die stetig anwachsende Mittenwalder Streichinstrumenten-Produktion. 1750 gab es bereits 15 Geigenmacher im Ort, 1800 waren es fast 100. Zu den wichtigsten Geigenmacher-Familien des 18. Jh. gehörten neben den Klotz die Knilling, Knittl, Kriner, Fichtl, Bader, Jais, Wörnle, Zwerger und Hornsteiner. Stilistisch sind die Mittenwalder Instrumente eher von den Arbeiten N. Amatis beeinflußt als von denen J. Stainers.

Eine in sich geschlossene Bautradition mit ›archaischen‹ Merkmalen stellen die Instrumente des alemannischen Raumes im 17. und 18. Jh. dar, die durch Arbeiten im Südschwarzwald (Joseph Meyer, ca. 1615-1684, Familie Straub, seit ca. 1665 bis nach 1800) und aus dem Raum Bern (Hans Krouchdaler, ca. 1650 bis nach 1699) repräsentiert wird.

b. Mitteldeutschland und Nordwestböhmen

Indizien für die Existenz eines mitteldeutschen Geigenbaus schon in der zweiten Hälfte des 16. Jh. bieten Instrumente in Händen von Putten im Dom zu Freiberg in Sachsen (etwa 1593). Die einfach gemachten Stücke sind von Mitgliedern der Familie Klemm in Randeck und Helbigsdorf (zwischen Freiberg und Dresden) hergestellt worden. 1611 werden in Leipzig ausdrücklich Geigen aus Erfurt und solche aus dem Donauraum (›donauische‹) erwähnt, doch erst mit Joh. Chr. Hoffmann und seinem Bruder Christian Gottlieb hatte die Messestadt namhafte eigene Streichinstrumentenbauer zu verzeichnen.

Im westböhmischen Graslitz ist mit Melchior Lorentz bereits 1631 ein Geigenmacher nachgewiesen. 1669 kam es sogar zur Gründung einer reinen Geigenmacher-Innung, an der auch Meister aus dem nahen sächsischen Klingenthal beteiligt waren. Unter dem Druck der Gegenreformation wanderten die Graslitzer Geigenbauer offenbar rasch ins benachbarte sächsische Vogtland ab, vor allem nach Klingenthal und Markneukirchen (vor 1858 offiziell nur ›Neukirchen‹). In Markneukirchen, wo um 1652 erste Geigenmacher zu finden sind, erfolgte 1677 eine Innungsgründung mit Mitgliedern der Familien Reichelt, Schönfelder, Hopf (aus Klingenthal), Kurtzendörfer, Pöpel u.a. Um 1700 gab es schon ca. 30 selbständige Meister, 1790 waren es 52, darunter auch Angehörige der Familien Ficker, Hamm, Kretzschmann und Voigt. Markneukirchen wurde zum Hauptort des Streichinstrumentenbaus. Das nur wenige Kilometer entfernte Klingenthal verfügte aber bis ins 19. Jh. fast über die gleichen Kapazitäten. Wichtige Meister stammen dort aus den Familien Dörffel, Hopf, Hoyer, Meinel und Meisel. Josef Strötz (1715-1760) aus Bayern gilt als erster spezialisierter Bogenmacher in Markneukirchen. Christian Wilhelm Knopf (1767-1837) war später einer der besten deutschen Bogenmacher überhaupt. Durch zunehmende arbeitsteilige Produktion wurden die Stückzahlen gegen Ende des 18. Jh. gesteigert. Allein in Markneukirchen ist für 1768 eine Jahresproduktion von ca. 14.000 Streichinstrumenten errechnet worden. Im Jahr 1800 sollen es rund 18.000 Geigen und ebensoviele Bögen in Markneukirchen sowie 36.000 Geigen in Klingenthal und Umgebung gewesen sein (anonyme Notiz in: Leipziger AmZ 3, 1800, H. 1, Sp. 21-24).

Nicht zu trennen vom sächsischen Vogtland ist der Streichinstrumentenbau des nahen westböhmischen Ortes Schönbach (heute: Luby), der sich seit dem frühen 18. Jh. als Geigenmacherort entwickelt hatte. Markneukirchen war ein wichtiger Abnehmer seiner Erzeugnisse. Zu den ältesten Schönbacher Geigenmacherfamilien zählen die Placht, danach die Sandner, Hoyer und Wilfer.

c. Norddeutschland

Hamburg besaß mit dem ca. 1666 aus Königsberg zugewanderten J. Tielke einen herausragenden Zupf- und Streichinstrumentenmacher, der vor allem für seine oft kunstvoll verzierten Viole da gamba bekannt ist. Er fußt auf der eigenständigen Königsberger Tradition im Gambenbau, die besonders von Gregorius Karpp (fl. 1660-1699) repräsentiert wird. G. Tielke, Pfarrer in Königsberg und Bruder des Hamburger J. Tielke, ist ebenfalls als Instrumentenmacher dokumentiert. Stilistisch eng verwandt mit den Königsberger Gamben sind diejenigen von Johannes (fl. 1663) und Jeremias Würffel (fl. 1686-1726) in Greifswald. Auch in Danzig sind seit dem 17. Jh. etliche Geigenbauer nachzuweisen.

4. Polen

Mit Matthäus Dobrucki (ca. 1520-?1602) und Martin Groblicz (ca. 1530-nach 1609) in Krakau finden sich sehr früh Streichinstrumentenmacher in Polen. Hinzu kommen Mitglieder der Familie Dankwart, deren ältester Vertreter, Baltazar (I) (fl. 1602-1651), schon für den polnischen König arbeitete. Der frühe polnische Geigenbau weist viele ›archaische‹ Merkmale auf, die heute noch in den volkstümlichen Instrumenten *mazanky* und *basy* studiert werden können.

5. England

Im Jahr 1540 engagierte König Heinrich VIII. eine Gruppe von sechs Streichinstrumentenspielern aus Italien, die für die außerordentlich hohe Qualität des frühen britischen Gambenbaus verantwortlich sein könnten. Beispiele dieser frühen Blüte sind die Instrumente von John Rose II (ca. 1560-1611) in Bridewell und London sowie von Henry Jaye (ca. 1585 - ca. 1667) in Southwarke, später von Richard Meares sen. (fl. ca. 1669-1722) und B. Norman in London. Die englischen Gamben galten im übrigen Europa als unangefochtene Vorbilder. Dagegen stand der englische Geigenbau lange Zeit etwas zurück, obwohl schon im Nachlaß von Benet Pryme († 1557) in Cambridge »vii vyalles & vyolans« aufgelistet sind. Jakob Rayman (vor 1596 – nach 1658), möglicherweise aus Füssen oder Umgebung gebürtig, Thomas Urquhart (fl. ca. 1660-1681) und Edward Pamphilon (ca. 1646 - nach 1685) zählen zur ältesten Generation des Londoner Geigenbaus. William Baker (fl. 1669, †1685) arbeitete in Oxford.

Eine erste Blüte erreichte der Londoner Geigenbau mit Nathanael Cross (1686-1751), Partner von B. Norman, sowie mit P. Walmsley und mit Daniel Parker (fl. ca. 1712-1720), der sich als einer der ersten überhaupt an A. Stradivari orientierte. In der zweiten Jahrhunderthälfte ragt vor allem Richard Duke (fl. ca. 1718-1732) heraus. Gegen Ende des 18. Jh. entstanden größere Werkstätten mit mehreren Mitarbeitern, darunter die von William Forster (1739-1808), von Thomas Smith (fl. ca. 1750-1789) und dessen Schülern John Norris (ca. 1739-1818) und Robert Barnes (fl. ca. 1765-1794), ›Norris & Barnes‹.

Eine wichtige Persönlichkeit in der Geschichte des Bogenbaus im 18. Jh. ist E. Dodd, der in seinem langen Leben wohl die Entwicklung vom Steckfroschbogen bis zum Tourte-Modell mit vollzogen hat. Sein Sohn John stellte ebenfalls sehr gute Bögen her. In Salisbury wirkte Benjamin Banks (1727-1795) als Geigenmacher.

6. Gebiet der Benelux-Länder

In den Niederlanden setzt der nachweisbare Geigenbau erst im 17. Jh. ein, dann jedoch in erstaunlich hoher Qualität, angeregt vielleicht von englischen Handwerkern ehemals italienischer Herkunft. So wird etwa 1559 ein Pietro Lupo aus England als Verkäufer von Geigen in Antwerpen erwähnt. Matthijs Hofmans (1622 bis vor 1679), Mitglied einer schon um 1600 belegten Familie von Lautenmachern der Stadt, hinterließ einige ansehnliche Violinen.

Die Amsterdamer Saiteninstrumentenbauer erhielten 1585 Zuwachs durch die Antwerpener Familie des Aert Burlon (fl. ca. 1540 bis ca. 1620). Schon 1607 ließ sich auch Francis Lupo (ca. 1582 bis ca. 1646/1659) aus London als Zupf- und Streichinstrumentenmacher dort nieder. Cornelis Kleynmann (1626-1686), dessen Arbeiten zu den frühesten des niederländischen Geigenbaus gehören, war sein Stiefsohn und Schüler. Auch H. Jacobs, der zu den besten Geigenbauern des 17. Jh. außerhalb Italiens gehört, könnte bei ihm gelernt haben. Ab etwa 1685 macht sich in seinen Instrumenten die Hand seines Stiefsohns und Nachfolgers Pieter Rombouts (1667-1728) bemerkbar. Aus dem niedersächsischen Quakenbrück stammte Jan Boumeester (ca. 1629-1681), der ab 1653 in Amsterdam bezeugt ist. Hendrick Willems (fl. 1651-1698) in Ghent gehört zu den guten Meistern in der Hofmans-Nachfolge. In Den Haag führten Johannes Theodorus Cuypers (1724-1808) und seine Söhne die wichtigste Geigenbauwerkstatt der Niederlande im 18. Jahrhundert.

Brüssel war Sitz der Herzöge von Brabant, des Hofes von Philipp dem Guten von Burgund und später der verschiedenen Statthalter der spanischen und österreichischen Niederlande. Es sind einige Lautenmacher im 15. Jh. erwähnt, doch gibt es danach keine Nachrichten über Saiteninstrumentenhersteller bis zu Laureys van der Linden (fl. 1611-1653), der als Hofgeiger und Instrumentenbauer geführt wird. Sein Schüler war Peeter Borbon (Ende 16. Jh. bis nach 1643), Stammvater einer Familie von Musikern und Instrumentenmachern, deren letztes Mitglied Gaspar Borbon (ca. 1635-1710) ist. Er gab das Handwerk weiter an Egidius Snoeck (ca. 1660 bis nach 1734) und seine Nachkommen, die bis gegen Ende des 18. Jh. als Musiker und Instrumentenbauer dienten.

7. Dänemark und Skandinavien

Von einer langen Tradition des Streichinstrumentenbaus in Dänemark zeugt eine Viola da gamba aus dem Jahr 1708 von Peter Nielsen Baas in Kopenhagen. Von den Meistern des 18. Jh. am gleichen Ort ist Andreas Hansen Hjorth (1752-1834) hervorzuheben, dessen Nachkommen noch heute eine bekannte Werkstatt betreiben.

Norwegen kennt in der *Hardangerfidel* (Fele) ein Streichinstrument, dessen älteste Stücke in die Mitte des 17. Jh. (Ole Jonsen Jaastad, 1651) datiert werden können und dessen Bautradition in altertümlicher Art bis in die Gegenwart reicht. Stärker entwickelte sich der kunsthandwerkliche Geigenbau in Schweden. Johann Lett (fl. 1676, †1687) ist der älteste nachweisbare Meister in Stockholm. 1756 kam es zu einem Einfuhrverbot von Instrumenten, das zu einer merklichen Qualitätssteigerung des schwedischen Geigenbaus führte. Als bekanntester Meister dieser Zeit tritt Johann Öhberg (ca. 1723-1779) in Stockholm hervor.

8. Iberische Halbinsel

Trotz der wichtigen Impulse bei der Entstehung der Streichinstrumente um 1500 ist der Geigenbau als Kunsthandwerk in Spanien erst seit dem ausgehenden 17. Jh. dokumentiert und seit dieser Zeit stark beeinflußt von Italien. Einer der ältesten bekannten Meister ist José Massaguer (1690-1764) in Barcelona. Zum bedeutendsten Geigenmacher Spaniens wurde jedoch J. Contreras in Madrid, der sich mit großem Geschick an Cremoneser Vorbildern orientierte. Häufig begegnen auch die Arbeiten von Juan Guillamí (1702-1769) in Barcelona.

In Portugal setzt der nachweisbare Geigenbau erst relativ spät ein. Joachim Josef Galram (Galrao) (fl. 1769-1825) in Lissabon besitzt hierbei eine Vorreiterrolle.

III. 19. und 20. Jahrhundert
1. Italien

Italien spielte im Streichinstrumentenneubau des 19. Jh. weiterhin eine wichtige Rolle. Im alten Zentrum Cremona arbeiteten Mitglieder der Familien Ceruti und Antoniazzi während des ganzen Jahrhunderts. Zur gleichen Zeit entwickelte sich aber Turin zum wichtigsten Ort für den Neubau in Italien. Tonangebend waren zunächst Mitglieder der Familie Guadagnini. Vor allem Gaetano (II) führte eine wichtige Werkstatt mit internationalen Handelsverbindungen. Der letzte Geigenbauer der Familie, Francesco, verstarb 1948. Von größerem Einfluß auf seine Zeitgenossen war aber G. Fr. Pressenda. Er gehört zusammen mit seinem Schüler Giuseppe Rocca (1807-1865) heute zu den gesuchtesten Meistern des 19. Jahrhunderts. Annibale Fagnola (ca. 1865-1939) betätigte sich als geschickter Nachahmer der beiden. In Bologna erwarb sich Raffaele Fiorini (1828-1898) einen besonderen Ruf. Neapel kann unter den Familien Gagliano, die bis in die 1860er Jahre hinein tätig waren, und Ventapane, deren wichtigster Vertreter, Lorenzo (fl. 1790), um 1840 verstarb, beachtliche Geigenmacher aufweisen. Giuseppe Scarampella (1838-1902) in Florenz und sein Bruder Stefano (1843-1925) in Mantua zählen heute ebenfalls zu den gesuchtesten italienischen Meistern des 19. Jahrhunderts.

Die Firma Bisiach in Mailand war besonders wichtig für den italienischen Geigenbau des 20. Jahrhunderts. Sie wurde 1886 von L. Bisiach zusammen mit Riccardo Antoniazzi (1853-1912) gegründet. Dort erhielten einige bekannte Meister der jüngeren Vergangenheit ihre Ausbildung, wie Gaetano Sgarabotto (1878-1959), Igino Sderci (1884-1983) und Sesto Rocchi (1909-1991). Bisiach hatte auch für den Handel große Bedeutung als Sammler und Wiederverkäufer von alten und ältesten Streichinstrumenten italienischer Provenienz.

Im Anschluß an die Stradivari-Feiern von 1937 kam es 1938 zur Gründung der Geigenbauschule in Cremona, die bis heute mehrere Generationen junger Geigenbauer aus Italien und aller Welt geformt hat und entscheidenden Einfluß auf die Wiederbelebung des Geigenbaus nach 1945 ausübte.

2. Frankreich

Paris galt um 1800 als Zentrum des ›modernen‹ Spiels auf Streichinstrumenten. Entscheidende Impulse hierzu gab die Produktion des neuen Bogentyps durch Mitglieder der Familie Tourte, allen voran Fr. X. Tourte. Auch der Geigenbau erreichte um diese Zeit allerhöchstes Niveau, vertreten durch Fr.-L. Pique und besonders durch N. Lupot, der nach Cremoneser Modellen zu arbeiten begann und auch erste ernstzunehmende Kopien anfertigte. Lupot machte sich 1798 selbständig und gilt als der herausragende Meister der Pariser Schule. Über seinen Schwiegersohn Charles François Gand (1787-1845), ab 1866 als Firma ›Gand & Bernardel‹ und seit 1901 schließlich als ›Caressa & Français‹, wurde die Werkstatt weitergeführt. Erst 1981 wurde sie von Emile Français (1894-1984) aufgelöst.

Die dominierende Persönlichkeit des französischen Geigenbaus im 19. Jh. war jedoch J. B. Vuillaume, der einer Mirecourter Familie entstammte. Durch ausgezeichneten Neubau, durch zahlreiche Erfindungen und den Handel mit alt-italienischen Instrumenten, verbunden mit der Entwicklung neuer Reparaturtechniken, war er von weitreichendem Einfluß. Seiner Werkstatt entstammen überdies etliche der bekanntesten Bogenmacher des 19. Jh., darunter Jean Marie Pierre Persois (ca. 1783 bis nach 1854), D. Peccatte, Fr. N. Voirin sowie einige Deutsche: Hermann Richard Pfretzschner (1856-1921), Ludwig Christian Bausch (1805-1871), Johann Christoph Nürnberger (1839-1899).

Ein dritter Traditionsstrang wird von der Familie Chanot markiert. G. (I) Chanot gründete das Unternehmen, gefolgt von seinem unehelichen Sohn Joseph Chardon (1843-1930) und dessen Sohn Marie-Joseph-Antoine-Georges (1870-1949). Nach dem Krieg erlangte besonders die Firma Vatelot Bedeutung im Handel (Marcel Vatelot 1884-1970, Etienne Vatelot, *1925).

Auch in den übrigen französischen Städten finden sich immer wieder gute Meister, wie etwa die Gebrüder Hippolyte (1808-1879) und Pierre Silvestre (1801-1859) in Lyon, P.-J. Hel in Lille und Nicolas Darche (1815-1873) in Aachen. Das lothringische Städtchen Mirecourt in den Vogesen, aus dem die meisten Geigenbauer des französischsprachigen Raums stammten, behielt seine Bedeutung als Zentrum dieses Handwerks weiterhin bei. Eine frühe Manufaktur ist die von Didier Nicolas (1757-1838). Charles Buthod (1810-1889) konnte im Jahr 1839 800 Violinen, 40 Bratschen und 50 Bässe herstellen. Er schloß sich 1867 mit Claude Charles Husson (1811-1893) und Jérôme Thibouville (*1833) zur Firma ›Jérôme Thibouville-Lamy & Cie.‹ zusammen. Ein zweites großes Unternehmen war ›Laberte & Magnie‹, (gegr. 1780). Es beschäftigte um 1920 über 350 Mitarbeiter. In der kleinen Manufaktur Bazin wurden allein im Jahr 1920 mit 30 Arbeitern 17.000 Bögen hergestellt. Nach dem Krieg leistete Jean Eulry (1907-1986) in der Firma ›Apparut & Hilaire‹ wichtige Ausbildungsarbeit. Bedeutende Werkstätten führten außerdem Leon Mougenot (1874-1954) und Amédée Dieudonné (1890-1960). Die französische Tradition im Bogenbau wurde durch eine entsprechende Schule von 1970 bis 1980 in Mirecourt wiederbelebt. Als Lehrer fungierte dort Bernard Ouchard (1925-1979).

3. Deutschland

In Deutschland verteilte sich der Streichinstrumentenbau des 19. Jh. auf städtische Werkstätten, die Reparaturen und Neubau in Einzelanfertigung betrieben, sowie auf die großen Produktionszentren Mittenwald im bayerischen Karwendel und Markneukirchen mit Klingenthal im sächsischen Vogtland, einschließlich der umliegenden Orte, auch derjenigen jenseits der nahen böhmischen Grenze, die bis 1918 eine Grenze zu Österreich/Ungarn bildete.

a. Markneukirchen und Klingenthal

Klingenthal hatte zur Mitte des 19. Jh. ca. 200 meist selbständige Meister aufzuweisen. Im nur wenige Kilometer entfernten Markneukirchen bestimmten die sog. Verleger (Großhändler) wesentlich stärker die Geschäfte, deshalb hatte der Ort um 1860 ›nur‹ 95 Meister zu verzeichnen, daneben aber sicher eine sehr hohe Zahl an Gesellen und Teilearbeitern. Klingenthal verlor in jener Zeit an Bedeutung, da es über kein so gutes Vertriebsnetz verfügte. 1928 wurden im gesamten Vogtland 655 Arbeitskräfte (ohne Bestandteilmacher!) gezählt, die jährlich rund 80.000 Streichinstrumente herstellten.

Neben der Massenproduktion gab es weiterhin Werkstätten, die Manufakturarbeiten von hoher Qualität fertigten, wie etwa die Firma ›Heinrich Th. Heberlein jr.‹ (gegr. 1863) in Markneukirchen. Die staatlichen Vertriebsgesellschaften der ehemaligen DDR setzten das Verlegersystem unter veränderten Vorzeichen fort. Erst mit der Öffnung der Grenze 1989 bildeten sich Geschäftsformen, die den individuellen Interessen der immer noch zahlreichen Geigenbauer und Bogenmacher entsprechend Rechnung tragen. Seit 1988 existiert in Schneeberg eine Fachhochschule mit dem Studiengang Musikinstrumentenbau, der nach dem Gesellenbrief absolviert werden kann und zu Diplom und Meistertitel führt. Seit 1997 wird zusätzlich die Grundausbildung bis zur Gesellenreife in der Berufsfachschule in Klingenthal angeboten.

b. Schönbach/Luby

Trotz seiner Lage auf böhmischem Gebiet gehört Schönbach (seit 1948: Luby) mit den umliegenden Ortschaften wegen seiner Zulieferfunktion auch in den Kontext des sächsischen Vogtlandes. Besondere Bedeutung hatte der Ort beispielsweise als internationales Verteilerzentrum von Tonholz. Die hausindustrielle Produktion war schon früh entwickelt. ›Formgeigen‹ wurden von frei aufgesetzten ›Schachteln‹ qualitativ unterschieden. 1890 sollen in Schönbach 90.000 Violinen, 2000 Violoncelli und 1200 Kontrabässe hergestellt worden sein. Bekannte Geigenbauerfamilien waren u. a. die Buchner, Fuchs, Hoyer, Klier, Lang, Lutz, Paulus, Placht, Sandner, Schuster, Siebenhüner, Teller, Volkmann, Werner und Wilfer.

Nach 1945 mußten zahlreiche sudetendeutsche Einwohner den Ort verlassen und siedelten sich vornehmlich in Bayern und Hessen an. In sozialistischer Zeit innerhalb der Tschechoslowakei regelte die Produktivgenossenschaft *Cremona* die Geschäfte in Luby. Eine eigene Fachschule sicherte den Nachwuchs.

c. Bubenreuth

In dem kleinen mittelfränkischen Ort nahe Erlangen siedelten sich seit 1949 viele ehemalige Schönbacher Instrumentenmacher an und setzten dort ihre alte Tradition fort. 1951-1965 existierte eine eigene Fachschule für Musikinstrumentenbau. Neben vielen individuellen Betrieben sind die Firmen Karl Höfner (gegr. 1887 in Schönbach), Roderich Paesold (heute in die Firma ›Höfner‹ integriert), Ernst Heinrich Roth (gegr. 1902 in Markneukirchen) sowie Otto Josef Klier von besonderem Gewicht.

d. Mittenwald

Gegen Ende des 18. Jh. entstanden die großen Verlegerfirmen ›Neuner‹ (gegr. 1783 von Johann Neuner [1731-1799], seit ca. 1811 ›Neuner & Hornsteiner‹) sowie ›J. A. Baader & Cie‹ (gegr. 1817 von Johann Anton Baader [1778-1836] und Simon Kriner [1779-1821]). Mittenwald produzierte 1807 mit geschätzten 18.000 Instrumenten nur etwa halb so viel wie die sächsischen Orte. Um der fortschreitenden Teilearbeit entgegen zu wirken, wurde mit Hilfe der bayerischen Regierung

1858 eine Lehrwerkstatt unter Johann Krinner (1834-1883), einem Schüler Andreas Engleders (1802-1872) in München, eingerichtet. Johann Baptist Reiter (1834-1899), Schüler des hochgeschätzten Jean Vauchel (1782-1856), betrieb bis 1865 eine Wanderschule. Beide Initiativen können als Ursprung der heute noch existierenden Staatlichen Fachschule für Geigenbau in Mittenwald angesehen werden. Wichtige Direktoren im 20. Jh. waren Leo Aschauer (1892-1969, Direktor 1922-1957) und Konrad Leonhardt (*1907, Direktor 1958-1972). Besonders nach dem Zweiten Weltkrieg etablierten sich auch wieder einzelne Geigenbauer mit privaten Werkstätten im Ort.

e. Städte

Von einer eigentlichen ›Berliner Schule‹ läßt sich in den Jahrzehnten vor und nach 1900 sprechen. Schon Karl Grimm (1794-1855) war als Hersteller von geschickten Kopien bekannt. August Riechers (1836-1893), eine der wichtigsten Persönlichkeiten im deutschen Geigenbau seiner Zeit, verlegte 1872 seine Werkstatt von Hannover nach Berlin. Oswald Möckel (1843-1912) war Schüler Grimms. Seine beide Söhne Otto (1869-1937) und Max (1873-1937) führten je eigene Betriebe. Beide übten durch ihre Tätigkeit und ihre Schriften zum Geigenbau erheblichen Einfluß aus. Otto Möckels Schülerin Olga Adelmann (1913-2000) wurde die erste deutsche Geigenbaumeisterin. Michael Dötsch (1874-1940) gilt bis heute als einer der geschicktesten Kopisten alter Meister überhaupt. Handel mit alten und neuen Streichinstrumenten trieb Louis Löwenthal (1840-1918) mit eigenen Firmen sowie besonders Emil Herrmann (1888-?1968), der 1924 eine Filiale in New York eröffnete, die bis 1951 bestand. Nach einer gewissen personellen Stagnation durch die Nachkriegsverhältnisse haben sich gegenwärtig wieder zahlreiche jüngere Geigenbauer in der Stadt niedergelassen.

In München wirkte A. Engleder, Schüler seines Onkels Joseph Fischer (1768-1834) in Regensburg, sowie Andreas Rieger (1836 bis nach 1904) und besonders dessen Schwiegersohn Giuseppe Fiorini (1861-1934) aus Bologna. Er konnte den Nachlaß Stradivaris erwerben und vermachte diesen 1930 der Stadt Cremona. J. Vauchel, einer der besten Meister Deutschlands im 19. Jh., der das Handwerk in Paris erlernt haben soll, arbeitete in Würzburg und Damm bei Aschaffenburg. In Stuttgart betrieb Eugen Gärtner (1864-1944) Neubau unterschiedlicher Qualitäten. Die Firma ›Hamma & Co.‹ hingegen galt als das führende deutsche Unternehmen im Geigenhandel, gegründet 1864 von Fridolin Hamma (1818-1892). Walter Hamma (1916-1988) löste die Firma 1982 nach vier Generationen auf.

Unter den guten städtischen Meistern sind noch Wilhelm Hermann Hammig (1838-1925) in Leipzig sowie Georg Winterling (1859-1929) hervorzuheben. Letzterer etablierte sich 1900 in Hamburg und verlegte 1921 seine Tätigkeit nach Krailling bei München. Über seinen Schüler K. Leonhardt wirkte seine Ausbildungstätigkeit in die Mittenwalder Schule hinein.

Pioniere im Bau von Streichinstrumenten nach historischen Bauweisen, vor allem von Viole da gamba, waren Eugen Sprenger (1882-1953) in Frankfurt/Main, ebenso Rudolf Eras (1904-1998) in Erlbach und später im badischen Kandern, sowie Günther Hellwig (1903-1985) in Lübeck, der bei A. Dolmetsch im englischen Haslemere entscheidende Anregungen erfahren hatte.

4. Österreich

Bis 1918 zählte Schönbach zum österreichischen Staatsgebiet als industrielles Zentrum des Geigenbaus (s. C.III.3.b.). In Wien lebte jedoch eine unabhängige handwerkliche Tradition fort. Einflußreichster Meister um 1800 war der Füssener Fr. Geißenhof, der zunächst in der Werkstatt J. G. Thirs arbeitete. Er vollzog den Wechsel zu den Modellen Stradivaris. Weitere ausgezeichnete Meister waren sein Füssener Landsmann Martin Stoß (1778-1838) sowie der Pole Nicolaus Savicki (1792-1850). Gabriel Lemböck (1814-1892) und Theodor Gutermann (1828-1900) führten wichtige Werkstätten. Wilhelm Thomas Jaura (1863-1922) war Gutermanns einziger Schüler. Josef Krenn (1884-1962) befaßte sich als einer der ersten in der Stadt wieder mit dem Bau von Viole da gamba.

5. Tschechien

Mit Luby (vor 1948: Schönbach) hat die frühere Tschechoslowakei und nun das heutige Tschechien ein bedeutendes Zentrum für die Streichinstrumentenfabrikation aufzuweisen (s. C.III.3.b). Prag besaß in Caspar Strnad (1752-1823), einem Schüler von Thomas Andreas Hulinzky (1731-1788), Johannes Kulik (1800-1872), A. Sitt und Ferdinand August Homolka (1828-1890) sowie dessen Sohn Eduard Emanuel Homolka (1860-1933) gute Repräsentanten für den Geigenbau des 19. und frühen 20. Jahrhunderts. František Špidlen (1867-1916) kam erst 1910 aus Kiew und Moskau nach Prag. Sein Sohn Otakar (1896-1958) und dessen Sohn Přemysl Otakar Špidlen (*1920) führten die Werkstatt fort. Jan Baptista Vávra (1870-1937) ist Stammvater einer heute verzweigten Familie tschechischer Geigenbauer. Josef Vávra (*1912) wirkte als einflußreicher Lehrer an der Schule in Luby. Karel Pilař (1899-1985) in Hradec Králové (ehem. Königgrätz) galt als eine führende Persönlichkeit des tschechischen Geigenbaus. Sohn und Enkel setzen seine Arbeit fort.

6. Ungarn, Südosteuropa

Der Geigenbau in Budapest orientierte sich während der Habsburger Herrschaft an der süddeutsch-österreichischen Tradition. Hier etablierte sich der Wiener Geißenhof-Schüler Peter Teufelsdorfer (1784-1845). Vom gleichen Lehrer kam 1825 Johann Baptist Schweitzer (1790-1865) nach Pest; auch Paul Pilát (1860-1931) lernte in Wien. Sámuel Nemessányi (1837-1881) war Schüler von Schweitzer und Thomas Zach (1812-1892) in Pest sowie von A. Sitt in Prag. Er stellte ausgezeichnete Imitationen her. In der Manufaktur von Wenzel-Josef Schunda (1845-1923) wurden etliche wichtige Meister ausgebildet, desgleichen bei Mihály Reményi (1867-1939) in der nächsten Generation. Ebenfalls von großem Einfluß war János Spiegel (1876-1956), der Schwiegersohn von Pilát. In der sozialistischen Ära arbeiteten viele Meister für staatliche Unternehmen oder mußten den Vertrieb ihrer Instrumente an staatliche Gesellschaften abgeben.

Auch in Bulgarien, Rumänien und dem ehemaligen Jugoslawien leben eine größere Anzahl Geigenbauer.

7. Polen

Polen, als Staatswesen im 19 Jh. zeitweise nicht mehr existent, hatte in jener Zeit keinen bedeutenden Geigenbauer aufzuweisen. Erst Franciszek Niewczyk (1859-1944), der in Poznań (Posen) und später in Lwów (Lemberg) arbeitete, bildete wieder eine größere Anzahl jüngerer Geigenbauer aus. Auch T. Panufnik in Warschau versuchte, dem polnischen Geigenbau Auftrieb zu verleihen. Staatliche Ausbildungsstätten für Geigenbau gab und gibt es nach dem Krieg in Zakopane (1949-1960, wieder seit 1975), Nowy Targ (1959-1975) und Poznań (seit 1973). Franciszek Mardula (*1909) wurde als Lehrer an diesen Instituten zur zentralen Persönlichkeit des polnischen Geigenbaus. Der polnische Geigenbauer-Verband zählte 1990 ca. 100 Mitglieder.

8. Sowjetunion/Rußland, Baltische Staaten

Die frühesten Geigenbauer des russischen Staatsgebietes finden sich in St. Petersburg. Einer der ältesten ist Ivan Andreevič Batov (1767-1841). Berühmt wurde Nikolaus Kittel (ca. 1805-1868) für seine Bögen, obwohl nicht ganz geklärt ist, ob er die Stangen auch selbst herstellte. Von großem Einfluß war später Anatolij Ivanovič

Leman (1859-1913), sowohl als Geigenbauer als auch durch seine Schriften zum Handwerk.

In Moskau wird Vasilij Vladimirov (Daten unbekannt) im späten 18. Jh. als Lehrer von Batov genannt. Im 19. Jh. zog aus Petersburg der ehemalige Mirecourter Ernest André Salzard (1842-1897) zu.

Starke Anregungen auf den sowjetischen Geigenbau übte die Staatliche Sammlung alter Streichinstrumente aus, in der sich u.a. ausgezeichnete Instrumente altitalienischer Herkunft befinden. Evgenij Vitaček (1880-1946), gebürtiger Böhme, rettete den Bestand über die Revolutionswirren und wurde Geigenbauer am Moskauer Konservatorium. In dieser Funktion bildete er u.a. Nikolaj Dubinin (1889-1980) und Lev Gorškov (1910-1983) aus. Ebenfalls von Einfluß war die Tätigkeit von Timofej Podgornij (1873-1958). Sein Nachfolger als Restaurator der Staalichen Sammlung wurde Georgij Morozov (1896-1970).

Im lettischen Riga wirkte Martin Zemitis (1896-?).

9. Britische Inseln

In London zeichnete sich bereits um 1800 eine Internationalisierung des Geigenbaus ab, wofür die Existenz verschiedener größerer Werkstätten und Handelsfirmen verantwortlich war. Für John Betts (1752-1823) etwa arbeitete seit ca. 1791 der Süditaliener V. Tr. Panormo und der geborene Füssener Bernhard Simon Fendt (1769-1832), der vorher bei Th. Dodd beschäftigt war. Fendt und John Frederick Lott (1804-1870) stehen am Beginn einer Reihe von ausgezeichneten Kopisten. Legendär sind in dieser Hinsicht die drei Brüder Voller (nachzuweisen ca. 1890 bis gegen 1935). Namhafte Geigenbauer brachte auch der englische Zweig der ursprünglich Mirecourter Familie Chanot hervor, begründet durch G. (II) Chanot (1831-1895), der um 1851 nach London kam.

Der Umgang mit besten alt-italienischen Instrumenten führte in London zu einem Spezialwissen, das sich in der Firma ›W. E. Hill & Sons‹ bündelte, gegründet von W. E. Hill und zu Weltgeltung geführt von seinen vier Söhnen. 1992 wurde das alte Unternehmen aufgelöst. Heute führen zwei jüngere Familienmitglieder separate Werkstätten unter dem Namen Hill. Zahllose alte Instrumente durchliefen die Behandlung der Hill-Werkstatt. Die Hills entwickelten mit ihren Mitarbeitern aber nicht nur die Restauration von Streichinstrumenten zu einer hohen Meisterschaft, sondern beschäftigten auch die besten englischen Bogenmacher. Erste Exemplare um 1880 stammen von James Tubbs (1835-1921) und Samuel Allen (1838-1914). Prägend für den ›Hill-Bogen‹ war allerdings William Retford (1875-1970), der 1892 bis

1956 für die Firma arbeitete. Heute gilt die Londoner Firma ›J. & A. Beare‹ unter Charles Beare (*1937), als führendes Haus für Handel und Expertisen.

Zu den wichtigsten Vertretern des Neubaus im 20. Jh. zählen George Wulme-Hudson (1862-1952), Arthur Richardson (1882-1965), Clifford Hoing (1903-1989) und William Luff (1904-1993). Letzterer war auch als Lehrer von weitreichendem Einfluß. Ausbildungsstätten sind das London College of Furniture und die Newark Violin Making School in Nottinghamshire, gegründet 1972 unter Maurice Bouette (1922-1992). Von 1978 bis 1991 bestand die Welsh Violin Making School in Abertridwr (Mid Glamorgan). A. Dolmetsch in Haslemere gab wichtige Anstöße für die Herstellung von Zupf- und Streichinstrumenten in historischer Bauweise. In Großbritannien findet sich heute eine bedeutende Anzahl von Erbauern solcher Instrumente.

Wichtigster schottischer Meister war Matthew Hardie (1754-1826) in Edinburgh. In Dublin wirkte Thomas Perry (ca. 1744-1818), gefolgt von seinem Schüler Richard Tobin (1766-1847), der allerdings 1813 nach London zog.

10. Benelux-Länder

Holland und Belgien standen im 19. Jh. unter dem Einfluß deutscher und vor allem französischer Meister. In Brüssel etablierte sich 1825 N. Fr. Vuillaume, Bruder von J. B. Vuillaume in Paris. Sein Nachfolger wurde Georges Mougenot (1843-1937). Er stammte ebenso aus Mirecourt wie die Brüder Darche, Charles-Claude-François (1821-1874) und Jacques-Joseph (1824-1867). Emile Laurent (1854-1914) baute u.a. wieder Viole da gamba, vielleicht unter dem Einfluß von V. Ch. Mahillon (1841-1924), der 1877 das Brüsseler Instrumentenmuseum gründete und ebenfalls Nachbauten historischer Saiteninstrumente anfertigte.

Amsterdam besaß im 19. Jh. keinen herausragenden Geigenbauer mehr. Erst Karel van der Meer (1862-1931), ursprünglich Musiker, engagierte für seine 1890 gegründete Werkstatt talentierte junge Meister, bevorzugt aus Deutschland. Auf diese Weise zog es die beiden Markneukirchener Ernst Albin Schmidt (1863-1939) und Max Möller (1875-1948) in die Stadt. Letzterer spezialisierte sich auf Reparatur und Handel, gefolgt von seinem Sohn Guillaume Max (1915-1985) und seinem Enkel Berend Max (1944-1989). Derzeit gibt es eine große Anzahl jüngerer Geigenbauer in den Niederlanden, die sich wieder vermehrt dem Neubau zuwenden.

11. Schweiz

Die Schweiz hat erst Ende des 19. Jh. wieder nennenswerte Aktivitäten im Geigenbau zu verzeichnen. Als Ausbildungsstätten war das Atelier von Emil Züst (1864-1946) in Zürich sowie die Werkstatt von August Meinel (1868-1961) in Liestal bei Basel von Bedeutung. Die Firmen Vidoudez in Genf (1904-1991), Werro in Bern (gegr. 1890) sowie die Ateliers der Familie Baumgartner in Basel (gegr. 1920) sind vor allem im Bereich von Reparaturen und Handel tätig.

Eine Verbreiterung der personellen Basis brachte 1944 die Einrichtung einer Kantonalen Geigenbauschule in Brienz (Kanton Bern), in der Adolf Heinrich König (*1908), ein Schüler Meinels, als erster Direktor wirkte (bis 1973). Die Schule brachte zahlreiche Geigenbauer hervor, die sich über die ganze Schweiz verteilten.

12. USA

Streichinstrumentenbau ist in Nordamerika schon um 1700 nachzuweisen. Namentlich ist Geoffrey Stafford (fl. um 1691) bekannt sowie später James Juhan (fl. 1768-1776). Andere Instrumente gegen Ende des 18. Jh. stammen von Mitgliedern Böhmischer Brüdergemeinden. Sie waren damit Vorläufer einer ganzen Reihe von Streichinstrumentenmachern in den Neuengland-Staaten, die nach der Revolution mit Benjamin Crehore (1765-1832) in Milton/Mass., William Green (fl. 1789-1815) in Medway und Callender (fl. 1789-1802) in Boston einsetzte.

Die Firmen der ursprünglich aus Württemberg stammenden Brüder August Gemunder (1814-1895) und Georg Gemunder (1816-1899) in Boston und New York waren von großer Bedeutung für Neubau und Handel.

Im 20. Jh. entstanden wichtige Unternehmen im Geigenhandel. Das bedeutendste war eine Zweigfirma der ›Rudolph Wurlitzer Co.‹ in New York unter Rembert Wurlitzer (1904-1963), die jedoch schon 1974 wieder aufgelöst wurde. Wichtigster Mitarbeiter war S. F. Sacconi, der den zeitgenössischen Geigenbau durch seine Publikation zu Stradivaris Bauweise (1972) und sein Engagement für die Geigenbauschule in Cremona entscheidend beeinflußte. Vorher arbeitete Sacconi für die New Yorker Filiale der Firma Emil Herrmann (gegr. 1924, aufgelöst 1951). Mitarbeiter bei ›Herrmann‹ war auch Jacques Français (*1923) aus Paris, der derzeit in New York ein bekanntes Handelsunternehmen führt.

Durch die Einwanderung guter Geigenbauer aus Europa und ihre Ausbildungstätigkeit hat sich der individuelle Geigen- und Bogenbau in den Vereinigten Staaten nach dem Zweiten Weltkrieg auf hohem Niveau etabliert. Hierzu trug u.a.

die 1972 in Salt Lake City gegründete Violin School of America sowie seit 1975 die Chicago School of Violin Making bei. Nestor des amerikanischen Geigenbaus im 20. Jh. war Carl Becker (1887-1975), der bis 1968 für ›Lyon & Healy‹ in Chicago tätig war. Sergio Peresson (*1913) in Haddonfield/N.J. baut Instrumente für bekannte Musiker der USA. Mit Hans Weisshaar (1913-1991) war in Los Angeles eine führende Autorität im Reparaturwesen beheimatet.

13. Lateinamerika

Etliche Meister in Argentinien wanderten aus Italien ein. Bereits 1885 ließ sich der Rocca-Schüler Luigi Rovatti (1861-1931) in Buenos Aires nieder. 1899-1920 war dort ebenfalls Camillo Mandelli (1873-1956), ausgebildet bei Bisiach in Mailand, tätig. Der Florentiner Alfredo del Lungo (*1909) richtete 1949 an der Universität von Tucumán eine Geigenbauschule ein.

Im brasilianischen Campo Grande arbeitet Gustav Janzen (*1919), und in São Paulo ist seit drei Generationen die Familie Bertelli ansässig. Am dortigen Konservatorium existiert eine Ausbildungswerkstatt.

14. Australien, Neuseeland

Die Streichinstrumentenbauer dieser Länder sind zumeist in England ausgebildet worden oder näherten sich dem Handwerk als Autodidakten. Im 19. Jh. ist in Australien John Devereux († 1920) zu erwähnen, der einige Zeit mit B.S. Fendt in London arbeitete und sich etwa 1864 in Fitzroy bei Melbourne niederließ. William Henry Dow (1835-1927) kam aus Schottland nach Melbourne. Im 20. Jh. war vor allem Arthur Edward Smith (1880-1978) in Sydney von großem Einfluß. Seine Instrumente fanden Kunden in der ganzen Welt und einige seiner Mitarbeiter machten sich im Land selbständig.

15. China

Das traditionell hochentwickelte holzverarbeitende Handwerk stellte eine gute Grundlage für den Geigenbau dar. In Beijing (Peking) wurde die Hsinghai-Instrumentenfabrik errichtet. Einige junge Leute ließ man im Westen ausbilden. Initiator des handwerklichen Geigenbaus in China ist Tan Shuzen (*ca. 1908), der als Geigenlehrer und später als Leiter einer Ausbildungswerkstatt in Shanghai wirkte. Gegenwärtig werden Serien-Instrumente von guter Qualität weltweit vertrieben.

16. Japan

Masakichi Suzuki (1859-1944) ließ sich von der zu seiner Zeit in Japan noch seltenen Violine faszinieren und richtete 1887 eine Geigenbauwerkstatt in Nagoya ein. Sie entwickelte sich bis heute zu einem der führenden Großhersteller von Streich- und Zupfinstrumenten aller Art. Nach dem Krieg ließen sich einzelne Personen in westlichen Schulen ausbilden. Soruku Murata (*1927) kehrte aus Mittenwald nach Tokyo zurück und gründete 1979 eine eigene Geigenbauschule. Mittlerweile gibt es in Japan eine erstaunlich große Anzahl von individuellen Geigenbauern, die in einem eigenen Verband organisiert sind.

THOMAS DRESCHER

Literatur

I. Zu A. (Violinfamilie) und
C. (Geschichte des Streichinstrumentenbaus)
1. Referenzwerke
1a. Bibliographien

E. HERON-ALLEN, De Fidiculis Bibliographia, 2 Bde., L. 1890-1894; Repr. ebd. 1961 ▪ L. TORRI, La costruzione ed i costruttori degli istrumenti ad arco. Bibliografia liutistica storico – tecnica, in: RMI 14, 1907, 40-82; Padova ^{2}1920; (ca. 650 Titel); rev. und ergänzt von L. Malusi, ebd. ^{3}1977 ▪ W. L. FREIHERR VON LÜTGENDORFF, Die Geigen- und Lautenmacher vom MA. bis zur Gegenwart, 2 Bde, 6. durchges. Aufl. Ffm./Bln. 1992; Nachdr. Tutzing 1975 u.ö., Bd. 1, 405-420; Bd. 3 (Ergänzungsband), erstellt von T. Drescher, Tutzing 1990, 471-813 ▪ R. REGAZZI, The Complete Luthier's Library, Bologna 1990 ▪ F. GÉTREAU (Hrsg.), La Recherche en organologie. Les instruments de musique occidentaux 1960-1992, RdM 79, 1993, 319-375 (darin: K. Moens, Les Cordes frottées, 342-353).

1b. Allgemeine Titel

S. VIRDUNG, Musica getutscht, Basel 1511; Faks. hrsg. von K. W. Niemöller, Kassel u. a. 1970 ▪ M. AGRICOLA, Musica instrumentalis deudsch, Wittenberg 1529, Faks. Hdh. 1969 ▪ DERS., Musica instrumentalis ›newlich zugericht‹, ebd. 1545 ▪ PraetoriusS 2 ▪ M. MERSENNE, Harmonie universelle, P. 1636-37; Faks. hrsg. vom Centre National de la Recherche Scientifique, P. 1963 ▪ J. TALBOT, [= Ms. über Musikinstrumente, ca. 1695], GB-Och, Mus.Ms1187; Teilübertr. von R. Donington, James Talbot's Manuscript, Bowed Strings, in: GSJ 3, 1950, 27-45 ▪ S. DE BROSSARD, [= Fragment eines Traktates über die V., nicht datiert], F-Pn, Rès.Vm^{8}c.1 ▪ L. MOZART, Versuch einer gründlichen Violinschule, Agb. 1756; Faks. (o. Hrsg.), Ffm. o.J. ▪ L. SPOHR, Violinschule, Wien [1833] ▪ F. NIEDERHEITMANN, Cremona. Eine Charakteristik der italienischen Geigenbauer und ihrer Instrumente, Lpz. 1877; weitere überarb. Neuauflagen von verschiedenen Hrsg. ▪ L.-A. VIDAL, Les Instruments à archet, 3 Bde., P. 1876-1878; Repr. L. 1961 ▪ L. F. VALDRIGHI, Nomocheliurgografia antica e moderna; ossia, Elenco di fabbricatori di strumenti armonici con note esplicative e documenti estratti dall' archivio di stato in Modena, Modena 1884; Band 3/4 Modena 1888; Band 5 Modena 1894; Repr. Bologna 1967 ▪ G. DE PICOLELLIS, Liutai antichi e moderni. Note critico-biografiche, Flz. 1885; Repr. Bologna 1985 ▪ L.-A. VIDAL, La Lutherie et les luthiers, P. 1889; Repr. N.Y. 1969 ▪ C. PIERRE, Les Facteurs d'instruments de musique. Les luthiers et la facture instrumentale, P. 1893; Repr. G. 1976 ▪ C. STAINER, A Dictionary of Violin Makers, L. 1896; Repr. Boston [1973] ▪ W. H. HILL/A. F. HILL/A. E. HILL, Antonio Stradivari. His Life and Work (1644-1737), L. 1902; Repr. N.Y. 1963, L. 1980; dt. als: Antonio Stradivari. Der Meister des Geigenbaus 1644-1737. Mit einem Beitr. ›La casa nuziale‹ von A. Baruzzi, Stg. 1987 ▪ W. L. VON LÜTGENDORFF, Die Geigen- und Lautenmacher vom MA. bis zur Gegenwart, Ffm. 1904; erw. Aufl., 2 Bde., Ffm./Bln. 1922; Repr. Tutzing 1968 und 1975; Erg.Bd. [3], erstellt von T. Drescher, ebd. 1990 ▪ W. M. MORRIS, British Violin Makers Classical and Modern, L. 1904, ebd. ^{2}1920; Repr. Bridgewater 1981 ▪ P. DE WIT, Geigenzettel alter Meister vom 16. bis zur Mitte des 19. Jh., 2 Bde., Lpz. 1910; Repr. Ffm. 1976 ▪ F. WALDNER, Nachrichten über tirolische Lauten- und Geigenbauer, in: Zs. des Ferdinandeums Innsbruck, 3. Folge, H. 55, Innsbruck 1911, 3-108 ▪ A. JACQUOT, La Lutherie Lorraine et Française depuis ses origines jusqu'à nos jours, P. 1912; Repr. G. 1985 ▪ H. POIDRAS, Dictionnaire des luthiers anciens et modernes critique et doucumentaire, Rouen 1924 ▪ F. HAMMA, Meisterwerke italienischer Geigenbaukunst, Stg. 1931 ▪ W. H. HILL/A. F. HILL/A. E. HILL, The Violin Makers of the Guarneri Family (1626-1762), L. 1931; Repr. ebd. 1965 und ebd. 1980 ▪ F. HAMMA, Meister deutscher Geigenbaukunst, Stg. 1948, ^{2}1961 ▪ R. VANNES, Dictionnaire universel des luthiers, Bd.1, Brs. 1951, Bd. 2 ebd. 1959, Bd. 3 hrsg. von Cl. Lebet, ebd. 1985 ▪ Z. SZULC, Slownik Lutników Polskich, Poznań 1953 ▪ K. JALOVEC, Böhmische Geigenbauer, Prag 1959 ▪ A. HJORTH, Danish Violins and Their Makers, Kphn. 1963 ▪ V. AZZOLINA, Liuteria italiana dell' ottocento e del novecento, Mld. 1964 ▪ D. D. BOYDEN, The History of Violin Playing From Its Origins to 1761 and Its Relationship to the Violin and Violin Music, L. 1965; dt. als Die Gesch. des Violinspiels..., Mz. 1971 ▪ W. HAMMA, Meister ital. Geigenbaukunst, Stg. 1965, Wilhelmshaven ^{8}1993 ▪ K. JALOVEC, Enzyklopädie des Geigenbaues, 2 Bde., Prag/Hanau 1965 ▪ DERS., Dt. und österreich. Geigenbauer, Prag 1967 ▪ H. BOLTSHAUSER, Die Geigenbauer der Schweiz, Degersheim 1969 ▪ V. GAI, Gli strumenti musicali della Corte Medicea e il Museo del Conservatorio ›Luigi Cherubini‹ di Firenze, Flz. 1969 ▪ W. KAMIŃSKI, Skrzypce polskie (Polnische Geigen), Krakau 1969 ▪ W. KOLNEDER, Das Buch der Violine. Bau, Gesch., Spiel, Pädagogik, Komposition, Z. 1972 ▪ R. BLETSCHACHER, Die Lauten- und Geigenmacher des Füssener Landes, Hofheim/Taunus 1978 ▪ A. LAYER, Die Allgäuer Lauten- und Geigenmacher, Agb. 1978 ▪ F. PROCHART, Der Wiener Geigenbau im 19. und 20. Jh., Tutzing 1979 ▪ F. R. SELCH, Early American Violins and Their Makers, in: Journal of the Violin Society of America 4, 1982, H. 1, 33-42 ▪ D. F. MØLLER, Danske Instrumentbyggere 1770-1850. En erhvervshistorisk biografisk fremstilling, Kphn. 1983 ▪ M. KRESAK, Huslarske umenie na Slovensku, Bratislava 1984 ▪ M. HAINE/N. MEEUS (Hrsg.), Dictionnaire des facteurs d'instruments de musique en Wallonie et à Bruxelles du 9e siècle à nos jours, Liège/Brs. 1986 ▪ W. HAMMA, Geigenbauer der Dt. Schule des 17. bis 19. Jh., 2 Bde., Tutzing 1986 ▪ V. PILAŘ/F. SRAMEK, Umení Houslaru, Prag 1986 ▪ W. SENN/K. ROY, Jakob Stainer 1617-1683, Ffm. 1986 ▪ T. J.

WENBERG, The Violin Makers of the United States, Mt. Hood/Oreg. 1986 ▪ A. MOSCONI/C. TORRESANI, Il Museo Stradivariano di Cremona, Mld. 1987 ▪ G. STURM/W. MONICAL (Hrsg.), American Violin Makers before 1930 [Ausstellungskatalog], Wash./D.C. 1987 ▪ S. TOFFOLO, Antichi strumenti veneziani. 1500-1800, Vdg. 1987 ▪ C. MOSCHELLA, Liuteria italiana moderna dall'ottocento al novecento, Cremona 1988 ▪ B. NILSSON, Svensk Fiolbyggar Konst, Stockholm 1988 ▪ R. PINTO COMAS, Los luthiers españoles, Barcelona 1988 ▪ A. KUCHARSKA, Polska sztuka lutnicza (Polnischer Geigenbau), Bydgoszcz 1989 ▪ L. LE CANU/V. LE CANU, Les luthiers français, Bd. 1-4, P. 1993-1996 ▪ R. STOWELL (Hrsg.), The Cambridge Companion to the Violin, Oxd. 1993 ▪ E. BLOT, Un secolo di liuteria italiana 1860-1960, Bd. 1: Emiglia Romagna, Cremona 1996; Bd. 2: Lombardia e Veneto, ebd. 1995; Bd. 3: Liguria, ebd. 1997.

2a. Konstruktion, Bau, Physik, Akustik

A. BAGATELLA, Regole per la costruzione de' violini - viole - violoncelli e violoni. Memoria presentata alla R. Accademia di Scienze Lettere ed arti di Padova al concorso del premio delle arti dell anno 1782; Repr. Padua o.J.; dt. Gtg. o.J. ▪ Art du faiseur d'instruments de musique et lutherie, in: Encyclopedie méthodique des arts et mécaniques, P. 1785; Repr. G. 1972 ▪ G. A. MARCHI, Il manoscritto liutario di G. A. Marchi, Bologna 1786, hrsg. von R. Regazzi, Bologna 1986 ▪ L'ABBÉ A. SIBIRE, La Chélonomie ou le parfait luthier, P. 1806, Neuaufl. Brs. 1823; Repr. G. 1984 ▪ G. A. WETTENGEL, Vollständiges, theoretischpraktisches [...] Lehrbuch der Anfertigung und Reparatur aller noch jetzt gebrauchten Gattungen von italienischen und Geigen..., Ilmenau 1828; 2. Aufl. als Lehrbuch der Geigen- und Bogenmacherkunst, hrsg. von H. Gretschel, Weimar 1869 ▪ J. C. MAUGIN, Manuel du luthier, P. 1834 ▪ DERS./W. MAIGNE, Nouveau Manuel complet du luthier, P. 1869 ▪ E. HERON-ALLEN, Violin-Making as It Is and Was, L. 1884 ▪ H. STARCKE, Die Geige, ihre Entstehung, Verfertigung und Bedeutung, die Behandlung und Erhaltung aller ihrer Bestandteile und die Meister der Geigen- und Lautenbaukunst..., Dresden 1884 ▪ M. MÖCKEL, Das Konstruktionsgeheimnis der alten ital. Meister. Der goldene Schnitt im Geigenbau. Mit einem Anhang: Der ital. Lack, 2 Bde., Bln. 1925 und 1927 ▪ O. MÖCKEL, Die Kunst des Geigenbaues, Lpz. 1930, Hbg. ^{6}1984 (bearb. von. F. Winckel) ▪ M. MÖCKEL, Die Kunst der Messung im Geigenbau, Bln. 1935 ▪ F. A. SAUNDERS, The Mechanical Action of Instruments of the Violin Family, in: JASA 1, 1946, 169-186 ▪ H. KAYSER, Die Form der Geige - aus dem Gesetz der Töne gedeutet, Z. 1947 ▪ K. STEINER, Die geometrische Konstruktion der Geigenform von Stradivari, Tbg. 1949 ▪ R. MILLANT/M. MILLANT, Manuel pratique de lutherie, P. 1952; dt. als Praktisches Handbuch des Geigenbauers, Giebing 1970 ▪ A. ROUSSEL, Traité de lutherie, à l'usage des luthiers des amateurs de lutherie..., 1956, Selbstverlag; Ffm. ^{4}1974; dt. als Grundlagen der Geige und des Geigenbaus, Ffm. 1965 ▪ C. M. HUTCHINS, Subharmonics and Plate Top Tones in Violin Acoustics, in: JASA 32, 1960, 1443-1449 ▪ E. LEIPP, Le Violon. Histoire, esthéthique, facture et acoustique, P. 1965 ▪ C. M. HUTCHINS, Founding a Family of Fiddles, in: Physics Today 20, Febr. 1967, 23-28 ▪ K. LEONHARDT, Geigenbau und Klangfrage. Versuche, Praktiken und Grundsätzliches zur Erzeugung eines idealen Geigenklanges, Ffm. 1969 ▪ S. F. SACCONI, I ›Segreti‹ di Stradivari, Cremona 1972 ▪ C. M. HUTCHINS, Musical Acoustics, Bd. 1: Violin Family Components; Bd. 2: Violin Family Functions, Stroudsburg/Pa. 1975 und 1976 ▪ L. KUNZ, Volkstümliche Geigenmacher, in: Ethnographica 10, 1976, 33-64 (= Acta musei moraviae 56/57) ▪ P. PETERLONGO, Die Streichinstrumente und die physikal. Grundprinzipien ihres Funktionierens, Ffm. 1976 ▪ L. CREMER, Physik der Geige, Stg. 1981 ▪ C. M. HUTCHINS, A History of Violin Research, in: JASA 73, 5, 1983, 1421-1440 ▪ A. LOLOV, Bent Plates in Violin Construction, in: GSJ 37, 1984, 10-15 ▪ K. MOENS, Die Frühgesch. der Violine im Lichte neuerer Forschungen, in: Lauten, Harfen, Violinen - Tage alter Musik, Herne 1984 [Ausstellungkatalog], Herne 1984, 54-86 ▪ K. COATES, Geometry, Proportion, and the Art of Lutherie, Oxd. 1985 ▪ K. OSSE, Violine. Klangwerkzeug und Kunstgegenstand, Lpz./Wbdn. 1985 ▪ R. HARGRAVE, Safety Pins, in: The Strad 97, Jun. 1986, 116-118 ▪ DERS., Tried and Tested, in: dass., 194-199 ▪ DERS., Keeping Fit, in: dass., Aug. 1986, 257-258 ▪ H. HEYDE, Musikinstrumentenbau: 15.-19. Jh.. Kunst, Handwerk, Entwurf, Lpz. 1986 ▪ K. MOENS, Der frühe Geigenbau in Süddeutschland, in: Fs. J. H. van der Meer, hrsg. von F. Hellwig, Tutzing 1987, 349-388 ▪ O. ADELMANN, Die alemannische Schule, Bln. 1989, ^{2}1997 ▪ H. WEISSHAAR/M. SHIPMAN, Violin Restoration. A Manual for Violin Makers, Los Angeles 1988 ▪ G. BUCHANAN, The Making of Stringed Instruments: A Workshop Guide, L. 1989 ▪ W. GÜTH, Physik im Geigenbau, Stg. 1989 ▪ W. L. MONICAL, Shapes of the Baroque. The Historical Development of Bowed String Instruments [Ausstellungskatalog], N.Y. 1989 ▪ M. H. SCHMID, Baugrößen, Besaitung und Instrumentennamen bei Streichinstrumenten des 17. Jh., in: Stud. zur Aufführungspraxis, Beiheft 11, Michaelstein/Blankenburg 1991, 107-111 ▪ B. RICHARDSON, The Physics of the Violin, in: R. Stowell (Hrsg.), The Cambridge Companion to the Violin, Cambridge 1992, 30-45 ▪ H. GRAESSER, Electric Violins. Design und Technik der elektrischen Streichinstrumente, Ffm. 1998 ▪ A. OTTERSTEDT, What Old Fiddles can Tell Us, in: GSJ 52, 1999, 219-242 ▪ H. U. ROTH, Überlegungen zum barocken Streich-Ensemble, in: W. Seipel (Hrsg.), Für Aug' und Ohr. Musik in Kunst und Wunderkammern, Ausstellungskat. des Kunsthist. Museums Wien, Schloß Ambras bei Innsbruck, Mld./Wien 1999, 73-85.

2b. Lack

E. MAILAND, Découverte des anciens vernis italiens employés pour les instruments à cordes et à archet, P. 1859; dt. Lpz. 1903; Repr. Mn./Salzburg 1975 ▪ J. MICHELMANN, Violin Varnish, a Plausible Re-Creation of the Varnish Used by the Italian Violin Makers Between the Years 1550 and 1750, Cincinnati/Oh. 1946 ▪ S. L. CORBARA, Le vernici antique e moderne per liuteria, Cesena 1963; engl. als The Old and Modern Varnishes for Violin Makers, Cesena 1987 ▪ E. KNOPF, Der Cremoneser Lack. Eine Studie über Geigenlackuntersuchungen, Ffm. 1979 ▪ G. L. BEASE, Classic Italian Violin Varnish, Fort Collins/Col. 1985 ▪ L. CASINI, Alla riscoperta della vernice degli antichi liutai, Flz. 1986 ▪ J. HAMMERL/R. HAMMERL, Geigenlacke, Ffm. 1988 ▪ C. Y. BARLOW/J. WOODHOUSE, Firm Gound (I), in: The Strad 100, März 1989, 195-197 ▪ DIES., Firm Ground (II), in: dass., April 1989, 275-278 ▪ E. FONTANA/F. HELLWIG/K. MARTIUS, Hist. Lacke und Beizen auf Musikinstr. in deutschsprachigen Quellen bis 1900, [Nbg.] 1992.

3. Bogenbau

F. J. FÉTIS, Antoine Stradivari.[...] et suivi d'analyses théoriques sur l'archet et sur François Tourte auteur de ses derniers perfectionnements, P. 1856 ▪ H. SAINT-GEORGE, The Bow. Its History, Manufacture and Use, L. 1896; Repr. N.Y. 1969 ▪ H. BALFOUR, The Natural History of the Musical Bow. A Chapter in the Developmental History of Stringed Instruments of Music, Oxd. 1899; Repr. Portland/Me. 1976 ▪ F. WUNDERLICH, Der Geigenbogen, Lpz. 1936; Wbdn. ²1952 ▪ J. RODA, Bows for Musical Instruments of the Violin Family, Chicago 1959 ▪ W. C. RETFORD, Bows and Bow Makers, L. 1964 ▪ C. VAN LEUWEN BOOMKAMP/J. H. VAN DER MEER, Bows, in: Dies., The Carel van Leeuwen Boomkamp Collection of Musical Instruments, Adm. 1971, 54-87 ▪ D. D. BOYDEN, Der Geigenbogen von Corelli bis Tourte, in: V. Schwarz (Hrsg.), Violinspiel und Violinmusik, Wien 1975, 295-310 ▪ E. VATELOT, Les Archets français, 2 Bde., Nancy 1976 ▪ K. BIRSAK, Zwei barocke Streichbögen im Salzburger Museum Carolino Augusteum, in: Musicologica Austriaca 1, 1977, 197-209
▪ D. D. BOYDEN, The Violin Bow in the 18th Century, in: EM 8, Apr. 1980, 199-212 ▪ B. MILLANT, The Great Bow Makers of France, in: Journal of the Violin Society of America 6, 1982, H. 2, 179-189 ▪ W. WATSON, English Bow Makers, in: dass., 96-116 ▪ M. REINDORF, The Current Status of French Bow Making. A Crisis Averted, a Future Assured, in: dass. 7, 1984, H. 1, 89-128 ▪ G. STRADNER, Ein neu entdeckter Violinbogen aus der Zeit um 1700, in: W. Salmen (Hrsg.), Jakob Stainer und seine Zeit, Innsbruck 1984, 109-113 ▪ J. H. VAN DER MEER, Beitr. zur Kenntnis der Entwicklung des Streichbogens, in: Stud. zur Aufführungspraxis und Interpretation von Musik des 18. Jh., 1986, H. 29, 43-54 ▪ K. GRÜNKE, Bogenbau, in: H. Moeck (Hrsg.), Fünf Jh. Dt. Musikinstrumentenbau, Celle 1987, 143-148 ▪ J. CLARK, L'Évolution de l'archet à fin du 18ᵉ siècle, in: F. Gétreau (Hrsg.), Instrumentistes et luthiers parisiens. 17ᵉ-18ᵉ siècles, P. 1988, 111-115 ▪ E. VATELOT, Paris capitale de l'archèterie au 19ᵉ siècle, in: dass., 209-216 ▪ S. BOWDEN, Pajeot. Bow Makers of the 18th and 19th Centuries, L. 1991 ▪ B. ZOEBISCH, 100 Jahre Bogenmacher-Innung Markneukirchen, in: Ars Musica Jb. 1991, 62-93 ▪ T. REGEL, Der Violinbogen. Mg. und spieltechnische Aspekte der Entwicklung, in: Das Orchester 42, 1994, H. 3, 2-8
▪ P. CHILDS, The Bowmakers of the Pecatte Family, Montrose/N.Y. 1996 ▪ U. HARNISCH/M. LUSTIG u.a. (HRSG.), Der Streichbogen. Entwicklung – Herstellung – Funktion, Kgr.-Ber. Michaelstein 3./4. Nov. 1995, Michaelstein 1998 (= Michaelsteiner Konferenzber. 54) ▪ R. HOPFNER, Streichbogen [der] Sammlung alter Musikinstrumente und [der] Sammlungen der Ges. der Musikfreunde in Wien, Kat. und Beilage mit 21 Planzeichnungen, Tutzing 1998 ▪ S. M. RIEDER, »L'Archet l'âme de l'instrument«. Der Geigenbogen im späten 17. und frühen 18. Jh.: hist. Entwicklung, Funktionsweise und Spieltechnik, Diss. Bln. 1999 (i. Dr.) ▪ K. GRÜNKE/C. H.-K. SCHMIDT/ W. ZUNTERER, Deutsche Bogenmacher/German Bow Makers, Bd. 1: 1783-1945, Bd. 2: 1945-2000, Waakirchen 2000 ▪ B. MILLAUT u.a., L'Archet, 4 Bde., P. 2000 ▪ H. REINERS, Baroyue Bows, in: Chelys 28, 2000, 59-76.

4. Saiten

G. RICCATI, Delle corde, ovvero fibre elastiche, Bologna 1767 ▪ C. BAUD/F. J. GOSSEC, Observations sur les cordes à instruments de musique, Versailles 1803 ▪ C. G. SCHATZ, Anweisung wie die Schaf- oder Hammel-Därme bearbeitet werden müssen, wenn sie zu Darmsaiten brauchbar sein sollen, o.O. [?Markneukirchen] 1834 ▪ J. C. MAUGIN/W. MAIGNE, Nouveau Manuel complet du luthier, P. 1869 (darin: Troisième partie: Fabrication des cordes à boyau et des cordes métalliques) ▪ F. A. DRECHSEL, Gesch. der Saitenmacher-Innung [von Markneukirchen], in: Fs. der Innungen, Markneukirchen 1927, 59-98 ▪ D. ABBOTT/E. SEGERMAN, Strings in the Sixteenth and Seventeenth Centuries, in: GSJ 27, 1974, 48-73 ▪ D. ABBOTT/E. SEGERMAN, Gut Strings, in: EM 4, 1976, 430-437 ▪ S. BONTA, From Violone to Violoncello. A Question of Strings?, in: JAMIS 3, 1977, 64-99 ▪ A. COHEN, A Cache of 18th-Century Strings, in: GSJ 36, 1983, 37-48 ▪ P. BARBIERI, Giordano Riccati on the Diameters of Strings and Pipes, in: GSJ 38, 1985, 20-34 ▪ K. JUNGER, Saiten, in: H. Moeck (Hrsg.), Fünf Jh. Dt. Musikinstrumentenbau, Celle 1987, 151-177 ▪ S. BONTA, Catline Strings Revisited, in: JAMIS 14, 1988, 38-60 ▪ E. SEGERMAN, Strings Through the Ages, in: The Strad 99, Jan. 1988, 52-55 ▪ DERS., Highly Strung, in: dass., März 1988, 195-201 ▪ DERS., Deep Tensions, in: dass., Apr. 1988, 295-299 ▪ I. WOODFIELD, String-Making in 17th-Century Padua. An English Traveller's Description, in: GSJ 41,

1988, 109-112 ▪ M. PERUFFO, *The Mystery of Gut Bass Strings in the 16th and 17th Centuries. The Role of Loaded Weighted Gut*, in: Lute Society of America Quarterly, Mai 1994, 5-14 ▪ Ders., *Die Darmsaiten vom 16. bis zum 18. Jh.*, in: D. Krickeberg (Hrsg.), Der ›schöne‹ Klang, Nbg. 1996, 99-111 ▪ S. BONTA, *The Making of Gut Strings in 18th-Century Paris*, in: GSJ 52, 1999, 376-386.

5. Geschichte des Streichinstrumentenbaus

C. ENGEL, *Researches into the Early History of the Violin Family*, L. 1883; Repr. Boston 1977 ▪ G. STROCCHI, *Liuteria. Storia ed arte*, Lugo 1913, ³1937 ▪ E. WILD, *Gesch. von Markneukirchen. Stadt und Kirchspiel*, Plauen i.V. 1925 ▪ B. GÖTZ, *Gesch. der Saiteninstrumentenmacher-Innung* [von Markneukirchen], in: Fs. der Innungen, Markneukirchen 1927, 11-58 ▪ E. WILD, *Regesten zur Gesch. des Vogtlandes im 14.-17. Jh.*, Plauen 1929 ▪ D. J. BALFOORT, *De Hollandsche Vioolmakers*, Adm. 1931 ▪ A. I. COZIO DI SALABUE, *Carteggio*, hrsg. von R. Bacchetta, Einf. und Erläut. von G. Iviglia, Mld. 1950 ▪ W. SENN, *Jakob Stainer, der Geigenmacher zu Absam. Die Lebensgesch. nach urkundlichen Quellen*, Innsbruck 1951 ▪ F. LESURE, *La Facture instrumentale à Paris au 16ᵉ siècle*, in: GSJ 7, 1954, 11-52 ▪ W. BACHMANN, *Die Anfänge des Streichinstrumentenspiels*, Lpz. 1964 ▪ E. WINTERNITZ, *The School of Gaudenzio Ferrari and the Early History of the Violin*, in: Fs. C. Sachs, hrsg. von G. Reese, N.Y. 1965 ▪ K. KAUERT, *Entstehung, Standorte und Struktur der vogtländ. Musikindustrie unter besonderer Berücksichtigung der Veränderungen seit der Mitte des 19. Jh.*, 2 Bde., Diss. Potsdam 1969 (mschr.) ▪ K. MÄDLER, *Entwicklung der Geigenmacherei im Schönbacher Ländchen*, in: Heimatbuch der Musikstadt Schönbach, Bubenreuth 1969, 24-28 ▪ S. MILLIOT, *Documents inédits sur les luthiers parisiens du 18ᵉ siècle*, P. 1970 (= PSFM 2/13) ▪ F. CRANE, *Extant Medieval Instruments. A Provisional Catalogue by Types*, Iowa City 1972 ▪ M. TIELLA, *La ›violeta‹ di S. Caterina de' Vigri (sec. XV) nel Convento del Corpus Domini, Bologna*, in: Nuova Metologia. Quaderni di organologia 3, 1974, Sp. 44-52; dass. in: GSJ 28, 1975, 60-70 ▪ L. C. WITTEN, *Apollo, Orpheus and David. A Study of the Crucial Century in the Development of Bowed Strings in North Italy 1480-1580 as Seen in Graphic Evidence and Some Surviving Instruments*, in: JAMIS 1, 1975, 5-55 ▪ H. HEYDE/P. LIERSCH, *Stud. zum sächs. Musikinstrumentenbau des 16./17. Jh. – I. Die Geigen- und Lautenmacher von Randeck und Helbigsdorf, II. Die Musikinstrumente von etwa 1590 in der Begräbniskapelle des Freiberger Doms*, in: JbP 1979, 231-259 und Fotobeilagen am Ende des Bandes ▪ W. F. PRIZER, *Isabella d'Este and Lorenzo da Pavia, Master Instrument Maker*, in: EMH 2, 1982, 87-127 ▪ B. RAVENEL, *Vièles à archet et rebecs. Définition des archétypes en vue de leur reconstitution*, 4 Bde., Diss. Nancy 1982 (mschr.) ▪ N. GOUILLARD, *Les Luthiers de Mirecourt aux 17ᵉ siècles*, (Thèse pour le diplôme d'archiviste paléographe), École Nationale des Chartes, 1983 (mschr.) ▪ H. W. KLINNER, *300 Jahre Mittenwalder Geigenbau*, in: 300 Jahre Mittenwalder Geigenbau, Mittenwald 1983, 8-45 ▪ F. PALMER, *Musical Instruments from the Mary Rose. A Report on a Work in Progress*, in: EM 10, Jan. 1983, 53-59 ▪ C. BEARE, *The Influence of Stainer's Instruments on the Italian and English Schools*, in: W. Salmen (Hrsg.), Jacob Stainer und seine Zeit, Innsbruck 1984, 55-60 ▪ K. MOENS, *De viool in de 16de en 17de eeuw. Oorsprong en ontwikkeling van haar vorm- en bouwkenmerken*, in: Musica Antiqua 2, 1985, H. 1, 24-26; H. 2, 38-41; H. 3, 85-90; H. 4, 123-127; dass. 3, 1986, H. 1, 3-7 ▪ M. REMNANT, *English Bowed Instruments from Anglo-Saxon to Tudor Times*, Oxd. 1986 ▪ J. H. GISKES, *Tweehonderd jaar bouw van strijkinstrumenten in Amsterdam*, in: Amstelodamum 79, 1987, 56-80 ▪ J. HUBER, *The Developement of the Volin During the Period 1775-1825. A Study of the Emergence of the Modern Violin*, Diss. Uppsala 1987 ▪ F. J. LINDEMAN/A. BOLINK/J. BOLINK (Hrsg.), *Vioolbouw in Nederland*, [Adm. 1987] ▪ K. ROY, *Streichinstrumente*, in: H. Moeck (Hrsg.), Fünf Jh. Dt. Musikinstrumentenbau, Celle 1987, 127-141 ▪ E. SANTORO, *Antonius Stradivarius, Cremona* 1987 ▪ F. GÉTREAU, *Instrumentistes et luthiers parisiens. 17ᵉ-19ᵉ siècles* [Ausstellungskatalog], P. 1988 ▪ P. BARBIERI, *Cembalaro, organaro, chitarraro e fabbricatore di corde armoniche nella Polyanthea technica di Pinaroli (1718-32). Con notizie sui liutai e cembalari operanti a Roma*, in: Recercare 1, 1989, 123-209 ▪ H. HERRMANN-SCHNEIDER, *Die Lauten- und Geigenmacher vom Außerfern – Meister der Geigenbaukunst in Europa*, in: G. Ammann (Hrsg.), Tiroler Schwaben in Europa…, Reutte 1989 [Ausstellungskatalog Tiroler Landesausstellung 1989], Innsbruck 1989, 358-399 ▪ B. A. KOLCHIN, *Wooden Artefacts from Medieval Novgorod*, Oxd. 1989 ▪ O. ADELMANN, *Die Alemannische Schule. Archaischer Geigenbau des 17. Jh. im südl. Schwarzwald und in der Schweiz*, Bln. 1990, ²1997 ▪ F. DASSENNO/U. RAVASIO (Hrsg.), *Gasparo da Salò e la liuteria bresciana tra rinascimento e barocco* [Ausstellungskatalog], Brescia 1990 ▪ N. J. GROCE, *Musical Instrument Makers of N.Y.: A Directory of Eighteenth- and Nineteenth-Century Urban Craftsmen*, Stuyvesant/N.Y. 1991 ▪ E. SANTORO, *Oltre Stradivari. La liuteria classica Cremonese attraverso Guarneri, Bergonzi e Ceruti. Dal bassetto al contrabasso, una affascinante storia iniziata del capostipite Andrea Amati*, Cremona 1991 ▪ M. BIZZARINI/B. FALCONI/U. RAVASIO (Hrsg.), *Liuteria e musica strumentale a Brescia tra cinque e seicento. Atti del convegno*, 2 Bde., Brescia 1992 [= Fondazione Civiltà Bresciana, Annali 5/1-2] ▪ J. DILWORTH, *The Violin and Bow – Origins and Development*, in: R. Stowell (Hrsg.), The Cambridge Companion to the Violin, Cambridge 1992, 1-29 ▪ D. ROSENGARD, *Contrabassi Cremonesi*, Cremona 1992 ▪ A. I. COZIO DI SALABUE, *L'Epistolario di Cozio di Salabue (1773-1845). Trascrizione con saggi critici dei documenti originali della Biblioteca statale e Libreria civica di Cremona*, hrsg. von E.

Santoro, Cremona 1993 ▪ J. FOCHT/S. HIRSCH, Zum Mittenwalder Geigenbau und Verlegerwesen des frühen 19. Jh., in: Musik in Bayern 47, 1993, 77-113 ▪ P. HOLMAN, Four and Twenty Fiddlers. The Violin at the English Court 1540-1690, Oxd. 1993 ▪ K. MOENS, La ›nascita‹ del violino nei Paesi Bassi del Sud. Alla ricerca di un luogo dove collocare l'inizio della storia del violino, in: M. Tiella (Hrsg.), Monteverdi. Imperatore della musica (1567-1643), Rovereto 1993, 84-131 ▪ T. DRESCHER, Geigenbau im 17. Jh., in: P. Eder/E. Hintermaier (Hrsg.), H. Fr. Biber. Musik und Kultur im hochbarocken Salzburg [Ausstellungskatalog], Salzburg 1994, 74-87 ▪ H. HEYDE, Musikinstrumentenbau in Preußen, Tutzing 1994 ▪ S. MILLIOT, Les Luthiers parisiens aux 19ᵉ et 20ᵉ siècles, Bd. 1: La famille Chanot-Chardon, Spa 1994 ▪ B. W. HARVEY, The Violin Family and its Makers in the British Isles, Oxd. 1995 ▪ K. KAUERT, Der Ursprung des nordwestböhmischen und vogtländischen Geigenbaues, in: Das Musikinstrument 44, 1995, H. 6-7, 8-13 ▪ F. LESURE, Les Débuts de la lutherie lorraine. Du Mythe à la réalité, in: Musique-Images-Instruments 2, 1996, 171-175 ▪ K. MARTIUS (Hrsg.), Leopold Widhalm und der Nürnberger Lauten- und Geigenbau im 18. Jh., Ffm. 1996 ▪ P. BENEDEK, Ungarischer Geigenbau, Mn. 1997 ▪ ENTENTE INTERNATIONALE DES MAÎTRES LUTHIERS ET ARCHETIERS D'ART (Hrsg.), Alte Geigen und Bogen. Ausgewählte Meisterwerke aus dem dt. Kulturraum, [K.] 1997 ▪ S. MILLIOT, Histoire de la lutherie parisienne du XVIIIe siècle à 1960. Bd. 2: Les Luthiers di XVIIIe siècle, Spa 1998 ▪ S. PASQUAL/R. REGAZZI, Le radici del successo della liuteria a Bologna. Storia della liuteria classica bolognese e dei liutai bolognesi in età moderna, Bologna 1998 ▪ L. MILNES (Hrsg.), The British Violin. The Catalogue of the Exhibition, 400 Years of Violin & Bow Making in the British Isles, L. 1998 ▪ F. CACCIATORI/B. CARLSON (HRSG.), Domenico Montagnana »Lauter in Venetia«, Ausstellungskat. und Kgr.-Ber. Lendinara 1997, Cremona 1998 ▪ D. BAUMANN, Streichinstr. des MA. und der Renaissance: bautechnische, dokumentarische und mus. Hinweise zur Spieltechnik, in: Music in Art 24/1-2, 1999, 29-40 ▪ K. BIRSAK, Salzburger Geigen und Lauten des Barock, Salzburg 2001 (= Kat. zur Ausstellung des Salzburger Barockmuseums 4. April 2001 – 10. Juni 2001) ▪ B. ZOEBISCH, Vogtländischer Geigenbau. Biographien und Erklärungen bis 1850, Horb am Neckar 2000 ▪ K. MARTIUS, Die Bratschen von Johann Adam Pöpel und Johann Adam Kurzendörffer, in: musica instrumentalis 3, 2001, 147-155.

6. Expertise, Handel

A. FUCHS, Taxe der Streichinstrumente, Lpz. 1907; Hofheim/Taunus ¹⁴1996, hrsg. von R. Baumgartner u.a. ▪ A. BERR, Geigen. Originale, Kopien, Fälschungen. Eine grundlegende Definition und Darstellung, Ffm. 1962 ▪ C. BEARE, Violin Appraisal and Identification, in: Journal of the Violin Society of America 4, 1982, H. 2, 160-178 ▪ W. KIRSCHFINK, Versteigerungen von Streichinstrumenten, Stolberg 1986, 1987, 1989 etc. ▪ K. MOENS, Authenticiteitsproblemen bij oude strijkinstrumenten, 1. Toeschrijvingen en signaturen, in: Musica Antiqua 3, 1986, H. 3, 80-87; 2. Bouwtechnische aspecten van vervalsingen, in: dass. H. 4, 105-111; 3. Beroemde renaissance-instrumenten in openbare verzamelingen, in: dass. 4, 1987, H. 1, 3-11 ▪ B. W. HARVEY, Violin Fraud. Deception, Forgery, Theft, and the Law, Oxd. 1992 ▪ J. HUBER, Der Geigenmarkt, Ffm. 1995.

II. Zu B. (Familie der Viole da gamba)

G. LANFRANCO, Scintille di musica, Brescia 1533; Faks. hrsg. von G. Massera, Bologna 1970 ▪ S. GANASSI DEL FONTEGO, Regola Rubertina & Lettione Seconda, Vdg. 1542/43; Faks. hrsg. von G. Vecchi, Bologna 1970; dt. Übs. von H. Peter, Bln. 1972 und W. Eggers, Kassel 1974 ▪ H. GERLE, Musica und Tablatur, auff die Instrument der klainen und grossen Geygen, auch Lautten…, Nbg. 1546 ▪ P. JAMBE DE FER, Epitome musical, Lyon 1556; Faks. hrsg. von F. Lesure, in: AnnMl 6, 1958-63, 341-386 ▪ R. DOWLAND, Varietie of Lute Lessons, L. 1610; Faks. hrsg. von E. Hunt, L. 1958 ▪ M. MERSENNE, Harmonie universelle, P. 1636 ▪ P. TRICHET, Traité des instruments de musique (ca. 1640; F-Psg, 1070); Faks. hrsg. von F. Lesure, G. 1978 ▪ M. MERSENNE, Harmonicorum Libri 12, P. 1648 ▪ CHR. SIMPSON, The Division Violist, L. 1659, ²1665 ▪ F-Pn, Rès.Vma ms.866 [= Werke des Sieur de Sainte Colombe] ▪ J. PLAYFORD, An Introduction to the Skill of Musick, L. 1674 ▪ TH. MACE, Musick's Monument, L. 1676 ▪ DANOVILLE, L'Art de toucher le dessus et le basse de violle, P. 1687 ▪ J. ROUSSEAU, Traité de la viole, P. 1687; Faks. G. 1975; dt. Übs. von A. Ehrhard, Mn./Salzburg 1980 ▪ J. TALBOT, [= Manuskript über Musikinstrumente, ca. 1695], GB-Och, Mus.Ms.1187 ▪ J. P. EISEL, Musicus autodidaktos, Erfurt 1738; Faks. Lpz. 1976 ▪ C. SACHS, Die Viola bastarda, in: ZIMG 15, 1914, H. 5, 123-125 ▪ R. DONINGTON, James Talbot MS II: Bowed Strings, in: GSJ 3, März 1950, 27-45, und in: Chelys 6, 1975, 43-60 ▪ A Modern Viola da gamba (by Dietrich Kessler), in: The Strad 64, Juni 1953, 38-39 ▪ Y. GÉRARD, Notes sur la fabrication de la viole de gambe et la manière d'en jouer, in: RMl 2, 1961/62, 165-171 ▪ N. DOLMETSCH, The Viol da gamba – Its Origin and History, Its Technique and Musical Resources, L. 1962 ▪ W. KAMIŃSKI, Skrzypce polskie (Polnische Geigen), Krakau 1969 ▪ C. H. ÅGREN, The Sound of Viols, in: Chelys 4, 1972, 22-34 ▪ N. HARDERS, Die Viola da gamba und die Besonderheiten ihrer Bauweise. Eine Bauanleitung für Freunde dieses Instruments, Ffm. 1977 ▪ I. HARWOOD/M. EDMUNDS, Reconstructing 16th-Century Venetian Viols, in: EM 6, 1978, 519-525 ▪ J. PRINGLE, John Rose, the Founder of English Viol-Making, in: EM 6, 1978, 501-511, und EM 7, 1979, 235 ▪ E. SEGERMAN/D. ABBOT, On the Sizes of Surviving English Viols, in: Fellowship of Makers and Researchers of Historical Instruments (FoMRHI) Quarterly Bulletin 12, Oct. 1978, 42 und 60-61; Bulletin 14, Jan. 1979, 63-67 ▪ J. RUTLEDGE, How Did the Viola da gamba Sound?, in: EM 7, 1979, 59-69 ▪ C. H. ÅGREN/J. RUTLEDGE, The Sweet Sound of the Viol, in: EM 8, 1980, 72-77 ▪ G. HELLWIG, Joachim Tielke. Ein Hamburger Lauten- und Violenmacher der Barockzeit, Ffm. 1980 ▪ E. SEGERMAN, A Note on the Belly Construction of Early English Viols, in: Fellowship of Makers and Researchers of Historical Instruments (FoMRHI) Quarterly Bulletin 20, 1980, 25-26 ▪ P. TOURIN, Viol Dimensions, in: dass. 19, 1980, 23-39 ▪ I. HARWOOD, A Case of Double Standards? Instrumental Pitch in England c1600, in: EM 9, 1981, 470-481 ▪ E. SEGERMAN/D. ABBOT, On Talbot's Measurements of Viols, in: Fellowship of Makers and Researchers of Historical Instruments (FoMRHI) Quarterly Bulletin 25, Oct. 1981, 56-62 ▪ D. KESSLER, Viol Cconstruction in 17th-Century England. An Alternative Way of Making Fronts, in: EM 10, 1982, 340-345 ▪ I. WOODFIELD, The Early History of the Viol, Cambridge 1984 ▪ K. COATES, Geometry, Proportion, and the Art of Lutherie, Oxd. 1985 ▪ A. H. KÖNIG, Die Viola da gamba. Anleitung zum Studium und zur Herstellung der Instrumente der Viola da gamba-Familie. Eine Berufskunde für Gambenbauer, Ffm. 1985 ▪ A. OTTERSTEDT, Gregorius Karpp. Ein ostpreußischer Instrumentenbauer des 17. Jh., in: Concerto 3, 1985/86, H. 2, 39-45 ▪ H. HEYDE, Musikinstrumentenbau. 15.-19. Jh. Kunst – Handwerk – Entwurf, Lpz. 1986 ▪ K. MOENS, Authenticiteitsproblemen bij oude strijkinstrumenten, 1. Toeschrijvingen en signaturen, in: Musica Antiqua 3, 1986, H. 3, 80-87; 2. Bouwtechnische aspecten van vervalsingen, in: dass. H. 4, 105-111; 3. Beroemde renaissanceinstrumenten in openbare verzamelingen, in: dass. 4, 1987, H. 1, 3-11 ▪ K. MARTIUS, Von denen Violn. (Vielfalt und Wandel der Konstruktion der Viola da gamba), in: Concerto 4, 1987, H. 2, 11-14; dass., H. 3, 11-16 ▪ K. MOENS, Oud-Weense strijkinstrumentenbouw, in: Celesta 1, 1987, H. 2, 90-98; dass., H. 3, 130-139; dass., H. 4, 170-179 ▪ DERS., Der frühe Geigenbau in Süddeutschland, in: Fs. J. H. van der Meer, hrsg. von F. Hellwig, Tutzing 1987, 349-388 ▪ DERS./K. MARTIUS, Wie authentisch ist ein Original? Untersuchungen zu zwei alten Streichinstrumenten im Germanischen Nationalmuseum Nürnberg, in: Concerto 5, 1988, H. 6, 15-21 ▪ A. OTTERSTEDT, Die Englische Lyra Viol. Instrument und Technik, Kassel 1989 ▪ K. MOENS, Problems of Authenticity of Sixteenth Century Stringed Instruments, in: Comité international des musées et collections d'instruments de musique (CIMCIM) Newsletter 14, 1989, 41-49 ▪ DERS./P. KLEIN, Dendrochronological Analysis of European String Instruments, in: dass., 37-49 ▪ K. POLK, Vedel and Geige. Fiddle and Viol: German String Traditions in the Fifteenth Century, in: JAMIS 42, 1989, 504-546 ▪ D. KESSLER, A Seven-String Bass Viol by Michel Colichon, in: Chelys 19, 1990, 55-61 ▪ K. MARTIUS/K. SCHULZE, Ernst Busch und Paul Hiltz. Zwei Nürnberger Lauten- und Violenmacher der Barockzeit. Untersuchungen zum Streichinstrumentenbau in Nürnberg, in: Anzeiger des Germanischen Nationalmuseums, Nbg. 1991, 145-183 ▪ J. RUTLEDGE, Megaviol. A Bibliography of the Viols, Durham/N.C., 1991 (Datenbank im Internet) ▪ I. WOODFIELD, The Basel Gross Geigen: An Early German Viol?, in: Internat. Viola da gamba Symposion Utrecht 1991, Utrecht 1994, 1-14 ▪ E. DAHLIG, A Sixteenth-Century Polish Folk Fiddle from Płock, in: GSJ 47, März 1994, 111-121 ▪ A. OTTERSTEDT, Die Gambe. Kulturgesch. und praktischer Ratgeber, Kassel 1994 ▪ T. MUTHESIUS, Gebogene Decken für Streichinstrumente, in: Das Musikinstrument 44, 1995, H. 2-3, 78-80 ▪ K. MOENS, Renaissance gamba's in het Brussels Instrumentenmuseum, in: Bulletin van de Koninklijke Musea voor Kunst en Geschiedenis, Brs. 1995, 161–237 ▪ K. MARTIUS, Die Violen da gamba von Hans Khögl, in: Concerto 166, Sept. 2001, 14-18

THOMAS DRESCHER
ANNETTE OTTERSTEDT

Viola

INHALT: A. *Geschichte.* I. Etymologie und Bedeutungswandel. – II. Geschichte. – III. Sonderformen innerhalb der Violinfamilie. – IV. Reformversuche im 19. und 20. Jahrhundert. B. *Violamusik.* I. 17. Jahrhundert. – II. 18. Jahrhundert bis 1770. – III. 1770 bis 1850. – IV. 1850 bis 1918. – V. Ab 1919.

A. Geschichte

I. Etymologie und Bedeutungswandel

Viola ist die Bezeichnung für einen Instrumententypus, der nach der *Systematik der Musikinstrumente* (in: Zs. für Ethnologie 46, 1914, S. 553–590) von E. M. Hornbostel/C. Sachs den Kasten-Halslauten zugehört, d. h. in seiner Grundform aus einem Zargenkorpus mit angesetztem oder angeschnitztem Hals besteht. Das Wort viula bzw. viola ist schon seit dem 11. Jh. im Französischen und Okzitanischen als allgemeine Bezeichnung für Saiteninstrumente belegt, seine Etymologie ist aber umstritten. Die Musikinstrumentenkunde faßt die Begriffe Fidel und Viola bzw. vielle für das Mittelalter bis ins 15. Jh. als germanische und romanische Namensform desselben Instrumententyps auf und spricht im Deutschen auch dort von Fidel, wo Hieronymus de Moravia und Elias Salomo in ihren Traktaten den Begriff viella gebrauchen. Ob diese völlig synonyme Verwendung gerechtfertigt ist, muß vorerst dahingestellt bleiben, für Abgrenzungsversuche, etwa der Möglichkeit, in der Viola bzw. vielle bereits einen höher entwickelten Instrumententypus zu sehen, fehlt angesichts der Mehrdeutigkeit der mittelalterlichen Instrumentenbezeichnungen noch eine ausreichende Grundlage.

Im 15. Jh. setzt sich die Bezeichnung Viola (ital.), viole (frz., der Name vielle geht hingegen auf die Drehleier über) bzw. Vihuela (span., mit dem Zusatz de arco zur Unterscheidung von den gleichnamigen gezupften Instrumenten) für mit dem Bogen gestrichene, aus einem Zargenkorpus mit flacher Decke und flachem Boden sowie einem abgesetzten Hals bestehende Saiteninstrumente immer mehr durch, auch die lira da braccio wird gelegentlich als Viola bezeichnet.

Eindeutig korreliert der Begriff mit den zu Beginn des 16. Jh. neu aufkommenden Instrumentenfamilien, den Viole da braccio und den Viole da gamba (→ Viola da gamba). Neben diesen die Spielhaltung charakterisierenden Zusätzen findet sich mitunter noch die Beifügung d'arco zur Abgrenzung von den Zupfinstrumenten sowie als weiteres differenzierendes Merkmal senza bzw. da tasti (ohne bzw. mit

Bünden am Griffbrett; G.M. Lanfranco 1533). Im deutschen Sprachraum wird in ähnlich umfassendem Sinn der Begriff *Geigen* verwendet (→ Violine A.). Eine Unterscheidung als Vergrößerungs- bzw. Verkleinerungsform des Wortes *Viola* unternimmt G.M. Lanfranco (1533, S. 137f. und S. 142) und nach ihm D.P. Cerone (1613), indem er die Viole da gamba als *violoni*, die Viole da braccio als *violette* anspricht. Dies hat zu beträchtlicher Verwirrung geführt, weil diese Begriffe später für Instrumente verschiedener Größe innerhalb einer Familie verwendet wurden (→ Violone, → Violoncello A.). Familienname ist auch die französische Verkleinerungsform *violon* (wobei diese Wortbildung nicht auf die italienische Vergrößerungsform *violone* bezogen werden kann). 1523 sind im französischen Savoyen erstmals *vjollons* (im Sinne von ›Spielern von Violininstrumenten‹) genannt, erwähnt werden *viollons* (Spieler) bzw. *violon* (Instrument) in Rechnungsbüchern des französischen Hofes von 1529 bis 1534. Als Bezeichnung für Spieler wie für Instrumente läßt sich der italienische Diminutiv *violino* in Dokumenten seit 1530 nachweisen, wobei sich der Begriff sowohl auf die Familie wie auf alle Arten von ›kleinen‹ Streichinstrumenten der Viola-da-braccio-Familie beziehen kann (→ Violine A.).

Im Musik-Schrifttum taucht der Begriff aber erst 1592 bei L. Zacconi auf, der *violini* sowohl für das Einzelinstrument als auch als Familiennamen für die Viole da braccio im Gegensatz zu den Viole da gamba verwendet. In der Altlage bewegt sich die mit *violino* bezeichnete Stimme in G. Gabrielis *Sonata pian e forte* (1597). Bei M. Praetorius (PraetoriusS 2, S. 48) finden sich zunächst für die gesamte Violinfamilie die Begriffe »*Vivola, Viola de bracio: Item, Violino da brazzo; Wird sonsten eine Geige/ vom gemeinen Volck aber eine Fiddel/unnd daher de bracio genennet/daß sie uff dem Arm gehalten wird*«, wenig später die »*Discantgeig (welche Violino, oder Violetta picciola, auch Rebecchino genennet wird)*«.

In England ist *violin* bis weit ins 17. Jh. hinein Familienname für die Viole da braccio, während die Viole da gamba als *viols* bezeichnet werden. Hier wie in Frankreich (Viola da braccio = *violons*; Viole da gamba = *violes*) ergibt sich damit eine in sich geschlossene und logische Nomenklatur, mit zusätzlicher Charakterisierung der Stimmlage (engl. *treble, tenor* und *bass*; frz. *dessus, haute-contre, taille* und *basse*, bei den violons wird noch eine weiterer Part im Mittellagenbereich als *cinquième* - fünfte Stimme - zugefügt).

Einen ganz anderen Weg beschreitet Italien, wo die Gambenfamilie schon im frühen 17. Jh. obsolet wird. Hier geht man dazu über, die Vergrößerungs- und Verkleinerungsformen des Begriffs *viola* der Stimmlage zuzuordnen, wie sich dies bereits bei Zacconi und Praetorius andeutete. So wird das Baßinstrument als → *Violone* bezeichnet, *violino* wird nur noch das Sopran-Instrument der Viola-da-braccio-

Familie genannt, deren Mittellagen-Instrumente erhalten die Namen *viola* und *violetta* (so wird sehr häufig die kleine Alt-Viola bezeichnet). Für kleinere Baßinstrumente finden sich entsprechende Ableitungen des Wortes *Violone*, zunächst *violoncino* (1641), dann *Violoncello* (1665) (→ Violoncello A.).

Mit der Ausbreitung des italienischen Einflusses wird diese Nomenklatur für die Violinfamilie zu Ende des 17. Jh. auch in England und Frankreich übernommen, für das Sopran-Instrument *violin/violon*, für das Baßinstrument wird der italienische Ausdruck direkt verwendet (frz. *violoncelle*), für das Mittellagen-Instrument bürgert sich in England – aus der Stimmlagen-Bezeichnung übernommen – *tenor*, in Frankreich jedoch *alto* ein. Am schwierigsten entwickelt sich die Nomenklatur der Instrumente im deutschen Sprachraum, in dem sich italienische und westeuropäische Einflüsse überschneiden und die Stimmwerke der Violinen und Gamben im 17. Jh. noch lange nebeneinander in Gebrauch bleiben. Zwar setzt sich auch hier der Name *Violine* für das Sopran-Instrument der Violinfamilie schnell durch, auch *Violoncello* – sofern es denn verwendet wird – ist gemäß der italienischen Definition eindeutig, der Begriff *Viola* bleibt aber vieldeutig, zumal charakterisierende Zusätze, wie *da braccio* (dt. oft auch zu *da brazzo* verbalhornt), *da gamba* oder *da spalla* häufig fehlen. Es bedarf dann sorgfältiger Prüfung der regionalen Herkunft und der Datierung des Werks, der übrigen Besetzungsangaben, der Satztechnik, des Tonumfangs und der Schlüsselung, um eine sinnvolle Zuordnung treffen zu können. Eine gleichartige Problematik ergibt sich für den ebenfalls gebrauchten Begriff *violetta*, der einerseits im italienischen Sinne für die Alt-Viola benutzt wird, um die Mitte des 18. Jh. jedoch genau so für die in Frankreich in Mode gekommene Gambe *pardessus de viole* bzw. den *quinton* (→ Viola da gamba). Im Deutschen wird der frühere Familienname *Geige* ebenfalls auf das Sopran-Instrument der Violinfamilie eingeengt, als besonderes Wort entwickelt sich im frühen 17. Jh. aus dem Zusatz *da braccio* die Bezeichnung *Bratsche* für das Mittellagen-Instrument, während das Baßinstrument verkürzend *Cello* genannt wird, das so auch in den englischen Sprachgebrauch Eingang findet.

II. Geschichte

Die Entwicklung zur Viola-Form der Neuzeit setzt im 15. Jh. ein und führt im 16. Jh. zu einer Konzentration des mittelalterlichen Formenreichtums auf nur zwei unterschiedliche Typen, die Viola da braccio und die → Viola da gamba, wenngleich sich ältere Formen von Streichinstrumenten (Rebec) daneben noch einige Zeit halten konnten. Die exakte Darstellung der Entwicklung der neuen Formen stößt auf Schwierigkeiten. Die Musikinstrumente selbst als wichtigste Quelle fallen für das 15. Jh. aus und sind auch für das beginnende 16. Jh. nur in wenigen, kaum umfassend repräsentativen Exemplaren erhalten. So muß sich die Musikinstrumentenkunde vornehmlich auf Bild- und Schriftdokumente stützen, um die Wege zu finden, die vom Mittelalter in die Neuzeit führen. Diese Quellen des frühen 16. Jh. lassen vermuten, daß von Beginn an eher das Konzept zweier unterschiedlicher Instrumentenfamilien, der *Viole da bracchio* und der *Viole da gamba*, verfolgt wurden, als daß sich diese Familien sekundär um einzelne Stamm-Instrumente gebildet haben (P. Holman 1993, R. Baroncini 1994; → Violine A.II.1.). Charakteristisch für die → Viola da gamba ist die senkrechte Spielhaltung, je nach Größe des Instruments aufgestützt auf den Oberschenkeln oder zwischen den Knien (wovon sich die Bezeichnung *da gamba* ableitet), kniend oder stehend mit dem Instrument auf einem Schemel oder auf dem Boden aufgestellt. Für die Viola da braccio ist hingegen nicht dieses Instrument selbst, sondern die *lira da braccio*, gelegentlich auch als *viola* bezeichnet, Träger der Entwicklung der Korpus-Form, die um 1500 voll ausgeprägt erscheint (→ Streichinstrumentenbau). In Vercelli (San Cristoforo), zu Savoyen gehörig, befindet sich ein von Gaudenzio Ferrari um 1530 gemaltes Marienbild mit der Abbildung einer Viola da braccio (als Frontispiz in D. D. Boyden 1965), die das Instrument bereits annähernd im heutigen Aussehen zeigt (zu weiteren Abbildungsnachweisen s. auch → Violine A.III.1.).

Gemeinsam war den Instrumenten der Violinfamilie - wie der Name *Viola da braccio* (›Arm-Viola‹) ausdrückt - eine waagrechte (oder schräg nach unten verlaufende) Haltung, wobei sie auf Brust, Schulter oder Hals - in dieser Reihenfolge auch den zeitlichen Fortschritt für die kleineren Mitglieder der Familie markierend - aufgestützt wurden. Für das größte, das Baßinstrument, ergab dies aber schon bald Probleme, besonders nachdem eine vierte tiefste Saite, auf B_1 bzw. C gestimmt, zugefügt worden war. Bereits Jambe de Fer (1556) erwähnt, daß für ein solches zum Tragen ein Band verwendet wurde, das in einen am Rücken des Instruments angebrachten Ring eingehakt werden konnte. Schon frühzeitig wurde dieses Instrument auch in senkrechter Haltung (also ›da gamba‹) gespielt (→ Violone, → Violoncello), wobei die senkrechte die waagrechte immer mehr verdrängte; letztere ist als *viola da spalla* - »*weils mit einem Bande an der Brust bevestiget, gleichsam auf die Schulter geworffen wird*« (so J. Ph. Eisel noch 1738, S. 44) - noch bis ins frühe 18. Jh. nachweisbar.

Die Instrumente der beiden Violenfamilien heben die mittelalterliche Indifferenz zwischen Streich- und Zupfinstrument endgültig auf und ermöglichen ein bewegliches Melodiespiel auf der Einzelsaite, das die neuen musikalischen Anforderungen erfüllt und vor allem die Viole da braccio schnell in den Mittelpunkt des instrumentalen Musizierens rückt. Das Einwärtsbiegen der Mittelteile der Zarge, das zu einer Gliederung des Korpus-Umrisses in Ober-, Mittel- und Unterteil führt, die Wölbung der Decke und die Führung der Saiten von einem Wirbelkasten mit Flankenwirbeln über Griffbrett und Steg zu einem Saitenhalter, der im Unterklotz befestigt ist, sind der Viola da gamba und Viola da braccio gemeinsam. Die Viola da braccio besitzt jedoch ein Oberteil mit runden Schultern, auf dem der Hals fast rechtwinklig aufsitzt, einen gewölbten Boden, der ebenso wie die Decke mit einen überstehenden Rand auf die Zarge geleimt ist, einen Bezug von drei bis fünf (normalerweise vier) Saiten, die eine höhere Spannung aufweisen, und einen bundfreien, kräftigen und kurzen, rückwärts voll gerundeten Hals. Der Einschnitt der Mittelbügel wird bei der Viola da braccio durch mehr oder weniger spitz herausspringende Ecken betont. Bei der Viola da braccio ist der Saitenhalter mit einer Drahtschlinge an einen Knopf gehängt, dessen Zapfen durch die Zarge in den Unterklotz gesteckt ist; die Viola da gamba benutzt für seine Befestigung einen in Unterzarge und -klotz eingelassenen Pflock (→ Streichinstrumentenbau). Im Unterschied zur Viola da gamba (›untergriffig‹) ist die Bogenführung bei der Viola da braccio obergriffig.

Bezüglich der Zahl und Stimmung der Saiten ergab sich für beide Instrumentenfamilien eine Entwicklung hin zu einer Standardform, wobei für die vier Baugrößen zunächst nur drei Stimmlagen angegeben werden (Alt- und Tenor-Instrument unterschieden sich zwar in der Größe, waren aber identisch gestimmt). Die Violinfamilie übernimmt die Dreizahl der im Quintabstand gestimmten Saiten vom Rebec, sowohl Agricola (1529) als auch S. Ganassi dal Fontego (1542/43) geben als Stimmung an: S: g, d, a'; A/T: c, g, d'; B: F, c, g. Lanfranco (1533) entspricht dem für die beiden höheren Instrumente, fügt jedoch bereits dem Baß eine vierte Saite nach unten (B_1) zu. Die volle Viersaitigkeit findet sich bei Jambe de Fer (1556), wobei Sopran und Alt/Tenor durch diese zusätzliche Saite nach oben erweitert werden: S: g, d', a', e''; A/T: c, g, d', a'; B: B_1, F, c, g. Für das Sopran- und Alt-Instrument ist damit bereits die heute noch geltende Stimmung erreicht.

Der doppelte Quintabstand zwischen den Mittellagen- und dem Baßinstrument führte dazu, diesen durch Auflösung der Identität der Stimmlagen von Alt und Tenor durch ein auf F, c, g, d' gestimmtes Tenor-Instrument zu füllen (s. dazu auch J. Eppelsheim 1987, S. 162–165; → Violoncello A.I.2.). Solche Instrumente finden sich bei Zacconi (1592, fol. 218), Praetorius (PraetoriusS 2, S. 26, zusammen mit dem auf C gestimmten als Baß bezeichnet, während als Tenor das mit c als tiefster Saite angesprochen wird) und D. Hitzler (1623). Daneben existieren aber immer auch Tenor-Instrumente, die trotz größeren Korpus so wie der Alt auf c, g, d', a'

gestimmt wurden, sogar bei der in Frankreich im 17. Jh. üblich gewordenen Aufspaltung der Mittellage in drei Parts (*cinquième*, *haute-contre* und *taille*). Dementsprechend findet sich für die Korpuslänge eine große Variationsbreite von 39,5 bis 48 cm, wobei am unteren Ende – mit deutlicher Häufung zwischen 40 und 42 cm – die Alt-Instrumente anzusiedeln sind, am oberen (45 cm und mehr; nach 1700 nicht mehr auftretend) die auf F gestimmten Tenor-Instrumente, den Zwischenbereich (42–45 cm) besetzten wohl die auf c gestimmten Tenor-Instrumente, die auch im 18. Jh. noch als Ripieno-Instrumente gebaut wurden.

Die Identität der Stimmlage mit dem Alt verwischte die Grenzen und führte dazu, daß ein eigenständiges Tenor-Instrument schließlich im gebräuchlichen Instrumentarium nicht mehr geführt wurde. Auch in der Stimmung des Baßinstruments ergaben sich Unterschiede. Im Gegensatz zur Erstauflage (1529) mit der Stimmung F, c, g für das Baßinstrument der »kleinen Geigen«, die Jambe de Fer (1556) um B_1 nach unten erweitert, gibt Agricola in der fünften (1545) G, d, a mit einer zusätzlichen tiefsten Saite auf F an. Diese Stimmung eine Oktav unter dem Alt-Instrument, wie sie heute noch für das Violoncello üblich ist, findet sich auch bei PraetoriusS 2 (1619), während Hitzler (1623) die oberen drei Saiten auf F, c, g, die unterste aber von B_1 nach C umstimmt. Die beiden Stimmungen in Quinten auf B_1 und C – auch durch unterschiedlich große Instrumente repräsentiert – bestanden jedoch noch bis ins frühe 18. Jh. nebeneinander, wobei die auf B_1 in Frankreich und England, die auf C in Italien und dem deutschen Sprachraum bevorzugt wurde, ehe sich letztere völlig durchsetzte.

Um 1600 hatten sich die Familien der Violinen und Gamben als die wesentlichen Streichinstrumente etabliert, und es waren weitere Differenzierungen in allen drei Stimmlagen erfolgt: Es gab drei Größen in der Diskantlage, unterschiedlich große Instrumente der Mittellage von gleicher Stimmung und mehrere Größen des Basses in der Acht- bis in den Übergangsbereich zur Sechzehnfußlage (→ Violoncello) (der vollständigste Überblick bei PraetoriusS 2). Jedoch setzte nun innerhalb der Violin- und Gambenfamilien ein Differenzierungsprozeß ein. Diese Entwicklungen verliefen aber bezüglich ihrer Art und zeitlichen Abfolge in den einzelnen Ländern sehr unterschiedlich, wenngleich sie am Ende zum gleichen Ergebnis führten.

Am frühesten und radikalsten vollzogen sich diese Änderungen in Italien. Hatte Zacconi (1592) noch den Gamben den Vorzug vor den Violinen gegeben, so berichtete bereits 1639 A. Maugars von einer Italienreise, daß dort kaum mehr qualifizierte Gambenspieler zu finden seien. Hingegen trat die Viola-da-braccio-Familie, und hier besonders die Violine als Sopran-Instrument, einen beispiellosen Siegeszug an. Gründe hierfür waren wohl die Etablierung einer eigenständigen Instrumentalmusik sowie die Entstehung der Barockoper, die – auf Klangfüllung größerer Räume angewiesen – schnell in den orchestralen Bereich mit Mehrfachbesetzung zumindest der Streicher-Oberstimmen gelangten. Die klangkräftigeren Violinen – von den italienischen Geigenbauern wie A. Amati oder Gasparo da Salò schon im 16. Jh. in ausgezeichneter Qualität geliefert – waren wesentlich besser dafür geeignet als die Gamben.

Aus der Viola-da-braccio-Familie heraus entwickelte sich sehr schnell die Violine zu einer weit bevorzugten Sonderstellung, für die sicherlich maßgeblich war, daß die nun einsetzende stürmische Entwicklung der Spieltechnik auf ihr am leichtesten zu vollziehen war. Parallel dazu wurde der musikalische Satz ganz auf die Dominanz der Oberstimmen – oft von zwei Instrumenten in konzertierendem Wettstreit vertreten – und ihr Spannungsverhältnis zur Baßlinie ausgerichtet. Dies schlug auch auf die Besetzung des Violinen-Ensembles (Streichorchester) durch, die sich von der Bindung an das Vokale vollends löste und zu der von zwei Violinen, Alt-Viola und Baß wurde. Die Tenor-Viola wurde völlig ausgeschieden, aber auch die Alt-Viola bekam – wenn überhaupt (und manchmal ad libitum) verwendet – selbst im Orchester immer unbedeutendere Aufgaben als Füllstimme oder Stimmverdopplung zugewiesen. Hingegen konnte das Baßinstrument, nachdem sich mit dem Violoncello die Kniehaltung endgültig durchgesetzt hatte, im ausgehenden 17. Jh. seine Bedeutung zurückgewinnen.

In Frankreich waren die Violinen wie die Gamben in der zweiten Hälfte des 16. Jh. wohlbekannt (zur Verwendung in Frankreich s. → Violine A.III.3.). Die ersteren etablierten sich endgültig 1626 in den *24 Violons du roi*, mit einem fünfstimmigen Streichersatz, der zwischen Violine und Baß drei Mittellagen-Instrumente gleicher Stimmung, aber unterschiedlicher Größe (als *cinquième*, *haute-contre* und *taille*) umfaßte (Mersenne 1636, S. 135ff.) und über Ballett und Oper zur Standard-Besetzung des Streichorchesters wurde. Erst in der zweiten Hälfte des 17. Jh. ersetzte gelegentlich eine zweite Violine die obere Alt-Viola, und der vierstimmige Satz italienischer Provenienz (mit zwei Violinen) setzte sich sogar erst im 18. Jh. durch, wobei selbst in der zweiten Hälfte dieses Jh. noch häufig mit geteilten Bratschen an die frühere Fünfstimmigkeit erinnert wird. Im Gegensatz zu dieser umfänglichen Verwendung der Violinen im Orchester kam die Gambe hier nicht zum Einsatz und war im 18. Jh. vor allem ein solistisches Instrument für professionelle Musiker und Liebhaber.

Obwohl am englischen Königshof wohl schon vor 1600 Violinen in Gebrauch waren, blieb ihre Bedeutung lange Zeit gering. Die Streichermusik wurde von den

Gamben dominiert. Erst nach 1650 begann – durch reisende Virtuosen propagiert – die Violine stärker Fuß zu fassen. Sie trat zunächst im Gambenensemble an die Stelle des Sopran-Instruments und wurde in Triosonaten neben der Baß-Gambe verwendet. Ab 1660 setzte mit der Restauration eine völlige Umstrukturierung, die sich an Frankreich und Italien orientierte, ein. Karl II. schuf sich nach französischem Vorbild ein Streichorchester von 24 *violins*, der vierstimmige Satz italienischer Prägung (zwei V., A-Viola und B.) wurde bald üblich; in der Kammermusik dominierte nun die Triosonate mit zwei Violinen und B.c. Im englischen Standardwerk der Zeit, J. Playfords *An Introduction to the Skill of Musick*, sind die Violinen zum ersten Mal in der 4. Auflage (1660), »Tenor-Violin« und »Bass-Violin« aber erst in der zehnten (1683) erwähnt.

Das deutsche Sprachgebiet lag im Schnittpunkt sowohl der italienischen wie der westeuropäischen Einflüsse. Sowohl die Gamben- wie die Violinfamilie waren über längere Zeit gleichzeitig in Gebrauch, mit einer weniger klaren Aufgabentrennung (Violinen für die Orchester-, Gamben für die Kammermusik) als in Frankreich. So bietet die deutsche Instrumentalmusik des 17. Jh. eine Fülle interessanter Besetzungen, etwa mehrchörige, die beide Familien nebeneinander oder solche, die sie gemischt benutzen. Beim vierstimmigen Satz tritt sowohl der aus dem Vokalen herkommende mit S, A, T und B auf als auch der italienische mit zwei S, A und B; im fünfstimmigen wird die *quinta vox* oft auch als *Cantus II* bezeichnet und ist daher im Gegensatz zum französischen Usus schon früh einem zweiten Sopran-Instrument zuzuteilen. Auf Dauer folgte man natürlich auch hier der allgemeinen Entwicklung.

Zwei Besonderheiten sind in Deutschland für die Violinfamilie im 18. Jh. jedoch anzumerken: Zum einen bleibt neben dem zwischen den Knien gespielten Violoncello zunächst auch noch die in Armhaltung gespielte *viola da spalla* als Baßinstrument im Gebrauch, die *»einen großen Effect beim Accompagnement [macht], weil sie starck durchschneiden und die Tohne rein exprimieren kan. Ein Bass kan nimmer distincter und deutlicher herausgebracht werden als auff diesem Instrument«*, so Joh. Mattheson (1713, S. 285) und fast gleichlautend noch Eisel (1738); zum anderen wird die Alt-Viola aus ihrer marginalen Stellung ab ca. 1730 zunehmend befreit, sie rückt sogar in die Rolle eines Soloinstruments, indem sie – wie häufige entsprechende Alternativangaben der Besetzung zeigen – die den Tenorbereich abdeckende Gambe ersetzt. Dies und die etwa gleichzeitig eingeführte Technik des Daumenaufsatzes beim Violoncello, die den Tonbereich für dieses Instrument enorm nach oben erweitert, deckt nun die Mittellage der Violinfamilie völlig ab. Nimmt man noch die Etablierung des viersaitigen, auf E_1, A_1, D, G gestimmten Kontrabasses hinzu, so haben alle Streichinstrumente in der zweiten Hälfte des 18. Jh. die heute noch übliche Form erreicht.

III. Sonderformen innerhalb der Violinfamilie

Die Bezeichungen *Schallmei-Geige* (*violino piffaro* bzw. *pifferato*) und Fagott-Geige (oder -Bratsche; *viola fagotto*) sind zwischen 1670 und 1785 (mit deutlichem Nachlassen nach 1750) im süddeutsch-österreichischen Raum nachweisbar (s. dazu M. Spielmann 1994). Sie unterscheiden sich von den üblichen Instrumenten der Violinfamilie durch die ausschließliche Verwendung Metalldraht-umsponnener Darmsaiten, die den Instrumenten einen spezifischen, den Doppelrohrblatt-Instrumenten ähnlichen Klang verliehen. Erhaltene Stimmen für die Schalmei-Geige, die im übrigen nur aus Inventaren bekannt ist, lassen für ihre Stimmung und Größe eine Analogie zur normalen Violine vermuten (→ Violine IV.). Die Fagott-Geige (→ Violoncello) wurde in Baßfunktion verwendet. Versuche um 1725, dem auf C gestimmten Baßistrument eine fünfte, auf *e'* gestimmte Saite hinzuzufügen, hatten den Zweck, die ›Tenor-Lücke‹ in der Violinfamilie zu füllen. Die entsprechenden Instrumente – *viola pomposa* und *violoncello piccolo* – haben durch den Konnex mit J. S. Bach, der von Joh. N. Forkel (1782) als der Erfinder der ersteren genannt wird und in seinen Kantaten das zweitgenannte als Soloinstrument einsetzt, die erhöhte Aufmerksamkeit der Musikwissenschaft wie der Instrumentenkunde auf sich gezogen (s. dazu U. Drüner 1987, A. Dürr 1989). Danach ist die viola pomposa ein Instrument von 43 bis 47 cm Korpuslänge mit flachen Zargen, aber breitem Ober- und Unterteil, das unmittelbar an die viola da spalla anknüpft und zunächst neben solistischem Spiel auch als Baß eingesetzt wurde. Bachs ›Erfindung‹ ist offensichtlich das Violoncello piccolo, dessen Bau sich weitgehend auf den sächsischen Raum und Bachs Lebenszeit eingrenzen läßt (→ Violoncello A. II.). Bei Forkel und den anderen auf ihm fußenden Autoren des späten 18. Jh. hat die Baßfunktion wohl zur Verwechslung mit der viola pomposa geführt, die im Gegensatz zum violoncello piccolo zu dieser Zeit noch in Gebrauch war. In der zweiten Hälfte des 18. Jh. tauchen fünfsaitige Instrumente in der Stimmung *c, g, d', a', e''* auf, sie werden zunächst ebenfalls als *viola pomposa*, aber auch als *violetta* oder *violino pomposo* bezeichnet. In Frankreich nannte M. Woldemar um 1800 sein in der Weise gebautes Instrument *violon alto*, in einer Berliner Konzertankündigung von 1810 wird es als *violalin* bezeichnet. Solche Instrumente erlaubten die bequemere Wiedergabe der solistischen Viola-Literatur jener Zeit, die das Spiel in höheren Lagen verlangte, insbesondere auch auf größeren Instrumenten, als sie damals für diesen Zweck sonst üblich waren. Derartige fünfsaitige Alt-Bratschen tauchen das ganze 19. Jh. hindurch und bis in unsere Zeit gelegentlich auf (1965 baute Hans Olaf Hanson ein derartiges, als *violino grande* bezeichnetes Instrument). Erwähnt seien noch Instrumente der Gambenfamilie, die nach deren Aussterben zu solchen der Viola-Familie umgearbeitet wurden (Sopran-Gamben und Violen d'amore zu Alt-Bratschen, Baß-Gamben zu Violoncelli) und die eindeutige Zuordnung mancher Instrumente erschweren können (→ Viola d'amore, → Viola da gamba).

IV. Reformversuche im 19. und 20. Jahrhundert

Die in der zweiten Hälfte des 18. Jh. stark zunehmende Sololiteratur für die Alt-Viola, die sich ausschließlich an der Violintechnik orientierte (und auch sehr häufig von Geigern interpretiert wurde), führte zu einer rapiden Verringerung der Korpuslänge des Instruments, die schon 1780 auf einen Mittelwert von ca. 39 cm (die kleinsten Instrumente hatten Korpuslängen von sogar nur 37 cm oder knapp darunter) abgesunken war und bis gegen 1830 auf diesem niedrigen Stand blieb (größere Alt-Bratschen wurden nur für den Orchestergebrauch gebaut; sehr große Instrumente aus der Barockzeit, wie etwa Tenor-Bratschen, häufig verkleinert). Zwar erleichterte dies die Spielbarkeit, jedoch ließen Klangstärke und -qualität immer mehr zu wünschen übrig. In der Sololiteratur versuchte man daher, das Instrument einen Halb- oder gar einen Ganzton höher zu stimmen als das Orchester. Diese Unzulänglichkeiten führten zur Kritik des französischen Physikers F. Savart (1819), der feststellte, daß der Korpus der Bratsche, gemessen am Tonumfang des Instruments, viel zu klein sei. So liegt die Eigenresonanz des Korpus einer Violine und eines Violoncello normaler Größe etwa sechs Halbtöne oberhalb des tiefsten Tons, bei einer großen Viola (ca. 43–44 cm) hingegen etwa acht, bei einer kleinen von ca. 39 cm sogar 11 Halbtöne darüber. Die Eigenresonanz beeinflußt zum einen die Kraft der Töne im tiefen Register, zum anderen aber auch die Obertonreihen und damit den Klangcharakter des Instruments. In der Folge nahm die Verwendung der kleinen Viola und die Sololiteratur für sie immer mehr ab; im Orchester führten zudem neue Anforderungen an die Viola zu einer Vergrößerung des Korpus (s. B. Violamusik).

1855 versuchte J. B. Vuillaume bei seinem *contralto*, durch eine starke Verbreiterung von Ober- und Unterteil (29,2 bzw. 36 cm bei 41,3 cm Korpuslänge) die Größenverhältnisse zu verbessern, in der Folge wurde jedoch das Spiel in höheren Lagen unmöglich. So hielt man am üblichen Korpusumriß fest, für neu gebaute Alt-Bratschen ist aber kontinuierlich seit ca. 1850 und bis heute ein Anstieg des Durchschnittswerts für dessen Länge zu beobachten, der – ausgehend von den 39 cm der ersten Hälfte des 19. Jh. – inzwischen 41,4 cm erreicht hat (→ Streichinstrumentenbau A.II.1.). Dabei ist bis 1900 auch eine Zunahme der Bandbreite in den Korpuslängen festzustellen: Weiterhin gebaute kleine Instrumente (< 40 cm) waren wegen der leichteren Spielbarkeit eher für Amateure gedacht, während Orchestermusiker große bevorzugt haben dürften. Einen großen Schritt in diese Richtung tat 1875 Hermann Ritter. Aus der Relation der Tonhöhen folgerte er, daß die Korpora von Violine und Viola im Verhältnis 1:1,5 stehen müßten, woraus für die Viola eine Korpuslänge von 54 cm abzuleiten wäre. Um ein noch spielbares Instrument zu erhalten, reduzierte er sie auf 48 cm und nannte diese vom Würzburger Instrumentenmacher Karl Adam Hörlein (1829-1902) gebaute Bratsche *viola alta*. Obwohl von Komponisten (R. Wagner, R. Strauss) und Dirigenten (F. von Weingartner) favorisiert, brachte das Instrument für die meisten Spieler massive physiologische Probleme mit sich, zur Erleichterung des Spiels im oberen Tonbereich (sonst nur durch Lagenspiel erreichbar) fügte Ritter selbst 1899 eine fünfte, auf e'' gestimmte Saite zu. Ferner ließen die in größerer Zahl gebauten ›Ritter-Bratschen‹, die eher wie Celli klangen, die charakteristische Tonqualität der Viola vermissen. Seit ca. 1900 hat sich daher die maximale Korpuslänge auf etwa 43 cm eingependelt, die als noch physiologisch zu bewältigende Obergrenze angesehen wird. Dem entspricht in etwa das von Lionel Tertis 1937 entwickelte Viola-Modell mit einer Korpuslänge von 42,5 cm.

Eine Vergrößerung des Volumens strebte in den 1920er Jahren der Frankfurter Geigenbauer Eugen Sprenger (1882-1953) an, indem er lediglich das Unterteil verbreiterte, Boden und Decke höher wölbte sowie die Zargen nur in der Mitte erhöhte und dadurch bei einer Korpuslänge von nur 40 cm ein klangkräftiges, aber den dunklen Viola-Ton bewahrendes Instrument schuf, das P. Hindemith spielte und schätzte. 1929/30 schlug Walter Blobel vor, das Oberteil nicht senkrecht am Hals anzusetzen, sondern wie bei den Gamben flach abfallen zu lassen, was die leichtere Spielbarkeit auch ein größeren Instrumentes (Blobel schlägt eine Korpuslänge von 43 cm vor) mit verbreitertem Ober- und Unterteil und erhöhten Zargen ermöglichte (ein ähnlicher Vorschlag 1996 von Peter Purich). Bei der ›allometrischen Bratsche‹ von Erich Holst (1953) fällt hingegen nur das rechte Oberteil steiler ab, und das linke Unterteil steigt schneller an als das jeweils gegenüberliegende, d.h. die Verbindungslinien der breitesten Stellen in beiden sind gegenüber der Korpusachse gekippt, so daß der ganze Korpus asymmetrisch wird. Auch hier ergibt sich so eine Vergrößerung des Volumens. Das Instrument mit einer Korpuslänge von 46 cm entspricht in der Spielbarkeit demjenigen üblicher Bauart von 43 cm. Auch solche asymmetrischen Instrumente tauchen immer wieder auf. Neuerdings wurden sie von dem Pariser Geigenbauer Sabatier als Bratschen für den Unterricht von Kindern vorgeschlagen.

Derartige vom herkömmlichen Erscheinungsbild und damit auch von Violine und Violoncello abweichende Instrumente haben wohl kaum eine Chance, sich durchzusetzen, ebensowenig die Versuche, das Lagenspiel auf großen Bratschen durch Einbuchtung nur des rechten Oberteils zu erleichtern (Otto Erdesz 1978) oder die resonierende Oberfläche durch wellenartige Gestaltung des Bodens und der Decke (mit den Schallöchern in der Zarge!) zu vergrößern (John Magashazi ca. 1980). 1979 berechnete Franz Zeyringer eine ›Ideal-Viola‹ und gab für deren Korpuslänge 41,2 cm an, etwa den Wert, den man für die Alt-Bratsche der italienischen Geigenbauer des 17. und 18. Jh. findet und den auch viele bekannte zeitgenössische Viola-Virtuosen bevorzugen.

Weitere Bestrebungen richteten sich im 19. und 20. Jh. auf die Wiederbelebung der Tenor-Viola, wobei sich von Anfang an eine Stimmung von G, d, a, e' (also eine Oktav unterhalb der Violine) durchsetzte. Diese Versuche gingen häufig einher mit den Bemühungen um die Rückführung und Wiederbelebung des Streichersatzes des 16. und frühen 17. Jahrhunderts (C. M. Hutchins, 1965 und 1967, schlägt sogar achtgliedrige Violinen-Stimmlagen vor). Die Instrumente waren – je nach Größe – in Armhaltung oder wie ein Violoncello zu spielen, wobei letzteres – auch bei denjenigen der kleineren Bauart – bevorzugt wurde. Erste Versuche in dieser Richtung waren der *Violon-tenor* von B. Dubois (1833; 43,5 cm Korpuslänge) und der *Baryton* von Charles Henry (1847). Es folgten Alfred Stelzners *violotta* (1891; 41 cm; Stelzner erfand auch das auf G_1 gestimmte, zwischen Violoncello und Kb. anzusiedelnde *Cellone*), Hermann Ritters *viola tenore* (1905; 72 cm), Valentino de Zorzis *contraviolino* (1908), Evgenij Vitačeks *Tenor-Viola* (1912), Eugen Sprengers *violoncello tenore* (1922; 71 cm) und Johann Reiters *Oktavgeige* (1935; 42 cm), Versuche, denen ebenfalls kein bleibender Erfolg beschieden war.

Der Ambitus der heutigen Streichinstrumente der Violinfamilie mit ihrer ausgereiften Spieltechnik deckt den gesamten Tonbereich – abgesehen von der höchsten Höhe und tiefsten Tiefe – vollständig ab und gerade in der Mittellage mehrfach überlappend, so daß für zusätzliche Instrumente keine Notwendigkeit mehr besteht.

B. Violamusik
I. 17. Jahrhundert

Die Entwicklung einer eigenständigen Instrumentalmusik nach 1600 fand die viergliedrige Viola-da-braccio-Familie vor: Zwischen dem Sopraninstrument → Violine und der später zum → Violoncello werdenden *viola (di) basso* (*basso di viola da braccio*) lagen die kleinere Alt-Viola mit der auch heute noch gebräuchlichen Stimmung c-g-d'-a' und die größere Tenor-Viola, zunächst auf F-c-g-d' gestimmt, bald aber der Alt-Viola in der Stimmung angeglichen. Diese beiden Bratschen behielten in der mehrstimmigen Instrumentalmusik zunächst ihren Platz, die spieltechnische und damit konzertant heraustretende Entwicklung der Violine machte aber nur die Alt-Viola allenfalls in Ansätzen mit. So finden sich einzelne Sonaten für Violine, Viola und Generalbaß in Sammlungen von M. A. Ferro (*Sonate a due, tre & quattro...*, op. 1, Vdg. 1649), Ph. Fr. Buchner (*Plectrum musicum...* op. 4, Ffm. 1662) und C. Hacquart (*Harmonia parnassia* op. 2, Utrecht 1686), in größerer Zahl (meist anonym, nur jeweils eine A. Bertali und J. H. Schmelzer zuschreibbar) im zwischen 1660 und 1687 kompilierten Codex Rost (F-Pn, Rés.Vm⁷673). In dieser Quelle ist ebenso eine Suite (»*Suitte à 2 Violin Verstimbt...*) von D. Wojta für zwei scordierte Violinen und Basso continuo interessant, die den Zusatz aufweist: »*Das Zweytt Violin muss durch eine Brazzen gespielt werden, der Lieblichkeit willen*«.

Noch ins 17. Jh. gehört auch die in H. I. F. Bibers 1712 posthum in Nürnberg erschienener *Harmonia artificiosa-ariosa...* enthaltene Parthia IV für die gleiche Besetzung, und D. Speer gab der zweiten Auflage seines Lehrbuchs »*Grund-richtiger* [...] *Unterricht der musicalischen Kunst*« (Ulm 1697) wohl schon in Erkenntnis des Mangels an derartigen Werken zwei kurze Sonaten - eine für zwei Alt-Violen und Basso continuo, eine für Alt- und Tenor-Viola und Basso continuo - bei. Die konzertante Heraushebung von Bratschen ließ sich bisher nur in einer *Sonata à 8* (Soli von zwei Violinen und zwei Violen) von D. Pohle (hrsg. von H. Winter, Hbg. 1965) nachweisen, jedoch sind zwei Sonaten von Cl. Thieme für reines Bratschen-Ensemble (zwei Alt-, zwei Tenor-Violen und B. c.) erwähnenswert (alle D-Kl).

Der vierstimmige Streichersatz wandelte sich im 17. Jh. von der Besetzung mit zwei Bratschen-Mittelstimmen zu der mit zwei Violinen, Viola und Baß, wobei unter dem Einfluß der italienischen Triosonate die verbliebene Viola (im Gegensatz zum fünfstimmigen französischen Satz, s. A.) zu einer unwichtigen Füllstimme, oft nur den Baß doppelnd und manchmal ad libitum zu besetzen, herabsank. Diese Setzweisen lassen sich für das Orchester bis gegen das Ende des 18. Jh. nachweisen.

II. 18. Jahrhundert bis 1770

Ab ca. 1720 fand eine ›Viola-Renaissance‹ statt, wobei hier an erster Stelle Bach zu nennen ist, der in seinem Brandenburgischen Konzert Nr. 3 (BWV 1048, 1711-1713) einen dreistimmigen Bratschen-Chor neben einen gleichartigen der Violinen und Violoncelli stellt, in Nr. 6 (BWV 1051, 1708-1710) sogar dem Bratschen-Paar den solistischen Vorrang vor den sonst in dieser Funktion gebrauchten Gamben einräumt. 1721 bezieht P. Locatelli die Viola, teilweise sogar zweifach, in das

Concertino seiner XII *concerti grossi*... op.1 ein und läßt dieser Serie später weitere Concerti (op. 4, Adm. 1735, op. 7, Leiden 1741, und op. 9, Adm. 1762) folgen.

In diesem Zusammenhang sind Fr. Geminiani mit den Concerti grossi op. 2 und op. 3 (L. 1732), op. 4 (mit 2 Violen, ebd. 1743) und op. 7 (ebd. 1746) und später P. Hellendaal (*Six grand concerto's* op. 3, L. 1758) zu nennen. In das gleiche Umfeld gehört auch das nicht genau datierbare Concerto *La pazzia* von Fr. Durante, das neben Violine zwei Bratschen solistisch einsetzt und wohl auch wegen dieser damals ungewöhnlichen Verwendung seinen Titel erhielt. Ein weiterer wichtiger Komponist für die Viola-Literatur jener Zeit ist G. Ph. Telemann. Er schrieb nicht nur das erste Solokonzert für Bratsche, sondern ersetzte durch sie in späteren Triosonaten (z.B. den *Scherzi melodichi* »*Pyrmonter Kurwoche*«, Hbg. 1734) die Viola da gamba als zweites Melodieinstrument neben Violine/Flöte. Dabei fällt der gegenüber der Viola da gamba erheblich reduzierte technische Anspruch des Viola-Parts auf. Der Darmstädter Kapellmeister J. C. Graupner (in D-DS finden sich auch alle Telemann-Werke für Bratsche!) verwendet die Viola neben der Viola d'amore in Doppelkonzerten (Concerti in D-Dur, ca. 1728/31, und in A-Dur, 1735/37. Hingegen ist noch zu klären, ob die in D-DS befindlichen Werke für *violetta* – ebenso wie gleichartige aus D-RH oder der Berliner Schule [J. G. Janitsch, Joh. G. Graun] – tatsächlich für Viola oder für ein Gambeninstrument [*pardessus de viole, quinton*] sind, → Viola da gamba.)

Die Mitglieder der friderizianischen Hofkapelle waren an der Förderung der Viola als Soloinstrument wesentlich beteiligt, allen voran Graun, der acht Sonaten für Violine/Flöte, Viola und Basso continuo bzw. Viola und konzertierendes Cembalo (teilweise in beiden Fassungen) hinterlassen hat, aber auch ein Solokonzert und ein Doppelkonzert mit Violine. Daneben schrieben um die Mitte des 18. Jh. Violasonaten (auch für Viola, Violoncello und B.c.) C. Ph. E. Bach, Fr. Benda, Janitsch und J. J. Quantz (teilweise nur dokumentarisch nachweisbar) sowie im weiteren nord- und mitteldeutschen Umkreis J. C. F. Bach, C. S. Binder, Joh. Fr. Fasch, J. D. Grimm, Joh. M. Leffloth (dessen Sonate C-Dur lange unter dem Namen Händels bekannt war, s. GA von F. W. Chrysander Bd. 48, 112), J. Pfeiffer und (erst 1776 in Stettin publiziert, vierte der *Sei sonate* für Cembalo, Violine/Flöte oder *violetta*) Chr. M. Wolff, wobei des öfteren die Alternative Bratsche oder Gambe vorgesehen ist. In diesen Kontext gehören auch die 1766 publizierten beiden Trios aus op. 1 von Philippe Valois für Violine, Viola und Cembalo/Orgel. Einen fast anachronistischen Nachlauf findet die Violasonate (mit B.c.) in den vier 1770 bzw. 1776 in London veröffentlichten Werken von W. Flackton, der Sonate von T. Giordani (ca. 1776) und derjenigen in der Bratschenschule (*Méthode* [...] *à jouer de la quinte ou alto*..., P. 1781) von M. Corrette.

Violakonzerte schrieben in der Zeit vor 1770 Johann M. Doemming (ca. 1700-ca. 1760), August Heinrich Gehra (ca. 1715-1785) und W. Herschel (zwei 1759, ein unvollendetes). Im südlicheren Raum, mit Zentrum im Österreich, wuchs die Bedeutung der Bratsche hingegen mehr im Bereich der Kammermusik für Streicher, wie sich dies insbesondere in entsprechenden, z. T. ungewöhnlich besetzten Trios manifestiert: Solche mit konzertierender Viola (neben der Violine; mit einfacher Baßbegleitung) schrieben Fr. Aumann, Jos. und M. Haydn, A. Ivanschiz und C. d'Ordoñez (hierzu kann man auch die zahlreichen Baryton-Trios Haydns rechnen), Trios für zwei Violen und Baß Joh. G. Albrechtsberger, F. Asplmeyer, F. L. Gaßmann und M. G. Monn, und solche für Viola, Violoncello und Baß A. und Joh. G. Albrechtsberger, Leopold Hofmann sowie Michael Kirsten. Die Viola wurde zu diesem frühen Zeitpunkt auch schon als tiefstes Instrument neben zwei Violinen eingesetzt: in einem *Duetto* (Viola wohl hinzugefügt, Ms. in D-B) von C. H. Graun, einem *Divertimento a tre* (1759) von Albrechtsberger und in sechs Divertimenti von Joh. G. Naumann (1759-1761, I-Pca) sowie als Alternative für die ursprüngliche Baßstimme in je sechs Trios von C. Ditters von Dittersdorf (*Six sonates à deux violon et alto viola op. 2*, Adm. um 1760) und Joh. Chr. Bach (6 Trios op. 2, P. 1764).

Findet man im süddeutsch-österreichischen Raum auch keine Konzerte für die Bratsche als Soloinstrument, so wird sie doch zusammen mit anderen in ausgefallenen Kombinationen verwendet: Concerto C-Dur für Viola und Orgel (M. Haydn, ca. 1761), Concerto Es-Dur für Viola und Violoncello (I. Holzbauer), Concertante in D für Viola und Kontrabaß (Dittersdorf), Concertino in Es für zwei Bratschen und Violoncello (Hofmann).

III. *1770 bis 1850*

Im Zeitraum bis um 1810 – und danach auslaufend bis 1840 – können ca. 160 Solowerke für Viola mit Orchesterbegleitung, vorzugsweise Konzerte, nachgewiesen werden, von denen allerdings nur ein Teil überliefert ist, viele davon in kaum zu datierenden Manuskripten. Zu Beginn dieser Periode stehen gleich einige der wertvollsten Konzerte von C. Stamitz (zwei der drei überlieferten wurde 1774 in Paris gedruckt). Daneben sind diesem Zeitraum auch noch die Konzerte von Fr. X. Brixi, Jos. Schmitt, Dittersdorf (drei), G. Benda (zwei um 1775) und E. W. Wolf (zwei, erste 1778) zuzurechnen. In die nächste Dekade fallen die von A. Stamitz (vier, ca. 1778/79 und 1786), R. Hoffstetter (drei, 1785/86/87), Carl Preus (drei, 1785/87) und die von J. K. Vaňhal (zwei, alternativ auch für Violoncello bzw. Fagott), G. Druschetzky, J. F. Reichardt und K. F. Zelter, in die letzte des 18. Jh. die von Wilhelm

Gottlieb Hauff (sieben, 1790–1798), Chr. W. Westerhoff (vier, ca. 1795) sowie vermutlich von Joseph Schubert (zwei, evtl. drei) und Fr. A. Hoffmeister (zwei). Um 1800 sind u.a. noch Joh. Amon (zwei; davon op. 10 P. ca. 1800 und *Thème avec 6 variations* op. 50, Offenbach 1808) und G. A. Schneider (zwei; op. 20, Agb. o. J., und Konzert in C, Ms. 1799) zu erwähnen, hinzu kommen Violaversionen der Violoncellokonzerte von Jos. Reicha und J. G. Arnold (P. 1802–1805).

Der bedeutendste Komponist von Violakonzerten neben C. Stamitz war aber der in Parma und Mailand wirkende Al. Rolla. Seit 1772 konzertierte er nachweislich auf der Viola, seine erhaltenen Kompositionen (12 Violakonzerte und sechs kleinere Solo-Werke mit Orchester, von manchen nur die Solo-Stimme überliefert) dürften aber erst später entstanden sein und reichen dann bis etwa 1830. Rolla regte auch andere Mitglieder des Mailänder Scala-Orchesters zu Violakompositionen an (Vincenzo Merighi, Marco Ressi, Francesco Trevani) und schuf mit seiner Lehrtätigkeit am dortigen Konservatorium eine regelrechte Schule, aus der nicht nur sein jüngster Sohn Antonio, sondern auch Eugenio Cavallini (1806–1881), C. Pugni und Giacomo Zucchi (ca. 1795–1815) Viola spielten und für sie Solowerke schrieben.

Nach 1800 nimmt die Zahl der Violakonzerte immer mehr ab, um 1830 sind sie kaum mehr nachzuweisen, auch das frühromantische *Concertino* wird für die Bratsche nur selten gepflegt (*Andante e Rondo ungarese* von C. M. von Weber, 1809, später als op. 35 für Fagott und Orchester bearbeitet; Concertini von Al. Rolla, Jos. Rastrelli, Wenzel Gährich), und W. Mejos 1840 in Chemnitz erschienenes Concertino ist das letzte publizierte der Gattung in dieser Epoche. Die Produktion von Solowerken besteht nun dem Zeitgeschmack entsprechend meist aus Divertimenti (Al. Rolla), Elegien (J. F. Mazas), Phantasien, Polonaisen, Potpourris oder Paraphrasen über Opernthemen (Joh. N. Hummel, Jos. Küffner, F. A. Kummer d. J.) und Variationen (Amon, von Weber, Al. und G. A. Rolla, s. auch → Violine D.). H. Berlioz' Sinfonie *Harold en Italie* (1834) mit solistischer Viola (deren Part N. Paganini zugedacht war) zeigt schon alle Züge des im 19. Jh. aufkommenden ›symphonischen‹ Konzerts; im Gegensatz dazu ist die im gleichen Jahr entstandene *Sonata per la Grand Viola* von Paganini gleichsam ein virtuoses Gegenstück (vermutlich für eine Viola mit zugefügter E-Saite geschrieben, wie sie seit Ende des 18. Jh. als *violino pomposo* oder *violonalto* bekannt war und um noch 1830 von Chr. Urhan in Paris gespielt wurde; von M. Woldemar wie von dem Berliner W. F. Rong existieren Konzerte für diese fünfsaitige Viola, s. auch A. III.).

Nachzutragen bleiben aus dem späten 18. Jh. eine Reihe von konzertanten Sinfonien für Violine und Viola, allen voran die von Mozart (KV 364/320d, 1779), aber auch von C. Stamitz, J. B. Bréval, G. Cambini, I. Pleyel, Schneider und J. Brandl; zwei Solobratschen verwenden F.-J. Prot und A. Wranitzky.

Gemessen an dieser großen Zahl von Solowerken mit Orchesterbegleitung ist die der überlieferten Sonaten mit Viola bescheiden, insbesondere wenn man die übliche Besetzung zusammen mit einem Tasteninstrument (oder Harfe bzw. Laute) betrachtet, und zwar sowohl bei konzertanter wie bei begleitender Verwendung des Streichinstrumentes. So sind nur 14 der ersteren Art (sechs - teilweise als Divertimenti bezeichnet - von Vaňhal, je eine von Fr. W. Rust, C. Stamitz, Hummel, und - alle zwischen 1820 und 1828 anzusiedeln - von Pierre Voirin, Mendelssohn Bartholdy, M. Glinka, Ressi und A. F. Wustrow) und neun der zweiten (drei Sonaten op. 4 von Johann A. K. Colizzi [Adm. 1777], eine von Vaňhal [vor 1781], zwei von A. von Münchhausen [1800 bzw. 1804] und drei von Trevani [ca. 1825]) nachzuweisen. Dabei werden teilweise Violine, Violoncello, Flöte oder Klarinette als Besetzungs-Alternativen angegeben, so wie andererseits nach 1800 eine Reihe von Sonaten für Horn (Beethoven op. 17, Eugen Friedrich Thurner op. 29, C. A. Göpfert op. 35 und H. C. Steup op. 11) oder Violoncello (Johann Holzer, drei Sonaten op. 9; Fr. Kalkbrenner op. 11, G. Onslow drei Sonaten op. 16, Ant. Halm op. 52) auch für Bratsche adaptiert wurden. Es mag der Mangel an derartigen Stücken sein, der die Sonaten (so oder als *Solo* bezeichnet, im Gegensatz zu den konzertanten Duos für zwei gleichgewichtig beteiligte Streichinstrumente) für Viola und begleitendes zweites Streichinstrument besonders ins Auge fallen läßt (für andere Instrumente, etwa die Violine - oft mit begleitender Viola wie auch in den Werken von Jos. und M. Haydn - ist sie gegenüber der Sonate mit einem Tasteninstrument völlig marginal). Es sind nicht weniger als 65 solcher Stücke bekannt, die oft auch in den vor 1800 üblichen Sechser-Serien publiziert wurden. Für die Begleitung wird meistens ein Baß verwendet. Dieser wurde bei Neuausgaben trotz fehlender Bezifferung häufig als Basso continuo für ein Tasteninstrument ausgesetzt (Boccherini, Ditters von Dittersdorf, Fr. Koczwara, Al. Rolla, G. Brunetti), jedoch zeigt die gelegentlich auftauchende Vorschrift *Violoncello* bzw. *Violone* an, daß dafür eigentlich ein Streichinstrument vorzusehen ist. Noch deutlicher wird dies, wenn in gleichartigen Werken das Begleitinstrument eine Viola (Corrette, G.-A. Teniers, Rolla, A. B. Bruni) oder gar eine Violine (Rolla; Fr. Alday l'aîné; Schneider; Wilhelm Hahn, Sonate Es-Dur, Lpz. vor 1816) ist. Die Soloviola versucht, die dünne Harmonie mit akkordischen Figurationen und Doppelgriffen zu füllen, so daß der technische Anspruch auf der Höhe gleichzeitiger Konzerte liegt. Der Zeitraum zwischen 1770 bis ca. 1820 bot der Viola in der Kammermusik insgesamt lohnende Aufgaben. Beginnend mit Pankraz Hubers op. 1 (P. 1772) erschienen in der Folge eine Fülle von Duos für Violine und Viola, aus denen die von Stamitz und Rolla (nicht weniger als 78 derartige Stücke) hervorzuheben sind. In geringerer Zahl stehen daneben auch solche für zwei Bratschen bzw. Viola und Violoncello.

Das Streichtrio wandelte sich von der Besetzung mit zwei Violinen und Baß immer mehr zur heute gängigen für Violine, Viola und Violoncello, daneben wurden auch viele Trios für zwei Violinen und Viola veröffentlicht. Auch im Streichquartett erlangte die Viola zunehmende Bedeutung, neben dem in üblicher Besetzung lassen sich über 60 Quartette mit zwei Bratschen nachweisen, und das Streichquintett mit zwei Bratschen entstand ebenfalls in diesem Zeitraum. Jedoch ist die Violaliteratur in dieser Zeit vorwiegend solistisch geprägt. Ausgeführt wurde sie auf recht kleinen Instrumenten (Korpuslängen unter 39 cm), die die Übernahme des technischen Repertoires der Violine gestatteten.

Entsprechend setzen die ab 1780 in Paris erscheinenden, zunächst sehr knapp gefaßten Lehrwerke für Viola (Corrette, Méthode [...] à jouer de la quinte ou alto..., 1781; J. B. Cupis, Méthode d'alto, ca. 1803; Woldemar, Méthode d'alto, ca. 1785), auch die etwas ausführlicheren späteren (M. J. Gebauer, ca. 1810; A. B. Bruni, Méthode pour l'alto viola, ca. 1814; A. de Garaudé, Méthode d'alto viola, 1820, J.-J.-B. Martinn, Méthode pour l'alto, 1823, und Nouvelle Méthode, 1826; Alday l'aîné, Grand Méthode pour l'alto Lyon ca. 1827) den versierten Geiger voraus, der sich lediglich mit dem anderen Schlüssel und musikalisch mit dem tieferen Instrument vertraut zu machen hat. Erst Alexis Rogers Bratschenschule (Méthode d'alto op. 50, 1842) läßt eine darüber hinausgehende pädagogische Zielsetzung erkennen.

In engem Zusammenhang mit diesen Lehrwerken stehen auch die ersten Stücke für Viola allein, die sich nur in wenigen Fällen darüber hinaus zu konzertmäßigen Anspruch steigern. Eine Grand Caprice hängt Cupis seiner Violaschule an, 1802 erscheinen in Leipzig Schneiders sechs Solos op. 19, 1803 Hoffmeisters Etudes, 1809 J. B. Cartiers 3 Airs variés, 1824 B. Campagnolis Capricen op. 22, vor 1837 (Offenbach) G. A. Rollas 6 Idylles und 1838 (Wien) J. Blumenthals Grand Caprice op. 79. Diese Entwicklung gipfelt und endet in den Paganinis Violincapricen (op. 1) nachempfundenen 24 Préludes op. 22, die ca. 1850 in Paris von dem französischen Bratschisten Louis-Casimir Escoffier unter dem Pseudonym L.-E. Casimir-Ney erschienen.

Virtuos ausgerichtet sind auch die etwa gleichzeitig veröffentlichten Bratschenschulen von Ferdinando Giorgetti (Metodo per esercitarsi a ben suonare l'alto-viola op. 34, Mld. 1854) und Cavallini (Guida per lo studio elementare progressivo della viola, 2 Bde., Mld. ca. 1860); stilistisch sind diese Werke dem Zeitraum weit vor 1850 zuzurechnen.

Nach 1810 nehmen die Kompositionen für Viola in den solistischen Gattungen deutlich ab und sind zwischen 1830 und 1840 kaum noch nachzuweisen. Verantwortlich war u.a. das Aufkommen eines Virtuosentums, das sich in besonderem Maße auf Geiger und Pianisten konzentrierte, und schließlich eine neue orchestrale Klangvorstellung, die von der oberstimmenbetonten, durchsichtigen Setzweise zu einem zunehmend fülligen Gesamtklang bei instrumentenspezifischer Differenzierung fortschritt. Dies bewirkte nicht nur eine Ausweitung des Bläserapparats – die wiederum eine Verstärkung auch des Streicherkörpers in all seinen Gruppen nach sich zog –, sondern vor allem eine Betonung der Mittelstimmen, die in ihrer charakteristischen Klangfarbe zunehmend auch Führungsrollen übernahmen. Die bisher überwiegend mit solistischen Aufgaben betrauten kleinen Bratschen (Korpuslängen 37-39 cm), die zwar eine Übernahme der Violintechniken gestatteten, aber klanglich unbefriedigend waren, konnten hier nicht mehr gerecht werden (s. A.III.).

IV. 1850 bis 1918

Die aus der veränderten Rolle im Orchester hervorgehende und damit auch technisch neu orientierte Violaliteratur (Vermeidung von extremem und ausgedehntem Spiel in hohen Lagen sowie weitgespannten Doppelgriffen, hingegen bevorzugte Verwendung des charakteristischen Klangbereichs in tiefer und mittlerer Lage auch für Passagenwerk und ausgiebige Nutzung der kantablen Qualitäten des Instruments), die um 1850 einsetzt, bewegt sich zunächst vor allem im Bereich des Charakterstücks mit Klavierbegleitung. Schumanns *Märchenbilder* op. 113 (1851; denen mit zusätzlicher Klarinette die *Märchenerzählungen* op. 132, 1853, anzufügen wären), Joh. W. Kalliwodas *Nocturnes* op. 186 (1852), Jos. Joachims *Hebräische Melodien* op. 9 (Lpz. 1855) und *Variationen* op. 10 (ebd. ca. 1860) sowie A. Rubinštejns Charakterstücke op. 11,3 (ca. 1855), C. Reineckes *Phantasiestücke* op. 43 (Lpz. 1857) initiieren eine Entwicklung, die in der zweiten Hälfte des 19. Jh. zu voller Blüte kommt (u.a. H. Vieuxtemps, *Elégie* op. 30, Offenbach/L. ca. 1854; Fr. Kiel, *3 Romanzen* op. 69, Bln. 1877; Fr. Liszt, *Romance oubliée*, 1880; H. Wieniawski, *Rêverie*, Lpz. 1885; H. von Herzogenberg, *Legenden* op. 62, ebd. 1890; A. Glazunov, *Elégie* op. 44, 1893, für den gleichen Zeitraum s. auch → Violine D.).

Für die größer dimensionierte Sonate mit Klavier wird die Viola zunächst vor allem als zusätzliche Alternative in Violoncellowerken benannt (Sonaten von A. Blanc, G. Goltermann, Reinecke, Ch. V. Alkan u.a.), originale Kompositionen setzen mit E. K. Naumanns op. 1 (Lpz. ca. 1855) ein und bilden einen zwar schmales, aber beständiges Repertoire (in chronologischer Reihenfolge: Rubinštejn op. 49; A.-

E. de Vaucorbeil, *Grande Sonate* in A; Vieuxtemps op. 36; Otto Müller, *Großes Duo* op. 11; Fr. V. L. Norman op. 32; Kiel op. 67; Max Meyer-Olbersleben op. 14; Richard Hofmann op. 46; G. H. G. von Brucken Fock op. 5; A. B. L. Ashton op. 44; Frank Limbert op. 7; Emil Kreuz op. 13,6; Ph. Scharwenka op. 106), das ab 1900 erheblich anwächst (Sonaten von P. Juon, A. G. Winkler, K. Klingler, Heinrich XXIV. Fürst Reuß, M. Labey, E. P. Ratez, R. Fuchs, Y. Bowen, E. Walker, E. Kornauth und M. Radnai; von den im Manuskript gebliebenen Sonaten sollten auf jeden Fall die beiden von F. Draeseke, op. 56,1 und 2, 1892 und 1901, erwähnt werden).

Die meistgespielten Violasonaten aus dieser Zeit sind jedoch die ursprünglich für Klarinette, aber vom Komponisten auch für Bratsche eingerichteten beiden Werke op. 120 von Brahms (1895), in deren Gefolge auch weitere Klarinettensonaten für Viola erschienen (u. a. op. 107 von M. Reger).

Gegenüber den vom Klavier begleiteten Violawerken treten solche mit Orchester sogar noch später auf und bewegen sich – beginnend mit L. W. Maurers Divertimento mit Streichorchester op. 85 (1860) – zunächst nur auf der Ebene des kleiner dimensionierten Konzertstücks (Th. Täglichsbeck op. 49, 1867; K. Kudelski op. 27, 1870; L. Firket 1878; J. Hubay op. 20 und H. Sitt op. 46, 1891; G. Enescu 1906) bzw. Concertinos (J. Garcin op. 19, 1879; H. Arends op. 7, 1883; P. Rougnon op. 138, 1895; L. Niverd 1899) bis hin zu M. Bruchs *Romanze* op. 85 (1911). Großdimensionierte Violakonzerte – fast ausschließlich von Bratschern geschrieben – erschienen erst um die Jahrhundertwende (Kreuz op. 20, 1893; Sitt op. 68, 1900; C. Forsyth 1904; G. Szeremi, op. 6, 1908, und op. 57, 1911 sowie H. von Steiner op. 43 und 44, 1910/11), denen noch M. Bruchs zunächst ungedruckt gebliebenes Doppel-Konzert für Klarinette und Viola op. 88 (1911) zuzurechnen ist.

Lehrwerke treten, wiederum mit Verzögerung, nun vorzugsweise in Deutschland auf. Die von 1870 bis 1874 erschienenen Violaschulen (B. Brähmig, Firket, H. E. Kayser, A. Brunner, H. Lütgen und T. Rehbaum) verharren alle mehr im elementaren Bereich, erst diejenigen von H. Ritter (1884), Kreuz (1889) und Sitt (1891) zeigen die Errungenschaften der neuen Violatechnik. Ab 1870 setzt daneben eine außerordentlich rege Produktion von spezifischen Viola-Etüden ein.

In der Kammermusik setzt sich verstärkt die Gleichberechtigung aller Instrumente, also auch der Viola, durch. Als spezifische Variante des Klaviertrios entwickelt sich das für Klavier, Violine und Viola, das stärker an die frühere Triosonate mit zwei Melodie-Instrumenten als an die normale Form des Trios mit Violoncello anknüpft. I. Lachner schrieb sechs dieser Trios (zwischen 1851 und 1892), gehäuft finden sie sich zwischen 1880 und 1912, wobei die wesentlichsten Werke von Naumann, L. Thuille, P. Wolfrum, Reger, Fuchs, Scharwenka und dem Fürsten von Reuß stammen. Reger veröffentlichte mit den 3 Suiten op. 131d (1916) nach einigen ungedruckt gebliebenen Versuchen des späten 19. Jh. wieder die ersten Werke für Viola allein.

V. Ab 1919

Nach dem Ersten Weltkrieg fand die im Verlaufe des späten 19. Jh. errungene Gleichberechtigung der Viola ihren vollen kompositorischen Niederschlag. Bahnbrechend waren hier die Werke von P. Hindemith: 1919 entstanden seine Sonate op. 11,4 für Viola und Klavier und seine Sonate für Viola solo op. 11,5. Werke für Viola und Klavier traten im folgenden wieder in größerem Umfang in Erscheinung (Sonaten von Rebecca Clarke, 1919; A. Honegger, 1920; A. Bax 1922; Vassilij Petrovič Širinskij, op. 4, 1924; O. Siegl, op. 41, 1925; G. Raphael, op. 13, 1926; A. Hába, *Fantazie* op. 32 für Viola und 1/4tel-Ton-Klavier, 1926; die beiden Sonaten von N. A. Roslavec, 1926 und 1930; A. Bliss und N. Rota, 1934; C. Bresgen 3 Sonaten für Va. und Kl. 1934–1946; R. L. Finney, Nr. 1, 1934; W. Walton 1938, Siegl, op. 103, 1938; Hindemith selbst steuerte zu dieser Gattung noch die Sonaten op. 25,4 [1922] und die aus dem Jahre 1939 bei) und erlebten insbesondere in den 1940er und 1950er Jahren einen zahlenmäßigen Höhepunkt (H. Degen, H. Genzmer, M. Mihalovici, E. B. Helm, L. Berkeley, D. Milhaud, Bresgen, E. Křenek, B. Britten [*Lachrymae* op. 48], H. Badings, H. Reutter, Raphael, V. Šebalin, Myriam Marbe, B. Martinů, Iain Hamilton).

Danach nahm das Interesse trotz einiger gewichtiger Werke (K. Höller, Sonate op. 62, 1966/67; D. Šostakovič, Sonate op. 147, 1975; K. Hessenberg op. 94, 1976; G. Rochberg, 1979; H. W. Henze, 1979; I. Yun, Duo; Gavin Bryars, *The North Shore*, 1993; W. Killmayer, 5 Romanzen *Die Schönheit des Morgens*, 1994; T. Takemitsu, *A Bird Came Down the Walk*, 1994) deutlich ab.

Kompositionen für Viola allein sind in der Nachfolge von Hindemith (Sonaten op. 25,1, 1922, op. 31,4, 1923, Sonate 1937) zunächst kaum im Repertoire zu finden. Erst die Solowerke von W. Burkhard (op. 59, 1939), Křenek (op. 91,3, 1942), J. N. David (op. 31,3, 1943), Raphael (drei Sonaten aus op. 46, 1940–1946), I. Stravinskij (*Elegy*, 1944), A. Honegger (Sonate 1948), B. A. Zimmermann (Sonate 1955), Genzmer (1957), E. Wellesz (Rhapsodie op. 87, 1962, und Präludium op. 112, 1971), dann zunehmend die von L. Berio (*Sequenza VI*, 1967), A. Jolivet (5 *Églogues*, 1967), H. Reutter (5 *caprichos sobre Cervantes*, 1968), B. Maderna (*Viola*, 1971), A. Chačaturjan (Sonate 1977), G. von Einem (Sonate op. 60, 1980), H. Holliger (*Trema*, 1981), G. Petrassi (*Violasola*, 1980), I. Xenakis (*Embellie*, 1981), H.-J. von Bose (… *vom Wege abgekommen*, 1981/82), Penderecki (*Cadenza*, 1984), Henze (*An Brenton*, 1993) und G. Ligeti (Sonate

1991–94) zeugen von einem verstärkten Interesse für die Gattung, die im Rahmen der fortgeschrittenen oder erweiterten zeitgenössischen Tonalität teils auf archaisierende, teils auf neoklassizistische Muster zurückgreift.

Auch für das Violakonzert wirkte Hindemith initiierend. 1927 schrieb er seine *Kammermusik* Nr. 5 (op. 36,4) für Solobratsche und Kammerorchester, 1930 ließ er seine *Konzertmusik* op. 48 für die gleiche Besetzung folgen. 1929 waren aber bereits zwei andere bedeutende Violakonzerte erschienen, von Walton (*Concerto* in a-Moll) und das erste von Milhaud (*Concert* op. 108). Zwischen 1930 und 1940 folgten K. Marx, op. 10; O. Gerster, *Concertino* op. 16; W. Fortner, *Concertino*; J. Koetsier, *Concertino*; von Hindemith 1935 das Konzert *Der Schwanendreher* und 1936 *Trauermusik*. Aus der darauf folgenden Dekade sind neben dem *Kleinen Konzert* Nr. 3 (1943) von Helmut Degen und der *Rhapsodie* für Viola und Orchester von J. Françaix vor allem die in den Vereinigten Staaten entstandenen Konzerte von M. Gould (1944), W. Q. Porter (1948), besonders aber das vom Komponisten nicht vollendete (von T. Serly vervollständigte) Konzert von B. Bartók (1945, UA 1949 Minneapolis) zu nennen.

Breiteres Interesse fand das Violakonzert wieder ab 1950, wobei hier sich hier die typischen Gattungsmerkmale und Besetzungsformen insbesondere von Konzert und Kammermusik zunehmend mischen (Martinů, *Rhapsodie*, 1952; G. F. Ghedini, *Musica da concerto*, 1953; R. Leibowitz, *Concertino* op. 35, 1954; G. F. Malipiero, *Dialogo* Nr. 5, *quasi concerto*, 1956; Milhaud, Konzert Nr. 2, op. 340, 1954/55, und die für Viola und Schlagzeug konzipierte *Elégie pour Pierre* op. 416, von 1965; K. A. Hartmann, Konzert für Va. und Kl., begleitet von Bläsern und Schlagzeug; W. Piston 1957; B. Blacher, *Viola Concerto* op. 48, 1954; Joh. N. David, *Melancholia* op. 53, 1958; H. Badings 1965; G. Kurtág 1963; Genzmer 1967; G. Bacewicz 1968; Berio, *Chemins II* für Va. und neun Instrumente, 1967 [bearb. von *Sequenza VI*]; Henze, Musik für Viola und 22 Spieler, 1969–70). Violakonzerte – oft mit bis zum Kammerensemble reduziertem Orchester –, die erweiterte und avantgardistische Techniken erfordern (→ Violine C.), sind bis in die jüngste Zeit nachzuweisen (Kl. Huber, *... ohne Grenze und Rand...*, 1976–77; W. Rihm, 1979; D. Manicke 1983; Penderecki 1983; D. Müller-Siemens 1984; A. Schnittke 1985; V. D. Kirchner, *Nachtstück*, 1980–81, und *Poème concertante Schibboleth*, 1989; Takemitsu, *A String Around Autumn*, 1989; S. Gubajdulina 1997).

Literatur

Zu A. M. AGRICOLA, *Musica instrumentalis deudsch*, Wittenberg 1529, ebd. ⁵1545; Neudr. in: PGfM 24, Bd. 20, Lpz. 1896 ▪ G. M. LANFRANCO, *Le scintille di musica*, Brescia 1533; Nachdr. hrsg. von G. Massera, Bologna 1970 ▪ S. DI GANASSI DAL FONTEGO, *Regola rubertina*, Vdg. 1542/43; Nachdr. hrsg. von M. Schneider, Lpz. 1924 ▪ L. ZACCONI, *Prattica di musica*, Vdg. 1592, 4. Buch ▪ D. P. CERONE, *El melopeo y maestro*, Neapel 1613; Nachdr. hrsg. von F. A. Gallo, Bologna 1969 ▪ PRAETORIUSS 2, mit Anh. *Theatrum instrumentorum seu sciagraphia*, Wfbl. 1620 ▪ D. HITZLER, *Extract auß der Neuen Musica oder Singkunst*, Nbg. 1623 ▪ M. MERSENNE, *Harmonie universelle*, P. 1636 ▪ A. MAUGARS, *Response fait à un curieux sur le sentiment de la musique d'Italie*, Rom 1639 ▪ J. PLAYFORD, *An Introduction to the Skill of Musick*, L. ⁴1660; rev. und erw. ebd. ¹⁰1683 ▪ J. ROUSSEAU, *Traité de la viole*, P. 1687 ▪ D. SPEER, *Grund-richtiger, kurtz, […] Unterricht der musicalischen Kunst*, Ulm 1687, erw. ebd. ²1697 ▪ D. MERCK, *Compendium musicae*, Agb. 1695 ▪ J. MATTHESON, *Das Neu-Eröffnete Orchestre*, Hbg. 1713 ▪ J. F. B. C. MAJER, *Museum musicum*, Schwäbisch Hall 1732; Nachdr. hrsg. von H. Becker, Kassel 1954 ▪ J. P. EISEL, *Musicus autodidactos*, Erfurt 1738; Nachdr. Lpz. 1976 ▪ C. H. FIEDLER, *Vorschläge zur Verbesserung der gewöhnlichen Bratsche*, in: Berlinische Musikalische Ztg. 2, 1806, 53–54 ▪ F. SAVART, *Memoire sur la construction des instruments à chordes et à archet*, P. 1819 ▪ J. RÜHLMANN (Hrsg.), *Die Geschichte der Bogeninstr.*, Braunschweig 1882 ▪ H. RITTER, *Die Viola alta oder Altgeige*, rev. Lpz. ³1885 ▪ DERS., *Die fünfsaitige Altgeige (Va. alta)*, Bamberg 1898 ▪ L. GRILLET, *Les Ancêtres du violon et du violoncelle*, P. 1901 ▪ W. LÜTGENDORFF, *Die Geigen- und Lt.-Macher*, Ffm. ⁴1922; Repr. der 5. und 6. rev. Aufl. Ffm. 1922 in 2 Bde. Tutzing 1975 sowie Ergänzungsband von T. Drescher, ebd. 1990 ▪ W. BLOBEL, *Bratschenbau und -spiel*, in: Die Bratsche, 1929, Nr. 2, 18–20 ▪ DERS., *Klangideal und Format der Bratsche*, in: dass. 1930, Nr. 5, 65–66 ▪ G. HAYES, *Musical Instruments and Their Music*, Bd. 2: *The Viols and Other Bowed Instruments*, L. 1930 ▪ H. BESSELER, *Zum Problem der Tenorgeige*, Hdbg. 1939 ▪ E. VON HOLST, *Ein neuer Vorschlag zur Lösung des Bratschenproblems*, in: Instrumentenbau-Zs. 8, 1953, 46–48 ▪ F. LESURE, *L'Épitome musical de Ph. Jambe de Fer (1556)*, Faks., in: AnnMl 6, 1958/63, 341–386 ▪ H. KUNITZ, *Die Instrumentation. Ein Hand- und Lehrbuch*, Bd. 12: Violine/Bratsche, Lpz. 1960, ²1979 ▪ F. ERNST, *Nomenclature des instruments à archet*, in: SMZ 102, 1962, 233–236 ▪ D. D. BOYDEN, *The Tenor Violin: Myth, Mystery or Misnomer?*, in: Fs. O. E. Deutsch, hrsg. von W. Gerstenberg/J. LaRue/W. Rehm, Kassel 1963, 273–279 ▪ K. MARX, *Die Entwicklung des Violoncells und seiner Spieltechnik bis J. L. Duport (1520–1780)*, Rgsbg. 1963 (= Forschungsbeitr. zur Mw. 13) ▪ D. D. BOYDEN, *Die Gesch. des Violinspiels von seinen Anfängen bis 1761*, Mz. 1971 ▪ S. NELSON, *The Violin and Va.*, N. Y. 1972 ▪ A. ARCIDIACONO, *La viola*, Ancona/Mld. 1973 ▪ F. ZEYRINGER, *Das Mensurproblem der Va.*, in: Instrumentenbau-Zs. 29, 1975, 509–510, 512; Tl. 2: *Die ideale Va.*, Salzburg 1978 ▪ Y. MENUHIN/W. PRIMROSE, *Violin and Va.*, L. 1976, ²1991; frz., übs. von M.-S. Paris, P. 1978; dt., übs. von K.-A. Herrmann, Ffm. 1981, rev. ebd. ²1993 ▪ M. ROBINSON, *The Violin and Va.*, L. 1976 ▪ J. H. VAN DER MEER, *Einige Probleme bei der Besetzung der KaM. für Str. des Barock*, in: Kgr.Ber. Brünn 1971, ebd. 1977, 49–72 (= Colloquium on the History and Theory of Music at the International Festival in Brno/Mw. Kolloquien der Internationalen Musikfestspiele in Brno 6) ▪ J. GRIFFIN, *A Guide to American Viola Music*, Diss. N. Y. 1977 ▪ W. SCHRAMMEK, *Viola pomposa und Vc. piccolo bei J. S. Bach*, in: Kgr.Ber. Lpz. 1975 (III. Internationales Bach-Fest der DDR), Lpz. 1977, 345–354 ▪ H. BARRETT, *The Viola: Complete Guide for Teachers and Students*, Birmingham/Ala. ²1978 ▪ V. GUTMANN, *Viola bastarda – Instr. oder Diminutionspraxis?*, in: AfMw 35, 1978, 178–209 ▪ J. H. VAN DER MEER, *Die Viola-da-braccio-Familie im 18. Jh.*, in: Kgr.Ber. Blankenburg 1978, ebd. 1979, 15–32 (= Stud. zur Aufführungspraxis und Interpretation der Musik des 18. Jh. 7) ▪ F. ZEYRINGER, *Die Idealbratsche*, in: Musikerziehung 32, 1979, 164–168 ▪ DERS./W. SAWODNY, *Das sog. Stimmlagenproblem der Va. im Streichersatz*, in: Die Viola, Jb. der Internat. Va.-Forschungsges. 1, Kassel 1979, 21–28 ▪ W. PRIMROSE, *Ruminations of the Va.*, in: Journal of the Va. da Gamba Society of America 5, 1980, H. 1, 153–159 ▪ M. W. RILEY, *The History of the Va.*, 2 Bde., Ann Arbor/Mich. 1980, 1991 ▪ F. ZEYRINGER, *The Problem of the Va. Size*, in: Journal of the Va. da Gamba Society of America 5, 1980, H. 4, 18–36 ▪ M. A. PALUMBO, *The Viola. Its Foundation, Role, and Literature, Including an Analysis of the Twelve Caprices of L. Fuchs*, Diss. Ball State Univ., Munice/Ind. 1981 ▪ S. PONJATOVSKIJ, *Istoričeskaja evolucija roli al'ta v orkestre XVI–XX vekov* (Die historische Entwicklung der Rolle der Va. im Orch. des 16.-19. Jh.), Diss. M. 1981 ▪ M. E. LEBEAU, *An Analysis of Technical Problems in Twentieth-Century Literature for Unaccompanied Va.*, Diss. Temple Univ. Philadephia/Pa. 1982 ▪ R. ALSINA, *Antiquos instrumentos de cuerda*, in: Monsalbat 144, 1984, 41–43 ▪ D. D. BOYDEN/A. M. WOODWARD, in: NGroveDMI (1984) ▪ S. PONJATOVSKIJ, *Istorija al'tovogo iskusstva* (Gesch. der Violakunst), M. 1984 ▪ W. SAWODNY, *Va. da gamba oder da braccio: Zur Klärung der Besetzungsproblematik der Streichermittelstimmen im 17. Jh.*, in: Kgr.Ber. Innsbruck 1983, ebd. 1984, 143–154 (= Innbrucker Beitr. zur Mw. 10) ▪ F. MESSMER, *Die Entdeckung der Va. in Klassik und Romantik*, in: Das Orchester 33, 1985, 115–119 ▪ A. PENESCO, *Les Instruments du quatuor. Technique et interprétation*, P. 1986 ▪ U. DRÜNER, *Vc. piccolo und Va. pomposa bei J. S. Bach. Zu Fragen von Identität und Spielweise dieser

Instr., in: BJ 73, 1987, 85–112 ▪ J. EPPELSHEIM, *Stimmlagen und Stimmungen der Ensemble-Streichinstr. im 16. und frühen 17. Jh.*, in: Th. Drescher (Hrsg.), Capella Antiqua München, Fs. zum 25jährigen Bestehen, Tutzing 1987, 145–173 ▪ A. WOODWARD, *Observations about the Status, Instruments, and Solo Repertoire of Violists in the Classic Period*, in: Journal of the Violin Society of America 9, 1988, 81–104 ▪ F. ZEYRINGER, *Die Viola da braccio*, hrsg. von K. Zeyringer, Mn. 1988 ▪ D. D. BOYDEN, *Violin Family*, N. Y. 1989 (= The Grove Musical Instruments Series) ▪ A. DÜRR, *Philologisches zum Problem Violoncello alto piccolo bei Bach*, in: Fs. W. Rehm, hrsg. von D. Berke/H. Heckmann, Kassel 1989, 45–50 ▪ I. FLEJŠER, *Nekotorye tembrovye osobennosti al'ta i sposoby ich realizacii (Einige Klangbesonderheiten der Va. und die Möglichkeiten ihrer Realisation)*, in: Skripka, al't. Istorija, muzykal'noe nasledie, pedagogika, hrsg. von V. Rabej, M. 1990, 104–114 ▪ F. LAINÉ, *Considérations sur l'alto dans les écrits et la presse musicale en France au XIXe siècle*, in: Corps écrit 35, 1990, 133–138 ▪ G. STRADNER, *Gebrauchstonvorrat und Eigenresonanz*, in: Die Viola, Jb. der Internat. Va.-Forschungsges. 6, 1991, 14–20 ▪ J. BLUM, *Ergonomie und Klang bei Bratschen. Wieweit läßt sich beides vereinbaren?*, in: Kgr.Ber. Dst. 1992 (3. Kolloquium Praktische Musikphysiologie), K. 1993, 175–183 (= Dokumentation Arbeitswissenschaft 35) ▪ P. HOLMAN, *Four and Twenty Fiddlers: The Violin at the English Court 1540–1690*, Oxd. 1993 ▪ T. MOONEN, *La Viole parfaite*, in: Schweizer musikpädagogische Blätter 81, 1993, H. 1, 18–23 ▪ J.-P. MULLER, *Influence de l'enseignement liégeois sur l'école française d'alto*, in: RB 47, 1993, 157–160 ▪ R. BARONCINI, *Contributo alla storia del violino nel sedicesimo secolo: i »sonadori di violini« della Scuola Grande di San Rocco a Venezia*, in: Recercare 6, 1994, 61–190 ▪ U. DRÜNER, *Die Entstehung der neuen Kompositionsweise für Va. aus dem romantischen Orchestersatz des 19. Jh.*, in: Die Viola, Jb. der Internat. Va.-Forschungsges. 7, 1994, 43–49 ▪ DERS., *Die Krise der Va.-Lit. im 19. Jahrhundert. Zur Entstehung der neueren Kompositionsweise für Va. aus dem romantischen Orchestersatz*, in: Das Orchester 42, 1994, 2–5 ▪ A. FLOREA, *String Instruments in Romanian Mural Paintings between the 14th and 19th Century*, in: RIdIM Newsletter 19, 1994, 54–65 ▪ A. OTTERSTEDT, *Die Gambe*, Kassel 1994 ▪ E. SEGERMAN, *A c. 1900 String Gauge and an Unwound Va. C String*, Fellowship of Makers and Restorers of Historical Instruments (FoMRHI) Quaterly 74, 1994 ▪ M. SPIELMANN, *»Violino Pifferato« und »Va. di Fagotto«*, in: Die Viola, Jb. der Internat. Va.-Forschungsges. 7, 1994, 50–56 ▪ M. DECKX, *De altviool en de Zuidelijke Nederlanden*, Diss. Leuven 1995 ▪ V. J. KANTORSKI, *A Content Analysis of Doctoral Research in String Education, 1936–1992*, in: Journal of Research in Music Education 43, 1995, 288–297 ▪ D. ANGER, *Shattering the Mold*, in: Strings, Juli/Aug. 1996, 38 ▪ R. GILLESPIE, *Ratings of Violin and Va. Vibrato Performance in Audio-Only and Audiovisual Presentations*, in: dass. 45, 1997, 212–220 ▪ W. GÜTH/F. DANKWERTH, *Die Streichinstrumente. Physik – Musik – Mystik*, Stg. 1997 ▪ E. SEGERMANN, *The Early Violino and the Viole da braccio Family*, in: Fellowship of Masters and Restorers of Historical Instruments Quarterly, H. 90, Jan. 1998, 40–43.

Zu B. (Zu neueren praktischen Ausgaben der im Text genannten Werke und Fundorten der Mss. s. auch F. Zeyringer 1985)
W. ALTMANN/V. BORISSOWSKY, *Literaturverz. für Bratsche und Va. d'amore*, Wfbl. 1937 ▪ H. UNVERRICHT, *Gesch. des Streichtrios*, Tutzing 1969 ▪ W. WEBSKY, *Mit und ohne obligate(n) Augengläser(n)*, Themat. Katalog der Duos für Va. und Vc., Bln. ca. 1970 ▪ F. BEAUMONT, *Viola-Diskographie/Discographie sur l'alto*, Kassel 1973 ▪ L. TERTIS, *My Va. and I. A Complete Autobiography*, L. ²1975; (Paperback) ebd. 1991 ▪ T. J. TATTON, *English Va. Music, 1890–1937*, Diss. Univ. of Illinois at Urbana-Champaign, Urbana/Il. 1976 ▪ W. WILKINS, *The Index of Va. Music*, Magnolia/Ark. 1976 ▪ M. RILEY, *18th-Century Concertos for the Va.*, in: Journal of the Va. da Gamba Society of America 3, 1977, H. 2, 88–90 ▪ U. DRÜNER, *Eine Sonderform des klass. Streichquartetts: Quartette für V., 2 Bratschen und Cello*, in: Das Orchester 27, 1979, 644–645 ▪ L. GOLDBERG/W. SAWODNY, *Joh. A. Amon und seine Solo-Werke für Va.*, in: Die Viola, Jb. der Internat. Va.-Forschungsges. 1, 1979, Kassel 1979, 7–20 ▪ M. WILLIAMS, *Music for Va.*, Detroit 1979 (= Detroit Studies in Music Bibliography 42) ▪ W. SAWODNY, *Die Va. als konzertantes Soloinstrument*, in: Das Liebhaberorch. 40, 1980, 1–10 ▪ U. DRÜNER, *Das Viola-Konz. vor 1840*, in: FAM 28, 1981, 153–176 ▪ I. INZAGHI/L. BIANCHI, *Al. Rolla*, Mld. 1981 ▪ W. SAWODNY, *Quartette mit zwei Bratschen*, in: Die Viola, Jb. der Internat. Va.-Forschungsges. 2, 1980, Kassel 1981, 6–19 ▪ U. MAZUROWICZ, *Das Streichduett in Wien*, Tutzing 1982 ▪ U. DRÜNER, *Die Violaetüde. Ein Überblick*, in: Die Viola, Jb. der Internat. Va.-Forschungsges. 3, 1981/82, Kassel 1983, 10–13 ▪ J. J. KELLA, *The Development of a Qualitative Evaluation of a Comprehensive Music Curriculum for Viola...*, Diss. N. Y. 1983 ▪ W. LEBERMANN, *Das Viola-Konz. vor 1840, Addenda und Corrigenda*, in: FAM 30, 1983, 220–221 (zu U. Drüner 1981) ▪ W. SAWODNY, *Die Violason. vom Barock bis zur Frühromantik I*, in: Die Viola, Jb. der Internat. Va.-Forschungsges. 3, 1981/82, Kassel 1983, 25–36 ▪ B. TOSKEY, *Concertos for Violin and Viola. A Comprehensive Encyclopedia*, Seattle 1983 ▪ S. L. KRUSE, *The Viola School of Technique. Etudes and Methods Written between 1780 and 1860*, Diss. Ball State Univ., Muncie/Ind. 1985; Ann Arbor/Mich. 1985 ▪ F. ZEYRINGER, *Literatur für Va.*, neue erw. Ausg. Hartberg 1985 ▪ J. PARAS, *The Music for Va. bastarda*, Bloomington/Ind. 1986 ▪ W. SAWODNY, *Duo-Kompos. für Streicher*, in: Musica 40, 1986, 431–437 ▪ DERS., *Die Violason. J. B. Vanhals,*

in: Die Viola, Jb. der Internat. Va.-Forschungsges. 4, 1983/84, Kassel 1986, 35-48 ▪ CH. A. JOHNSON, *Viola Source Materials. An Annotated Bibliography*, Diss. Florida State Univ., Tallahassee/Fla. 1988; Ann Arbor/Mich. 1988 ▪ M. W. RILEY, *Die Identität des L. Casimir-Ney*, in: Die Viola, Jb. der Internat. Va.-Forschungsges. 5, 1985/86, Kassel 1989, 49-56 ▪ U. DRÜNER, *Die Violaschulen des 19. Jh.*, in: 2. Viola-Symposium 1990. Dokumentation, hrsg. von R. Fritsch, Trossingen 1991, 103-109 (= Schriftenreihe der Bundesakademie für mus. Jugendbildung 10) ▪ W. SAWODNY, *Bearbeitungen in der Va.-Literatur*, in: dass. 33-46 ▪ M. A. EDGE, *Violin and Va. Duos of the Late Eighteenth and Early Nineteenth Centuries*, Diss. Univ. of Victoria, British Columbia 1992 ▪ W. SAWODNY, *Ungewöhnliche Triobes. mit Bratsche, I: Trios für V., Va. und Kl.; II: Trios für 2 V. und Va.*, in: Mitt. für die dt.-sprachigen Sektionen der Internat. Va.-Ges. 43 und 44, 1994, 22-28 und 30-35 ▪ M. UND D. JAPPE, *Viola-Bibliograhie*, Winterthur 1999 ▪ K. EWALD, *Musik für Bratsche*, Basel ³2001.

WOLFGANG SAWODNY

Viola d'amore

INHALT: A. Geschichte. – I. Zur Terminologie bis ca. 1740. – 1. Viola d'amore. 2. Englisches Violet. – II. Zur Terminologie bis ca. 1810. – III. Zur Organologie. 1. Instrumente ohne Resonanzsaiten. 2. Instrumente mit Resonanzsaiten. – B. Repertoire und Aufführungspraxis. I. Das Repertoire bis ca. 1740. II. Das Repertoire bis ca. 1810. III. Die Viola d'amore im 19. und 20. Jahrhundert.

A. Geschichte
I. Zur Terminologie bis ca. 1740

Die Namen Viola d'amore (ital.; Pl. Viole d'amore), Viole d'amour (frz.) und die gegen Ende des 18. Jh. gebräuchliche deutsche Übersetzung Liebesgeige bezeichnen ein in Armhaltung gespieltes Streichinstrument, das sich durch eine als ›lieblich‹ empfundene Klangfarbe auszeichnet. Eine Ableitung aus der Bezeichnung viola da moro, wie sie von Eugène de Briqueville 1885 und L. Pillaut 1891 (S. 274) versucht wurde, um ihre These vom orientalischen Ursprung der Resonanzsaiten zu untermauern, kann ausgeschlossen werden, da keine der Viola-d'amore-Quellen bis zum frühen 18. Jh. Resonanzsaiten erwähnt. Auch der etymologische Erklärungsversuch von M. Vogel 1973 (S. 610), der die Namen Viola d'amore und Viola di bardone auf die semitische Wortgruppe h-m-r für ›Esel‹ zurückführen will, führt zu keinem befriedigenden Ergebnis.

Die Namen Englisches Violet, viola all'inglese (ital.) und violette angloise (frz.) sind im frühen 18. Jh. belegt, aber nicht sehr verbreitet. Die Bezeichnung ›englisch‹ wird geographisch von England (J. Rühlmann 1882, S. 245), aber auch poetisch von ›engelhaft‹ (G. Kinsky 1913, S. 479) abgeleitet. In England und Frankreich selbst sind diese Namen im 18. Jh. unbekannt. Entgegen der Ansicht von SachsR (S. 130), daß zwischen beiden Instrumenten kein Unterschied bestehe, kann vor dem Hintergrund der Viola d'amore ohne Resonanzsaiten das Englische Violet als ein Instrument mit Resonanzsaiten identifiziert werden. Beide Instrumente unterscheiden sich im frühen 18. Jh. außerdem durch das Material der Spielsaiten.

1. Viola d'amore

Der früheste bekannte Beleg für den Namen Viola d'amore findet sich in einem Brief des Hamburger Musikers Johann Ritter aus dem Jahr 1649 (D-WRl, Ms.B-26435): »[…] so habe ich auch bey mir 2 gute Discant Violen, und eine Viole mitt 5 seiten, welche genennet wird, Viole de l'amour, auf verstimte manier zu gebrauchen, nebenst einer guten Violdegambe. [...] Datum Hamburg den 9 novembris Ao 1649«. Aber schon M. Praetorius bescheinigt den Geigen und Bratschen, »daß wenn sie mit Messings- vnd Stälenen Säiten bezogen werden/ein stillen vnd fast lieblichen Resonantz mehr/als die andern/von sich geben...« (PraetoriusS 2, S. 48). Möglicherweise entstand innerhalb der 30 Jahre nach dieser von Praetorius erwähnten Praxis ein Spezialinstrument mit dem Namen Viola d'amore, wie es Johann Ritter 1649 erwähnt.

Bislang galt ein Tagebucheintrag von John Evelyn 1679 als frühester Beleg für die Viola d'amore. Daraus wurde sogar eine These vom Ursprung der Viola d'amore in England abgeleitet (SachsR, S. 412), die jedoch durch keine weiteren Quellen gestützt werden kann. Angesichts des engen kulturellen und wirtschaftlichen Austausches zwischen England und den norddeutschen Handelszentren rückt der Bericht Evelyns von einem Viola d'amore-Spieler aus Deutschland eher in die Nähe der Hamburger Quelle: »[...] above all for its swetenesse & novelty the Viol d'Amore of 5 wyre-strings, plaied on with a bow, being but an ordinary Violin, play'd on Lyra way by a German, than which I never heard a sweeter Instrument or more surprizing...« (S. 186–187). In Evelyns Beschreibung sind bereits alle wesentlichen Merkmale der frühen Viola d'amore zusammengefaßt: Die Viola d'amore ist ein Streichinstrument in Violingröße, dessen süßer Klangcharakter von den gestrichenen Metallsaiten und einer Dreiklangsstimmung (»lyra way«) herrührt.

Aus den Quellen bei J.-J. Rousseau 1687, D. Speer 1687, S. de Brossard 1701–1703, M. H. Fuhrmann 1706 und F. E. Niedt 1706 geht ergänzend hervor, daß die Viola d'amore auch in Bratschengröße vorkommt und bis zu sechs Metallsaiten aus Cembalodraht besitzt. Joh. Mattheson 1713 nennt darüber hinaus die in Hamburg übliche Stimmung in einem fünfstimmigen C-Dur- oder c-Moll-Dreiklang, dessen höchste Saite c^2 aus Darm besteht (eine Drahtsaite in dieser Tonhöhe müßte sehr dünn sein und würde leicht reißen). Als Verbesserung schlägt er eine Quintenstimmung vor. WaltherL und J. P. Eisel 1738 übernehmen Matthesons Informationen fast wörtlich, die Eisel noch um eine Quartenstimmung für eine in Italien erfundene siebensaitige Viola d'amore ergänzt.

Das Material der gestrichenen Saiten wird regelmäßig mit Metalldraht identifiziert, aber ein Hinweis auf Resonanzsaiten bleibt zunächst aus. Diese überraschende Tatsache widerspricht der landläufigen Vorstellung von einer Viola d'amore mit Resonanzsaiten. Auch eine etwas undeutliche Stelle bei Speer 1687 kann nicht als früher Hinweis auf den Gebrauch von Resonanzsaiten (s. auch H. Danks 1976, E. Küllmer 1986, Berck ²1994) gedeutet werden: »Sonsten seynd noch bekandtliche Violen: Viol de l.Amor, welche theils mit stählernen Saiten doppelt in unisono bezogen wird, theils auch därmerne Saiten hat/und in viel verstimmten Sachen gebraucht wird [...]« (S. 207). Die Formulierung »doppelt in unisono« bezieht sich regelmäßig auf mehrchörige Spielsaiten, wie parallele Formulierungen etwa bei WaltherL belegen. Der Hinweis auf die »därmernen Saiten« wird durch die Parallele bei Mattheson 1713 (s. oben) verständlich.

Erst bei J. F. B. C. Majer 1732 findet sich am Ende seines detailreichen Kapitels über die Viola d'amore ein versteckter Hinweis auf Resonanzsaiten. Majer unterscheidet bei der Viola d'amore zunächst zwischen Instrumenten in Geigen- und in Bratschengröße, die beide sechs Saiten besitzen, und macht konkrete Angaben über die Beschaffenheit der Drahtsaiten. Eine kleine Fußnote am Ende des Abschnitts, die in beiden Auflagen, 1732 und 1741, eingefügt ist, gibt dann den Hinweis auf Resonanzsaiten: »Nota. Es sind aber auf diesem Instrument noch sechs andere messings= oder stählerne Saiten befindlich, welche unter dem hohlen Griff=Blatt hervor reichen, und unten an dem ordentlichen Steg in die quer über befestigten eisernen Drath, überlegen, auch in den obern Accord können gestimmet, aber nicht gestrichen werden; daher sie weiter zu nichts dienen, als zum Nachklang« (S. 84). Die von Majer beigefügte Illustration zeigt jedoch eine Viola d'amore mit nur sechs Saiten an sechs Wirbeln – Resonanzsaiten sind nicht erkennbar. Offenbar erwähnt Majer die Resonanzsaiten lediglich als eine mögliche Abweichung von der Norm, als einen besonderen, aber nicht notwendigen Zusatz.

Eine bislang unbekannte Passage aus einer Spätschrift Matthesons bietet einen Erklärungsversuch für den Namen Viola d'amore und unterstreicht die Bedeutung der Spielsaiten aus Metall als notwendige Bedingung: »§ 16. Wie ferner die Viol d'Amour [...] zu der Ehre kömt, daß sie eine Doppelgeige genannt wird, ist schwer zu ergründen: denn sie hat weder doppelte Saiten; noch doppelte Grösse; noch doppelten Klang zum Vorzuge. [...] Wegen des lieblichen Lauts der gestrichenen stählernen Saiten auf der Viole d'Amour, hat sie [...] den lieben Namen bekommen: kann und soll auch nicht anders, als obgedachter massen, benennet werden; es wäre denn, daß jemand nach dem Beyspiele der Schnabelflöte, eine Liebesgeige daraus machen wollte: beydes im gleichlächerlichen Grade.« (Mattheson 1752, S. 8).

2. Englisches Violet

Der früheste bekannte Hinweis auf ein Instrument namens Englisches Violet findet sich in einer wahrscheinlich vor 1683 entstandenen Ode des Benediktinerabtes Willibald Kobolt (1641-1697). Den Klang des Englischen Violets beschreibt er als eine Steigerung gegenüber der Viola d'amore, die er mit dem Gambenklang in Beziehung setzt (W. Kobolt 1732, S. 186):

»[…] Mandorel und Galitschon/ Gibt ein gar schönen Thon:
Viola d'Gamb und d'Amor/ Bringt Lust und Freud dem Ohr:
Doch das Englisch Violet/ In der Wahl vor allen hätt …«.
Auch in A. Vivaldis Oratorium Juditha triumphans (Vdg. 1716) ist neben einer Viola d'amore ein fünfstimmiges Consort mit dem Titel Concerto de Viole all'Inglese vorgesehen. Anders als das mehrdeutige deutsche Beiwort ist das italienische all'inglese eindeutig eine Herkunftsbezeichnung. Durch die Berichte von Praetorius, M. Mersenne 1644 und A. Kircher 1650 wurde England in der Musikwelt mit dem Anbringen von metallenen Resonanzsaiten auf Streichinstrumenten in Verbindung gebracht. Daß die Resonanzsaiten tatsächlich eine englische Erfindung waren, konnte durch einen wiederentdeckten Patentantrag aus dem Jahr 1608/09 bestätigt werden. Der Wortlaut zeigt, daß Instrumente aller Register Resonanzsaiten erhalten konnten: »A priviledg graunted […] for tenn yeares for the sole making of violles violins and Lutes w[i]th an addic[i]on of wyer strings for the bettering of the sound […]« (zitiert nach P. Holman 1992, S. 1104).

Leider läßt sich den Quellen nicht entnehmen, wie viele Spielsaiten die viola all'inglese hatte. Einige Anzeichen sprechen dafür, daß sie nur vier Saiten besaß und möglicherweise wie eine Bratsche gestimmt war: Unter der Bezeichnung Viola d'amore beschreibt F. Bonanni 1723 eine Violine mit vier Darmsaiten und einigen hinzugefügten Resonanzsaiten, auf das sich wohl auch G. P. Pinaroli 1718 bezieht. Auch der italienische Geiger P. Castrucci, der Konzertmeister in Händels Opernorchester war, spielte ein solches Instrument, das Ch. Burney (BurneyGH 2, S. 698) als »viola with sympathetic strings« beschreibt. Castrucci nennt es »violetta marina«, und Händel verwendet es in seiner Oper Orlando (1733) (s. M. und D. Jappe 1997, S. 106). Die von Burney ebenfalls erwähnte Partie in Sosarme (1732) ist nicht nachweisbar.

Fachkundige Musiker nördlich der Alpen bezeichneten dieses Instrument mit zugefügten Resonanzsaiten als Englisches Violet, denn der Begriff Viola d'amore war von dem oben beschriebenen Instrument ohne Resonanzsaiten besetzt. Die Bezeichnung Englisches Violet ist besonders im klösterlichen Raum anzutreffen, da die musikinteressierten Patres die theoretischen Quellen des 17. Jh. kannten, in denen das Resonanzphänomen und die englische Erfindung beschrieben werden. So verlangt J. J. Münster in seiner Ariensammlung Epithalamium mysticum (Agb. 1740), die für den Gebrauch im Kloster bestimmt ist, zwei »Violette Angloise vel Alto Viole« neben der Viola d'amore (Jappe 1997, S. 150).

II. Zur Terminologie bis ca. 1810

Die Abgrenzung von Viola d'amore und Englischem Violet wird in der Literatur zumeist offengelassen, da sich die Instrumente mit diesen Namen wahrscheinlich im Verlauf des 18. Jh. aufeinander zu bewegen und schließlich unter dem Sammelnamen *Viola d'amore* überblenden. Beide Instrumente ähneln sich in ihrem Klangcharakter, da sie sich das Prinzip der resonanzbereiten Metallsaiten zunutze machen.

In Italien war die Herkunft der Resonanzsaiten aus England bald vergessen. Anstelle von Vivaldis Bezeichnung *viola all'inglese*, verwendet F. A. Sgargi 1747 in seinem Traktat den poetischen Namen *viola angelica*, ohne ihn von der Viola d'amore zu unterscheiden (Jappe 1997, S. 168). Das Instrument, das er beschreibt, besitzt sieben Spielsaiten und zwölf Resonanzsaiten. Eine Viola d'amore ohne Resonanzsaiten ist in Vergessenheit geraten. Auch in dem (musikalisch an Italien orientierten) Deutschland ist die alte Viola d'amore ohne Resonanzsaiten, die eine Unterscheidung von dem Englischen Violet erst ermöglichte, verschwunden. Entsprechend hilflos sind die Erklärungsversuche: L. Mozart (1756) beschreibt das Englische Violet als eine Art Viola d'amore mit sieben Spielsaiten und 14 Resonanzsaiten, Joh. G. Albrechtsberger (1790) dagegen als ein sechssaitiges Instrument, während die normale Viola d'amore für ihn sieben Spiel- und ebenso viele Resonanzsaiten aufweist. Von der Mitte des 18. Jh. an bezieht sich der Zusatz *d'amour* bei Instrumenten wie *violon d'amour* oder *pochette d'amour* eindeutig auf den Gebrauch von Resonanzsaiten.

Der Musikliebhaber und Arzt Friedrich August Weber erweist sich in seiner detailreichen Abhandlung von der Viole d'amour oder Liebesgeige (Speyer 1788-1789, S. 241ff.) als gut informiert, denn er unterscheidet nicht nur zwischen der ›altväterlichen‹ Viola d'amore mit Drahtsaiten und der üblichen Viola d'amore mit Resonanzsaiten. Unter dem Namen *Englisches Violett* verzeichnet er darüber hinaus eine Violin-Scordatur *e-a-e'-a'* in Altlage, die nach Bedarf transponiert werden kann. Außerdem berichtet Weber, daß berühmte Virtuosen die Resonanzsaiten wieder von ihrer Viola d'amore entfernt hätten (Weber 1789, S. 242): »*Ob Ritter Esser, von dem ich 1780 in Bern Unterricht in der Behandlung dieses Instruments genos, der erste war, welcher diesen unnützen Zusaz, nemlich die Drahtsaiten, von dem Instrumente absonderte, getraue ich mir nicht mit Gewisheit zu sagen*«. Für C. Stamitz bestätigt sein Zeitgenosse Heinrich Ludwig Vetter diese Praxis (Jappe 1997, S. 186).

III. Zur Organologie

Die Viola d'amore ist ein Streichinstrument in Diskant- oder Altlage, das wie eine Geige auf dem Arm gespielt wird. Es weist alle baulichen Merkmale einer kleinen → Viola da gamba auf, mit Ausnahme solcher Teile, die mit der Armhaltung in Verbindung stehen. Dazu gehören in erster Linie der relativ schmale, gerundete Hals, der eine Haltung des Instruments mit der linken hohlen Hand ermöglicht, und eine Zargenhöhe, die unter den Maßen einer Diskantgambe liegt (J. H. van der Meer 1972, S. 550). In der Ausstattung dieses Klangfarbeninstruments ließen die Geigenbauer ihrer Phantasie freien Lauf, so daß vereinzelt auch andere Formelemente aus der Geigenfamilie, wie etwa der Randüberstand an den Zargen oder ein gewölbter Boden, anzutreffen sind. Überhaupt ist die aufwendige Ausstattung ein Hauptmerkmal der Viola d'amore: Anstelle eines Gambenkorpus mit fallenden Schultern ist der Korpusumriß bei manchen Instrumenten mehrfach eingeschnürt oder geschweift. Die Schallöcher zeigen zahlreiche Varianten der Sichel- und Schlangenform mit halben oder ganzen Seitenpunkten, Knicken und Widerhaken. Außerdem findet sich öfters eine reich verzierte Rosette unterhalb des Griffbretts. Am Ende des Wirbelkastens findet sich statt einer Schnecke in der Regel ein geschnitzter ›Engelskopf‹, der oft mit verbundenen Augen darstellt wird. Diese Augenbinde ist das ikonographische Attribut des Liebesgottes Amor, der in Gestalt eines geflügelten Putto seine Liebespfeile blind verschießt. Weniger verbreitet sind Mohren- Frauen- und Charakterköpfe oder sogar schlichte oder à-jour gearbeitete Schnecken. Besonders bei langen Wirbelkästen ist die Rückwand oft ganz oder teilweise durchbrochen, um Gewicht zu sparen.

Viele dieser Viole d'amore stammen aus dem klösterlichen Raum (M. Rônez 1995) oder sie wurden von Liebhabern gespielt, denn »früher war das Instrument der Liebling aller Gebildeten« (Schilling 1835-38, Bd. 6, S. 776). Das physikalische Resonanzphänomen und die Philosophie der Sympathie, die sich dieses Phänomens zur Veranschaulichung bedient (R. Cour 1995), prädestinierte die Viola d'amore zum Lieblingsinstrument humanistisch gebildeter Amateure, die sich eine aufwendige Ausstattung leisten konnten. Solche Instrumente haben sich in großer Zahl in den Museen und Sammlungen erhalten, denn sie waren wegen Ihrer Verzierungen und ihres guten Erhaltungszustandes für Sammler äußerst attraktiv.

Fast alle Instrumente, die in den Museen als Viola d'amore ausgestellt sind, besitzen Resonanzsaiten, die für den charakteristischen Klang verantwortlich gemacht wurden. Dabei sind die Resonanzsaiten, wie besonders die deutschen Quellen bis 1752 gezeigt haben, kein notwendiges Merkmal für eine Viola d'amore.

Der ›liebliche‹ Klang der Viola d'amore ist auf zusätzliche Resonanzsaiten gar nicht angewiesen, denn die Spielsaiten selbst wirken wie Resonanzsaiten: Dadurch, daß die Instrumente in einem fünf- bis siebenstimmigen Dreiklang gestimmt sind, kommen zwei bis drei Akkordtöne mehrfach vor, die beim Spielen nachklingen. Durch die besonders große Resonanzbereitschaft von Metallsaiten werden sogar Teiltöne zum Mitschwingen angeregt, so daß eine solchermaßen bezogene Viola d'amore den gleichen Effekt erzeugt, als hätte sie zusätzliche Resonanzsaiten. Lediglich der Klang der gestrichenen Saiten unterscheidet eine Viola d'amore ohne Resonanzsaiten von einem Instrument mit Resonanzsaiten. Der wesentliche Unterschied zwischen Instrumenten des älteren und jüngeren Typs besteht also im Material der Spielsaiten.

1. Instrumente ohne Resonanzsaiten

In Museen haben sich nur wenige Instrumente erhalten, die zweifelsfrei als Viola d'amore ohne Resonanzsaiten identifiziert werden können. Die Zuordnung von Instrumenten, bei denen nur noch der Korpus erhalten ist, bereitet besondere Schwierigkeiten, die sich wiederum in der Terminologie niederschlagen. Für Instrumente mit fünf bis sieben Saiten und Gambenkorpus, die aber nicht als Diskant- oder Altgambe eingeordnet werden können, wurde im 19. Jh. die Sammelbezeichnung *viola da braccio* (L.-A. Vidal 1876-78, Bd. 3, S. 48) oder *Armviole* (Kinsky 1912, Bd. 2, S. 429, 433, 445) in die Museumsterminologie eingeführt. Diese Bezeichnung läßt die Unsicherheit bei der Zuordnung dieser Instrumentengruppe erkennen und ist zudem terminologisch ungeschickt, denn *viola da braccio* ist bereits als Oberbegriff für die Instrumente der Violinfamilie vergeben (PraetoriusS 2, S. 44, 48; → Violine A.).

Neben den allgemeinen Merkmalen einer Viola d'amore (Gambenkorpus mit niedrigen Zargen, violinmäßigem Hals und stilistischen Attributen) lassen sich Instrumente ohne Resonanzsaiten nur verläßlich als Viola d'amore des frühen Typs beschreiben, wenn Hinweise auf einen Bezug mit Drahtsaiten existieren. Solche Hinweise finden sich regelmäßig an den originalen Saitenhaltern. Metallsaiten können nämlich nicht auf die übliche Weise durch ein Loch geführt werden, das in rechtem Winkel zur Zugrichtung der Saite steht, denn ein abgeknickter Draht bricht leicht. Da nach Auskunft Brossards (1703) Cembalodraht verwendet wurde, machte man sich auch das Aufhängungsprinzip der Cembalosaiten, die mittels einer Öse an einem Metallstift aufgehängt werden, zunutze. So finden sich Saitenhalter, die anstelle von Saitenlöchern kleine Metall- oder Elfenbeinstifte oder Häkchen aufweisen. Den gleichen Zweck verfolgt die Aufhängung an einem Querriegel auf der Unterseite des Saitenhalters, durch die Löcher in Richtung des Saitenzuges gebohrt sind. Um der Gefahr des Reißens bei den stärker gespannten, höheren Saiten vorzubeugen, verläuft die Oberkante des Saitenhalters oft schräg auf die oberste Saite zu, denn so läßt sich der Zug der höheren Saiten etwas verringern. Ein weiteres organologisches Indiz, das auf den Gebrauch von Metallspielsaiten hindeutet, sind originale Viola-d'amore-Stege, deren Oberkante aus einem Streifen Ebenholz oder Elfenbein besteht, der die Kontaktstelle verstärken soll. Da solche originalen Monturteile jedoch äußerst selten sind, wurde in der Fachliteratur sogar die Existenz von Drahtspielsaiten auf der Viola d'amore in Frage gestellt (hierzu van der Meer 1972, S. 550).

Wiederholte Informationen über die Viola d'amore ohne Resonanzsaiten aus Hamburg (Ritter, Niedt, Mattheson) lassen erkennen, daß diese Stadt schon früh (vielleicht in Verbindung mit der lokalen Drahtherstellung) ein Zentrum der fünfsaitigen Viola d'amore ohne Resonanzsaiten war. Von dem berühmten Hamburger Geigenbauer J. Tielke haben sich einige fünfsaitige Instrumente in Violingröße erhalten (G. Hellwig 1980, S. 53), die alle Merkmale einer Viola d'amore aufweisen. Bei einem ist sogar der originale Saitenhalter mit fünf Metallstiften überliefert (Abb. 16). Ein weiteres Instrument aus dem späten 17. Jh. mit einem ganz ähnlichen Saitenhalter trägt ausdrücklich die Aufschrift »VIOL DE AMUOR« (weitere Nachweise bei van der Meer 1972). Auch aus Darmstadt, wo ein großer Teil des Repertoires vor 1740 komponiert wurde, hat sich eine siebensaitige Viola d'amore in Bratschengröße erhalten (Abb. 17). Da das Instrument 1725 von Johann Georg Skotschofsky gebaut wurde, der gleichzeitig als Kontrabassist in der Hofkapelle angestellt war, kann davon ausgegangen werden, daß es den in Darmstadt üblichen Typ repräsentiert. Die Maße und Saitenzahl dieser Viola d'amore, die erst nachträglich mit 11 Resonanzsaiten ausgestattet wurde, decken sich mit den von Jappe 1997 (S. 205) aus dem Darmstädter Repertoire erschlossenen Voraussetzungen. Gleichartige Instrumente befinden sich auch in den Museen von Berlin (Johann Christoph Friedstadt, Kassel 1745, Nr. 169) und Edinburgh (anonym, Nr. 333). Die unterschiedlichen Größen der Instrumente entsprechen den Informationen bei Majer 1732.

2. Instrumente mit Resonanzsaiten

Das früheste bekannte Instrument mit Resonanzsaiten ist eine fünfsaitige Viola d'amore mit fünf Resonanzsaiten von Paul Schorn, Salzburg 1697 (Stadtmuseum Turin). Ein Deckenfresko in der Salzburger Dreifaltigkeitskirche (von

J. M. Rottmayr) aus dem selben Jahr bildet ebenfalls eine Viola d'amore mit Resonanzsaiten ab (weitere ikonographische Nachweise bei Berck 1994, S. 23).

Die Viola d'amore mit Resonanzsaiten repräsentiert den bekannten Typus. In der Regel sind auf einer zweiten Ebene unter den fünf bis sieben Spielsaiten aus Darm eine gleiche Anzahl Resonanzsaiten aus Metall angebracht, die auch auf bis zu 21 vermehrt sein können. Sie werden meistens an kleinen Stiften, Nägeln oder Elfenbeinknöpfen aufgehängt, die an der Unterzarge beiderseits des Saitenhalterknopfes angebracht sind. Bei Salzburger Instrumenten aus dem frühen 18. Jh. sind die Resonanzsaiten wie bei einem Baryton an einem schräg auf die Decke geleimten Riegel befestigt (Schorn, Jacob Weiss, Marcell Pichler, Gotthard Ebner). Bei anderen Instrumenten aus dem gleichen Zeitraum sind sie oft an Metallstiften auf der Unterseite des Saitenhalters aufgehängt, um das Knicken der Drahtsaiten zu ver-

Abb. 16: Fünfsaitige Viola d'amore von Joachim Tielke, Hamburg 1690 (Lübeck, St. Annen-Museum,

Abb 17: Siebensaitige Viola d'amore von Johann Georg Skotschofsky, Darmstadt 1727 (Paris, Musée de la Musique, E.1553)

meiden. Die Resonanzsaiten verlaufen über einen Schlitz oder durch Löcher in der Mitte des Steges durch den ausgehöhlten Hals und werden an den oberen Wirbeln befestigt. Die Resonanzsaiten verlaufen oft ›hinterzügig‹, das heißt, daß sie über die Rückseite des Wirbelkastens umgeleitet werden und die Wirbel von hinten erreichen. Um die hinterzügige Führung zu erleichtern, erhält der Wirbelkasten etwa nach 1740 zumeist eine abgeknickte Form.

Die Mehrzahl der Saitenhalter zeigt bis ins 19. Jh. eine schräge Oberkante, die auf einen Bezug mit Metallsaiten zurückgeht. Da die Spielsaiten seit etwa 1740 jedoch aus Darm bestehen, wird diese Reminiszenz lediglich als stilistisches Attribut einer Viola d'amore beibehalten. Bei wenigen frühen Instrumenten mit Resonanzsaiten ist der originale Saitenhalter erhalten. Bislang blieb es jedoch unbemerkt, daß der Saitenhalter bei einigen dieser Instrumente zwei Reihen von Metallhäkchen aufweist: eine Reihe für die Resonanzsaiten, wie gewöhnlich an der Unterseite, und eine zweite darüber für die Spielsaiten (Caspar Stadler, Mn. 1714, German. Nationalmuseum Nürnberg; Paulus Alletsee, Mn. 1724, Oberösterreichisches Landesmuseum Linz; Marcell Pichler, Hallein 1673?, Salzburger Museum Carolino Augusteum; Abb. 18). Das kann nur bedeuten, daß diese Instrumente ebenfalls mit Spielsaiten aus Metall bezogen waren, genau wie die gleichaltrigen Schwesterinstrumente ohne Resonanzsaiten. Auch diese Beobachtung wird durch die Angaben Majers gestützt.

B. Repertoire und Aufführungspraxis

Anhand der Literatur für Viola d'amore läßt sich ein Paradigmenwechsel beobachten, der um das Jahr 1740 einsetzt und sich auf das klangliche Erscheinungsbild der Viola d'amore auswirkt. Bach, Telemann, Graupner und Vivaldi komponierten vor 1740 zahlreiche Viola-d'amore-Partien für professionelle Musiker, während unter den Komponisten zwischen 1740 und 1810 die berühmten Namen (etwa Gluck, Haydn, Mozart, Beethoven) fehlen. In dieser Zeit wird die Viola d'amore zu einem Privatinstrument für gebildete Liebhaber. Um ihre virtuosen Kompositionen aufzuführen, entfernen C. Stamitz und K. M. Esser die Resonanzsaiten von ihrem Instrument, denn das leise Nachklingen der Resonanzsaiten, welches nur in einem engen Radius wahrnehmbar ist, eignet sich nicht für konzertante Musik. Das Vorhandensein von Resonanzsaiten verweist also weniger auf den historischen als auf den gesellschaftlichen Rahmen, in dem das Instrument erklingt. Dagegen fällt der epochale Übergang der Viola d'amore vom professionellen Konzert- zum bürgerlichen Kammermusik-Instrument mit dem Verzicht auf die Klangfarbe gestrichener Metallsaiten zusammen.

Einen Überblick über das gesamte Repertoire bis hin zu den neuesten Kompositionen und die Fachliteratur verschafft die Bibliographie von Heinz Berck (1986, ²1994). Die Bibliographie von Michael und Dorothea Jappe (1997) beschränkt sich auf das historische Repertoire von ca. 1680 bis nach 1800 und enthält umfangreiche Angaben über Notation, Stimmung, Spielweise und Herkunft der einzelnen Werke und Werkgruppen.

Abb. 18: Viola d'amore von Paulus Alletsee, München 1725, mit sieben Spielsaiten und acht Resonanzsaiten (Privatbesitz)

I. Das Repertoire bis ca. 1740

Die frühesten bekannten Kompositionen für Viola d'amore sind zwei anonyme Trios, die in dem zwischen 1660 und 1687 kompilierten Codex Rost (F-Pn, Rés.Vm⁷673) zu finden sind. Die Mehrzahl der Werke aus dem 17. Jh. zeigt eine Quint-Quart-Stimmung auf vier Saiten (Codex Rost; J. H. Buttstätt, Kantate A-Dur; J. Einwag, *Lamento* d-Moll; Vivaldi, Arie aus *Juditha triumphans*), die nur durch die Besetzungsangabe von einer scordierten Geige zu unterscheiden ist. Erst mit der Einführung der fünften Saite wird die charakteristische Dreiklangs-Stimmung zur Regel. Die Tonarten sowie die Lage der Akkorde sind keiner Systematik unterworfen, sondern richten sich nach den Gegebenheiten des Musikstücks. Daher wird die Stimmung der Saiten oft zu Beginn des Stücks angegeben. Andernfalls kann sie aus den Stimmen zweifelsfrei erschlossen werden, wenn sie in Scordatur notiert sind (sämtliche Stimmungen und deren Varianten: Jappe 1997, S. 217-222). Diese Notation unterscheidet sich nur dadurch von der Geigen-Scordatur, daß mehr als vier Saiten erfaßt werden müssen. Dieses Problem bezieht sich auf die unterschiedliche Verwendung transponierender Schlüssel für die tieferen Saiten und ist bei den einzelnen Komponisten individuell gelöst. Einige Komponisten verwenden sogar ein System aus neun Notenlinien (H. I. F. von Biber, P. Claudius de Malapert), das auch von Majer (1732) erfaßt ist.

Die bekanntesten Werke der Viola d'amore-Literatur entstammen diesem Repertoire: Die Johannespassion von Bach (BWV 245, 1724), die Partita c-moll für 2 Viole d'amore und B. c. aus *Harmonia artificiosa-ariosa*, Salzburg 1696, von Biber und das Tripelkonzert E-Dur für Viola d'amore, Oboe d'amore und Traversflöte von Telemann. Obwohl die Verwendung oder gar die Stimmung von Resonanzsaiten generell nicht angegeben ist, kann davon ausgegangen werden, daß die Mehrzahl dieser Stücke nicht selbstverständlich für eine Viola d'amore mit Resonanzsaiten komponiert wurde. Es ist jedoch wahrscheinlich, daß A. Ariosti für seine Kompositionen eine Viola d'amore mit Resonanzsaiten verwendete, die auf seinem Portrait von 1719 abgebildet ist. Was für ein Instrument Vivaldi für seine sieben Viola-d'amore-Konzerte verwendete, bedarf noch der Klärung. Festzuhalten bleibt jedenfalls, daß mit einem Großteil des deutschen Repertoires bis etwa 1740 die Klangfarbe gestrichener Metallsaiten notwendig verbunden ist.

Das Umstimmen und Neubesaiten der Viola d'amore wurde zunehmend als lästig empfunden. Daher nennt Eisel 1738 (S. 36) als Gründe für die Erfindung einer neuen Quartenstimmung: »1) Alle Verstimmung derer Accorde zu evitieren, indem man auf diese Maaße aus allen Tonen spielen kan. 2) Schönere Harpeggiaturen heraus zu bringen, und also die Partien besser zu executieren«. Beide Vorteile nennt auch Sgargi 1747. Trotzdem setzte sich in der zweiten Jahrhunderthälfte nicht die Quartenstimmung, sondern eine D-Dur-Stimmung durch, denn die frühklassische Musik kam mit wenigen Tonarten innerhalb eines Stücks aus. Außerdem war eine gleichbleibende Dreiklangsstimmung einfacher zu handhaben, so daß sich die Liebhaber schnell an ihr Instrument gewöhnen konnten (Milandre 1771, S. 2). Um trotzdem auch andere Tonarten zu spielen, wurde die Stimmung einfach um ein bis drei Halbtöne transponiert, wobei der Viola-d'amore-Part weiterhin in D-Dur notiert blieb. Auch A. Huberty (1780) propagiert die einheitliche D-Dur Stimmung, verzichtet aber selbst bei entlegenen Tonarten auf das Umstimmen. Seine anspruchsvolle Viola-d'amore-Schule ist genau mit Fingersätzen bezeichnet, die wertvolle Informationen über die Aufführungspraxis seiner Zeit enthalten.

In dieser Zeit entsteht in erster Linie Kammermusik. Sie soll den musikalischen Ansprüchen der Liebhaber genügen (Jos. Eybler, F. A. Hoffmeister, mehrere Sammlungen anonymer Kammermusik aus Böhmen), aber auch Anklänge an die Werke der großen Virtuosen enthalten, die für den eigenen Bedarf komponierten (Fr. W. Rust, C. Stamitz, F. Götz). Das bekannteste Werk dieser Zeit ist sicher die Sonate für Viola d'amore und Violine oder Viola mit Variationen über »Marlborough s'en va-t-en guerre« (P. ca. 1780) von C. Stamitz, während die feinsinnigen Kompositionen von Rust weitgehend unbekannt geblieben sind.

III. Die Viola d'amore im 19. und 20. Jahrhundert

Im 19. und 20. Jh. lebt die Viola d'amore haupsächlich in enzyklopädischen Artikeln weiter und wird als besonderer Klangeffekt vereinzelt in der Oper eingesetzt (G. Meyerbeer, Fr. Erkel, G. Puccini, H. Pfitzner, L. Janáček). Die Viola d'amore-Schulen von Jan Král (1870) und Carli Zoeller (1885) leiten eine Renaissance der Viola d'amore im 20. Jh. ein, die einerseits mit einem neu erwachten Interesse an historischer Musik, andererseits mit dem Interesse zeitgenössischer Komponisten an neuen Klangfarben und Spieltechniken zusammenfällt (Berck 1994). Dabei wird die Viola d'amore meistens im Hinblick auf die Klangvorstellung wie eine Violine oder

Bratsche behandelt. Während sich P. Hindemith in den 1930er Jahren neben seinen neuen Kompositionen auch für das historische Instrument und dessen Aufführungspraxis interessiert, vertritt Karl Stumpf (1956) eine Richtung, die das Instrument mit modernen Chromstahlsaiten bezieht und auch für die Werke vor 1740 generell eine D-Dur-Stimmung vorsieht (nicht realisierbare Werke werden ausgespart). Neue Medien wie Rundfunk und Schallplatte verhelfen der Viola-d'amore-Literatur, etwa durch die zahlreichen Erstaufnahmen auf historischen Instrumenten von Emil Seiler 1950–1964, zu größerer Verbreitung. Die bekanntesten Werke des 20. Jh. sind die *Sonata da chiesa* mit Orgel (auch arr. mit Orchester, 1938) von Fr. Martin und die *Kleine Sonate* für Viola d'amore und Klavier op. 25,2 (1922) von Hindemith.

QUELLEN PRAETORIUSS 2 ▪ M. MERSENNE, *Cogitata physico-mathematica*, P. 1644 ▪ A. KIRCHER, *Musurgia universalis*, 2 Bde., Rom 1650 ▪ J. EVELYN, *The Diary of John Evelyn. Kalendarium 1673–1689*, hrsg. von E. S. de Beer, Oxd. 1955 ▪ J. ROUSSEAU, *Traité de la viole*, P. 1687 ▪ D. SPEER *Grund-richtiger, kurtz, [...] Unterricht der musicalischen Kunst*, Ulm 1687, erw. ebd. ²1697 ▪ S. DE BROSSARD, *Dictionaire de musique*, P. 1701–1703 ▪ M. H. FUHRMANN, *Musikalischer Trichter, ›Frankfurt an der Spree‹* (Bln.) 1706 ▪ F. E. NIEDT, *Mus. Handleitung*, Hbg. 1706, ²1721 (hrsg. von Joh. Mattheson) ▪ JOH. MATTHESON, *Das Neu=Eröffnete Orchestre*, Hbg. 1713 ▪ G. P. PINAROLI, *Polyanthea technica*, Rom 1718–1732 (Ms. I-Rc, 3004-C.121V-122) ▪ F. BONANNI, *Gabinetto armonico*, Rom 1723, Adm. ²1776 ▪ A. ARIOSTI, *Lezioni*, L. 1724 ▪ J. CHR. WEIGEL, *Musikalisches Theatrum*, Nbg. o. J. (ca. 1724) ▪ W. KOBOLT, *Die Gross- und Kleine Welt*, Agb. 1732 ▪ J. F. B. C. MAJER, *Museum musicum*, Schwäbisch Hall 1732 ▪ WALTHERL ▪ J. PH. EISEL, *Musicus autodidactos*, Erfurt 1738 ▪ J. MATTHESON, *Philologisches Tresespiel, als ein kleiner Beytrag zur kritischen Geschichte der dt. Sprache*, Hbg. 1752; Repr. 1975 ▪ F. A. SGARGI, *Sopra la viola a sei e sette corde*, Bologna 1747 ▪ L. MOZART, *Gründliche Violinschule*, Agb. 1756 ▪ J. ADLUNG, *Anleitung zur mus. Gelahrtheit*, Erfurt 1758 ▪ Ch. BURNEY, *The Present State of Music in France and Italy [...], in Germany, the Netherlands and United Provinces*, 3 Bde., L. 1771 und 1773; dt. von C. D. Ebeling, Hbg. 1772 und 1773 ▪ L. T. MILANDRE, *Méthode façile pour la viole d'amour*, P. o. J. (ca. 1771) ▪ BURNEYGH ▪ A. HUBERTY, *Neu method-messige Viol d'amor Stuecke*, Wien o. J. (ca. 1780) ▪ J.-B. LABORDE, *Essai sur la musique ancienne et moderne*, P. 1780 ▪ F. A. WEBER, *Abhandlung von der Viole d'Amour oder Liebesgeige*, in: Boßler's Mus. Realzeitung für das Jahr 1789, Bd. 2, Juli bis Dez. (Speyer 1789), 240–243, 248–252, 258–261, 284f., 292–295, 300–303; Notenbeispiele in: Mus. Anthologie für Kenner und Liebhaber: Der Mus. Realzeitung praktischen Theils (Speyer 1789), 1. Bd., 78f., 2. Bd., 140–149 ▪ J. G. ALBRECHTSBERGER, *Gründliche Anweisung zur Composition*, Lpz. 1790 ▪ ANONYMUS, *Eine kleine Erklärung vor die Viol d'Amor / verfaßt von einem Liebhaber der Viol d'Am:* / Im Jahre 1795 (Ms. A-Wgm, Ms.1669)
▪ H. CH. KOCH, *Musikalisches Lexikon*, Ffm. 1802 ▪ CH. F. SCHUBART, *Ideen zu einer Ästhetik der Tonkunst*, Wien 1806 ▪ H. L. VETTER, *Schule für Viola d'amore* (überliefert durch Fr. Wiese), Hanau o. J. (vor 1819) ▪ G. SCHILLING, *Encyclopädie der gesammten musikalischen Wiss.*, 6 Bde., Stg. 1836–38
▪ H. BERLIOZ, *Grand Traité de l'instrumentation*, P. 1843
▪ H. W. GONTERSHAUSEN, *Neu eröffnetes Magazin mus. Tonwerkzeuge*, Ffm. 1855 ▪ M.-N. BOULLET, *Dictionaire universel des sciences, des lettres et des arts*, P. 1857.

LITERATUR L.-A. VIDAL, *Les Instruments à archet*, 3 Bde., P. 1876–78 ▪ J. KRÁL, *Anleitung zum Spiele der Viole d'amour*, Hbg. o. J. (ca. 1870) ▪ J. RÜHLMANN, *Die Gesch. der Bogeninstrumente*, Braunschweig 1882 ▪ L. PILLAUT, *Notes sur [...] la viole d'amour*, in: Le Ménestrel 57/35 (30.8.1891), 274–276 ▪ E. DE BRIQUEVILLE, *La Viole d'amour*, in: Gazette des Musiciens, L. 1885 ▪ C. ZOELLER, *New Method for the Viole d'amour*, L. 1885 ▪ M. BRENET, *Les Concerts en France sous l'ancien Régime*, P. 1900 ▪ F. SCHERBER, *Die Viola d'amore im 18. Jh.*, in: Musikbuch aus Österreich 7, Wien 1910, 30–37 ▪ G. KINSKY, *Musikhist. Museum von Wilhelm Heyer in Cöln*, 2 Bde., K. 1912 ▪ SACHSR ▪ D. FRYKLUND, *Bidrag till Kännedomen om Viola d'amore* (Ein Beitrag zur Kenntnis um die Viola d'amore), in: STMf 3/5, Stockholm 1921, 1–36 ▪ R. CZACH, Fr. W. Rust, Diss. Bln. 1927 ▪ W. E. KÖHLER, *Beitr. zur Gesch. und Lit. der Viola d'amore*, Diss. Bln. 1938 ▪ D. D. BOYDEN, *Ariostis Lessons for Viola d'amore*, in: MQ 32, 4/1946, 545–563 ▪ E. VALENTIN, *Handbuch der Instrumentenkunde*, Rgsbg. 1954 ▪ K. STUMPF, *Neue Schule für Viola d'amore*, Wien 1956 ▪ K. GOFFERJE, *Ariostis Lezioni für die Viola d'amore*, in: Dt. Jb. der MW. 6, Lpz. 1961, 58–74 ▪ K. STUMPF, *Die Viola d'amore in der neuen Musik*, in: Musikerziehung 21, 1968, Nr. 4, 175–179 und Nr. 5, 228–231 ▪ G. WEISS, *57 unbekannte Instrumentalstücke* (15 Sonaten) *von A. Ariosti in einer Abschrift von H. Roman*, in: Mf 23/2, 1970, 127–138 ▪ J. CEO, *The Viola d'amore, its Construction, History, and Performance Practice*, in: American String Teacher, 22/3, 1972, 7–17 ▪ J. H. VAN DER MEER, *Zur Frühgeschichte der Viola d'amore*, in: Kgr.Ber. der IMS 1972, 547–555 ▪ A. ARCIDIACONO, *La viola*, Ancona/Mld. 1973
▪ M. VOGEL, *Was hat die Liebesgeige mit der Liebe zu tun?*, in: Fs. K. Fellerer, hrsg. von H. Hüschen, K. 1973, 609–615
▪ P. HINDEMITH, *Über die Viola d'amore*, in: Hindemith-Jb. 4, Ffm. 1974–75, 158–165 ▪ E. SELFRIDGE-FIELD, *Venetian Instrumental Music from Gabrieli to Vivaldi*, Oxd. 1975
▪ H. DANKS, *The Viola d'amore*, Halesowen 1976, ²1979
▪ M. ROSENBLUM, *Contribution to the History and Literature of the Viola d'amore*, Diss. N. Y. 1976 ▪ E. SELFRIDGE-FIELD, *Vivaldi's Esoteric Instruments*, in: EM 6, 1978, 332–338
▪ G. HELLWIG, *Joachim Tielke*, Ffm. 1980 ▪ M. JAPPE, *Zur Viola d'amore in Darmstadt zur Zeit Christoph Graupners*, in: Forum Musicologicum 2, Winterthur 1980 ▪ M. ROSENBLUM, *Viola d'amore*, in: NGroveD ▪ A. BUCHNER, *Handbuch der Musikinstrumente*, Hanau 1981 ▪ D. GUTKNECHT, *Aufführungsprakt. Probleme in Telemanns Concerto für Viola d'amore, Oboe d'amore, Flauto traverso, Str. und Gb.*, in: Kgr.-Ber. Blankenburg 1981, Blankenburg o. J. ▪ DERS., *Die Concerti mit Viola d'amore von Christoph Graupner*, in: dass. 1982, ebd. o. J. ▪ E. KÜLLMER, *Mitschwingende Saiten*, Diss. Bonn 1986 ▪ W. SCHRAMMEK, *Die Viola d'amore zur Zeit J. S. Bachs*, in: Bach-Studien 9, Lpz. 1986, 56–66 ▪ A. OTTERSTEDT, *Die englische Lyra-Viol. Instrument und Technik*, Kassel 1989

MGG*prisma* Viola d'amore

- P. HOLMAN, ›An Addicion of Wyer Stringes beside the Ordenary Stringes‹ The Origin of the Baryton, in: Companion to Contemporary Musical Thought 2, L. 1992, 1098-1115
- R. COUR, Musique et sympathie, in: Amour et Sympathie, Limoges 1995, 9-22
- M. RÔNEZ, Aperçus sur la viole d'amour en Allemagne du sud vers 1700, in: dass., 223-272
- J.-P. VASSEUR, 1800-1990 Viole d'amour, tradition ininterrompue, in: dass., 173-222
- T. MANN, Dr. Faustus: Die Entstehung des Dr. Faustus (Selbstkommentar), Ffm. 1992
- A. OTTERSTEDT, Die Gambe. Kulturgesch. und praktischer Ratgeber, Kassel 1994
- K. UND A. BIRSAK, Gambe, Cello, Kontrabaß und Kat. der Zupf- und Streichinstr. im Carolino Augusteum, Salzburg 1996 (= Jahresschr. des Salzburger Museums für Kunst und Kulturgesch. 42)
- S. JUD, »... der Liebling aller Gebildeten«, in: Intrada, Mels 1997
- B. WACKERNAGEL, Europäische Zupf- und Streichinstr., Hackbretter und Äolsharfen, Kat. des Dt. Museums München, Musikinstrumentensgl., Ffm. 1997
- K. KÖPP, Streichinstr. und ihre Spielpraxis, in: Bachs Orchestermusik, hrsg. von S. Rampe/D. Sackmann, Kassel 200, 292-302
- DERS., Die Viola d'amore ohne Resonanzseiten und ihre Verwendung in Bachs Werken, in: BJb 200, 139-165
- DERS, »Love without Sympathy«, in: The Strad 112, Nr. 1333, Mai 2001, 526-533
- U. PRINZ, Das Instrumentarium von Johann Sebastian Bach. Originalquelle - Instrumentenbau - Besetzung und Verwendung, Stgt. 2001 (= Schr. der Internat. Bachakademie Stuttgart 10).

Bibliographien W. ALTMANN / W. BORISSOWSKY, Literaturverz. für Bratsche und Viola d'amore, Wlfbl. 1937
- H. BERCK, Viola d'amore Bibliographie, Kassel 1986, Hofheim/Lpz. ²1994 (mit ausführl. Literaturverz. bis 1994)
- M. und D. JAPPE, Viola d'amore Bibliographie. Das Repertoire für die historische Viola d'amore von ca. 1680 bis nach 1810, Winterthur 1997.

KAI KÖPP

Viola da gamba

INHALT: **A. Geschichte** – I. Allgemeines. – II. Terminus. – III. Geschichte und Repertoire. 1. Die Anfänge. 2. Das 16. Jahrhundert. a. Italien. b. Deutschland. c. Frankreich. 3. Das 17. Jahrhundert. a. Italien. b. England. c. Frankreich. d. Deutschland und die Niederlande. 4. Das 18. Jahrhundert. a. Frankreich. b. Das restliche Europa. 5. Das 19. und 20. Jahrhundert. – **B. Instrumente.** – I. Allgemeines. – II. Der Bogen. – III. Spezielle Typen. 1. Viola bastarda und Division viol. 2. Lyra viol, Baryton und andere Gamben mit Resonanzsaiten. 3. Siebensaitige Gambe. 4. Alt-/Tenorgambe. 5. Dessus und pardessus de viole und Quinton – IV. Stimmungen. – **C. Lehrwerke und Spieltechnik.** I. Allgemeines. – II. Einzelne Regionen. 1. Deutschland und Frankreich im 16. Jahrhundert. 2. Italien. 3. England im 17. Jahrhundert. 4. Frankreich im 17. und 18. Jahrhundert. – III. Wiederbelebung im 20. Jahrhundert.

A. Geschichte
I. Allgemeines

Die Violen entstanden zeitgleich mit den Instrumenten der Violinenfamilie (→ Violine). Der Beiname *da gamba* weist auf die Haltung zwischen den Beinen hin und gilt auch für kleine Exemplare. Sie besitzen fünf bis sieben Saiten, Bünde, und der Bogen wird im Untergriff gehalten. Die klassische Form der Viola da gamba zeigt bündig abschließende Kanten am Corpus, flachen Boden mit querlaufendem Knick im oberen Drittel, C-Löcher und spitz zulaufende Oberbügel (→ Streichinstrumentenbau). Anders als bei den Violininstrumenten waren und sind diese Merkmale von Größe und Gestaltung der Einzelteile jedoch nicht festgelegt. Im gesellschaftlichen Wirkungskreis sind Gamben von Violinen unterschieden, schon aufgrund der Spielweise im Sitzen ans Haus gebunden und angesiedelt in der Kammermusik der Aristokratie, der Renaissanceakademien Italiens, nordeuropäischer Universitätszirkel und des wohlhabenden Bürgertums. Seit Beginn des 20. Jh. erlebt die Viola da gamba eine Renaissance.

II. Terminus

Die etymologisch verwandten Begriffe *viola, viella, vièle, fidel* u.a. sind in ihrer Herkunft ungeklärt und bezeichnen Saiteninstrumente. Diese alte Bedeutung hat sich bis ins 16. Jh. im spanischen Gebrauch der *vihuela de arco* (Bogenvihuela) und *vihuela de mano* (Hand = Zupfvihuela) erhalten, während sie andernorts bald auf ein Streichinstrument festgelegt wurde. Von der *viola* bildeten sich im Verlauf des 16. Jh. Ableitungen wie *violino, violetta, violone, viola da braccio* und *viola da gamba* heraus, wobei sich diese entweder auf das Format (kleine oder große Viola) oder auf die Spielhaltung (am Arm oder zwischen den Knien) bezogen. In Italien wurde auch synonym für *viola* der Begriff lira auf Instrumente der Violinen- und Violenfamilie angewendet.

Dem Begriff *viola da gamba* ging der Name *violone* (→ Violone) an Beliebtheit für alle Größen der Gambenfamilie voraus. Er findet sich noch im Jahr 1553 bei D. Ortiz (*Tratado [...] de la música de violones*). Später blieb er für das Baßinstrument der Familie reserviert, während sich für die anderen Größen in nahezu allen europäischen Sprachen *viola di (da) gamba* durchsetzte (engl. *viol (de gamba)* oder *gambo, gambovioll;* frz. *viole (de gambe);* ndl. *fiool de gamba*).

III. Geschichte und Repertoire
1. Die Anfänge

Die Entwicklung oder Erfindung der Viola da gamba setzte musikalische Bedürfnisse voraus, die sich unterscheiden von den Spieltechniken des Mittelalters (akkordisches Spiel bei der *Minnesängerfidel*, melodisches im Rahmen eines gemischten Ensembles). Jenen Streichinstrumenten war eine Haltung am Hals oder vor der Brust (gelegentlich mit einem Trageband) eigentümlich. Eine Position zwischen den Knien bedeutete etwas Neues. Das Gambenensemble entstand zeitgleich mit der niederländischen Polyphonie, bei der ein Interesse an homogenem Ensembleklang mit gleichberechtigten Parten bestand und für den verschiedene Instrumententypen, ausgehend vom Vorbild und der Tongestaltung der menschlichen Stimme, in Familien gebaut wurden. Die Begeisterung für tiefe Instrumente führte zum Bau von besonderen Größen; bis ins 17. Jh. hinein blieb das Violenensemble ein 12'-Ensemble. Es hatte sich um 1500 bereits zu einem selbständigen Klangkörper entwickelt, den man auch unabhängig von der menschlichen Stimme einsetzen konnte. Eine Äußerung in einem Brief des Kanzlers der Este in Ferrara, Bernardo Prospero, aus dem Jahr 1493 bezeichnet das Spiel von einem Gambenensemble als »eher süß als kunstvoll« (»più presto dolce che de multa arte«, s. I. Woodfield 1984, S. 81), und damit liegt der musikalische Akzent weniger auf virtuoser Brillanz als auf sonorer Klanglichkeit, die neu und überraschend war. Von solistisch-virtuosem Spiel hört man noch nichts.

Morphologisch scheinen sich die Gamben nördlich und südlich der Alpen unterschieden zu haben. Im Norden, möglicherweise ausgehend von Flandern, dem Kernland der polyphonen Techniken, dann in Frankreich und Spanien, bevorzugte man große fünfsaitige Instrumente, die im wesentlichen in Quarten gestimmt waren, wohingegen in Italien bereits früh der sechssaitige Typus entstand, der in Stimmung und Spieltechnik vieles von der Laute übernommen hatte und sich in den folgenden Jahrhunderten als der lebenskräftigere erwies.

2. Das 16. Jahrhundert

a. Italien

Der Humanismus mit seiner den menschlichen Affekten zugeneigten Lebensauffassung war dem Gambenensemble gegenüber nicht nur aufgeschlossen, sondern dürfte es ein gutes Teil befördert haben. Vor allem im weltlichen Bereich der Höfe wurden Gamben eingesetzt. Baldassare Castiglione (1478-1529) erwähnt in seinem *Cortegiano* (gedr. Urbino 1528, entstanden jedoch ca. 1508-1524) das ›süße Spiel‹ (Kap. 13, Buch II) von vier Streichviolen. Inventare erweisen oft das Vorhandensein von sechs, gelegentlich auch sieben Instrumenten unterschiedlicher Größe in einem Koffer oder Schrank (Woodfield 1984, S. 182ff.).

Das erste Gambenlehrbuch, das die enge Beziehung der Gambe zur Laute dokumentiert – da es nicht nur beide Instrumente gemeinsam behandelt, sondern auch die italienische Lautentabulatur auf die Gambe anwendet –, ist das Doppelbuch der *Regola rubertina* (1542) und der *Lettione seconda* (1543) des S. Ganassi dal Fontego. Es bestätigt die Vorliebe für tiefe Klänge, wobei Ganassi, gestützt auf die Autorität von N. Gombert und A. Willaert, empfiehlt, gegebenenfalls den Steg nach unten zu versetzen (1542, Kap. 11). Gomberts Vorliebe für homogenes Consort wird von ihm selbst belegt in seinem Motettendruck von ca. 1539 (*Musica quatuor vocum* [...] *liber primus*), in dem er *lyrae maiores* fordert. Transposition als Mittel zur Anpassung an andere Instrumente oder Sänger wird in allen Gambenschulen des 16. Jh. behandelt.

Gegenüber anderen Melodieinstrumenten waren die Violen vor allem ausgezeichnet durch ihren großen Umfang (2 1/2 Oktaven), und wenn auch die frühe Ensemblemusik nur in seltenen Fällen für bestimmte Instrumente gekennzeichnet ist, so steht doch zu vermuten, daß Stücke mit größerem Umfang am ehesten für Violenensembles gedacht waren: Die Duos von Eustachio Romano (fl. erste Hälfte 16. Jh.) (*Musica duorum*, Rom 1521), die *Musica nova* des Andrea Arrivabene (Vdg. 1540, 154?), der *Secondo libro di duo cromatici* des Agostino Licino (fl. 1545-46) (Vdg. 1546), die Ricercari von J. Buus (Vdg. 1547, 1549), die *Fantasie, et ricerchari* von G. Tiburtino (Vdg. 1549), die Ricercari von Willaert (Vdg. 1551, 1559) oder die *Capricci* [...] *a tre voci* (Mld. 1564) von V. Ruffo.

Ganassi erwähnt virtuoses Spiel von A. della Viola und Tiburtino, die bereits extreme Lagen bis zum Ende des Griffbrettes beherrschten. Ihr Repertoire bestand vor allem aus improvisierten Diminutionen. Eine weitere Art der Ensemblevirtuosität bestand in der Ausführung von chromatischen Experimenten, die vor allem von Gamben mit ihren gleichstufigen Bünden ausgeführt werden konnten.

b. Deutschland

In deutschsprachigen Lehrwerken des 16. Jh. nehmen Streichinstrumente neben der Vielfalt der Blasinstrumente einen bescheidenen Platz ein. Die älteste Darstellung befindet sich in S. Virdungs *Musica getutscht* (Strbg. 1511), in der eine einzelne »*Groß Geigen*« neben einer Laute Platz gefunden hat. Die mangelnde Vertrautheit mit Streichinstrumenten zeigt sich bei Virdung, M. Agricola (1529, 1530, 1532, 1545) und H. Gerle (1532, 1537, 1546) in morphologisch ungenauen Darstellungen bezüglich Saitenzahl und Abwesenheit von Stegen, die die Gamben um diese Zeit ohne Zweifel besaßen, und die auch bei Gerle ausdrücklich Erwähnung finden. Agricola und Gerle betonen den pädagogischen Aspekt; ihre Werke sind für Jugendliche gedacht.

Deutsche Gamben unterscheiden sich vom italienischen Typus nicht nur in der Anzahl der Saiten (in der Regel fünf), sondern auch im Bau. Die Verbindung zur Laute, die in Italien deutlich ausgeprägt ist, spielt im deutschen Bereich kaum eine Rolle. Es ist möglich, daß sich hier zwei Traditionsströme überlagern: eine nordalpine Entwicklung trifft sich mit südalpinen Informationen. Von besonderer Wichtigkeit ist bei Gerle und Agricola das Einstimmen zum Zusammenspiel von 4-5 Instrumenten, ein deutlicher Hinweis auf das Interesse an homogenen Ensembles. Von Virtuosentum oder solistischem Spiel ist keine Rede, obwohl in Maßen vor allem zur Ausschmückung von Klauseln Diminutionen empfohlen werden.

Das Repertoire besteht aus Lied- und Motettensätzen, wobei bei den Arrangements Transponiermöglichkeiten erörtert werden. Da außer bei einigen Beispielen bei Gerle nirgends Gamben ausdrücklich gefordert werden, ist es schwierig, das Repertoire im Einzelnen zu bestimmen. Freie Fantasien, z.B. in den Drucken von H. Formschneider, mögen den Kern anspruchsvollerer Gambenmusik gebildet haben, wobei auch hier der Umfang der Instrumente den vieler Blasinstrumente übertroffen hat. Interessant ist das Fehlen von Tanzsätzen, wie sie gleichzeitig in Frankreich häufig herausgebracht wurden. Möglicherweise wurde Tanzmusik als nicht passend für »*große Geigen*« erachtet.

c. Frankreich

Der frühe Typus erscheint eher deutschen Modellen verwandt als italienischen. Er besitzt fünf in Quarten gestimmte Saiten und morphologische Eigenheiten, die der Violinfamilie entsprechen. Philibert Jambe de Fer (ca. 1515-ca. 1566) unterscheidet die Gambenfamilie von den Violinen durch das Vorhandensein von Bünden und den höheren gesellschaftlichen Status. Moderne Literatur (I. Woodfield 1984) verliert über die Diskrepanz italienischer und nordalpiner Gamben kaum ein Wort und setzt implizit das Auftauchen von Gamben an nordalpinen Höfen mit italienischen Einflüssen gleich. Einen Fingerzeig geben Namen von Spielern in den Rechnungsbüchern: Italienische Namen deuten auf italienische Instrumente, französische, flämische und deutsche auf nordalpine. Daß nordalpine Spieler Ansehen besaßen, beweist ihre Anwesenheit in anderen Ländern ebenso wie ihre Präsentation vor ausländischen Staatsbesuchern. Das Violenconsort aus Discant-, zwei Alt-/Tenor- und Baßgamben scheint im Gegensatz zu anderen Ländern häufig bei öffentlichen Anlässen, Theateraufführungen und sogar unter freiem Himmel eingesetzt worden zu sein. Das deutet weniger auf kammermusikalisch-elegante Klanglichkeit, sondern mehr auf Pracht und Repräsentation.

Das Repertoire bestand meist aus Bearbeitungen von Motetten und Chansons. Ikonographische Zeugnisse erweisen die französischen Gamben als teils übermannshohe Instrumente (Termini wie *basse-contre* wurden in diesem Zusammenhang bereits im 16. Jh. in Frankreich angewendet). Obwohl bereits seit der zweiten Hälfte des 16. Jh. italienische Gamben, z.T. gefördert von J. Mauduit, Fuß zu fassen begannen, hielt sich der fünfsaitige Typus bis zur Mitte des 17. Jahrhunderts. M. Mersenne und P. Trichet erwähnen beide Arten nebeneinander. Letzterer rühmt die Eleganz des Spiels in Ornamentik und Bogentechnik, wobei er jedoch offenläßt, auf welchen Typus er anspielt. Der fünfsaitige Typus diente anscheinend längere Zeit noch zum Unterricht an Schulen, wie das Werk des Baseler Lehrers Sam. Mareschall (1589) und der Druck des N. Metru (*Fantaisies à 2, pour les violes*, P. 1642) zeigen.

3. Das 17. Jahrhundert

a. Italien

Quellen des späteren 17. Jh. (G. Legrenzi, *Sonate per le viole*, in: La cetra, Vdg. 1673) oder auch Rechnungsbücher der römischen Barberini weisen das Vorhandensein von Viole aus. Im letzteren Fall handelte es sich wahrscheinlich wirklich um Gambeninstrumente. Um 1600 gilt das Gambenensemble in Italien dennoch als ausgestorben.

Seit der Mitte des 16. Jh. entwickelt sich die *viola bastarda* mit ihrem figurativen Stil, und zwar zunächst als diminuierende Stimme innerhalb des Ensembles, später als Soloinstrument mit Generalbaß. Dabei handelte es sich meist um Improvisation, die in den Traktaten von D. Ortiz (1553) (der Terminus *viola bastarda* kommt noch nicht vor), Girolamo dalla Casa (1584), Riccardo Rognono (1592), Francesco Rognoni (1620) und V. Bonizzi (1626), der sich auf den Virtuosen Orazio Bassani (Orazio della Viola, 1540–vor 1609) bezieht. Außerhalb Italiens finden wir nur einzelne Erwähnungen (M. Praetorius) und Beispiele (Kompositionen von Adam Harçebski [vor 1612-ca. 1648/49] oder in GB-Ob MSS Mus.Sch.D.245/246). Die Viola bastarda erlangte niemals die Popularität der Violine oder des Zinken, und es scheint, als sei sie vor allem innerhalb höfischer Zirkel beliebt gewesen. Orazio wirkte als Hofgambist in Parma, A. Striggio war selbst adlig, und Bonizzi erwähnt die Gräfin Giulia Avogadri (Avogari), die später in Ferrara lebte und spielte, ebenfalls als virtuose Spielerin (Bonizzi 1626, Widmung).

b. England

Unter der Regierung Heinrichs VIII. wurden flämische Gambenspieler beschäftigt, wohl mit nordalpinen Instrumenten. Um die Mitte des 16. Jh. beginnt mit dem Erscheinen eines sechsköpfigen italienischen Ensembles der Siegeszug der italienischen Gambe in England, die später als englische Gambe auf dem Festland bekannt wurde. Ebenso wie in anderen Ländern herrschte zunächst das Ensemblespiel vor, das als *Gambenconsort* (→ Consort II.) auch auf dem Kontinent zum Begriff wurde und einen Großteil der Instrumentalmusik prägte. Die Ausstattung betrug meist sechs Instrumente: zwei Discante, zwei Tenöre, zwei Bässe mit Fünfstimmigkeit in variabler Besetzung als Norm.

Neben dem Consort entwickelte sich eine technisch hochstehende Solomusik mit zwei unterschiedlichen Ausprägungen der Baßgambe in der *division viol* für figuratives und der *lyra viol* für akkordisches Spiel. Die Verwandtschaft von Gambe und Laute blieb bis ins späte 17. Jh. bestehen, erkennbar in gemeinsamer Behandlung in Lehrwerken (Th. Robinson 1603, Th. Mace 1676), in Titeln (»*to be sung to the lute or viol*«) und in der französischen Lautentabulatur für die lyra viol. Dennoch gibt es, abgesehen von den *Lachrimae or Seaven Teares* (1604) von J. Dowland, keine Quelle, die Gambenconsort und Laute vereint. Aber zahlreiche Spieler beherrschten Gambe und Laute (oder Theorbe) gleichermaßen. Als Generalbaßinstrument für das Gambenconsort bürgerte sich gegen 1620 die Orgel ein. Später griff man auf die Theorbe zurück, wogegen das Cembalo außer in geringen Ausnahmefällen keine Rolle im Consort spielt.

Das Repertoire des Consorts entwickelte sich in England wie in anderen Ländern aus den Arrangements von Vokalsätzen. Allerdings fehlen die für andere Länder belegten Elementaranweisungen, was möglicherweise darauf zurückzuführen ist, daß das Gambenspiel in England von professionellen Ausländern eingeführt worden war. Umfangreiche handschriftliche Sammlungen, fast durchgehend in Partitur notiert, legen instrumentale Ausführung von Madrigalen und Motetten nahe. Daneben entstand der *Consortsong* aus Vokal- und Instrumentalstimmen (W. Byrd, O. Gibbons, J. Ward). Schließlich wurde unabhängig von vokaler Vorlage ein polyphoner Consortstil entwickelt, für den die englische Musikkultur auch auf dem Kontinent berühmt wurde. Seit ca. 1600 befanden sich Komponisten mit Literaten im Austausch, was zu einer frühen Differenzierung zwischen vokaler und instrumentaler Komponierart führte. Die Rolle des Gambenconsorts als selbständige, nicht solistische Instrumentalmusik (→ Consort) bildet damit einen Gegenpol zur gleichzeitigen italienischen Auseinandersetzung mit Musik und Text und ist in dieser Funktion bisher viel zu wenig beachtet worden. Zu den bedeutendsten Innovatoren auf diesem Gebiet gehören A. Ferrabosco d. J., Gibbons, W. Lawes und J. Jenkins.

c. Frankreich

Nach Aufgabe des fünfsaitigen Typus entstand in Frankreich rasch eine bedeutende solistische Gambentechnik, die aus der Lautentechnik abgeleitet war, wohingegen das Gambenensemble (E. Moulinié, L. Couperin, M. A. Charpentier) eher selten blieb. Als erster beschrieb M. Mersenne den sechssaitigen Typus italienisch-englischer Provenienz und berichtete dabei (wahrscheinlich vermittelt durch A. Maugars, der sich in England aufgehalten hatte) über englische Consortpraxis sowie über Ensemblepraxis am Hof der Barberini in Rom. Das Repertoire von Laute und Gambe bestand aus zweiteiligen Tanzsätzen (*Airs* oder *Pièces*) und *Préludes*, die zu freien Suiten zusammengestellt werden konnten, denen lediglich die Tonart gemeinsam war. Der Akzent liegt auf einer sensiblen Spieltechnik höchster Ausgefeiltheit in Tonbildung und Ornamentik. Als die beiden bedeutendsten Verteter dieser Gattung werden von Mersenne Maugars und N. Hotman bezeichnet. Maugars hatte in Rom als Spieler von *divisions* brilliert, deren Technik er wohl in England erworben hatte. Für Diminutionen hatten französische Spieler nur in Ausnahmefällen Interesse, und Maugars erwähnt selber das Mißtrauen seiner italienischen Zuhörer, das er aber zu besiegen vermochte. Hotman war Gambist und Theorbist, aber seine Fähigkeiten auf der Gambe wurden von C. Huygens zu seinen Ungunsten mit W. Rowe (d. Ä.) und D. Steffkins verglichen. Die Aufspaltung in melodische und harmonische Techniken führte zu einer Kontroverse, die nach 1687 von J. Rousseau (»Jeu de mélodie«) und Le Sieur de Machy (»Jeu d'harmonie«) ausgetragen wurde. Rousseau bezog sich auf Sainte Colombe († vor 1701), eine bis heute nicht genau geklärte Gestalt, die verantwortlich zu sein scheint für die Ausbildung nahezu aller bedeutenden französischen Gambisten vor 1700. Dabei ist es wahrscheinlich, daß Sainte Colombe sich weniger auf französische Traditionen stützte als auf italienische Praktiken der Improvisation, der Harmonik und des Bogenstriches. Laut Rousseau soll Sainte Colombe die 7. Saite auf der Baßgambe in Kontra-A eingeführt haben; siebensaitige Gamben existierten allerdings bereits außerhalb Frankreichs. In Frankreich wurde diese Neuerung zunächst bekämpft, unter anderem von de Machy, später jedoch allgemein übernommen. Durch Sainte Colombes Wirken ist wahrscheinlich der Grundstein gelegt worden für die Kunst der folgenden Epoche.

d. Deutschland und die Niederlande

Die Unterschiedlichkeit religiöser Bekenntnisse im Dreißigjährigen Krieg wirkt sich auf das Spiel der Gambe in musikalischen Einflüssen aus unterschiedlichen Regionen aus: englischen, französischen und italienischen. Englischer Einfluß wirkte durch das Gambenconsort englischer Musiker (Th. Simpson, W. Brade) in evangelischen Zentren und beeinflußte Komponisten wie A. Hammerschmidt und S. Scheidt. Dabei beschränkte sich das Interesse mehr auf stilisierte Tanzsätze denn englische Fantasien. Die Technik der lyra viol (in Deutschland viola bastarda genannt, ohne daß eine Beziehung zum italienischen Instrument besteht) wurde vermittelt durch englische Gambisten an deutschen Fürstenhöfen (J. Coprario, Rowe, J. Price, Maurice Webster [fl. 1621-1636] oder Steffkins).

Italienische Einflüsse stammen aus der Violinentechnik und führten zu einer spezifischen Art der Triosonate mit Violine, Viola da gamba und Generalbaß (D. Buxtehude, Joh. Ph. Krieger, Ph. H. Erlebach) mit einer weitgehenden Beschränkung auf die drei oberen Saiten und höhere Lagen, während die Baßregion seltener zur Anwendung kam. Auch verschwand akkordisches Spiel weitgehend aus diesen Werken.

Während der letzten Jahrzehnte des 17. Jh. entstand ein Mischstil zwischen italienischen und französischen Elementen, die sich äußern in einer gemischten Namensgebung in Sätzen der nach französischen Vorbildern gebildeten Suite und in Satzformen der Sonata da chiesa, verbunden mit reichem Akkordspiel (Joh. Schenck, Aug. Kühnel). Die Satzweise ist oft so überladen mehrstimmig, daß zuweilen zugunsten der Satztechnik geradezu am Instrument vorbeikomponiert wird, im Gegensatz zu gleichzeitigen französischen Kompositionen, in denen selbst bei komplizierter Mehrstimmigkeit spezifisch gambistische Griffmöglichkeiten (bequemer Fingersatz, günstige Lagenwechsel) beibehalten werden.

Leider sind zahlreiche gedruckte Gambentabulaturen verschollen, aber gerade in jüngster Zeit sind einige überraschende Manuskripte zutage gefördert (Mss. Ebenthal, vgl. D. A. Smith 1982; Ms. Poot, vgl. A. Otterstedt [Dr.i.Vorb.]), die die ausgedehnten Beziehungen zwischen England, den Niederlanden und deutschen Gebieten in bisher ungeahnter Weise belegen und zudem beweisen, daß dazu auch in Notenschrift gedruckte Werke zuweilen in Tabulaturen übertragen und z.T. mit zusätzlichen Ornamenten versehen wurden.

4. Das 18. Jahrhundert
a. Frankreich

Tonangebend wurde die solistisch virtuose, meist siebensaitige Baßgambe. Den Grund für die spieltechnischen Möglichkeiten hatten drei prominente Schüler Sainte Colombes gelegt: Rousseau (1687), Danoville (1687) und M. Marais mit fünf Büchern von Gambenmusik für ein bis drei Baßgamben. Als Grundlage des Repertoires diente die mittlerweile etablierte französische Suite: Prélude/Fantaisie, die vier Kopfsätze Allemande, Courante, Sarabande, Gigue (oft mit diminuierenden Doubles versehen) und weitere Tanzsätze und Charakterstücke. Während Marais - fußend auf der Tradition der freien Pièces für Laute oder Cembalo - noch jeweils mehrere Sätze gleichen Typus zur Auswahl angeboten hatte, verselbständigt sich im Lauf des 18. Jh. die Suite zu einem feststehenden Gebäude. Das verbindende Element blieb die Tonart. Das Festhalten an den Pièces bedingte eine baßbezogene Komponierweise, wobei die Baßlinie meist von der Gambe mitgezeichnet wurde. Discantieren über dem Baß, in England von Chr. Simpson beschrieben und auch im deutschen Sprachraum beliebt, spielt in Frankreich eine geringe Rolle. Auch wurde die baßtragende Rolle der Gambe anscheinend als wesentlicher angesehen als die des begleitenden Akkordinstruments. So veröffentlichte z.B. Marais die Generalbaßstimme seines ersten Bandes vier Jahre später als die Solostimme, und in den Pièces de viole von Charles Dollé (?fl. 1735-55) (1737) spielt die Gambe oft allein die strukturell wichtige Baßstimme, wohingegen das Cembalo eine Art Reduktion übernimmt.

Die Auseinandersetzung mit italienischen Elementen ist gespiegelt in der Streitschrift des H. Le Blanc *La Défense de la basse de viole* (1740), in der Vor- und Nachteile der Gambe gegenüber der Violine und dem Violoncello kritisch behandelt und dabei vor allem die Pièces als einseitig und einengend angegriffen werden, während die Satzweise italienischer Sonaten, z.B. in den Sonaten A. Forquerays, als zukunftsweisend begrüßt wird. Forquerays Kompositionen wurden nach 1745 von dessen Sohn J.-B. Forqueray veröffentlicht und verraten deutlich die Auseinandersetzung mit italienischem Gedankengut und dessen Übersetzung in die spezifische Technik der Gambe. Der Umfang wird vollständig genutzt, wobei sich Forqueray als sehr erfindungsreich erweist in Hinblick auf bisher nicht verwendete Akkordkombinationen und extreme Lagen.

Neben der Baß- erlangte die Discantgambe in ihren zwei Ausprägungen von *dessus* und *pardessus de viole* musikalische Wertschätzung. Bei diesen oft mit abwertendem Unterton als *Dameninstrument* abklassifizierten Gambentypen wird die tatsächliche Bedeutung jedoch verkannt; sowohl dessus als auch pardessus de viole wurden von beiden Geschlechtern gespielt, jedoch weniger in der Öffentlichkeit als im Rahmen der Kammermusik. Zahlreiche Publikationen entstanden nach 1700 speziell für das Instrument, und seine Verwendung als Alternative zu anderen Discantinstrumenten (Violine, Flöten, Oboe) belegen seine Selbstverständlichkeit, darunter auch die Pièces von Forqueray selber, der die Discantgambe als Alternative zur Baßgambe fordert.

b. Das restliche Europa

Der französische Stil wurde für ganz Europa bestimmend. Daneben wurden zahlreiche italienische Violinkompositionen für die Gambe arrangiert, darunter op. 5 von A. Corelli (Mss. in L., P., Bln.), G. B. Somis, oder Jos. B. Boismortier (Mss. Bln.), oder Bearbeitungen geschaffen für ein bis zwei Gamben aus französischen und italienischen Opern.

Gemäß der Einordnung von Joh. Mattheson (Der *Vollkommene Capellmeister*, Hbg. 1739) der Gambe als Kammerinstrument »*ihrer Anständigkeit halber*« (S. 479) war die Gambe ein Soloinstrument für den privaten Bereich. Viele Fürsten spielten selbst, z.B. Friedrich Wilhelm von Brandenburg, Max Emanuel von Bayern, Henriette de France, Leopold von Anhalt-Köthen und Friedrich Wilhelm von Preußen. Berufsspieler wurden bereits seit dem späten 17. Jh. zu reisenden Solisten und festangestellten *Cammer-Musici*, die sich bald nicht mehr allein auf die Gambe konzentrierten, sondern Funktionen als diplomatische Hofbeamte (Joh. Schenck, E. Chr. Hesse) oder nebenberufliche Violoncellospieler erfüllten, womit die Verbindung zur Laute abgebrochen war. Gamben wurden nicht ins Orchester übernommen. In gemischten Kammermusikensembles (G. Ph. Telemanns ›Pariser Quartette‹, P. 1783, oder *Essercizi musici*, Hbg. 1739/40, C. H. Graun, C. Stamitz u.a.), spielt eine Baßgambe oft eine obligate Rolle. In der solistischen Musik wird baßbezogene Technik zugunsten einer über dem Baß discantierenden Stimme aufgegeben; auch mehrstimmige Satzweise wird die Ausnahme und erscheint lediglich noch in unbegleiteten Solowerken (Telemann, Chr. F. Abel). Gelegentlich erscheint die Besetzung von Viola da gamba und obligatem Cembalo (Sonaten bei Joh. Seb. und C. Ph. E. Bach), die allerdings weniger dem Geist der Gambentradition als dem des begleiteten Tasteninstrumentes entstammen.

Für die Discantgambe – im deutschen Sprachbereich eher der dessus denn der pardessus de viole – existieren Kompositionen von gelegentlich anspruchsvoller Technik (Joh. D. Hardt, Telemann, Joh. M. Molter, C. Ph. E. Bach).

5. Das 19. und 20. Jahrhundert

Obwohl die Gambe als Liebhaberinstrument noch ein Schattendasein führte, geriet sie für die Öffentlichkeit in Vergessenheit, so daß an sie auch bei den verschiedenen Renaissancebewegungen zur Wiederaufführung älterer Musik (denkbar gewesen wäre z. B. eine Hinzuziehung in F. Mendelssohn Bartholdys Wiederaufführung von Bachs Matthäuspassion 1829) nicht gedacht wurde. Eine Ausnahme bildet J. Rietz' Einakter *Georg Neumark und die Gambe* (1859), in dem sie auch als gespieltes Instrument auf der Bühne in Erscheinung trat. Das wiedererwachende Interesse setzte gegen 1880 ein und richtete sich darauf, die Baßgambe in die zeitgenössische Musikpraxis zu integrieren. Henry de Saint George in England oder P. de Wit auf dem Kontinent fanden sie passend für Bearbeitungen vorwiegend sentimentalen Charakters. Da man das Violoncello als Bezugspunkt nahm, wurde die Gambe als dessen Ableger betrachtet und ihre Spielweise von der des Violoncellos abgeleitet (bundloses Spiel, Verwendung eines Stachels, Bogenhaltung im Obergriff). Dieser Besetzung derselben musikalischen Funktion durch zwei Instrumente ist es wohl auch anzulasten, daß für die Gambe im Lauf des 20. Jh. kaum komponiert worden ist. Die wenigen Ausnahmen erfolgten entweder im Rahmen der Wiedererweckung alter Musik oder der Jugendmusikbewegung (R. Kelterborn, J. Rohwer) oder sind persönlichkeitsbezogen (*Tombeau de Marin Marais* von Pierre Bartholomée, *1935). Auch diese Literatur ist fast durchweg nicht für das Instrument des 16. bis 18. Jh. geplant, sondern für ein dem Violoncello angenähertes Instrument. Mit geringen Einschränkungen gilt das auch für die jüngste Zeit. Moderne Konzertbedingungen machen ein tonstarkes Instrument notwendig, das sich in Klangfarbe und benötigter Körperkraft kaum vom modernen Violoncello unterscheidet. Neueste Ansätze versuchen zuweilen, auf spezifisch gambistische Aspekte, z. B. die Consortpraxis, einzugehen (engl. und amerik. Nachahmungen englischer Fantasien oder Kompositionen für die lyra viol) oder mit Vierteltonexperimenten (D. Krickeberg, *Fantasia für 4 Gamben*, 1994/95) die Struktur der Bünde nutzbar zu machen, womit an die chromatischen Experimente des 16. Jh. angeschlossen wird. Bisher fehlt eine eigene musikalische Sprache, wobei es gewiß von Interesse wäre, diese unabhängig von der traditionellen Tonsprache der Violininstrumente zu suchen.

B. Instrumente
I. Allgemeines

Gamben wurden in drei verschiedenen Größen (Discant - Alt/Tenor - Baß) gebaut (→ Streichinstrumente B.). Bis ca. 1600 werden die Instrumente im 12'-Register beschrieben (D. P. Cerone, A. Banchieri, M. Praetorius). Im Zusammenspiel mit anderen Instrumenten machte diese Lage für die Gamben Transposition notwendig. Die baulichen Unterschiede von nördlichem und südlichem Typus sind ebenso ungeklärt wie die Herkunft. Der italienische Typus bildete sich bereits im 16. Jh. zur klassischen Gambenform mit spitz zulaufenden Oberbügeln, flachem Boden und sechs Saiten in Quart-Terz-Stimmung, die von der Laute entlehnt war. Im Lauf des 17. Jh. setzte er sich in ganz Europa durch und verdrängte den nordalpinen. Mersenne bildet 1636 eine elegante Baßgambe ab (Abb. 19), deren Größe immer noch die 12'-Lage nahelegt, da deren Gesamtlänge mit 4 1/4 Pariser Fuß (146 cm) angegeben ist.

Die schwingende Saitenlänge beträgt ca. 80 cm (moderner Kontrabaß 102–108 cm, Violoncello 69–71 cm), was noch im späten 17. Jh. von James Talbot (1665–1708) bestätigt wurde. Im Idealfall sollten die kleineren Gamben des Consorts in der Proportion ihrer Saitenlänge dem Baß entsprechen, d. h. ca. 60 cm für den Alt/Tenor und 40 cm für den Discant. Während in Italien anscheinend auch nach 1600 von sehr großen Typen ausgegangen wurde, besaßen die Engländer bereits um 1620 Gamben, die mit Violinen und Tasteninstrumenten im Stimmton kompatibel waren. Damit ging eine Abnahme der Transposition einher, so daß sich Gambenspieler nunmehr über den nominellen Stimmton der Tasteninstrumente zu definieren begannen (Abb. 20).

Die Consortgrößen galten als die Grundlage für die Berechnung anderer Gambentypen. So wurden die viola bastarda als etwas größer als die Tenorgambe, die division viol als etwas kleiner als ein Baß beschrieben.

II. Der Bogen

Wenig ist bekannt über die Konstruktion von Bögen des 16. Jahrhunderts. Es ist jedoch anzunehmen, daß die Steckfroschkonstruktion sich um 1600 durchgesetzt hatte. Der Bogen wird gespannt, indem der separate Frosch in eine in die

144 Stange geschnittene Nut gesetzt wird. Der Steckfroschbogen blieb in Gebrauch bis ins späte 18. Jahrhundert. Eine Schraubmechanik wird in keiner Gambenquelle erwähnt; jedoch ist zu einem Instrument von Martin Voigt (Hbg. 1726, Victoria & Albert Museum, L.) ein im Dekor passender Bogen erhalten, der eine originale Schraubmechanik trägt. Schlangenholz (*piratinera guianensis* oder *brosimum aubletii*) war bereits im 16. Jh. in Europa bekannt, und einige frühe Bögen sind bereits aus Schlangenholz gefertigt.

Mersenne (1636) empfiehlt als Maximallänge für einen Bogen eine Entsprechung der schwingenden Saitenlänge des Instruments. Englische Angaben (Chr. Simpson, 1659/1665; James Talbot, spätes 17. Jh., Ms. in GB-Och, MS 1187) empfehlen eine Stangenlänge von ca. 30 inches (76 cm). Renaissancebögen und französische Barockbögen waren der Ikonographie zufolge noch viel länger. Oft besaßen die

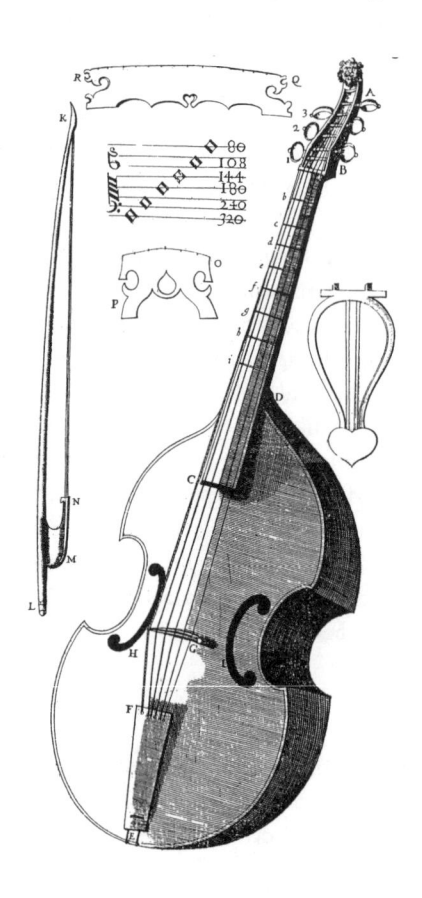

Abb. 19: M. Mersenne: Gambendarstellung
aus Harmonie universelle, P. 1636

Bögen am Froschende ein Gegengewicht, um den Balancepunkt in Richtung des Frosches zu verschieben, was nicht mit einer Schraubmechanik verwechselt werden sollte. Gewöhnlich erscheinen in der Ikonographie des 17. und 18. Jh. runde Stangen; erhaltene Exemplare (in: Germ. Nationalmuseum Nürnberg) zeigen auch Achtkantigkeit, die an der Spitze in einen rhomboiden Querschnitt ausläuft. Kannelierungen sind erst seit dem 18. Jh. belegt.

Es scheint bis ins 17. Jh. nicht weiter beachtet worden zu sein, daß die Strichrichtung mit ihrer Wertigkeit von Auf- und Abstrich der der Violinenfamilie entgegengesetzt ist. Die erste Feststellung dazu gibt Mersenne (1636, S. 204).

III. Spezielle Typen
1. Viola bastarda und Division viol

Eine wissenschaftliche Streitfrage (V. Gutmann 1978) behandelt die viola bastarda entweder als einen gesonderten Gambentypus oder lediglich als das Tenorinstrument des Consorts, das man für virtuose Zwecke heranzog. Die früheste Dar-

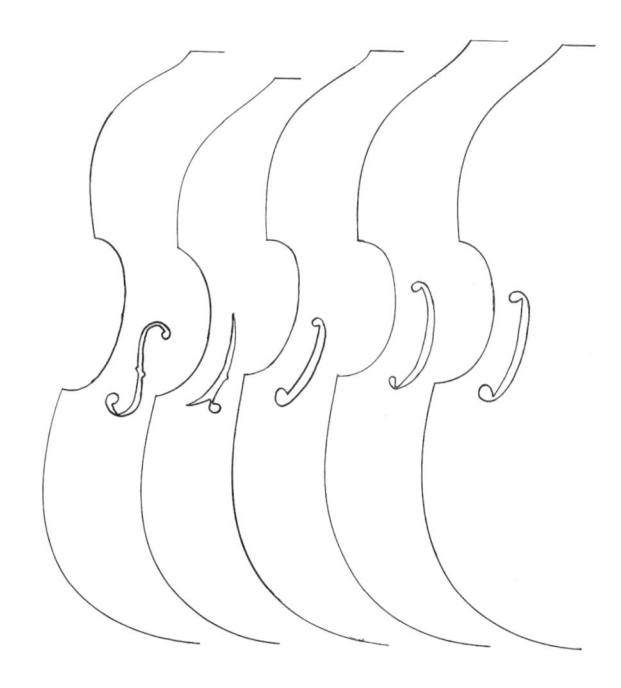

Abb. 20: Verschiedene Gamben-Umrisse in gleichem Maßstab:
Ja. Stainer (Absam 1673), J. Tielke (Hbg. um 1699), B. Norman (L. 1699),
Nicolas Bertrand (P. 1701), Pieter Rombouts (Adm. 1708)
(aus: A. Otterstedt 1994, S. 155 unten)

stellung der Technik befindet sich bei Ortiz (1553), Beschreibungen des Instruments bei Praetorius (1619) und Francesco Rognoni (1620). Ortiz und Salinas (1577) gehen von einem Instrument in D aus, wohl dem Tenorinstrument, das in ein Tasteninstrument hineinspielt, d. h., dieses ist als die Hauptsache zu betrachten und die Gambe als ›Begleitung‹. Von Orazio della Viola wurde auch die in Kontra-G gestimmte Baßgambe als viola bastarda gespielt. Die Spieltechnik war figurativ ohne Akkordspiel. Die Rolle der viola bastarda als schmückendes Beiwerk wurde gegen 1600 aufgegeben zugunsten einer Konstellation von Solo- und nunmehr ›begleitendem‹ Akkordinstrument.

Diese Technik ist zu unterscheiden von der Bastardviole nördlich der Alpen, mit der jede virtuose Gambe (akkordisch oder figurativ) gemeint ist (Joh. J. Prinner 1677, vgl. Th. Drescher 1995; verschollenes Instrument von Ja. Stainer 1644 in Salzburg).

Die division viol ist die englische Fortsetzung der italienischen viola bastarda, wobei es mit A. Ferrabosco d.J. ein Komponist italienischer Abstammung war, der als erster den italienischen figurativen Stil mit der englischen Vorliebe für akkordisches Spiel verband (GB-Ob, Ms. Mus.Sch.D.245/246). Stilistisch ist das Hauptunterscheidungsmerkmal zur viola bastarda die harmonische Ausrichtung der division viol, die im Lehrbuch von Chr. Simpson ausführlich behandelt wurde (1659/1665). Am beliebtesten, womöglich weil Zuhörern am meisten zusagend, war das Improvisieren auf einen ostinaten Baß (»to play divisions upon a ground«) ähnlich den Passamezzo- und Romanesca-Variationen bei Ortiz. Improvisation auf einen fortlaufenden Satz (»continued ground«) war nach dem Tod Ferraboscos ungewöhnlich. Die division viol war die erste Gambe, die zusammen mit Violinen gespielt wurde, was wohl zuvor nicht üblich gewesen war wegen Diskrepanzen der Stimmtöne, eine Neuerung, die wahrscheinlich auf Coprario und seinen Schüler W. Lawes zurückgeht. Typologisch ist das Instrument nicht mehr der Tenor eines Consorts, sondern eine kleiner dimensionierte Baßgambe. Simpsons bauliche Details erscheinen jedoch immer noch ziemlich groß: eine schwingende Saitenlänge von 30 inches (76 cm) und damit eine Gesamtlänge von ungefähr 130 cm. Großen Wert legt Simpson auf leichte Ansprache und klangliche Beweglichkeit. Dabei erwähnt er bereits das Ausstechen der Decke anstelle des üblichen Biegens und zeigt neben dem klassischen Gambenumriß auch eine Violinenform (Abb. 21a).

Mit der Zeit wurde das Instrument verkleinert. Talbot und Thomas Salmon (1688) beschreiben eine schwingende Saitenlänge von 69 cm. Ausgehend vom englischen Vorbild, das für den Rest Europas prägend wurde, baute man in der Folgezeit die Baßgambe nach den Dimensionen der division viol anstelle des Consortbasses (bisher ist lediglich ein Instrument aufgetaucht (Henry Jaye, Privatbesitz,

Abb. 21b), das aufgrund seiner Dimensionen als Consortbaß identifizierbar ist), so daß die division viol als Grundlage aller späteren Baßgambentypen gelten kann.

2. Lyra viol, Baryton und andere Gamben mit Resonanzsaiten

Die englische lyra viol wurde für Akkordspiel in wechselnden Stimmungen entwickelt. Außerhalb Englands war der Terminus nicht bekannt, aber die Spieltechnik wurde in Deutschland von dem Begriff Bastardviole abgedeckt. Nach J. Playford (1674) war die lyra viol kleiner als die division viol, bezogen mit dünnen Saiten und einem flachen Steg. Sie ist die engste Verwandte der Laute, mit der sie Akkordspiel, Überlappungen im Repertoire und französische Lautentabulatur gemein hat. Zu Beginn des 17. Jh. hatte das Instrument als erstes europäisches Saiteninstrument einen Bezug sympathetisch mitschwingender Metallsaiten, die jedoch spätestens um 1650 aus der Mode gekommen waren, aber im Baryton und der → Viola d'amore

Abb. 21a: Chr. Simpson (1659), 2 Division viols

wieder auflebten. Im Unterschied zur Viola d'amore wurden die Saiten nicht durch Löcher im Steg abgestützt, sondern liefen direkt von einem schräg auf die Decke geleimten Steg durch den Hals in einen verlängerten Wirbelkasten (Praetorius, Francis Bacon, Playford).

Die zwei Phasen der Lyra-viol-Praxis sind ungefähr durch die Zeit des englischen Bürgerkrieges getrennt: 1. Eine polyphone (ca. 1600–1645) mit den fantasiaartigen stilisierten Tanzsätzen der elisabethanischen Epoche (Ferrabosco, W. Corkine, Coprario, Th. Ford, Lawes), in der auch Consorts für mehrere lyra viols entstanden, und Stimmungen mit 3 1/2-Oktaven-Ambitus; 2. Die Zeit des eleganten Soloinstrumentes für ›Cammer‹-Gebrauch (Jenkins, Steffkins, Will. Young, Ch. Coleman) mit dem Abschluß der Karriere als Dilettanteninstrument (bis ins 18. Jh.). Das Repertoire bestand aus zweiteiligen *Lessons* oder *Airs* im Stil französischer Lautenmusik mit Stimmungen eines Zwei-Oktaven-Ambitus oder darunter, die sich vorzugsweise aus einem Akkord zusammensetzen.

Abb. 21b: Baßgambe von Henry Jaye 1619, in den Maßen einer Division viol, Frontansicht

Das Baryton ist wohl eine Weiterentwicklung der englischen lyra viol mit Resonanzsaiten durch englische Spieler auf kontinentalem Boden (Mersenne, *Cogitata physico-mathematica*, P. 1644). Man öffnete den Hals des Instrumentes an der Rückseite für das Zupfen der Resonanzsaiten. Die ältesten Quellen (Ms. Swann, in: RF-SPan, Ms. ON124, nach 1614; zweites Ms. D-Kl, 2°Mus.61.1.[1]) zeigen überwiegend englisches Repertoire. Auch Rowe, englischer Gambist in kurbrandenburgischen Diensten, wird von Huygens in einem Brief an Mersenne vom 26. Nov. 1646 als Barytonspieler erwähnt.

Im 17. Jh. ist das Baryton ein kompliziertes Instrument, zuweilen mit drei Bezügen: sechs Spielsaiten aus Darm und ein bis zwei metallene Saitensätze. Der dritte auf der Decke diente als zusätzliche Möglichkeit zur Resonanz oder auch zum Zupfen. Infolge der großen Belastung wurde das Instrument stabil gebaut, und sein Klang war dementsprechend sanft und obertonreich. Diese silbrige Qualität machte vor allem für Autoren der Empfindsamkeit im 18. Jh. den Reiz des Instrumentes aus, so daß es gelegentlich über die Gambe und die Viola d'amore gestellt wurde. Da seine Spielweise als außerordentlich schwierig galt, fand es jedoch wenig Nachahmer.

Normalerweise besaß es sechs Spielsaiten; lediglich einige Quellen des 18. Jh. erfordern eine 7. Saite in *Kontra-A*. War die Stimmung im 17. Jh. weitgehend variabel, so blieb man im 18. Jh. bei der Terz-Quart-Stimmung. Auch Stimmung und Anzahl der Resonanzsaiten variierten. So erwartet Johann Georg Krause (*IX Partien auf die Viola Paradon*, ca. 1700) 16 bis 18, Haydn neun bis 10 und A. Lidl 27 Saiten.

Die Blütezeit des Instruments lag vom ausgehenden 17. Jh. bis in die Zeit Haydns, der für seinen Auftraggeber, Fürst Nikolaus Esterházy, seine Barytontrios (1765-1778, Hob. XI:1-126) komponierte. Ch. Burney (*A General History of Music*, Buch 4, L. 1789, Kap. 12) erwähnt als bedeutenden Virtuosen Lidl aus Böhmen, lehnt aber das Instrument wegen seiner baulichen und spieltechnischen Kompliziertheit und seines nasalen Klanges ab.

Während des 18. Jh. versah man gelegentlich auch Gamben mit einem Resonanzbezug. D. Diderot (1751-1772, S. 34) beschreibt diese Instrumente unter dem Namen *Viole bâtarde*. Damit bezieht er sich auf eine mißverstandene Passage bei Praetorius, in der dieser die Resonanzsaiten im Abschnitt über die Viola bastarda behandelt (PraetoriusS 2, S. 47). Die erhaltenen Gamben mit Resonanzsaiten (Musikinstrumentensammlungen von Brüssel, Leipzig, Kopenhagen) haben den Resonanzbezug jedoch entweder später erhalten oder sind in ihrer Echtheit umstritten.

Zu den Gamben mit Resonanzsaiten gehören möglicherweise auch die italienischen *viole all' Inglese* oder *violoncelli all' Inglese*. Die hauptsächlich von Vivaldi für diese Instrumente komponierte Musik besteht entweder aus akkordischem Spiel eines Soloinstrumentes oder aus vierstimmigem Ensemblespiel, vorwiegend mit ausgehaltenen Akkorden und in verhaltenen Affekten.

3. Siebensaitige Gambe

Rousseau (1687) schreibt die Hinzufügung einer siebten Saite in der Tiefe und die Saitenumspinnung mit Silberdraht Sainte Colombe zu. Dieser könnte die Idee aus italienischen Anregungen erhalten haben, denn siebensaitige Gamben waren seit Beginn des 17. Jh. in Italien gemalt worden (Tintoretto, *Die neun Musen*, Gemäldegalerie Dresden; oder Domenichino, *Die Heilige Caecilie*; Louvre P.). Sie waren zeitgleich mit Sainte Colombe auch im deutschen Sprachraum bekannt, so 1657 bei G. Neumark in Weimar, Gregorius Karpp (um 1690) in Königsberg oder Jeremias Würffel (vor 1680–1726) in Greifswald (um 1680). Diese deutschen Gamben verraten eine andere Bautradition als die französische, und es ist daher möglich, daß die Erfindung an unterschiedlichen Orten zugleich auftrat. Weitreichende Bedeutung aber erhielt das Instrument in Frankreich und davon übergreifend im deutschen Sprachraum. Gambenpläne von A. Stradivari mit einer siebensaitigen Gambe *alla francese* zeigen, daß das Instrument auch in Italien als französische Besonderheit galt (Abb. 22).

Die Vermehrung von Saiten erfolgte stets aufgrund eines Bedürfnisses von akkordischem Spiel. Aus dem Jahr 1656 schildert Robert Bargrave (1628–1661) ein Zusammentreffen mit Will. Young (in England als Lyra-viol-Spieler bekannt) in Innsbruck, er habe eine akkordisch zu spielende achtsaitige Gambe (»*Octo-cordall Viall* [...] *apted for the Lira way of playing*«) gespielt (zit. nach M. Tilmouth, *Music on the Travels of an English Merchant: Robert Bargrave (1628–61)*, in: ML 53, Apr. 1972, S. 156). So ist die Ausrichtung französischer Gambisten auf Akkordspiel mit der Hinzufügung einer zusätzlichen Saite direkt in Verbindung zu bringen.

4. Alt-/Tenorgambe

Die für die Mittelregister zuständige Alt-Tenor-Gambe war unverzichtbar für das Ensemblespiel. Englische Quellen des 17. Jh. gehen davon aus, daß die Altgambe eine Quarte über dem Baß stand. Italienische Autoren des 16. Jh. erwähnen auch einen Quintabstand. Rousseau beschreibt neben dem *haut-contre de viole* eine

Quarte über dem Baß auch noch eine *taille de viole* einen Ganzton unter dem Discant. Ungeklärt ist die Besetzung englischer Alt-Tenor-Partien zwischen ca. 1600 und 1630, deren Tessitura eher für ein Instrument in Quintabstand über dem Baß spricht als für eine Gambe nach Art der *taille*. Die Einordnung erhaltener Instrumente vor allem englischer Provenienz muß strittig bleiben, da diese wahrscheinlich verlorenen Consorts zuzurechnen sind und man außerdem Beschneidungen von Umrissen oder Zargen nicht ausschließen kann.

Altgamben wurden im deutschen Sprachraum bis nach 1700 gebaut (Instrumente in den Sammlungen in P., Lpz.), und ihre Verwendung wirft einige Fragen auf, da spezifische Altgambenpartien in der Literatur (mit der Ausnahme einiger Kompositionen von C. Hacquart) nicht ausgewiesen sind. Möglicherweise läßt sich die unterschiedliche Tessitura der beiden Gambenparte in Joh. Seb. Bachs Kantate *Gottes Zeit ist die allerbeste Zeit* (*Actus tragicus*) (BWV 106) mit dem Vorhandensein einer Altgambe erklären. Deutsche Autoren des 17. Jh. (Prinner 1677, vgl. Th. Drescher 1995; G. Falck d.Ä., *Idea boni cantoris*, Nbg. 1688; Daniel Merck (ca. 1650–1713), *Compendium musicae instrumentalis Chelicae*, Agb. 1695; Fr. E. Niedt, Hbg. 1700; WaltherL) setzen die Altgambe neben die Bratsche oder gar ihr gleich (*violetta*), wonach

Abb. 22: Plan einer Baßgambe von A. Stradivari,
aus: S. Sacconi, *Die Geheimnisse Stradivaris*, Ffm. 1976

Altgamben als Ergänzung oder Ersatz der Viola (Bratsche) zur Ausführung von Mittelpartien hinzugezogen werden konnten.

5. Dessus und pardessus de viole und Quinton

Die eine Oktave über der Baßgambe gestimmte Discantgambe gehört seit der Mitte des 16. Jh. zum festen Bestandteil des Consorts. Obwohl Praetorius (PraetoriusS 3, S. 157) sie wegen ihrer relativen Klangschwäche ablehnte, wurde sie in reinen Gambenbesetzungen bis zum Ende des 17. Jh. beibehalten. In England trat sie bereits seit ca. 1630 in virtuose Konkurrenz zur Violine. Als Instrument mit eigener Sololiteratur wird sie ab der zweiten Hälfte des 17. Jh. in Frankreich beschrieben (Rousseau 1687, Danoville 1687, E. Loulié [1700]). Rousseau charakterisiert die Klanglichkeit des Instruments im Gegensatz zur brillanten Violine als zärtlich und schmeichelnd und verweist es damit in die Kammermusik. Wie alle Gamben wurden auch die kleinsten Ausprägungen im Schoß gespielt, allerdings im Gegensatz zu den größeren Instrumenten gleich der Violine diatonisch gegriffen.

Der dessus de viole wurde gegen 1700 in Frankreich vom pardessus de viole abgelöst, einer kleinen Quartgambe mit fünf oder sechs Saiten und dem Umfang der Violine, der das Instrument zumindest in der französischen Kammermusik einige Konkurrenz machen konnte, und der es sich zuweilen auch baulich annäherte durch ausgezogene Ecken, gelegentlich gewölbte Böden und Decken- und Bodenüberstand (Quinton). Stets blieben jedoch die gambentypischen, spitz zulaufenden Oberbügel erhalten. Fünf- und sechssaitiger pardessus de viole existierten zeitgleich und verfügen jeweils über eine für die entsprechende Saitenzahl typische Literatur, die in bestimmten Akkordkonstellationen erkennbar wird.

IV. *Stimmungen*

Im Unterschied zu Violininstrumenten war bei den Violen stets die Quarte bestimmend. Am deutlichsten zeigt sich dieses Prinzip in den französischen Renaissancegamben, die durchgehend in Quarten gestimmt waren. Deutsche Gamben des 16. Jh. ließen eine Terz an wechselnden Saitenpaaren zu, und in Italien galt von Beginn die Lautenstimmung aus Quarten und einer Terz in der Mitte auch für die Gamben. Diese Stimmung setzte sich im weiteren Verlauf überall durch, wobei zusätzliche Saiten (Siebensaitige Gambe oder pardessus mit sechs Saiten) ebenfalls im Abstand einer Quarte angefügt wurden. Eine Sonderstellung besitzt der fünfsaitige pardessus, dessen Stimmung eine Hybride aus Violine und Viola da gamba bildet. Der sechssaitige pardessus ist als Weiterentwicklung des dessus aufzufassen, dem eine Saite in der Höhe angefügt und dafür die unterste weggelassen wurde. Die Terz verblieb zwischen den Saiten c und e und wanderte damit aus der Mitte.

Die Stimmungen der deutschen viola bastarda, englischen lyra viol und Baryton sind variabel und wurden der jeweils gespielten Tonart angeglichen. Alte Stimmungsangaben beziehen sich nicht auf absolute Tonhöhen, sondern seit Agricola gilt die Regel, die oberste Saite bis kurz vor den Zerreißpunkt zu ziehen. Bei sich proportional vergrößerndem Saitendurchmesser stehen damit auch die proportionalen Saitenlängen in Relation. Die höchste Saite der lyra viol wird meist nominell als d^1 angegeben, unabhängig von einer absoluten Tonhöhe (s. Tabelle 1 und 2).

C. Lehrwerke und Spieltechnik
I. Allgemeines

Spezielle Lehrwerke für die Viola da gamba sind selten. Nützlich sind daher Zusatzinformationen aus allgemeinen Überblicken über das Instrumentarium oder aus Diminutionsschulen. Das gilt insbesondere für das 16. Jh., in dem nicht nur instrumentenspezifische Traktate rar sind, sondern diese sich auch noch auf elementare Informationen beschränken, wie Stimmung, Absetzen in Tabulaturen oder Transposition. Spieltechnisch detaillierte Angaben erscheinen, mit Ausnahme von Ganassi (1542/43), erst im 17. Jahrhundert. Nunmehr hatte sich die Verwendung italienischer Gamben weitgehend durchgesetzt, und durch ihre Verwandtschaft mit der Laute werden beide gemeinsam behandelt. Diese Verbindung löst sich jedoch mit dem ausgehenden 17. Jahrhundert.

II. Einzelne Regionen
1. Deutschland und Frankreich im 16. Jahrhundert

Jörg Weltzell (1523), Agricola (1528/29) und H. Gerle (1546) liefern elementare Angaben: Führung der Hände und des Bogens, Stimmung, Bundanzahl, Absetzen auf (deutsche) Lautentabulatur, Praxis der Transposition und Erkennen der guten Saite. Tonbildung oder Lagenspiel werden nicht erwähnt.

Das erste französische Lehrwerk ist der verschollene Druck von Cl. Gervaise *Premier Livre de Violle contenant dix chansons avec l'introduction d'accorder et apliquer les doigts selon la manière qu'on a accoutumé de jouer* (P. 1554, vgl. *Catalogue des livres de musique théorique et prattique* [1724] des Séb. de Brossard [Ms in F-Pn], der erläuternd vermerkt,

A. Ensemblestimmungen

Deutsch 16. Jh.	Französisch 16. Jh.	Italienisch 16. Jh.	Englisch 17. Jh.	Französisch 17. Jh.
Jörg Weltzell, 1523 Discant $d g h e^1 a^1$ $(g c^1 e^1 a^1 d^2)$ Alt-Tenor $G c e a d^1$ $(c f a d^1 g^1)$ Baß $D G H e a$ $(G c e a d^1)$	Philibert Jambe de Fer, 1556 Discant $e a d^1 g^1 c^2$ Alt-Tenor $H e a d^1 g^1$ Baß $E A d g c^1$	Gianmaria Lanfranco, 1533 Discant $d g c^1 e^1 a^1 d^2$ Alt-Tenor $A d g h e^1 a^1$ Baß $D G c e a d^1$ $(E A d f\# h e^1)$	John Playford, 1652 Discant $d g c^1 e^1 a^1 d^2$ Alt-Tenor $G c f a d^1 g^1$ Baß $D G c e a d^1$	Marin Mersenne, 1636 Discant $d g c^1 e^1 a^1 d^2$ Alt-Tenor $A d g h e^1 a^1$ Baß $D G c e a d^1$
Martin Agricola, 1528 Discant $f a d^1 g^1 c^2$ Alt-Tenor $c f a d^1 g^1$ Baß $F c f a d^1 g^1$	Samuel Mareschall, 1589 Discant $f\# h e^1 a^1 d^2$ Alt-Tenor $H e a d^1 g^1$ Baß $E A d g c^1$	Adriano Banchieri, 1609, Pedro Cerone, 1613 Discant $G c f a d^1 g^1$ Alt-Tenor $D G c e a d^1$ Baß $G G C F A d g$	Thomas Mace, 1676 Discant $d g c^1 e^1 a^1 d^2$ Alt-Tenor $G c f a d^1 g^1$ Baß $D G c e a d^1$	Jean Rousseau, 1687 Discant $d g c^1 e^1 a^1 d^2$ Alt $c f b d^1 g^1 c^2$ Tenor $G c f a d^1 g^1$ Baß $D G c e a d^1$
Hans Gerle, 1532 Discant $d g h e^1 a^1$ Alt-Tenor $G c e a d^1$ Baß $D G H e a$		Scipione Cerreto, 1601 Discant $d g c^1 e^1 a^1 d^2$ Alt-Tenor $A d g h e^1 a^1$ Baß $D G c e a d^1$	James Talbot, vor 1700 Discant $d g c^1 e^1 a^1 d^2$ Alt-Tenor $A d g h e^1 a^1$ Baß $D G c e a d^1$	

Martin Agricola, 1545	Ludovico Zacconi, 1592, Michael Praetorius, 1619
Discant g h e¹ a¹ Alt-Tenor c e a d¹ Baß D G H e a	Discant A d g h e¹ a¹ Alt-Tenor D G c c e a d¹ Baß G G C F A d g

Tabelle 1

B. Solistische Stimmungen

Viola bastarda (Praetorius, 1619, Verwechselung mit Lyra viol?)	Engl. Lyra viol und deutsche Bastard-viole (Auswahl)	Baryton	Französischer Basse de viole	Französischer und deutscher Dessus de viole	Französischer Pardessus de viole und Quinton
D G c c e a d¹ A A E E a e a d¹ A A D A d a d¹ A A D G d g d¹ (nicht in Lyra viol Musik nachgewie-sen) C G c c e a d¹	»Lyra way«: C F c f a d¹ »Fifths« oder »Alfonso way«: A A E A e a d¹ »Eights« oder »Alfonso his second way«: A A D A d a d¹ »Harp way sharp«: D G d g h d¹ »Harp way flat«: D G d g b d¹ »High harp way sharp«: D A d f# a d¹ »High harp way flat«: D A d f a d¹	Krause ca. 1700: A d f a d¹ f#¹ / 16–18 Resonanzsaiten Haydn: (AA) D G c c e a d¹ / A d e f# g a h c#¹ d¹	A A D G c c e a d¹	d g c¹ e¹ a¹ d²	g c¹ e¹ a¹ d¹ g² g d¹ a¹ d² g²

Tabelle 2

daß die Stücke teils in französischer Tabulatur, teils in Notenschrift notiert seien). Der Titel des Buches deutet Informationen an über Stimmung und Fingersatz (evtl. auch Anweisungen über das Absetzen in die Tabulatur). Der Epitome musical des Philibert Jambe de Fer (1555) geht auf die spezifische Stimmung der fünfsaitigen französischen Gamben ein und erwähnt den Unterschied zu italienischen Gamben. Außerdem weist er als erster auf das höhere soziale Ansehen der Gambenfamilie im Gegensatz zur Violinenfamilie hin, was zeigt, daß in Frankreich die beiden Familien getrennt agierten.

Pädagogische Absichten verfolgte Sam. Mareschall (1589), der ein Lehrbuch für seine Schüler verfaßte. Auch für ihn waren die fünfsaitigen Gamben bestimmend, die er allerdings abweichend von Jambe de Fer stimmt.

2. Italien

G. M. Lanfranco erwähnt in den Scintille (1533) Violen »con tasti« im Gegensatz zu den Violen »senza tasti« (Bünde) und unterscheidet Gamben und Lauten nur darin, daß Gamben einfach, Lauten hingegen doppelt bezogen seien. Das Vorhandensein eines Bogens scheint für die Klassifizierung ebensowenig bestimmend zu sein wie konstruktive Unterschiede. Ortiz (möglicherweise kein Gambist, sondern Tastenspieler) beschäftigt sich mit der Diminution; spieltechnische Hinweise betreffen ruhige Bogenführung und die Möglichkeit des Bindens schneller Noten.

Das erste umfassende Lehrwerk ist die Doppelveröffentlichung des S. Ganassi dal Fontego, Regola rubertina (Vdg. 1542) und Lettione seconda (ebd. 1543). Beginnend mit Bezug auf die vom Humanismus geprägte Affektenlehre fährt er fort mit Körperhaltung und Mimik, Haltung und Führung von Instrument und Bogen, Fingersatz, Stimmung und Zusammenspiel. Hier finden wir zum ersten Mal eine Beschreibung des Untergriffes: Der Bogen wird von Mittelfinger, Zeigefinger und Daumen gehalten und mit den beiden Fingern Druck auf die Stange ausgeübt (1542, Kap. 4). Dabei aber wird die genaue Rolle der Finger nicht erklärt; so bleibt es unklar, ob Zeige- und Mittelfinger auf der Stange liegen, oder der Mittelfinger auf die Haare gehört, wie es spätere Quellen (Playford 1674, Simpson [1659/1665], Rousseau 1687) beschreiben. Dann erwähnt er Diminution, Lagenspiel bis zum Ende des Griffbrettes und akkordisches Spiel. Quarttransposition ist oft gebraucht. Die Abbildung auf dem Titelblatt der Regola rubertina zeigt entgegen seiner eigenen Beschreibung sechssaitiger Instrumente (am Ende des 2. Buches behandelt er auch das Spiel auf Instrumenten mit vier und drei Saiten) einen fünfsaitigen Baß, den man infolge seiner Ähnlichkeit mit deutschen Instrumenten (z. B. im Triumphzug Kaiser Maximi-

lians I. von Hans Burgkmair) vorsichtig zu nordalpinen oder flämischen Instrumenten in Beziehung setzen könnte.

Die Klientel Ganassis ist die der musikalischen Humanisten, bei denen weniger das Anhören virtuoser Darbietungen als das eigene Musizieren im gleichgesinnten Ensemble gefragt war.

Die Diminutionsschulen von Dalla Casa (1584), G. Bassano (1585, 1591, 1598) oder R. Rognono (1592) betreffen die viola bastarda und verfolgen keine spieltechnischen Belange, wohl auch, weil ihre Klientel die Anfangshürden bereits gemeistert hatte. Immerhin ist es bedeutsam, daß extremes Lagenspiel von Rognono vorausgesetzt wird, der als Spitzenton das h^2 verwendet. Bei ihm und seinem Sohn Francesco Rognoni (1620) ist äußerste Virtuosität gezeigt, wobei der Sohn zusätzlich Kleinornamentik behandelt, darunter gebundenes Spiel und Bogentremolo (*lireggiare* und *lireggiare con affetto*).

Eine Sonderstellung nimmt der *Dolcimelo* des Aurelio Virgiliano (Ms. um 1600) ein, der neben Beispielen für die viola bastarda umfangreiche Transpositionsmodelle vorsieht. Jedoch geht er von fünfsaitigen Gamben aus, ein bisher weder beachtetes noch erklärtes Phänomen.

3. England im 17. Jahrhundert

Robinson (1603), Ms. Peter Leicester (*A Booke of Lessons for the Lyro=Viol*, GB Knutsford, Tabley House Library, 1659) und Mace (1676) zeigen die Verwandtschaft der Laute. So wird der Griffweise der linken Hand breiter Raum gegönnt, einschließlich der Lauten-Regel, einen Finger auf seiner Position liegenzulassen, bis er woanders gebraucht wird (»holds«). Die division viol besitzt ihr Lehrbuch im Werk Simpsons (1659/ 1665), in dem neben der Kunst, auf einen ostinaten Baß zu improvisieren, spieltechnische Anweisungen, Anregungen zur Beschaffenheit des Instrumentes, zur Höhe des Stuhles, der Haltung der Gambe, Bogenhaltung und -bewegung, Empfehlungen zu Größe und Besaitung, sowie der Rundungen von Steg und Griffbrett gegeben werden.

Simpsons Anweisungen werden in elementarer Form wiederholt in den Drukken von Playford, die sich hauptsächlich an Amateure richten. Neben Simpson bietet Mace ausführliche Informationen vor allem über die lyra viol und das Consort. Auch zu musikästhetischen Fragen äußert er sich. In der Bogentechnik stützt er sich weitgehend auf Simpson, dessen knappe Anweisungen er erläuternd erweitert.

R. North, Schüler von Jenkins, widmet sich ebenfalls der Musikästhetik, und bei ihm gilt die Baßgambe in ihrer Beweglichkeit, ihrem umfassenden Tonumfang und ihrem Affektenreichtum als der Violine überlegen. Spätere Lehrwerke (z. B. Benjamin Hely [fl. 1680-90], The Compleat Violist, L. 1699) bieten Elementaria und Etüden für Dilettanten.

Während für die erste Hälfte des 17. Jh. analog zu italienischen Quellen eine gleichstufige Bundverteilung angenommen werden kann, zeichnet sich in der zweiten Hälfte eine Vorliebe für harmonisch reine Teilungen ab, die von Th. Salmon propagiert (1672, 1688) und, Inseraten in englischen Gazetten nach zu urteilen, einige Jahre lang beliebt war. Dieses geschah vor allem in Verbindung mit der Lyra viol und Akkordstimmung, wobei die dadurch bedingte Einschränkung der Modulation gern zugunsten der Reinheit in Kauf genommen wurde.

Weitere Quellen zur Spielpraxis finden sich in den Verzierungstabellen (gedruckt bei Playford [1674] und Simpson [1659/1665]; handschriftlich in zahlreichen Manuskripten), die keinem einheitlichen Kanon folgen, aber belegen, daß seit ca. 1600 solistische Musik mit Kleinornamenten (»graces«) verziert wurde. Man unterschied Ornamente für die linke Hand, weitgehend identisch mit der Lautentechnik (Vor-, Nach- und Doppelschläge, Triller nach oben und unten), und Ornamente für den Bogen (Bindebögen, Bogentremolo, dynamische Schattierungen), die das hohe Niveau einer differenzierten Bogenführung belegen. Zupfen mit der linken Hand und col legno werden bereits in frühen Quellen erwähnt (The Tablature of William Ballet, Dublin ca. 1600; T. Hume 1605)

4. Frankreich im 17. und 18. Jahrhundert

Danoville und Rousseau (beide 1687) schließen – neben einer kurzen Erwähnung Rousseaus – die Möglichkeit eines Gambenensembles nicht mehr ein, sondern beschreiben nur noch das solistische oder generalbaßbegleitete Spiel von Baß- und Discantgambe. Beide bezeichnen sich als Schüler Sainte Colombes, dem auch die Werke gewidmet sind. Danoville wendet sich an Amateure: Haltung von Instrument und Bogen, Griffweise (diatonisch bei der Discantgambe, chromatisch bei der Baßgambe), Elementarregeln in Notenlesen, Stimmung (seine Baßgambe ist siebensaitig, der Discant sechssaitig) und Ornamentik.

Rousseau folgt diesem Aufbau, stellt jedoch eine Abhandlung zur Geschichte der Gambe voran und erweist sich neben zeittypischen, meist auf A. Kircher fußenden Irrtümern über die Rolle der Gambe in der Antike als sehr gebildet und gedankenreich. Seine Ausführungen, die er mit üppigen Beispielen stützt, sind weniger knapp aber noch präziser als die Danovilles.

Die fünf Bücher von Pièces de viole von Marais (P. 1686, 1701, 1711, 1717, 1725) enthalten Anweisungen zur Ausführung der Ornamente in seinen Notentexten. Seine Zeichensetzung ist in ein kompaktes System gebracht, in ihrer genauen Ausführung festgelegt und wurde für die spätere Gambenliteratur verbindlich.

Einen nicht im Kontext der Schüler Sainte Colombes anzusiedelnden Tutor verfaßte Loulié (um 1700). Dieses Werk ist die gründlichste historische Auseinandersetzung mit der Bogenführung (Steckfroschbogen), der Länge der Striche, der Aufteilung eines Tones in Anfang, Mitte und Ende nebst zahlreichen Artikulationsarten, sowie der Beteiligung der Gelenke von Hand und Arm.

Die spätesten Beschreibungen stammen aus Briefen von Forqueray d.J. an den preußischen Thronfolger Friedrich Wilhelm (1768) und sind z.T. sehr detailliert. Die Annäherung an das Ideal des Violoncellos ist hier zum erstenmal erkennbar. So lehnt Forqueray die noch von Marais hochgeschätzten englischen Gamben ab und bevorzugt moderne französische. Neu an Forquerays Forderungen ist bevorzugtes Spiel in hohen Lagen für die Solomusik. Gleichgeblieben aber ist der flache, gleichmäßig gerundete Steg sowie eine stegnahe Streichstelle, die seit dem 16. Jh. mit 3-4 Fingerbreit vom Steg (bei einer Saitenlänge von mindestens 70 cm) angegeben wird.

Die Défense de la basse de viole des H. Le Blanc (1740) behandelt weniger spieltechnische Aspekte als musikästhetische. Le Blanc stellt dem traditionellen französischen Gambenspiel das italienische Violinspiel gegenüber, wobei er einen Beleg liefert, daß auch zu seiner Zeit immer noch eine am Lautenklang orientierte, gleichsam gezupfte Streichtechnik geübt wurde (auch Loulié hatte von »crocher ou gratter le chorde« gesprochen). Dann charakterisiert Le Blanc Klangfarben und die Wirkung verschiedener Instrumente in unterschiedlichen Räumen. Sein Werk ist unverzichtbar zum Verständnis der Epoche, da er auch mit Kritik gegenüber der starren Unterrichtsmethode von Marais oder italienischer Virtuosenselbstherrlichkeit nicht spart.

III. Wiederbelebung im 20. Jahrhundert

Die Betrachtung der Gambe ging seit Ausgang des 19. Jh. von einer Verschwisterung mit der Violinfamilie aus, wobei als selbstverständlich galt, daß die kleineren Vertreter am Hals gespielt würden. Das bedeutet: Obergriffhaltung, bundloses Spiel, Stachel, gewölbte Böden, stärkere Bebalkung, stärkere Rundung von Steg und Griffbrett. P. Grümmer (1928) und Chr. Döbereiner (1936) als Violoncellisten interessierten sich nur für die solistische Baßgambe, und beide hielten historische Spieltechnik für überholt. A. Dolmetsch erkannte, daß sämtliche Gambenvertreter im Schoß gespielt werden sollten (*The Interpretation of the Music of the XVII and XVIII Centuries*, L. 1915, ²1946, S. 449) und belebte innerhalb seines Kreises das englische Consort. Joseph Bacher (1932) und in Fortsetzung zu seinem Lehrwerk A. Wenzinger (1935) – Schüler Grümmers – erkannten die Bedeutung des Gambenensembles namentlich für die Spielmusik von Amateuren, die sich in der Jugend(musik)bewegung für alte Instrumente interessierten. Dabei anerkannten sie die Notwendigkeit einer Rückbesinnung auf die Quellen aus klanglichen Beweggründen, ohne jedoch diese konsequent durchzuführen. Das zeigt sich z.B. in Vermeidung leerer Saiten. Lehrwerke dieser Zeit konzentrierten sich auf spieltechnische Übungen; es fehlen Hinweise zur Ausstattung des Instruments.

Spezifisch französische Ansätze versuchten Jacques-L. Charbonnier (1976) und John Hsu (1981) mit Bezug auf französische Quellen des 17. und 18. Jh., wobei letzterer in Verkennung der traditionellen Lautengrifftechnik der Gambe diese für ein Spezifikum der französischen Technik hält. Das Lehrwerk von Alison Crum und Sonia Jackson (1989) vertritt die englische Tradition, in der ausgehend vom Kreis um Dolmetsch stets das Ensemblespiel gepflegt worden war. Basierend auf eigener Erfahrung enthält das Buch wertvolle Hinweise zur Wahl und Pflege geeigneter Instrumente. Das auf sieben Bände angelegte Lehrwerk von Grace Feldman (bei Abfassung dieses Beitrages waren vier erschienen, 1994-96) verspricht einen Ansatz im Sinne moderner Instrumentalausbildung mit Konzentration auf spieltechnischen Fragen. Als historische Auseinandersetzung mit aufführungspraktischem Bezug ist die ›Kulturgeschichte‹ von Annette Otterstedt zu werten, in der in bewußtem Rückgriff auf die Quellen als einzig maßgebende Instanzen unter Auslassung moderner Traditionen eine Abgrenzung zum Violoncello und eine erneute Hinwendung zur Laute gefordert wird.

LITERATUR Zusätzlich zum Abkürzungsverzeichnis erscheinen folgende Kürzel: JVdGSA = Journal of the Viola da Gamba Society of America (Inhaltsverzeichnis aller Jg. über die Homepage der Viola da Gamba Society of America: http://www.enteract.com/~vdgsa/); FoMRHI = Fellowship of Makers and Restorers of Historical Instruments; CIMCIM = Comité international des Musées et collections d'instruments de musique.

A. Bibliographien G. T. BACHMANN, *A List of Doctoral Dissertations Accepted by American Universities on the Viol da Gamba. Its Music, Composers, and Performers*, in: JVdGSA 4, 1967, 68–71 ▪ R. DE SMET, *Published Music for the Viola da gamba and other Viols*, Detroit/Mich. 1971 (= Detroit Stud. in Bibliogr. 18) ▪ G. DODD, *A Summary of Music for Viols*, in: EM 6, 1978, 262–267 ▪ DERS., *Thematic Index of Music for Viols*, L. 1980ff., hrsg. von The Viola da gamba Society of Great Britain (Loseblattsammlung) ▪ P. H. ADAMS, *Viola da braccio, Viola da gamba, and Hybrid Forms. Monographs at the Library of Congress: An Annotated Bibliogr.*, Silver Spring/Md. [1987] ▪ I. WOODFIELD, *Recent Research on the Viol*, in: JVdGSA 25, 1988, 53–56; 26, 1989, 83–86; 27, 1990, 40–42; 28, 1991, 49–52 ▪ J. RUTLEDGE, *Megaviol. A Bibliography of the Viols*, Durham/N. C. 1991 ▪ T. STRONKS, *A Viola da Gamba Bibliography*, in: Kgr.Ber. Utrecht 1991, hrsg. von Joh. Boer/G. van Oorschot, Utrecht 1994, 141–162 (= STIMU, Foundation for Historical Performance Practice) ▪ DERS./JOH. BOER, *A Viola da Gamba Bibliography* (http://utopia.knoware.nl/users/royalc/stimu.html).

B. Quellen J. WELTZELL [Ms. dat. 1523, D-Mu 4°Cod.ms.718] ▪ M. AGRICOLA, *Musica instrumentalis deudsch*, Wittenberg 1529 ▪ H. GERLE, *Musica teusch, auf die Instrument der grossen und kleinen Geygen, auch Lautten*, Nbg. 1532, erw. ^{3}1546 ▪ G. M. LANFRANCO, *Scintille di musica*, Brescia 1533 ▪ S. GANASSI DAL FONTEGO, *Regola rubertina & lettione seconda*, Vdg. 1542/43 ▪ D. ORTIZ, *Tratado de glosas sobre clausulas y otros generos de puntos en la musica de violones*, Rom 1553 ▪ DERS., *El primo libro nel quale si tratta delle glose sopra le cadenze & altre sorte de punti in la musica del violone*, ebd. 1553 ▪ PH. JAMBE DE FER, *Epitome musical*, Lyon 1556; Faks. in: AnnMl 6, 1958–1963, 341–386 ▪ FR. DE SALINAS, *De musica libri septem*, Salamanca 1577 ▪ S. MARESCHALL, *Porta musices*, Basel 1589 ▪ G. DALLA CASA, *Il vero modo di diminuir con tutte le sorte di stromenti [...] Libro secondo*, Vdg. 1584 ▪ R. ROGNONI (ROGNINO), *Passaggi per potersi esercitare nel diminuire terminatamente con ogni sorte d'istromenti*, Vdg. 1592 ▪ L. ZACCONI, *Prattica di musica*, ebd. 1592 ▪ A. VIRGILIANO, *Il dolcimelo*, Ms. I-Bc; Faks. Flz. 1979 ▪ TH. ROBINSON, *The Schoole of Musicke Wherein is Tought the Perfect Method of the True Fingering of the Lute, Pandora, Orphorion and Viol de Gambo*, L. 1603 ▪ T. HUME, *The First Part of Ayres [...] Some in Tablitures, and Some in Pricke-Song*, L. 1605 ▪ P. CERONE, *El melopeo y maestro: tractado de música theorica y pratica*, Neapel 1613 ▪ PRAETORIUSS 2 und 3 ▪ FR. ROGNONI (ROGNINO), *Selva di varii passaggi secondo l'uso moderno per cantare & suonare*, Mld. 1620 ▪ V. BONIZZI, *Alcune opere di diversi auttori a diverse voci, passaggiate principalmente per la viola bastarda*, Vdg. 1626 ▪ D. HIZLER, *Newe Musica oder Singkunst*, Tbg. 1628 ▪ A. MAUGARS, *Responce faite à un curieux sur le sentiment de la musique d'Italie*, P. ca. 1640; dt. in: MfM 10, 1878, Nr. 1, 1–9, Nr. 2, 17–23 ▪ M. MERSENNE, *Harmonie universelle*, P. 1636 ▪ P. TRICHET, *Traité des instruments de musique*, ca. 1640, F-Psg, 1070; Neudr. in: AnnMl 3, 1955, 283–387; 4, 1956, 175–248 ▪ M. MERSENNE, *Cogitata physico-mathematica*, P. 1644 ▪ DERS., *Harmonicorum libri XII*, P. 1648 ▪ J. PLAYFORD, *A Musicall Banquet*, L. 1651 ▪ DERS., *Musick's Recreation on the Lyra Viol*, L. 1652 ▪ DERS., *A Breefe Introduction to the Skill of Musick for Song and Violl*, L. 1654 (19 Aufl., teils erw., bis 1730) ▪ CHR. SIMPSON, *The Division Violist*, L. 1659, rev. ^{2}1665 ▪ J. PLAYFORD, *Musick's Recreation on the Viol, Lyraway*, L. 1661, 1669, 1682 ▪ LE SIEUR DE SAINTE COLOMBE, [Ms., F-Pn, Rès.Vma ms.866] ▪ TH. SALMON, *An Essay to the Advancement of Musick*, L. 1672 ▪ DERS., *A Vindication of an Essay to the Advancement of Musick*, ebd. 1672 ▪ J. PLAYFORD, *An Introduction to the Skill of Musick*, ebd. 1674 (s. auch 1654) ▪ TH. MACE, *Musick's Monument*, ebd. 1676 ▪ LE SIEUR DEMACHY, *Pièces de violle, en musique et en tablature*, P. 1685 ▪ Roger North on Music, *Being a Selection from His Essays Written During the Years c. 1695–1728*, hrsg. von J. Wilson, L. 1959 ▪ DANOVILLE, *L'Art de toucher le dessus et basse de violle*, P. 1687 ▪ J. ROUSSEAU, *Traité de la viole*, ebd. 1687 ▪ TH. SALMON, *A Proposal to Perform Musick*, L. 1688 ▪ D. SPEER, *Grund=richtiger [...] Untterricht der Musicalischen Kunst. Oder Vierfaches Musicalisches Kleeblatt*, Ulm ^{2}1697 ▪ J. TALBOT, [Ms., GB-Och, MS1187] ▪ E. LOULIÉ, *Methode pour apprendre à jouer la violle*, [Ms., F-Pn, fonds fr.n.a.6355, fol. 210–222; hrsg. von H. Bol, in: La Basse de viole du temps de Marin Marais et d'Antoine Forqueray, 282–291] ▪ J. G. KRAUSE, *IX Partien auf die Viola Paradon*, Ms. vor 1704, D-Dl ▪ M. H. FUHRMANN, *Musicalischer Trichter*, Frankfurt/Spree (Bln.) 1706 ▪ J. FR. B. C. MAJER, *Museum musicum theoretico-practicum*, Schwäbisch Hall 1732 ▪ H. LE BLANC, *Défense de la basse de viole contre les entreprises du violon et les prétentions du violoncelle*, Adm. 1740 ▪ J. B. FORQUERAY, s. Y. GÉRARD 1961/62 (s. Lit. C) ▪ M. CORRETTE, *Méthode pour apprendre facilement à jouer du pardessus de viole à 5 et à 6 cordes*, P. 1748 ▪ D. DIDEROT/J. D'ALEMBERT, *Encyclopédie ou Dictionaire raisonné des sciences, des arts et des métiers*, P. 1751–1772 ▪ JOH. G. ALBRECHTSBERGER, *Gründliche Anweisung zur Composition*, Lpz. 1790.

C. Literatur A. EINSTEIN, Zur Dt. Lit. für Viola da Gamba im 16. und 17. Jh., Diss. Lpz. 1905 ▪ C. SACHS, Die Viola bastarda, in: ZIMG 15, 1914, H. 5, 123-125 ▪ E. VAN DER STRAETEN, The History of the Violoncello, the Viol da Gamba, Their Precursors and Collateral Instruments, L. 1915 ▪ P. GRÜMMER, Viola da Gamba-Schule, für Violoncellisten und Freunde der Viola da Gamba, Lpz. 1928 ▪ J. BACHER, Die Viola da Gamba, Kassel [1932] ▪ M. GREULICH, Beitr. zur Gesch. des Streichinstrumentenspiels im 16. Jh., Diss. Bln. 1934 ▪ E. H. MEYER, Die mehrstimmige Spielmusik in Nord- und Mitteleuropa mit einem Verz. der dt. Kammer- und Orch.-Musikwerke des 17. Jh., Diss. Kassel 1934 ▪ A. WENZINGER, Gambenübung. Ein Lehrgang für chorisches Gambenspiel, 2 Tle., Kassel [1935 und 1938] ▪ CHR. DÖBEREINER, Schule für die Viola da Gamba, Mz. 1936 ▪ E. H. MEYER, English Chamber Music, L. 1946 ▪ R. ERAS, Über das Verhältnis zwischen Stimmung und Spieltechnik bei Streichinstrumenten in Da-gamba-Haltung, Diss. Lpz. 1958 ▪ R. VAUGHT, The Fancies of Alfonso Ferrabosco II, Diss. Stanford Univ., Stanford/Cal. 1959 ▪ E. FRUCHTMAN, The Baryton Trios of Tomasini, Burgksteiner, and Neumann, Diss. Univ. of N. C. 1960 ▪ FR. LESURE, Une Querelle sur le jeu de la viole en 1688: J. Rousseau contre Demachy, in: RMl 46, 1960, 181-199 ▪ Y. GÉRARD, Notes sur la fabrication de la viole de gambe et la manière d'en jouer, in: Revue musicologique 2, 1961/62, 165-171 ▪ K. M. SCHWAMBERGER, Das Baryton. Ein vergessenes Instr. aus der Barockzeit, in: NZfM 122, 1961, 439-442 ▪ E. FRUCHTMAN, The Baryton: Its History and Music Re-examined, in: AMl 34, 1962, 2-17 ▪ S. MARCUSE, Musical Instruments. A Comprehensive Dictionary, N. Y. 1964 ▪ W. A. SLEEPER, Harmonic Style of Four-Part Viol Music of Jenkins, Locke, and Purcell, Ph.D. Diss. Univ. of Rochester/N. Y. 1964 ▪ R. VAUGHT, Mersenne's Unknown English Viol Player, in: GSJ 17, 1964, 17-23 ▪ FR. TRAFICANTE, The Mansell Lyra Viol Tablature, 2 Bde., Diss. Univ. of Pittsburgh/Pa. 1965 ▪ A. BERNER, Art. Viola, in: MGG (1966) ▪ A. COHEN, An 18th-Century Treatise on the Viol by Etienne Loulié, in: JVdGSA 1, 1966, 17-23 ▪ A. ASHBEE, The Four-Part Instrumental Compositions of John Jenkins, Diss. L. 1966 ▪ A. J. LIEBNER, The Baryton, in: The Consort 23, 1966, 109-128 ▪ FR. TRAFICANTE, Music for the Lyra Viols. The Printed Sources, in: JVdGSA 5, 1968, 16-33 ▪ C. H. ÅGREN, Some Observations and Measurements on the Acoustical Properties of the Viol Family, in: The Consort 25, 1968/69, 384-389 ▪ A. ASHBEE, The Four-Part Consort Music of John Jenkins, in: PRMA 96, 1969/70, 29-42 ▪ FR. A. CLARKSON, The Influence of the Viol Technique on the Violin Family, in: The Strad 81, 1970, 105-109 ▪ C. COXON, Some Notes on English Graces for the Viol, in: Chelys 2, 1970, 18-22 ▪ D. KÄMPER, Stud. zur instr. Ensemblemusik des 16. Jh. in Italien, HabSchr. K. 1970 ▪ B. SCHWENDOWIUS, Die solistische Gambenmusik in Frankreich von 1650 bis 1740, Diss. Rgsbg. 1970 (= Kölner Beitr. zur Mf. 59) ▪ FR. TRAFICANTE, Lyra Viol Tunings. ›All Ways Have Been Tryed to Do it‹, in: AMl 42, 1970, 183-205 ▪ N. WILLIAMSON, The Viola da Gamba, in: GSJ 23, 1970, 119f. ▪ A. LESSING, Zur Gesch. des Barytons, in: Beitr. zur Musikgesch. des 18. Jh., Eisenstadt 1971, 143-153 (= Publ. des Inst. für österr. Kulturgesch. I/2) ▪ M. CYR, A Seventeenth-Century Source of Ornamentation for Voice and Viol. British Museum MS Egerton 2971, in: RMARC 9, 1971, 53-72 ▪ M. CYR, Song Accompaniments for Lyra Viol and Lute, in: JLSA 10, 1971, 43-49 ▪ C. H. ÅGREN, The Sound of Viols, in: Chelys 4, 1972, 22-34 ▪ C. HARRIS, The Viol Lyra-Way, in: dass., 17-21 ▪ D. PINTO, William Lawes's Consort Suites for the Viols, and the Autograph Sources, in: dass., 1972, 11-16 ▪ J. E. SAWYER, An Anthology of Lyra Viol Music in Oxford, Bodleian Library, Ms. Music School d245-7, 2 Bde., Diss. Univ. of Toronto 1972 ▪ H. BOL, La Basse de viole du temps de Marin Marais et d'Antoine Forqueray, Bilthoven 1973 ▪ J. LEJEUNE, La Lyra-viol en Angleterre (1601-82), Lüttich 1973 ▪ R. CHARTERIS, A Rediscovered Source of English Consort Music, in: Chelys 5, 1973/74, 3-6 ▪ M. URQUHART, Prebendary Philip Falle (1656-1742) and the Durham Bass Viol Manuscript A. 27, in: dass., 7-20 ▪ H. ABBEY, An Historical and Stylistic Chronology of the English Fancy: Music for Viol Consorts, Diss. Univ. of Utah, Salt Lake City/Ut. 1974 ▪ J. CALDWELL, Antique Viols and Related Instruments from the Caldwell Collection, in: JVdGSA 11, 1974, 60-89 ▪ A. ERHARD, Zur Lyra-Viol-Musik, in: Mf 27, 1974, 80-86 ▪ CR. MONSON, Voices & Viols in England, 1600-1650. The Sources and the Music, Diss. Univ. of Cal., Berkeley 1974 ▪ N. DOLMETSCH, The Viol da gamba. Its Origin and History, Its Technique and Musical Resources, N. Y. u. a. ³1975 ▪ R. DONINGTON, James Talbot MS II: Bowed Strings, in: GSJ 3, 1950, März, 27-45; Chelys 6, 1975, 43-60 ▪ J. LEJEUNE, The Lyra-viol. An Instrument or a Technique?, in: The Consort 31, 1975, 125-131 ▪ A. ASHBEE, Music for Treble, Bass and Organ by John Jenkins, in: Chelys 6, 1975/76, 25-42 ▪ M. CYR, Solo Music for the Treble Viol, in: JVdGSA 12, 1975, 5-13 ▪ M. CAUDLE, The English Repertory for Violin, Bass Viol and Continuo, in: Chelys 6, 1975/76, 69-75 ▪ J.-L. CHARBONNIER, Jouer et apprendre la viole de gambe. Méthode vivante, P. 1976 ▪ A. ASHBEE, The Six-Part Consort Music of John Jenkins. An Editor's View, in: Chelys 7, 1977, 54-68 ▪ N. HARDERS, Die Viola da Gamba und Besonderheiten ihrer Bauweise, Ffm. 1977 (= Das Musikinstr. 17) ▪ A. ASHBEE, John Jenkins (1592-1678). The Viol Consort Music in Four, Five and Six Parts, in: EM 6, 1978, 492-500 ▪ FR. BAINES, Life with the Viol. Francis Baines Talks about the Jaye Consort and the Revival of a Tradition, in: dass., 1978, 45-46 ▪ DERS., On making Viols. Talking to Dietrich Kessler, in: dass., 551-553 ▪ H. M. BROWN, Notes on the Viol in the 20th Century, in: dass., 47-55 ▪ D. PINTO, William Lawes' Music for Viol consort, in: dass., 12-24 ▪ C. POND, Ornamental Style and the Virtuoso. Solo Bass Viol Music in France c. 1680-1740, in: dass., 512-518 ▪ J. PRINGLE, John Rose, the Founder of English Viol-Making, in: dass.,

501–511 ▪ P. I. FURNAS, *The Manchester Gamba Book. A Primary Source of Ornaments for the Lyra Viol*, Diss. Stanford Univ., Stanford/Cal. 1978 ▪ V. GUTMANN, *Viola bastarda – Instrument oder Diminutionspraxis?*, in: AfMw 35, 1978, 178–209 ▪ T. PRATT, *The Playing Technique of the Dessus and Pardessus de Viole*, in: Chelys 8, 1978/79, 51–58 ▪ J. A. SADIE, *Marin Marais and His Contemporaries*, in: MT 119, 1978, 672–674 ▪ EPH. SEGERMAN/D. ABBOT, *On the Sizes of Surviving English Viols*, in: FoMRHI Quarterly Bulletin 12, 1978, Okt., 42 und 60f.; 14, 1979, Jan. 63–67 ▪ FR. TRAFICANTE, *Music for Lyra-Viol. Manuscript Sources*, in: Chelys 8, 1978/79, 4–22 ▪ J. TROY JOHNSON, *Violin versus Viol in English Fantasia-Suites*, in: JVdGSA 15, 1978, 88–101 ▪ J. A. VERTREES, *The Bass Viol in French Baroque Chamber Music*, Diss. Cornell Univ., Ithaka/N. Y. 1978 ▪ V. GUTMANN, *Die Improvisation auf der Viola da gamba in England im 17. Jh. und ihre Wurzeln im 16. Jh.*, Diss. Tutzing 1979 (= Wiener Veröff. zur Mw. 19) ▪ A. ROSE, *Music for the Dessus and Pardessus de Viol, Published in France, ca. 1650–1770*, in: JVdGSA 16, 1979, 40–46 ▪ J. RUTLEDGE, *How Did the Viola da gamba Sound?*, in: EM 7, 1979, 59–69 ▪ M. T. A. SICARD, *École française de viole de gambe de Maugars à Marin Marais*, Diss. P. 1979 ▪ C. H. ÅGREN/J. RUTLEDGE, *The Sweet Sound of the Viol*, in: EM 8, 1980, 72–77 ▪ G. HELLWIG, *Joachim Tielke. Ein Hamburger Lauten- und Violenmacher der Barockzeit*, Ffm. 1980 (= Das Musikinstr. 38) ▪ P. OLDS, *The Decline of the Viol in Seventeenth-Century England. Some Observations*, in: JVdGSA 17, 1980, 60–69 ▪ A. ROSE, *The Solo Repertoire for Dessus and Pardessus de Violes*, in: Chelys 9, 1980, 14–22 ▪ J. RUTLEDGE, *Hubert Le Blanc's Concept of Viol Sound*, in: JVdGSA 17, 1980, 28–37 ▪ EPH. SEGERMAN, *A Note on the Belly Construction of Early English Viols*, in: FoMRHI Quarterly Bulletin 20, 1980, 25–26 ▪ I. H. STOLTZFUS, *The Lyra Viol in Consort. An Example from Uppsala, Universitetsbiblioteket IMhs 4:3*, in: JVdGSA 17, 1980, 47–59 ▪ P. TOURIN, *Viol dimensions*, in: FoMRHI Quarterly Bulletin 19, 1980, Apr. 23–39 ▪ I. WOODFIELD/L. ROBINSON, Art. *Viol*, in: NGroveD ▪ H. M. BROWN, *Notes (and Transposing Notes) on the Viol in the Early Sixteenth Century*, in: Music in Medieval and Early Modern Europe. Patronage, Sources and Texts, hrsg. von I. Fenlon, Cambridge 1981, 61–78 ▪ I. HARWOOD, *A Case of Double Standards? Instrumental Pitch in England c1600*, in: EM 9, 1981, 470–481 ▪ J. HSU, *A Handbook of French Baroque Viol Techniques*, N. Y. 1981 ▪ S. L. ROBINSON, *The Forquerays and the French Viol Tradition*, Diss. Cambridge Univ. 1981 ▪ J. A. SADIE, *The Bass Viol in French Baroque Chamber Music*, Ann Arbor/Mich. 1981 (= Stud. in Musicology 26) ▪ EPH. SEGERMAN/D. ABBOT, *On Talbot's Measurements of Viols*, in: FoMRHI Quarterly Bulletin 25, 1981, Okt., 56–62 ▪ M. SICARD, *The French Viol School before 1650*, in: JVdGSA 18, 1981, 76–93 ▪ B. R. APPEL, *Christopher Simpsons Systematik der Divisionsverfahren (1667)*, in: Mf 35, 1982, 223–234 ▪ L. BECKER, *La viole de gambe*, P. 1982 (= Précis techniques 9) ▪ C. GARTRELL, *The Origins and Development of the Baryton*, in: Chelys 11, 1982, 4–7 ▪ R. A. GREEN, *The Pardessus de Viole and Its Literature*, in: EM 10, 1982, 300–307 ▪ D. KESSLER, *Viol Construction in 17th-century England. An Alternative Way of Making Fronts*, in: dass., 1982, 340–345 ▪ G. NELSON, *An Introduction to and Study of the Lyra-Viol Music of William Corkine*, Belfast 1982 ▪ E. VAN V. PHILLIPS, *The Divisions and Sonatas of Henry Butler*, Diss. Wash. Univ., St. Louis/Mo. 1982 ▪ D. A. SMITH, *The Ebenthal Lute and Viol Tablatures. Thirteen New Manuscripts of Baroque Instrumental Music*, in: EM 10, 1982, 462–467; dt. in: Gitarre und Laute 6, 1983, 378–386 ▪ D. A. TEPLOW, *An Introduction to the Performance Technique of Marin Marais' ›Piece de Viole‹*, Diss. Stanford Univ./Cal. 1983 ▪ M. DOWNIE BANKS, *North Italian Viols at the Shrine to Music Museum*, in: JVdGSA 21, 1984, 7–27 ▪ C. GARTRELL, *The Baryton: Its History and Music*, Diss. Univ. of Surrey 1983 ▪ O. NEIGHBOUR, *Orlando Gibbons (1583–1625). The Consort Music*, in: EM 11, 1983, 351–357 ▪ M. LINDLEY, *Lutes, Viols & Temperaments*, Cambridge 1984 ▪ E. LINFIELD, *Dietrich Buxtehude's Sonatas*, Diss. Brandeis Univ., Waltham/Mass. 1984 ▪ J. MINARIK/T. ORAVEC, *Samopasna viola da gamba [...]: vyber zo slovenskej rukopisney humornej poezie, 1457–1870*, Bratislava 1984 ▪ J. RUTLEDGE, *Towards a History of the Viol in the 19th Century*, in: EM 12, 1984, 328–336 ▪ P. WILLIAMS, *Bach's G minor Sonata for Viola da gamba and Harpsichord BWV 1029. A Seventh Brandenburg Concerto?*, in: dass., 345–354 ▪ I. WOODFIELD, *The Early History of the Viol*, Cambridge 1984 ▪ A. H. KÖNIG, *Die Viola da gamba. Anleitung zum Stud. und zur Herstellung der Instr. der Viola da gamba-Familie*, Ffm. 1985 (= Das Musikinstr. 43) ▪ Art. *Viola bastarda*, in: NGroveDMI ▪ J. A. SADIE, Art. *Baryton*: in: dass. ▪ FR. TRAFICANTE, Art. *Division viol*, in: dass. ▪ I. WOODFIELD, in: dass. ▪ DERS./L. ROBINSON, Art. *Viol*, in: dass. ▪ A. OTTERSTEDT, *Gregorius Karpp. Ein ostpreußischer Instrumentenbauer des 17. Jh.*, in: Concerto 3, 1986, H. 2, 39–45 ▪ L. ROBINSON, *Notes on Editing the Bach Gamba Sonatas (BWV 1027–1029)*, in: Chelys 14, 1985, 25–39 ▪ M. SICARD, *The French Viol School. The Repertory from 1650 to Sainte Colombe (about 1680)*, in: JVdGSA 22, 1985, 42–55 ▪ J. R. CATCH, *Praetorius and the English Viol Pitch*, in: Chelys 15, 1986, 26–32 ▪ W. EGGERS, *Die Stimmungs- und Intonationsprobleme auf der Gambe*, Wfbl. u. a. 1986 ▪ M. HEALE, *The Proportions of Bass Viols*, in: GSJ 39, 1986, 131–132 ▪ E. KÜLLMER, *Mitschwingende Saiten*, Diss. Bonn 1986 (= Orpheus-Schriftenr. zu Grundfragen der Musik 46) ▪ H.-P. LINDE, *Die letzte Blütezeit der Viola-da-Gamba-Kunst. Die Kammermusik der zweiten Hälfte des 18. Jh. in Deutschland*, in: Stud. zur Aufführungspraxis und Interpretation von Musik des 18. Jh. der Forschungsstätte Michaelstein 29, 1986, 61–69 ▪ J. PARAS, *The Music for Viola Bastarda*, Bloomington/Ind. 1986 ▪ O. PATANI, *La Gambe di Saint Germain*, Mld. 1986

• W. SENN / K. ROY, Jakob Stainer. Leben und Werk des Tiroler Meisters 1617–1683, Ffm. 1986 • D. TEPLOW, Lyra Viol Accompaniment in Robert Jones' Second Book of Songs and Ayres (1601), in: JVdGSA 23, 1986, 6–18 • D. BEECHER, Aesthetics of the French Solo Viol Repertory, 1650–1680, in: dass. 24, 1987, 10–21 • P. JAQUIER / J.-L. CHARBONNIER, L'Art de jouer la basse de viole, P. 1987 • K. MOENS, Authenticiteitsproblemen bij oude strijkinstrumenten, in: Musica Antiqua, Actuele Informatie over Oude Muziek 3, 1986, Nr. 3, Aug., 80–87; Nr. 4, Nov., 105–111; Jg. 4, Nr. 1, Febr. 1987, 3–11 • K. MOENS, Oud-Weense strijkinstrumentenbouw, in: Celesta, Tijdschrift voor Muziekinstrumentenbouw 1, 1987, Nr. 2, Apr., 90–98; Nr. 3, Juli, 130–139; Nr. 4, Okt., 170–179 • K. MOENS, Der frühe Geigenbau in Süddeutschland, in: Studia organologica. Fs. J. H. van der Meer, hrsg. von F. Hellwig, Tutzing 1987, 349–388 • KL. MARTIUS, Von denen Violn. Vielfalt und Wandel der Konstruktion der Viola da gamba, in: Concerto 4, 1987, H. 2, 11–14; H. 3, 11–16 • H. SCHMIDT, Rekonstruktion einer Stradivari-Gambe. Die Viola da Gamba der Violinfamilie, in: Instrumentenbau-Zs. 41, 1987, 594–596 • J. R. CATCH, James Talbot's Viols, in: Chelys 17, 1988, 33–38 • CHR. DUBUQUOY-PORTOIS, Le pardessus de viole au 18e siècle. Un nouvel instrument de divertissement, in: Instrumentistes et luthiers parisiens 18ᵉ-19ᵉ siècles, hrsg. von Fl. Gétreau, P. 1988, 135–148 • J. EPPELSHEIM, Stimmlagen und Stimmung der Ensemble-Streichinstr. im 16. und 17. Jh., in: Capella Antiqua München, Fs. zum 25jährigen Bestehen, hrsg. von Th. Drescher, Tutzing 1988, 145–173 (= Münchner Veröff. zur Mg. 43) • K MOENS / KL. MARTIUS, Wie authentisch ist ein Original? Untersuchungen an zwei alten Streichinstr. im Germanischen Nationalmuseum Nbg., in: Concerto 5, 1988, H. 6, 15–21 • GR. NELSON, The Lyra-Viol Variation Sets of William Corkine, in: Chelys 17, 1988, 17–23 • K. E. SMITH, Music for Voices and Viols: A Contextual Study and Critical Performing Edition of Verse Anthems in Christ Church (Oxd.) Mss. 56–60, Diss. Univ. of Illinois, Urbana / Ill. 1988 • T. CRAWFORD, Constantijn Huygens and the ›Engelsche Viool‹, in: Chelys 18, 1989, 41–60 • A. CRUM / S. JACKSON. Play the Viol. The Complete Guide to Playing the Treble, Tenor, and Bass Viol, Oxd. 1989 • M. FLEMING, Viol drawings, in: Chelys 18, 1989, 30–40 • K. MOENS / P. KLEIN, Dendrochronological Analysis of European String Instruments, in: CIMCIM Newsletter 14, 1989, 37–49 • K. MOENS, Problems of Authenticity of Sixteenth Century Stringed Instruments, in: dass., 41–49 • PR. PARSON, An Organological Study of Leg-held Bowed Chordophones, Univ. of Wisconsin, Madison / Wis. 1989 • K. POLK, Vedel and Geige. Fiddle and Viol: German String Traditions in the Fifteenth Century, in: JAMS 42, 1989, 504–546 • A. OTTERSTEDT, Die Englische Lyra Viol. Instrument und Technik, Kassel 1989 • ST. CHENEY, A Summary of Dubuisson's Life and Sources, in: JVdGSA 27, 1990, 7–21 • D. KESSLER, A Seven-string Bass Viol by Michel Colichon, in: Chelys 19, 1990, 55–61 • A. OTTERSTEDT, Das stillvergnügte Consort. Eine Gambistin sucht das Streichquartett, in: Musica 3, 1990, 160–163 • I. PAYNE, The Provision of Teaching on Viols at Some English Cathedral Churches, c. 1594-c. 1645. Archival Evidence, in: Chelys 19, 1990, 3–15 • S. SCHUETZ, Eine Einführung in die zeitgenöss. Gambenliteratur, Nbg. 1990 • K. MARTIUS / K. SCHULZE, Ernst Busch und Paul Hiltz. Zwei Nürnberger Lauten- und Violenmacher der Barockzeit, in: Anzeiger des Germanischen Nationalmuseums Nbg., 1991, 145–183 • A. OTTERSTEDT, The Spoon or the Soup, An Approach to the Lyra Viol, in: Chelys 20, 1991, 43–51 • M. PANOFSKY, Bass Viol Technique, Albany / Cal. 1991 • J. B. RUTLEDGE, Late 19th-Century Viol Revivals, in: EM 19, 1991, 409–418 • A. OTTERSTEDT, Le Sieur de Sainte Colombe. Ein Stück Pädagogik aus dem 17. Jh., in: Musica 46, 1992, H. 1, 13–18 • FR. FLASSIG, Die dt. Musik für Viola da gamba im 18. Jh., Diss. Agb. 1993 • FR.-P. GOY, Seventeenth-century Viol Pieces in Settings for Plucked Strings, in: Chelys 22, 1993, 30–43 • D. GUTKNECHT, Stud. zur Gesch. der Aufführungspraxis Alter Musik, HabSchr. K. 1993 • A. ASHBEE, The Fantasias for Viols by John Jenkins, in: Joh. Boer / G. van Oorschot 1994 (s. Lit. A.), 41–54 • J. BOER, The Viola da Gamba Sonatas by C. Ph. E. Bach in the Context of Late German Viol Masters and the ›Galant‹ Style, in: dass., 115–132 • S. CUNNINGHAM, Lessons From an Eighteenth-Century Master of the Viol: Some Markings in a Copy of Marais' Book II, in: dass., 85–102 • M. EDMUNDS, Venetian Viols of the Sixteenth Century reconsidered, in: dass., 15–26 • R. A. GREEN, Recent Research and Conclusions Concerning the ›Pardessus de Viole‹ in Eighteenth-Century France, in: dass., 103–114 • P. JAQUIER, Rediscovery of a Portrait of Jean-Baptiste Forqueray: Discovery of Some Elements of the Represented ›Basse de Viole‹, in: dass., 75–84 • D. PINTO, Music at Court: Remarks on the Performance of William Lawes's Works for Viols, in: dass., 27–40 • R. RASCH, The ›Konincklycke Fantasien‹ Printed in Amsterdam in 1648: English Viol Consort Music in an Anglo-Spanish-Dutch Political Context, in: dass., 55–74 • A. WENZINGER, The Revival of the Viola da Gamba: a History, in: dass., 133–140 • I. WOODFIELD, The Basel gross Geigen: An Early German Viol?, in: dass., 1–14 • S. MANTHEY, The Viola da Gamba and Temperament. A Historical Survey and A Practical Manual, o.O. 1994 • A. OTTERSTEDT, Die Gambe. Kulturgeschichte und praktischer Ratgeber, Kassel 1994 • R. CHARTERIS, A Newly-Discovered Manuscript Copy of Christopher Simpson's The Division Viol, in: Chelys 23, 1994, 47–54 • T. CRAWFORD / FR.-P. GOY, The St. Petersburg ›Swan‹ Manuscript, Columbus / OH 1994 (= Editions Orphée: Monuments of the Lutenist Art 2) • G. FELDMAN, The Golden Viol. Method for the Bass Viola da Gamba, 4 Bde., 194–196 • FR.-P. GOY, The Norwegian Viol Tablatures, in: Chelys 23, 1994, 55–72 • A. OTTERSTEDT, Zwei Sonaten für die Discantgambe von C. Ph. E. Bach, in: JbPrKu, 1994, 247–277 • J. DAVIDOFF, The Waning and Waxing of the Viol: A Historical Survey and Twentieth-century Catalogue, Diss. The Union Institute

1995 ▪ TH. DRESCHER, ›Von allerhandt Geigen‹. Johann Jacob Prinner zu Streichinstrumenten in Österreich (1677), in: Glareana 44, 1995, H. 1, 1995, 4–21 ▪ T. MUTHESIUS, Gebogene Decken für Streichinstrumente, in: Das Musikinstrument 44, 1995, H. 2/3, 78–80 ▪ K. und A. BISSAK, Gambe – Cello – Kontrabaß und Katalog der Zupf- und Streichinstr. im Carolino Augusteum, Salzburg 1996 (= Salzburger Museum Carolino Augusteum 42) ▪ T. E. CHANCEY, Gender, Cass, and Eighteenth-century French Music: Barthelemey de Caix's ›Six Sonatas for Two Unaccompanied Pardessus de Viole‹, Diss. The Union Institute 1997 ▪ ST. M. MORRIS, The Life and Work of William Young (?-1662), ›Engländer‹, Composer and Gambist to the Archduke Ferdinand Karl von Innsbruck, Diss. Univ. of Wash. [in Vorb.] ▪ A. OTTERSTEDT, Ein neuentdecktes ndl. Ms. für die Lyra viol (Ms. Poot) [Dr.i.Vorb.] ▪ J. B. WINZENBURGER, The Seventeenth-century Sonata a2 and a3 for Violin, Viola da Gamba and Continuo, Diss. Case Western Reserve Univ. [in Vorb.].

ANNETTTE OTTERSTEDT

Violine

INHALT: A. *Verwendung, bauliche Merkmale, Geschichte.* I. Generelles.
1. Verwendung. 2. Name. 3. Stimmung und Griffweise. - II. Bauliche Einrichtung.
1. Bestandteile und Aussehen. 2. Baugrößen. 3. Bauliche Veränderungen.
a. Hals und Griffbrett. b. Baßbalken. c. Steg. d. Stimmstock. 4. Haltungshilfen. -
III. Geschichte. 1. Italien. 2. Länder nördlich der Alpen.
3. Soziale Aspekte. - IV. Verwandte Instrumente. 1. Violino piccolo.
2. Pochette/Taschengeige/Tanzmeistergeige (engl. kit). 3. Sonderformen.
B. *Akustik der Violine.* I. Geschichte. - II. Akustische Grundlagen
des Violinklanges. 1. Einführung. 2. Der Anstreichvorgang.
3. Schwingungsübertragung Saite/Korpus. 4. Die Schallabstrahlung.
C. *Violinspiel.* I. Geschichtlicher Überblick. - II. Technik. 1. Haltung. 2. Bogen.
3. Technik der rechten Hand. a. Bogenführung allgemein, Tongestaltung.
b. Strichregeln. c. Stricharten. d. Mehrgriffiges Spiel.
e. Pizzicato, *col legno, sul ponticello, sulla tastiera,* Dämpfer.
4. Technik der linken Hand. a. Stimmung - Besaitung - Intonation.
b. Fingersätze: Allgemeines, Übergreifen, Streckung, Doppelgriffe.
c. Lagenspiel. d. Mehrgriffiges Spiel. e. Vibrato. f. Flageolett.
5. Avantgardistische Effekte. D. Violinmusik. I. Formen und Gattungen. -
II. 17. und 18. Jahrhundert. 1. Italien. 2. Deutschland. 3. England. 4. Frankreich.
5. Die Wiener Klassiker. - III. 19. Jahrhundert. 1. Das Konzert.
2. Die Sonate. 3. Freie und kleinere Formen. - IV. 20. Jahrhundert.

A. Verwendung, bauliche Merkmale, Geschichte
I. Generelles
1. Verwendung

Die Violine (dt. Synonym: *Geige,* ital. *violino,* frz. *violon,* engl. *violin,* span. *violín,* ndl. *Viool*) ist ein viersaitiges, in Quinten gestimmtes Streichinstrument der Diskantlage, dessen Tonraum von *g* bis über *c''''* reicht. Zur sogenannten Violinfamilie gehören außerdem die → Viola (Bratsche) als Mittelstimmen- und das → Violoncello als Baßinstrument. Seit Beginn des 17. Jh. bilden die Violine und ihre Verwandten den Kern größerer Ensembles, namentlich des Orchesters, an dem sie bis heute den zahlenmäßig größten Anteil haben. Die Violine ist auch im → Jazz bekannt, darüber hinaus findet sie in zahlreichen Formen der populären Musik Verwendung und wird sogar außerhalb der westlichen Musikkulturen, wie etwa in der indischen, gespielt. Möglich wird dies durch ihre bundlose Griffweise, die es erlaubt, auch andere als die zwölftönigen Skalen zu realisieren. Eine Besonderheit gegenüber anderen Instrumenten des modernen Orchesters besteht darin, daß die Violine in Form, Material und Bautechnik seit ihrem ersten Auftreten kurz nach 1500 in Oberitalien vergleichsweise wenige Veränderungen erfahren hat (zu Herstellungstechnik und Handwerksgeschichte → Streichinstrumentenbau). Gravierend ist jedoch ein Wandel in der Einrichtung von Hals und Griffbrett, der um 1800 erfolgte und zur ›modernen‹ Violine führte (s. A.II.3).

Neben der gewöhnlichen Ausstattung wird die Violine im Jazz und in verschiedenen Arten populärer Musik, gelegentlich auch in der ›klassischen‹ Musik (u. a. G. Crumb, Streichquartett Black Angels, 1970) mit elektronischen Tonabnehmersystemen eingesetzt, wobei der Korpus auf die nötigsten Elemente für den Saitenbezug und eine stabile Haltung reduziert werden kann.

Integraler Bestandteil des Instruments ist der Bogen, der aber als kunsthandwerkliches Objekt eine Sonderbehandlung erfahren hat. Er durchlief im Gegensatz zur Violine starke Veränderungen und konnte sich damit den historisch wechselnden Bedürfnissen von Tongebung und Spieltechnik anpassen (→ Streichinstrumentenbau A.VI).

2. Name

Violine ist die eingedeutschte Form des italienischen *violino*. Dies wiederum ist ein Diminutiv von *viola*, das schon seit dem 11. Jh. im Französischen und Okzitanischen als allgemeine Bezeichnung von Saiteninstrumenten belegt ist. Dem gleichen Muster folgt die französische Diminutivbildung *violon* (die ausdrücklich nicht mit dem ital. Augmentativ *violone* verwandt ist). *Violino/violon*, obwohl vereinzelt schon früher belegt (P. Bec 1992, S. 362), kommt offenbar erst kurz nach 1500 in allgemeinen Sprachgebrauch und bedeutet zunächst nur ›kleines Streichinstrument‹, wie analog mit anderem Diminutivsuffix und klärenden Beifügungen *violette da arco senza tasti* und *violetta da braccio* bei G. M. Lanfranco 1533. Die Begriffe *violino/violon* und *violetta* finden zunächst auf alle Größen der Familie ›kleiner Streichinstrumente‹ Anwendung; damit bezeichnet *violino* nicht notwendigerweise eine ›kleine Viola‹ im Sinne von ›kleiner Bratsche‹, wie gelegentlich behauptet wird (s. dazu auch → Viola). 1523 sind im französischsprachigen Savoyen erstmals *vjollons* (im Sinne von ›Spieler von Violininstrumenten‹) genannt, 1530 schließlich werden in Brescia *violini* (im Sinne von ›Instrumenten der Violinfamilie‹) in der Kirche gespielt. Völlig offen ist jedoch, welche morphologische Gestalt die Objekte hinter den jeweiligen Termini der Frühzeit haben. Umgekehrt kommen offenbar unterschiedliche Begriffe für ein- und dieselben Instrumente in Anwendung: 1560 bis 1563 werden identische Spieler in Venedig zunächst als *sonadorj de lironj* und danach als *sonadorj de viollinj* verzeichnet. In diesem Sinn sind schon 1537 venezianische *sonadori de violetta et lironi* und die gleichen Personen 1541 als *sonadori de viola overo lironi* vielleicht als Spieler der neuen Violininstrumente zu betrachten (R. Baroncini 1994, S. 82, S. 174-175). Vermutlich steht dahinter ein modisch antikisierender Sprachgebrauch, wie es V. Galileis Bemerkung (1581, S. 147) nahelegt: »[...] *Viola da braccio, detta da non molti anni indietro lira; ad imitatione dell'antica quanto al nome*«.

Der deutsche Begriff *Geige* wird heute synonym mit *Violine* verwendet. Er ist schon seit der Mitte des 12. Jh. als unspezifische Bezeichnung für Streichinstrumente belegt (mittelhochdt. *gîge*, frz. *gigue*). S. Virdung (1511) kann die Gattung deshalb schlicht in *groß Geigen* (mit Bünden) und *clein Geigen* (ohne Bünde) einteilen. M. Praetorius (PraetoriusS 2, S. 48) führt für die Violinfamilie folgende Termini an: »*Vivola, Viola de bracio: Item, Violino da brazzo; Wird sonsten eine Geige / vom gemeinen Volck aber eine Fiddel / unnd daher de bracio genennet / daß sie uff dem Arm gehalten wird.*« Die Discantgeig erläutert er: »*welche Violino, oder Violetta picciola, auch Rebecchino genennet wird*«. Neben den italienischen Termini ist hier die Reminiszenz an das alte Diskantstreichinstrument Rebec bemerkenswert, dessen Name auf die neue Form übertragen worden ist. Mit der Festlegung spezifischer Begriffe für die unterschiedlichen Arten und Größen von Streichinstrumenten blieb *Geige* schließlich allein mit dem am meisten verbreiteten Instrument, der Violine, verbunden.

Die Etymologie des von Praetorius ebenfalls angeführten Begriffes *Fiddel* (Fidel) ist nicht vollends geklärt, könnte aber mit lateinisch *vitula* oder *fides* zusammenhängen. Im deutschsprachigen Raum erfährt der Terminus eine zunehmend abwertende Konnotation für die Violine, die tendenziell schon bei Praetorius zu beobachten ist. Die Bezeichnung bleibt aber gleichzeitig offen für andere Streichinstrumente.

3. Stimmung und Griffweise

Die Stimmung der Violine ist g-d'-a'-e''. In Solowerken des 17. und 18. Jh. sowie in heute noch lebendigen Volkstraditionen werden gelegentlich auch andere Stimmungen eingesetzt (u. a. Scordatura). Der Quintabstand der Saiten weist darauf hin, daß ein ›kleines‹ Instrument Ausgangspunkt der Familienbildung war, denn mit den vier Griffingern der linken Hand läßt sich in diatonischer Folge genau das Quintintervall abgreifen. Dabei kann in der Grundstellung der ersten Lage jeder Finger jeweils zum nächsthöheren oder nächsttieferen Halbton gestreckt bzw.

zurückgezogen und auf diese Weise eine volle chromatische Skala abgedeckt werden. Diese Griffweise unterscheidet sich damit prinzipiell von der in Halbtonschritten organisierten (›chromatischen‹) der Viola da gamba.

Ausgangspunkt der Quintstimmung scheint das Intervall c-g zu sein, das schon Hieronymus de Moravia (ca. 1280) für die zweisaitige *rubeba* nennt. Sie ist in den Traktaten des 16. Jh. für das Instrument der Alt/Tenorlage der Familie der ›kleinen Geigen‹ - zur Dreisaitigkeit erweitert (c-g-d') - mit bemerkenswerter Konstanz überliefert. Das urprünglich ebenfalls dreisaitige Diskantinstrument mit g-d'-a' (M. Agricola 1529/1545, Lanfranco 1533, H. Gerle 1546) ist bereits bei G. Zanetti 1545 durch das indirekte Zeugnis einer Tabulaturnotation viersaitig, mit einer in der Höhe hinzugefügten Saite (e'') dokumentiert. Im nordalpinen Raum ist der viersaitige Bezug erstmals 1556 bei Ph. Jambe de Fer beschrieben. Er notiert damit aber wohl eine schon etwas länger etablierte Praxis. Die in älterer Literatur anzutreffende Bezeichnung Quint für die höchste Saite der Violine (noch bei L. Spohr [1833], S. 14) ist eine Übertragung des Terminus für die oberste Saite der Laute aus der fünfchörigen Phase dieses Zupfinstruments im 15. Jahrhundert.

II. Bauliche Einrichtung
1. Bestandteile und Aussehen

E. M. von Hornbostel/C. Sachs (1914) reihen die Violine mit ihren Verwandten unter die *Kasten-Halslauten* ein (Klassifikation: 321.322). Ein Kennzeichen dieser Klasse sind die materialtechnisch getrennten Einheiten von Hals und Korpus, die erst in einem zweiten Schritt zu einem Ganzen zusammengesetzt werden (Abb. 23). Der hohle Resonanzkörper der Violine besteht im wesentlichen aus dem Zargenkranz und dem Boden, die beide in den allermeisten Fällen aus Ahorn gefertigt sind, sowie aus der Decke in Fichte oder Tanne. Hals und Wirbelkasten sind aus einem Stück Holz, oft Ahorn, aber auch aus Obsthölzern. Im Wirbelkasten stecken die vier seitenständigen Wirbel, den Abschluß dieses Teils bildet die Schnecke, manchmal auch eine geschnitzte figürliche Darstellung. Je nach Region sind bis ins 19. Jh. unterschiedliche Arten im Zusammenbau einer Violine zu beobachten, die sich zwar kaum auf das äußere Erscheinungsbild auswirken, doch wichtige Indizien für unterschiedliche Bautraditionen sein können (→ Streichinstrumentenbau A.I.4).

Um 1600 ist in der Ikonographie außerdem eine Form mit mehrfach eingezogenen Zargen (›Wolkenumriß‹) zu beobachten (s. Abb. 27, rechts außen, und PraetoriusS 2, *Sciagraphia*, Taf. XXI), die auch im Gambenbau jener Zeit vorkommt.

Bewegliche Teile, weil nicht fest verleimt, sind vor allem jene, die mit dem Saitenbezug zu tun haben: Wirbel, Steg, Saitenhalter sowie der Stimmstock.

2. Baugrößen

Die Violine wird heute in verschiedenen Formaten hergestellt, von der ›ganzen‹ bis zur Sechzehntel-Größe. Die kleineren dienen zum Gebrauch für Kinder, die 7/8-Größe wird auch von Erwachsenen mit kleinen Händen benutzt. Die Tabelle gibt die beiden wichtigsten Maße: Die Korpuslänge bestimmt das Aussehen des Instruments, die Saitenmensur (hier als Addition von Halsmensur und Deckenmensur) die Gebrauchsfähigkeit für unterschiedlich große Spieler. Die Saitenmen-

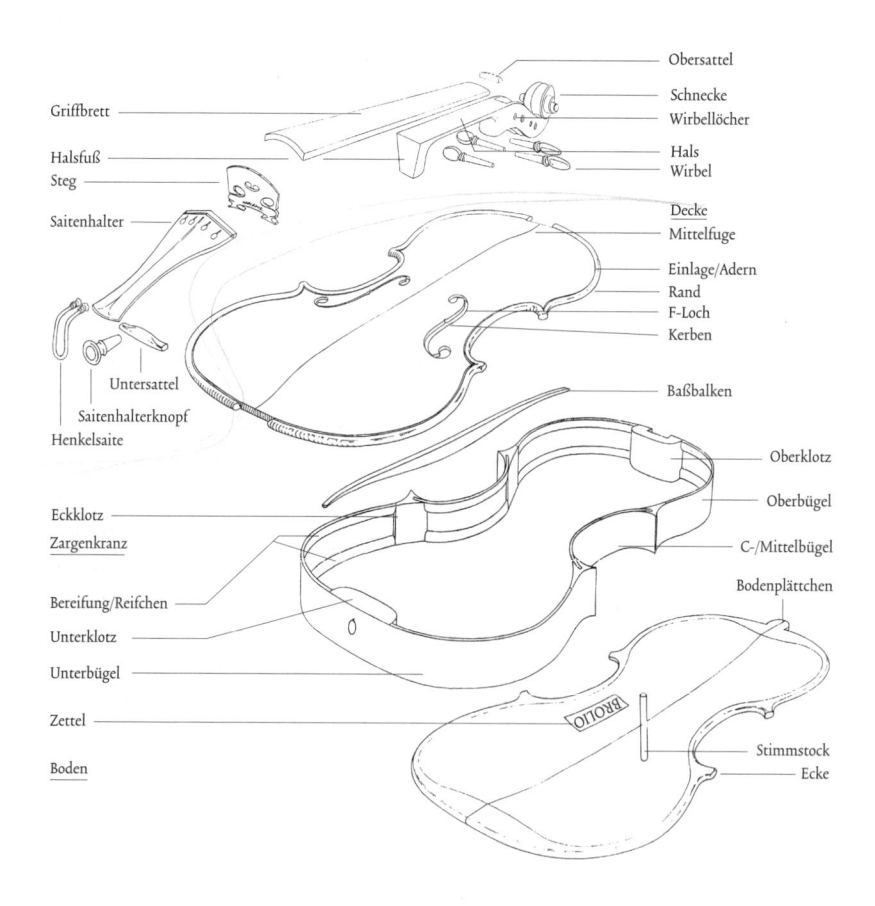

Abb. 23: »Exploding Violin«
(Zeichnung: Roger Hargrave, Schwanewede)

suren kleiner Violinen liegen bei den weit verbreiteten Serienfabrikaten japanischer Firmen meist noch unter den hier angegebenen Werten.

Maße in cm, nach K. Leonhard 1967

	4/4	7/8	3/4	1/2	1/4	1/8	1/16
Korpuslänge	35,5	34,3	33,2	30,9	28,6	27,5	26,9
Saitenmensur ca.	32,5	31,8	31	29,5	28	27,5	27

Bereits im 16. und 17. Jh. findet man unterschiedliche Baugrößen der Violine. Dabei ist zwischen einem kleineren Diskantinstrument in höherer Stimmung (*Violino piccolo*, s. A.IV.1.) und verschiedenen Korpusgrößen der ›ganzen‹ Violine zu unterscheiden. Aus der Amati-Werkstatt sind beispielsweise Instrumente mit gut 34 cm Korpuslänge überliefert und solche mit über 35 cm. Darüber hinaus kennt man vor allem bei Brescianer Meistern große Modelle bis knapp 37 cm. Es ist nicht bekannt, was zu diesen Unterschieden führte. Möglicherweise stehen dahinter Probleme der Besaitung, die – mit dem vorhandenen Material aus Darm – nur jeweils für die hohe bzw. tiefe Lage optimiert werden konnte. Auch die Ausrichtung auf verschiedene Stimmtonhöhen könnte eine Rolle gespielt haben, oder die häufig geübte Praxis der Transposition der Musik. Die Formenvielfalt des 17. Jh. spiegelt sich noch in den 12 verschiedenen Innenformen aus dem Nachlaß der Stradivari-Werkstatt. Hier reichen die Maße – es handelt sich um die Innenlänge des Korpus – von 34,3 cm bis 35,4 cm (S. F. Sacconi 1972, S. 23).

Korpusgrößen verschiedener Violinen
(gemessen normalerweise außen über die Wölbung des Bodens):

Maße in cm	Korpuslänge
A. Amati, Cremona 1564? (kleines Modell)	34,2
A. & H. Amati, Cremona ca. 1610	35,2
G. P. Maggini, Brescia ca. 1600 (»Ole Bull«)	36,9
N. Amati, Cremona 1649	35,1
J. Stainer, Absam 1672	35,4
Hans Krouchdaler, Oberbalm/Bern 1685?	37,1
Hans Krouchdaler?, Oberbalm/Bern c.1690	33,8
A. Stradivari, Cremona 1672	35,6
A. Stradivari, Cremona 1690 (langes Modell)	36,3
A. Stradivari, Cremona 1720	35,7
G. Guarneri »del Gesu«, Cremona 1742 (»Il Canone«)	35,4
F. Geissenhof, Wien 1800	35,8

3. Bauliche Veränderungen
a. Hals und Griffbrett

Halskonstruktion, Griffbrett, Steg, Saitenhalter und Untersattel der Violine bilden zusammen ein variables System, das für die Befestigung der Saiten, deren Verlauf sowie für die Bewegungen der Griffhand des Spielers bestimmend ist. Um 1800 kam es zu Veränderungen an diesen Teilen, die bis heute gültig geblieben sind. Die heute vorherrschende Meinung, dies wäre die Folge des Wunsches nach größerer Klangfülle, die zu einer Verstärkung des Saitendruckes auf den Steg führte (R. Stowell 1985, S. 23: »*The extra tonal power and brilliance required was effected chiefly by the greater tensions on the instrument*«), dürfte indessen nur von sekundärer Bedeutung sein. Bei genauerer Betrachtung stellen sich die Veränderungen als Anpassungen an eine neue Spieltechnik heraus, die L. Spohr ([1833], S. 8) als »*die neue Spielart, bey der die linke Hand so oft die Lage wechselt*«, umschreibt.

In der klassischen Cremoneser Bauweise wurde der Hals stumpf an den Zargenkranz geleimt und eventuell noch mit Nägeln von innen her fixiert (→ Streichinstrumentenbau A.IV.2). Das Ansteigen des Griffbretts, das im 18. Jh. meist mit einem dünnen Ebenholzfurnier versehen war, zum Steg hin wurde durch seine Keilform erreicht (Abb. 24a). Da die Griffbrettneigung vor allem durch diese Keilform bestimmt wurde, war der Neigungswinkel des Halses selbst von sekundärer Bedeutung. Historische Hälse sind jedoch überwiegend leicht zurückgeneigt und keineswegs immer kürzer als heutige. J. Talbot gibt beispielsweise um 1695 eine Saitenlänge von insgesamt 13 inch an, ca. 33 cm (GSJ 3, 1950, S. 39), was einen Hals von mindestens der modernen Länge impliziert. Originale Hälse des 17. Jh. von J. Stainer weisen ein Maß von 13 cm auf (Violinen von 1668 und 1679), bei einer schwingenden Saitenlänge von 32,6 cm, womit sie heutigen Normen entsprechen (weitere Angaben zu alten Halskonstruktionen bei I. Watchorn 1985 und W. Monical 1989).

Für die Veränderungen um 1800 sind offensichtlich zwei ineinandergreifende Aspekte von Bedeutung. Der erste hängt mit der gewandelten Lagenspieltechnik zusammen. Hierfür mußte der Hals ein problemloses Gleiten der Hand ermöglichen, in Kombination mit einer genormten Länge, die die Treffsicherheit beim Lagenwechsel gewährleistet. F. Galeazzi (1791, S. 64–65) gibt als Halslänge präzise vier Pariser Zoll, neun Linien an (12,85 cm). Zu kurze und zu lange alte Hälse, die den spieltechnischen Anforderungen nicht entsprachen, wurden mittels Anschäften (→ Streichinstrumentenbau A.IV.3) ausgewechselt. Wichtig für das Gleiten der Hand war auch eine Begradigung des Profils an der Halsunterseite, denn bis ins 18. Jh. verlief die Linie vom Wirbelkastenende bis zum Halsfuß in einer kontinuierlich leicht geschwungenen Linie.

Als zweiter Aspekt kam der Wunsch nach einem massiven Ebenholzgriffbrett gleichmäßiger Stärke hinzu. Dieses sollte vor allem optimalen Widerstand gegen Abnutzungen bieten. Galeazzi (ebd., S. 66) beispielsweise beklagt schlecht furnierte Griffbretter, die ›Blasen‹ bilden und deshalb die Intonation beeinträchtigen und deren Auflage nach einmaligem Abziehen bereits zu dünn geworden sei. Im Zusammenwirken mit dem begradigten Halsprofil ergab das massive Griffbrett einen Griff von gleichbleibender Stärke. Der dadurch gewonnene spieltechnische Vorteil ist noch bei Spohr ([1833], S. 9) erkennbar, der anmerkt, der Hals würde mit der alten Keilform »*das richtige Verhältniss seiner Stärke verlieren und dadurch dem Spieler bey Veränderung der Lage der Hand unbequem werden*«. Außerdem konnte die Gesamtlänge eines massiven Hartholzgriffbretts über dem freien Teil der Decke leichter erhöht werden, um das Spiel in die hohen Lagen auszudehnen. Talbot gibt um 1695 eine Griffbrettlänge von nur 8 inch an (ca 20,3 cm). S. de Brossard ([S. 15]) spricht von Griffbrettern, die drei bis vier Finger – ca. 5 bis 6,5 cm – über die Decke ragen. Galeazzi verlangt dagegen schon zwei Oktaven Umfang, was etwa 24,5 cm Länge entspricht. Heutige Griffbretter sind rund 27 cm lang.

Als Folge der Forderung nach einem gleichbleibend starken Hals kann das Ansteigen zur Steghöhe nun nicht mehr mit einem keilförmigen Griffbrett erreicht werden, sondern muß mit einem entsprechend weit zurückgeneigten Hals erfolgen, wobei zusätzlich der Halsüberstand (derjenige Teil des Halsfußes, der über den

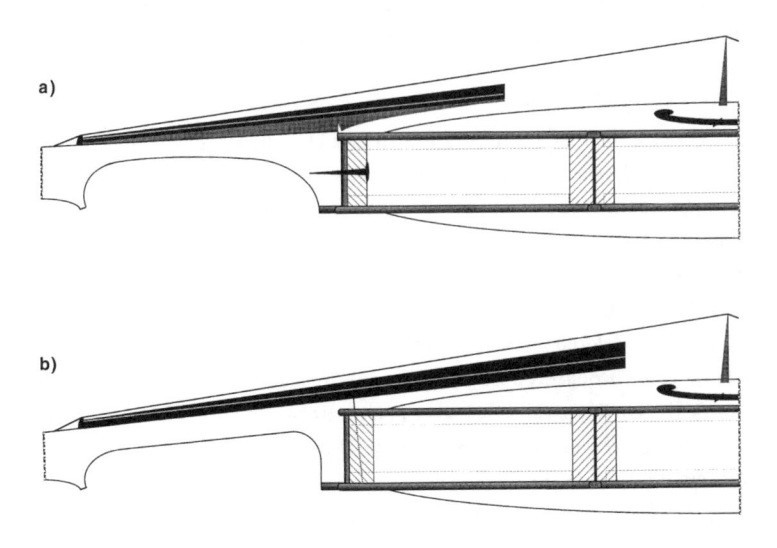

Abb. 24a: »Röntgen-Skizze«: Barocke Hals-Griffbrett-Konstruktion
(Zeichnung: Thomas Drescher, Basel)
b: »Röntgen-Skizze«: Moderne Hals-Griffbrett-Konstruktion
(Zeichnung: Thomas Drescher, Basel)

Deckenrand hinaus ragt) vergrößert wird (Abb. 24b). Mit dieser geänderten Konzeption verringert sich der Winkel, den die Saiten über dem Steg bilden, was eine Erhöhung des Druckes auf Steg und Decke mit sich bringt. Dies wurde jedoch zum Teil aufgefangen durch eine leichte Erhöhung des Untersattels, der zuvor nur als eine Randverstärkung gegen den Druck der Saitenhalteraufhängung gedacht war. An den einwirkenden Kräften von Zug und Druck hat sich also gegenüber der älteren Konstruktion wenig verändert.

Die entscheidenden Impulse für diese Umgestaltungen gegen Ende des 18. Jh. scheinen aus Paris gekommen zu sein, wo die Avantgarde der Violinspieler (G. B. Viotti, R. Kreutzer, P. Baillot) und Geigenbauer (F.-L. Pique, F. Lupot, als Bogenbauer die Familie Tourte) zu jener Zeit versammelt war. Graf Cozio di Salabue erwähnt ähnliche Arbeiten, die Mitglieder der Geigenbauerfamilie Mantegazza in Mailand um 1800 für ihn durchführten (»aggiustata alla moderna«/«montato alla moderna«, in: Carteggio, S. 335–337; s. 1950).

Mit der historisch orientierten Musikpraxis ist das Interesse an Violinen in alter Einrichtung wieder erwacht. Erste Bemühungen um die ›Barockvioline‹ oder ›Violine in alter Mensur‹ gehen um 1928 auf A. Dolmetsch in Haslemere zurück. Auch Eugen Sprenger (Ffm, 1882–1953) und Otto Möckel (Bln., 1869–1937) beschäftigten sich damit sowie um 1935 die ›Hell-Werkstatt‹ (Rudolf Eras, 1904–1998, und Albert Lorenz, ca. 1885 bis nach 1960) in Markneukirchen in Verbindung mit dem Bärenreiter-Verlag. Erst seit wenigen Jahren aber entwickelt sich ein Bewußtsein für die subtilen Unterschiede bei älteren Halskonstruktionen und deren Implikationen.

b. Baßbalken

Der Baßbalken, der statischen und klanglichen Zwecken dient, verläuft im Inneren der Decke etwa unterhalb der G-Saite, wobei er den Auflagepunkt des baßseitigen Stegfußes passieren soll. Er kann unter leichter Spannung eingeleimt werden und wird oftmals ausgewechselt, wenn man glaubt, diese Spannung habe nachgelassen und zu einer Verschlechterung der Tonqualität geführt. Seine Dimensionen differieren zwischen einzelnen Herstellern, abhängig von unterschiedlichen Modellen und deren Deckenstärken, wobei seit dem 17. Jh. allgemein eine Zunahme der Länge zu beobachten ist. In den fortschrittlichen Pariser Werkstätten zu Beginn des 19. Jh. wurden zwar lange, aber noch immer relativ schwache Baßbalken eingesetzt. Die geschweiften und verhältnismäßig starken Modelle heutiger Zeit scheinen erst im Lauf des 19. Jh. eingeführt worden zu sein (→ Streichinstrumentenbau, A.I.4 und Abb. 32). Sie standen offenbar nicht in direktem Zusammenhang mit den Veränderungen an Hals und Griffbrett.

c. Steg

Der Steg aus Ahornholz von heute über 30 mm Höhe und 40 mm Breite überträgt die Schwingungen der Saiten auf die Decke. Er steht im Zentrum der Decke, auf der imaginären Linie zwischen den inneren Kerben der F-Löcher. Seiner Form und Positionierung kommt erhebliche Bedeutung für die Feinabstimmung des Klanges zu. Die Auflagefläche der Füße ist stark ausgedünnt und es besteht nur eine schmale Verbindung zum Stegkörper. Der Saitendruck wird deshalb auf eine kleine Fläche zentriert (Abb. 25 d).

Ältere Stege des 16. bis 18. Jh., die sehr selten erhalten sind und noch seltener datiert und bestimmten Geigenbauern zugewiesen werden können, scheinen generell massiver als heutige und je nach Halskonstruktion von unterschiedlicher Höhe gewesen zu sein. Ihre Füße laufen meist relativ massiv aus dem Körper des Stegs heraus, sodaß der Druck auf eine vergleichsweise große Fläche verteilt wird (Abb. 25 a-c). Die Durchbrechungen des Stegkörpers können sehr unterschiedlich sein. In auffallend vielen Gemälden des 16. bis 18. Jh. ist der Steg deutlich unterhalb

Abb. 25a: Dirck de Quade van Ravensteyn, »Flötenspielerin« (ca. 1600), abgebildete Instrumente: Traverso, Zink, Laute, Viola(?) mit gut sichtbarem Steg und Steckfroschbogen (Wien, Kunsthistorisches Museum, Gemäldegalerie, GG 3080;
Foto: Kunsthistorisches Museum Wien)

der Kerben der F-Löcher aufgestellt. Abnutzungsspuren auf Decken älterer Instrumente weisen andererseits darauf hin, daß durch Standpunkte oberhalb der FF-Kerben die Saitenmensur manchmal verkürzt wurde.

d. Stimmstock

Knapp hinter dem Diskantstegfuß Richtung Unterzarge ist im Inneren des Korpus der Stimmstock plaziert, ein runder Stab aus Fichtenholz von ca. 6 mm Durchmesser, der für den Klang des Instruments von größter Bedeutung ist. Talbot (ca. 1695) vergleicht seine Stärke mit der eines Gänsekiels (»goosequill«, GSJ 3, 1950, S. 29), was darauf hindeutet, daß ältere Stimmstöcke dünner waren als heute üblich. Spohr ([1833], S. 12) empfiehlt bei starken Decken dünne Stimmstöcke und umge-

Abb. 25b: Stegschablone aus Papier mit der Aufschrift »Adi Primo Agosto 1711 / / Mostra«, aus dem Bestand der Stradivari-Werkstatt (Museo Civico, Cremona, Sezione Stradivariana, Inv.-Nr. 143; Foto: Museo Civico, Cremona)

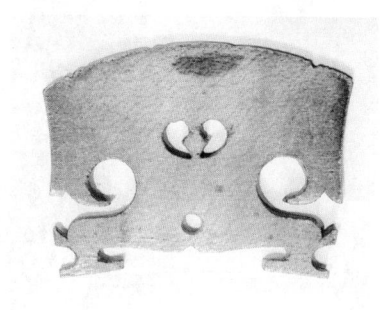

Abb. 25c: Steg, vermutlich aus der Werkstatt der Familie Mantegazza, Mailand, ca. 1800, Privatbesitz (Foto: J. & A. Beare, London)

Abb. 25d: Moderner Steg (Foto: Thomas Drescher, Basel)

kehrt. Die Positionierung knapp hinter dem Stegfuß wird von allen Autoren empfohlen, allerdings warnt G. A. Marchi (1786, S. 112/303) vor einer Aufstellung direkt unter dem Stegfuß und sagt damit zumindest indirekt, daß diese Stellung gelegentlich gewählt wurde. Es ist eine delikate Aufgabe, die optimale Stimmstockposition für jedes Instrument herauszufinden.

4. Haltungshilfen

Spohr bezeichnet sich ([1833], S. 8) als Erfinder des Kinnhalters (er nennt ihn zutreffender *Geigenhalter*), den er schon seit 10 Jahren – also ab ca. 1823 – in Gebrauch habe. Sein Modell wird zentral über dem Saitenhalter angebracht und mit dem Saitenhalterknopf festgehalten (Abb. 26). Er ist als weiterer Faktor der Bemühungen um eine möglichst frei bewegliche linke Hand zu verstehen. Erste Hinweise auf eine bewußte Unterstützung des Instruments von unten finden sich in der Violinschule von Baillot ([1834], S. 16), der jungen Menschen (deren Schultern noch nicht breit genug seien) oder Damen (die sonst keine Hilfe durch ihre Kleidung erhielten) empfiehlt, ein dickes Taschentuch oder Kissen auf die linke Schulter zu legen. Heute wird dieses Problem mit den verschiedensten Schulterstützen gelöst. Beide, Kinnhalter und Schulterstütze, bringen auch klangliche Vorteile, weil damit dämpfende Einflüsse des Kinns und der Schulter auf den Korpus vermieden werden.

III. Geschichte
1. Italien

Nach heutiger Kenntnis entstand die Violine während des frühen 16. Jh. im oberitalienischen Raum. Spätestens um 1530 dürfte, nach den ikonographischen Zeugnissen zu urteilen, die konzeptionelle Phase im wesentlichen abgeschlossen sein. In der Funktion als zunächst dreisaitiges Diskantinstrument stand wohl das Rebec Pate, Impulse für die Bauweise mit deutlich abgesetztem Hals und kastenförmigem Korpus könnten von kleineren Fideltypen ausgegangen sein. Die Bautechnik

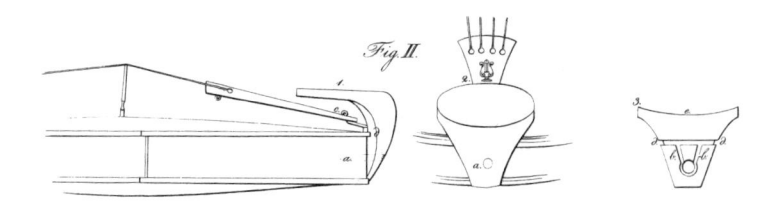

Abb. 26: Kinnhalter aus: L. Spohr, Violinschule, Wien [1833], Fig. II

über eine Innenform in klassischer Cremoneser Art war dem Lautenbau entlehnt. Bis in die erste Hälfte des 17. Jh. dauerte die Standardisierung der Maße. Seit dieser Zeit hat sich die Violine nur noch in Details verändert. Will man also die Entwicklungsgeschichte des Instruments nachzeichnen, so liegt zwangsläufig ein Schwerpunkt auf der Frühgeschichte bis ca. 1650.

Frühe Belege schriftlicher und ikonographischer Art häufen sich im Raum des heutigen nordwestlichen Italien um Turin, damals Hauptstadt des Herzogtums Savoyen, und in Mailand (E. Winternitz 1967). Bereits 1523 wird im savoyardischen Schatzamt die Bezahlung von Musikern als »trompettes et vjollons de Verceil« festgehalten. 1534 sind »viollons de Thurin« – Violinspieler aus Turin – als Unterhalter genannt. In Vercelli (San Cristoforo), zu Savoyen gehörig, befindet sich ein von Gaudenzio Ferrari um 1530 gemaltes Marienbild mit der Darstellung einer dreisaitigen Violine (als Frontispiz in D. D. Boyden 1965). 1530 erklingen in Brescia bei einer feierlichen Messe »li violini p[er] certi forestieri« (R. Baroncini 1992, S. 161). Ebenfalls von Ferrari gemalt ist das große Engelskonzert von 1535 in der Kuppel von Santa Maria dei Miracoli in Saronno, nördlich von Mailand, in dem mehrere Streichinstrumente unterschiedlicher Größe mit Merkmalen der Violinfamilie abgebildet sind. Sehr deutliche Züge einer Violine finden sich auch in einer Holz-Intarsienarbeit in Parma, die leider nicht präziser als zwischen 1513 bis 1535 zu datieren ist (Baroncini 1994, S. 63). Klarer als die genannten Darstellungen zeigt aber ein Gemälde von Ludovico Fiumicelli in Padua aus dem Jahr 1537 den Typus der Violine, allerdings in einem Format der tiefen Mittel- oder Baßlage. Als Diskantinstrument findet sich auf dem gleichen Gemälde ein Rebec, wodurch das zeitweise Nebeneinander der alten und der neuen Tradition im Streichinstrumentenbau deutlich zum Ausdruck kommt (→ Violoncello, Abb.).

Diese frühe Abbildung eines großformatigen Instruments stützt die jüngsten Ansichten, daß die Violine von Beginn an im Kontext einer Familie mit verschiedenen Stimmlagen gebaut wurde (P. Holman 1993, R. Baroncini 1994). Dem würde entsprechen, daß italienische Streichergruppen, deren Mitglieder ausdrücklich als Violinspieler bezeichnet wurden, in der zweiten Hälfte des 16. Jh. meist mit drei Personen besetzt waren und damit jeweils eine homogene Gruppe in den drei Stimmlagen der Familie formen konnten. Beispiele hierfür liefern die Mitglieder der Bergamasker Familien Morari und Besotio (Besozzi) am Münchner Hof (K. Moens 1995, T. Drescher 2002). Um 1600 waren Differenzierungen in allen drei Stimmlagen erfolgt, es gab zwei Größen in der Diskantlage, unterschiedlich große Instrumente der Mittellage von gleicher Stimmung (→ Viola) und mehrere Größen des Basses in der Achtfußlage (→ Violoncello, → Violone).

Als Anreger für die Entwicklung der Violinfamilie dürfen Kreise um die Familie d'Este vermutet werden, die in Ferrara (Alfonso d'Este) und Mantua (Isabella d'Este-Gonzaga) um 1500 analoge Entwicklungen für die Viole da gamba vorangetrieben haben. Ihre Bemühungen sind wohl im Rahmen der Versuche zur Rekonstruktion vermeintlich antiker Streichinstrumente zu sehen. Für die Bedeutung der d'Este in dieser Entstehungsphase sprechen auch sehr frühe ikonographische Zeugnisse mit Instrumenten violinähnlichen Typs auf Ferrareser Bildern, wie auf einer Wandmalerei von 1505/1508 aus der Hand von Garofolo in der Sala del Tesoro des Palastes von Ludovico il Moro und musizierende Engel auf einem Fresko in Santa Maria della Consolazione, zugeschrieben Michele Coltellini oder Ludovico Mazzolino, ca. 1510 bis 1515 (Holman 1993, Taf. 1a). Die Violine und ihre Verwandten könnten als transportable und deshalb auch im Freien nutzbare Instrumente entworfen worden sein, im Gegensatz zu den Viole da gamba, die auf Grund ihrer Größe und der Spielhaltung zwischen den Beinen für den mobilen Einsatz nicht geeignet waren. Jambe de Fer (1556, S. 63) bestätigt diese Sicht, wenn er schreibt: »[...] duquel [i.e. le violon] l'on vse en dancerie communement, & à bonne cause: car il est plus facile d'accorder, pour ce que la quinte est plus douce à ouyr que n'est la quarte. Il est aussi plus facile à porter, qu'est chose fort necessaire, mesme en conduisant quelques noces, ou mommerie«. Der bereits zitierte Einsatz von Violinspielern in einer Messe in Brescia von 1530 macht aber gleichzeitig deutlich, daß die Instrumente – zumindest in Italien – schon früh auch im geistlichen Bereich eingesetzt worden sind. Erstaunlich bleibt die Tatsache, daß erst 1562 mit Battista Doneda (ca. 1529-1610) in Brescia ausdrücklich ein Hersteller von *violini* benannt wird, von dem allerdings keine identifizierbaren Instrumente überliefert sind. Als früheste erhaltene Violinen gelten Instrumente der Cremoneser Familie Amati aus dem letzten Drittel des 16. Jahrhunderts. Allem Anschein nach hat die Violine in Italien relativ rasch alle anderen Streichinstrumente der Diskantlage in Armhaltung verdrängt, insbesondere das Rebec. Sie war somit bereits in der zweiten Hälfte des 16. Jh. in sämtlichen Bereichen der musikalischen Praxis etabliert.

2. Länder nördlich der Alpen

Wesentlich länger als in Italien scheinen sich in den Ländern nördlich der Alpen angestammte kleine Fideltypen und Rebecs neben den neuen, aus Italien kommenden Violinen gehalten zu haben, wobei die überkommenen Instrumente einerseits in gesellschaftlich inferiore Schichten abgedrängt, andererseits von Bauweise und Form der Violine beeinflußt wurden. Agricola, dessen *Musica instrumentalis deudsch* in ihrer Mehrdeutigkeit zu den unterschiedlichsten Interpretationen einlädt, kennt in der Erstauflage von 1528 kleine Geigen in Kastenbauweise und Quintstimmung (fol. 49ff.) sowie klein Geigen in Rebecform (fol. 55ff.). In der fünften Auflage von 1545 spricht er nur noch von Polischen Geigen/vnd kleinen handgeiglein (fol. 42v ff.), die gemäß Abbildungen und Stimmtabellen (fol. 42v-51) wohl identische Instrumente sind, sich aber durch die Spielart unterscheiden. Für die Polischen Geigen heißt es als Besonderheit: »mit den negeln rührt man sie an«. Es wird nicht hinreichend klar, ob tatsächlich ein Abgreifen mit Fingernägeln gemeint ist. Vielleicht sollte auch die Möglichkeit einer Schnarreinrichtung bedacht werden. Noch Praetorius (PraetoriusS 2, S. 44) weist darauf hin, daß die »Kunstpfeiffer in Städten« von »Geigen oder Polnische(n) Geigeln« sprechen, doch kann auch er über die Herkunft dieser Benennung nur spekulieren.

Die Violine italienischen Typs und ihre Verwandten wurden schon im 16. Jh. zusammen mit italienischen Spielern an die Hofkapellen nördlich der Alpen geholt. In Dresden sind ab 1555 mehrere italienische Musiker beschäftigt, die ab 1562 gemeinsam mit Mitgliedern der Familie Morari aus Bergamo am Münchner Hof tätig werden (K. Moens 1995, T. Drescher 2002). Massimo Troiano berichtet anläßlich des Hochzeitsfestes von 1568 über die sette uirtuosi di uiola da braccio, iquali fanno Musica nella Mensa; Antonio Morari suona il soprano, e tanto dolci e netti fa udire lu uaghi passaggi, che quanti lo ascoltano li danno il uanto di quello strumento. (H. Leuchtmann 1980, S. 44). In der zeitgleichen Darstellung der Münchner Hofkapelle durch Hans Mielich sind die besagten Musiker wohl porträtiert, gleichzeitig ist dies die vermutlich früheste Abbildung der gesamten Violinfamilie nach realen Verhältnissen (Abb. 27).

In Wien sind seit Ende 1566 zwei Geiger aus Cremona angestellt, in Hechingen treten 1581/1582 Geiger aus Italien in Dienst. In welchem Maß die höfische Situation noch in der ersten Hälfte des 17. Jh. vom Import italienischer Musiker und Instrumente geprägt war, spiegelt ein Schreiben von H. Schütz, der um 1628 am Dresdner Hof auf die Beschaffung mehrerer Streichinstrumente in Cremona drängt: »im betracht auch das derogleichen instrumenta, wann itziger alte meister [wohl H. Amati] abgehen möchte, an keinem ort in solcher bonitet zubekommen sein werden« (E. H. Müller [Hrsg.] 1931, S. 89-90). Zu eben dieser Zeit war der italienische Geiger C. Farina unter Schütz in Dresden tätig.

Frankreich, das sich als konservativ hinsichtlich des Gebrauchs von Rebecs erweist (M. A. Downie 1982), bietet gleichzeitig früheste Belege für die Einführung der italienischen Violine. 1529 sind »viollons, haulxbois et sacquebuteurs« erwähnt, und 1533/1534 figurieren verschiedene Musiker italienischer Herkunft im Gefolge von Franz I. in Lyon als »violons et joueurs d'instruments du Roy« (D. D. Boyden 1965, S. 24-25). 1533 heiratete Heinrich II. - noch als Herzog von Orléans - Katharina von

Medici. Auf ihren Wunsch hin wurde etwa 1555 eine Gruppe von Violinspielern an den französischen Hof engagiert (L. Guillo 1998). Für die immer wieder zitierte Lieferung von 38 Instrumenten des Cremoneser Meisters A. Amati an den Hof von Karl IX., Sohn der Katharina, fehlen allerdings zuverlässige schriftliche Belege. Seit 1551 tauchen *violons* in Pariser Dokumenten auf (F. Lesure 1954), seit 1575 wird ausdrücklich auf Violinen »*façon de Cremonne*« Bezug genommen. Bereits 1636 kann M. Mersenne über Großveranstaltungen mit »*500 violons differents*« berichten sowie über die »*24 Violons du roi*« (1636, Liv. 4, S. 185 und S. 177).

Der englische König Heinrich IV. engagierte im November 1540 eine Gruppe von sechs venezianischen Streichern teils jüdischer Herkunft, die nicht nur die weit entwickelten italienischen Gamben nach England brachten, sondern mit großer Wahrscheinlichkeit auch die komplette Familie der Violininstrumente. 1545 taucht in ihrem Umfeld der Begriff »*vialline(s)*« erstmals auf (Holman 1993, S. 87).

3. Soziale Aspekte

Die Violine und ihre Verwandten waren von Beginn an Instrumente für den professionellen Gebrauch. Dies spiegelt sich bereits in einer Äußerung von Virdung (1511, S. B IIv), wonach die »*cleinen Geigen*« (bei ihm noch dreisaitige Rebecs) »*on nütze instrumenta*« sind. Gleichzeitig weist er aber darauf hin, daß sie wegen ihrer Bundlosigkeit nur »*durch grosse ubung / und durch den verstand des gesangs*« zu beherr-

Abb. 27: Hans Mielich, Die Münchner Hofkapelle im St. Georgs-Saal der Neuveste 1570 (Ausschnitt), D-Mbs, Mus.Ms.A-2, S. 187, mit Darstellung der Violinfamilie in allen Stimmlagen; links im Vordergrund ein Instrument der Kontrabaßlage mit baulichen Merkmalen der Gambenfamilie (Foto: Bayerische Staatsbibliothek München)

schen seien. Das Verdikt ist erklärbar, wenn die Instrumente lediglich für die gutsituierten bürgerlichen Adressaten seiner Schrift als ›nicht nutzbringend‹ angesehen werden, ihr Spiel dagegen Berufsmusikern vorbehalten bleibt, die über genügend Zeit zum Üben und die nötigen musikalischen Kenntnisse (»*verstand des gesangs*«) verfügen. Klarer noch wird die ständische Trennung adelige/bürgerliche Amateure versus Berufsmusiker bei Jambe de Fer (1556, S. 62–63), der die Viole da gamba Adeligen, Kaufleuten und anderen Personen von Stand zuordnet (»*gentilz hommes, marchantz, & autres gens de vertuz*«), die Violinfamilie dagegen den professionellen Musikern (»[...] *qu'il se trouue peu de personnes qui en vse, si non ceux qui en viuent, par leur labeur*«).

Während die italienischen Spieler das Instrument sehr rasch an den bedeutendsten europäischen Höfen etablierten, setzte es sich gegen Ende des 16. Jh. auch im spielmännischen Milieu der nördlichen Länder durch. Nahezu unverändert erhaltene Violininstrumente in Händen von Putten im Dom zu Freiberg in Sachsen von etwa 1593/94 (H. Heyde/P. Liersch 1979) führten beispielsweise auf die Spur von ländlichen Instrumentenbauern und Musikern in den Dörfern Randeck und Helbigsdorf, die als Zeugen für das Eindringen der neuen Instrumente in die angestammte Bau- und Spieltraditon des Nordens gelten können. Ebenso beweisen, wie erwähnt, Pariser Musikerinventare in der zweiten Hälfte des 16. Jh. das Nebeneinander alter und neuer Instrumente, zunächst (1551/1553) *viollons* und *rebecs*, später (1570/1575) *dessus de villon, façon de Paris* und *viollons a filletz, faictz a la mode de Cremonne* (Lesure 1954). Im Lauf des 17. Jh. konnten Streichergruppen schließlich in Positionen der Stadtpfeifer vorrücken, wie an den sogenannten Kunstgeigern in Leipzig zu verfolgen ist (R. Wustmann, *Musikgeschichte Leipzigs*, Bd. 1, Lpz./Bln. 1909, S. 155–157). Um 1700 ist die Violine dann vom bäuerlichen Wirtshausgeiger (*Brätlgeiger/Bierfiedler*) über die städtischen Musikbediensteten bis zu den Virtuosen höfischer Musikpraxis verbreitet. Diese soziale Spannweite ein- und desselben Instrumententyps dürfte im gesamten Instrumentarium ein Ausnahmefall sein und führte zu den mannigfaltigsten Abgrenzungskonflikten der einzelnen Gruppen voneinander.

Die gelegentlich geäußerte Ansicht, die Violine sei lange Zeit ein Instrument niederer gesellschaftlicher Schichten gewesen, beruht auf einem Mißverständnis ständischer Strukturen. Tatsächlich war das Instrument – wie beschrieben – omnipräsent. Da es aber von Anfang an der Sphäre der Berufsmusiker zugeordnet wurde, hatte es keinen Platz im Entwurf adliger Lebensführung, in dem eine Tätigkeit zum Gelderwerb nicht vorgesehen war, eine Haltung, die auch auf das bürgerliche Selbstverständnis abfärbte. Am anderen Ende der sozialen Skala wurden umherziehende Geiger von den obrigkeitlichen Mandaten des 17. Jh. im Rahmen der Ausgrenzungsmaßnahmen gegen das ›fahrende Volk‹ diskreditiert und jüdische Spielleute nach Konflikten mit den städtischen Spielleuten immer wieder diszipliniert. Diese Personengruppen sind aber keineswegs repräsentativ für die Gesamtheit der Violinspieler jener Zeit.

Im Lauf des 18. Jh. wurden die ständischen Vorbehalte gegen die Violine und das Violoncello abgebaut, so daß beide auch im Musikleben adeliger und bürgerlicher Liebhaber eine zunehmend wichtigere Rolle spielten. Die spielmännische Tradition konnte sich allerdings in einzelnen Überlieferungen bis in die Gegenwart halten: beispielsweise in Spielpraktiken, wie sie Tanzmusiker in Ungarn und Rumänien bewahrt haben, die in Haltung, Griffweise und Strich zwischen erstem Geiger (›Primas‹) und zweitem Geiger (›Sekundo‹) differenzieren. Erhalten blieben auch spezielle Bautraditionen, wie etwa in der Popularmusik Osteuropas und in Südamerika (Brasilien: *rabeca*), wo violinähnliche Instrumente in Bauweisen hergestellt werden, in denen archaische Merkmale aus der Zeit vor dem Aufkommen der italienischen Violine bewahrt blieben.

IV. Verwandte Instrumente
1. Violino piccolo

Unter *Violino piccolo* werden in der Terminologie des späten 17. und 18. Jh. Instrumente verstanden, die eine Terz oder Quart über der Normalstimmung der Violine stehen, wobei Korpus und Saitenmensur entsprechend kleiner dimensioniert sind. Bereits 1596 werden in einem Inventar aus Schloß Ambras in Tirol unter den *viole de braz* »ain discant und 2 claine discant« aufgelistet (J. Schlosser 1920, S. 12). Ebenso sind unter den Instrumenten des Freiberger Doms von etwa 1593 zwei Diskantgeigen unterschiedlicher Größe zu finden (H. Heyde / P. Liersch 1979). Praetorius (PraetoriusS 2, *Sciagraphia*, Taf. XXI) verzeichnet eine »Diskant-Geig, ein Quart höher« (c'-g'-d''-a''). Johann Jakob Prinner empfiehlt 1677 für das *kleine Halbgeigl* oder *halbViolin* dieselbe Stimmung und rät, die höchste Saite aus klanglichen Gründen und wegen der Gefahr des Reißens nur auf g'' zu stimmen. Auch D. Speer (^{2}1697, S. 207) macht diese Angabe.

Bach gebrauchte den Violino piccolo im Ersten Brandenburgischen Konzert und in zwei Kantaten (BWV 96, 140) in der Stimmung b-f'-c''-g''. Die Partien sind transponierend notiert, so daß Notenbild und Applikatur wie auf einer gewöhnlichen Violine gelesen werden können, eine Eigenheit der Notation, die schon J. J. Prinner beschreibt. Der Grund für die Beliebtheit der kleinen Instrumente liegt wohl ursprünglich in der leichter erreichbaren Höhe, was zu der mißverständlichen Bezeichnung Oktavgeige führte (z. B. J. C. Kachel 1792, s. Th. Drescher 1992, S. 23). Die Instrumente waren jedoch nicht eine Oktav höher gestimmt, sondern konnten eine Oktav höher gespielt werden. Für L. Mozart (1756, S. 2) sind die »Quart= oder Halbgeiglein« nur noch »für gar kleine Knaben« von Nutzen, denn »man spielet alles auf der gewöhnlichen Violin in der Höhe«. Jedoch erwähnt er, daß früher Konzerte für den Violino piccolo komponiert wurden und dieser »sonderbar bey musikalischen Nachtstücken« Verwendung fand, wohl wegen seines etwas leiseren Klanges. Im weiteren Verlauf des 18. Jh. ist nur schwer zu entscheiden, ob Instrumente der entsprechenden Ausmaße nun als Violini piccoli oder Kindergeigen gedacht waren. Anhaltspunkte können nen Hälse und Griffbretter normaler Abmessungen bieten, die Kinderhänden nicht angepaßt sind. Die Saitenmensuren liegen häufig bei 25 bis 28 cm. Die folgende Tabelle gibt die wichtigsten Maße einiger Instrumente an, die mit alten Hälsen überliefert sind, sowie die errechneten Zahlen aus Praetorius' Abbildung:

Maße in cm	Korpuslänge	Deckenmensur	schwingende Saitenlänge	Standort
Klemm (?) 1593/94	24,2	24,1	24	Freiberg, Sachsen, Dom
A. & H. Amati, Cremona 1613	26,6	15,3	26,8	Vermillion, SD, Shrine to Music Museum
Praetorius 1620 (errechnet, ca.)	26	13,6	22,5	PraetoriusS 2, Sciagraphia, Taf. XXI
Rudolf Höß, München 1690 (?)	23	12,3	25	Berlin, SIM PK, Musikinstrumenten-Museum, Nr. 4130
Michael Platner Rom 1738	27,5	15,3	26,8	Privatbesitz
Pietro Antonio Cati, Florenz 1741	26,2	13,8	25,2	Leipzig, Musikinstrumentenmuseum, Nr. 756
Leopold Widhalm Nürnberg 1769	28,2	15,3	28,2	Nürnberg, Germanisches Nationalmuseum, MI 26
J. & A. Gagliano Neapel 1795	24,3	12,8	25,8	Privatbesitz

Cl. Monteverdi verwendet im Instrumentarium seiner Oper *L'Orfeo* (Partiturdruck Vdg. 1609) *violini piccoli alla francese*, eine Bezeichnung, die bis heute nicht ganz geklärt ist. Aufgrund der Notation handelt es sich um oktavierende Instrumente (Boyden 1958–1963), die wegen dieser Eigenschaft von sehr kleinem Format gewesen sein müssen. Monteverdi schreibt nur bis (klingend) *es'''*, eine hohe *e'''*-Saite, die aus Darm nicht hergestellt werden kann, war also nicht erforderlich, weswegen Boydens Vermutung, es handele sich um – gewöhnlich viersaitige – Pochetten, wohl unzutreffend ist. Praetorius bildet dagegen einen kleinen Rebec-Typ mit nur drei Saiten ab (PraetoriusS 2, *Sciagraphia*, Taf. XXI) und gibt dafür oktavierende Stimmungen auf *g'* und *a'* an, womit diese Instrumente die Bedingungen bei Monteverdi erfüllen. Möglicherweise hatten in Italien Violinen die Rebecs so weitgehend verdrängt, daß sie für Monteverdi nur noch mit einer nordalpinen Tradition assoziiert wurden, was zur Charakterisierung mit *alla francese* führte.

2. Pochette/Taschengeige/Tanzmeistergeige (engl. kit)

Das Instrument hat seine Namen vom kleinen Format sowie von seiner Funktion zum Angeben der Melodie im Tanzunterricht des 17. und 18. Jahrhunderts. Obwohl es vier Saiten in Quintstimmung besitzt, ist es bautechnisch gesehen ein Nachfahre des Rebec. Der schmale, meist bootsförmige Resonanzkörper, Hals und Wirbelkasten sind in der Mehrzahl aus einem Stück Holz gefertigt, lediglich die Decke wird separat aufgeleimt und besitzt meistens zwei nach außen gewandte CC-Schallöcher. Der Korpus ist halbrund gearbeitet oder kantig, als ob er aus mehreren – meist fünf – Spänen zusammengesetzt wäre. Seine Länge beträgt bei den größeren Modellen ca. 26 bis 28 cm, doch kommen auch wesentlich kleinere Formen vor. Stege sind gemäß der Ikonographie meist unterhalb der Schallöcher plaziert. Schon Praetorius (*Sciagraphia*, Taf. XXI) bildet eine viersaitige Pochette ab, ebenso Mersenne (1636, Livre 4, S. 178, 184). Da Pochetten nicht auf das Ensemblespiel hin konzipiert waren, spielte die Höhe des Stimmtons in der Praxis wohl kaum eine Rolle, sodaß die unterschiedlichsten Größen gebaut werden konnten. Seit dem späten 17. Jh. wurden Pochetten auch mit verkleinertem Violin-Korpus hergestellt. Es sind noch relativ viele Stücke in Museen und privaten Sammlungen erhalten, oft aus kostbaren Materialien und in kunstvoller handwerklicher Ausführung (Abb. 28a/b). Sogar im Werkstattnachlaß von A. Stradivari haben sich mehrere Schablonen für den Bau von Pochetten erhalten (S. F. Sacconi 1972, S. 240–243).

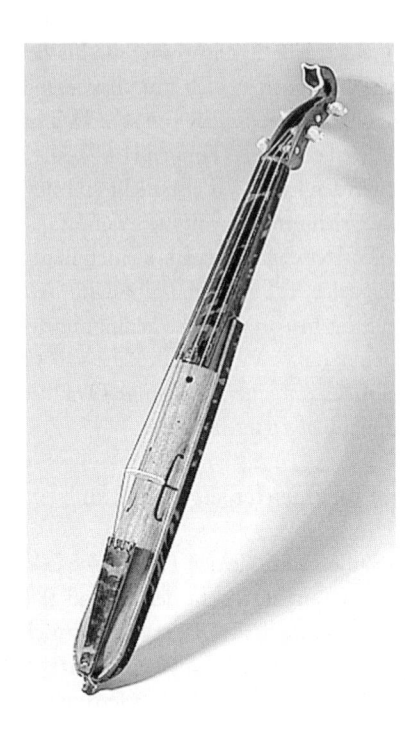

Abb. 28a: Pochette in Bootsform von Georg Aman, Augsburg 1699, mit Applikation aus Schildpatt (Germanisches Nationalmuseum Nürnberg, MI 37; Foto: Germanisches Nationalmuseum Nürnberg)

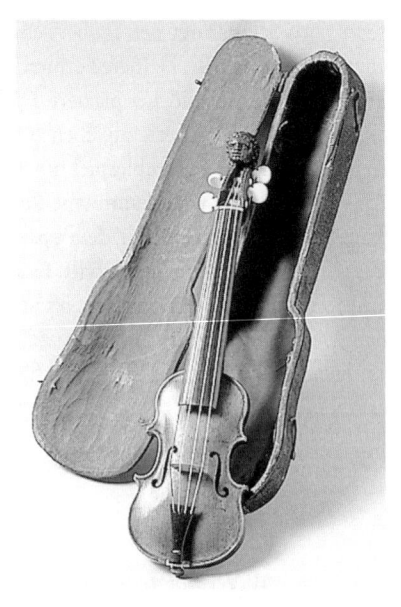

Abb. 28b: Pochette in Violinform von Matthias Hummel, Nürnberg 1698, mit zugehörigem Kasten (Germanisches Nationalmuseum Nürnberg, MIR 765; Foto: Germanisches Nationalmuseum Nürnberg)

3. Sonderformen

Eine *stumme Violine* (auch: *Brettgeige*) ist gebaut wie ein normales Instrument, besitzt aber keinen Resonanzkasten, sondern nur eine verstärkte Decke. Sie diente Übungszwecken. Die *Stockvioline* wurde im Inneren eines Spazierstockes untergebracht und offenbar von Johann Wilde in St. Petersburg im dritten Viertel des 18. Jh. erfunden (G. Kinsky 1912, S. 532–533). Imitationen dieser Kuriosität wurden noch gegen Ende des 19. Jh. hergestellt. *Schallmei-Geigen* (auch: *violini piffari/fidiculae Schalamarum*) kommen in einigen Kompositionen und Inventaren des süddeutsch/österreichischen Raumes um 1700 vor (A. Kellner 1956, S. 357 – Inventar von 1739; A. Breitenbacher 1928, S. 116, 139). Es handelt sich möglicherweise um Instrumente kleineren Formats, die aber von *Violini piccoli* bzw. *Halbgeigl* unterschieden werden. Die besonderen Eigenschaften ihrer klanglichen Einrichtung sind nicht genau bekannt, doch waren sie vielleicht mit einem Bezug aus speziell umsponnenen Saiten ausgestattet (M. Spielmann 1994).

Darüber hinaus sind Streichinstrumente in Violinform in vielen Volkstraditionen anzutreffen. Eine der bekannteren Typen ist die *Fele/Hardanger-Fidel*.

THOMAS DRESCHER

B. Akustik der Violine
I. Geschichte

Erste Grundlagenforschung zum Thema Akustik der Streichinstrumente wurde bereits von H. von Helmholtz (1863) betrieben, der mittels eines eigens entwickelten Schwingungsmikroskops die Bewegung der angestrichenen Saite beobachtete. Später kamen Untersuchungen zum Abstrahlverhalten (H. M. Meinel 1937, 1940, 1957; J. Meyer 1964, 1975), zu den sagenumwobenen Lacken (J. C. Schelleng 1968), zum Schwingverhalten der Violinen hinzu (H. Backhaus 1927, 1929, 1936, H. Backhaus/G. Weymann 1939, F. A. Saunders 1937, C. M. Hutchins 1975) und zu Einzelphänomenen wie zur Tragfähigkeit (U. Arns 1955, 1957) oder zum Phänomen des sog. ›Wolfs‹ (W. Güth 1994). Eine vorläufige Zusammenfassung der bis zu diesem Zeitpunkt erfolgten akustischen Untersuchungen zur Violine findet sich bei L. Cremer (1981). Aus heutiger Sicht stellt sich vor dem Hintergrund der Tatsache, die bereits Helmholtz erkannt hatte, daß Instrumentalisten einen großen Anteil am Klang der Instrumente haben (von guten Spielern selbst schlechtere Instrumente so gespielt werden können, daß sie im Klang nicht von den altitalienischen Meisterviolinen unterschieden werden können), die Frage nach den Geheimnissen der alten Violinen nicht mehr, vielmehr ist die Interaktion zwischen Instrument und Spieler Gegenstand der Grundlagenforschung.

II. Akustische Grundlagen des Violinklanges
1. Einführung

Ein wesentliches Merkmal aller Saiteninstrumente ist, daß sie aus mehreren an der Klangentstehung beteiligten Bauteilen zusammengesetzt sind. Zunächst muß die Saite zu Schwingungen angeregt werden. Dies geschieht bei der Violine mittels eines mit Pferdehaaren bespannten und mit Kolophonium bestrichenen Bogens. Da die Saite aufgrund ihrer geringen Fläche nicht in der Lage ist, in nennenswerter Weise Schall abzustrahlen, sind Saiten stets an Resonatoren angekoppelt, die die Schwingungsenergie der Saiten aufnehmen und an die das Instrument umgebende Luft abstrahlen. Der Beitrag der einzelnen an der Klangentstehung beteiligten Bauteile am Klang der Instrumente ist sehr unterschiedlich, als Regel gilt jedoch, daß Schallenergie, die bei der Schwingungsanregung nicht in das Instrument eingebracht wird, bei der weiteren Umwandlung durch den Resonanzkörper nicht neu entstehen kann. Lediglich bereits in der Saitenbewegung vorhandene Klanganteile können durch den Resonanzkörper in ihrer relativen Stärke beeinflußt werden. Ist Ziel eines Instruments, dem Musiker möglichst große Freiheit bei der Gestaltung des Klanges zu geben, ist es sinnvoll, daß die Resonatoren, wie bei den meisten Saiteninstrumenten der Fall, für einen großen Frequenzbereich gleichermaßen wirksam sind und breite, stark bedämpfte Resonanzen aufweisen. Die Saiten weisen scharfe Resonanzspitzen auf, die durch die Art Saitenanregung, die sich in der Hand der Musiker befindet, in weitem Maße modifiziert werden können; hierdurch wird eine starke Variabilität des Klangs allein aufgrund der Saitenanregung ermöglicht, die durch den unveränderlichen Resonator nicht erreicht werden kann.

Die Struktur der Klangentstehung bei der Violine erlaubt es, im folgenden Abschnitt die wesentlich an der Klangentstehung beteiligten akustischen Einheiten des Instruments, die sich von anderen Saiteninstrumenten unterscheiden, einzeln zu beschreiben.

2. Der Anstreichvorgang

Bereits Helmholtz beschrieb 1863 die später nach ihm benannte Bewegung der angestrichenen Saite, die sich von derjenigen der angezupften Saite grundsätzlich unterscheidet. Später kamen weitere Untersuchungen hinzu, die die Besonderheiten der gestrichenen Saite herausstellen (C. V. Raman 1918; Schelleng 1974; A. Askenfelt 1986, 1989; R. E. Terhardt 1990; R. Piteroff/Woodhouse 1998, J. P. Fricke 1998). Während der Bogen über die Saite gestrichen wird, wird die Saite am Berührungspunkt zwischen Bogen und Saite mitgenommen. Sie haftet während dieser Zeit an den mit Kolophonium bestrichenen Bogenhaaren und reißt sich los, wenn die Auslenkung durch den Bogen so groß wird, daß die Saitenrückstellkraft die Haftreibung zwischen Bogenhaaren und Saite überwindet. Sie schwingt praktisch vom an der Saite noch anliegenden Bogen unbehindert zurück, bis die Saite wieder von dem sich weiterbewegenden Bogen eingefangen wird, dann wieder von dem Kolophonium am Bogen festgeschweißt wird, wieder mitgenommen wird und schließlich sich wieder losreißen kann. Bei einer Saitenbewegung, die zu einem guten Klang führte, konnte Helmholtz auf der angestrichenen Saite einen einzelnen, ständig umlaufenden Knick beobachten, der die Saite auf einer parabelförmigen Bahn auslenkt. Während der Zeit, da die Saite am Bogen haftet, nimmt dieser Knick den Weg zwischen Anstrichstelle - Steg - wieder zurück zur Anstrichstelle und während der übrigen Zeit den Weg zwischen Anstrichstelle - Sattel bzw. aufgesetztem Finger - wieder zurück zur Anstrichstelle. Unterschiedliche Anstrichorte wirken sich nach dieser Theorie nicht auf den Klang der Saite aus, da durch diese Art der Saitenanregung - unabhängig vom Ort der Saitenanregung - sämtliche Teilschwingungen der Saite angeregt werden.

Im Gegensatz hierzu steht die Saitenanregung durch Zupfen, die bereits sehr früh akustisch untersucht wurde. Durch Zupfen werden theoretisch diejenigen Teilschwingungen der Saite nicht angeregt, die am Anregungsort einen Schwingungsknoten haben. Die Stärke der übrigen Teilschwingungen ist abhängig davon, wie nahe der Anregungsort an einem Schwingungsbauch einer jeden Teilschwingung ist. Auf einer angezupften Saite lassen sich zwei absolut gleichförmige Knicke beobachten, die gegenläufig auf der frei schwingenden Saite zwischen den Endpunkten laufen, an diesen reflektiert werden und in ihrer Superposition zu dem typischen Schwingungsbild der angezupften Saite und dem charakteristischen vom Anregungsort stark abhängigen Klang der angezupften Saite führen. Da es aber bei der angestrichenen Saite dennoch hörbare Unterschiede bei verschiedenen Anstrichorten gibt, ist anzunehmen, daß die Saitenbewegung der angestrichenen Saite in der Hauptsache von der von Helmholtz beschriebenen Bewegung bestimmt wird, aber noch überlagert wird von Effekten, die von einer Art zusätzlichen Zupfanregung herrühren, somit zu dem einen umlaufenden Knick, wie er von Helmholtz beobachtet wurde, noch mindestens ein weiterer Knick hinzukommt. Erst durch dessen Anteil geht der Ort des Anstreichens in die Saitenbewegung und somit in den vom Instrument abgestrahlten Klang ein (B. Gätjen 1998).

Neben der Veränderung des Anstrichortes haben die Musiker noch die Möglichkeit, durch den Bogendruck und die Bogengeschwindigkeit, durch die in der Hauptsache die gespielte Lautstärke bestimmt wird, die Klangfarbe des Instruments zu beeinflussen. Diese Beeinflussungsmöglichkeiten reichen aus, um verschiedene Violinen, von guten Musikern gespielt, in ihrem Klang sehr ähnlich werden zu lassen. Der Klang wird den Klangvorstellungen der Musiker demnach allein durch den Anstreichvorgang – dies ist ihre einzige Möglichkeit der Einflußnahme auf den Klang – unabhängig von der sonstigen Bauweise des Instruments angepaßt.

Die spezielle Musizierweise der Alten Musik mit dem entsprechenden Instrumentarium zeichnet sich dadurch aus, daß dort mit relativ geringem Bogendruck und schmaleren Bögen eher eine Saitenbewegung nach Art der ›Helmholtzbewegung‹ erzeugt wird, der Anstrichort nicht so stark in den Klang eingeht und daher die Eigenheiten des Instruments mehr zum Tragen kommen, hier also der Klang nicht durch den Streichvorgang, sondern mehr durch das Instrument beeinflußt wird.

3. Schwingungsübertragung Saite/Korpus

Eine Saite ist allein nicht in der Lage, in nennenswerter Weise Energie abzustrahlen, da es zur Schallabstrahlung eines Schallstrahlers erforderlich ist, daß seine Dimensionen mindestens ähnlich derjenigen der Wellenlänge des abzustrahlenden Schalls sind. Eine schwingende Saite ohne Resonanzkörper kann nur sehr gering Schall abstrahlen, da sie lediglich die sie umgebende Luft durchschneidet; die Luftmoleküle können um die Saite herumstreichen, ohne im größeren Umfang benachbarte Luftmoleküle aus ihrer Gleichgewichtslage zu zwingen, die dann eine Schallabstrahlung bewirken würde. Bei einem genügend großen Resonanzkörper können die Luftmoleküle nicht ausweichen, indem sie während der Schwingungsbewegung des Resonanzkörpers um diesen herumstreichen, sondern es erfolgt eine Schallabstrahlung dadurch, daß die Luftmoleküle durch die Bewegung des Schallstrahlers näher an ihre Nachbarmoleküle gerückt werden und anschließend wieder von ihnen entfernt werden. Dieses Aneinander- und Auseinanderrücken der Luftmoleküle setzt sich in der Umgebungsluft fort und führt schließlich zu dem im Raum hörbaren Klang des Musikinstruments.

Die Schwingungsenergie der in der Hauptsache parallel zur Geigendecke schwingende Saiten wird über die beiden Füße des Stegs, die Geigendecke und, da die übrigen Bauteile direkt oder indirekt mit der Decke verbunden sind, den gesamten Korpus übertragen und versetzt die im Korpus vorhandene Luft in Schwingungen. Der Steg steht direkt auf der Decke senkrecht zu den Saiten und wird auf der Seite, auf der die Diskantsaite über den Steg läuft, von der sog. ›Stimme‹ (einem kleinen Stab, der innerhalb des Instruments zwischen Decke und Boden geklemmt wird) unterstützt. Auf der Seite, auf der die niedrigst gestimmte Saite über den Steg läuft, wird die Geigendecke von dem sog. Baßbalken (→ Streichinstrumentenbau A.III.4.) unterstützt, einer Art Rippe, die in Längsrichtung des Instruments innerhalb des Instruments unter die Decke geleimt ist. Die vollständige Schwingungsanregung des Violinkorpus führt schließlich zur Schallabstrahlung, zum hörbaren Klang des Instruments.

Die möglichen Schwingungsformen dreidimensionaler Körper sind sehr vielfältig. Diese Vielfältigkeit läßt sich am besten verstehen, wenn zunächst das Schwingverhalten einer Saite, eines eindimensionalen Objekts, mit demjenigen einer Membran, eines zweidimensionalen Objekts, verglichen wird und die Ergebnisse dann auf dreidimensionale Körper übertragen werden. Die Schwingungsformen schwingungsfähiger Gebilde entstehen durch die Möglichkeit, nicht nur als Ganzes, sondern auch in Teilen schwingen zu können. Die Saite kann ihrer Länge nach in ein, zwei, drei usw. jeweils gleich lange Teilstücke unterteilt werden, die mit der Grundfrequenz, der doppelten, der dreifachen usw. Grundfrequenz schwingen. Die möglichen Schwingungsformen, die Eigenschwingungen von Membranen, sind jedoch vielfältiger, da die Unterteilung einer Membran in alle Richtungen unabhängig voneinander vorgenommen werden kann. So stehen die Frequenzen der möglichen Schwingungsformen einer quadratischen Membran im Verhältnis 1 zu 1,58 zu 2 zu 2,24 zu 2,55 zu 2,92 zu 3 usw. Sind die Frequenzabstände der möglichen Schwingungsformen einer Saite immer gleich der Grundfrequenz, so verkürzen sich die Frequenzabstände der möglichen Schwingungsformen einer Membran mit zunehmender Ordnungszahl der Eigenschwingung. Eine Violine besteht aus mehreren innig verbundenen Bauteilen, der Decke, dem Boden, der Zarge, dem Saitenhalter usw., die zu einem großen Teil flächig ausgebildet sind und somit - wenigstens näherungsweise - ähnliche Schwingungseigenschaften aufweisen wie Membranen, wenn sie nicht sogar durch ihre Dreidimensionalität noch engere Abstände der möglichen Schwingungsformen zeigen. Jedenfalls überlagern sich die einzelnen Resonanzen dieser Bauteile, und es gibt gegenüber der zweidimensionalen Membran wieder eine Erhöhung der Anzahl der möglichen Schwingungsformen. Außerdem bestehen die Bauteile der Geige aus Holz, welches - im Vergleich zu den Saiten - Schwingungen relativ stark dämpft. Die besondere akustische Eigenschaft dämpfender Materialien ist, daß sie – zum Beispiel im Gegensatz zur wenig gedämpften Saite, die nur in einem sehr engen Frequenzbereich um die Resonanz zu starken Schwingungen angeregt werden kann – mit gleichem Energieeinsatz in einem erheblich größeren Frequenzbereich, allerdings mit einem geringeren Schwingungsausschlag, angeregt werden können. Diese Eigenschaft macht diese Materialien zur Herstellung von Resonanzkörpern sehr gut geeignet. Eine Saite schwingt nur in Tonhöhen, die ihrer Länge, ihrer Stärke, ihrem Material und der auf sie angewendeten Zugkraft entsprechen. Andere Tonhöhen lassen sich bei der Saite nur durch Veränderung mindestens einer Randbedingung einstellen. Resonatoren aus Holz hingegen sind in der Lage, ohne Änderung der Randbedingungen einen weiten Frequenzbereich abzudecken, sind also für die Aufgabe, einem Instrument, dessen Saiten in ständig veränderlichen Tonhöhen schwingen, als Resonator zu dienen, sehr geeignet.

Wichtig ist noch die bereits angesprochene innige Verbindung der einzelnen Bauteile zu einem Ganzen, wodurch sich die einzelnen Resonanzen der Bauteile gegenseitig beeinflussen, überlagern und im idealen Fall zu einem sehr gut funktionierenden, alle Frequenzbereiche gleichermaßen abdeckenden Resonator führen. Besonders sei hier eingegangen auf die Funktion von Baßbalken und Stimme. Durch den Baßbalken ist dafür gesorgt, daß relativ niedrigfrequente Schwingungsanteile auf ein größeres Gebiet der Violindecke verteilt werden, der Steg also die Violindecke nicht nur punktuell, kleinteilig durch seine Auf- und Abbewegung aus der Ruhelage entfernt, sondern daß ein möglichst großes Gebiet in Schwingung versetzt wird, durch das gerade der niedrigfrequente Schall besser abgestrahlt werden kann. Die Stimme ist ein kleiner Holzstab, der zwischen Decke und Boden unterhalb der Diskantseite des Stegs eingespannt ist und eine zusätzliche Schwingungsübertragung zwischen Decke und Boden zu der ohnehin vorhandenen Übertragung durch Zargen und Klötze bewirkt. Die Stimme berührt an der Unterseite der Decke einen Ort mit maximalem Schwingungsausschlag, da der die Decke anregende Steg direkt oberhalb der Stimme angeordnet ist, und kann dadurch, daß er den Boden fast in seiner Mitte anregt, diesen auch sehr effektiv anregen. Hiermit verbunden ist allerdings auch, daß geringe Veränderungen des Standorts der Stimme auch sehr weitreichende Veränderungen der Schwingungsstruktur des Instruments und damit des Instrumentcnklanges ergeben.

Die möglichen Schwingungsformen des Korpus der Geigeninstrumente wurden bereits von Backhaus (1927) untersucht, weitere Untersuchungen sind u.a. von Saunders (1937), Ågren/Stetson (1972), W. Lottermoser (1956, 1958, 1979), W. Lottermoser/W. Linhardt (1957), Lottermoser/J. Meyer (1957, 1960 1963) und von Hutchins (1975ff.) durchgeführt worden. Ergebnis dieser Untersuchungen ist, daß die Resonanzen des Bodens und der Decke sehr guter Instrumente im Abstand eines Ganztons abgestimmt sind. Hierdurch wird erreicht, daß sich die Resonanzen beider Platten ergänzen und so zu einem ausgeglichenen Klangbild führen. Bei schlechten Instrumenten, bei denen die Hauptresonanzen nicht in dieser Weise abgestimmt sind, führt dies dazu, daß bestimmte Klanganteile von dem Instrument sehr laut, andere aber nicht wiedergegeben werden, diese Instrumente klingen unausgeglichen.

4. Die Schallabstrahlung

Die Schallabstrahlung der Violine ist sehr kompliziert und nur von wenigen Instrumentenbauern in der Weise beeinflußbar, daß der abgestrahlte Klang deutlich positiv beeinflußt wird, auch wenn es viele akustische Untersuchungen zur Schallabstrahlung der Violinen gibt (Backhaus/Weymann 1939, Meinel 1937, 1940 und 1957, Meyer, 1964, 1975). Nur wenige Fehler, die durch die richtige Abstimmung der Decke und des Bodens vermieden werden könnten, sind direkt hörbar und auf besondere Schwing- und Abstrahlverhältnisse des Instruments zurückzuführen. Dies liegt vor allem daran, daß das Instrument, wird es normal gespielt, viele Schwingungsformen gleichzeitig aufweist, die sich überlagern und daher nicht gezielt verändert werden können. Daher sind nur Untersuchungen erfolgreich und mit nachvollziehbaren Ergebnissen durchgeführt worden, die das Instrument als Ganzes betrachten und nicht das Augenmerk auf nur wenige – unter Umständen sogar ausgebaute – Bauteile unter Laborbedingungen warfen.

H. Dünnwalds (1985, 1990) Untersuchungen betreffen den abgestrahlten Klang alter italienischer Violinen: Wenn diese mit einem elektrodynamischen Anreger am Steg zu Schwingungen angeregt werden, finden sich in ihrem abgestrahlten Klang charakteristische Merkmale, die sich auf die relative Lage und Stärke bestimmter Resonanzgebiete beziehen. Dabei stellte sich heraus, daß es mehrere Möglichkeiten gibt, diese Resonanzgebiete in Lage und Stärke so aufeinander abzustimmen, daß das Instrument Schwingungseigenschaften aufweist, wie sie bei altitalienischen Violinen zu finden sind.

Ein weiterer Aspekt des abgestrahlten Klanges ist die Tragfähigkeit der Violinen, für Musiker ein wichtiges Qualitätsmerkmal. Ein tragfähiges Instrument klingt in größerer Entfernung besser und vor allem kräftiger als ein weniger tragfähiges Instrument. Hierzu gibt es in der Literatur mehrere Ansätze. Der erste Ansatz stammt von Arns (1955, 1957), der die Tragfähigkeit einer Violine mit einer besonders ausgeprägten Grundtönigkeit in Verbindung brachte. Ein weiterer Ansatz wird von G. Heike / H. Dünnwald (1998) verfolgt, die den Begriff des *Sängerformanten* (J. Sundberg 1974) – ein Frequenzbereich, in dem professionelle Sänger besonders viel Schallenergie abstrahlen und sich dadurch gegenüber dem Orchester besser durchsetzen können – auf die Violine übertragen. Ein weiterer Ansatz ist (auf der Grundlage der weitgehenden Beeinflussungsmöglichkeit des abgestrahlten Klanges durch den Musiker), daß ein Instrument dann tragfähig ist, wenn der in Richtung Musiker abgestrahlte Klang demjenigen Klang ähnlich ist, der in Richtung des Publikums abgestrahlt wird; der Musiker beeinflußt bei einem solchen Instrument nicht nur den Klang, den er selbst hört, durch seine Strichtechnik, sondern mit einem solchen Instrument auch denjenigen Klang, der in Richtung des Publikums abgestrahlt wird.

BRAM GÄTJEN

C. Violinspiel
I. Geschichtlicher Überblick

Die Violintechnik folgte im Laufe der Jahrhunderte den Entwicklungen in der Musik. Dabei sind Faktoren wie Zweck der Musik, soziale Stellung der Musiker und nationale Eigenheiten von Bedeutung, die ihrerseits Einfluß auf die baulichen Veränderungen an Geige und Bogen hatten (→ Streichinstrumentenbau). So bilden komponierte Musik, Instrumentarium und Spieltechnik stets eine Einheit. Es ist anzunehmen, daß die ersten Geiger im 16. Jh. (schon auf der dreisaitigen Violine) zuerst die Spielhaltung und -technik von Streichinstrumenten wie Rebec und Lira da braccio übernahmen. Im Laufe der Zeit – und nach Ländern oder Schulen unterschieden – verändern sich hauptsächlich die Violinhaltung (tiefer / höher, Kinn rechts / links vom Saitenhalter) und die Bogenhaltung bzw. -technik.

In der Tanzmusik zu Beginn des 16. Jh. ist das tiefe Register der Violine kaum verwendet worden; dementsprechend dürfte die Spieltechnik dieser Tanzgeiger gewesen sein: Die Violine brachte durch die an der Brust abgestützte Haltung auch den rechten Arm in eine bequeme, gegenüber heutiger Spieltechnik tiefe Stellung, in der man auch bei stundenlangem Einsatz nicht allzusehr ermüdete. Der kurze Bogen wurde von der geschlossenen Faust umklammert. Ähnliche Spieltechniken sind noch heute in Volkstraditionen Osteuropas zu finden.

Aus der Frühzeit des Violinspiels sind kaum schriftliche Hinweise überliefert, daher ist die Ikonographie zunächst eine der wichtigsten Quellen (s. A. III.). Grundsätzliche Regeln zum Streichinstrumentenspiel kann man jedoch in Traktaten zur Viola da Gamba finden und bedingt auf die Violine übertragen, wie etwa Bemerkungen zur Ordnung von Auf- und Abstrich, zu einer Art *portato* und zum Bogenvibrato (*tremar*, bei S. di Ganassi 1542/43). Für technische Probleme wie Violin- und Bogenhaltung bleibt man auf Bildmaterial angewiesen. Gleichzeitig mit der Entstehung der Monodie und des solistischen Instrumentalspiels nach 1600 teilt sich die bis dahin wahrscheinlich überall einheitliche Violintechnik und führt zur einschneidendsten technischen Entwicklung im 17. Jahrhundert. Sie betrifft die Bogenhaltung und -führung, wobei sich zwei Systeme gegenüberstehen, die große klangliche Unterschiede hervorbringen (zu Obergriff und Untergriff s. C.II.2.). Der im Prinzip bis heute gültige, dem kantablen Spiel entgegenkommende Obergriff findet sich in Italien, während französische, deutsche und englische Geiger in einzelnen Fällen bis in die zweite Hälfte des 18. Jh. am sogenannten Untergriff festhielten.

Nach 1600 entwickeln sich parallel zu den neuen Instrumentalformen (Canzone, Sonate) die idiomatischen Eigenschaften des Violinspiels. Sind zunächst italienische Musiker führend, so kommen ab der Jahrhundertmitte wichtige Beiträge aus Süddeutschland. England und vor allem Frankreich haben an dieser Entwicklung kaum Anteil. Technisch anspruchsvolle Passagen finden sich naturgemäß in den generalbaßbegleiteten Solosonaten oder auch in Triosonaten und gelegentlich in großbesetzten Kirchenstücken, während die Ensemblemusik und vor allem die stilisierten Tanzsätze geigerisch einfacher gehalten sind. Italienische Zentren des Violinspiels bilden sich in Venedig (G. Gabrieli, Cl. Monteverdi, B. Marini, D. Castello), Modena (M. Uccellini, G. M. Bononcini, G. B. Vitali), Bologna (M. Cazzati, Ercole Gaibara, Giovanni Benvenuti, Leonardo Brugnoli). In Süd- und Mitteldeutschland sind einzelne Geiger wie E. Widmann, Joh. H. Schmelzer, H. I. Fr. Biber, Joh. J. Walther, Joh. E. Kindermann, P. J. Westhoff, H. Albicastro für die Violintechnik bedeutend. Ferner wirken in Norddeutschland Johann Schoop und im Ostseeraum K. Förster, J. B. Erben und J. V. Meder. Deutsche und italienische Geiger (Th. Baltzar aus Lübeck, 1655, und N. Matteis aus Neapel, 1672) erregten in London Aufsehen, überflügelten sie doch ihre englischen Kollegen bei weitem durch ihr Spiel in hohen Lagen, schnellen Passagen und Doppelgriffen; sie wendeten den italienischen Obergriff statt des in England noch üblichen Untergriffs an. In den Jahrzehnten nach 1600 erweitert sich die Violintechnik in folgenden Punkten:

1. Innerhalb der Ersten Lage von g bis h'' entwickelt sich ein violindiomatisches Figurenwerk mit Skalen, Sprüngen über die Saiten und kantablen Melodien. Von Anfang an wird von den Geigern verlangt, am Instrument die Singstimme zu imitieren. R. Rognoni (1592) nennt bei der Erörterung der Bogenstriche erstmals die *viola da brazzo*, und Fr. Rognoni (1620) betont die Wichtigkeit des schönen Tones. Mindestens bis 1630 steht der Violine der Zink gleichberechtigt gegenüber, der

ebenso wie diese die meisten der hohen Instrumentalpartien der frühen Monodie übernehmen konnte.

2. Der Tonraum wird durch das Lagenspiel erweitert (s. C. II.4.c.).

3. Das Doppelgriffspiel auf der Violine (s. C. II. 4.b.) kam in der frühen Violinmusik zunächst zögernd auf und findet sich z. B. in Marinis Sonate, symphonie [...] e retornelli ... op. 8 (Vdg. 1626) in der Sonata seconda per il violino d'inventione [mit Scordatura] und dem Capriccio per sonare il violino con tre corde a modo di lira sowie gleichzeitig bei C. Farina, die beide längere Zeit nördlich der Alpen gewirkt haben. Außergewöhnliche Doppelgriffe wie rasche Terzen- und Sextenfolgen finden sich gelegentlich bei Stephan Haw (ca. 1640), einen Sextentriller verlangt Johann Schoop (in T'uitnement kabinet, Adm. ca. 1646). In Italien begegnet das mehrstimmige Spiel bei stilisierter Tanzmusik erstmals 1671 (Bononcini, Arie, correnti, sarabande... op. 4, Bologna 1671). Zur selben Zeit erreicht das Doppelgriffspiel bei den mittel- und süddeutschen Geigern wie Biber und Walther bereits einen ersten Höhepunkt. Es steht dabei oft in Zusammenhang mit der → Scordatura.

4. Die Anforderungen an die Bogentechnik wachsen (Legato, virtuose Ausnützung des Saitenwechsels) und lassen neue Stricharten entstehen (s. C.II.3.c.).

5. Tonmalerische Effekte zeigen die Freude am Experimentieren mit den Möglichkeiten der Violine. Ein ungewöhnlich reiches Repertoire wie Col-legno-, Glissando-, Sul-ponticello-Effekte verlangen Farina (Capriccio stravagante, aus: Ander Theil neuer Paduanen..., Dresden 1627) und Biber in seiner Battaglia und Sonata violino solo representativa (Mss. in CZ-KR). Zu dieser Zeit wurde der auch bei M. Mersenne 1636 beschriebene Dämpfer wirkungsvoll eingesetzt (s. C.II.3.e.).

Im Überblick wird deutlich, daß sich das Violinspiel im 17. Jh. entscheidend von Italien und Süddeutschland aus entwickelte. Frankreich steht bis Ende des 17. Jh. abseits dieser Tendenzen. Durch die Verfeinerung der Spielweise auf bogen- und verzierungstechnischem Gebiet entsteht dort aber auf andere Art eine hohe Violinkultur, ihr Exponent ist J.-B. Lully. Der italienische Violinstil fand in Frankreich erst um 1700 Eingang. In England wurde das virtuose Violinspiel ebenfalls erst durch auswärtige Musiker bekannt. Angeregt von den 24 Violons du roi, die Charles II. in seinem Pariser Exil kennenlernte, gründete dieser 1660 am englischen Hof ein ähnliches Ensemble und importierte damit den französischen Violinstil. Die Violine wurde auch in bürgerlichen Kreisen gepflegt, wie es die sich fast ausschließlich an Autodidakten wendenden Violintraktate aus dem ausgehenden 17. Jh. beweisen (z.B. Nolens Volens or You Shall Learn to Play on the Violin Wether You Will or Not, das erste ausschließlich der Violine gewidmete Lehrbuch, und The Self-Instructor on the Violin or the Art of Playing on That Instrument, beide anonym, L. 1695).

Im 18. Jh. gehen die Hauptimpulse im Violinspiel nach wie vor von Italien aus. Sie werden über Lehrer-Schüler-Verbindungen an andere Nationen weitergegeben, umgestaltet und weiterentwickelt, wobei allmählich Frankreich die Führung übernimmt. Generell entwickelt sich die Violintechnik parallel zu Veränderungen des Bogens, der von der kürzeren konvexen zur längeren konkaven Stange tendiert und damit eine ausgeglichene, stärkere Tongebung und neue Stricharten ermöglicht, wie z. B. *Martelé, Renversé* u. a. (s. C.II.3.c.). Fr. Tourte in Paris brachte die moderne Bogenstange zur Perfektion (→ Streichinstrumentenbau VI.4., → Bogen). Die Grifftechnik der linken Hand erweitert sich in der zweiten Hälfte des 18. Jh. in Richtung ›Ausdrucksfingersatz‹ (s. C.II.4.b.), und das klassische Ideal der Klanggleichheit für ein Motiv und eine ganze Melodie wirkt sich ebenfalls auf die Fingersätze aus.

Zu Beginn des 18. Jh. sind A. Corelli in Rom und Vivaldi in Venedig führend. Corellis 12 Sonaten op. 5 (Rom 1700) wurden formales Vorbild für die Instrumentalsonate, und die darin enthaltenen Fugen und Allegri in durchlaufenden Sechzehnteln fanden bis um 1800 Verwendung als Lehr- bzw. Übungsmaterial für angehende Geiger (G. Tartini). Corellis Schüler erweiterten seine technischen Errungenschaften, wichtige Impulse für die Weiterentwicklung des Violinspiels in Italien gaben darüber hinaus G. B. Somis, F. D. Giardini, G. Pugnani, F. Geminiani (Violinschule *The Art of Playing on the Violin*, L. 1751), Fr. M. Veracini, Tartini, P. Locatelli (*L'arte del violino: XII concerti...*, mit je zwei Capricci, Adm. 1733) und P. Nardini.

In Frankreich sind im 18. Jh. zu nennen J.-F. Rebel, J.-J.-B. Anet, J. B. Sénaillé, J. Aubert, J. M. Leclair (mit technischen Besonderheiten wie Terzen, Terzentrillern, fugierten Sätzen, abwechslungsreichen Arpeggienformen und virtuosen Stricharten), J.-P. Guignon, J.-J. Cassanéa de Mondonville (erste Anwendung und Beschreibung der Flageolettöne; mit seinen *Pièces de clavecin en sonates* op. 3, P./Lille 1734, ist das gleichberechtigte Musizieren von Violine und obligatem Cembalo belegt), L.-G. Guillemain (extreme technische Schwierigkeiten wie Terzen, Sexten, Oktaven, Dezimen, hohe Lagen, Staccati) und P. Gaviniés. Um 1800 sind R. Kreutzer, P. Rode und P. Baillot die Wegbereiter der neuen französischen Schule und legen damit die Wurzeln zum modernen Violinspiel.

In Deutschland treten Joh. G. Pisendel (besonders in der Sonate in a-Moll für Violine allein [ca. 1716?], die scheinpolyphones Spiel mit schwierigen Griffverbindungen, extremen Streckungen und großen Saitenwechseln verbindet), C. Ditters von Dittersdorf, Fr. Benda (*Études ou caprices*, zusammen mit Jos. Benda, als frühe progressive Übungen durch die gesamte Violintechnik, Lpz. ca. 1800) und Joh. und C. Stamitz hervor.

Im 18. Jh. erscheinen neben den an Amateure oder Anfänger gerichteten Lehrwerken (z. B. M. Pignolet de Montéclair, *Méthode facile pour apprendre à jouer du violon*, P. 1711/12; M. Corrette ebd. 1738; C. Tessarini 1741) die ersten professionellen Violin-Schulen: Geminiani, 1751, definiert die Haltung der linken Hand durch den ›Geminianigriff‹, der z. T. noch heute zur Positionierung der Hand übernommen wurde (Notenbeispiel 1).

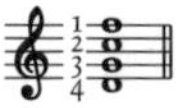

Notenbeispiel 1: Geminiani-Griff; aus: F. Geminiani 1751

Das bedeutendste Lehrwerk des 18. Jh. schrieb L. Mozart (1756). In 12 ›Hauptstücken‹ werden sowohl die Violintechniken der linken und rechten Hand im 18. Jh. sowie auch Geschichtliches, Verzierungen und guter Vortragstil zusammengefaßt und detailliert beschrieben. Für den Geiger besonders wichtig sind die Haltung (II. Hauptstück), die Strichregeln (IV. und VII. Hauptstück) und das Lagenspiel (VIII. Hauptstück). Manches gründet auf dem vermutlich wenige Jahre vor Mozarts Schule geschriebenen handschriftlichen *Libro de regole* [...] *per ben suonare* Tartinis. Die Violinschule Mozarts verlor im ganzen 18. Jh. nichts von ihrer Bedeutung und befruchtete viele andere Violinschulen. Die *Principes du violon* (1761) von J. B. L'Abbé (le fils) zeigen den ersten Schritt zu einer spezifisch französischen Technik und geben wichtige Hinweise in allen technischen Fragen. Vertraten Geminiani und Mozart noch die Positionierung des Kinnes auf der rechten Seite des Saitenhalters, so liegt es bei L'Abbé auf der linken Seite (wie es schon vor ihm Robert Crome 1750/1760 erstmals beschreibt).

Weitere Violinschulen im 18. Jh. schrieben Löhlein (1774), 1797 von J. F. Reichardt umgearbeitet (da z. B. die Fingersätze »schwerlich jetzt noch nach dem Geschmacke der meisten Liebhaber seyn möchten«), Corrette (1782 zu *L'École d'Orphée*, 1738, mit vielen Musikbeispielen aus zeitgenössischen Werken und *Préludes* in allen Tonarten), I. Schweigl (1786, schreibt ausführlich zum Flageolettspiel), Fr. Galeazzi (1791, die einzige äußerst ausführliche Violinschule aus Italien; faßt das traditionelle italienische Violinpiel nach Tartini zusammen). Galeazzis Griffsystem für Anfänger entspricht großenteils dem heute allgemein üblichen Lernen nach Griffarten, wie es auch J. S. Petri vorschlägt (1767; langes Kapitel zur Intonation; viele praktische Ratschläge zur Praxis des Konzertierens und zur Pflege des Instruments).

Im 19. Jh. ist der Virtuose meist noch Interpret seiner eigenen Werke. Dabei muß die musikalische Substanz nicht dasselbe Niveau erreichen wie die Wirkung der buchstäblich ›auf den Leib geschriebenen‹ technischen Schwierigkeiten (N. Paganini, H. Vieuxtemps, H. Wieniawski). Umgekehrt entstehen Violinkonzerte von nicht Geige spielenden Komponisten, die neue Maßstäbe für technische Schwierigkeiten setzen und zunächst als unspielbar galten (Joh. Brahms, P. I. Čajkovskij und später A. Schönberg). Die bereits vor 1800 einsetzenden violintechnischen Entwicklungen führen von der Spielweise des Barock und Rokoko endgültig weg und letztlich zum modernen Violinspiel; so hat z.B. die französische Bogenhaltung im Untergriff bereits Mitte des 18. Jh. endgültig ausgedient. Die Änderungen in der Bogentechnik sind bedingt durch das Aufkommen der modernen Bogenstange. M. Woldemar bezeichnete um 1800 den Bogen L. Mozarts und Geminianis als unbefriedigend für die Musik seiner Zeit. Die neuen Bedingungen der Bogenstange machen ein kraftvolleres Spiel, vermehrten Gebrauch der Spitze und neue Stricharten möglich (s. C.III.3.c.). Damit erfüllte die Violine die neuen Erfordernisse nach strahlenderem Ton, der sich in den größeren Sälen und Orchestern im öffentlichen Konzertleben des 19. Jh. besser durchsetzen konnte. In der linken Hand entstehen die Ausdrucksfingersätze, neue Regeln für Lagenwechsel und Effekte wie das von Woldemar (1800) erwähnte *couler à Mestrino*, eine vom Geiger Nicola Mestrino in langsamen Sätzen angewendete Glissando-Abart. In den kurz vor 1800 aufkommenden Etüden, von denen viele aus dem heutigen Violinunterricht nicht wegzudenken sind, konzentriert sich die neue Violintechnik. Sie haben ihre Vorläufer in den *Études* (s. oben) von Fr. und Jos. Benda oder *Amusement pour le violon seul* op. 18 (P. 1762) von L.-G. Guillemain. Die wichtigsten Etüden-Komponisten sind: R. Kreutzer, P. Rode, Gaviniés, F. Fiorillo, B. Campagnoli. Diese auch *Caprices*, *Matinées*, *Grands Solos*, *Fantaisie*, *Cadence*, *Point d'orgue* genannten Stücke unterschiedlicher musikalischer Qualität wurden nicht nur zur Übung gespielt wie heute, sondern fanden ihren Platz auch im Konzert. Am Anfang des 19. Jh. stehen sich die französische (Viotti, Baillot, Rode, Kreutzer), die franko-belgische (Begründer Ch. de Bériot) und die deutsche Schule mit ihrem Exponenten L. Spohr gegenüber, während die traditionelle italienische Schule über die dem Virtuosentum zugeneigten A. Lolli und G. M. Jarnowick (Giornovicchi) mit Paganini endet. Campagnoli faßte diese nochmals (ca. 1797) zusammen.

G. B. Viotti unterrichtet und beeinflußt die Begründer der französischen Schule Baillot, Rode und Kreutzer. In der Nachfolge Corellis stehend, ist er vermutlich an der Entstehung des modernen Bogens nach Tourte beteiligt und überzeugte die Pariser von der Schönheit der Instrumente der Stradivari-Familie. Eine besondere Eigenart der französischen Schule ist die ausgefeilte Bogentechnik. Unter der französischen Revolutionsregierung gab das Pariser Conservatoire ein richtungsweisendes Unterrichtswerk in Auftrag: Baillot/Rode/ Kreutzer, *Méthode de violon* (P. 1793). Diese hohe Geltung genießende Méthode wurde 1835 von Baillot neu verfaßt. Sie legte die technischen Normen fest (die nur Paganini noch überbot) und wurde weit über Paris hinaus zum einflußreichsten Lehrwerk des 19. Jh., das auch den musikalischen Geschmack seiner Zeit veranschaulicht. Die ›Méthode‹ von 1835 enthält genau mit Strichen und Fingersätzen bezeichnete Partien aus Werken Viottis, J. Haydns und Beethovens und ist somit eine wichtige Quelle zur Interpretation klassischer Musik. D. Alard führte als Baillots Nachfolger am Conservatoire die ›Méthode‹ weiter und verfaßte 1844 eine eigene Violinschule, ebenso wie der Baillot-Schüler Fr.-A. Habeneck (ca. 1835).

J.-B. Cartiers L'Art du violon (1798) ist von besonderer Bedeutung durch die Sammlung von 154 Stücken italienischer, deutscher und französischer Meister, darunter der Erstdruck der ›Teufelstrillersonate‹ und L'arte del arco von Tartini sowie die Fuge aus der C-Dur-Solosonate Bachs (BWV 1005) als eines der Beispiele von Musik für Violine allein. Der Text faßt die älteren Violinschulen zusammen, darunter auch die von L'Abbé und L. Mozart. Weitere Vertreter der französischen Schule sind J. L. Massart (der Lehrer von H. Wieniawski), Jean Baptiste Tolbecque u. a.

Wie in Paris ist auch in Brüssel das Conservatoire eine auf Viotti zurückgehende Pflegestätte des Violinspiels. Ihr Begründer Ch. de Bériot warnt im Vorwort seiner ›Méthode‹ (1858) vor der Vorherrschaft der Technik, wie sie vor allem durch Paganinis Spiel provoziert wurde. Nachfolger Bériots waren H. Léonard (Schüler Habenecks in Paris) und sein Schüler Vieuxtemps sowie der Virtuose Wieniawski (Schüler Massarts). Im Übergang zum 20. Jh. verkörpert E. Ysaÿe aus der Schule Vieuxtemps und Wieniawskis das franko-belgische Violinspiel.

Die deutschen Geiger waren technisch konservativer, neigten weniger zu virtuosem Glanz und waren in musikalischen Fragen strenger als die der technischen Eleganz verschriebenen Franzosen, Belgier und Italiener. Begründer der deutschen Schule ist Spohr, dessen Violinschule (1833) neben den Werken Baillots und Campagnolis die dritte wichtige für das Violinspiel im 19. Jh. ist. Spohr ist der Erfinder des Kinnhalters, den er bereits ca. 10 Jahre vor der Anfertigung seiner Violinschule verwendete (s. C.II.1.). F. David veröffentlichte in der *Hohen Schule des Violinspiels* (1863, mit Etüden op. 44 und 45) eine Sammlung von Violinmusik mit Werken aus dem 17. und 18. Jahrhundert. Herausragende Gestalt der zweiten Hälfte des Jh. ist Jos. Joachim. Durch seine gemeinsam mit A. Moser verfaßte Violinschule (1902-05) reicht sein Einfluß bereits in das 20. Jh. hinein. Die Violinpraxis des 19. Jh. ist darin ganz allgemein zusammengefaßt, einschließlich der interpretatorischen Auslegungen des Portamento beim Lagenwechsel und genauen Bezeichnungen in Fingersatz und Artikulation. Einen eher lokalen Akzent mit eleganter virtuoser Violintechnik setzte die Dynastie der Hellmesberger in Wien, wo schon ihr Begründer G. Hellmesberger am Konservatorium unterrichtete. Ihre Technik wurde bald als altmodisch betrachtet.

Bis heute ist Paganini die Inkarnation technischer Vollendung, die Verkörperung des Virtuosen mit unglaublicher technischer Kapazität schlechthin. Seine Kunststücke schrieb er sich buchstäblich auf den Leib, denn er hatte infolge einer krankhaften Disposition eine unnatürliche Dehnbarkeit der linken Hand (er konnte z.B. den Daumen mühelos bis auf den Handrücken nach hinten biegen), was auch seine großen Streckgriffe erklärt. Technisch erfand er nichts Neues, brachte aber die bekannten Künste wie Terzen, Oktaven (Normalgriff und Fingersatzoktave, Oktaven-Triller), Dezimen, alle Doppelgriffe sowie Spiel *sul g*, Flageoletts aller Art und Pizzicati linker und rechter Hand (um nur einige seiner Spezialitäten zu nennen), Scordatura, alle zusammengesetzten Bogenstriche, Staccato und Ricochet etc. zu höchstmöglicher Vollendung. Paganini verwendete nicht den Tourte-Bogen, sondern eine in gespanntem Zustand ganz gerade Übergangsform, die in der Mitte zwischen dem alten barocken und dem modernen Bogen stand und im oberen Drittel noch immer eine gewisse Schwäche hatte. Dieser Bogen wurde wie früher etwas oberhalb des Frosches angefaßt. Paganinis Schüler und Protégé C. Sivori war neben und nach Paganini der außerordentlichste Virtuose des 19. Jahrhunderts. Ein Bild seiner enormen technischen Fähigkeiten kann man sich anhand seiner 12 *Études-Caprices* op. 25 (1867) machen.

Das italienische Violinspiel ist bei Campagnoli (1797?) nochmals zusammengefaßt. Die mehrfachen Auflagen und Übersetzungen (frz. 1824, engl. 1856) beweisen die Beliebtheit dieser Violinschule. Hier faßt der Autor nach eigenem Bekenntnis die Besonderheiten des Violinspiels nach Nardinis Regeln zusammen. Das Kinn wird links vom Saitenhalter bzw. auf diesen leicht aufgelegt, die Strichregeln richten sich streng nach den französischen des 18. Jahrhunderts. Die sieben Etüden (je in einer Lage) sind Viotti gewidmet. Bemerkenswert erscheint, daß der rechte Oberarm immer an den oberen Brustrippen leicht angestützt und unbeweglich bleiben soll. Die Übungen für die Unabhängigkeit der Finger, bei Campagnoli mit dem Bogen zu spielen, sind eine Art Vorläufer von C. Fleschs stummen Studien (1911) (Notenbeispiel 2a, 2b).

In der zweiten Hälfte des 19. Jh. verwischen sich die Konturen einzelner ausgeprägter Geigerschulen. Die hervorragendsten Geiger und Lehrer übernahmen sowohl Elemente der alten italienischen Methode wie der französischen und belgischen Schule und verschmolzen alles zu ihrem persönlichen Stil. Dennoch blieb das Pariser Conservatoire richtungsweisend. Weitere Geigerzentren bildeten sich in Wien, Prag, Leipzig, Budapest, Petersburg und Kiew aus.

Notenbeispiel 2a: Fingerübung aus: B. Campagnoli (ca. 1797)

Notenbeispiel 2b: Fingerübung aus: C. Flesch, Urstudien 1911

Neuerungen in der Violinbehandlung im 20. Jh. ergaben sich vor allem auf grifftechnischem Gebiet durch die Entwicklung der Tonsprache in Richtung freie Tonalität bzw. Atonalität. Eine klangliche Erweiterung brachte die Einbindung der Violine in verschiedene Kontexte wie z. B. ihre Verbindung mit außereuropäischen oder elektronischen Instrumenten und ihre Verwendung im Jazz (z. B. St. Grappelli, J.-L. Ponty, M. Feldman). Seit dem Zweiten Weltkrieg läßt sich die Suche nach einer Wiederherstellung ›barocker‹ Klangästhethik beobachten. Durch den Ausbau des Musikunterrichtes von der Früherziehung an erhöhte sich das spieltechnische Niveau einer wesentlich breiteren Schicht. So gehören z. B. die Werke Paganinis längst zum selbstverständlichen Pensum jedes Violinstudenten. Zu dieser Leistungssteigerung tragen auch die bessere Ausbildung der Elementarlehrer sowie die im 20. Jh. aufblühenden Instrumentalwettbewerbe wesentlich bei, die mittels der überall ausgetragenen Jugendwettbewerbe (u. a. *Jugend musiziert*) schon die Allerjüngsten erfassen. Die weite Verbreitung von Tonträgern aller Art führt zur Bekanntmachung jeglichen Repertoires und bietet zusätzlich die Möglichkeit, die Aufbereitung historischer Aufnahmen (und damit auch die Interpretation der Geiger) zu hören. Die Geschichte des Violinspiels im 20. Jh. ist enger noch als im 19. Jh. (hier z. B. bei Joachim, Sarasate) verbunden mit derjenigen großer Interpreten, die einen starken Einfluß auf Komponisten neuer Violinmusik hatten, ohne dabei in der Regel selbst kompositorisch hervorzutreten.

Im 20. Jh. geht die schon Mitte des 18. Jh. sich anbahnende Entwicklung zu immer kräftigerem Ton weiter. Für die Violine bedeutet das in erster Linie das Aufkommen von Stahlsaiten und Saiten aus Kunststoff wie Perlon mit Umwicklung, darüber hinaus aber auch stärkeren Bogendruck durch eine vermehrte Pronation (Einwärtsdrehung) der Bogenhand, sehr intensives, allerdings längst nicht von allen Geigern gleich angewandtes Vibrato. In neuester Zeit zeichnet sich jedoch eine rückläufige Tendenz ab. Die sog. ›Russische Schule‹ vertritt hierbei keine neuartige Technik, sondern ist eine von den traditionsbewußten Russen in genialer Weise weitergetragene Ausnutzung von Violintechniken, die sich von L. Mozart (auf welchen sich D. Ojstrach und I. Galamian berufen) und Tartini über Viotti und die französischen/belgischen Geiger herleitet. Die großen russischen Geiger und ihre Schüler lehnen z. B. das exzessive Dauervibrato zugunsten des immer im Vordergrund stehenden schönen, freien und nuancierten Tones ab ebenso wie einen zu starken Bogendruck auf Kosten natürlicher, müheloser und auch vom individuellen Körperbau abhängiger Bewegungsabläufe (N. Milstein, D. Ojstrach, G. Kremer, I. Perlman u. a.). Viele dieser Geiger spielen auch ohne Schulterstütze.

Bis ca. 1950 wurden die technischen Errungenschaften des ausgehenden 19. Jh. nicht überschritten, sondern nur allmählich anders geordnet und erweitert. L. Auer war einer der erfolgreichsten Lehrer neuerer Zeit, er spielte mit stark nach oben gebogenem Handgelenk und relativ steif ausgestreckten Fingern der rechten Hand. Seine Schüler in St. Petersburg waren J. Heifetz, M. Elman und E. A. Zimbalist. Auer vertrat nach persönlicher und seiner Schüler Aussage keine ›schulbildende‹ eigene Methode, obwohl er als Begründer der oben beschriebenen ›Russischen Schule‹ gilt. Sein pädagogisches Geschick bestand darin, die ganz individuellen Fähigkeiten jedes Schülers optimal zu fördern und die Natürlichkeit der Bewegungen zu vermitteln. Ein neues Unterrichtssystem baute hingegen der neben Wien und Kiew hauptsächlich in Prag lehrende O. Ševčík mit seinen diversen Schulen (1881, 1895) u. a. didaktischen Werken auf. Bis dahin wurde die technische Basis am diatonischen System der Skalen erlernt; Ševčík machte nun das Halbtonsystem zur Basis und erarbeitete in zahllosen Abwandlungen damit die gesamte Technik der linken und rechten Hand. Die allgemeine Einführung dieses Systems führte zu einer breiten Leistungssteigerung auch beim Laien und hat bis heute nichts an Wert eingebüßt. Unter seinen außerordentlich vielen Schülern ragen J. Kubelik, Erica Morini, W. Schneiderhan sowie Ernst Morawetz (* 1894) als pädagogischer Nachfolger heraus. Zu gleicher Zeit wie Auer unterrichtete der Geiger Pëtr Solomanovič Stoljarskij (1871–1944) in → Odessa, wo er 1933 die erste russische Spezialmusikschule für begabte Kinder eröffnete. In solchen Schulen, die nach der russischen Revolution in mehreren Städten entstanden, konzentrierte sich eine bis dahin nicht dagewesene Talentschmiede. Die Besten erhielten ihren letzten Schliff an den beiden wichtigsten russischen Konservatorien in St. Petersburg und Moskau. Unter Stoljarskijs Schülern waren Milstein und D. Ojstrach. A. I. Jampol'skij (1909–1973) bildete u. a. die für die weitere Verbreitung des russischen Violinspiels bedeutenden Julian Sitkoveckij, L. Kogan und Jurij Jankelevič aus. Weitere berühmte Geiger waren André Gertler und und der Belgier A. Grumiaux. Einige herausragende Geiger der letzten Jahrzehnte sind V. Tret'jakov, A.-S. Mutter, Vl. Spivakov, Shlomo Mintz, Julian

Rachlin, Gidon Kremer, Igor Ojstrach, Thomas Zehetmaier, Dimitrij Sitkovetzkij, Midori u.a.

C. Flesch gehörte zu den wichtigsten Lehrern nach 1900 und hatte tiefgreifenden Einfluß auf das Violinspiel im 20. Jahrhundert. Flesch betrachtet sein Werk (1923) nicht als landläufige Violinschule, sondern als »Anleitung zu logischem Denken, durch zergliedernde Untersuchung der geigentechnischen Probleme den Geiger auf eine Stufe bringen, die ihn befähigt, mit der Zeit sein eigener Lehrer zu werden« (Vorwort). Neu formuliert sind u.a. die bisher nicht übliche offene Beinstellung mit Gewichtsverlagerung vom linken zum rechten Bein während des Spielens, die Bevorzugung der russischen Bogentechnik und die spezielle Übung des Fingerstrichs. Flesch ist ein Gegner des Dauervibrato. Bis heute ist Flesch jedem Geiger durch sein richtungweisendes Skalensystem (1926) geläufig. Intensive knappe Übungen der Grundbewegungen sind auch seine Urstudien (1911). Von seinen Schülern wurden besonders bekannt: M. Rostal, S. Goldberg, H. Szeryng, I. Haendel, G. Neveu. In den USA verschmolzen die verschiedenen europäischen Violintechniken, wobei die russische Schule ein Übergewicht hatte. Hauptvertreter sind Louis Persinger (Lehrer von Menuhin und Stern) und I. Galamian. In der ersten Hälfte des 20. Jh. beginnen Autoren, sich mit der Bewegungsphysiologie des Violinspiels intensiver zu beschäftigen (u.a. W. Trendelenburg 1924). In dieser Linie steht der amerikanische Arzt D. C. Dounis, der von der Beobachtung der Bewegungsabläufe aus sowohl Geiger wie Cellisten und Pianisten unterrichtete. Bekannt sind seine auf mühelose Bewegungsfähigkeit abzielenden speziellen Fingerübungen für Geiger (1941), die jedoch wegen der Gefahr einer Überanstrengung der Hand mit großer Vorsicht angewendet werden müssen.

Am Übergang zum 20. Jh. stehen außerdem eine Reihe großer Virtuosen mit sehr persönlichem Stil, allem voran de Sarasate, Ysaÿe, Fr. Kreisler und G. Enescu. Kreisler wandte als erster das kontinuierliche Vibrato auf langen und schnellen Noten an. Die 10 Préludes für Violine solo op. posth. Ysaÿes, die sich von der Prim bis zur Dezime je einem Intervall widmen, gehören mit den Übungen für Geiger von P. Hindemith (1926) zu den ersten ›Etüden‹ einer neuen Tonsprache, die ein moderner Geiger unbedingt kennen muß. Die fünf anspruchsvollen Übungen Hindemiths widmen sich verschiedenen technischen Problemen wie *Ohne Lagenwechsel durch alle Lagen, Gewandtheit des Bogens bei rhythmischem Wechsel* u.a. Überragende Bedeutung hat Enescu, der auch als Lehrer große Ausstrahlung besaß. Unter seinen Schülern sind u.a. Christian Ferras, Ivry Gitlis, Grumiaux, Menuhin. Die Sonate Nr. 3, op. 25, *dans le caractère populaire roumain* (1926) ist das harmonisch kühnste

Werk Enescus und enthält neben der Verwendung folkloristischer Vorlagen zum ersten Mal in der Violinmusik Vierteltonfolgen.

In der Entwicklung neuer Tonsprachen und -systeme sind die folgenden allgemeinen Grundzüge für das Violinspiel von Bedeutung:

1. Beginn einer Polarität in der bewußten Rückbesinnung auf die barocke Tonsprache und Spieltechnik und auf volksmusikalische Elemente einerseits sowie auf die (Wieder-)Entdeckung der Geräusche als klangliche Bereicherung andererseits.

2. Durch die tonalen Erweiterungen rücken statt der ›geigerischen‹ Terzen, Sexten, Oktaven und Dezimen andere Intervalle wie Sekunden- und Septengänge in den Vordergrund und verlangen neue Griffverbindungen, Lagenwechsel durch Zusammenziehen oder Dehnen der Hand etc. und stellen hohe Anforderungen an die genaue Intonation. Auch durch die Sprungtechnik der linken Hand, verbunden mit extremen Saitenwechseln des Bogens, wird die Violintechnik an ihre Grenzen geführt.

3. Die von modernen Komponisten meist bis ins letzte Detail bezeichnete Musik (extreme Dynamik, genaue Zeitdauer, Artikulationen) fordert vom Geiger eine vermehrte Beherrschung und Nuancierung der gesamten Technik (s. Notenbeispiel 28).

Nach dem Zweiten Weltkrieg wird die solistische Violine als Trägerin innovativer Ideen eher zurückgedrängt (s. D.IV.). Bedeutende Werke, die eine Erweiterung der Violintechnik vorantreiben, sind R. Haubenstock-Ramati, *Séquences* für Violine und räumlich aufgeteiltes Orchester (1958), Szeryng gewidmet, der sie zur UA brachte; G. Ligeti, Violinkonzert, 1990-92, neue Klänge durch subtile Scordatura: Die Violine und Viola stimmen nach den zu tiefen Flageoletts des Kontrabasses ein. Im 2. Satz müssen die Streicher ganz gerade, vibratolose Töne spielen; L. Berio, *Sequenza VIII* (1975): Hier wird die Intonation sozusagen erweitert, um einen Zentralton kreisen Einklänge (Notenbeispiel 3).

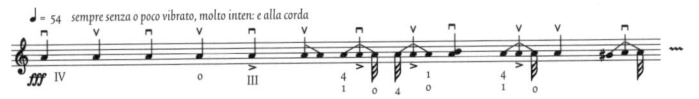

Notenbeispiel 3: Intonationserweiterung, Umkreisen eines Zentraltones, aus: L. Berio, *Sequenza VIII für Violine solo*

Spieltechniken sind z.B. Schlagzeugeffekte durch Schlagen des Bogens auf das Griffbrett, Ping-Pong-Strich (s. C.II.3.c.) u.a. Wieder sind es Geiger und Ensembles, die entweder selbst komponieren oder mit Komponisten in Verbindung stehen, wie Kremer (mit A. Pärt, A. Schnittke u.a.), S. Gawriloff, Ernst Kovacic, LaSalle-Quartett,

Juilliard-Quartett, Kronos-Quartett, Ensemble Die Reihe (Wien) und der auch als Komponist aktive René Staar mit seinem Ensemble Wiener Ensemble Collage. Manche Komponisten bauen die Violine in ihr fremde Klänge ein, wie z. B. Angleichung an den Klavierklang durch Spielen gegen den Klavierdeckel, wobei das Klavier wiederum in Richtung eines weicheren, streichenderen Tones manipuliert wird (Handauflegen auf die Saiten). Klangfarben verwischen sich in heterophoner Musik (Einsätze der verschiedenen Instrumente auf einem Ton, Echos, z. b. bei Dušan Martinček, Streichquintett 1993/94; E. C. Carter, 4. Streichquartett; Zdisław Wysocki, Quartette op. 46 [s. Notenbeispiel 29], 1990, Quasi Divertimento op. 49, Trio für Violine, Horn, Klavier, 1992–93). Die wenigen Etüden für neue Techniken erarbeiten die technischen Probleme im Gegenspiel mit anderen Instrumenten (wie in Gemini, Duette op. 24 mit Flöte, Klarinette, Piccolo, Posaune, Tenorsaxophon und Akkordeon von Staar, 1991). Dasselbe System liegt den Etüden für Kammerensemble von Wysocki zugrunde, in denen die Violine Kontraste der tiefen und hohen Lagen und mit großen Sprüngen durchmischte Lauftechniken auszuführen hat. Einen interessanten Beitrag zur Technik der linken Hand veröffentlichte Ulrich Lehmann (1994). Diese Neue Doppelgrifftechnik für Violine mit 52 Übungen baut sich aus dem Unisono-Griff auf, welcher »die Erfüllung fast aller Erfordernisse einer idealen Haltung ...« der linken Hand bietet (aus dem Vorwort von Y. Menuhin).

In der zweiten Hälfte des 20. Jh. prägte Galamian das klassische Violinspiel (1962). Seine Grundsätze zielen auf die gegenseitige Abhängigkeit der Einzelbewegungen untereinander, der »Verbindung von Verstand und Muskeln,« ab. Sehr differenziert sind Hand- und Bogenhaltung, berühmt die Spezialübungen. Von den zahlreichen Schülern Galamians, die ihrerseits seine Methode über die ganze Welt trugen, ragen hervor: P. Zukerman, Perlman, Kyung-Wha Chung. Im 20. Jh. widmen sich zum ersten Mal in der Geschichte des Violinspiels Geiger aus Asien der Violine und entwickeln großes technisches Können. Eine Grundlage dafür legte S. Suzuki mit dem Aufbau seiner Schule für Kinder ab drei Jahren. Er selbst studierte bei Kö Andö in Japan (Joachim-Schüler) und K. Klingler in Berlin. Seine Lehre geht vom Gedanken aus, daß jedes Kind bis zum Alter von fünf Jahren jede Sprache als Muttersprache völlig unabhängig von seiner Intelligenz erlernen kann. Er versucht, dieses Prinzip der unbewußten natürlichen Nachahmung auf das Violinspiel zu übertragen und faßt eine große Zahl Kinder in einer Klasse zusammen, die ohne Noten gemeinsam das Geigen erlernen. Die ›Suzuki-Methode‹ wird heute an verschiedenen Instituten für Violinpädagogik in aller Welt gelehrt und beim Frühunterricht angewendet, in Europa meist in abgewandelter Form.

Aus der zweiten Hälfte des 20. Jh. ist auch die Renaissance der Alten Musik nicht mehr wegzudenken, die aus geigerischer Sicht die Erforschung und Wiederbelebung früherer Techniken und die Herausgabe vieler bis dahin unveröffentlichter Violinliteratur brachte. Aus der Vielzahl von Geigern dieser Szene seien einige wenige genannt, die sich auf einem speziellen Gebiet besondere Verdienste erwarben: Franz Josef Majer und Eduard Melkus, Pioniere des Spiels auf der Barockgeige, u. a. Wiederbelebung der freien Verzierungskunst im italienischen Stil; Alice Harnoncourt, als Konzertmeisterin des *Concentus musicus Wien* für die klangliche Wiederbelebung von Ensemblemusik; Sigiswald Kuijken (Den Haag), Wiederentdeckung und Ausführung der barocken Violinhaltung ohne fixiertes Kinn, u. a. neue Belebung des französischen Violinstils um Lully; Reinhard Goebel (Köln), Verfechter eines konzertanten Ensemblestiles des 17./18. Jh.; Marianne Rônez (Innsbruck), Wiederentdeckung und Ausführung der französisch/deutschen Bogenhaltung (Untergrifftechnik) und ihrer Anwendung an den virtuosen Werken von Schmelzer, Biber sowie der französischen Violinliteratur; Andrew Manze (London), Vertreter des expressiven, fantasievollen Spiels (Intonation durch Schleifer und enharmonische Töne, Rubato, extreme Dynamik); Thomas Albert (Bremen), vertritt die streng kinnfreie Violinhaltung auch beim Lagenspiel.

II. Technik
1. Haltung

Im 17./18. Jh. wird die Violine nicht durch den Kopf fixiert. Die Violine ruht an der Brust (frz. Haltung 17. Jh., Tanzmusik, Spiel in Erster Lage) oder an der Schulter leicht nach der E-Saite zu geneigt und wird von der linken Hand zwischen Daumen und Zeigefinger mitgehalten (Abb. 29).

Das Kinn ist nicht direkt an der Haltung beteiligt, sondern wird nur in virtuoser Musik bei Lagenwechseln abwärts zu Hilfe genommen und leicht aufgelegt, wie es Joh. J. Prinner 1677 erstmals beschreibt (s. auch H. Federhofer 1960, Th. Drescher 1992). Ähnlich äußern sich u. a. M. Corrette (1738) und L. Mozart (1756, Titelblatt, Fig. 2) zum Kinn, letzterer beschreibt die freie Haltung als »*etwas angenehmes und sehr gelassenes, jedoch schwierig zu erlernendes*« (1756, S. 54, § 2 und 3). Das Kinn kommt zunächst auf die rechte Seite des Saitenhalters oder auf diesen zu liegen. 1750 wird erstmals in einem Lehrwerk die Haltung des Kinns auf der heute üblichen linken Seite verlangt, und zwar ausdrücklich zur Stabilisierung des Instruments (R. Crome 1750, L'Abbé 1761). Noch bis in das 19. Jh. hinein bestehen diese unterschiedlichen Haltungen nebeneinander. Allmählich überwiegt die heutige Kopfhaltung mit der

Begründung, daß sich bei der Lage des Kinns auf der rechten Saite (bei der E-Saite) zwei Unannehmlichkeiten ergeben:

1. Die Violine liegt nicht in der Körpermitte und zu hoch auf der Schulter des Spielers. Dadurch muß der rechte Arm beim Wechsel der verschiedenen Saitenebenen zu große Bewegungen machen.

2. Das Ohr kommt den Saitenschwingungen zu nahe, so daß der Spieler mit Intonationsschwierigkeiten zu rechnen hat.

Die Körperhaltung sollte so natürlich sein wie die, »welche ein wohlgewachsner, artiger Mensch hat, der nicht Violine spielt, sondern ganz frey und ungezwungen da steht« (J. S. Petri 1767, S. 384, § 2). Es gibt jedoch auch individuelle Spielweisen, die den Kopf ganz leicht nach links drehen, den Oberkörper etwas vorbeugen und den linken Ellenbogen leicht an den Körper anlehnen (Löhlein 1781) oder das Gewicht auf die linke Seite verlegen und die linke Schulter so wenig wie möglich vorschieben (Baillot 1793/1834, und Campagnoli ca. 1797/1824). Für die Situation am Ende des 18. Jh. sei auf die *Nouvelle Méthode* (ca. 1797) von J. B. Labadens verwiesen (Abb. 30).

Spohr beschreibt (1833) erstmals den von ihm ca. 10 Jahre früher erfundenen, über dem Saitenhalter befestigten Kinnhalter, der die Kopfposition noch nicht genau festlegt (Abb. 31). Ferner ist im 19. Jh. auch ein aus einem kleinen Ebenholzrand bestehender Kinnhalter bekannt, der unter den Saitenhalterdarm gesteckt wurde.

Abb. 29: Geiger mit französischer Violin- und Bogenhaltung, Lithographie eines Gemäldes von Gerard Dou (1665) (aus: D. D. Boyden 1971)

Zur Sicherheit, Bequemlichkeit und zur völligen Freiheit der linken Hand kamen erst Schulterkissen und im 20. Jh. Schulterstützen auf (Baillot 1834, ein Polster für Kinder und Damen mit leichter Kleidung, bis zur sogenannten ›Menuhin-Stütze‹ u. a. Formen). Die damit verbundene starre Violinhaltung kann aber zu Verkrampfungen in Schulter und Nacken führen. Heute sind Modelle in Gebrauch, die sich individuell in der Höhe verstellen lassen und durch Gelenke den Bewegungen des Spielers nachgeben. Mehrere große Geiger spielen ohne Stützen und halten die Violine mit dem Kinn außer bei Lagenwechseln abwärts nicht immer fest (N. Milstein, D. Ojstrach, G. Kremer u. a.). Zur Positionierung der linken Hand wird gelegentlich bis heute der ›Geminiani-Griff‹ (s. C. I. und Notenbeispiel 1) verwendet.

2. Bogen

Die Bogenhaltung variiert bis 1800 je nach den verwendeten Bogenformen (→ Streichinstrumentenbau). Die ursprünglichste Haltung dürfte im 16. Jh. der möglicherweise von Rebec- und Fiedelspielern übernommene Griff mit dem Daumen an der Unterseite der Haare gewesen sein (sog. frz. Griff oder Untergriff). Diese zunächst eher primitive Bogenhaltung ›in der Faust‹ war durch ihren stark akzentuierenden Charakter für die zum Tanz aufspielenden Spielleute sehr geeignet. In Italien wurde er um 1600 von der für kantables Spiel besser geeigneten Haltung mit den Fingern nur an der Stange abgelöst (ital. Griff, Obergriff), ikonographische Zeugnisse für den Untergriff finden sich aber vereinzelt in Italien noch bis ca. 1650. In Frankreich wurde der nur mit einem kurzen Steckfroschbogen funktionierende Untergriff verfeinert und bogentechnisch zu höchster Perfektion gebracht, eignete er sich doch für die dort überwiegend gepflegten Tanzformen ebenso gut wie für die bei der Ausführung französischer Manieren und durch Daumendruck erzeugbaren sehr schnellen, feinen Betonungen und Klangnuancen. Der französische Griff war auch in Holland, England, Deutschland und Österreich allgemein üblich, wo er der virtuosen Musik mit sehr schnellen Passagen im Détaché, Folgen dreistimmiger Akkorde u.a (Biber) optimal entsprach (G. Muffat: »In Angreiffung deß Bogens kommen die meisten Teutschen in den kleinen und mittlern Geigen mit den Lullisten über eins, indeme sie die Haare mit dem Daumen andrucken, und die andere Finger auff deß

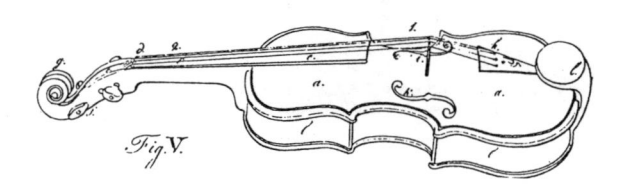

Abb. 31: Kinnhalter, aus: L. Spohr, Violinschule [1833], Fig. V

Bogens Rucken legen [...] und seynd hierinnen, was die kleine Geigen antrifft, die Welschen, als welche die Haar unberührt lassen [...] unterschieden«; 1698, s. Ausg. in DTÖ 4, S. 21). Bei traditionsbewußten französischen Geigern dürfte der Untergriff bis tief in das 18. Jh. verwendet worden sein, wie die Réflexion sur la musique, et la vraie manière de l'exécuter sur le violon von E. R. Brijon (1763) zeigen (1767 bemerkt noch Petri, man solle den Bogen ›nicht an den Haaren‹ fassen).

In Italien wurde die Bogenstange gegenüber dem kurzen französisch/deutschen Bogen stetig verlängert, es entstand der ›Sonatenbogen‹, der sich seit ca. 1700 überall durchsetzte. Allgemein wurde dieser froschlastige Bogen mit der rechten Hand etwas oberhalb des Frosches gehalten. Der Zeigefinger berührte die Stange im ersten Fingerglied oder später auch im zweiten Gelenk (mehr Kraft) und regelte durch den Druck auf die Stange und gegen den Daumen die Tonstärke. Ende des 18. Jh. spiegelt sich das Nebeneinander von konvexer Stange, Übergangsbogen und moderner Form in den Empfehlungen zur Position der Hand an der Stange: »[...] *mit dem Daumen und den zwey ersten Fingern, gleich da, wo der Frosch aufhört, und nicht beynahe in der Mitten ...*« (Löhlein 1774, S. 18, § 30, empfiehlt zudem eine nicht von allen angeratene kleine Spreizung vom Zeige- zum Mittelfinger); den Bogen solle man ganz natürlich fassen, nicht nur mit den Fingerspitzen, so »*daß der Frosch beim kleinen Finger ganz heraus schaut«* ... (Galeazzi 1791, S. 95, Regola III.), wie es die ›lombardische Schule‹ lehre. Wer ihn zu hoch oben hielte, habe keine Kraft, wer ihn über dem Frosch faßte, habe den Bogen nicht im Gleichgewicht (Galeazzi 1791). Der

Abb. 30: Geigenhaltung Ende 18. Jh.
(aus: J. B. Labadens 1797)

Bogen werde mit allen Fingern gehalten. Die Daumenspitze habe sich am Frosch und gegenüber dem Mittelfinger zu befinden (Baillot 1793). »Man darf nicht vergessen, den Daumen in der Vertiefung beim Frosch anzulehnen ...«. Mit dieser Formulierung G. M. Cambinis (Nouvelle Méthode, P. ca. 1800, S. 4, § 5) ist der Wandel zur modernen Bogenhaltung vollzogen, obwohl der Bogen gelegentlich noch einige cm oberhalb des Frosches gegriffen wurde (u. a. von Paganini).

Modifikationen in der Bogenhaltung (Stellung des Daumens gegenüber den anderen Fingern, Druckpunkt) ergeben sich im 19./20. Jh. aus den verschiedenen Schulen. Bei der älteren deutschen Haltung berühren die Finger die Stange an den vordersten Gliedern, und bei der französisch-belgischen rutschen der Zeigefinger in das erste Gelenk und die gerundeten Finger weiter über den Frosch. Im Laufe der Zeit verstärkt sich die Pronation (Eindrehung des Unterarmes), was einen kräftigeren Ton zur Folge hat.

3. Technik der rechten Hand
a. Bogenführung allgemein, Tongestaltung

Der Bogen ist »die Seele« der Geige, die »toten Saiten erhalten durch ihn Leben ...« (Löhlein 1774, S. 17, § 28). L. Mozart (1756) bringt die im 17./18. Jh. wichtigsten tonlichen Forderungen an den Geiger auf den Punkt: Der starke und männliche Bogenstrich, bei dem jeder Ton, auch der stärkste, zu Beginn und am Ende eine kleine obwohl kaum merkliche Schwäche habe, müsse sofort durch einen langen, unabgesetzten, sanften und fließenden Bogenstrich ersetzt werden (S. 103, § 28). Lange, gehaltene Töne sind bis heute die Basis zur Bogenbeherrschung (vgl. Galamian 1962 und Flesch 1928, dort »sons filés«, »gesponnene Töne« genannt). Detaillierte Anweisungen zur Mechanik des Bogenstrichs gibt es erst im 18. Jh., vor allem bei Mozart und Geminiani. Aus dem Text Geminianis (1751), sei hier zusammengefaßt herausgegriffen: Das Handgelenk muß viel (schnelle Noten), der Arm wenig (bei langen Tönen) und die Schulter gar nicht bewegt werden. Der Bogen muß stets parallel zum Steg geführt werden (was bei einer steifen Haltung nicht gelingt) und darf nur mit dem Zeigefinger und nicht mit dem ganzen Gewicht der Hand auf die Saite gedrückt werden. Die besten Spieler sind diejenigen, die mit ihrem Bogen nicht sparen, sondern ihn von oben bis unten, sogar in dem Teil, der unter ihren Fingern liegt, benutzen.

Die Kontaktstelle von Bogen und Saiten liegt normalerweise ca. einen Finger breit vom Steg und kann bei den dicken Saiten etwas in Richtung Griffbrett rücken. Tartini unterscheidet in den Regole per arrivare a saper ben suonare il violino (nach 1750) zwischen Cantabile- und Suonabile-Spiel und empfiehlt, nur die Bogenmitte zu benutzen. Bis dahin ist das »swelling [...] or softening the Sound« (Geminiani 1751, S. 2) oder *messa di voce*, in Frankreich auch *sons filés*, *sons soutenus* genannt, eine der schönsten und wichtigsten Tongestaltungen auf längeren Noten, die durch ein Crescendo und Decrescendo auf einer Bogenrichtung entsteht.

Gegen Ende des 18. Jh. wird die Notwendigkeit des dynamischen Ausgleiches durch mehr Druck an der zu schwachen Spitze immer öfter hervorgehoben. Aus den drei Zonen des Bogens (Frosch/stark, Mitte/mäßig, Spitze/schwach) kann bei gezielter Anwendung aber auch großer Nutzen gezogen werden. Üblicherweise werden die schnellen Noten an der Spitze gespielt. Es gibt jedoch Ausnahmen wie Bornet l'aîné (*Nouvelle Méthode de violon et de musique*, P. 1786), der sie bei etwas erhöhtem Ellbogen aus dem Unterarm am Frosch verlangt, da der Ton schöner werde und man jederzeit genug Bogen für lange Noten habe. Einer der ersten Autoren, die bewußt von der Eindrehung der rechten Hand schreiben, ist Baillot (1834). Mit dem Tourte-Bogen weicht der sanfte Tonansatz des alten Bogens einem festeren Zugriff, wie es Viotti als einer der ersten ausführte. Das typische *non-legato* des stärker artikulierenden barocken Bogens weicht dem modernen Détaché-Strich mit unhörbarem Bogenwechsel besonders am Frosch, erreicht durch intensive Fingerbewegung (französisch-belgische Schule; vgl. Flesch 1911). Die Finger werden überhaupt aktiver eingesetzt (akzentuierte Stricharten wie Martelé und Sforzato-Effekte). Galamian spricht von vertikalen, horizontalen und Drehbewegungen (horizontal und um die Längsachse) der Finger (1962).

Im 20. Jh. wird der Ton von einigen Geigern auch statt mit dem Zeige- mit dem Mittelfinger (Angriffspunkt, dem Daumen direkt gegenüber) verstärkt. Zur Tonverstärkung tragen ferner die Bogengeschwindigkeit (bei L. Mozart erstmals erwähnt), ein leichtes Spreizen der Finger und stärkere Bogenspannung (Kreisler) bei. Im 19. Jh. war der Oberarm wenig an der Bogenführung beteiligt, heute wird das Schultergelenk jedoch für den tonlichen Ausgleich benützt (Kreisler, Heifetz, J. Szigeti u. a.). Die ›Russische Schule‹ Galamians arbeitet die Bewegungen von Hand, Unterarm (horizontal, Drehbewegung, auch Supination), Oberarm (vertikal, horizontal) und ihre Verbindung im Dienste von Stricharten und Saitenwechseln (besonders schnelle und große) bewußter aus. Sie arbeitet auch mit dem Begriff des Quadrates, bei dem der Bogen in der Mitte mit Geige, Oberam und Unterarm ein Quadrat ergibt (vgl. Galamian 1962, S. 63). Der Strich Richtung Spitze oder Frosch ergibt sich aus der Verschiebung dieser Grundstellung. Der Bogendruck wird nun statt mittels Fingerdruckes auf die Stange als Kombination von Bogen-, Arm- und Handgewicht mit kontrollierter Muskeltätigkeit gesehen, wobei der Bogen als Hebel dessen Gesetzen unterliegt. ›Die‹ Kontaktstelle gibt es nicht, sie muß sich je nach Saitendicke, Bogengeschwindigkeit etc. intuitiv ändern. Der unterschiedliche Klangcharakter von Bogengeschwindigkeit und Bogendruck wird bewußt angewendet. G. Kulenkampff arbeitete bereits in diese Richtung, wenn er sagt, daß »Geigenkunst Bewegungskunst« sei und für jeden Komponisten eine eigene Bewegungsart erfordere (in: *Geigerische Betrachtungen*, Rgsbg. 1952, S. 18).

b. Strichregeln

Strichregeln sind die geregelte Abfolge von Ab- und Aufstrich im Dienste der musikalischen Akzente, wobei der Abstrich der betonten, der Aufstrich der unbetonten Zeit angehört. Als Grundregel muß jeder Taktanfang im Abstrich beginnen. Diese Regeln waren solange ein Grundpfeiler des Violinspiels, wie dynamisch unausgeglichene alte Bogentypen verwendet wurden; sie fehlen in kaum einer Violinschule der Zeit, wobei sie entweder im Text beschrieben oder nur durch Strichbezeichnungen angegeben sein können (frühes Beispiel für letzteres ist G. Zanetti 1645). Bei Baillot (1835) sind unsere heutigen Zeichen für Ab- und Aufstrich erstmals eingesetzt, und zwar in der umgekehrten, in Frankreich heute noch üblichen Form ∧⋃. Davor werden die Strichrichtungen meist durch den Anfangsbuchstaben der Bogenrichtung bezeichnet (t = tirer/p = pousser, d = down/u = up). Es kommen aber auch Zeichen vor wie n = nobile/v = vile (Muffat 1698); O./A. (D. J. Herrando 1756); R. = nach rechts/L. = nach links (Petri 1767) oder Pfeil hinauf/Pfeil hinunter ↑↓ (L. Mozart, erweiterte Violinschule, Lpz. 1804). Die Strichregeln verlieren mit dem modernen Bogen an Bedeutung, obwohl auch bei dieser Stange der Abstrich die natürlich betonte Strichrichtung bleibt. Ansätze zu Strichregeln gibt es schon im 16. Jh. (z. B. Ganassi). Speziell für die Violine erwähnt sie R. Rognoni (1592), und klar formulieren sie erstmals Fr. Rognoni (1620) und M. Mersenne (1636). In der französischen Musik des 17. Jh. sind die Strichregeln besonders ausgeprägt (Tanzformen) und stehen möglicherweise im Zusammenhang mit dem Orchesterspiel (Lully). M. Pignolet de Montéclair (*Méthode facile ...*, P. 1712) notiert über den Noten die gemilderte, unten die strengste Ausführung mit wiederholten Abstrichen am Taktbeginn (Notenbeispiel 4).

Notenbeispiel 4: *Strenge französische Strichregeln,*
aus: M. Pignolet de Montéclair, Methode facile ..., P. 1711/12

Die differenziertesten Anweisungen finden sich bei Muffat (Vorwort 1698) und in L. Mozarts Violinschule. Eine Ausnahme stellt Tartini dar, der betont, daß es keine Regeln gäbe und sich alles sowohl im Ab- wie Aufstrich üben läßt. In französischen Violinschulen werden die alten Regeln noch bis Ende des 18. Jh. übernommen. Im modernen Violinspiel messen manche Geiger dem Aufstrich dasselbe Gewicht wie dem Abstrich bei und richten die Bogensetzung entgegen den alten Regeln ein.

c. Stricharten

Non-legato (jeder Ton eine Strichrichtung) und Legato (Bindebogen, mehrere Töne auf einer Strichrichtung) sind die Basis aller Stricharten, die sich stets nach dem Charakter der Musik richten. Schnelle Noten wirken brillanter ohne Bindebogen und wurden früher meist getrennt, aber dynamisch abgestuft gespielt. Unter dem Begriff Détaché (= auseinander, nicht gebunden) versteht man heute ein sehr dichtes Aneinanderreihen mehrerer kurzer Noten ohne Bindebogen. Durch die Elastizität des alten Bogens klang das Détaché artikulierter, je nach Tempo dem heutigen Spiccato oder Sautillé ähnlicher als in der Ausführung mit der modernen Stange. Vor 1750 finden sich zu seiner Nuancierung gelegentlich über den Noten Punkte für weniger Trennung oder vertikale Striche für mehr Trennung zwischen den einzelnen Tönen. Der längere Einzelstrich wurde früher in der Regel differenzierter gestaltet als heute (vgl. L. Mozart 1756, ›Abteilungen‹ des Bogens zur dynamischen Differenzierung des Bogenstrichs). Unnuancierte Striche bildeten in der musikalischen Gestaltung die Ausnahme (in der zeitgenössischen Musik werden wieder große dynamische Unterschiede und Feinheiten verlangt). Sie wurden aber in vielen Violinschulen als sehr nützlich für die Bogenbeherrschung gesondert erwähnt.

Um 1800 waren die französischen Geiger im Hinblick auf bogentechnische Differenzierungen und Schwierigkeiten führend. Ursächlich mit dem Tourte-Bogen verbunden sind neue Stricharten: Martelé, ein Einzelstrich, der durch einen plötzlichen, energischen Druck auf den Bogen entsteht. Zwischen jeder Note liegt eine kleine Pause; Spiccato, ein von Handgelenk und Fingern kontrollierter springender Strich, der dem schnellen Détaché des alten Bogens nahe kommt; Sautillé, in der Bogenmitte gespielt, ein rascher, durch die Elastizität der Stange von allein springender Strich, der sich kaum von der Saite abhebt. Neu sind auch der ›Viotti-Strich‹ (Notenbeispiel 5) und das Renversé, beide an der Spitze zu spielen. Beim Renversé wird die betonte Note mit einer energischen Bewegung im Aufstrich gespielt (Notenbeispiel 6).

Bindebogen kommen schon sehr früh vor (bei Fr. Rognoni 1620 bis zu 15 Noten). Laut Mozart tragen sie zur Tongleichheit in einer Melodie bei und bilden in Verbindung mit getrennten Strichen die ›Veränderungen des Bogenstriches‹ (1756). Eine Sonderform des Legato ist das *Ondeggiando* (*Ondulé*, in Frankreich auch *Bariolage*, was sprachlich ›seltsame Farbmischung‹ bedeutet), ein wellenförmiger Saitenwechsel über zwei Saiten, manchmal mit einer Wellenlinie bezeichnet (Notenbeispiel 7). Außer mit langem Bindebogen kann diese Strichart auch mit Zweierbindungen oder mit getrennten Strichen gespielt werden und bleibt bis in unsere Zeit eine wirksame Artikulation für die Geige.

Die erste virtuose Strichart war das *Staccato* (wobei sich bereits deutsche Geiger im 17. Jh. profilierten), bei dem mittels kurzen, energischen Druckes mit dem Zeigefinger mehrere Töne abgesetzt unter einem Bindebogen gespielt werden. Bezeichnet wird das Staccato durch Punkte (Notenbeispiel 8) oder Striche (Notenbeispiel 9

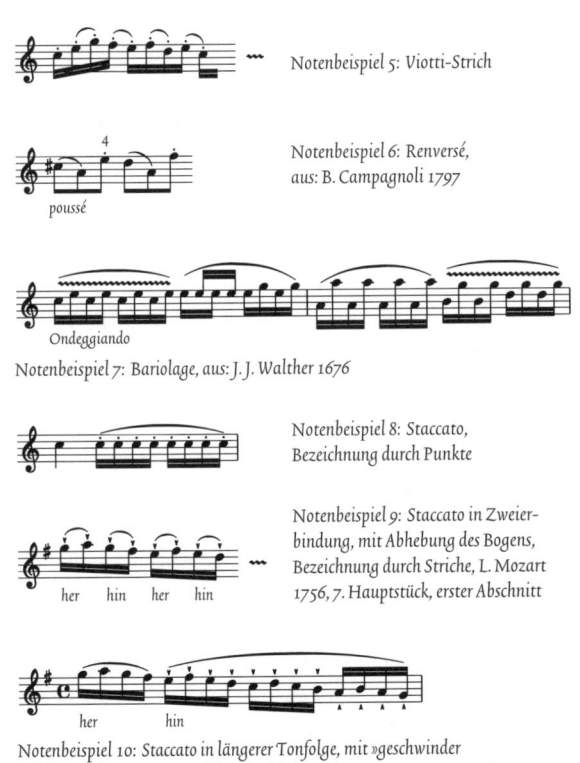

Notenbeispiel 5: Viotti-Strich

Notenbeispiel 6: Renversé, aus: B. Campagnoli 1797

Notenbeispiel 7: Bariolage, aus: J. J. Walther 1676

Notenbeispiel 8: Staccato, Bezeichnung durch Punkte

Notenbeispiel 9: Staccato in Zweierbindung, mit Abhebung des Bogens, Bezeichnung durch Striche, L. Mozart 1756, 7. Hauptstück, erster Abschnitt

Notenbeispiel 10: Staccato in längerer Tonfolge, mit »geschwinder Erhebung« des Bogens, Bezeichnung durch Striche, aus: L. Mozart 1756, 7. Hauptstück, erster Abschnitt

und 10) über den Noten unter einem Bindebogen. Im Adagio wird es immer mit liegendem Bogen gespielt, auch Portato genannt, wobei die Töne durch einen leichten Fingerdruck und eine kleine Rollbewegung des Unterarmes mehr geschoben als abgesetzt werden. Weit häufiger kommt das Staccato jedoch in vielen Varianten im schnellen Tempo vor und kann in der Regel im Aufstrich mit liegendem oder abgehobenem Bogen ›in geschwinder Erhebung‹ (Mozart) ausgeführt werden. Eine spezielle Abart war das *lireggiare con affetto* (Fr. Rognoni 1620), bei der jeder Ton mit dem Handgelenk fast springend (*quasi saltellando*) berührt wird. Frühe Staccati finden sich bei Schmelzer, Walther (bis zu 24 Noten), Biber, Carlo Ambrogio Lonati u.a. Besondere Bedeutung erlangt das perlende Staccato bei den Virtuosen des 19. Jh. wie Paganini und Vieuxtemps; Baillot (1835) gibt Beispiele langer Staccatoketten im Ab- wie Aufstrich. Eine weitere Variante ist das erstmals klar von Galeazzi (1791) beschriebene fliegende Staccato oder Note pichettate. Der Bogen wird bei jeder Note von der Saite abgehoben und springt über die Saite (*saltellar sopra le corde*). Der leichte elastische vortourtsche Bogen war stellenweise geeigneter für diese abgesetzten Striche als die schwerere moderne Stange. Eine weitere Variante des Staccato ist das schon im 17. Jh. gebräuchliche Tremolo oder Bogenvibrato (s. C.II.4.d.). Im modernen Violinspiel versteht man unter Tremolo die an der Spitze gespielte rasche, unrhythmisierte Wiederholung eines Tones (vor 1800 selten).

Das Ricochet ist eine geworfene Strichart, bei welcher auf eine Strichrichtung (meist Abstrich) eine genaue Anzahl von Aufprallvorgängen erfolgt. Im 17. Jh. entwickelte Biber daraus einen nur ihm eigenen Strich (Notenbeispiel 11). Auch Veracini verwendet eine Art Ricochet im Ab- und Aufstrich und setzt die Punkte im Gegensatz zum Staccato außerhalb des Bogens (Notenbeispiel 12). Im 19. Jh. war das Ricochet als virtuose Strichart beliebt (vgl. Paganini, Mittelteil aus der Caprice op. 1, Nr. 9, Takte 61-94).

In der Notation unterscheiden sich die abgesetzten oder springenden Striche kaum, werden sie doch alle entweder mit Punkten oder manchmal auch Keilen über den Noten bezeichnet. Die ›richtige‹ Strichart hat der Spieler aus dem Charakter und dem Tempo der Musik heraus zu finden. Manche virtuose Stricharten wie Sautillé sowie das schnelle und feste Staccato gelingen einzelnen Geigern fast von allein, während andere sie sehr schwer erlernen. So waren Wieniawskis und Spohrs Staccati berühmt. Spohr konnte dagegen den bei den Franzosen beliebten springenden Strichen wenig abgewinnen. Nach 1800 ist die Entwicklung der Stricharten abgeschlossen. Als Variante des Ricochet erfand René Staar in neuester Zeit den Ping-Pong-Strich (Notenbeispiel 13). Der Bogen wird an der Spitze auf die Saite fallen gelassen, wo er an Ort aus eigener Kraft hüpft, bis er zum Stillstand kommt. Die klangliche

Notenbeispiel 11: Ricochet-artiger Strich bei H. I. F. Biber, sog. ›Biberstrich‹, aus: Sonate violino solo, Nr. 2 (Salzburg 1681)

Notenbeispiel 12: Ricochet bei F. M. Veracini

mit Pingpongstrich bis zum Satzende

pppp kaum hörbar *ppppp*

Notenbeispiel 13: ›Ping-Pong-Strich‹, der Bogen fällt auf die Saite und hüpft am Ort, bis er ausgependelt ist, aus: René Staar, 6 Skizzen für Streichquartett op. 22c

Notenbeispiel 14: Verschiedene Möglichkeiten der Akkordbrechung

Notenbeispiel 15: Sechstimmiger Akkord mit Brechungsangabe (Klammern), aus: E. Ysaÿe, Solosonate op. 27,3 (1924)

Wirkung ist ein leises Klopfen, das zwischen Ton und Geräusch liegt. (Zu weiteren modernen, mit dem Bogen erzeugten Effekten s. C.II.5.)

d. Mehrgriffiges Spiel

Auf der Violine können Doppel-, Tripel- und Quadrupelgriffe gespielt werden (neue amerikanische Schule: *multiple stops*). Da durch die Stegrundung auf der Violine ein längeres Durchhalten drei- und vierstimmiger Akkorde nicht möglich ist, entstanden verschiedene Brechungsarten (Notenbeispiel 14). Eine sowohl bogen- wie fingertechnisch spezielle Art der Brechung ermöglicht zudem die Vortäuschung von Akkorden mit mehr als vier Tönen (Notenbeispiel 15).

Bogentechnische Anweisungen zum Akkordspiel gibt es erst im 18. Jh., obwohl gerade die deutsche Solo-Literatur des 17. Jh. sehr viele mehrgriffige Passagen enthält. Akkorde wurden in den meisten Fällen gebrochen, es sei denn der Charakter der Musik verlangte nach einem kurzen gleichzeitigen Durchziehen. Technisch geschieht dies weniger durch Kraft als durch das richtige Verhältnis von Armgewicht-Kantung-Bogenstelle-Bogengeschwindigkeit. Paganini beherrschte das vierstimmige Akkordspiel besonders gut und konnte dreistimmige Akkordfolgen fast kantabel durchhalten (u.a in Caprice Nr. 20 aus op. 1, Takte 1–24).

Mehrere aufeinanderfolgende Akkorde sollten »[...] *durch Heftigkeit überraschen* [...] *und mit der größten Stärke des Bogens, nämlich mit seinem untersten Theile gespielet werden...*« (J. J. Quantz 1752, S. 196, § 18). Auch L. Mozart will die Akkorde ›schnell und zugleich‹ gespielt wissen. Ende des 18. lehrt Galeazzi (1791), den Bogen fest auf die tiefste Note zu pressen und ihn mit einer runden Bewegung sehr schnell zur höchsten Saite durchzuziehen (*strappato, botta*). Bei Akkorden von der Dauer einer Halben oder Ganzen wird dabei der tiefste Ton ausgehalten, erst am Ende des Notenwertes folgen die übrigen Töne. Umgekehrt verfährt dagegen Labadens in seiner *Nouvelle méthode* (ca. 1797): Der Melodieführung wegen bleibt der Bogen am längsten auf der höchsten Note. Labadens ist der erste Autor, der klar eine Brechung in zwei tiefe / zwei hohe Töne lehrt, wie es noch heute üblich ist.

Es gibt unzählige Varianten der gestoßenen, gebundenen und vermischten Arpeggien – wobei die Akkordtöne einzeln nacheinander erklingen –, die im 18. Jh. in Rhythmus und Artikulation besonders fantasievoll waren (z.B. erstellt Geminiani 1751, S. 29, eine Tabelle mit 19 Beispielen). Will ein Komponist eine bestimmte Arpeggienform, so schreibt er sie einen Takt lang aus und setzt unter die folgenden Akkorde *segue*. Steht unter den Akkorden nur *arpeggio*, so ist die Arpeggierungsart dem Interpreten überlassen. Bei mehrstimmigem polyphonem Spiel stellt sich oft die Frage, ob Noten immer ihrem Wert entsprechend ausgehalten werden sollen (Notenbeispiel 16) oder Bindungen geteilt werden müssen, wie es aus technischer Notwendigkeit bei Vorhaltsketten naheliegend ist. Da es dazu kaum Anweisungen gibt, muß für jede Stelle einzeln entschieden werden. Rein zweistimmiges Spiel stellt an die Bogentechnik ähnliche Anforderungen wie das polyphone Spiel. Seit Marini (1626) gibt es Sonaten mit konsequenter Zweistimmigkeit. Diese Werke sind in einigen Fällen als Triosonaten in Partitur notiert, aus welcher der Geiger die beiden Stimmzüge herauslesen muß (Notenbeispiel 17).

Die melodischen Linien müssen im mehrstimmigen Spiel durch unterschiedlichen Bogendruck bei gleichzeitigem Anstreichen der zwei Saiten herausgearbeitet werden. Campagnoli merkt an, daß der Bogendruck normalerweise auf der tieferen

Lösung C. Flesch. Die Artikulation des Thementeiles geht verloren.

J. S. Bach, C-Dur Fuge

Notenbeispiel 16: Polyphonie bei Bach, unten Originalnotierung, oben Strichvorschlag von C. Flesch

Notenbeispiel 17: Notierung von ›Zweistimmigkeit‹ »a due violini«, aus: Sonate violino solo, Nr. 8 (Salzburg 1681)

Saite stärker sein muß, damit die Töne gleich laut erklingen. Die Idee, Polyphonie auf der Geige ohne technisch bedingte Unterbrechungen einer Linie spielen zu können, führte, ausgehend von Muffats Anweisungen zur Bogenhaltung im Untergriff, in der ersten Hälfte des 20. Jh. zur Erfindung des von A. Schweitzer unterstützten Bach-Bogens. Die stark gekrümmte Stange weist am Höhepunkt einen Abstand von 10 cm zu den Haaren auf. Durch einen mit dem Daumen bedienten mechanischen Hebel kann der Geiger unter dem Spielen die Bogenhaare anspannen (Spiel auf einer Saite) oder so weit entspannen, daß alle vier Saiten vom Haarbezug gleichzeitig und gleichmäßig berührt und Akkorde in ihrem vollen Wert ausgehalten werden können. Historisch und musikalisch ist diese Theorie ein Fehlschluß, denn mit keinem Bogen ließen sich alle vier Saiten auf längere Zeit durchhalten, und die Artikulation z. B. eines Fugenthemas geht dabei völlig verloren.

e. Pizzicato, col legno, sul ponticello, sulla tastiera, Dämpfer

Bereits die italienischen Geiger im Frühbarock entdeckten die Wirkungen von Klängen, die auf der Violine nicht durch normales Streichen und Greifen entstehen. Pizzicato, das Zupfen der Saite, war schon den Viole-Spielern des 16. Jh. bekannt. Monteverdi läßt die Saite mit zwei Fingern zupfen (»si strappano le corde con duoi diti«, Combattimento di Tancredi e Clorinda, Vdg. 1624). Walther schreibt ganze

Sätze in Pizzicato als Lautenimitation (*Hortulus chelicus*, 1688), als *senz'arco* umschrieben. Normalerweise zupfte man mit dem Zeigefinger und stützte den Daumen an der Violine ab. L. Mozart läßt Akkorde mit dem Daumen und Einzeltöne mit dem Zeigefinder zupfen. Petri (1767) warnt vor dem Reißen der Saiten und ›widernatürlich‹ starken Daumenpizzicati, Pizzicato-Töne sollten sanft und lautenmäßig sein. Ein erstes Pizzicato mit der linken Hand erwähnt J. Playford 1669. Das Linke-Hand-Pizzicato (mit »+« über der Note bezeichnet) wurde im 19. Jh. zum virtuosen Effekt gesteigert und gipfelt in den Künsten Paganinis, H. Wil. Ernsts, Wieniawskis, M. Ravels (*Tzigane*, 1924) u. a. B. Bartók nahm das Zweifinger-Pizzicato (Notation ♦) wieder auf und läßt die so gefaßte Saite geräuschhaft auf das Griffbrett zurückschlagen.

Im 20. Jh. sind verschiedene Pizzicato-Effekte festzustellen wie schnelles Pizzicato vierstimmiger Akkorde in einer Hin- und Herbewegung, mit Ab- und Aufstrichzeichen versehen (S. Prokof'ev, Violinkonzert op. 19 [1916/17], 1. Satz; Ravel, Sonate [1923–27], 2. Satz *Blues*, auch verbunden mit *pizzicato glissando*), heftiges Reißen, Pizzicati auf dem Griffbrett u. ä. *Col legno* (mit dem Holz der Bogenstange), kann streichend, Ricochet-artig oder auf die Saite schlagend angewendet werden. Col-legno-Effekte kommen wie *sulla tastiera* (auf dem Griffbrett), *sul ponticello* (auf dem Steg) *du glissando* als tonmalerisches Mittel bereits bei C. Farina vor. Diese Klangmittel treten im 18. Jh. allgemein zurück und werden hauptsächlich im 20. Jh. wiederbelebt (s. C.II.5.).

Der Dämpfer (*Sourdine, sordino*) wird erstmals von Mersenne (1636) beschrieben, u. a. verlangen ihn Schmelzer (»con sordini«, *Le memorie dolorose*, 1678), Lully (»*il faut jouer cecy avec des sourdines*«, *Armides*, 1686) und H. Purcell (»violins with sourdines«, *Fairy Queen*, 1692). Eine genaue Anweisung zum Dämpfer gibt Quantz (1752, S. 203, § 29). Der Gebrauch des Dämpfers blieb bis heute ein klangliches und tonmalerisches Ausdrucksmittel des Violinspiels.

4. Technik der linken Hand
a. Stimmung – Besaitung – Intonation

Die genaue Intonation bildet eine der größten Herausforderungen des Violinspiels (s. auch A.I.3.). Ihre Ausführung beruht hauptsächlich auf dem vom Ohr geführten Tastsinn. Die meisten Geiger sind sich einig, daß eine gute Intonation technisch durch möglichst viel ›Finger-Liegenlassen‹ begünstigt wird. Als Hilfen für die Intonation wurden früher zweistimmige Übungsstücke zusammen mit dem Lehrer ausgeführt; noch Spohr setzt (1833) seine Konzerte als Solo-Stimme mit einer zweiten Violine. Auch das Studium der Doppelgriffe ist eine gute Intonationsübung, wozu das Phänomen der bei einem ganz reinen Intervall entstehenden

Kombinationstöne oder Differenztöne gehört (von Tartini erstmals beschrieben und von Mozart als *dritter Ton* zur Intonationskontrolle übernommen), deren Frequenz (Tonhöhe) sich durch die Differenz der Frequenzen der Ausgangstöne ergibt. Galamian prägt den Begriff des ›Rahmens der Hand‹, d. h. die Grundstellung des 1. und 4. Fingers im Oktav-Intervall in jeder Lage. Innerhalb dieses unveränderlichen Rahmens variiert die Stellung des 2. und 3. Fingers. Ulrich Lehmann (1994) baut über die Einklänge ein System zur Festigung der Intonation auf. Lehrwerke legen bis um 1800 Wert auf den heute vernachlässigten Unterschied von *fis-ges* u. a. Besonders streng in Intonationsfragen ist Galeazzi (1791; langes Kapitel über Schwingungsverhältnisse).

b. Fingersätze: Allgemeines, Übergreifen, Streckung, Doppelgriffe

Der Fingersatz ist individuell durch Größe, Proportion und Kraft der Hand bedingt. Trotzdem gibt es in den verschiedenen Epochen vom Stil abhängige Richtlinien. Im 17./18. Jh. wurde möglichst die leere Saite gebraucht, da der Klang dem gedämpfteren der gegriffenen Saite vorgezogen wurde. Ohne Dauervibrato und mit den weicher klingenden Darmsaiten störte die leere Saite innerhalb der Melodie weit weniger als heute. Aufschlußreich für den Fingersatz sind die für Anfänger oder nicht professionelle Geiger geschriebenen Violin-Tabulaturen (z. B. Zannetti 1645) und Scordaturen, die mit dem selbstverständlichen Gebrauch der leeren Saiten rechnen. L. Mozart verwirft die leeren Saiten als einer der ersten. Nach 1750 nähert sich der Fingersatz dem klassischen Gesetz der Klanggleichheit einer Melodie durch den Gebrauch der leeren Saite bei aufsteigender (der helle Ton verbindet sich mit dem Klang der höheren Saite) und des 4. Fingers bei absteigender Tonleiter, der sich dem dunkleren Ton der tieferen Saite angleicht (z. B. P. Signoretti, *Méthode contenant les principes de la musique et du violon*, 3 Bde., Den Haag 1777).

Im 20. Jh. wird die leere Saite nach Möglichkeit umgangen oder als besonderer Klangeffekt ausdrücklich verlangt. Bis in das 19. Jh. war der Gebrauch des 4. Fingers bei Trillern (vgl. z. B. Tartini, er soll als ›kleinster seiner Brüder‹ besonders geübt werden) ebenso selbstverständlich wie bei langen oder hohen Melodietönen. Letzteres mag in Zusammenhang mit dem sparsameren Vibrato stehen. In Stücken in C- oder F-Dur streckte man c''' mit dem 4. Finger ab. Im 18. Jh. wurden Streckungen öfter für das Terzenspiel gebraucht. Campagnoli läßt in einer Übung stufenweise die sehr weite Streckung einer Oktave plus einer Sext erreichen. Legendär sind Paganinis Dehnungen bis zu einem Griff, der vier Oktaven umfaßte.

Das Gegenteil der Streckung ist das Zusammenziehen der Hand. Sie wird wie die Streckung auch für den gleitenden Lagenwechsel gebraucht. Chromatische Pas-

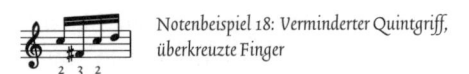

Notenbeispiel 18: *Verminderter Quintgriff, überkreuzte Finger*

sagen wurden bis ins 20. Jh. vorwiegend mit Fingerrutschen gespielt. Geminiani wirkt mit der ausgespielten Chromatik (jede Note ein neuer Finger) moderner und nimmt die über de Bériot, Spohr, Flesch und Joseph Achron als sicherer und schneller anerkannte übliche Praxis voraus. Als Sondergriff gelten die mit überkreuzten Fingern (*doigts croisés*) gespielten verminderten Quinten (Notenbeispiel 18). Ein heute nicht mehr üblicher Fingersatz bei Akkorden ist der Daumengriff. Als außergewöhnlicher Griff wird er in den Noten mit *le pouce/il pollice* bezeichnet (z. B. J.-M. Leclair, Bononcini, L.-Jos. Francoeur). Der Daumengriff hängt technisch mit der früheren, von der linken Hand unterstützten Violinhaltung zusammen, bei welcher der Daumen aktiver und beweglicher ist als in der modernen Technik; ein Ausstrecken des Daumens für einen Griff ist daher nur eine extreme Variante, nicht aber eine grundsätzliche Positionsänderung. Diese Technik begegnet bis Ende des 18. Jh. in Lehrwerken (z. B. Petri 1767; Corrette 1782). Noch Paganini verwendete den Daumengriff und konnte damit leicht bis zu *h* auf der G-Saite gelangen. Weitere Regeln des Fingersatzes gehen in die des Lagenspiels über und werden dort beschrieben.

c. Lagenspiel

War von der Theorie zum Fingersatz her gesehen das Lagenspiel bis Mitte 18. Jh. der Tonraumerweiterung auf der E-Saite und der Notwendigkeit bei Doppelgriffen oder Trillern auf Tönen, die auf eine leere Saite fielen, vorbehalten, so beginnen seit L. Mozart auch andere Kriterien dafür wichtig zu werden. Nach Mozart sind es »*Drey Ursachen* [...], *die den Gebrauch der Applicatur rechtfertigen. Die Notwendigkeit, die Bequemlichkeit, und die Zierlichkeit*« (1756, S. 148, § 2). Die Notwendigkeit ist gegeben für die Töne oberhalb der fünf Linien, die Bequemlichkeit für Tonfolgen, die zuviele Saitenwechsel aufweisen würden, und die Zierlichkeit garantiert das kantable Spiel und die Tongleichheit einer Melodie (ähnlich schreibt Baillot). Als Namen für die Lagen begegnen: *Aufsatz, Applikatur, ordre, position, trasporto della mano, portamento, shifting*. Die Erste Lage wird (wenn überhaupt) als ›natürliche, normale, platte‹ Handstellung bezeichnet. Zur Zählung der höheren Lagen gibt es drei nebeneinander bestehende Systeme:

    a. Ganze Applikatur = Erste, Dritte, Fünfte Lage, »[...] *weil sie den allgemeinen Violinregeln am nächsten kömmt. Der erste und dritte Finger wird allemal bey den Noten gebraucht, die auf den Linien stehen; der zweyte und vierte hingegen trifft auf jene Note, die den Zwischenraum ausfüllen*« (L. Mozart, S. 150, § 5, u. a.); halbe Applikatur = Zweite,

Vierte, Sechste Lage; vermischte Applikatur = Passage mit mehreren Lagen (L. Mozart u. a.).

    b. Die Zählung beginnt bei der heutigen Zweiten Lage, der die damalige Erste Lage entspricht (meist in nicht deutschsprachigen Schriften);

    c. Die heutige Zählung (erstmals bei Geminiani 1751) wird seit Galeazzi (1791) die normale. Die Zweite Lage wurde schon von N. Matteis und Vivaldi angewendet, obwohl Geminiani ihre Erfindung in Anspruch genommen haben soll. Sie kommt ausgeprägt bei L'Abbé und Tartini vor, während Mozart sie eher meidet. Die halbe Lage wird erst seit der zweiten Hälfte des 18. Jh. als selbständige Position angewendet. L. Mozart gebraucht sie nur für Akkordgriffe, für L'Abbé (1761) besteht sie aus *doigts d'emprunt* (geliehenen Fingern) für gis, dis', ais' in Stücken mit entsprechender Tonart, Théodore-Jean Tarade (Traité du violon... P. ca. 1774) nutzt sie für Coulés, Schweigl (1786) nennt sie ›Zurückweichung der Hand‹.

Zunächst war Lagenspiel nur auf der E-Saite üblich. Das Spiel in hohen Lagen ist abhängig von der Griffbrettlänge, die im 17./18. Jh. beträchtlich schwanken konnte. Das Griffbrett eines professionellen Geigers hatte schon im 17. Jh. den Umfang von zwei Oktaven. Daneben gab es für nicht-solistisches Spiel Violinen mit kurzem, für das Lagenspiel ungeeignetem Griffbrett. Gegen Ende des 18. Jh. wurde es generell verlängert, »[...] beynahe bis zum Stege herunter« (Löhlein 1774, S. 6, § 1), doch haben Virtuosen wie Vivaldi und Locatelli ihre Violine schon davor mit einem sehr langen Griffbrett ausgestattet, um in extemen Lagen spielen zu können. Aus dem 18. Jh. sind originale Griffbretter erhalten, die sogar länger sind als das moderne. Spielten Virtuosen im 17. Jh. bis zur Sechsten/Siebenten Lage (Lonati, Uccellini, Biber u. a.), so wagte man sich in extremen Fällen schon im 18. Jh. bis an das Ende des Griffbrettes. Locatelli steigt in L'arte del violino, Concerto XI., Capriccio, 1733, gar bis zur 14. Lage. In Lehrwerken werden die hohen Lagen (8.-11. Lage) generell erst ab Ende des 18. Jh. besprochen (z. B. Lolli ca. 1784; Galeazzi 1791). Davor behandeln die meisten Schulen die Erste bis Siebente Lage, nur L'Abbé verwendet in seinen Übungsstücken auch 10./11. Lage; bis heute gehört das Spiel in hohen Lagen zum Repertoire solistischer Musik.

Beschränkte sich bis Ende 18. Jh. der Tonumfang der Orchesterstimmen meist auf die Dritte bis Vierte Lage, so erweitert sich mit dem Aufkommen der großen Symphonien seit dem 19. Jh. auch der Umfang für die Violine und die Anforderungen an den Orchestergeiger enorm. Orchesterwerke des ausgehenden 19. und des 20. Jh. benutzen nun den vollen Umfang wie überhaupt das gesamte technische Repertoire, das auf der Geige möglich ist (Bruckner, Debussy, Bartók, Mahler, Berg, Ligeti u. a.).

Über die Lagenwechsel und ihren Gebrauch wissen wir praktisch nur aus den Lehrbüchern – wobei der mechanische Vorgang des Lagenwechsels bis Geminiani (1751) überhaupt nicht und von da an nur spärlich beschrieben wird – denn aus der Violinliteratur gibt es nur sehr wenige originale Fingersätze. Die Übungsstücke in den Violinschulen wurden dabei in der Reihenfolge der Lagen geordnet. Bei Mersenne (1636) soll man auf der E-Saite einfach mit dem 4. Finger vorrücken (4-4-4), ein unbrauchbarer Fingersatz für virtuose Musik der Zeit außerhalb Frankreichs. Ein ähnlicher Lagenwechsel findet sich bei Herrando (1756). Im allgemeinen wurden die Lagen so gewählt, daß der höchste Ton auf den 4. Finger trifft. Tonleitern wurden wie heute normalerweise mit dem Wechsel 1. und 2. Finger gespielt. Schon Geminiani schreibt als Übung Tonleiter-Beispiele mit dem Wechsel von 2. bis 3. und 3. bis 4. Finger. Tonleitern (bei Baillot bis zu 4 1/2 Oktaven) bildeten immer schon die Grundlage der Technik der linken Hand. In neuer Zeit ist das *Skalensystem* (1926) von Flesch die Basis dafür. Für die Dreiklänge gab es keine Normen, oft wurde aber der höchste Ton abgestreckt, und »wer eine große Faust hat ...« (L. Mozart, S. 172, § 5), kann noch mehr Dreiklangstöne in einer Position spielen (Notenbeispiel 19).

Notenbeispiel 19: Streckung im Dreiklang,
aus: L. Mozart 1756, 8. Hauptstück, 3. Abschnitt

Kurz vor 1800 wurde es üblich, das Ende eines Dreiklanges entweder hüpfend mit dem letzten gebrauchten Finger zu spielen, abzustrecken oder im Flageolett zu spielen. Günstige Stellen für den Lagenwechsel sind: bei einer leeren Saite (bei großen Sprüngen vor 1800 die Regel, der Wechsel kann unbemerkt erfolgen), bei Tonwiederholungen, Phrasierungen oder rhythmischen Figuren, mit denen der Lagenwechsel übereinstimmt. Ein Lagenwechsel kann durch Ausdehnung oder Zusammenziehung und nachfolgendes Nachrutschen der Hand ausgeführt werden. Der gleitende Lagenwechsel mit hörbarem Rutscher gehört zu den Ausdrucksfingersätzen (s. unten).

Die Mechanik des Lagenwechsels ist eng mit der Geigenhaltung verbunden. Solange die Violine nicht ständig mit dem Kinn fixiert wurde, mußten Daumen und linke Hand weit mehr beim Lagenwechsel helfen als in der modernen Haltung. Geminiani (1751) betont, daß der Daumen beim Hinaufsteigen der Hand immer etwas hinter dem Zeigefinger zurückbleibt. Je höher die Lage, desto größer wird dieser Abstand, bis der Daumen schließlich ganz unter den Geigenhals rutscht. Von der

Fünften, Vierten und Dritten Lage zur Ersten abwärts rückt der Daumen erst beim zweiten in der ersten Lage gespielten Ton nach (ähnlich will es Campagnoli, ca. 1797). Die Ablehnung des Portamento (hörbarer Rutscher) führte im 20. Jh. zur Erweiterung der bereits ansatzweise im 18. Jh. (Geminiani, L'Abbé 1761, später Paganini) geübten Methode des Lagenwechselns durch Ausdehnung und Zusammenziehen der Hand (vgl. Flesch, verschiedene neue Methoden des Lagenwechselns). In der zeitgenössischen Musik wird diese ›Kriechtechnik‹ für neuartige Intervallsprünge ausgenutzt. So können z. b. ganze Passagen ohne eigentlichen Lagenwechsel gespielt (Hindemith 1926, durch alle Lagen ohne Lagenwechsel) oder aus der Position einer Lage durch Streckung nach oben und unten auch die untere und obere Lage erreicht werden. S. Babitz (1947) und Galamian (1962) widmeten diesem ›Creeping‹-Fingersatz besondere Aufmerksamkeit. Eine Art des ›Kriechens‹ pflegt schon Geminiani mit der Übung des Fingerwechsels auf einer Note (Notenbeispiel 20).

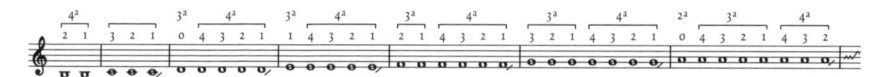

Notenbeispiel 20: Fingerwechsel auf einem Ton, aus: Geminiani 1751

Eine in neuer Zeit wichtige Hilfe zum Lagenwechsel ist das bewußte Spüren der Handposition am Griffbrett und der Berührungspunkte am Geigenkörper. Das Speichern dieses Bewegungsgefühls ist besonders für die Sicherheit bei großen Intervallsprüngen und atonalen Tonfolgen notwendig.

Unter dem immer mit Lagenspiel verbundenen ›Ausdrucksfingersatz‹ versteht man die Fingersatzwahl nicht nach der einfachsten Spielbarkeit, sondern nach den gewünschten Klangfarben einer Melodie. So klingt dieselbe Kantilene ganz anders, wenn sie statt in der Ersten Lage auf einer tieferen Saite in höheren Lagen gespielt wird. Dazu gehört die Wirkung von sul g, sul d ebenso wie ein Flageolett-Ton anstelle des fest gegriffenen oder ein bewußt mit hörbarem Rutschen ausgeführter Lagenwechsel. Jeder Geiger entwickelt dabei seinen persönlichen Stil, doch gibt es auch hier vom Zeitgeschmack diktierte Strömungen. Dazu gehört das Ende des 18. Jh. entdeckte Spiel »su una corda« (Campagnoli, Baillot). Viotti machte sich die klangliche Schönheit der G-Saite in seinen Konzerten bis zur Neunten und Zehnten Lage zunutze und war damit Wegbereiter für Paganinis berühmtes Spiel eines ganzen Stückes auf der G-Saite. Auch Galeazzi (1791) bringt schon ein Menuett »sul g« (bis Neunte Lage, s. Elementi... 1791, Tavola IX.). Baillot (1835) führt als Beispiel persönlicher Violinstile Kreutzer an, dessen typischer Lagenwechsel auf Brillanz zielte, während Rode mehr die Kantilene (*ports de voix*) und einheitliche Klangfarbe mit häufigem Spiel auf einer Saite pflegte. Campagnoli (ca. 1797) betont auch die klanglichen Unterschiede der einzelnen Lagen: In der Ersten, Dritten und Fünften Lage ist der Geigenton heller und klarer als in der Zweiten, Vierten und Sechsten Lage. Bereits Mitte des 18. Jh. wurde verlangt, in einer Melodie möglichst wenig die Saiten zu wechseln, und Verzierungen durften nie über zwei Saiten gespielt werden. Dieses Prinzip der ›Klanggleichheit‹ wurde für Galeazzi (1791) zur wichtigsten Voraussetzung violintechnischer Lösungen (z.B. seine 10 Regeln zum Fingersatz). Den Wandel im Geschmack verdeutlicht Baillots Fingersatz (1835) auf der G-Saite zum 3. Satz in Es-Dur der Bachschen Sonate c-moll (BWV 1017) für Violine und obligates Cembalo, was zu Bachs Zeiten undenkbar gewesen wäre (Notenbeispiel 21).

Meist verbunden mit Dynamik ist die Klangfarbenänderung durch das Spielen eines Motivs in der Ersten Lage (*forte*) und der Wiederholung davon auf der tieferen Saite (*piano*), das schon L'Abbé anwendet (1761). Ein verwandter Effekt ergibt sich, wenn derselbe Ton aufeinanderfolgend auf verschiedenen Saiten gespielt wird. Mit sehr persönlichem Ausdruck ist das hörbare Gleiten (auch *portamento*) eines Fingers auf dem Lagenwechsel verbunden. Es wurde im 19. Jh. beliebt (Baillot) und erhielt sich noch bis in die erste Hälfte des 20. Jh. (vgl. J. Joachim, Fingersätze zu den großen klassischen Konzerten in seiner Violinschule, 1902; Ysaÿe, Kreisler; M. Elman). Daß diese Spielweise nicht nur Zustimmung erntete, beweist schon eine Bemerkung Spohrs in seiner Violinschule (1833), wonach das Portamento wegen des dadurch entstehenden ›Heulens‹ ein Fehler sei. Ausdrücklich fordert er einen schnellen Lagenwechsel ohne ›Lücke‹ zwischen den Noten. Heute werden Portamenti als Ausdrucksmittel nur noch bei speziellen Stücken als ›Farbe‹ verwendet. In der avantgardistischen Musik können die häufigen Glissandi als eine entfernte Abart davon gesehen werden. Zum Schluß sei noch die Bedeutung des Fingerdruckes als Mittel zur Klangfarbenerzeugung erwähnt, auf das bereits Muffat, Quantz, L. Mozart, Galeazzi, Baillot u.a. hinweisen. Ebenso beeinflußt die Fingerstellung den Ton: Ein flach hingelegter Finger ergibt einen weichen, ein steil aufgesetzter einen helleren, härteren Klang.

d. Mehrgriffiges Spiel

Um zweistimmige Griffe perfekt spielen zu können, muß man beide Finger gleich fest aufsetzen und beide Saiten mit dem Bogen gleichzeitig und mit gleichem Druck fassen (L'Abbé 1761). Tarade (*Traité du violon*, P. ca. 1774) empfiehlt, zur Erlernung eines schönen Doppelgriffspiels einen langsameren Terzentriller zu spielen, jede Trillerbewegung mit einem langen Bogenstrich, da die Terzen als das angenehmste Intervall eine Hilfe zu guter Intonation sind. Mit den von Galeazzi (1791,

4. Saite bis zum Schluss.

Notenbeispiel 21: Ausdrucksfingersatz, Spiel »sul G« bei Bach, Sonate BWV 1017, 3. Satz, aus: P. Baillot 1834

Notenbeispiel 22: Zusammenziehen der Hand, aus: L. Mozart 1756

Notenbeispiel 23: ›Entliehener Finger‹ bei Quintgriffen (d'= 2. Finger/a'= 3. Finger statt 2. Finger)

Notenbeispiel 24: Extreme Griffverbindung, aus: A. Schönberg, Violinkonzert op. 36 (1935/36)

Notenbeispiel 25: Bezeichnung von »Tremolo« als Bogenvibrato

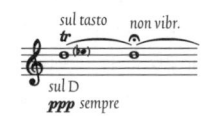

Notenbeispiel 26: Spiel auf dem Griffbrett ohne Vibrato, aus: P. Boulez, Anthems (1992)

ebenso Campagnoli) erwähnten Fingersätzen (4.-0., 4.-3.) kann ein ganzes Menuett in Terzen in der Dritten Lage gespielt werden. L. Mozart lehnt den Terz-Fingersatz 4. Finger/leere Saite wegen klanglicher Unausgeglichenheit ab. Einige technische Besonderheiten im mehrgriffigen Spiel sind: steilere Stellung der linken Hand, damit alle Saiten ohne Berührung durch die Hand frei schwingen können; generell mehr Kraftanwendung in der linken Hand (Galamian warnt aber vor zu starkem Druck und dadurch Verkrampfung); Streckungen (Dezimen, Fingersatzoktaven u. ä., Akkorde); Zusammenziehen der Hand (Notenbeispiel 22); Ausnahmen von normalen Griffen z. B. bei Quinten: in der Caprice Nr. 6 aus op. 1 von Paganini muß a' als Quint zu d' statt mit dem normalen Barrée-Griff (hier wäre es der 2. Finger zu d') mit dem 3. Finger gegriffen werden (Notenbeispiel 23).

Die wichtigsten Lehrwerke enthalten mehr oder weniger systematische Kapitel zum Doppelgriffspiel, doch erst seit Ševčík (1881) werden die Doppelgriffe systematisch in allen Varianten geübt. Eine ähnliche Schule der Griffverbindungen ist das Werk von Henry Schradieck (1846-1918). Extreme Griffverbindungen begegnen in der zeitgenössischen Musik (Notenbeispiel 24).

e. Vibrato

Das Vibrato ist die Belebung eines Tones durch eine Bebung und war früher Teil der Ornamentik. Als Bezeichnungen dafür kommen vor: *Tremolo, Tremulo, Tremoleto, Tremulante, Tremblement serré, Balancement, Flatement, Bebung, Ondeggiamento, Close shake*. Tremblement und Tremolo können im 17./18. Jh. auch Triller bedeuten. Das Vibrato war schon den Violenspielern des 16. Jh. bekannt, und M. Agricola erwähnt 1545 eine Art Vibrato auf dem Rebec oder der alten Violine. Im 17. Jh. geben einige Theoretiker nähere Beschreibungen zum Vibrato: M. Mersenne als *verre cassé* (1636), Roger North als *gentle and slow wavering* (ca. 1695), und Thomas Mace nennt das Lauten-Vibrato *sting* (Musick's Monument, 1676, S. 109). Die Violen- und Lauten-Spieler kannten das echte Vibrato mit einem Finger und das *close shake* mit zwei Fingern, das sich einem Triller annähert. Eine ähnliche Vibratoart beschreibt Tartini (in den *Regole per arrivare a saper ben suonare il violino*, nach 1750) als ›Vibrato-Triller‹. Zur Steigerung des Ausdrucks wurde das Vibrato meist durch einen Schweller mittels des Bogens verstärkt.

Auf der Violine gibt es das Vibrato der linken Hand und das Bogenvibrato. Letzteres war besonders im 17. Jh. in Gebrauch (z. B. H. Schütz, Monteverdi, Walther, Biber) und sollte den Orgeltremulant imitieren (vgl. u. a. S. de Brossard, *Dictionnaire de musique*, P. 1703, Art. Tremolo; WaltherL; J.-J. Rousseau, *Dictionnaire de la musique*, ebd. 1768). Notiert wird es mit Punkten über den Noten und einem Bindebogen oder nur durch das Wort *tremolo, tremblement* u. ä. (Notenbeispiel 25).

Diese Verzierung und Belebung eines gehaltenen Tones verliert allmählich an Bedeutung, ist aber als Begleitfigur bis in die Wiener Klassik hinein zu verfolgen. Auch moderne Komponisten greifen gelegentlich auf diese Klangfarbe zurück (u. a. A. Copland, *Quartet for piano and strings*, 1950).

Im Vibrato der linken Hand drückt sich die Persönlichkeit des Geigers in besonderem Maße aus. In den Anfängen des Violinspiels wurde es in der Regel nur auf gehaltenen Tönen oder Schlußnoten angewendet. Als einziger Autor war Geminiani (1751) der Ansicht, so oft wie möglich zu vibrieren, die damals übliche Meinung vertritt hingegen L. Mozart: Da das Tremolo »[...] *nicht rein in einem Tone, sondern schwebend klinget*«, dürfe man es nicht auf allen Tönen anwenden: »*Es giebt schon*

Spieler, die bey ieder Note beständig zittern, als wenn sie das immerwährende Fieber hätten« (S. 244, § 3). Ein weiteres Kennzeichen war, daß das Vibrato je nach Charakter und Dynamik der Musik eine langsame, eine anwachsende, und/oder eine schnelle Bebung erforderte (Mozart, Tartini).

Im 19. Jh. blieben die deutschen Schulen beim Vibrato auf ausgewählten Tönen, die italienischen und noch mehr die französischen wandten es häufiger an, auch wenn es noch nicht zum kontinuierlichen Vibrato im modernen Sinn wurde. H. Wieniawski steigerte die nun ›französisches Vibrato‹ genannte Bebung und fand Nachahmer in Vieuxtemps und danach in Ysaÿe. Es gibt drei Arten von Vibrato: Arm-, Hand- und Fingervibrato. Bis ins 19. Jh. (sogar Anfang des 20. Jh.) wurde das schon im 17. Jh. beschriebene Handgelenkvibrato (z. B. D. Merck 1695), teils auch Fingervibrato verwendet; das moderne Armvibrato wäre mit der nicht fixierten Violinhaltung nicht ausführbar gewesen. Das Armvibrato läßt die größte Schwingungsweite zu und wirkt deshalb am intensivsten. Heute beherrscht ein guter Geiger alle drei Arten in fließendem Übergang. Kreisler dürfte der erste berühmte Geiger mit kontinuierlichem Dauervibrato gewesen sein. Galamian (1962) beschreibt zusätzlich ein Fingerkuppen-Vibrato bei den für normales Vibrieren zu raschen Stellen. Der Finger wird dabei sofort nach dem Aufsetzen eingeknickt, durch diese minimale Bewegung wird der kurze Ton belebt. Im 20. Jh. wird das *non vibrato* (auch *weiße Töne*) zur tonlichen Ausnahme und ist daher in den Noten besonders vermerkt (z. B. Bartók, W. Lutosławski, Ligeti, Boulez; s. Notenbeispiel 26).

Eine Abart des Vibrato ist das Zweifingervibrato, bei welchem der nächsthöhere Finger ganz eng an den Standfinger angelehnt wird und durch eine heftige Schüttelbewegung der Hand auf die Saite schlägt. Diese Art, auch *Bockstriller*, *Zigeunertriller* genannt, wirkt meckernd und ist im künstlerischen Violinspiel heute höchstens als besondere Klangfarbe von Bedeutung.

Ein besonderer Effekt ist das Vibrieren mit dem Ton in der Oktave zur leeren Saite, die dadurch eine Art Vibration annimmt. Eine ähnliche Wirkung erzielte Galeazzi (1791) ohne Vibrato als *Oktavresonanz* (obere oder untere Oktave wird stumm mitgegriffen). Im modernen Violinspiel kennt man auch das Vor- oder Nachvibrieren eines Tones, welches den Ein- und Ausschwingvorgang beeinflußt. Wahrscheinlich wurde das Vibrato im Orchester nicht vor dem 20. Jh. verwendet. Heute gehört es sowohl zum Orchesterklang als auch zum Solisten. Das bewußte Spiel ohne Vibrato wird heute im Ramen historisierender Aufführungspraxis wiederbelebt oder ist gelegentlich als Anweisung in avangardistischer Musik zu finden.

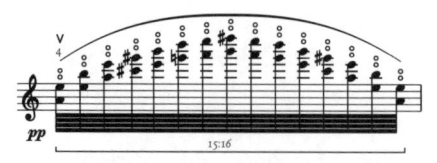

Notenbeispiel 27: Flageolettpassage, aus: A. Ginastera, Violinkonzert op. 30 (1963)

Notenbeispiel 28: Extreme Dynamik bei J. Cage

Notenbeispiel 29: Klanglicher Effekt durch Aufschlagen des Bogens mit dem Holz, aus: Z. Wysocki, Quartetto op. 46

f. Flageolett

Flageolett-Töne (*sons harmoniques, sons flutés, voci armoniche*) sind auf der Violine erst seit dem 18. Jh. belegbar und waren vor allem in Frankreich beliebt. Sie ergeben einen flötenartigen, etwas gläsernen Klang. Es gibt zwei Arten:

1. Das natürliche Flageolett; es entsteht durch das nur leichte Auflegen eines Fingers auf einem Knotenpunkt der schwingenden leeren Saite, es sind nur die Töne der Obertonreihe spielbar.

2. Das künstliche Flageolett; dafür wird durch einen fest gegriffenen Standfinger (in der Regel der 1. Finger) auf dem Griffbrett ein ›künstlicher Sattel‹ gebildet, von dem weg ein weiterer Finger (je nach gewünschter Tonhöhe 3. oder 4. Finger) wiederum nur leicht aufgelegt wird. Das Flageolett läßt sich auf dünnen Saiten leichter erzeugen als auf starken und erfordert einen vermehrten Bogendruck.

J. C. de Mondonville setzt die im Vorwort erklärten natürlichen Flageoletts erstmals in den Sonaten *Les sons harmoniques*, P. 1738, ein. L'Abbé listet in seiner Violinschule 1761 auch die künstlichen Flageoletts auf und beschreibt sogar einen Triller auf dem Flageolett-Ton. L. Mozart verwirft das Flageolett in einer Melodie, da es die Tongleichheit störe, und empfiehlt ein ganzes Solo in Flageolett, ohne natürliche Violinklänge darunter zu mischen. Besonders ausführlich behandeln Galeazzi (1791) und Schweigl (1786) das Flageolett. Ein Gegner des Flageoletts ist Spohr: »Wäre das Flageolett auch selbst ein Gewinn für die Kunst und eine Bereicherung des Violinspiels, die der gute Geschmack billigen könnte, so würde es durch Aufopferung eines großen und *vollen Tones doch zu teuer erkauft werden ...«* (1833, S. 108), während F. David darin eine gute Intonationsübung sieht (1863).

Im 19. Jh. wird das Flageolett zum Ausdrucksmittel der großen Virtuosen. So verblüffte vor allem Paganini mit seinen extremen künstlichen Flageoletts nicht nur auf Quart und Quinte sondern auch auf der Oktave, in Doppelgriffen, Trillern und diatonischen wie chromatischen Tonleitern. Carl Guhr (1829) faßte diese Kunststücke Paganinis zusammen. Seine Notation der Flageoletts nach dem tatsächlichen Klang war aber unpraktisch und wurde nur von wenigen übernommen. Baillot erwähnt Guhr 1835 und übernimmt einige seiner Erkenntnisse. Seit ca. 1800 wird das Flageolett auch als eine Fingersatz-Lösung verwendet (vgl. C.II.4.b.). Flageolett kommt u. a. in den Violinkonzerten von C. Saint-Saëns, Prokof'ev, Schönberg, A. Ginastera (Notenbeispiel 27) sowie in vielen avantgardistischen Kompositionen vor, neu ist ein Glissando in natürlichen Flageoletts (I. Stravinskij, *L'Oiseau de feu*).

5. Avantgardistische Effekte

Ohne daß wesentliche technische Neuerungen entstanden, erweiterte sich in den letzten Jahren das Repertoire der Klangerzeugung auch bei der Violine. Deren technische Umsetzung wird meist im Vorwort oder direkt in der Partitur einer Komposition erklärt, da es keine einheitliche Notation gibt. Howard Risatti faßte (1975) die bekannten Zeichen der modernen Notation zusammen. Als einzige führt die Violinschule von Christian Siegert (1986) in moderne Techniken ein und erklärt die Ausführung von Graphiken, besonderen Klängen und Notationsarten. Neu im Violinspiel sind in der avantgardistischen Musik das bloße Klopfen mit den Fingern der linken Hand auf das Griffbrett ohne Bogenstrich (ergibt ein kaum hörbares, feines und doch strukturierendes Geräusch), Klopfen mit der Hand auf den Geigenkörper, Streichen hinter dem Steg, *circle bowing* (auf gehaltenen Tönen wird die Kontaktstelle mit dem Bogen ›umkreist‹, was einen wischenden, schillernden Klang erzeugt), starkes, langsam gezogenes Kratzen ohne Tonbildung, Entspannen der Bogenhaare, bis die Stange selbst auf den Saiten liegt, eine Art col legno (J. Cage, *Cheap Imitation*, 1977) u. ä. Cage beschreibt im Vorwort zu *Music for* (1984) für Viola vier Arten von Martellato: »*beginning in space, ending on the string; starting on the string, ending in space; beginning and ending in space, hammering the string between; beginning and ending on the string*«. Eine sehr beherrschte Anwendung der bekannten Techniken ist auch zur Umsetzung der oft von Ton zu Ton wechselnden und häufig extremen Dynamik notwendig (avantgardistische Techniken in Notenbeispiel 28 und 29).

MARIANNE RÔNEZ

D. Violinmusik
I. Formen und Gattungen

Eine eigenständige Violinmusik konnte sich erst von dem Zeitpunkt an herausbilden, als um 1560 die Violine mit ihren typischen Eigenschaften und ihrer heute immer noch gültigen Form feststand (→ Streichinstrumentenbau). Die erste gedruckte Violinmusik scheint das *Balet comique de la Royne* (P. 1582) der beiden Komponisten Lambert de Beaulieu und Jacques Salmon zu sein, uraufgeführt unter der Leitung von B. Baltazarini (B. de Beaujoyeux) anläßlich der Hochzeit des Duc de Joyeuse mit Marguerite de Vaudemont am 15. Oktober 1581 in der Salle de Bourbon, dem größten Saal des Louvre. Die eigentliche Entwicklung der Violinmusik sollte in den nächsten 200 Jahren vornehmlich von Italien ausgehen. Spätestens mit dem beginnenden 19. Jh. trugen auch andere Länder, zunächst Frankreich und Deutschland, später insbesondere Ungarn, Rußland und Amerika durch ihre Virtuosen/Komponisten entscheidend zur Fortentwicklung der Violinmusik bei. Im Verlauf ihrer Geschichte waren die Erweiterung der Spieltechnik, die Komposition entsprechender Violinwerke, der Geigen- und Bogenbau und nicht zuletzt die gesellschaftliche Funktion der Musik einem fortwährenden wechselseitigen Einfluß unterworfen. Die Violine konnte sich innerhalb folgender musikalischer Formen und Gattungen besonders profilieren:

1. Die Sonate für Violine und Generalbaß, von etwa 1620 bis ins spätere 18. Jh., wurde während der Barockzeit in Kirchen- und Kammersonate unterschieden.

2. Die Sonate für Violine und ausgearbeitete Klavierstimme entstand bereits um 1720 (Bach, BWV 1014-1019) und wird bis zur Gegenwart gepflegt (z. B. B. A. Zimmermann, 1951), während das 18. Jh. sie meist als Klaviersonate mit Begleitung der Violine behandelte.

3. Im gleichen Zeitraum waren das Streichquartett, das Streichtrio und das Streichduett mit Violine nicht nur sehr beliebte Gattungen, sondern, von Paris und von Wien ausgehend, in jeweils unterschiedlichen Bereichen sogar die eigentlichen Träger der technischen Weiterentwicklung der Violinmusik.

4. Das Konzert für Solovioline und Orchester wird ab ca. 1700 bis zur Gegenwart gepflegt. Das Orchester wuchs erst nach 1800 zum vollen symphonischen Orchester an.

5. Freie und kleinere Formen finden wir ebenfalls in den verschiedensten Besetzungsformen. Die frühesten gedruckten Kompositionen für Violine waren Variationen (z. B. B. Marini, *Arie, madrigali et correnti* op. 3, Vdg. 1620). Vom späteren 18. Jh. an gewann das *air varié* wachsende Verbreitung, ebenso Fantasien über Opernmelodien.

Charakterstücke und Tänze (z. B. Ecossaise, Ländler, Mazurka, Menuet oder Polacca) waren schon im 18. Jh., besonders dann im 19. Jh. beliebt (s. auch D.III.3.); auch die Suite für Violine und Klavier wurde in freier Gestaltung wieder aufgenommen.

6. Die Solosonate war in ihren Anfängen vor allem eine Spezialität der deutschen Gamben- und Violinvirtuosen, Werke für unbegleitete Violine entstanden hier in den 1670er Jahren (H. I. Fr. Biber, *Passacaglia* als Anhang der ›Rosenkranz‹-Sonaten, ca. 1676; Joh. P. von Westhoff, *Suite pour le violon seul sans basse*, in: Mercure galant, P., Jan. 1683; Westhoffs 6 Partiten für die Violine weisen dabei schon auf Bachs drei Sonaten und drei Partiten, BWV 1001-1006), vereinzelt auch in Italien (Fr. Geminiani, *Sonate a violino solo* op. 1, Bologna 1705) und England (Th. Baltzar, 12 Préludes und Allemande). Diese Gattung, die mit einigen Ausnahmen (etwa die Bach-Nachahmungen von Fr. Wilh. Rust, Drei Sonaten von 1795) vernachlässigt wurde, gewann erst im 20. Jh. - wiederum als intensive Auseinandersetzung mit Bachs Werken - durch M. Reger (11 Sonaten op. 42 und op. 91, 1900 und 1905, und 6 Präludien und Fugen und Chaconne op. 117, 1909-12) oder E. Ysaÿe (z. B. *Six sonates pour violon seul* op. 27, 1924) erneut an Bedeutung und Nachfolge durch P. Hindemith (2 Sonaten op. 31, Nr. 1 und 2, 1924), A. Honegger (Sonate, 1940), B. Bartók (Sonate op. 31, Nr. 1 und 2, 1924, dann die Sonate von 1944), Joh. N. David (*Es steht ein Lind in jenem Tal*, Partita op. 37,1, 1949), B. A. Zimmermann (Sonate, 1951) und I. Xenakis (1972 und 1975) (zu weiteren Werken s. auch 20. Jh.). Dagegen hatte die virtuose Sololiteratur einen bedeutenderen Anteil besonders auch an der Violinliteratur des 19. Jh, entweder als Konzertmusik oder Kadenz (P. A. Locatelli, *L'arte del violino: XII concerti* […] *con XXIV capricci ad libitum* op. 3, Adm. 1733) oder als selbständiges Vortrags- oder Studienstück u. a. bei N. Paganini (*24 Caprices* op. 1 »agli artisti«, ca. 1805, Mld. 1820), der hier unmittelbar an Locatelli anknüpft.

7. Darüber hinaus entwickelte sich die Violinmusik schon recht früh in Formen und Gattungen nichtschriftlich überlieferter Musik. Bildzeugnisse (z. B. Joris Hoefnagel, *A Marriage Fête*, Privatbesitz, England; in: E. van der Straeten 1933, Bd. 1, S. 65) und andere Quellen belegen, daß insbesondere bei der Ausgestaltung von Festen die Violinmusik bereits im 16. Jh. einen gewichtigen Anteil hatte (s. A.).

II. 17. und 18. Jahrhundert
1. Italien

Die Instrumentalmusik wurde um 1600 allgemein aufgewertet, da die Instrumentalisten in der Cappella zunehmend eigenständigere Stimmen auszuführen hatten, der Instrumentalpart sich dadurch mehr und mehr verselbständigte.

Von Italien ausgehend begann die Entwicklung der Violinmusik nach 1600 bis zum Ende des 18. Jh. für die gesamte Instrumentalmusik eine beispielgebende Funktion zu übernehmen.

Bevor jedoch die Violine als Soloinstrument hervortrat, fand sie schon Anfang des 17. Jh. im Orchester (Cl. Monteverdi) und in der Triosonate (S. Rossi) Verwendung. Im Vergleich zu dem hochentwickelten Gambenspiel erscheinen die ersten Soloversuche bescheiden, da die Violine als Instrument spieltechnisch neue Anforderungen stellte. Die *Concerti ecclesiastici* (Mld. 1610) des Mailänder Organisten G. P. Cima (Neudruck in G. Beckmann 1918) enthalten eine Sonate für *Violino e Violone*. Das einsätzige Stück mit unbeziffertem Baß ist in mehrere Abschnitte unterteilt, in denen die beiden Instrumente im Duo spielen. Die Entwicklung eines mehr geigerischen Idioms läßt sich bei B. Marini beobachten, der als der erste Violinvirtuose unter den Komponisten gilt. Seine Solostücke sind jedoch noch für Violine oder Cornetto mit beziffertem Baß bestimmt und auf der Violine in der ersten Lage spiebar (*Affetti musicali* op. 1, Vdg. 1617). Sein op. 3 enthält Romanesca-Variationen für Violine und Baß ad libitum (*Aria, madrigali et correnti*, Vdg. 1620), die technisch zwar schon beweglicher, doch noch im ganzen innerhalb der Ersten Lage und ohne Doppelgriffe gehalten sind. Mit seinem op. 8 brachte Marini das Violinspiel einen großen Schritt vorwärts, in dem er Doppelgriffe, Lagenspiel, Laufwerk und Saitenwechsel, vereinzelt auch Scordatura zur Erleichterung gewisser Doppelgriffe einsetzt (*Sonate, symphonie, canzoni, pass'emezzi, balletti, corenti, gagliarde e ritornelli*, dediziert 1626, gedruckt Vdg. 1629).

C. Farina – aus dem Mantuaner Kreis um Monteverdi – und Marini gehören zu den ersten italienischen Geigenvirtuosen, die für einige Jahre in Deutschland tätig waren. In seinen zwischen 1626 und 1628 in Dresden veröffentlichten Werken benutzt Farina seine hochentwickelte Violintechnik, z. B. im vierstimmigen *Capriccio stravagante* (*Ander Theil neuer Paduanen ...*, Dresden 1627), wobei ihm hier die solistische Oberstimme mit Intervallsprüngen, Skalen, Doppelgriffen, Auszierungen, verschiedenen Stricharten, Lagenspiel und diversen Spielvorschriften dazu dient, den Klang der Gitarre, der Drehleier, der Landknechtspfeife, das Gegacker der Henne, den Hahnenschrei oder die Stimmen von Katze und Hund nachzuahmen.

Ein kühner Neuerer war D. Castello in seinen *Sonate concertate in stil moderno, per sonar nel organo, overo spineta con diversi instrumenti* (2 Bde., Vdg. 1621 und 1629), wobei *moderno* sich sowohl auf die violintechnischen Errungenschaften wie auch auf den konzertant-solistischen Geigenstil beziehen kann. Auch O. M. Grandi benutzt in seinen *Sonate per ogni sorte di stromenti* (op. 2, Vdg. 1628) Doppelgriffe; er strebt sogar in der 1. Sonate einen zweistimmigen kontrapunktischen Violinsatz an und erreicht die Dritte Lage. G. B. Fontanas einziges Sonatenwerk für Violine oder Cornetto und verschiedene Begleitinstrumente wurde zwar um 1625 komponiert, aber erst posthum gedruckt als Sonate [...] per il violino, o cornetto, fagotto, chitarone, violoncino o simile altro istromento (Vdg. 1641).

Der Tonumfang der Geige wurde durch Benutzung der höheren Lagen ständig erweitert (s. C.), besonders in den Werken von M. Uccellini, der in seinem op. 3 (ebd. 1642) die Fünfte Lage und in op. 5 (Vdg. 1649) die Sechste Lage erreichte, so daß drei volle Oktaven zur Verfügung standen. Während sein op. 4 (ebd. 1645) noch diversi stromenti zuläßt, ist sein op. 5 eine Sonatensammlung ausschließlich für Violinsolo und Basso continuo. Wie schon T. Merula in seinen Canzoni, overo sonate concertate per chiesa e camera op. 12 (ebd. 1637), erwähnt auch Uccellini im Titel seines op. 4 si da camera, come da chiesa. Beide unterscheiden diese nach ihrer Funktion, weniger dem Stile nach. Eine wirkliche Trennung der beiden Sonatentypen ist erst bei Marini in op. 22, Per ogni sorte d'istrumento musicale, diversi generi di sonate, da chiesa, e da camera (ebd. 1655), zu erkennen.

Eine gewichtige Violinschule bildete sich in Bologna, die von M. Cazzati begründet wurde und über G. B. Vitali zu G. Torelli und Corelli führte. Cazzati widmete sich meist der größer besetzten Instrumentalmusik; seine Sonate a due istromenti cioè violino e violone op. 55 (Bologna 1670) sind geigerisch insofern unergiebig, als die Violinstimme auch vom Cornett ausführbar war. Auch sein Schüler und Nachfolger als Kapellmeister, Vitali, komponierte meist großbesetzte Kammermusik, deren formale Geschlossenheit jedoch die Solosonate beeinflußte; zwei dieser Werke sind in der kontrapunktischen Sammlung Artificii musicali... op. 13 (Modena 1689) enthalten. Die Kirchensonaten von P. Degli Antoni können schließlich aufzeigen, wie sich das Verhältnis der Gleichberechtigung von Violine und Baß zugunsten einer starken Bevorzugung der Solovioline verschiebt (op. 4, Bologna 1676; op. 5, ebd. 1686).

Die Quintessenz dieser fortschrittlichen Entwicklung in der italienischen Violinmusik seit 1600 ist aber das umfangreiche Sonatenwerk Corellis und seine 12 Concerti grossi (op. 1-6, 1681-1713); er ist der typische Repräsentant der klassischen italienischen Violinmusik um 1700, die ihre Gültigkeit behielt, selbst nachdem Technik und Stil sich weiterentwickelt hatten. In den 48 Triosonaten wechseln zwölf da chiesa mit zwölf da camera ab (op. 1-4, Rom 1681, 1685, 1689, 1694); diese vom Komponisten deutlich getroffene Unterscheidung von Kirchen- und Kammersonate bezeichnet hier jedoch eher die Stilhöhe bzw. den Schwierigkeitsgrad des Stückes als seine Form: Die Kirchensonaten verliefen bei Corelli kontrapunktischer und teilweise auch virtuoser als die Kammersonaten, sie benutzten sogar Tanzmodelle, ohne sie zu nennen. Andererseits haben aber auch die Kammersonaten freie Sätze und statt des regulären Tanzes bloß dessen Bewegungsform, was sich in den Satzüberschriften *Tempo di Sarabanda* oder *Tempo di Gavotta* zeigt (vgl. hierzu auch W. Braun, Die Musik des 17. Jh., Wbdn. 1981, S. 283).

Ebenso bedeutend wie für die Weiterentwicklung der Triosonate waren Corellis Werke für die Violine mit Generalbaß. Eine Zusammenfassung der italienischen Entwicklung bis zum damaligen Zeitpunkt sind seine Sonaten op. 5 (Rom 1700), bestehend aus je 6 Sonaten *da chiesa* und *da camera*, wobei die letzte Sonate eine virtuose Variationenfolge über die Folia beinhaltet. Durch Corellis Vorbild angeregt, erschienen in den nächsten Jahrzehnten viele Sonatensammlungen für Violine und Basso continuo, die Corellis Sonaten z. T. geradezu imitierten (besonders die Folia-Variationen), Form und Inhalt aber auch allmählich erneuerten (T. G. Albinoni, op. 3, Vdg. 1701; op. 6, Adm. ca. 1712; A. Vivaldi (op. 2, 1709), Geminiani (op. 1, 1716; op. 4, 1739), G. B. Somis (Sonaten um 1717 und später), G. Tartini (op. 1, 1734; op. 2, 1745) und P. Locatelli (op. 6, 1736). In Albinonis und Vivaldis Gesamtschaffen spielte die Solosonate eine untergeordnete Rolle, wobei sich letztere völlig von der Kirchenform unterschied. Dagegen bevorzugt Geminiani in seinen Sonaten die konservativere Da-chiesa-Form. Fr. M. Veracini schrieb sogar *Dissertationi* [...] *sopra l'opera quinta del Corelli*, ließ sein Erstlingswerk (12 Sonaten für Violine oder Flöte mit B.c., um 1716 komponiert) aber unveröffentlicht und trat erst 1721 mit als Opus 1 bezeichneten Violinsonaten vor die Öffentlichkeit. Als op. 2 erschienen 1744 die *Sonate accademiche*, die einerseits in ihrer Beeinflussung durch die Arienhaftigkeit der Oper, andererseits in ihrer kontrapunktischen Durcharbeitung zu den bedeutendsten Violinwerken ihrer Zeit gehören. Somis, der die Tradition seines Lehrers Corelli nach Piemont brachte, veröffentlichte um 1717 eine Sammlung von Kammersonaten für Violine und Basso continuo, die vorwiegend die neuere Satzfolge langsam-schnell-schnell aufweist.

Für die Entwicklung des Solokonzertes wurde G. Torelli wichtig. In seinem op. 8 (posthum veröffentlicht, Bologna 1709) wird zwischen *Concerti con due violini che concertano soli* (Nr. 1-6) und *Concerti con un violino, che concertata solo* (Nr. 7-12) unterschieden. Die letzteren sind Solokonzerte, von denen Nr. 9 in e-Moll das bedeutendste ist. Noch ist kein fester Konzerttyp erkennbar; Zahl und Anordnung der Sätze wechseln, Solo und Tutti haben ihre eigenen Themen, und die Soli sind kurz gehalten. Daß Torelli der erste war, der Konzerte schrieb, wie Joh. J. Quantz annahm (1752, S. 294), hat sich als irrtümlich erwiesen. Auch T. Albinoni arbeitete, ähnlich wie Corelli, mit dem Konzertprinzip, ohne allerdings ›Solo‹-Konzerte hinterlassen zu haben. Jedoch finden sich in seinen *Sinfonie e Concerti a cinque*, [...] *opera seconda*

(Vdg. 1700), den Concerti a cinque, [...] opera quinta (ebd. 1707) und den Concerti a cinque, [...] opera settima (ebd. um 1716) prägnante Violinsoli.

Vivaldi war dann derjenige, der den entscheidenden Schritt zum großen Solokonzert vollführte: »Obwohl Torelli, und nach ihm Corelli hierinne einen Anfang gemachet hatten: so brachte er sie doch, nebst dem Albinoni, in eine bessere Form, und gab davon gute Muster. Er erlangete auch dadurch [...] einen allgemeinen Credit« (Joh. J. Quantz 1752, S. 309). Vivaldis erste veröffentlichte Konzertsammlung, L'estro armonico. Concerti [...] opera terza (Adm. 1711), enthielt unter 12 Konzerten vier Solo-Violinkonzerte (Nr. 3, 6, 9 und 12). Insgesamt schrieb Vivaldi etwa 225 Violinkonzerte, deren letzte numerierte Sammlung Sei concerti a violino principale, [...] opera duo decima (Adm. 1729) nur noch drei Solokonzerte enthielt (Nr. 4, 5 und 6). Vivaldis Form ist dreisätzig (schnell-langsam-schnell). Die Sätze sind in scharf profilierte Tutti und Soli gegliedert – wobei das einleitende Ritornell oft zu einem eindrucksvollen Vorspiel ausgeweitet wird –, die Themen sind prägnant und plastisch. Der Solist tritt entweder mit einem vom Orchester abweichenden neuen Thema ein oder wiederholt das Orchester-Ritornell mit leichten Veränderungen. Violintechnisch stellen die frühen Konzerte zunächst noch keine großen Anforderungen, zu größerer Virtuosität steigern sich die Konzerte dann später, z.B. im Il cimento dell' armonia e dell' inventione [...] opera ottava (Adm. 1725) Nr. 1–4 ›Le quattro stagioni‹, besonders in bezug auf hohe Lagen und rasche Tempowechsel.

Mehrere Jahrzehnte galt Vivaldis Konzerttyp in ganz Europa als maßgebend; erst in den 1730er Jahren setzte sich daneben die modernere Form nach Locatelli und Tartini durch, ohne freilich damit Vivaldis Beliebtheit Abbruch zu tun. Locatellis epochemachende Solokonzerte L'arte del violino: XII concerti cioe, violino solo, con XXIV Cappricci ad libitum [...] opera terza (Adm. 1733) enthalten für den ersten und dritten Satz eines jeden Konzertes unbegleitete Virtuosenstücke, die als die ersten Solokadenzen angesehen werden dürfen und deren technische Schwierigkeiten für das 18. Jh. bestimmend blieben. In den Konzerten selbst wird das Prinzip der Wiederholung des vom Orchester gespielten Hauptthemas durch den Solisten konsequent angewandt, doch erklingt das Solothema eine Oktave höher in ausgezierter Fassung. Im Vergleich zu Vivaldis rhythmisch bewegten Themen ist Locatelli kantabler und im Tempo gemessener. Die Solo-Violine hat immer Zeit ›auszusingen‹, die virtuosen Künste sind für die Capricci aufgespart. In Locatellis XII. Sonate a violino solo e basso da camera [...] opera sesta (Adm. 1737) wird die dreisätzige Form (langsam-schnell-schnell) bevorzugt und die Ausweitung zur dreiteiligen Form innerhalb eines Satzes deutlicher.

In den Jahren 1735 bis 1750 galt Tartini als der klassische Instrumentalkomponist seiner Zeit, dessen Konzerte in Form und technischen Ansprüchen nicht nur Geigern, sondern auch anderen Instrumentalisten als Muster dienten. Etwa 125 Konzerte und über 200 Sonaten sind in Drucken, Autographen und handschriftlichen Kopien nachweisbar, Chronologie und Opusnummern sind jedoch nicht geordnet. Tartini selbst hat nur zwei Drucke autorisiert: die Sonaten op. 1 (Adm. 1734) und op. 2 (ebd. 1745). Daneben erschienen jedoch, oft ohne sein Wissen, die Konzerte op. 1 (ebd. 1728) und op. 2 (ebd. 1733) sowie die Sonaten opp. 4, 5, 6, 7 und 9 (seit 1747) im Druck. Zwischen 1720 und 1735 stand Tartinis Schaffen im Zeichen der Virtuosität. Ein Vergleich zwischen seinen Konzerten op. 2 und denen Locatellis op. 3, beide 1733 erschienen, zeigt eine Übereinstimmung in der Behandlung von eingefügtem Capriccio und improvisierter Solokadenz, offenbar suchte Tartini doch seinen meist für die Kirche komponierten Konzerten ein freieres Profil zu verleihen. Den eingebundeneren barocken Stil zeigen dagegen seine Sonaten für Violine und Basso continuo op. 1 (ebd. 1734), deren bevorzugte Form dreisätzig (langsam-schnell-schnell) ist. Fugen bilden den Kern der Kirchensonaten, während die Kammersonaten unter Verzicht auf die übliche Suitenfolge in freiem Kammermusikstil komponiert sind. Am bekanntesten ist die Sonate op. 1 Nr. 10 in g-Moll (Adm. 1734), deren Beiname *Didone abbandonata* aus dem 19. Jh stammt (s. Neuausgabe der Werke Tartinis, hrsg. von E. Farina/C. Scimone, Mld. 1971ff.). Ungeklärt ist die Entstehungszeit der Sonate *Il trillo del diavolo*, die in ihrer formalen Freiheit und technischen Progression in der Violinmusik des 18. Jh. einzigartig ist. Sie war schon vor 1750 bekannt; ein Beispiel findet sich in L. Mozarts *Versuch einer gründlichen Violinschule* (Augsburg 1756), obwohl sie erst posthum von J. B. Cartier (P. 1798) veröffentlicht wurde. Tartinis zweite Schaffensperiode zwischen 1735 und 1750 führt weg von der bloßen Virtuosität, seine Tonsprache wird schlichter und gesangreicher, die Melodiestimme beherrscht den nur stützenden Bass. Davon zeugen sowohl eine Reihe von Konzerten wie auch die Sonaten op. 2 (Adm. 1745). Anstelle der Fugen stehen hier zweiteilige Allegro-Sätze, jedoch ohne ein zweites Thema. Trotz der Vereinfachung des Violinsatzes - u.a Vermeidung der hohen Lagen - bleiben die technischen Ansprüche beträchtlich. Nur in scheinbarem Widerspruch zur ›Vereinfachung‹ stehen die späteren, von 1747 an in Paris erscheinenden Sonatensammlungen. Hier handelt es sich teilweise um frühere Werke, deren Echtheit nicht immer verbürgt ist. Tartinis Altersstil, zwischen 1750 bis nach 1766, ist ganz individuell gehalten und folgt nicht dem Stil der Zeit; auch den Weg zur sinfonischen Ausweitung des Konzerts beschritt Tartini nicht, seine schulbildende Kraft lag in der Schaffung einer geigerisch ausgerichteten, musikalisch gehaltvollen Tonsprache.

P. Nardini stand als Schüler Tartinis ganz in dessen Nachfolge; in seinen Violinsonaten übernahm Nardini die Satzordnung Tartinis (langsam-schnell-schnell), doch erweiterte er das erste Allegro und näherte es der klassischen Sonatenform an. Einige ausgewählte Sonaten, um 1765 komponiert, sind nur in J. B. Cartiers Neuausgabe als VII Sonates pour violon et bass (P. 1802) erschienen. Wichtig in seinem Gesamtwerk sind Nardinis Sei concerti [...] con violino principale a solo op. 1 (Adm. ca. 1765). Das vielgespielte ›Konzert‹ in e-Moll, von Miska Hauser zunächst mit Klavierbegleitung veröffentlicht (Lpz. 1880) und später von H. Sitt mit einer Orchesterbegleitung versehen (ebd. 1882), ist dagegen lediglich die Übertragung einer Sonate in f-Moll für Bratsche und Basso continuo, die Leopold Alexander Zellner aus den Sonaten Nr. 3 und 4 der Six solos for a violin with a bass (L.; RISM [N 47]) zusammengestellt und bearbeitet hatte (Hbg. 1877; NA ebd. 1896).

Ein Schüler von Somis war G. Pugnani. Seine Violinsonaten haben die moderne Anordnung schnell-langsam-schnell – wobei der Kopfsatz bereits ausgeprägte Sonatenform aufweist – und sind hochentwickelt im Hinblick auf die Verwendung des violintechnischen Repertoires. Zwischen ca. 1766 und ca. 1774 erschienen mehrere Sonatenzyklen. Neben dem handschriftlich erhaltenen Violinkonzert in Es-Dur (DK-Kk, mu 7501.1838) führt RISM ein Concerto [A] á violino principal (P. o. J.) an, weitere Konzerte scheinen verloren. Pugnanis bedeutendste Schüler waren G. B. Viotti und A. Lolli, dessen Fertigkeit im hohen Lagenspiel und in der Benutzung der Scordatur allgemeine Bewunderung erregte.

2. Deutschland

Wie in Italien verbreitete sich die Violinmusik auch in Deutschland zunächst innerhalb des Ensemblespiels, vor allem in der Suite, während die Entwicklung in der Sololiteratur weit langsamer vor sich ging. Bevor sich die italienische Violinmusik in Deutschland durchsetzte, waren es zunächst englische Geiger, die vor allem in Norddeutschland Einfluß nahmen. W. Brade, Begründer der hanseatischen Geigerschule, war von 1608 bis 1610 und von 1613 bis 1615 Direktor der Ratsmusik in Hamburg und veröffentlichte zwischen 1609 und 1621 fünf Bücher mit Tanzstücken. In den Ostinato-Variationen English Mars (Breslau, Stadtbibliothek, Mus.Ms.114, verschollen; NA in G. Beckmann 1918, s. Lit. zu C.4.) hinterließ sein Schüler N. Bleyer eines der ältesten überlieferten deutschen Stücke für Violine und Baß, wahrscheinlich vor 1650 entstanden. Berühmt und einflußreich war Th. Simpsons Sammlung Taffel Consort (Hbg. 1621), die auch sieben Stücke von ihm selbst enthielt.

Die Neigung norddeutscher Geiger zur virtuosen, akkordischen Gestaltung der Violinstimme sowie die polyphonen Strukturen der Kompositionen führten zu ausgefeilter Doppelgrifftechnik und zum unbegleiteten Solospiel, wobei die Gattung der Ostinato-Variationen Gelegenheit für solistische Entfaltung bot. Die individuelle Entwicklung begann um die Mitte des 17. Jahrhunderts. In der Sammlung *Sacra partitura*... von Ph. Fr. Böddeker (Stbg. 1651) ist eine vielsätzige *Sonate* für Violine und Basso continuo enthalten, die mit fünf Ostinato-Variationen über ein *alla francese* betiteltes Thema schließt, deren jede einer besonderen Spielfigur gewidmet ist. Das Laufwerk geht bis zur Dritten Lage, Doppelgriffe werden sogar in schnellerem Zeitmaß benutzt; technisch sind diese Kompositionen jedoch noch nicht mit denen der italienischen Zeitgenossen zu vergleichen. Wichtig für die Geschichte der virtuosen Kammermusik sind die *Primitiae musicales*... für zwei Violinen, Baß und B.c. (Agb. 1658) und die *Epidigma harmoniae novae*.. für Violine, Gambe und B.c. (ebd. 1669) von M. Kelz (II), die bereits hohe Anforderungen an die Spieler stellen und in der improvisatorischen Form ihrer Anfängssätze auf die Violinsonaten von B. Marini hinweisen. Joh. H. Schmelzer vermittelt dann endgültig zwischen deutschen und italienischen Stilelementen. Seine *Sonatae unarum fidium, seu a violino solo* (Nbg. 1664) sind mit Uccellinis op. 5 (Vdg. 1649) vergleichbar, da beide nur Kompositionen für Violine und Baß enthalten. Aus H. I. Fr. Bibers reichem Schaffen seien hier nur die sogenannten ›Mysterien-Sonaten‹ (um 1675 komponiert, ungedruckt hinterlassen, Erstausgabe in DTÖ XII,2, Bd. 25) und die [8] *Sonate, violino solo* [mit B.c.] (Salzburg 1681; NA in DTÖ V,2) genannt. Bei den Mysterien-Sonaten ist der reiche Gebrauch der Scordatur bemerkenswert, fast jede der 15 Sonaten erfordert eine andere Stimmung der Violine. Die den Sonaten als sechzehntes Stück beigegebene *Passacaglia* in Normalstimmung ist wohl das früheste ausgedehnte Werk für unbegleitete Violine. Über dem absteigenden Tetrachord g-f-es-d, der in der Unterstimme 65 mal erklingt, erheben sich fantasiereiche Variationen, deren Läufe, Akkorde, weite Sprünge und polyphon geführte Doppelgriffe das Instrument auf vielfältigste Weise nutzen. In den späteren acht Sonaten von 1681 zeigt sich Biber als großer Techniker: Er verlangt zweistimmige Melodieführung (die Nr. 8 auf zwei Systemen notiert), drei- und vierstimmige Imitationen, Bariolagen, Läufe bis in die Siebte Lage, Staccati und Ricochet, Arpeggien und vieles mehr, ohne jedoch Virtuosität zum Selbstzweck zu erheben.

Bei Joh. J. Walthers *Scherzi da violino solo con il basso continuo* (Lpz./Ffm. 1676; NA: EdM XVII) handelt es sich um zwölf Sonaten in Normalstimmung, da Walther die Scordatur verwarf. Die Sonatenform ist frei, fast willkürlich behandelt, Zeitmaße und Stimmungen wechseln miteinander ab; die technischen Anforderungen sind virtuos. Der Hortulus chelicus (Mz. 1688) ist ein Kompendium der damaligen deutschen Violintechnik und erschien schon bald in zweiter Auflage mit dem Titel [...]. Das ist: Wohl: gepflantzter Violinischer Lust-Garten... (Mz. 1694) und deutschem Vorwort. Die Sammlung von 28 Stücken, von denen manche für den Virtuosen, andere für den Anfänger bestimmt sind, wertet das mehrstimmige Spiel harmonisch und kontrapunktisch aus, manche der Akkorde erfordern ungewöhnliche Streckungen. Rasche Läufe führen bis in die Siebte Lage, während die Bogentechnik durch schnelle Saitenwechsel, Bariolagen und lange Staccati sowie Arpeggien und »con arcate sciolte« auf die Probe gestellt wird. Gelegentlich ahmt Walther gewisse Kunststücke von Farina nach, so beispielsweise Tierlaute oder die Imitation anderer Instrumente. Am Schluß des Hortulus steht eine spaßhafte Serenade für eine Reihe von Instrumenten (Orgel, Gitarre, Trompete, Pauke, Harfe usw.), die alle imitierend auf einer Violine auszuführen sind.

Joh. P. von Westhoffs Gastspiel am französischen Königshof erregte 1682 solches Aufsehen, daß der Mercure galant zwei seiner Stücke abdruckte, eine neunsätzige Sonate für Violine und Basso continuo (von Ludwig XIV. La guerre benannt) und eine sechssätzige Suite für Violine sans basse continue (in: Mercure galant, Dez. 1682, S. 386f., Jan. 1683, S. 146). Weitere sechs Sonaten für Violine und Basso continuo wurden 1694 in Dresden im Selbstverlag veröffentlicht, von denen das Finale der zweiten Sonate aus der La-guerre-Sonate übernommen ist. Die Sonaten von 1694 haben fünf Sätze, mit Ausnahme der sechssätzigen Nr. 5, die meist im zweiten und im letzten Satz mehrstimmig und in den übrigen Sätzen homophon ausgeführt sind. Die Solosuite von 1683 zeigt die traditionelle Satzfolge, die Sätze sind durch verwandte Kopfthemen vereinheitlicht. Das Prélude benutzt dreistimmige Akkorde in ununterbrochener Folge, zuweilen auch arpeggienhaft aufgelöst.

Die italienische und französische Einflußnahme auf die norddeutsche Violinmusik zeigt sich bei den letztgenannten Komponisten, ähnlich wie bei H. Albicastro (Heinrich Weißenburg von Biswang, Violinsonaten opp. 2 und 5, Adm. um 1700, op. 3 in Brügge 1696). Daneben machte sich im Orchesterspiel der französische Einfluß der Lully-Schule bemerkbar. G. Muffat hat dazu in den Vorworten zum Florilegium primum (Agb. 1695), Florilegium secundum (Passau 1698) und zu den Exquisitioris harmoniae instrumentalis gravi-jucundae selectus (ebd. 1701) wertvolle Hinweise gegeben (u. a. [...] was [...] bey den Lullisten im Brauch, welches zu unserem Vorhaben dienet«, s. Na in DTÖ IV, Jg. II/2, hrsg. von H. Rietsch, 1895, S. 24).

Die nächste geigerische Generation in Deutschland wird von Joh. Seb. Bach und seinen Zeitgenossen repräsentiert, unter ihnen vor allem der ebenfalls in Dresden wirkende Joh. G. Pisendel, der bei Torelli und Vivaldi (1716) studierte, durch seinen

Pultgenossen J. B. Volumier aber auch die französische Schule kennenlernte. Historisch wichtig ist Pisendels Sonate für Solo-Violine (komponiert vor ?1716), die Bach zu seinen *Sei solo a violino sensa basso accompagnato* (BWV 1001–1006, Köthen 1720) angeregt haben könnte. Bach bereicherte die deutsche Tradition durch eine Fülle geigerischer Kombinationen; die drei Sonaten, im Da-chiesa-Stil geschrieben, sind polyphon durchsetzt und enden jeweils in einer Fuge; die drei Partiten sind frei angeordnete Suiten von Tänzen, oft von Variationen (*Double*) gefolgt und vornehmlich homophon, ausgenommen in den Sarabanden und in Teilen der Chaconne. Bachs Originaltitel *Sei solo* diente also als Sammelname für beide Gattungen.

Bach hat in seinen zwei erhaltenen Violinkonzerten in a-Moll und E-Dur (BWV 1041 und 1042) Vivaldis dreisätzige Form vertieft und erweitert, ebenso die Ostinato-Technik der langsamen Sätze; bemerkenswert ist die vollentwickelte dreiteilige Form mit Durchführung im ersten Satz des Konzertes E-Dur. Auf dem Gebiet der ›begleiteten‹ Duo-Sonate benutzte Bach sowohl die ältere Gattung mit Basso continuo (herausragend die Sonate e-Moll BWV 1023) als auch die neuere mit ausgearbeitetem Cembalo obligato. Zukunftweisend sind die *Sei Suonate à Cembalo certato è Violino Solo* mit einem Gambenbaß ad libitum (BWV 1014–1019). Ausgearbeitete Klavierbegleitung kommt vereinzelt schon früher vor, aber erst Bach hat sie so reich verwendet. Die rechte Hand des Cembalisten dialogisiert mit der Violine. In manchen Sätzen ›begleitet‹ aber das Klavier die Violinmelodie (wie z.B. im *Siziliano* der Sonate c-Moll, BWV 1017), oder beide Instrumente ›konzertieren‹ wie in der Sonate G-Dur (BWV 1019). Gelegentlich werden auch Bezifferungen zur Ausfüllung der Harmonik benutzt. Sämtliche Violinwerke Bachs blieben bis ins 19. Jh. ungedruckt.

G. Ph. Telemann gab in seinen Werken noch viele alternative Besetzungsangaben an (z.B. *pour deux violons, fluttes ou hautbois*), Virtuosität und die Hervorhebung technischer Schwierigkeiten speziell für die Violine vermied er (s. auch seine *Selbstbiographie*, in: Joh. Mattheson, *Grundlage einer Ehrenpforte*, Hbg. 1740). Von seinen originalen Kompositionen für Violine sind zu erwähnen: 1. für Violine allein die [12] *Fantasie per il violino senza basso* (Hbg. 1735); 2. für zwei Violinen [6] *Sonates sans basse* (op. 2, ebd. 1727), *XIIX Canons mélodieux, ou VI sonates en duo* (op. 5, P. 1738) und die *Suite in D* für zwei Violinen in *Der getreue Music-Meister* (Hbg. 1728/29); 3. für Violine und Generalbaß *Six sonates à violon seul, accompagné par le clavessin* (Ffm. 1715), *Kleine Cammer-Music, bestehend aus VI Partien* (ebd. 1716), *Sei sounatine per violino e cambalo* (ebd. 1718), [6] *Sonate metodiche a violino solo o flauto traverso* (op. 13, Hbg. 1728), zehn Sonaten und sieben Einzelstücke in *Der getreue Music-Meister* (ebd. 1728/29), *XII Solos à violon ou traversiere, avec la basse chiffré* (Hbg. 1734) und zwei Sonaten für Violine und Basso continuo in den *Essercizii musici [...] a diversi stromenti* (Hbg. 1739/40) und 4.

für zwei Violinen und Generalbaß III Trietti methodici e III scherzi a 2 flauti traversieri overo 2 violini col fondamento (Hbg. 1731), die Sonates corellisantes à violon ou traversières, violoncello et fondamento (Hbg. 1734) und Second livre de duo pour deux violons (P. 1752). Unter Telemanns über 180 Solo-Konzerten befinden sich auch 12 Violin-Konzerte (NA: G. Ph. Telemann, Musikalische Werke, Bd. 23, hrsg. von S. Kross, Kassel 1973).

Von Pisendel bewahrt die sächsische Landesbibliothek Dresden unter anderen Werken eine Sonate für Violine allein, zwei Sonaten für Violine und Generalbaß und sieben Violinkonzerte auf. Joh. G. Graun, ein Schüler Pisendels, veröffentlichte um 1726 in Merseburg sechs Sonaten, die neben der deutschen Tradition auch neuere italienische Einflüsse (Veracini und Tartini) aufweisen. Auch der in Kassel wirkende Joh. A. Birckenstock bietet in seinen zwölf Sonaten op. 1 (Adm. 1722) eine Verschmelzung von deutschen und italienischen Stilelementen. Pisendels Schule wurde durch Graun und Fr. Benda nach Berlin verpflanzt. Bendas Sonatenform ist dreisätzig, wobei das einzelne Adagio entweder zu Beginn oder in der Mitte steht (u.a. Adagio-Allegro-Minuetto). Stilistisch steht er seinen Kollegen C. Ph. E. Bach und Quantz nahe. Von Bendas Werken sind nur wenige veröffentlicht worden (u.a. *Six sonates à violon seul avec basse* op. 1, P. 1763). Seine *Études de violon ou caprices* (Lpz. ca. 1800), eine Zusammenarbeit mit dem Bruder Jos. Benda, bieten neben dem pädagogischen Anspruch und der fortgeschrittenen Doppelgrifftechnik auch seinem geigerischen Stil entsprechende musikalisch affektvolle Stücke, die zusammen mit den *Exercises progressifs* (ebd. ca. 1814) und den weiteren zahlreichen Capricen seine Bedeutung als Lehrer und Begründer einer neuen Geigerschule rechtfertigen (beeinflußt durch ihn u.a. sein Schwiegersohn Joh. Fr. Reichardt, der 1778 in Berlin sechs Violinsonaten, von denen die letzten beiden unbegleitet waren, veröffentlichte, und der älteste Sohn Fr. W. H. Benda mit *Deux concerts à violino principale* op. 2, 1779).

Die Instrumentalisten und Komponisten der ›Mannheimer Schule‹ trugen wenig zur Sololiteratur für die Violine bei. Joh. Stamitz schrieb die *Sei sonate da camera a violino solo col basso* (op. 6, P. 1761, auch als 6 Solos, L. ca. 1767) sowie zwei technisch einfallsreiche Divertissements für unbegleitete Violine *en duo* (1762). Mit seinen unter Tartinis Einfluß stehenden Violinkonzerten hatte Stamitz 1754 in Paris großen Erfolg.

In der Mitte des 18. Jh. teilte sich die deutsche Violinsonate in zwei Richtungen: 1. in das Trio für Violine und Cembalo (d.h. drei fixierte Stimmen für zwei Instrumente im Sinne der Sonaten von Joh. Seb. Bach) und 2. in die Sonate für Klavier mit begleitender Violine, die sich als die lebensfähigere erwies. Die Triosonate wurde von C. Ph. E. Bach und dem Berliner Kreis gepflegt, die begleitete Klaviersonate von dem in Paris ansässigen Joh. Schobert, der sich wiederum auf französische Vorbilder wie J.-J. Cassanéa de Mondonville und L.-G. Guillemain stützte.

3. England

Englische Geiger wie W. Brade, N. Bleyer und Th. Simpson wirkten überwiegend in Norddeutschland. Die von J. Playford veröffentlichte berühmte Sammlung The Division-Violin (L. um 1684, ²1685, Nachdr. 1688, 1693) enthält neben zahlreichen Beispielen für englische Variationskunst auch Werke für unbegleitete Violine. Englische Komponisten wie D. Mell und der 1655 aus Lübeck eingewanderte Th. Baltzar verstanden es, in ihren Kompositionen geschickte Melodieführung und den alternierenden Gebrauch von hohen und tiefen Saiten so einzusetzen, daß hierdurch eine Art Pseudo-Mehrstimmigkeit erreicht wird. Baltzars Allemande (komponiert vor 1663) weist hier schon auf Bachs Partita d-Moll (BWV 1004, 1. Satz) hin. Der italienische Einfluß wurde in England teils durch das Bekanntwerden der neuesten Instrumentalwerke (deren Imitation H. Purcell in seinen 1683 veröffentlichten Triosonaten zugab), teils durch die Einwanderung italienischer Virtuosen (London hatte in der ersten Hälfte des 18. Jh. das reichhaltigste Konzertleben in ganz Europa) geltend. Unter ihnen war N. Matteis d. Ä., der um 1672 nach London kam und hier vor 1688 vier Sammlungen verschiedener Violinstücke (Ayres, Praeludien, Fugen, Allemanden usw.) für Violine und Basso continuo in abgestuften Schwierigkeitsgraden veröffentlichte.

In London vertraten Pepusch, Geminiani und Händel die anspruchsvolle Violinsonate in der Nachfolge Corellis. Daneben entwickelte sich ein musikalisch wie technisch sehr viel leichteres Repertoire (W. Corbett, W. Babell, J. Humphries mit Sonaten, die auch aus englischen Tänzen zusammengesetzt sind). Unter den um 1710 komponierten fünfzehn Soli mit Basso continuo von Händel (als op. 1 veröffentlicht, L. 1722) befinden sich sechs Sonaten für Violine und B. c. (Nr. 3, 10, 12–15), die zum festen Bestand der Violinliteratur gehören. In der Form sind sie nach italienischer Art viersätzig (langsam-schnell-langsam-schnell), der zweite Satz fugiert, das zweite Adagio ist sehr verkürzt, in der Sonate A-Dur z. B. nur eine Modulation von einigen Takten. Der scheinbare Da-chiesa-Stil wird durch Einfügung von Tanzformen (z. B. Gigue in der Sonate F-Dur) durchbrochen. Technisch gehen Händels Sonaten über Corelli nicht hinaus, sind aber größer in der Anlage und musikalisch vielgestaltiger.

4. Frankreich

Die ältesten Quellen originaler Violinmusik scheinen aus dem späten 16. Jh. aus Frankreich zu stammen. Der Begriff *violons* wurde hierbei auch ganz allgemein als Oberbegriff für Instrumente gebraucht, in einzelnen Fällen konnten z.B. alle Instrumente der Violinfamilie, ja sogar »*cornets* [...] *et d'autres instruments*« gemeint sein (s. A.III.). Wenn also das Violinspiel in Frankreich schon früher gepflegt wurde, insbesondere im Streicherensemble bzw. durch Ensembles, die Streicher mit einbezogen, so ist demgegenüber aus dem 17.Jh. keine französische Soloviolinmusik überliefert. Das Repertoire um 1660 bestand aus Musik für Tanz, Oper, Ballett und Kirche. Der neue italienische Instrumentalstil drang spät ein. Erst um 1692 komponierte Fr. Couperin die ersten französischen Triosonaten im Stile von Corellis Kammer- bzw. Kirchensonaten mit zwei Violinen. J.-F.Rebel veröffentlichte seine *Pièces pour le violon avec la basse continue divisées par suites de tons* (P. 1705), denen die *Recueil de douze sonates, à II et III parties avec la basse chiffrée* (ebd. 1712) folgte. Sein Rivale war Fr. Duval, dessen *Premier livre de sonates et autres pieces pour le violon e la basse* (P. 1704) schon ein Jahr davor erschien, gefolgt von sechs weiteren Sammlungen (bis 1720). Rebels Suiten folgen in der Satzanordnung der französischen Lautensuite um 1650. In den Sonaten vermeidet er Tanztitel und benutzt statt dessen französische Bezeichnungen wie *Lentement, Gay, Viste* usw. Die Anordnung der fünf- bis achtsätzigen Sonaten wechselt ohne festes Schema. Die Violintechnik ist weit einfacher als die der italienischen und deutschen Zeitgenossen.

Der italienische Einfluß wurde u.a. durch Corellis Schüler M.Mascitti (112 Sonaten für eine oder zwei Violinen, opp. 1-9, P. 1704-1738; vier *Concerti sei stromenti*, op. 7, ebd. 1727), durch G.A.Piani und durch G.P.Ghignone (Violinsonaten op. 1-6, ebd. 1737-1746) verstärkt. Mit Gründung des *Concert spirituel* kamen darüber hinaus ab 1725 eine Anzahl von Virtuosen nach Paris; unter den in Italien ausgebildeten französischen Geigern ragen J.-B.Senaillé, J.-B.Anet, und vor allem J.-M.Leclair (Schüler von G.B.Somis, Turin) hervor. Im italienischen Stil komponierte auch Fr. Francoeur, der 1730 bei den *24 Violons du roi* an die Stelle von Senaillé trat. Francoeur und Senaillé bevorzugen in ihren Sonaten einen freien Kammerstil in dreiteiliger Anordnung, wobei der Streicherbaß vom bezifferten Baß oft getrennt notiert ist. Cassanéa de Mondonville wertet in seinen Sonaten *Les Sons harmoniques. Sonates à violon seul avec la basse continue* op. 4 (Lille/P. 1738) systematisch die natürlichen Flageolettöne aus, in den *Pièces de clavecin en sonates avec accompagnement de violon* op. 3 (ebd. 1734) ist der Klavierpart vollständig ausgearbeitet. Wie schon aus dem Titel ersichtlich, handelt es sich hier nicht mehr um das Trioprinzip. Das Duettieren der beiden

Instrumente ist ausgewogen, auch die äußere Form (meist schnell-langsam-schnell) weist schon auf die vorklassische Sonate hin.

Die weitere Entwicklung führt über J.-Ph. Rameaus Pièces de clavecin en concerts, avec un violon ou une flûte, et une viole ou un deuxieme violon (P. 1741), die Sonates pour le clavecin avec un accompagnement de violon, opera XXV [...] ces pièces peuvent se jouer sur le clavecin seul (ebd. 1742) von M. Corrette bzw. die Pièces de clavecin en sonates avec accompagnement de violon op. 13 (ebd. 1745) von L.-G. Guillemain direkt zu J. Schobert. Guillemain war nicht nur ein eminenter Techniker – seine Douze Caprices (in op. 18 enthalten, P. 1762) waren ein Höhepunkt in der zeitgenössischen Violintechnik –, sondern auch kompositorisch fortschrittlich; so ist in den Allegrosätzen seiner Sonaten op. 1 (P. 1734) ein zweites Thema angedeutet. Gastvirtuosen, die zur Bereicherung des Pariser Musiklebens beitrugen, waren u. a. G. Pugnani und Joh. Stamitz mit Violinkonzerten und Sinfonien, A. Lolli und dessen brillanter Schüler G. M. Jarnowick (Giornovicchi). G. Tartinis Werke wurden von seinen französischen Schülern in Paris bekannt gemacht; darunter war A.-N. Pagin, der um 1750 bei der Herausgabe von Tartinis Sonaten mitarbeitete.

Die große Zeit der französischen Violinmusik beginnt deutlich nach 1750 mit P. Gaviniès (je 6 Sonaten in op. 1 und op. 3, P. 1760 und 1764). Seine Sonaten sind meist dreisätzig, oft mit einer Romanze als Mittelsatz und Menuetten am Schluß, gelegentlich an zweiter Stelle. Sein Bestreben nach Ausdruck und Nuancierung äußert sich in Bezeichnungen wie affettuoso, cantabile, confuoco u. a. (Six concerto à violon principal op. 4, P. 1764). Gaviniès größtes Verdienst um das Violinspiel liegt in den Les vingt quatre matinées [...] exercices pour le violon (P. 1794), unbegleiteten Capricen, die ein Kompendium der Violintechnik ihrer Zeit darstellen und an Schwierigkeit erst von Paganinis Capricen übertroffen werden. Die matinées dürften während Gaviniès Lehrtätigkeit am neugegründeten Pariser Conservatoire zwischen 1794 und 1800 entstanden sein.

Herausragend in der nächsten Geigergeneration waren P. Vachon, N. Capron, S. Le Duc, M.-A. Guénin, I. Bertheaume, A.-A. Robineau, J. B. de Saint-Georges und P. La Houssaye, ab 1782 auch Viotti; viele ihrer Konzerte blieben unveröffentlicht und sind verlorengegangen, während die gängigeren Sonaten gedruckt wurden. Unter den meist für Liebhaber bestimmten Sonaten finden sich sowohl Solo-Violinsonaten mit B.c. wie auch Klaviersonaten mit begleitender Violine. Zu den letzteren gehören die reizvollen Trois Sonnates pour le clavecin ou le piano forte, avec accompagnement de violon op. 5 (P. 1781) von M.-A. Guénin. Nach dem Tod von Le Duc (1777) führte sein Bruder Pierre die Veröffentlichung dreier Konzerte zu Ende, die wohl bereits 1771 entstanden waren. Von Saint-Georges stammen 12 erhaltene Konzerte

(1773-1777, ein posthum veröffentlichtes P. 1799). Bemerkenswert sind außerdem drei Sammlungen von jeweils *Deux simphonies concertantes pour deux violons principaux* (op. 6, P. 1775; op. 9, ebd. 1777; op. 12, ebd. 1777). Technisch ist Saint-Georges außerordentlich kühn in seinen ausgedehnten Passagen und gewagten Registerwechseln und markiert hierin den Höhepunkt des französischen Violinkonzerts vor Viotti. Als Gastvirtuose begeisterte G. M. Jarnowick zwischen 1773 und 1777 das Pariser Publikum; seine sechzehn eigenen Violinkonzerte folgten dem Zeitgeschmack, wirkten aber durch Einarbeitung von Volksweisen und -rhythmen originell (z. B. *Rondeau russe* in Nr. 7).

Auch Viotti kam als Gastvirtuose 1782 nach Paris, sein enormer Erfolg galt zunächst mehr seinem Spiel als seinen Kompositionen. Während seines Aufenthaltes in Paris (1782-1792) wuchs sein Einfluß in solchem Maße, daß er oft als der Vater des französischen Konzerts angesehen wird, doch war der französische Konzerttyp um 1780 schon weit entwickelt und international anerkannt. Viotti übernahm dessen Form und Charakter, bereicherte ihn aber durch italienische Kantabilität, klangvollere Ausnutzung der Geige und symphonischere Gestaltung des Orchesters. Viottis 29 Violinkonzerte zeigen drei Entwicklungsperioden: Die Jugendwerke (Nr. 1 und 2 1782 komponiert, Nr. 3 schon 1781 bei Sieber in Paris veröffentlicht), die Pariser Konzerte (Nr. 4-19, 1782-1791) und die Londoner Konzerte (Nr. 20-24, ca. 1792-1797; Nr. 25-29, ca. 1797 - ca. 1805). Vom Konzert Nr. 14 (P. 1788) an zeigt Viotti eine Vorliebe für Molltonarten. Seine letzten Konzerte zeigen bereits frühromantische Züge, formal weist er besonders durch die engere Verkettung der einzelnen Sätze in die Zukunft. Der von Viotti geformte Konzerttyp wurde in den 1790er Jahren ebenso vorbildlich wie der von Tartini um 1750 (auch für Beethoven, L. Spohr und noch für J. Brahms).

Von Viottis Schülern war P. Rode (ab 1787) der bedeutendste. 1790 erregte er bei seinem Debut in Paris mit einem Violinkonzert von Viotti Aufsehen. Von seinen insgesamt dreizehn Konzerten (Nr. 1-11, P. 1794 bis ca. 1813; Nr. 12, Bln. um 1815; Nr. 13 posthum) wurden das a-Moll-Konzert (Nr. 7, 1803) und das e-Moll-Konzert (Nr. 8, 1803-1804) am berühmtesten. Rode hinterließ auch ein beispielhaftes Studienwerk, die *24 Caprices* (Bln. um 1815). Als Komponist war R. Kreutzer der vielseitigste (frühe Konzerte Nr. 1-5, komponiert vor 1790). Nach 1790 expandieren seine Konzerte und zeigen eine symphonische Anlage mit detaillierter Durchführungsarbeit. Seine Bewunderung für Haydn drückt er im 16. Konzert aus: *Ce concerto n'est composé que de thèmes d'Haydn* (Lpz./P. ca. 1805). Kreutzers letzte Konzerte, Nr. 18 in e-Moll und Nr. 19 in d-Moll (beide P. 1805-1810), gehören zu den besten der französischen Geigerschule. Seine *42 Études ou caprices pour le violon* (P. 1796, ca. 1807 Ausgabe mit 40 Etüden) haben eine einzigartige Stellung innerhalb der Violinliteratur, indem sie sämtlichen Anforderungen der modernen Violintechnik im Hinblick auf die Gewandheit der linken Hand gerecht werden. Mit Rode und Kreutzer gewinnt das kürzere Violinstück – besonders das Air varié – an Bedeutung (z. B. Rodes Air varié op. 10, um 1803, zum Teil auch mit unterlegtem Text gesungen, und Kreutzers Variationen über »Nel cor piu non mi sento« aus G. Paisiellos Oper La Molinara).

Neben Rode und Kreutzer war P. Baillot die dritte wichtige Persönlichkeit innerhalb der französischen Geigerschule, insbesondere als Interpret und Pädagoge (L'Art du violon, P. 1834). Baillot führte 1814 regelmäßige Kammermusikkonzerte in Paris ein und spielte 1828 das noch unbekannte Violinkonzert von Beethoven in den neugegründeten Konservatoriumskonzerten (zu den pädagogischen Werken der französischen Geigerschule s. auch C.). Der Kompositions- und Vortragsstil von Viotti, Rode, Kreutzer und Baillot wurde in ganz Europa maßgebend.

5. Die Wiener Klassiker

Die Violinmusik der Wiener Klassiker forderte eine neues, eigenständige Technikrepertoire heraus, das wesentlich auf den Entwicklungen im Bereich der Kammermusik beruhte. Schon Haydn stellt in seinen Streichquartetten an die 1. Violine häufig hohe solistische Ansprüche, und auch in den Streichquintetten, -trios und -duetten der Komponisten des Wiener Umkreises ist die Oberstimme ab ca. 1770 zunehmend virtuoser und brillanter komponiert. Tragen solche Werke im Titel zunächst noch den Zusatz concertant, so lauten sie ab 1800 in Wien eher Grands Duos oder Grands Trios beziehungsweise Duos brillants usw. Dabei ist eine ›sinfonieartige‹ Ausweitung der Ausmaße der zyklischen Form und des melodischen Gestus sowie eine Zunahme des Klangvolumens zu beobachten.

Die vier Violinkonzerte von J. Haydn [C, D, A und G] der 1760er Jahre sind violintechnisch leichter als die Werke der zeitgenössischen Pariser Virtuosen. Am bekanntesten ist das erste Konzert in C-Dur, das Haydn für seinen Esterhazer Konzertmeister A. L. Tomasini schrieb (fatto per il »Luigi«, vor 1765). Das sogenannte ›Melker‹-Konzert in A-Dur (Hob. VIIa:3) wurde erst 1950 wiederentdeckt. Von Haydns acht im Neudruck erschienenen Sonaten für Violine und Klavier ist nur die eine 1793/94 in London komponierte (?) in G-Dur (Hob. XV:32) als Duo (Offenbach 1794) und im selben Jahr als Trio (L. 1794) nachzuweisen. Die übrigen Sonaten sind ausnahmslos Bearbeitungen anderer eigener Werke, wobei die begleitenden Violinstimmen allerdings zum Teil von fremder Hand hinzukomponiert wurden (A. van

Hoboken [Hob.] hat diese im Werkverzeichnis in der Nebengruppe XVa zusammengestellt).

Mozarts fünf Violinkonzerte (zwischen April und Dezember 1775) waren wahrscheinlich alle für den eigenen Gebrauch, evtl. für einen Freund aus Salzburg namens Kolb bestimmt (A. Brunetti hat sie erst später gespielt). Die in neun aufeinander folgenden Monaten komponierten Konzerte zeigen ein enormes Wachstum in der Beherrschung formaler und technischer Probleme. Während sich in Nr. 1 (B-Dur, KV 207) und zum Teil auch in Nr. 2 (D-Dur, KV 211, mit Beeinflussung durch die Werke Tartinis und Nardinis) die virtuos ausgearbeitete Solostimme noch nicht genügend in die thematische Verarbeitung des Werkes einfügt, ist das Problem dieser Disbalance ab Nr. 3 (G-Dur, KV 216) wesentlich besser gelöst; die Melodien sind reichhaltiger (besonders in der espressiven Adagio-Kantilene, zum Teil mit Tanz- und Volksmusikanklängen wie in KV 218). Mit dem fünften Konzert (A-Dur, KV 219) wird dann in der Mannigfaltigkeit der Themen und dem Dialogisieren von Solo und Tutti musikalisch ein Höhepunkt erreicht. Schließlich komponierte Mozart auf Wunsch von Brunetti ein Adagio in E-Dur (KV 261) als Ersatz für dasjenige aus KV 219 und ein Rondo in B-Dur (KV 269/261a), wahrscheinlich für KV 207 (Briefe L. Mozarts vom 25. Sept. und 9. Okt. 1777, s. *Mozart-Briefe und Aufzeichnungen* 2, Kassel 1962, S. 10 und S. 42). War die *Concertone* für zwei Solo-Violinen (KV 190, 1774) sozusagen Mozarts Einstiegswerk in die Solo-Violinmusik mit Orchester, so ist die *Sinfonia concertante* für Violine und Viola (KV 364/320d, vermutlich 1779) sein vorletztes Orchesterwerk mit Solo-Violine (danach nur noch Rondo in C-Dur, KV 373, 1781).

Zugeschrieben werden Mozart zwei weitere Violinkonzerte (Konzert Es-Dur KV 268/365b und KV 268/C14.04), der Stil beider Konzerte ist aber uncharakteristisch und die Quellen sind dubios. Schon der Erstdruck von KV 268 (Offenbach 1799) wurde angezweifelt (AmZ vom 30. Okt. 1799, Sp. 93f.). Heute erscheint der Münchener Musikdirektor J. Fr. Eck als Komponist möglich (s. W. Lebermann 1978, S. 452–465). Das lange Zeit umstrittene, nach seiner Widmungsträgerin so genannte ›Adelaide‹-Konzert in D-Dur (KV C14.05) ist eine Fälschung, wahrscheinlich geschrieben in den 1930er Jahren (s. W. Lebermann 1967).

In diversen Kammermusikgattungen nahm dagegen die Violine Mozarts Interesse über seine gesamte Schaffenszeit in Anspruch (Streichduette KV 423 und 424, Streichtrio KV 563, 24 Streichquartette und 6 Streichquintette). Hier schuf er nicht nur für seine Zeit ganz außerordentliche Werke, sondern er paßte auch seinen Violinstil den jeweiligen Gattungen an. Dies gilt vorzugsweise für die Sonate für Klavier und Violine. Hier darf Mozart sogar als der Schöpfer der modernen Duosonate gelten. Die NMA (Serie 8, Werkgruppe 23, hrsg. von E. Reeser) enthält 26 Sonaten, die die Entwicklung vom frühen Typ der ›begleitenden Violine‹ bis zur Spätform der instrumentalen Gleichberechtigung beleuchten.

Mozarts sogenannte ›Mannheimer‹ Sonaten KV 296, 301–303/293a-c und 305/293d (1778; 304/300c und 306/300l wurden in Paris komponiert) gehören zu den im klassischen Sinne frühesten Sonaten für Violine und Klavier. Mozart schuf hier Werke, in denen das Streichinstrument durch auszuführende Themen, Gegenthemen und kontrapunktischen Passagen über seine begleitende Rolle hinauswächst. Die ersten fünf Sonaten haben nur ein als Sonatensatz angelegtes Allegro und ein Rondo oder einen Variationensatz; die sechste Sonate jedoch stellt ein Andantino zwischen zwei schnelle Sätze, deren zweiter, ein Rondo mit tempomäßig kontrastierenden Teilen, in einer sehr langen Kadenz für beide Instrumente kulminiert. Dreisätzigkeit ist dann auch die Regel in einer Folge von fünfzehn reifen Sonaten, beginnend mit den sogenannten ›Aurnhammer-Sonaten‹ (Wien 1781). Die Bedeutung dieser Sonaten entging den Zeitgenossen nicht, wie in C. Fr. Cramers *Magazin der Musik* zu lesen ist: »Diese Sonaten sind die einzigen in ihrer Art. Reich an neuen Gedanken und Spuren des grossen musicalischen Genies des Verfassers. Sehr brillant, und dem Instrumente angemessen. Dabey ist das Accompagnement der Violine mit der Clavierpartie so künstlich verbunden, daß beide Instrumente in beständiger Aufmerksamkeit unterhalten werden; so daß diese Sonaten einen eben so fertigen Violin- als Clavier-Spieler erfordern« (Jg. 1, Hbg. 1783, S. 485). Zwischen 1784 und 1787 entstanden schließlich die völlig in sich ausgewogenen ›Wiener‹ Sonaten, von 1784 bis 1787, KV 454 in B-Dur (für eine reisende Virtuosin aus Mantua, die zwanzigjährige R. Strinasachi-Schlick geschrieben), KV 481 in Es-Dur und KV 526 in A-Dur als Höhepunkten. Zum Prinzip der dialogisierenden Gleichberechtigung gesellt sich hier das konzertante Element, das in beiden Instrumenten virtuos ausgenutzt wird.

Während sich Beethovens Schaffen bei den Klaviersonaten, aber auch bei den Streichquartetten und Sinfonien auf alle Schaffensperioden verteilt, entstanden neun seiner Violinsonaten in der frühen (op. 12, 1797/98; op. 23 und 24, 1800/01; op. 30, 1802 und op. 47, 1802/03) und mit neunjährigem Abstand eine Sonate in der mittleren Schaffensperiode (op. 96, 1812). Zu den frühen Beethovenschen Werken gehören neben den Klaviertrios op. 1 die ersten fünf Violinsonaten op. 12, op. 23 und op. 24. Diese letzte sog. ›Frühlingssonate‹ scheint sich in ihrer erstmaligen Viersätzigkeit auf den Gattungstyp der Violinsonate im weiteren Verlauf des 19. Jh. normierend ausgewirkt zu haben; die *Grande Sonate* (oder das *Grand Duo*), die in ihrem virtuosen und musikalischen Anspruch eher für den Konzertsaal gedacht ist, hält an dieser expansiveren Form fest. Die letzten beiden Violinsonaten Beethovens, op. 47 und op. 96 in G-Dur, Gegenpole in Stil und Ausdruck, stehen dann ganz im Zeichen dieser Grande Sonate: Die frühere schrieb Beethoven 1802/1803 für den extravagant-theatralischen Violinvirtuosen G. A. P. Bridgetower, widmete sie aber später R. Kreutzer, nach dem die Sonate seitdem benannt ist. In der ersten Auflage weist ein Zusatz zum Titel auf den virtuosen Stil des Werkes hin: »scritta in uno stilo molto concertante, quasi come d'un concerto«. Die Violine stellt gleich zu Anfang mit einem akkordischen Solo ihre zumindest gleichberechtigte, wenn nicht hervorgehobene Stellung in der Partnerschaft heraus und übernimmt dann oft die Führung in der Präsentation vieler Hauptthemen. Der Mittelsatz in F-Dur behandelt ein Thema in vier Variationen und einer Coda, stellt jedoch mit seiner komplizierten Ornamentik enorme Anforderungen an die Technik beider Spieler. Das lebhafte Finale, der einzige Satz durchweg in der Dur-Variante, war, nach den Skizzen zu urteilen, ursprünglich für die A-Dur-Sonate op. 30 Nr. 1 bestimmt, wurde dann aber später an seinen gegenwärtigen Platz gestellt.

Zu Beethovens Werken für Violine mit Orchester gehören die beiden Romanzen op. 40 (Lpz. 1803) und op. 50 (Wien 1805, möglicherweise schon um 1798 entstanden). Sie zeigen typische Merkmale des zur damaligen Zeit aufkommenden einsätzigen Charakterstücks wie gemäßigtes Tempo, sangliche Melodie und einfache Strukturen, dabei eine klare Trennung zwischen der Melodielinie und der Begleitung.

Das Tripelkonzert op. 56 (Grand Concerto Concertant für Klaviertrio und Orchester, komponiert 1803/04) geht in seinem Anspruch an symphonische Strukturierung und konzertante Musizierhaltung einen Schritt zurück, muß aber wegen der Dreier-Konstellation der Soloinstrumente auch eine ganz andere kompositorische Ökonomie aufweisen als ein ›normales‹ Solokonzert. Auch das Violinkonzert op. 61 (UA am 23. Dez. 1806 von F. Clement im Theater an der Wien) ist, trotz der dramatischen Konzeption des Kopfsatzes, kein Virtuosenkonzert mit Orchesterbegleitung – was vom damaligen Publikum erwartet wurde –, sondern betont den lyrisch-kantablen Charakter der Solovioline, die nur einen Teil in der symphonischen Struktur des Gesamtwerks repräsentiert. Am französischen Typ des Violinkonzerts interessierten Beethoven weder die formale Struktur noch die exponierte Stellung des Solisten, sondern lediglich violintechnische Details und Passagen und geigerische Wendungen. Nach der Erstaufführung blieb das Konzert weitgehend unbeachtet (vereinzelte Aufführungen in Bln. 1812, L. Tomasini d. J.; P. 1828, Baillot; Wien 1833, Vieuxtemps; Lpz. 1836, W. Uhlrich). Erst als J. Joachim es unter Mendelssohn 1848 in London spielte und sich auch weiterhin dafür einsetzte, wurde das Werk ins Repertoire aufgenommen. Das romantische Violinkonzert hatte jedoch zu der Zeit bereits einen völlig anderen Charakter angenommen, und erst Brahms folgte 1878 in seinem Violinkonzert wieder dem Beethovenschen Ideal.

Schubert knüpfte 1816 zunächst nicht an Beethoven, sondern an Mozart an. Schuberts frühe vier Violinsonaten von 1816/1817 zeigen schon eine klare Beherrschung des Formenkanons der Wiener Klassik, die frühesten (D 384 in D-Dur, D 385 in a-Moll und D 408 in g-Moll, meist als *Drei Sonatinen* bezeichnet, da Diabelli sie 1836 als op. 137, Nr. 1-3 unter diesem Titel verlegte) sind einfach und klar konstruierte Stücke, die auch von Dilettanten zu spielen sind, während die vierte Sonate D 574 (1817, von Diabelli 1851 als *Duo in A* op. 162 publiziert) – deutlich erweitert in der Form, technisch wenig anspruchsvoller – zur Grande Sonate im Beethovenschen Sinne tendiert. Großdimensionierte, virtuose und auf Effekt und Brillanz bedachte Konzertstücke seiner letzten Jahre sind Schuberts *Rondo* in h-Moll D 895 und die noch subtilere und geigerisch schwer zu realisierende *Fantasie* in C-Dur D 934, komponiert 1826/27 für den böhmischen Geiger J. Slavík. Beide Kompositionen sind mehrteilig; die *Fantasie* hat eine Einleitung mit geradezu orchestralen Tremolando-Effekten, ein Allegretto in a-Moll, eine Folge von Variationen über das Thema des Rückertliedes »*Sei mir gegrüßt*« (D 741) und, nach partiellem Wiedererklingen der Einleitung, ein Schluß-Allegro, das vor der Coda durch einen Rückgriff auf das Liedthema unterbrochen wird. Ein weiteres Variationswerk über das Lied »*Trockne Blumen*« aus dem Jahre 1824 (D 802, op. 160, Wien 1850) ist für Flöte und Klavier komponiert. Die Bearbeitung für Violine, die sich in Violinsammlungen (zusammen mit op. 159, D 934, und op. 162, D 574, Lpz. 1871) von Schubert findet, ist von unbekannter Hand. Fast vergessen sind weitere Violinkompositionen: der einzige Beitrag von Schubert zur Gattung des Instrumentalkonzerts, das zweisätzige, im Orchester klein besetzte *Concertstück* D-Dur für Violine und Orchester (D 345, 1816), das Schubert für seinen Bruder Ferdinand komponierte und das in seinem Anspruch ganz in den Bereich des privaten bzw. halböffentlichen Musizierens gehörte, und das mit einem Adagio eingeleitete Rondo A-Dur für Violine und Streichorchester (D 438, 1816). Schuberts Violinwerke nehmen in seinem Gesamtschaffen eine eher untergeordnete Stellung ein und sind überwiegend für die häusliche Musiziersituation geschaffen. Mit Ausnahme des Rondo h-Moll wurden sie alle mit großer Verzögerung aus dem Nachlaß veröffentlicht, währenddessen sich nicht nur die Technik des Violinspiels, sondern auch der musikalische Stil im 19. Jh. weiterentwickelt hatten.

III. 19. Jahrhundert
1. Das Konzert

Das Violinkonzert nach Beethoven zeigt - wie allgemein die Geschichte des Konzerts im 19. Jh. - mehrere gegenläufige Entwicklungen. Als Gegensätze lassen sich zunächst das mehr auf Virtuosität zielende Violinkonzert (beeinflußt durch Viotti vor allem Spohr, Paganini, Bériot, Vieuxtemps oder Wieniawski) und das sich im Beethovenschen Sinn zum ›symphonischen Konzert‹ hin entwickelnde Werk (Spohr in einigen seiner Konzerte, Mendelssohn, Bruch, Brahms) bezeichnen, wobei das konzertante Prinzip hier mehr oder weniger stark ausgeprägt ist. In der zweiten Jahrhunderthälfte wird der formale Verlauf zunehmend freier, und die Gattung ist für die unterschiedlichsten Einflüsse offen.

Spohr nimmt innerhalb der Gattung eine Sonderstellung und quasi eine Vermittlerposition ein. Von seinen 15 Konzerten (Nr. 12, 13 und 14 sind auch als *Concertinos* bezeichnet, 1828, 1835 und 1839) entstand das erste noch vor dem Beethoven-Konzert im Jahre 1802/03, das letzte 1844, dem Entstehungsjahr des Mendelssohn-Konzerts. Die ganze Individualität des Spohrschen Stils zeigt sich gerade in diesen Werken, die zwischen lyrischer Expressivität vor allem der langsamen Sätze (besonders das *Siciliano* aus Nr. 3, 1806; Adagio aus Nr. 7) und schnellen Bravourstücken (Nr. 6, *alla spagnola*; Finale Nr. 14) vermitteln. Charakteristisch für einen ganz eigenständigen Stil, der sich vom Vorbild Viottis weitestgehend entfernt hat, sind die Konzerte Nr. 7 (1814) und Nr. 8 (1816), letzteres (op. 47) »in modo di scena cantante« betitelt und deutlich vom italienischen Opernstil beeinflußt: Die Partie der Violine ist gleichsam ein lyrischer Monolog mit Rezitativ, Arioso und zweiteiliger Arie. Doch kehrt Spohr mit seinem Konzert Nr. 9 (1820) zum klassizistischeren Stil zurück. Seine Violinkonzerte waren im 19. Jh. bekannt und vielgespielt, sein Einfluß war überragend.

Während das frühe Violinkonzert d-Moll (1822), das Mendelssohn als Dreizehnjähriger schrieb, noch in Thematik, Verarbeitung und formaler Gestaltung ganz unter dem Einfluß der Wiener Klassiker stand, zeigt das Violinkonzert in e-Moll (op. 64, 1838-1844) - unzweifelhaft der Höhepunkt von Mendelssohns Konzertkompositionen - neue Strukturen, die ihrerseits in der Folge die Gattung beeinflußten: Formal beseitigt er das konventionelle Einleitungs-Tutti durch den unvermittelten Eintritt des Solisten, er verlegt die Kadenz vor die Reprise in den Brennpunkt des ersten Satzes und verknüpft die Sätze durch modulatorische Übergänge und thematische Bezüge (Einleitung des Finale besinnt sich auf das Hauptthema des Eingangssatzes). Die prägnanten melodischen Erfindungen, das lyrische

Gesangsthema des Andante und die mühelose Demonstration brillanter Violintechnik im Passagen- und Laufwerk der Solovioline, wobei selbst im Finalsatz die Virtuosität nicht zum Selbstzweck gerät, sind von klassizistischer Balance, die das Konzert als eines der Hauptwerke neben die von Beethoven und Brahms stellt.

Joachim war einer der größten Interpreten seiner Zeit, Schumann, Bruch, Brahms und Dvořák widmeten ihm ihre Violinkonzerte. Unter den von ihm selbst komponierten Werken ist sein Violinkonzert *in ungarischer Weise* (op. 11, Lpz. 1861) mit seinen sinfonischen Dimensionen und anspruchsvollen Anforderungen an den Solisten das bedeutendste. Im Zuge des stärker werdenden Einflusses von national gefärbten und folkloristischen Elementen sind auch Bruchs *Schottische Fantasie* (op. 46, Bln. 1880), V. A. E. Lalos *Symphonie espagnole* (op. 21, 1873, P. 1875), seine *Fantaisie norvégienne* (1880) und sein *Concerto russe* (op. 29, 1883) und N. A. Rimskij-Korsakovs *Fantasie über russische Themen* (op. 33, Lpz. 1887) zu sehen.

Für Schumann lag das Hauptproblem seiner konzertanten Werke in der Suche nach einem sinnvollen Verhältnis zwischen Solisten und Orchester. Von den klassischen Wiener Vorbildern ist er hierin genauso weit entfernt wie in seinen symphonischen Werken. Für Joachim komponierte er 1853 zwei Werke für Violine und Orchester: die *Phantasie für Violine mit Begleitung des Orchesters* (op. 131) und das *Konzert für Violine und Orchester in d-Moll* (1853, op. posth., Mz. 1937). Die einsätzige Phantasie – mit einer Kadenz am Schluß – wurde am 27. Oktober 1853 in den Düsseldorfer Abonnementskonzerten von Joachim uraufgeführt, das Violinkonzert dagegen von Joachim und Clara Schumann mit Verweis auf die angeblichen Schwächen des Werkes zurückgehalten und konnte erst in den 1930er Jahren – allerdings mit einigen ›Nachbesserungen‹ versehen – veröffentlicht werden. Die Uraufführung fand in Berlin am 26. November 1937 statt (im hochpolitischen Rahmen der ›Gemeinsamen Tagung der Reichskulturkammer und der NS-Gemeinschaft *Kraft durch Freude*‹) durch G. Kulenkampff (verschwiegen wurde, daß dieser eine Bearbeitung des als Komponisten geächteten Hindemith verwendete); Menuhin, der sich stets vehement für die Veröffentlichung eingesetzt hatte, bot gleichzeitig erste Einspielungen in den USA.

Max Bruchs erstes gefeiertes Violinkonzert (op. 26, Bremen 1868), das den spätromantischen Tonfall der Jahrhundertwende antizipiert und von Volksmusikanklängen – insbesondere im ›ungarischen‹ Finalsatz, der den des Brahmsschen Violinkonzertes vorwegzunehmen scheint – durchdrungen ist, verdankt seine Entstehung ebenso der Unterstützung durch Joachim und hat sich bis heute im Repertoire gehalten. Die beiden Violinkonzerte op. 44 und op. 58 (Bln. 1878 und 1891) sind dagegen bereits von Bruchs anachronistischem Konservativismus gekennzeichnet.

Von den einsätzigen Werken für Violine und Orchester (u.a. Romance op. 42, Bln. 1874; Adagio appassionato op. 57, ebd. 1891; Serenade op. 75, ebd. 1900; Konzertstück op.84, ebd. 1911) ist einzig die *Fantasie unter freier Benutzung schottischer Volksmelodien* (*Schottische Fantasie*) op. 46 (Bln. 1880), durch Bruchs Reisen in England und Schottland angeregt, gelegentlich zu hören.

In enger Zusammenarbeit mit Joachim entstand auch Brahms' Violinkonzert (op. 77, 1878); auf Joachims Drängen fand die Erstaufführung bereits am 1. Jan. 1879 im Leipziger Gewandhaus statt, mit Brahms am Dirigierpult. Brahms schuf hier ein ›symphonisches‹ Konzert von struktureller Dichte, das maßstabgebend für den Rest des 19. Jh. war; an Beethoven erinnert die Orchesterexposition des ersten Tutti, der verzögerte Eintritt des Solothemas auf der E-Saite, die Triolenfiguration, die Moll-Episode und schließlich die Rückkehr des ersten Themas nach der Kadenz vor der Coda. Jedoch handelte sich das Werk wegen des eher unvirtuosen Charakters des Soloparts die Bezeichnung ›Konzert gegen die Violine‹ ein. Das eng verknüpfte Verhältnis von Solopart und Orchester ist integrativ, das aufgestellte thematische Material wird durch gemeinsame variative Arbeit weitergeführt (die einzige Melodie im Adagio wird beispielsweise von der Oboe vorgetragen, während die Violine schweigt); das ›ungarische‹ Rondo-Finale läuft ruhig und ohne Schlußeffekt aus. Das Doppelkonzert für Violine, Violoncello und Orchester (op. 102, 1887) ist ebensowenig auf virtuose Effekte aus, stellt aber das narrative Element in den Vordergrund, gleichsam eine rhapsodische Erzählung auf zwei Instrumente verteilt, die jedoch nicht so eng mit dem Orchester verzahnt sind, sondern teilweise auch im Concerto-grosso-Stil alternieren. Brahms' Beschäftigung mit der Barockmusik scheint hier auch in den vorherrschend polyphonen Strukturen der Setzweise durch.

Das ebenfalls Joachim gewidmete, aber von ihm nie gespielte Violinkonzert a-Moll op. 53 schrieb A. Dvořák 1879 und überarbeitete es 1880 und 1882. Die Erstaufführung fand in Prag am 14. Okt. 1883 mit dem Solisten Fr. Ondříček statt. Nationale, böhmisch gefärbte Themen bestimmen den Ablauf, besonders das finale Sonaten-Rondo ist durch die zentrale Dumka-Episode und durch das zweite Thema im Furiant-Rhythmus geprägt. Die eher narrative Haltung wird in der resümierende Episode gegen Ende des ersten Satzes deutlich, die nahtlos in das Adagio übergeht.

Neben den gattungsprägenden Werken von Joachim, Brahms, Bruch und Dvořák sind im Bereich der ›symphonischen‹ Konzerte u.a. K. Goldmark (Konzert in a-Moll, op. 28, Bremen 1877), R. Strauss mit seinem Jugendwerk, dem Violinkonzert d-Moll (op. 8, 1882) und F. Busoni (Konzert D-Dur, op. 35a, 1896/97) zu nennen. Busonis Konzert läßt bei der Gestaltung des Soloparts Ähnlichkeiten mit den in der gleichen Tonart stehenden Violinkonzerten von Beethoven und Brahms erkennen, die formale Anlage folgt eher dem Vorbild Liszts. Das durchkomponierte Werk gliedert sich in drei Abschnitte, die den Sätzen des üblichen Solokonzert-Schemas entsprechen. Doch wirken die Dialoge zwischen Sologeige und Orchester wie eine große Opernszene ›ohne Worte‹.

Auch P. Čajkovskijs Violinkonzert (op. 35, 1878) ist ein virtuoses, aber mit deutlich symphonischem Anspruch gearbeitetes Werk. Die Qualität der Formbehandlung zeigt sich bereits in den unterschiedlichen Erscheinungsformen des einleitenden Hauptthemas, das in vielfältigster Weise im Kopfsatz verarbeitet wird. Die thematische Arbeit wird hierbei in enger Verschmelzung der Tutti- und Solopartien weitergeführt. Durch Čajkovskij beeinflußt sind das Konzert von A. St. Arenskij (op. 54, 1891) und Rimskij-Korsakovs national gefärbte Fantasie über zwei russische Themen für Violine und Orchester (op. 33, 1886/87), die die Violine nur gelegentlich aus dem brillanten Orchesterpart hervortreten läßt. Im Geist von Brahms und Čajkovskij, aber mit zunehmend individuellerer Tonsprache im national-russischen Sinne sind die nach der Jahrhundertwende entstandenen Werke für Violine von S. I. Taneev einzuordnen (*Suite de concert* mit Orchester op. 28, 1909; Violinsonate, 1911).

Das Virtuosenkonzert des 19. Jh. steht unter dem Einfluß von Paganini. Sein Auftreten in den europäischen Musikzentren war eine Sensation in geigerischer Hinsicht; doch hatten seine herausragenden technischen Fähigkeiten auch weitergehende musikhistorische Konsequenzen: Der von ihm eingeführte Standard blieb im weiteren bestimmend für seine Nachfolger (H. W. Ernst, *Elégie* op. 10, Wien 1840 und *Concerto pathètique* op. 23, Lpz. 1851; Ch.-A. de Bériot, Vieuxtemps, Saint-Saëns, Wieniawski) und erweiterte ebenso die technischen Maßstäbe für die Werke von Nicht-Geigern (Schumann, Liszt, Chopin). In seinen Violinkonzerten beherrscht der Solist die Bühne, das Orchester spielt eine untergeordnete Rolle. Dabei ist das Wechselspiel von Tutti und Solo an den Ritornellformen des 18. Jh. orientiert. Die breit angelegten Tutti-Passagen dienen vorwiegend der Vorbereitung des Auftritts des Solisten. Wenn seine legendären Capricen op. 1 (ca. 1805, veröff. Mld. 1820) noch an Locatelli anknüpfen, so haben seine Violinkonzerte im Hinblick auf Außmaß und Brillanz kaum Vorbilder. Von Paganinis Violinkonzerten sind mindestens fünf nachweisbar: Nr. 1 in Es-/D-Dur (op. 6, ?1817, P./Mz. 1851), Nr. 2 in h-Moll (op. posth. 7, 1826, ebd. 1851), Nr. 3 in E-Dur (1826, Eindhoven 1971), Nr. 4 in d-Moll (um 1829, UA 1830, wiederentdeckt 1954) und Nr. 5 in a-Moll, von dem nur die Solostimme erhalten ist (1830) (ein Concerto e-Moll von ca. 1815, hrsg. von F. Mompellio, Genua 1973). Die bekannten Konzerte Nr. 1 und 2 haben die gleiche dreisätzige

Struktur. Das ausgedehnte Anfangstutti ist opernhaft, danach spielt das Orchester kaum noch eine Rolle. Der Solist hat zwei langen Soli, die durch ein kurzes Tutti getrennt sind, und der erste Satz schließt mit einem weiteren kurzen Tutti. Der langsame Satz ist gewöhnlich schlicht gehalten, dafür werden im Schlußrondo alle technischen Künste aufgeboten. Im Konzert Nr. 1 steht die Orchesterbegleitung in Es-Dur, während der Solist in alter Scordatur-Technik auf einer um einen Halbton hinaufgestimmten Geige mit D-Dur-Fingersatz spielt. Dadurch hebt sich die helle Solostimme von dem dunkleren Orchesterhintergrund besonders plastisch ab. Heute wird das Werk allgemein in D-Dur gespielt. Von den anderen Werken für Violine und Orchester sind die bravourösen Variationen *Le streghe* op. 8 über ein Thema aus dem Ballett *Il noce di Benevento* (1802) von Fr. X. Süssmayr zu nennen.

Bériot (der von Baillot für einige Monate in dessen Violinklasse ausgebildet wurde, aber seiner Exzentrizität wegen nicht einzuordnen war) war einer der ersten Komponisten, der in seinen zehn Violinkonzerten mit der Virtuosität im Paganinischen Sinn (vor allem in seinem zweiten Konzert, von ihm selbst zuerst in London 1835 gespielt), aber auch formal experimentierte und damit den überkommenen französischen Violinstil Viottis modernisierte (und damit die sogenannte frankobelgische Schule initiierte). Bériots berühmtester Schüler war der ebenfalls aus Belgien stammende Vieuxtemps; von dessen sieben Violinkonzerten (zwischen 1836 und 1861, Nr. 6 und 7, opp. 47 und 49, erst P. 1883 veröff.) war sicherlich das Konzert Nr. 1 (op. 10, 1840) technisch das schwierigste französische Violinkonzert seiner Zeit. Das Konzert Nr. 4 (op. 31, ca. 1850) erweiterte er durch Einschub eines Scherzos auf vier Sätze. Neuartig ist auch der prologartige, deklamierend freie erste Satz mit einer Schlußkadenz. Dagegen ist das fünfte Konzert (op. 37, 1861) einsätzig und in drei Abschnitte gegliedert, die thematisch miteinander verwandt sind. Es trägt den Beinamen *Grétry* (weil eines der Themen dem Einakter *Lucile*, P. 1769, von A.-E.-M. Grétry entlehnt ist) und war eines der favorisierten Werke Wieniawskis. Wieniawski, wiederum als Begründer der ›Russischen Schule‹ bekannt (s. C.), hat rund 50 Werke (24 mit Opus-Zahlen versehen) für die Violine geschrieben, darunter die beiden Violinkonzerte (op. 14, Lpz. 1853, und op. 22, 1862, Mz. 1870), und die einsätzige *Légende* op. 17 (Lpz. ca. 1816) für Violine und Orchester.

In Frankreich entwickelte sich im späteren 19. Jh. ein Konzerttyp, der einerseits den folkloristischen Einflüssen der Konzerte von Brahms und Joachim, andererseits den technischen Errungenschaften Paganinis und der franko-belgischen Geigerschule folgt. E. Lalos *Symphonie espagnole* (op. 21, 1875, wie das F-Dur-Violinkonzert, 1874, von P. de Sarasate uraufgeführt), seine *Fantaisie norvégienne* (1878) und das *Concerto russe* op. 29 (1879) verarbeiten wohl am ausgeprägtesten volksmusikalische Elemente in dieser Gattung. C. Saint-Saëns schrieb neben einigen Konzertstücken (darunter Introduction et Rondo capriccioso op. 28, 1863, und Havanaise, op. 83, 1887) drei Violinkonzerte (op. 20, 1859; op. 58, 1858; op. 61, 1880), von denen vor allem das dritte (ebenfalls für Sarasate geschrieben) am stärksten an Paganini anknüpft und sich seines wirkungsvollen Schlußsatzes wegen im Repertoire gehalten hat.

Das Poème für Violine und Orchester (op. 25, 1896) von E.-A. Chausson, basierend auf einer Kurzgeschichte von Ivan Turgenev, ist eine hochromantische, harmonisch subtile melancholische ›Erzählung‹, während das Konzert für Klavier, Violine und Streichquartett (op. 21, 1889-1891) sich an den zyklischen Strukturen und lyrischen Qualitäten C. Francks orientiert.

2. Die Sonate

Die Violinsonate, die bis etwa 1830 weitgehend auf den Umkreis der Wiener Klassiker konzentriert war, breitete sich besonders in der zweiten Hälfte des 19. Jh. parallel zu einem Wiedererstarken der nationalen Kammermusikkulturen in den meisten europäischen Ländern aus. Daneben macht sich der Trend zum hochrangigen, technisch anspruchsvollen Einzelwerk bemerkbar, das die klassischen Konzeptionen immer reflektiert und nur im geringen Umfang daraus auszubrechen versucht. Etliche einfacher konstruierte, meist dreisätzige Violinsonaten und -sonatinen gehören dem kleinbesetzten Repertoire der Haus- und Kammermusik an (Joh. N. Hummel, H. Marschner, A. Reicha, C. M. von Webers Six sonates progressives, 1810; Schuberts Sonaten [Sonatinen] op. 137, 1816), das sich im späteren 19. Jh. auch noch in den Sonatinen von Dvořák, I. Lachner und C. Reinecke auswirkt. Gemessen an der Beliebtheit des Konzerts spielte die Sonate für Violine und Klavier im 19. Jh. jedoch eher eine untergeordnete Rolle, die Virtuosen bevorzugten bei der kleinen Besetzung meist die effektvolleren kleinen freien Formen.

Am Anfang der Entwicklung stehen die klassizistisch gehaltenen Violinsonaten F. Mendelssohn Bartholdys (in F-Dur, 1820, in f-Moll op. 4, 1825, und in F- Dur, 1838). Die großen Violinsonaten von Schumann (op. 105 und 121, 1851, FAE-Sonate zusammen mit Brahms und A. Dietrich, 1853) und Brahms (opp. 78, 1878/79, 100, 1886, 108, 1886-88) waren dann die Schlüsselwerke, die maßgeblich wurden für den engeren und weiteren Brahms-Umkreis (u. a. K. Goldmark, J. Rheinberger, G. Jenner) und noch in den Werken bis zur Jahrhundertwende und darüber hinaus stilbildend wirken sollten (Schumanns Einfluß auf die Techniken thematischer Zyklusbildung in Frankreich und Rußland waren hierbei erheblich). Schumanns Werke füllen die klassische Form mit romantischen Inhalten. Beide Instrumente sind konzertant behandelt, doch liegt gelegentlich die Violinstimme zu tief, um voll zur Wirkung zu kommen. Der dichtere Klaviersatz sticht merklich von der Durchsichtigkeit der Beethoven-Schubert-Tradition ab. Brahms dagegen führt die Violinstimme in die klangvollsten Register, so daß sich die Instrumente plastisch voneinander abheben, wobei die Komplexität und der Detailreichtum des Klaviersatzes besticht. Op. 78 schöpft thematisch aus dem Regenlied (Thema des dritten Satzes) und dem Lied Nachklang (op. 59, Nr. 3 und 4, 1873), dessen Melodie und Begleitung für den Schluß benutzt werden. Das punktierte Kopfmotiv beherrscht auch den ersten Satz. Eine weitere Verknüpfung der einzelnen Sätze bildet das zweimalige Wiedererscheinen des Adagio-Themas im Finale. Auch die zweite Sonate (op. 100) beginnt mit einem Liedzitat, das Stolzings Preislied aus R. Wagners ›Meistersinger‹ ähnelt, aber auch mit dem beziehungsreichen eigenen Lied Komm bald (op. 97,5, 1884/85, veröff. 1886) in Verbindung gebracht wurde. Die Sonate ist knapper und intimer als die erste. Das absteigende Quartintervall des Kopfmotivs kehrt aufsteigend im zweiten und dritten Satz wieder. Fantasievoll ist die Verbindung des Andante und Scherzando im Mittelsatz. Die dritte Sonate (op. 108, 1886–1888, H. von Bülow gewidmet) ist ihrer konzertanten Anlage und des virtuosen Klaviersatzes wegen eher für den Konzertsaal geeignet.

Die Violinsonate von R. Strauss (op. 18, 1887; Andante 1888) ist sein letztes Kammermusikwerk und gleichzeitig das letzte Werk seiner sogenannten klassischen Periode, in dem schon die Tendenz zum Grandiosen und damit zur Sprengung der Formen zu bemerken ist, mit Reverenzen an Beethoven, Schubert und Brahms. Busoni hat zwei Violinsonaten hinterlassen. Während die erste Sonate (op. 29, 1890) noch stark den Einflüssen der klassisch-romantischen Vorbilder verpflichtet ist, beschreitet er in seiner zweiten Sonate (op. 36a, 1898) neue Wege. Sie enthält fünf pausenlos ineinander übergehende Abschnitte und wahrt doch latent die Dreisätzigkeit. Genau in der Mitte ist der Bach-Choral »Wie wohl ist mir, oh Freund der Seelen« zentriert, den Busoni in der Folge fünfmal variiert. M. Regers Konzertsonaten (opp. 1, 3, 41, 72 und 84, zwischen 1890 und 1905) halten sich noch eng an die Brahmsschen Vorbilder im Gegensatz zur freieren Gestaltung der späten Violinsonate op. 139 von 1915. Zu den Violinsonaten um die Jahrhundertwende gehören auch die beiden Werke von E. Wolf-Ferrari (op. 1, 1895, op. 10, 1901; eine Sonate op. 27, ca. 1940, nicht veröff.), ganz in der Brahms-Tradition, aber harmonisch beeinflußt durch Wagner (Beginn des zweiten Satzes der 2. Sonate a-Moll) und Reger.

Frankreich erlebte in der zweiten Hälfte des Jh. eine Renaissance der Instrumentalkomposition mit nationalen Akzenten und in der Folge eine bemerkenswerte Erweiterung des Repertoires durch qualitativ hochstehende und bedeutende

Violinsonaten, die sich – neben den ausgesprochenen Virtuosensonaten von Bériot und Vieuxtemps – zunächst durchaus an die deutsche Gattungstradition im Brahmsschen Sinne hielten. Geradezu von einer ›Wiedergeburt‹ der französischen Violinsonate ist hierbei bei Franck, G. Fauré und Saint-Saëns zu sprechen; am berühmtesten wurde dabei die groß konzipierte Sonate A-Dur von Franck (1886), die poetische und dramatische Kontraste aus der zyklischen Konstruktionsweise gewinnt. Rezitativische und kanonisch streng gefügte Abschnitte wechseln sich ab und werden durch motivische Integration und thematische Rückblicke miteinander vereinigt.

Die 1885 und 1896 entstandenen Sonaten von Saint-Saëns (op. 75 und op 102) sind konservativer und formal klassisch gehalten, klangliche Reize werden grundsätzlich durch harmonische Mittel erreicht (im Gegensatz zu seinen Werken für Violine und Orchester, s. oben). Die zweite Sonate zeigt den Beginn einer Entwicklung, in der der Klaviersatz linearer und durchsichtiger gehalten ist und die zur grundsätzlichen Vermeidung des Klavier in seinen späten Kammermusikwerken (Streichquartette opp. 112, 153) führt. Zukunftsweisender für die französische Kammermusik war Fauré; zu seinen frühesten Kammermusikwerken gehört seine Violinsonate in A-Dur op. 13 1875/76, die jedoch noch ganz unter dem Einfluß von Saint-Saëns steht. Zyklische Verfahren, die er später eher meidet, zeigen sich noch in seiner zweiten Violinsonate, op. 108, in e-Moll 1916/17. Auch V. d'Indys Werk (op. 59, 1903/04) gehört ganz in den Umkreis der französischen Neoklassizisten, die noch im 20. Jh. Einfluß auf die Violinsonaten von Fl. Schmitt, Cl. Debussy und M. Ravel hatten.

Im Zeichen mitteleuropäischer Traditionen, ohne jemals schulbildend wirken zu können, stehen dagegen die Sonaten der skandinavischen Komponisten. N. W. Gades drei Violinsonaten (op. 6, Lpz. 1842, op. 21, , ebd. 1849, und op. 59, ebd. 1885) verbinden die Leipziger Traditionen um Schumann und Mendelssohn mit nordischer Kolorierung, wobei die letzte Sonate wieder ganz zu klassischen Formen zurückfindet. Stärker mit volksmusikalischen Elementen durchsetzt sind die Violinsonaten von E. Grieg (op. 8, 1865; op. 13, 1871; op. 45, 1886-1887), wobei besonders die dritte Sonate in ihrer expressiven, fast schon impressionistischen Tonsprache und thematischen Konzentration vor allem des Kopfsatzes dem Streichquartett G-Dur ebenbürtig ist.

Sein norwegischer Landsmann Chr. A. Sinding hatte weniger mit seinen Violinsonaten (op. 12, 1894, op. 27, 1895, op. 73, 1905, *Sonate im alten Stil* op. 99, 1909) als mit den einsätzigen Werken für Violine und Klavier und vor allem mit der *Suite im alten Stil* (op. 10, 1889) Erfolg. Hier wie in zwei weiteren Suiten (op. 14, 1891; op. 96, 1909) ist allerdings die Violine solistisch, das Klavier nur begleitend behandelt. Seine Kompositionsweise, der zyklische Einsatz thematischer Strukturen und seine durch Wagner, Liszt und Strauss beeinflußte progressive Behandlung harmonischer Prozesse, die aber nie die Tendenz zur Sprengung der Tonalität aufweist, änderte sich im Laufe der Jahre nur wenig.

Beeinflußt durch Brahms und Grieg, aber immer um einen individuellen Stil ringend, konstruierte auch C. Nielsen in seiner Art von ›erweiterter Tonalität‹ und differenzierter Rhythmik eine ganz originelle Melodiesprache, die sich in der Phrasierung von der traditionellen Viertaktsymmetrik zur immer freieren Verwendung metrischer Strukturen hin entwickelte; seine Violinsonaten (Nr. 1, G-Dur, 1881/82, nicht veröff., noch ganz im Haydnschen Stil; A-Dur, op. 9, 1895; Nr. 2 op. 35, 1912) zeigen diese Bandbreite in seinem Kompositionsprozesses. Er hinterließ außerdem ein Konzert für Violine und Orchester (op. 33, 1911) und u. a. zwei Werke für unbegleitete Violine (op. 48, 1923; op. 52, 1927/28).

Dvořáks Violinsonate (op. 57, 1880) ist weniger häufig im Repertoire zu finden als seine Sonatine (op. 100), die 1893 in Amerika entstand. Ganz in der Brahmsschen Tradition stehend komponierte Dvořák nach dem Sonatenprinzip, mit einem vom tschechischen Tanz bestimmten zweiten Kopfsatzthema und einem überwiegend hiervon dominierten Finale. Daneben ist im tschechischen Sprachraum nur noch die Sonate (op. 10, 1889) von Jos. B. Foerster zu erwähnen, einem der Bindeglieder der romantischen tschechischen Musik von Smetana und Dvořák bis hin zur Avantgarde des 20. Jahrhunderts.

3. Freie und kleinere Formen

Zur Virtuosenliteratur für Violine mit begleitendem Klavier oder mit Orchester im 19. Jh. gehörten vor allem auch kürzere, formal frei gestaltete Werke mit Bezeichnungen wie *Air, Ballade, Caprice, Charakterstück, Duo concertant, Elégie, Étude, Fantasie, Impromptu, Introduktion und ..., Rhapsodie, Scène de ..., Romance* oder nur *Stück* (Konzertstück), wenn sie nicht ohnehin ganz eigenständige Namen bzw. Überschriften hatten, wie z.B. *Zigeunerweisen* oder *Czardas*. Die Tendenz zur kleinen Form und zur kleinen Besetzung entsprang den Bedürfnissen und dem Geschmack in den Salons und machte sich in den unzähligen Charakterstücken bemerkbar, die den Musikmarkt überfluteten und zum Teil auch trivialisierten. Paganini trug mit Werken wie *Le streghe* (op. 8, 1813, P./Mz. 1851), *Moto perpetuo* (op. 11, nach 1830, ebd.), *I palpiti* [...] (op. 13, 1819, ebd.) und ›Moses-Phantasie‹ (Introduktion und Variationen über ›Dal tuo stellato soglio‹ aus G. Rossinis *Mosè*, ?1819, Hbg. 1855) bereits um 1830 zu der Entwicklung bei. Oft lieferten bei solchen Werken eine oder mehrere Opernarien, die virtuos paraphrasiert und variiert wurden, die Grundlage, und häufig verriet der Zusatz *concertant* bei einem Duo für Violine und Klavier den virtuos betonten Stil. Andere Werke dieses Genres sind beispielsweise von Bériot die 12 *Airs variés, Scènes de Ballet* op. 100 und die vielen *Duo brillant*, die er in Zusammenarbeit u. a. mit S. Thalberg komponierte, von Vieuxtemps die zahlreichen Fantasien, Salonstücke (u. a. op. 32, Offenbach ca. 1855) Impressionen (u. a. op. 57, P. 1883) oder die Zigeunerweisen op. 20, 1878, und die *Spanischen Tänze* (op. 21, 22, 23 und 26, 1878–1882) von de Sarasate. Kleine Formen, bei denen einige Stücke zu kleinen Zyklen oder Suiten zusammengefaßt wurden, sind u. a. die beiden Duos für Violine und Klavier *Z domovini* (Aus der Heimat, 1880) von B. Smetana, 4 *Romantische Stücke* (op. 75, 1887) von Dvořák, *Souvenir d'un lieu cher* (op. 42, 1878) für Violine und Klavier und die *Sérénade mélancolique* für Violine und Orchester (op. 26, 1875) von Čajkovskij, die orchesterbegleitete *Introduction et Rondo capriccioso* und *Havanaise* von Saint-Saëns oder die *Ctyri skladby* (Vier Stücke) für Violine und Klavier (op. 17, 1900) von J. Suk.

Beliebt waren auch Transkriptionen für Violine und vorwiegend Klavier (z. B. die *Ungarischen Tänze* von Brahms/Joachim (Bln. o. J.). Die bekanntesten Bearbeiter sind Wilhelmj, W. Burmester, Auer, Fr. Kreisler, M. Elman und J. Heifetz.

IV. 20. Jahrhundert

Die Violinmusik des 20. Jh. erhält ihre Impulse nicht mehr von komponierenden Virtuosen. Komponisten (manche waren selbst Geiger, wie J. Sibelius, E. Elgar, C. Nielsen, E. Bloch, P. Hindemith, O. Respighi und D. Milhaud) verfaßten ihre Violinwerke in Zusammenarbeit mit Geigern, so z. B. K. Szymanowski mit P. Kochanskí, I. Stravinskij mit Samuel Dushkin, B. Bartók mit Z. Székely und J. Szigeti, S. S. Prokof'ev und D. D. Šostakovič mit D. Ojstrach, A. Berg und A. Schönberg mit L. Krasner; solche Zusammenarbeit wurde nach dem Zweiten Weltkrieg, als neue Spieltechniken zunehmend Spezialisten erforderten, auch im Bereich der Violinliteratur deutlich intensiviert (s. auch C.). In der Gattung Konzert setzen sich die beiden Hauptströmungen des 19. Jh. – das symphonische und das virtuose Konzert – in dieser Hinsicht zunächst weiter fort, obwohl sich die Gattungsgrenzen insgesamt stärker verwischen. Auf der anderen Seite ist die Abkehr vom Typ des symphonischen Solokonzerts zu bemerken, indem archaisierende Formen und historische Modelle wieder aufgegriffen und neu belebt werden (u. a. Stravinskijs ›neoklassizistisches‹ Violinkonzert von 1931), wobei hier das Violinkonzert seltener betroffen ist, da im Zuge der archaisierenden Dimension eher auf andere Instrumente zurückgegriffen wird. Auch die Sonate, die sich schon im 19. Jh. in einem Prozeß der formalen Auflösung befand, zeigt sich in der Produktion des 20. Jh. gänzlich heterogen. Wichtig werden auch zunehmend nationale Idiome. In der jüngeren Geschichte der Violinmusik geht es dann weniger um den Werkcharakter als um den Aufführungscharakter von Musik, der sich in Aktionen und Improvisationen niederschlägt (J. Cage, D. Schnebel); in der seit der 1970er Jahren zunehmend als ›postmodern‹ bezeichneten Komponistengeneration lassen sich wieder Kompositionstechniken (auch innerhalb der Gattung Konzert) feststellen, die historisierenden Anklänge, erweiterte Spieltechniken mit z. T. extremer Virtuosität verbinden (A. Schnittke; S. Gubajdulina; A. Pärt, Tabula rasa für zwei Violinen, präpariertes Klavier und Streichorchester, 1977, Fratres in der Fassung für Violine und Klavier).

Zu den letzten Geiger-Komponisten gehören die an der franko-belgischen Geigerschule orientierten G. Enescu und E. Ysaÿe. Für Enescus fast vergessene Kompositionen, darunter drei Violinsonaten (op. 2, 1897; op. 6, 1899; op. 25, *dans le caractère populaire roumain*, 1926, s. auch C.1.), hat sich sein Schüler Menuhin lange Jahre eingesetzt. Die *Six sonates pour violon seul* von Ysaÿe (op. 27, Brs. 1924, jedoch früher komponiert) enthalten eine Fülle neuartiger technischer Probleme und bieten harmonische Originalität. Seine acht Violinkonzerte, ganz im postromantischen Stil gehalten, blieben unveröffentlicht; und von seinen übrigen Werken für Violine und Orchester inspirierte das frühe *Poème élégiaque* op. 12 (Lpz. ca. 1895) Chaussons berühmtes *Poème* (s. S. 140).

M. Regers Violinsonaten erstrecken sich fast über seine gesamte Schaffenszeit, seine Sonaten nach der Jahrhundertwende (op. 84, 1905; 2 Sonaten op. 103b, 1909; op. 122, 1911, Spätwerk op. 139, 1915), insbesondere das Spätwerk op. 139, werden zunehmend freier in der Behandlung der Form; hinzu kommen die *Suite im alten Stil* (op. 93, 1906) und achtundzwanzig kleine Vortragsstücke für Violine und Klavier. Die Literatur für Violine allein erneuerte und erweiterte er mit siebenundzwanzig Werken (op. 42, 1900; op. 91, 1905; op. 117, 1909–1912; op. 131a, 1914; *Präludium und Fuge*, 1902; Präludium, ?1915), Violinduette sind die *Drei Duos* (Canons und Fugen) *im alten Styl* für 2 Violinen (op. 131b, 1914) und Allegro (1914?). Regers monumentales und formal weit angelegtes Konzert für Violine mit Begleitung des Orchesters (op. 101, 1907/08) verkörpert noch ganz den Typus der symphonisch konzipierten Gattung, mit vielen detailreichen Zwischenepisoden und einer weitgehenden Verschmelzung von Tutti und Solo. Für Violine und kleines Orchester entstanden zuvor die *Zwei Romanzen* (op. 50, 1900). Von Reger beeinflußt war der früh verstorbene R. Stephan, der mit seinen Instrumentalwerken, die er durchweg Musik nannte, zur tonalen Stilwende zu Beginn des 20. Jh. beitrug (*Musik für Geige und Orchester*, 1913).

Ganz aus dem Geist des 19. Jh. entstand auch das Violinkonzert (op. 47, 1903, revidiert 1905) von Sibelius, das bald zu einem der publikumswirksamsten Repertoirestücke wurde. Zur großen Anlage des Werkes kommt der rhapsodisch-episodenhafte Charakter, bei dem sich Tempo, Bewegungsablauf und Ausdruckshaltung ständig ändern und sich auf Anhieb keine formale und thematische Entwicklung ausmachen läßt. Sibelius hat noch zwei Serenaden (op. 69, 1912/13) und sechs Humoresken (op. 87 und 89, 1917) für Violine und Orchester geschrieben. In seiner Kammermusik für Violine und Klavier existieren außer einer Sonatine (op. 80, 1915) noch sechsundzwanzig kleinere Stücke (komponiert von 1888-1929) für diese Besetzung.

In die Reihe der im spätromatischen Geist gehaltenen und symphonisch angelegten Violinkonzerte gehören auch die Konzerte von E. d'Albert (op. 20, 1899), A. Glazunov (op. 82, 1904), H. Pfitzner (op. 34, 1923) und – bei allem Bemühen um einen unverwechselbaren Personalstil – die von K. Szymanowski (einsätzige Violinkonzerte op. 35, 1916, mit dem Programm des Gedichts von Tadeusz Miciński, Die Mainacht, und op. 61, 1933). Dessen Werke konnten sich im Repertoire einen festen Platz erobern. Seine Stilvielfalt reicht von der Spätromantik der Sonate für Violine und Klavier (op. 9, 1904) und der Romanze (op. 23, 1910) über die extrovertierte Virtuosität der drei für Violine und Klavier eingerichteten Paganini-Capricen bis zum Impressionismus des Nocturne und Tarantella (op. 28, 1915), und die lyrischen Mity (Mythen, op. 30, 1915) sind beeinflußt durch Szenen aus der griechischen Mythologie.

Elgars Violinkonzert (op. 61, 1910) ist Kreisler gewidmet, der es auch in London zuerst aufführte; Elgars eigene violinistische Erfahrungen sind mit technischer Bravour in dieses Werk eingegangen, obwohl seine Thematik an einigen Stellen (besonders in den Anfangsmotiven des Eingangssatzes) kurzatmig erscheint. Seine ganz spezielle Art des Rubato hat seine eigenen Aufführungen des Werks legendär gemacht. Die spätere Sonate für Violine und Klavier (op. 82, 1918), im Umkreis von Klavierquintett und Streichquartett, scheint formal wieder konservativer und ganz an Brahms' Vorbild angelehnt.

Vom Impressionismus beinflußt sind C. M. Scott, von dem eine Sonate für Violine und Klavier (1910), eine Elegy (1910) und die Tallahassee-Suite (1911) für die gleiche Besetzung und ein Violinkonzert (1927) überliefert sind, und Fr. Delius mit seinen drei gedruckten Sonaten für Violine und Klavier (1905-1914, 1923, 1930), dem Konzert für Violine und Orchester (1916) und einem Doppelkonzert für Violine und Violoncello (1915/16).

In den USA fehlte eine eigenständige Tradition in der Violinmusik. Ch. Ives' Kompositionen wurden zunächst verkannt und blieben noch lange Zeit unbeachtet.

Seine vier Violinsonaten (1902-08, N.Y. 1928; 1907-1910, ebd. 1954; 1913-1914, San Francisco 1951; *Children's Day at the Camp Meeting*, 1906-ca. 1916, ebd. 1942) wurden erst im letzten Drittel des 20. Jh. häufiger aufgeführt und in ihrer kunstvollen Mixtur aus nationalen Elementen und zeitgenössischen Stilmitteln, verbunden mit vielfältigen motivischen Verknüpfungen und einer Zitattechnik, die auf klassische europäische Musik zurückgreift, als wegweisend für die Musik unserer Zeit anerkannt. Aus einer Annäherung europäischer und amerikanischer Musikidiome heraus bildete sich in der Folge ein typisch amerikanischer Stil, der die Einflüsse des Jazz (Blue-note-Harmonien u.a. bei Barber) mit der europäischen Formensprache und der Zwölftontechnik verband (V. Thomson, Violinsonate 1930, 4 Portraits für Violine und Klavier, 1930; W. Piston, Violinkonzert 1939, Violinsonate 1939, Sonatine für Violine und Cembalo 1945; S. Barber, op. 14, 1939-40; G.C. Menotti, 1952). Das amerikanische Idiom vertreten D. St. Moore (Violinsonate, 1929; Suite *Down East* für Violine und Klavier, 1944) und R. Harris (Violinsonate, 1941 [rev. 1974]; Violinkonzert, 1950). Von der Zwölftontechnik sind W. Riegger (Sonatine op. 39, 1947) und R. L. Finney (Violinkonzert, 1933, rev. 1952) beeinflußt. Herausragend in ihrer Generation aber sind R. Sessions, der von neoklassizistischen Strömungen ausging (Violinkonzert 1935) und nach dem Duo für Violine und Klavier (1942 erstmals ohne Vorzeichenbestimmung) konsequente Zwölftontechnik in seiner Violinsonate von 1953 anwandte, und A. Copland (Sonate für Violine und Klavier, 1942-43).

Nach dem Ersten Weltkrieg war in Deutschland Hindemith im Bereich der Streichermusik wegweisend. Von den vier Sonaten für Violine und Klavier zeigen die beiden ersten (op. 11, 1918) noch den Einfluß von Brahms und Reger, verraten aber schon Hindemiths persönliche Tonsprache. Die beiden letzten Sonaten (1935, 1939) kehren wieder stärker zur Tonalität zurück. Dazwischen liegen die beiden Sonaten für Violine allein (op. 31, 1924). Hindemiths Vorstellung von einer neuen Form der Musizierpraxis und des Hörerverhaltens zeigt sich u.a. in der Kammermusik Nr. 4 für Solo-Violine und größeres Kammerorchester (op. 36,3, 1925). Darüber hinaus trug er mit eigenen pädagogischen Werken zur Ausbildung und Förderung junger Streicher durch zeitgenössische Musik bei (etwa mit dem *Schulwerk für Instrumental-Zusammenspiel* op. 44, 1927).

Neben Hindemiths Kompositionen sind die Violinwerke von E. Toch (zwei Sonaten für Violine und Klavier op. 21, 1913; op. 44, 1928, und Divertimenti für zwei Streichinstrumente op. 37, 1925), E. Křenek (zwei Sonaten für Violine und Klavier op. 3, 1919 und 1944/45, zwei Solosonaten op. 33, 1924/25 und 1948, und zwei Violinkonzerte op. 29, 1924 und 1954), K. Rathaus (zwei Sonaten für Violine und Klavier op. 14, op. 43, und Suite für Violine und Kammerorchester op. 27, 1929), K. Weill (Konzert für Violine und Blasorchester op. 12, 1924), M. Trapp (Violinkonzert op. 21, 1926), O. Schoeck (drei Violinsonaten ca. 1908; op. 16, 1909; op. 46, 1931; *Concerto quasi una fantasia* für Violine und Orchester op. 21, 1911/12) sowie von G. Raphael (zwei Violinkonzerte op. 21, 1929; op. 87, 1960, und die *Symphonische Phantasie* für konzertierende Violine und elf Streicher op. 59, 1940) und K. Thomas (zwei Violinsonaten op. 2 und op. 20) zu nennen. H. Pfitzner hat in spätromantischer Tonsprache die Violinsonate (op. 27, 1918) und das Violinkonzert (op. 34, 1923, mit Tacet-Partie des Solisten im langsamen Satz) hinterlassen.

Das Violinkonzert von A. Berg hat neben seinen strukturellen Prinzipien – seine im Sinne der Montage spezifische Zwölftontechnik – eine große Bandbreite an gesanglichen Partien für die Sologeige zu bieten, die er zu einer programmatischen Darstellung nutzt (*Dem Andenken eines Engels*, der 18jährig verstorbenen Manon Gropius gewidmet, 1935). Die Töne 1–9 der zugrundeliegenden Reihe sind aus Terzen geschichtet. Sie umfassen genau die Quinten der leeren Saite einer Geige, wobei sich immer ein Moll- mit einem Dur-Akkord abwechselt. Die Töne 7–11 bilden den komprimierten, nur um einen Ton verkürzten Umriß der Kärntner Volksweise »*A Vögele af'm Zwetschpm-bam*«, und die Töne 9–12 bestehen aus der Ganztonfolge zu Beginn des Bach-Chorals »*Es ist genug*«. Durch die Anordnung der Reihe mit quintversetzten Moll- und Dur-Akkorden und der Wahl zweier traditioneller Melodien gänzlich verschiedener Genres baut Berg nicht nur eine Brücke zwischen tonaler und atonaler Musik, sondern er verschmilzt die unterschiedlichsten ästhetischen Einflußbereiche der hergebrachten Konzertform miteinander. Auch das Violinkonzert von A. Schönberg (op. 36, 1936) hat strenge Form (Dodekaphonie) mit außermusikalisch inspirierten Inhalten (einer Art komponierter Autobiographie) verbunden. Die zwölftönigen *Vier Stücke* für Violine und Klavier (op. 7, 1910) von A. Webern beinhalten dagegen ein völlig anderes ästhetisches Programm. Sie gehören in ihrer aphorismenhaften Kürze und ihren extremen Nuancierungen zu den eindringlichsten Werken der Gattung.

B. Bartóks frühe Werke für die Violine (u. a. die Violinstücke op. 7) sind verloren, die A-Dur-Sonate op. 17 von 1897 ist ein erstes Zeugnis seiner schnell anwachsendem Kenntnisse in kompositorischen Bereich: Hier hinterließ Brahms in rhythmischen Mustern, thematischen Prozessen und kammermusikalischen Strukturen deutliche Spuren, wobei volksmusikalische Elemente noch keine Rolle spielen. In der e-Moll-Sonate von 1903 versucht Bartók dann, ungarische Motive und Rhythmiken mit Strausssschen Harmonien, Leitmotivtechniken und klassischen Formen zu verbinden, wobei sich, wie im unproportionierten Finalsatz der Sonate, unübersehbare strukturelle Schwächen ergeben. Die folgenden Auseinandersetzungen mit der Violinsonate stammen aus den Jahren 1921 und 1922 und zeigen bereits Bartóks hochentwickelten, in dieser Phase sehr expressionistischen Stil, der sich hier gleichzeitig den Kompositionsprinzipien der Zweiten Wiener Schule um Berg und Schönberg annähert. Freie Zwölftontechniken, Polytonalität, dichte Strukturen und extrem komplexe Rhythmen stehen neben aufgelockerten Passagen (wie im 3. Satz der ersten Sonate, die überwiegend vom instrumentalen Volkstanz-Charakter beherrscht ist, mit schlichter bis primitiver Thematik mit arabischen und rumänischen Anklängen); die zweite Sonate ist formal komplexer. Nationale Kompositionselemente zeigen sich etwa (mit Satzüberschriften wie *Lassu* und *Friss*) in den beiden Rhapsodien für Violine und Klavier (1928, beide auch mit Orchesterbegleitung bearbeitet). Die 44 Duos für zwei Violinen (1931), die mit zwei Ausnahmen (Nr. 35 und 36) durchweg auf von ihm gesammelten *Bauernmelodien* (Vorwort) beruhen, zeigen bereits das Restriktive in Bartóks reifem Stil; die in gewisser Weise auch als Kompositionsstudien gedachten Duos stellen in ihren vereinfachten Strukturen ein strenges Regelwerk des fortgeschrittenen Bartókschen Kompositionsstils auf. Wenn Bartóks letzte Werke auch weniger rigoros gehalten sind, so ist die komplexe viersätzige Sonate für Solo-Violine (1944) von sehr abstraktem, schwer zugänglichem Charakter. Sein erstes Violinkonzert, eher noch seinen Jugendwerken zuzurechnen, wurde zu seinen Lebzeiten nicht veröffentlicht (1907/08, UA 1958, Erstdr. 1959). Hier ging Bartók von der Tradition des großen Virtuosenkonzertes aus und bezog (besonders im Violinkonzert Nr. 2, 1937/38) volksmusikalisch inspirierte Elemente in Melodik, Harmonik und Rhythmik mit ein. Das zweite Konzert läßt sich auch, etwa in seiner Verwendung zwölftönigen Materials, als Hommage an den 1935 verstorbenen Berg deuten.

Im Bemühen um eine autonome jüdische Musik, die ohne folkloristische Grundlage ganz aus dem alttestamentarischen Geist erfunden ist, hat die Violinmusik von E. Bloch weite Verbreitung gefunden, besonders die dreisätzige Suite *Baal Schem* für Violine und Klavier (1923, orchestriert 1939) und die *Suite hebraïque* für Violine (Viola) und Orchester. Seine beiden Sonaten für Violine und Klavier (1920; 1924, *Poème mystique*) fallen eher in eine Phase der Zuwendung zu neoklassizistischen Idealen, und das rhapsodische Violinkonzert (1937/38) steht ganz im Zeichen amerikanisch-indianischer Beeinflussung. Unter seinen letzten Werken befinden sich zwei Suiten für Violine allein (1958).

Zu Cl. Debussys letzten Kammermusikwerken gehören die drei (geplant waren sechs) in den Jahren zwischen 1915 und 1917 geschriebenen Sonaten, wobei die Sonate für Violine und Klavier (1916/17) sein letztes vollendetes Werk ist. Beide Instrumente werden virtuos und technisch anspruchsvoll behandelt; der Dualismus zwischen Formbehandlung im klassischen Sinne und freierer Fortspinnung der beiden Themen ist überall deutlich, die mit sparsamen Mitteln arbeitende Lösung dieses Problems, die von Debussys Auseinandersetzung mit und seinem Bekenntnis zu der französischen Instrumentalmusik des 17. und 18. Jh. zeugt, ist sicherlich zukunftsweisend für die Werke dieser Gattung im späteren 20. Jahrhundert.

M. Ravel wandte sich nach der frühen Violinsonate (1897) erst 1920/1922 wieder der Gattung zu, wobei sich in der *Sonate pour violon et violoncelle seul* bereits erste Jazzeinflüsse (2. Satz) bemerkbar machen, die sich in der *Sonate pour violon et piano* (1923-1927) in dem Mittelsatz *Blues* konkretisieren. Die Sonaten markieren in ihrer linearen Satzweise, der Tranzparenz und der Beschränkung der Mittel einen Wendepunkt in Ravels Schaffen, der sich nach 1920 in einem neugewonnenen Neoklassizismus niederschlug. Die Rhapsodie *Tzigane* (auch in einer Fassung mit Orchester, 1924) zeugt von Ravels Interesse für instrumentrale Virtuosität: Er transponierte hier gleichsam die Brillanz der Lisztschen *Ungarischen Rhapsodien* auf die Geige, ›komponierte‹ gleichzeitig einen Improvisationsgestus und eine Assimilierung heterogenen Materials, wie sie für die Zigeunermusik üblich sind. Dieser künstlich erzeugte improvisatorische Charakter überbietet in seiner auf engem Raum gedrängten Brillanz fast alles, was bis dahin an Virtuosenstücken existiert.

Von den Komponisten der *Groupe des six* schrieb D. Milhaud an die 50 Kammermusikwerke, darunter die Violinsonaten op. 3, 1911, und op. 40, 1917, die Sonatinen für 2 Violinen op. 221 (1940), für Violine und Viola op. 226 (1941) und für Violine solo op. 383 (1960). Auch die beiden Violinkonzerte (op. 93, 1927; op. 263, 1946) und das formal durch Stravinskij beeinflußte *Concertino du printemps* (op. 135, 1934) zeugen von seinem Experimentieren mit Bi- und Polytonalität und der permanenten Beeinflussung seiner Thematik durch französisch-mediterrane (später südamerikanische) Volksmusik. A. Honegger komponierte zwei Sonaten für Violine und Klavier (1916-18, 1919), die Sonatine für zwei Violinen (1920), die Sonatine für Violine und Violoncello (1932) und die Sonate für unbegleitete Violine (1940), Fr. Poulenc schließlich eine Sonate für Violine und Klavioer (1942/43, rev. 1949).

In Paris war für das internationale Musikleben in den 1920er Jahren Stravinskij am einflußreichsten. Aus seiner Begegnung mit Samuel Dushkin resultierten zunächst das Violinkonzert D-Dur (1931-32), das der Geiger in vielen Ländern unter Stravinskijs Dirigat zur Aufführung brachte, und das *Duo concertante* (1931-32) für Geige und Klavier, das neben einer Anzahl von Arrangements zum Mittelpunkt ihrer gemeinsamen Auftritte wurde. Die *Suite pour Violon et Piano d' après thèmes* [...] de Giambattista Pergolesi (1925) ist eine Bearbeitung der *Suite de Pulcinella pour petit* orchestre (1922). Eine weitere Umarbeitung stellt die *Suite italienne* für Violoncello und Klavier (1932) dar, die teilweise auf die Geigensuite, teils direkt auf das Ballet zurückgeht und noch im selben Jahr einer in der Satzfolge nicht ganz identischen *Suite italienne* für Violine und Klavier als Vorlage diente. Die Violoncellofassung von 1932 wurde später von dem Duo Heifetz/Piatigorsky noch einmal zu einem Streichduett für Violine und Violoncello umgearbeitet (Ms.). In den Pulcinella-Bearbeitungen zeigt sich besonders die Collage-Technik des Komponisten, doch ist die Balance zwischen Violine und Begleitung stets ausgeglichen. Ebenfalls in Zusammenarbeit mit Dushkin entstanden für Geige und Klavier *Prélude et Rondo des princesses* (1929, rev. als *Scherzo* 1933) und die *Berceuse* (1929, rev. 1933, beide Werke als Arrangements aus *L'Oiseau de feu*), die *Chants du rossignol et marche chinoise* (1932, arrangiert aus *Le Rossignol*), ein *Divertimento* (1932), die *Pastorale* (1933) als Arrangement der berühmten Vokalise für Sopran und Klavier von 1907 und ein *Chanson russe* (1937, Arr. aus der Opera buffa *Mavra*, 1922).

Der neoklassizistische Stil Prokof'evs prägte auch seine Violinmusik. Das erste Violinkonzert (op. 19, 1916-17), von ihm später selbst als ›lyrisch‹ bezeichnet, aber schon deutlich mit antiemotionalen, auf seinen späteren Stil der ›Neue Einfachheit‹ abzielenden Komponenten (wie sie dann deutlich das zweite Violinkonzert beherrschen), entstand während seiner Arbeit an der ›Klassischen Symphonie‹, konnte aber erst 1923 in Paris (mit Marcel Darrieux unter S. A. Kusevickij) uraufgeführt werden. Das zweite Konzert (op. 35) war ein Auftrag des französischen Geigers R. Soëtan und wurde von diesem 1935 in Madrid uraufgeführt. Die *Fünf Melodien* für Violine und Klavier (op. 35bis, 1925) sind eine Umarbeitung der Vokalisen für Sopran und Orchester und verschiedenen Geigern gewidmet (u. a. J. Szigeti), und die beiden Sonaten für Violine und Klavier (op. 80, 1938-1946; op. 94bis, 1944, eine stark abweichende Bearbeitung seiner eigenen Flötensonate op. 94, 1943), beide für D. Ojstrach und z. T. unter dessen Mitarbeit entstanden, sind bei ihrer Uraufführung begeistert aufgenommen worden und bis heute im Repertoire.

Zu den erfolgreichsten Werken russischer Komponisten gehören die Konzerte von A. I. Chačaturjan (mit einem populär-internationalen Stil, dessen Wurzeln in der armenischen Volksmusik zu finden sind, das Violinkonzert von 1940 und die Konzert-Rhapsodie, 1961, für Violine und Orchester) und das Violinkonzert von D. B. Kabalevskij (op. 48, 1948).

Šostakovičs Violinkonzerte (op. 77, 1947/48, nach der Uraufführung 1955 auch als op. 99; op. 129, 1967) sind wie die späte Sonate op. 134 (1968) Ojstrach gewidmet. Das erste Konzert konnte, seiner hochkomplizierter Struktur wegen , erst 1955 uraufgeführt werden und ist von Šostakovič wahrscheinlich dafür noch umgearbeitet worden. Auch die Thematik, die besonders im zweiten Satz ihre Wurzeln in der jüdischen Volksmusik hat – eine Komponente, die zum Personalstil des Komponisten in der damaligen Zeit gehörte –, stand einer Aufführung im antisemitischen Klima der Jahre um 1948 im Wege. Weniger groß in der Anlage und von transparentem und reduziertem Satz und einfacher Melodik ist das zweite Konzert, in dem Solo- und Orchesterinstrumente einschließlich des Schlagwerks permanent korrespondieren. Die späte Sonate mit dem gewaltigen Passacaglia-Finalsatz zeigt dagegen einen ganz introvertierten Altersstil und ist im Konzertsaal wenig zu hören.

Als erster bedeutender russischer Beitrag zur Gattung der Violinsonate sind die Werke von N. Metner, neben A. N. Skrjabin und S. Rachmaninov einer der meistgeschätzten russischen Komponisten der damaligen Zeit, anzusehen (Nr. 1, op. 21, 1907; Nr. 2, op. 44, 1926; Nr. 3, op. 57, *Sonata epica*, 1938), die der Komponist zusammen mit seinem Bruder Alexander selbst erstmals aufführte. Daneben sind die Werke von N. A. Roslavec zu nennen (5 Sonaten für Violine und Klavier, Nr. 1 ca. 1913/14, Nr. 4 1924, Nr. 2, 3 und 5 nicht veröff.; Violinkonzert 1925), der bereits seit 1915 experimentell zwölftönig komponierte und dessen Kompositionsstil manche Gemeinsamkeiten mit dem von Schönberg aufzuweisen hat (obwohl er dessen Werk erst 1923 kennenlernte).

L. Janàčeks Violinsonate, begonnen 1914 (*Ballada* und Adagio-Finale) und vollendet zusammen mit der Oper *Kát'a Kabanová* (1921), deren Kolorit und thematisches Material z. T. in die Sonate mit einging, gehört, nach zwei frühen Versuchen im Bereich der Violinsonate (1880), die aber nicht überliefert sind, zu den hervorragenden instrumentalen Werken des Komponisten.

B. Martinů hat in seiner frühen Zeit zahlreiche kleinere einsätzige Werke für Violine und Klavier komponiert (u. a., noch vom französischen Impressionismus beeinflußt, *Élegie*, 1909, *Romance*, 1910, *Impromptu*, 1927); seine Sonaten (1919, 1926, Nr. 1–3 1927, 1931 und 1944) zeigen in ihrem wechselnden Kolorit die unterschiedlichen, vor allem volksmusikalische Einflüsse, denen Martinůs Stil, verbunden mit polytonalen Strukturen, energischen Rhythmen und einfachen formalen Strukturen, immer unterlag. Das Violinkonzert von 1943 und vor allem die beiden Doppelviolinkonzerte von 1937 und 1950 sind in einer neoklassizistischen Phase entstanden, die den Concerto-grosso-Typ von Vivaldi und Corelli mit harmonischen Strukturen des 20. Jh. verbindet; in der Folge entwickelte sich ein individueller Personalstil, der sich in den 1950er Jahren auch wieder stärker der tschechischen Volksmusik zuwandte.

Die von Elgar angebahnte Erneuerung der englischen Musik fand Fortsetzung in den Violinwerken von R. Vaughan Williams (*Concerto accademico* für Violine und

Streichorchester, 1924/25; Violinsonate, 1954), A. E. Tr. Bax (Drei Violinsonaten 1910 [rev. 1915, 1920, 1945], 1915 [rev. 1921] und 1927; Violinkonzert, 1938), B. Britten (Violinkonzert, op. 15, 1939, rev. 1958) und W. Walton (Violinkonzert, 1938/39).

In Italien komponierten für die Violine I. Pizzetti (Poema emiliano, 1914; Sonate für Violine und Klavier, 1918-1919; Konzert für Violine und Orchester, 1944), O. Respighi (Concerto gregoriano, 1921; Concerto all'antica, 1925; Poema autunnale, 1920-25), A. Casella (Konzert für Violine und Orchester, op. 48, 1928), G. Fr. Malipiero (Konzert für Violine und Orchester, 1932) und V. Rieti (Variationen über ein chinesisches Thema für Violine und Klavier, 1922; Serenata für Violine und elf Instrumente, 1931; Rondo variato für Violine und Klavier, 1945),

In der Schweiz komponierte in der ersten Jahrhunderthälfte u. a. Fr. Martin für die Violine (Deuxième sonate für Violine und Klavier, 1931-32; Violinkonzert 1950-1951), und in Holland ist H. Badings (vier Violinkonzerte 1928, 1935, 1944, 1947; Doppelkonzert für zwei Violinen und Orchester, 1954; drei Sonaten für Violine und Klavier 1931, 1933, 1939; Capriccio für Violine und Klavier, 1936) zu nennen.

Die zweite Hälfte des 20. Jh. zeigt dann auch in der Violinmusik ein facettenreiches Bild, in dem sich die Gattungsgrenzen gerade im Bereich Konzert (mit der stärker werdenden Hinwendung zum Kammerensemble) immer mehr verwischen, während sich mit der Form der Sonate weit mehr auseinandergesetzt wird. In der Tradition des großen Solokonzerts mit Orchester angelegt, dabei formal ganz freizügig gestaltet, sind die Violinkonzerte von B. A. Zimmermann (1950), K. Penderecki (1976 und 1995), G. Ligeti (1990) und W. Lutosławski (Chain II für Violine und Orchester, 1985).

Das von K. A. Hartmann noch als Musik der Trauer konzipierte Concerto funebre für Violine und Streichorchester (1939, Neufassung 1959) ist durch die beiden verschlüsselten Choralzitate im 1. und 4. Satz ein Beispiel für die politische Stellungnahme (Beginn des Zweiten Weltkrieges mit Hitlers Überfall auf Polen) in dieser Zeit (daneben zwei frühe Sonaten für Solovioline von 1927).

Zu den führenden zeitgenössischen Komponisten nach 1945 gehörten in Deutschland B. Blacher (bereits mit den früheren Werken Geigenmusik für Violine und Orchester, op. 8, 1936 und der Violinsonate, op. 18, 1941; dann mit dem Violinkonzert op. 29, 1948, und der Sonate für Violine solo, op. 40, nach 1951, und später noch mit dem Perpetuum mobile für Violine solo, 1963, und der Virtuosen Musik, 1966) und W. Fortner (Sonate für Violine und Klavier, 1945; Konzert für Violine und großes Kammerorchester, 1945).

Neben dem Violinkonzert und der dreisätzigen Sonate für Violine und Klavier (1949/50) hat Zimmermann drei Solosonaten komponiert: Die Sonate für Violine allein (1951) ist eine Hommage an Bach, in der er Reihentechnik mit barocken Formen verbindet. G. Klebe schrieb 2 Sonaten für Violine allein (op. 8, 1952), eine Violinsonate (op. 14, 1953), ein Doppelkonzert für Violine und Violoncello und Orchester (op. 18, 1954) und die *Scene* für 4 Soloviolinen, 6-12 Tuttiviolinen und Klavier vierhändig (1954). W. Zillig (1955) und später Kl. Huber (*Tempora* 1969/70) schrieben beide ein Violinkonzert mit großem Orchester.

H. W. Henze widmete sich über einen sehr viel längeren Zeitraum der Komposition von Violinwerken: eine Violinsonate 1946, das Violinkonzert Nr. 1, 1947; das Violinkonzert Nr. 2 für Sologeiger, Tonband, Baßbariton und 33 Instrumentalisten, 1971; eine Sonata für Violine solo, 1976/77; *Il Vitalino raddoppiato. Ciacona per Violine concertante ed orchestra*, 1977; die *Sonatina tratta dell' opera ›Pollicino‹* für Violine und Klavier, 1979, eine winzige Serenade für Violine solo, 1986 und *Für Manfred* für Violine solo, 1989.

Das erst heute ins Bewußtsein der Öffentlichkeit gelangte Violinkonzert von B. Goldschmidt wurde 1933 begonnen und erst 1952 als dreisätziges Concertino vollendet und aufgeführt. Goldschmidt ergänzte das Werk 1955 um einen vierten Satz *Finale* für eine Rundfunkproduktion. Die erste öffentliche Konzertaufführung fand 40 Jahre später beim Montpellier-Festival 1994 statt. Ganz spät entstanden noch eine *Berceuse* für Violine und Viola (1990), ein *Capriccio* für Violine solo (1991/92), das Streichduett *To David Matthews for his 50th birthday [...] from B(b) to D [...]* für Violine und Violoncello (1993), *Encore* für Violine und Klavier (1993) und *Rondeau* für Violine und Orchester, 1995. Demgegenüber ist das Violinkonzert von H. Gál (op. 39, 1933) heute gänzlich vergessen. Dem eher praktischen Musizierbedürfnis unserer Zeit entsprechen die Violinwerke des Hindemith-Schülers H. Genzmer. Er hinterließ 3 Sonaten (1943, 1949, 1953), eine Sonatine für Violine und Klavier (1953) und ein *Concerto da camera* für Violine und Orchester (1959).

I. Yun war der erste asiatische Komponist, der in seinen Werken Westeuropäisches mit Ostasiatischem auf ganz eigenständige Weise verschmolz. Sein dreisätziges Violinkonzert (1981) folgt formal der Tradition des klassischen Konzerts und verbindet sich doch originell mit der fernöstlichen Tonsprache und Zahlenmystik. Von 1991 stammt eine Sonate für Violine und Klavier. Von den jüngeren Komponisten in Deutschland haben V. D. Kirchner (Konzert für Violine und Orchester, 1981/82; *Saitenspiel* für Violine und Violoncello, 1993), T. Medek (Konzert für Violine und Orchester, 1980, Neufassung 1983) und W. Rihm (*Lichtzwang. Musik für Violine und Orchester*, 1975/76; *Gesungene Zeit. Musik für Violine und Orchester*, 1991/92; *Dritte Musik für Violine und Orchester*, 1993; *Eine Violinsonate*, 3. Fassung 1971/1975; *Duomonolog* für Violine und Violoncello, 1989; *Antlitz. Zeichnung für Violine und Klavier*, 1993) bedeutende Werke für die Violine geschaffen.

Ironie, beißender Witz, Spontaneität und Individualität zeichnen J. Françaix' Kammermusikwerke aus; für Violine schrieb er bereits 1934 A DEUX, eine Sonatine für Violine und Klavier, und im gleichen Jahr eine Suite für Violine und Orchester, ferner zwei strukturell konservativer gehaltene Konzerte für Violine und Orchester, Nr. 1, 1968, revidiert 1970; Nr. 2, 1979, und Tema con 8 cariazioni für Violine solo, 1980).

Experimentell sind die Violinwerke der Italiener L. Berio (Due pezzi für Violine und Klavier, 1951; 34 Duetti per due violini, 1979-1982) und L. Nono (Varianti für Violine solo, Streicher und Holzbläser, 1957). In völlig andere Klangwelten führen die durch orientalische Vorbilder geprägten Violinkompositionen von G. Scelsi (Xnoybis für Violine solo, 1964; Anahit für Violine und Ensemble, 1965; Streichquartette II-IV, 1961, 1963, 1964) und des Griechen I. Xenakis (Mikka, 1972, und Mikka S, 1975, für Violine solo, und Dikhthas für Violine und Klavier, 1980).

Neben den Violinsonaten von G. Ustvol'skaja, Vadim Nikolajevič Salmanov, A. A. Babadžanjan und S. M. Slonimskij sind in der ehemaligen Sowjetunion als Avantgardisten seit den 1960er Jahren besonders S. A. Gubajdulina (Violinkonzert Offertorium, 1980; dritte, endgültige Fassung 1986) und A. Schnittke zu nennen, der die Violinmusik wohl am nachhaltigsten bereichert hat, u. a. mit fünf Concerti grossi (1976/77-1990/91), vier Solo-Konzerten (Nr. 1, 1957, zweite Fassung 1963; Nr. 2, 1966; Nr. 3, 1978; Nr. 4, 1984), zwei Sonaten für Violine und Klavier (Nr. 1, 1963, mit Kammerorchester 1967; Nr. 2, 1968, mit Kammerorchester 1987) und den Violinduetten (nach dem Fragment KV 416d, 1976) und Moz-Art à la Haydn (für zwei Violinen, zwei kleine Streichorchester, Kontrabaß und Dirigent, 1977). Schnittke hat für seinen Kompositionsstil selbst den Begriff Polystilistik geprägt.

Früher als in anderen sozialistischen Ländern erprobte in den 1950er Jahren eine Gruppe junger polnischer Komponisten die avantgardistischen Techniken der zeitgenössischen Musik, doch sind dabei für die Violine nur wenige Werke entstanden, darunter die Espressioni varianti für Violine und Orchester (1959) von T. Baird, und von Krz. Penderecki ein Capriccio für Violine und Orchester (1967, außer den beiden oben genannten Konzerten) und drei Miniaturen für Violine und Klavier (1959).

Auch in Mittel- und Südamerika entstanden zeitgenössische Violinwerke, die wiederum auf andere Musiktraditionen zurückgehen. In Argentinien verarbeitete A. Ginastera in den Pampeana, Rhapsodie für Violine und Klavier (op. 16,1, 1947) einerseits die Volksmusik der Pampas (Sambarhythmen, Gauchomusik und Imitation von Gitarrenklängen), andererseits polyphone Schichtungen und Zwölftontechnik. In Mexiko verwandte C. Chávez, der sich anfangs noch mit dem europäischen Klassizismus auseinandergesetzt hatte (zwei Konzerte für Violine und Orchester, 1948-1950, 1964, und Variationen für Violine und Klavier, 1969, auf voraztekische Zeit zurückgehende Melodien der Indianer und deren ostinate formelhafte Wiederholungen.

In den Vereinigten Staaten füllten in der Nachkriegszeit zunächst eine ganze Reihe von Komponisten, die in Europa kaum bekannt wurden, die klassischen Formen des Violinkonzerts und der Violinsonate mit zeitgenössischen Inhalten, u.a. L. Kirchner, Benjamin Lee, P. Mennin, G. Perle, Piston, W. Schuman, Sessions oder B. Weber. Völlig neue Ansätze dagegen stammen von J. Cage. Er hat mit seinen musikalischen Experimenten und der Fülle seiner Innovationen die Umdeutung und Erweiterung des musikalischen Kunstbegriffs wohl am überzeugendsten vollzogen und damit auch viele wichtige Komponisten in Europa, etwa P. Boulez, M. Kagel, Ligeti oder K. Stockhausen beeinflußt. J. Cages Violinwerke sind die *Cheap Imitation 1-3* (für Klavier 1969; orchestriert 1972; für Violine 1977), die *Freeman Etudes 1-8* für Violine solo (1977), die *Six Melodies* für Violine und Tasteninstrument (1950) und ein *Nocturne* für Violine und Klavier (1947).

M. Feldman, einer seiner direkten Schüler, hinterließ *Vertical Thoughts 2* (1963) und *Spring of Chosroes* (1977) für Violine und Klavier. T. Rileys noch ganz den Zufalls- und Kunstaktionen Cages verpflichtetes *In C* (1964) gilt als das Initialwerk der Minimal Music, bei dem beliebig viele Melodieinstrumente, darunter auch Violine(n), 90 Minuten lang den Ton C nach einem Katalog von 53 melodisch-rhythmischen Modellen umspielen. Wenn in einer solchen Werkkonzeption das einzelne Instrument in seiner Eigenart eine eher geringe Rolle spielt, sind wiederum die *Violin Phase* für vier Violinen oder eine Violine mit vorfabriziertem Tonband (1967) von St. Reich oder die fünf Streichquartette (1966, 1983, 1985, 1990, 1991) und das Konzert für Violine und Orchester (1987) von Ph. Glass spezifische Violinkompositionen dieser Musikrichtung.

ULRICH MAZUROWICZ

Literatur

Zu A (ergänzend s. auch Literatur zu → Streichinstrumentenbau)
S. VIRDUNG, Musica getutscht und ausgezogen, Basel 1511; Faks. hrsg. von K. W. Niemöller, Kassel u. a. 1970 ▪ M. AGRICOLA, Musica instrumentalis deudsch, Wittenberg 1529; ebd. ⁵1545 ▪ H. GERLE, Musica Teusch auf die Instrument der grossen vnnd kleinen Geygen, Nbg. 1532; ³1546 als Musica und Tabulatur auff die Instrume[n]t der kleinen vnd grossen Geygen, ebd. 1546; Faks. Genf 1977 ▪ G. M. LANFRANCO, Scintille di musica, Brescia 1533; Faks. Bologna 1970 ▪ G. ZANETTI, Il Scolaro [...] per impara a svonare di violino, et altri stromenti, Mld. 1545; Faks. Flz. 1984 ▪ PH. JAMBE DE FER, Épitome musical, Lyon 1556; als Faks. in: F. Lesure, ›L'Épitome musical‹ de Philibert Jambe de Fer (1556); AnnMl 6, 1958–1963, 441–486 ▪ V. GALILEI, Dialogo [...] della musica antica et della moderna, Flz. 1581; Faks. N. Y. 1967 ▪ L. ZACCONI, Prattica di musica, Vdg. 1592; Faks. Bologna 1967 ▪ A. BANCHIERI, Conclusioni nel suono dell'organo, Bologna 1609; Faks. Adm. 1969 ▪ A. BANCHIERI, L'organo suonarino, Vdg. ²1611, »Quinto registro«; Faks. Adm. 1969 ▪ PRAETORIUSS 2 ▪ M. MERSENNE, Harmonie universelle, P. 1636 ▪ J. J. PRINNER, Musikalischer Schlissl [1677], US-Wc, ML 95.P 79; s. Th. Drescher 1995 ▪ J. TALBOT, [Ms. über Musikinstrumente, ca. 1695], GB-Och, Mus.Ms 1187; Teilübertragung von R. Donington, James Talbot's Manuscript, Bowed Strings, in: GSJ 3, 1950, 27–45 ▪ D. SPEER, Grund=richtiger/Kurtz = Leicht = und Nöthiger/jetzt Wol= vermehrter Unterricht der Musikalischen Kunst. Oder/Vierfaches Musicalisches Kleeblatt ..., Ulm ²1697; Faks. Lpz. 1974 ▪ S. DE BROSSARD, [= Traktat über die Violine, Fragment, nicht datiert], F-Pn, Rès. Vm⁸ c.1. ▪ G. A. MARCHI, Il manoscritto liutario di G. A. Marchi (Bologna 1786), hrsg. von R. Regazzi, Bologna 1986 ▪ F. GALEAZZI, Elementi teorico-practici di musica con un saggio sopra l'arte di suonare il violino, Bd. 1, Rom 1791, Bd. 2 Rom 1796 ▪ COZIO DI SALABUE, [Aufzeichnungen um 1800]; s. Cozio di Salabue 1950 ▪ [F.A.?] SCHUBERT, Ueber den mechanischen Bau der Violin, in: AmZ 5, 1803, H. 47, Sp. 769–777 ▪ F. A. ERNST, Noch etwas über den Bau der Geige, in: dass. 7, 1804, H. 4, Sp. 49–56 ▪ G. A. WETTENGEL, Vollständiges, theoretisch-praktisches [...] Lehrbuch der Anfertigung und Reparatur aller noch jetzt gebrauchten Gattungen von italienischen und Geigen ..., Ilmenau 1828; 2. Aufl. als Lehrbuch der Geigen- und Bogenmacherkunst, zeitgemäß umgearbeitet von F. Gretschel, Weimar 1869 ▪ J. A. OTTO, Ueber den Bau der Bogeninstrumente, Jena 1828 ▪ L. SPOHR, Violinschule, Wien [1833] ▪ P. BAILLOT, L'Art du Violon. Nouvelle methode, P. 1834 ▪ O. BACHMANN, Theoretisch-praktisches Handbuch des Geigenbaus, Quedlinburg/Lpz. 1835 ▪ A. VIDAL, Les Instruments à archet. Les feseurs, les joueurs d'instruments, leur histoire sur le continent Européen. Suivi d'un cataloge général de la musique de chambre, 3 Bde., ebd. 1876–1878; Faks. L. 1961 ▪ L. GRILLET, Les Ancêtres du violon et du violoncelle, P. 1901 ▪ G. KINSKY, Musikhist. Museum von Wilhelm Heyer in Cöln, Katalog, Bd. 2: Zupf- und Streichinstrumente, K. 1912 ▪ E. M. VON HORNBOSTEL/C. SACHS, Systematik der Musikinstrumente. Ein Versuch, in: Zs. für Ethnologie 46, 1914, 553–590 ▪ A. MOSER, Der Violino piccolo, in: ZfMw 1, 1919, 377–380 ▪ J. SCHLOSSER, Alte Musikinstrumente, Wien 1920 ▪ A. BREITENBACHER, Hudební kolegiátního kostela Sv. Mořice v Kroměříži, Kroměříž (Kremsier) 1928 ▪ E. H. MÜLLER (Hrsg.), H. Schütz, Gesammelte Briefe und Schriften, Rgsbg. 1931 ▪ E. VAN DER STRAETEN, The History of the Violin, Its Ancestors and Collateral Instruments From Earliest Times, 2 Bde., L. 1933; Repr. N. Y. 1968 ▪ HELL (= R. ERAS), Über alte Mensuren in der Geigenfamilie, in: Zs. für Hausmusik 4, H. 3, 1935, 90–92 ▪ COZIO DI SALABUE, Carteggio, hrsg. von R. Bacchetta, Mld. 1950 ▪ F. LESURE, La Facture instrumentale à Paris au saizième siècle, in: GSJ 7, 1954, 11–52 ▪ F. LESURE, Notes sur la facture du violon en France au XVIe siècle, in: RM 36, 1955, 30–34 ▪ A. KELLNER, Musikgesch. des Stiftes Kremsmünster, Kassel 1956 ▪ D. D. BOYDEN, Monteverdi's ›Violini piccoli alla francese‹ and ›Viole da brazzo‹, in: AnnMl 6, 1958–1963, 387–403 ▪ DERS., The History of Violin Playing from its Origins to 1761 and its Relationship to the Violin and Violin Music, L. 1965; dt. als Die Geschichte des Violinspiels, Mainz 1971 ▪ E. LEIPP, Le Violon. Histoire, esthéthique, facture et acoustique, P. 1965 ▪ E. WINTERNITZ, Gaudenzio Ferrari. His School and the Early History of the Violin, Varallo Sesia 1967 ▪ W. KOLNEDER, Das Buch der Violine. Bau, Geschichte, Spiel, Pädagogik, Komposition, Z. 1972 ▪ E. MELKUS, Die Violine. Eine Einführung in die Gesch. der V. und des Violinspiels, Bern 1973 ▪ S. F. SACCONI, I ›segreti‹ di Stradivari, Cremona 1972; dt. als Die ›Geheimnisse‹ Stradivaris, Ffm. 1976 ▪ B. GEISER, Stud. zur Frühgesch. der V., Bern/Stg. 1974 ▪ Verband schweizer. Geigenbaumeister (Hrsg.), Alte Meistergeigen. Beschreibungen, Expertisen, 8 Bde., Ffm. 1977–1982 ▪ C. PAGE, Jerome of Moravia on the ›rubeba‹ and ›viella‹, in: GSJ 32, 1979, 77–95 ▪ H. HEYDE/P. LIERSCH, Stud. zum sächs. Musikinstrumentenbau des 16./17. Jh. I.: Die Geigen- und Lautenmacher von Randeck und Helbigsdorf; II.: Die Musikinstr. von etwa 1590 im Begräbniskapelle des Freiberger Doms, in: JbP 1979, 231–259 ▪ H. LEUCHTMANN, Die Münchner Fürstenhochzeit von 1568. Massimo Troiano: Dialoghe, Mn. 1980 ▪ M. A. DOWNIE, Rebec in French Literary Sources From 1379–1780, in: Journal of the Viola da gamba Soc. of America 19, 1982, 71–98 ▪ P. LIERSCH, Anmerkungen zu Violino piccolo und Violoncello piccolo, Mitt. zu einigen erhaltenen Instr., in: Stud. zur Aufführungspraxis und Interpretation von Instrumentalmusik des 18. Jh., Heft 19, 1983, 20–29 ▪ K. MOENS, Die Frühgesch. der V. im Lichte neuerer Forschungen, in: Lauten Harfen Violinen - Tage alter Musik Herne 1984 [Programmbuch], Herne 1984, 54–86

▪ P. LIERSCH, Ber. über die für die Bachgedenkstätte gearbeitete Kopie des Violino piccolo Cati 1741, in: Cöthener Bachhefte, H. 3, Köthen 1985, 57-64▪ K. OSSE, Violine. Klangwerkzeug und Kunstgegenstand, Lpz./Wbdn. 1985 ▪ R. STOWELL, Violin Technique and Performance Practice in the Late Eighteenth and Early Nineteenth Centuries, Cambridge 1985 ▪ I. WATCHORN, Baroque Renaissance, in: The Strad 95, März 1985, 822-827 ▪ J. EPPELSHEIM, Stimmlagen und Stimmungen der Ensemble-Streichinstr. im 16. und frühen 17. Jh., in: Th. Drescher (Hrsg.), Capella Antiqua München, Fs. zum 25jährigen Bestehen, Tutzing 1987, 145-173▪ K. MOENS, Der frühe Geigenbau in Süddt., in: Fs. J. H. van der Meer, hrsg. von Fr. Hellwig, Tutzing 1987, 349-388 ▪ K. POLK, Vedel and Geige – Fiddle and Viol: German String Traditions in the Fifteenth Century, in: JAMS 42, 1989, 504-576 ▪ W. L. MONICAL, Shapes of the Baroque. The Historical Development of Bowed String Instruments [Ausstellungskatalog], N. Y. 1989 ▪ M. DOWNIE BANKS, The Violino Piccolo and Other Small Violins, in: EM 18, 1990, 588-596 ▪ R. BARONCINI, Origini del violino e prassi strumentale in Padania: ›sonadori di violini‹ bresciani attivi a Venezia in ambito devozionale (1540-1600), in: M. Bizzarini/B. Falconi/U. Ravasio (Hrsg.), Liuteria e musica strumentale a Brescia ..., Bd. 1, Brescia 1992, 157-219 ▪ P. BEC, Vièles ou violes?, P. 1992 ▪ R. CAFIERO U. A. (Hrsg.), Liuteria e musica strumentale a Brescia tra cinque e seicento, Kgr.Ber. Salò 1990, 2 Bde., Brescia 1992 ▪ J. DILWORTH, The Violin and Bow: Origins and Developement, in: R. Stowell (Hrsg.), The Cambridge Companion to the Violin, Cambridge 1992, 1-29 ▪ TH. DRESCHER, Eine Instrumentenkunde des Basler Musikers Jakob Christoph Kachel aus dem Jahre 1792, in: Glareana 41, 1992, 44-69 ▪ R. STOWELL (Hrsg.), The Cambridge Companion to the Violin, Cambridge 1992 ▪ K. MOENS, De viool in de 16de eeuw. Deel 1. De vroegste bronnen, in: Musica Antiqua 10, 1993, 177-183; Deel II: Het ontstaan en de verspreiding van de ›echte‹ viool, in: Musica Antiqua 11, 1994, 5-12 ▪ K. MOENS, La ›nascita‹ del violino nei Paesi Bassi del Sud. Alla ricerca di un luogo dove collocare l'inizio della storia del violino, in: M. Tiella (Hrsg.), Monteverdi. Imperatore della musica (1567-1643), Rovereto 1993, 85-130 ▪ P. HOLMAN, Four and Twenty Fiddlers: The Violin at the English Court 1540-1690, Oxd. 1993 ▪ R. BARONCINI, Contributo alla storia del violino nel sedicesimo secolo: i »sonadori di violini« della Scuola Grande di San Rocco a Venezia, in: Recercare 6, 1994, 61-190 ▪ M. SPIELMANN, ›Violino pifferato‹ und ›Viola di Fagotto‹, in: Die Viola, Jb. der Internat. Viola-Ges. 7, 1994, 50-57 ▪ TH. DRESCHER, ›Von allerhand Geigen‹, Johann Jacob Prinner zu Streichinstr. in Österreich (1677), in: Glareana 44, 1995, H.1, 4-21 ▪ K. MOENS, Geiger in der Münchner Hofkapelle zur Zeit Lassos und ihre Bdt. für die Frühgesch. der Violine, in: I. Bossuyt/E. Schreurs/A. Wouters (Hrsg.), Kgr.Ber. der Internationalen Musicological Society, Antwerpen 24.-26. Aug. 1994, Peer 1995, 383-413 (= Yearbook of the Alamire Foundation 1, 1995) ▪ VERBAND DEUTSCHER GEIGENBAUER UND BOGENMACHER E.V./HANS-JOSEF THOMAS (Hrsg.), Kleine Geigen – Große Meister [Ausstellungskatalog], Aachen 1995 ▪ TH. DRESCHER, Nürnberger Geigenbau als Exempel, in: K. Martius (Hrsg.), Leopold Widhalm und der Nürnberger Lauten- und Geigenbau im 18. Jh., Ffm. 1996, 11-15 ▪ K. MOENS, Violes ou Violons, in: Musique – Images – Instruments 2, 1996, 18-38 ▪ M. ODORIZZI/ M. TOMASI (Hrsg.), Il violino tradizionale in Italia, Kgr.-Ber. Trient 25.-26. Juni 1994, Trient 1996 ▪ JOHN HUBER, The Development of the Modern Violin: 1775-1825. The Rise of the French School, Ffm 1998 ▪ L. GUILLO, Un Violon sous le bras et les pieds dans la poussière. Les Violons italiens du roi durant le voyage de Charles IX (1564-66), in: »... La musique de tous les passetemps le plus beau ...«, Fs. J.-M. Vaccaro, P. 1998, 207-233 ▪ H. GRAESSER, Electric Violins. Design und Technik der elektrischen Streichinstrumente, Ffm. 1998 ▪ C. LEBET, La Pochette du Maître à danser, La-Chaux-de-Fonds/Rom 1999 ▪ T. DRESCHER, Spielmännische Tradition und höfische Virtuosität. Stud. zu Voraussetzungen, Repertoire und Gestaltung von Violinson. des deutschsprachigen Südens im späten 17. Jh., Tutzing 2002 (i. Dr.) ▪ DERS., »Una musica italiana«. Anmerkungen zur Instrumentalmusik um 1600 am Beispiel der Geiger Cerbonio Bsozzi in München und Carlo Farina in Dresden, in: B. Edelmann/S. Berdux (Hrsg.), Fs. J. Eppelsheim, Tutzing 2002 (i. Dr.).

Zu B.

H. VON HELMHOLTZ, Lehre von den Tonempfindungen, Braunschweig 1863 ▪ C. V. RAMAN, On the Mechanical Theory of the Vibrations of Bowed Strings and of Musical Instruments of the Violin Family, with Experimental Verification of the Results 1, in: Indian Association Cultivation Science Bulletin 15, 1918, 1-27; Nachdr. in: Musical Acoustics 1.: Violin Family Components, hrsg. von C. M. Hutchins, Stroudsburg 1975 (= Benchmark Papers in Acoustics 5) ▪ H. BACKHAUS, Über Geigenklänge, in: Zs. für technische Physik 8, 1927, 509-515 ▪ DERS., Physikalische Untersuchungen an Streichinstr., in: Die Naturwissenschaften 17, 1929, 811-818, 835-839 ▪ DERS., Über Resonanzeigenschaften von Streichinstrumenten (Abdruck des Referates vom 12. deutschen Physiker- und Mathematikertag), in: Akustische Zs. 1, 1936, 179-184 ▪ H. MEINEL, Über Frequenzkurven von Geigen, in: dass. 2, 1937, 22-33, 62-71 ▪ F. A. SAUNDERS, The Mechanical Action of Violins, in: JASA 9, 1937, 81-98 ▪ H. BACKHAUS/ G. WEYMANN, Über neuere Ergebnisse der Geigenforschung, in: Akustische Zs. 4, 1939, 302-312 ▪ H. MEINEL, Über Frequenzkurven von Geigen, in: dass. 5, 1940, 283-300 ▪ U. ARNS, Untersuchungen an Geigen, Diss. Karlsruhe 1955 ▪ W. LOTTERMOSER, Die akustische Prüfung von Violinen, in: Kgr.Ber. Wien 1956, Wien 1958, 384-786 ▪ U. ARNS, Eine neue Art objektiver Qualitätsfeststellung von Geigen, in: Gravesaner

Blätter 2, Heft 7/8, 1957, 92–116 ▪ W. LOTTERMO-SER/W. LINHARDT, Beitr. zur akustischen Prüfung von Geigen und Bratschen, in: Acustica 7, 1957, 281–288 ▪ W. LOTTERMOSER/J. MEYER, Akustische Prüfung der Klangqualität von Geigen, in: Instrumentenbau-Zs. 12, 1957, 42–45 ▪ H. MEINEL, Regarding the Sound Quality of Violins and a Scientific Basis for Violin Construction, in: JASA 29, 1957, 817–822
▪ W. LOTTERMOSER, Resonanz von Geigendecken und -böden, in: Instrumentenbau-Zs. 13, 1958/59, 185–189 ▪ DERS./ J. MEYER, Impulsmethode zur Messung von Geigenresonanzen, in: Gravesaner Blätter 5, H. 19/20, 1960, 106–119 ▪ C. M. HUTCHINS, The Physics of Violins, in: Scientific American, Nov. 1962, 78–93; Nachdr. in: Musical Acoustics 1: Violin Family Component, Stroudsburg 1975, 13–24 ▪ W. LOTTERMOSER/J. MEYER, Resonanzmessungen beim Bau neuer Geigen, in: Instrumentenbau-Zs. 17, 1963, 49–56
▪ J. MEYER, Die Richtcharakteristiken von Geigen, in: dass. 18, 1964, 275–284 ▪ J. C. SCHELLENG, Acoustical Effects of Violin Varnish, in: JASA 44, 1968, 1175–1183 ▪ C.-H. ÅGREN/ K. A. STETSON, Measuring the Resonance of Treble Viol Plates by Holograms Interferometry and Designing an Improved Instrument, in: JASA 51, 1972, 1971–1983 ▪ J. C. SCHELLENG, The Physics of the Bowed String, in: Scientific American 230, Nr. 1, 1974, 87–95 ▪ J. SUNDBERG, Articulatory Interpretation of the ›Singing Formant‹, in: JASA 55, Nr. 4, April 1974, 838–844 ▪ J. MEYER, Akustische Untersuchungen zur Klangqualität von Geigen, in: Instrumentenbau-Zs. 29, 1975, 229–238
▪ W. LOTTERMOSER, Von der Akustik der Geige, in: dass. 33, 1979, 466–472 ▪ L. CREMER, Physik der Geige, Stg. 1981
▪ H. DÜNNWALD, Die Qualitätsbestimmung von Violinen mit Hilfe eines objektiven Verfahrens, Diss. Aachen 1985 ▪ A. ASKENFELT, Measurement of Bow Motion and Bow Force in Violin Playing, in: JASA 80,4, 1986, 1007–1016 ▪ DERS., Measurement of the Bowing Parameters in Violin Playing 2: Bow-bridge Distance, Dynamic Range and Limits of Bow Force, in: dass. 86, 1989, 503–516 ▪ H. DÜNNWALD, Ein erweitertes Verfahren zur objektiven Bestimmung der Klangqualität von Violinen, in: Acustica 71,4, 1990, 269–276 ▪ E. TERHARDT, A Systems Theory Approach to Musical Stringed Instruments: Dynamic Behaviour of a String at Point of Exitation, in: dass. 70,3, 1990, 179–188 ▪ J. WOODHOUSE, On the Playability of Violins 1: Reflection Functions, in: Acustica 78,3, 1993, 125–136 ▪ DERS., On the Playability of Violins 2: Minimum Bow Force and Transients, in: dass., 137–154 ▪ W. GÜTH, Zur Bogenanregung bei Streichinstr., in: dass. 80/2, 1994, 166–169 ▪ B. GÄTJEN, Der Geiger macht's! Was trägt der Geiger zum Geigenklang bei? Neue Aspekte der Geigenakustik, in: Kgr.Ber. Michaelstein 1995, Michaelstein 1998, 107–120 ▪ G. HEIKE/H. DÜNNWALD, Neuere Klanguntersuchungen an Geigen und ihre Beziehung zum Gesang, in: Fs. J. P. Fricke, hrsg. von W. Auhagen u. a., K. 1998 (Dr.i.Vorb.) ▪ R. PITEROFF/J. WOODHOUSE, Mechanics of the Contact Area Between a Violin Bow and a String 1: Reflection and Transmission Behaviour, in: Acustica United with Acta Acustica 83,3, 1998, 543–562 ▪ J. P. FRICKE, Die Schwingungsformen der gestrichenen Saite, wenn mit dem Bogen Einfluß auf den Klang genommen wird, in: Fs. G. Heike, hrsg. von B. Krögerstal, Ffm. 1998 (Forum Phoneticum 66).

Zu C.
1. Traktate, Vorwörter S. GANASSI, Regola rubertina, Vdg. 1542/43 ▪ D. ORTIZ, Tratado de glosas sobre cláusulas y otros géneros de puntos en la música de violones, Rom 1553
▪ PH. JAMBE DE FER, Epitome musical, Lyon 1556; ND hrsg. von Fr. Lesure, in: AnnMl 6, 1958–1963, 341–386 ▪ R. ROGNONI (ROGNIONO), Passaggi per potersi essercitare nel diminuire terminatamente con ogni sorte d'istromenti, Vdg. 1592
▪ FR. ROGNONI (ROGNIONO), Selva de varii passaggi, Mld. 1620 ▪ M. MERSENNE, Harmonie universelle, P. 1636/37
▪ JOH. A. HERBST, Musica moderna pratica, Ffm. 1653 ▪ J. J. PRINNER, Musikalischer Schlissl [1677], US-Wc, ML 95.P 79; dazu: H. Federhofer, Eine Musiklehre von Johann Jacob Prinner, in: Fs. A. Orel, hrsg. von H. Federhofer, Wien 1960, 47–57; Th. Drescher, »Von allerhand Geigen«, Johann Jacob Prinner zu Streichinstr. in Österreich (1677), in: Glareana 44, 1995, H.1, 4–21 ▪ D. MERCK, Compendium musicae instrumentalis chelicae, Agb. 1695 ▪ D. SPEER, Grund-richtiger kurz-leicht und nöthiger, jetzt wohl-vermehrter Unterricht der musicalischen Kunst, Ulm 1697 ▪ G. MUFFAT, Florilegium secundum, Passau 1698 ▪ JOH. J. QUANTZ, Versuch einer Anweisung die Flöte traversiere zu spielen, Bln. 1752 ▪ Anmerkungen über die Violin und den Violinspieler, in: Musikalische Realzeitung 1788, Nr. 2, 14–15; Nr. 3, 17–18; Nr. 4, 30–32; Nr. 5, 37–39; Nr. 14, 105–108; Nr. 15, 113–116 ▪ G. B. RANGONI, Essai sur le goût de la musique avec le caractère des trois célèbres joueurs de violon, Messieurs Nardini, Lolli et Pugnani, Livorno 1790.

2. Violinschulen (Liste von Violinschulen in: R. STOWELL 1985 (s. 4.)
G. ZANETTI, Il scolaro, Mld. 1645 ▪ Nolens Volens or You Shall Learn to Play on the Violin Wether You Will or Not, L. 1695
▪ M. CORRETTE, L'Ecole d'Orphée, P. 1738 ▪ C. TESSARINI, Gramatica di musica, Rom 1741 ▪ R. CROME, The Fiddle New Model'd, L. [1750] ▪ FR. GEMINIANI, The Art of Playing on the Violin, L. 1751 ▪ D. J. HERRANDO, Arte y puntual explicación del modo de tocar el violon, P. 1756 ▪ L. MOZART, Gründliche Violinschule, Agb. 1756 ▪ C. ZUCCARI, The True Method of Playing an Adagio, L. o. J. [ca. 1760] ▪ J. B. L'ABBÉ (LE FILS), Principes du violon, P. 1761 ▪ S. PETRI, Von der Geige der V. in Anleitung zur praktischen Musik, Lpz. 1767, ²1782 ▪ G. TARTINI, Traité des agréments de la musique (1771), hrsg. von E. R. Jacobi, Celle/N. Y. 1961 ▪ G. S. LÖHLEIN, Anweisung zum Violinspiel, Lpz. 1774 ▪ M. CORETTE, L'Art de se perfectionner dans le violon, P. 1782 ▪ A. LOLLI, L'École du violon en

quatuor, Bln. [1784] ▪ J. SCHWEIGL, Verbesserte Grundlehre der Violin, Wien 1786 ▪ F. GALEAZZI, Elementi teorico-practici di musica con un saggio sopra l'arte di suonare il violino, Bd. 1, Rom 1791, Bd. 2 Rom 1796 ▪ J. A. HILLER, Anweisung zum V.-Spielen, Lpz. 1792 ▪ J. B. LABADENS, Nouvelle méthode, Toulouse [?1795] ▪ B. CAMPAGNOLI, Metodo per violino op. 21, Mld. [ca. 1797] ▪ J.-B. CARTIER, L'Art du violon, P. 1798 ▪ G. TARTINI, L' arte del arco, in: J.-B. Cartier 1798, 194–205 ▪ M. WOLDEMAR, Grande Méthode, P., 2. Aufl. [ca. 1800] ▪ P. BAILLOT/P. RODE/R. KREUTZER, Méthode de violon, P. 1803 L. SPOHR, Violinschule, Kassel [1833] ▪ P. BAILLOT, L'Art du violon: nouvelle méthode, Lpz. 1834 ▪ G. B. VIOTTI, Méthode [Fragment], Faks. in: F.-A. Habeneck, Méthode théorique et pratique de violon, P. [1835] (vgl. M. Pincherle, Feuillets, P. 1927) ▪ C. SCHALL, Étude de l'archet et du doigté pour le violon, P. 1841 ▪ J.-D. ALARD, Ecole du violon, P. 1844 ▪ CH.-A. DE BÉRIOT, Méthode de violon op. 102, P. 1858 ▪ F. DAVID, Violinschule, Lpz. 1863 ▪ DERS. (Hrsg.), Hohe Schule des Violinspiels, Lpz. o. J. [ca. 1868] ▪ O. ŠEVCÍK, Schule der Violintechnik op. 1, Prag 1881 ▪ DERS., Schule der Bogentechnik op. 2, Lpz. 1895 ▪ E. SAURET, Gradus ad parnassum op. 36, 4 Bde., Lpz. [vor 1900] ▪ J. JOACHIM/A. MOSER, V.-Schule, 3 Bde., Bln. 1902–1905 ▪ O. ŠEVCÍK, V.-Schule für Anfänger op. 6, 7 H., Lpz. 1904–1908 ▪ C. Flesch, Urstudien, Bln. 1911 ▪ L. CAPET, La Technique supérieure de l'archet, P. 1916 ▪ L. AUER, Violin Playing as I Teach It, N. Y. 1921 ▪ DERS., Violin Masterworks and Their Interpretation, ebd. 1925 ▪ C. FLESCH, Das Skalensystem (1926), hrsg. von M. Rostal, Bln. 1987 ▪ DERS., Kunst des Violinsspiels, 2. Bd.: Künstlerische Gestaltung und Unterricht, Bln. 1928 ▪ C. FLESCH, Das Klangproblem im Geigenspiel, ebd. 1931 ▪ D. C. DOUNIS, New Aids to Technical Developement op. 27, L. 1935 ▪ K. B. MÖCHEL, Die konzentrierte V.-Technik, Mz. 1936 ▪ G. KULENKAMPFF, Geigerische Betrachtungen, Rgsbg. 1952 ▪ H. SELING, Wie und warum, die neue Geigenschule, H. 1-4, Lehrerheft, Lpz. 1952 ▪ The Memoirs of C. Flesch, hrsg. von C. Flesch/H. Keller, L. 1957 ▪ I. GALAMIAN, Principles of Violin Playing and Teaching, Englewood Cliffs/N. J. 1962 ▪ Y. MENUHIN, Six Lessons, L. 1971 ▪ I. SUZUKI, Violin School, Miami/Fla. 1978 ▪ H. CH. SIEGERT, Violinschule, Wien 1986 (= Wiener Instrumentalschulen) ▪ M. KELLER, Geigenspiel in der dritten Lage angefangen, Z. 1990 ▪ C. FLESCH, Die Hohe Schule des Fingersatzes, hrsg. von K. Gebling, Ffm. 1995 ▪ R. BRUCE-WEBER, Die fröhliche Violine, Mz. 1998 ▪ R. ENTEGAMI, Früher Start, Bln. 1998.

3. Etüden, Tonleitern, Fingerübungen P. GAVINIÈS, 24 Matinées, P. [1794 oder 1800] ▪ FR. ALDAY LE JEUNE, 24 Etudes op. 4, P. [um 1800] ▪ F. FIORILLO, Études de violon formand 36 caprices op. 3, Wien o. J. ▪ R. KREUTZER, 40 Études ou caprices pour le violon (1796), P. 1805 ▪ M. WOLDEMAR, 12 Kaprizen. Douze Grands Solo ou etudes pour le violon, P. o. J.

[nach 1800] ▪ N. PAGANINI, 24 Capricci op. 1 (ca. 1805), Mld. 1820 ▪ P. RODE, 24 Caprices en forme d'études, Bln. [1815] ▪ B. CAMPAGNOLI, L'Art d'inventer à l'improviste des fantaisies et cadences pour le violon, Lpz. 1824 ▪ F. KAUER, Scuola prattica overo 40 Fantasien und 40 Fermaden sammt einem Arpeggio, Wien o. J. ▪ N. MESTRINO, Caprice pour un violon seul, fantaisie c-moll, o. J. ▪ H. E. KAYSER, 36 Etüden op. 20, 1848; NA 1932/1963/1970 ▪ H. WIENIAWSKI, L'École moderne op. 10, Bonn 1854 ▪ H. W. ERNST, 6 mehrstimmige Studien, Hbg. 1865 ▪ H. SCHRADIECK, Div. Finger-, Lagen- u. Doppelgriffübungen op. 1, 2, 1877–1882 ▪ J. DONT, Etüden op. 35, 37, 38, 49, 60 und 61 [Ende 19. Jh.] ▪ P. ROVELLI, Capricci op. 3, Lpz. 1910 ▪ J. HUBAY, Six Etudes de violon op. 63, Budapest ca. 1920 ▪ P. HINDEMITH, Übungen für Geiger (1926), Mz. 1957 ▪ E. YSAŸE, 10 Préludes [vor 1928], Brs. 1952 ▪ K. B. MÖCHEL, Die konzentrierte V.-Technik, Mz. 1936 ▪ D. COLLIER, Scales and Arpeggios for Violin, L. 1984 ▪ R. STAAR, Gemini, Duette op. 24, Wien 1991 ▪ U. LEHMANN, Neue Doppelgriff-Technik für V., Z. 1994 ▪ Z. BRON, Etüdenkunst. Eine Etüdensgl. für V., Bln. 1998 ▪ S. FISCHER, Basics. 300 Exercises and Practice Routines for the Violin, L./Ffm./N.Y., Lpz. 1999/2000.

4. Literatur C. GUHR, Über Paganinis Kunst die V. zu spielen, Mz. 1829 ▪ W. J. VON WASIELEWSKI, Die V. und ihre Meister, Lpz. 1869 ▪ A. POUGIN, Viotti et l'ecole moderne de violon, P. 1888 ▪ A. EHRLICH, Berühmte Geiger der Vergangenheit und Gegenwart. Eine Sammlung von 88 Biographien und Portraits, Lpz. 1893 ▪ P. STOEVING, Von der Violine, Bln. 1906 ▪ A. DOLMETSCH, The Interpretation of the Music of the 17th and 18th Centuries, L. 1915 ▪ FR. A. STEINHAUSEN, Die Physiologie der Bogenführung auf den Streichinstr., hrsg. von A. Schering, Lpz. [3]1916 ▪ G. BECKMANN, Das Violinspiel in Deutschland vor 1700, Diss. ebd. 1918 ▪ F. H. MARTENS, Violin Mastery, N. Y. 1919 ▪ K. KLINGLER, Über die Grundlagen des Violinspiels, Lpz. 1921 ▪ L. DE LA LAURENCIE, L'École française de violon de Lully à Viotti, 3 Bde., P. 1922–1924 ▪ A. MOSER, Geschichte des Violinspiels, Bln. 1923 ▪ W. TRENDELENBURG, Die Physiologie der Bogenführung auf den Streichinstrumenten, Lpz. 1924 ▪ M. PINCHERLE, Feuilles d'histoire du violon, P. 1927 ▪ DERS., Le Violon, in: LavignacE ▪ G. KINSKY, A History of Music in Pictures, L. 1930 ▪ R. HAAS, Aufführungspraxis, Wildpark-Potsdam 1931 ▪ E. VAN DER STRAETEN, The History of the Violin, 2 Bde., L. 1933; Repr. N. Y. 1968 ▪ S. APPLEBAUM, With the Artists, in: Viols and Violinists, Jan. 1946ff. ▪ S. BABITZ, Principles of Extensions, N. Y. 1947 ▪ J. SZIGETI, With Strings Attached, ebd. 1947 ▪ L. P. LOCHNER, Fritz Kreisler, ebd. 1950 ▪ R. VANNES, Dict. universel des luthiers, 2 Bde., Brs. 1951 und 1959 ▪ J. M. BARBOUR, Violin Intonation in the 18th Century, in: JAMS 5, 1953, 224–234 ▪ F. NEUMANN, Violin Left Hand Technique, in: The American String Teacher Association 3, Maukato/Minn. 1953ff. ▪ W. KOLNEDER, Aufführungspraxis bei Vivaldi, Lpz.

1955 ▪ A. J. Jampol'skij, *Osnovy skripiènoj applikatury* (Grundlagen des Violinfingersatzes), M. 1955 ▪ B. SEA-GRAVE, *The French Style of Violin Bowing and Phrasing*, Stanford/Cal. 1959 ▪ D. D. BOYDEN, *The Violin Bow in the Eighteenth Century*, in: EM 8, 1960, 199–212 ▪ R. DONINGTON, *The Interpretation of Early Music*, L. 1963 ▪ J. SZIGETI, *A Violinist's Notebook*, L. 1964 ▪ D. D. BOYDEN, *The History of Violin Playing from Its Origins to 1761*, ebd. 1965 ▪ W. KIRKENDALE, ›Segreto comunicato da Paganini‹, in: JAMS 18, 1965, 394–407 ▪ J. MACKERRAD, *Problems of Violin Bowing in the Performance of Eighteenth-century Music*, in: Canon 17, 1965, 25–30 ▪ J. W. HARTNACK, *Große Geiger unserer Zeit*, Mn. 1967 ▪ E. MELKUS, *Über die Ausführung der Stricharten in Mozarts Werken*, in: MJb 15, 1967, 244–265 ▪ L. BL. MARTEAU, *Henri Marteau. Siegeszug einer Geige*, Tutzing 1971 ▪ W. KOLNEDER, *Das Buch der Violine*, Z./Fr.i.Br. 1972 ▪ E. MELKUS, *Die V.*, Bern 1973; erw. ²1997 ▪ H. RISATTI, *New Music Vocabulary. A Guide to Notational Signs for Contemporary Music*, Urbana/Ill. u. a. 1975, 69ff. ▪ V. SCHWARZ (Hrsg.), *Violinspiel und Violinmusik in Gesch. und Gegenwart*, Wien 1975 (= Beitr. zur Aufführungspraxis 3) ▪ O. SZENDE, *Hdb. des Geigenunterrichts*, Düsseldorf 1977 ▪ K. M. STOLBA, *A History of the Violin Étude to About 1800*, Diss. N. Y. 1979 ▪ A. DUNNING, P. A. Locatelli, *Der Virtuose und seine Welt*, 2 Bde., Buren 1981 ▪ S. APPLEBAUM/M. ZILBERQUIT/T. SAYE, *The Way They Play, Illustraded Discussions With Famous Artists and Teachers*, 13 Bde., Neptune City/N. J. [bis1984] ▪ R. STOWELL, *Violin Technique and Performance Practice in the Late Eighteenth and Early Nineteenth Centuries*, Cambridge 1985 ▪ GR. MOENS-HAENEN, *Das Vibrato in der Musik des Barock*, Diss. Graz 1988 ▪ M. RÔNEZ, *Die Entwicklung der Violintechnik in Italien von den Anfängen bis zur zweiten Hälfte des 18. Jh.*, in: Stud. zur Aufführungspraxis und Interpretation der Musik des 18. Jh., H. 34, Michaelstein 1989, 49–59 ▪ C. F. FLESCH, »… und spielst Du auch Geige?«, Z. 1990 ▪ N. MILSTEIN/S. VOLKOV, *Lassen Sie ihn doch Geige lernen*, Mn./Mz. 1993 ▪ M. ROSTAL, Hdb. zum Geigenspiel, Bern 1993 ▪ M. RÔNEZ, *Die Violintechnik von ihren Anfängen bis zum Hochbarock*, in: OMZ 49, H. 2, 1994, 114–123 ▪ TH. DRESCHER, ›Von allerhand Geigen‹, *Johann Jacob Prinner zu Streichinstr. in Österreich (1677)*, in: Glareana 44, 1995, H.1, 4–21 ▪ Y. MENUHIN, *Die V., Kulturgesch. eines Instrumentes*, Stg. u. a. 1996 ▪ H. ROTH, *Violin Virtuosos – From Paganini to the 21th Century*, Ffm. 1996 ▪ M. RÔNEZ, *Die Violintechnik zur Zeit von H. I. F. Biber*, in: Kgr.Ber. Salzburg 1997, hrsg. von G. Walterskirchen, Salzburg 1997, 113–131 ▪ DIES., *Das Arpeggio in der V.-Musik*, in: Kgr.-Ber. Michaelstein/Blankenburg 1998, 104–115 ▪ DIES., *Was lehren den Geiger von heute die musizierenden Engel aus dem Barock?*, in: dass. 2000, 145–160 ▪ DIES., *Die Geschichte des Violinspiels im Spiegel von Lehrwerken und anderen schriftlichen Zeugnissen von den Anfängen bis 1834* (Dr. i. Vorb.).

Zu D.

Es werden im folgenden nur selbständig erschienene Schriften bzw. Dissertationen aufgeführt; berücksichtigt ist vor allem Literatur zu Violine solo, zum Violinkonzert und zur Kammermusik mit Ausnahme von Streichtrio, Streichquartett, Streichquintett, Streichsextett. Der Schwerpunkt liegt auf der Literatur ab 1980 (bis 1980 vgl. auch D. D. BOYDEN/B. SCHWARZ, Art.: *Violin*, §III: Repertory, in: NGroveD). Ergänzend siehe die Literatur aus B. SCHWARZ, Art. *Violinmusik*, in: MGG (1966).

Abkürzungen: DA: Doctor of Arts Degree, DM.: Doctor of Music, DMA.: Doctor of Musical Arts Degree, DMus.: Doctor of Music, EdD: Doctor of Education Degree, MAD.: Music Arts Degree, MM.: Master of Music Degree.

1. Allgemein, Bibliographien, Kataloge A. BAUDET-MAGET, *Guide du violoniste: Oeuvres choisies pour violon ainsi que pour alto et musique de chambre*, Lausanne/P. [1920] ▪ A. FEINLAND, *The Combination of V. and Vc. without Accompaniment*, Calvert County/Md. 1947 ▪ H. KUNITZ, *Die Instrumentation. Ein Hand- und Lehrbuch*, T. 12: V./Bratsche, Lpz. 1956 ▪ H. E. GARRETSON, *An Annotated Bibliogr. of Written Material Pertinent to the Performance of Chamber Music for Stringed Instrument*, EdD Diss. Univ. of Ill. Urbana-Champaign 1961 ▪ O. R. IOTTI, *V. and Vc. in Duo without Accompaniment*, Detroit/Mich. 1972 (= Detroit Stud. in Music Bibliogr. 25) ▪ W. KOLNEDER, *Das Buch der V.*, Z./Fr.i.Br. 1972 ▪ A. LOFT, *V. and Keyboard, the Duo Repertoire*, N. Y. 1973 ▪ E. MELKUS, *Die V.*, Bern/Stg. 1973 ▪ W. WILKINS, *Index of V. Music (Winds) Including Index of Baroque Trio Sonatas*, Magnolia/Ark. 1973, Suppl. 1976/77 und 1978 ▪ L. SHANKAR, *The Art of V. Accompaniment in South Indian Classical Music*, Diss. Wesleyan Univ. 1974 ▪ V. SCHWARZ (Hrsg.), *V.spiel und V.musik in Gesch. und Gegenwart*, Wien 1975 (= Beitr. zur Aufführungspraxis 3) ▪ KH. I. M. EL-MALT, *Violinspiel und Violinmusik in Ägypten*, Diss. Karl-Marx-Univ. 1977 ▪ J. E. DUMM, *Orchestral Repertoire Studies for V.*, DMA. Diss. East School of Music 1978 ▪ L. AUER, *V. Master Works and Their Interpretation*, Westport/Conn. 1979 ▪ E. S. GLEAM, *A Selected, Graded List of Compositions for Unaccompanied V., with Preparatory Studies*, DA Diss. Ball State Univ. 1979 ▪ VL. GRIGOR'EV/VL. NATANSON (Hrsg.), *Muzykal'noe ispolnitel'stvo 10* (Aufführungspraxis 10), M. 1979 ▪ A. PEDIGO, *Internat. Encyclopedia of V.-Keyboard Sonatas and Composer Biographies*, Booneville/Ark. 1979 ▪ G. FEL'GUN (Hrsg.), *Voprosy smyčkovogo iskusstva* (Probleme der Kunst der Bogenführung), M. 1980 ▪ D. R. ZENGER, *V. Techniques and Traditions Useful in Identifying and Playing North American Fiddle Styles*, DMA. Diss. Stanford Univ. 1980 ▪ A. TH. ADESSA, *Contemporary V. Tech-*

nique. Its Nature and Difficulties, DM. Diss. Ind. Univ. 1981 ▪ WILL. P. HAYDEN, Principles of Bowing and Fingering for Editing V. Music, DA Diss. Ball State Univ. 1981 ▪ P. MARCAN, Music for Solo V. Unaccompanied. A Performer's Guide to the Published Literature of the Seventeenth, Eighteenth, Ninenteenth and Twentieth Centuries, High Wycombe 1983 (= String Players Library Series 1) ▪ B. R. TOSKEY, Concertos for V. and Va.: A Comprehensive Bibliogr., Seattle/Wash. 1983 ▪ L. GUREVIČ Problemy sovremennoj skripičnoj redaktury (Aktuelle Probleme der Edition von V.musik), Diss. M. 1984 ▪ V. LAPSJUK, Razvitie skripičnogo iskusstva na Ukraine (do 1917 g.) (Die Entwicklung der V.musik in der Ukraine vor 1917), Diss. ebd. 1984 ▪ J. H. BARON, Chamber Music. A Research and Information Guide, N.Y./L. 1987 (= Music Research and Information Guide 8; = Garland Reference Library of the Humanities 704) ▪ C. D. DUGUID, A Pedagogical Study of Selected Intermediate V. Pieces, Diss. Tex. Tech. Univ. 1988 ▪ H. EDLUND, Music for Solo V. Unaccompanied: A Catalogue of Published and Unpublished Works from the Seventeenth Century to 1989, High Wycombe 1989 (= String Players Library Series 1b) ▪ E. FUN, The History of V. Playing to Paganini, MA Cornell Univ. 1989 ▪ R.-M. JOHNSON, V. Music by Women Composers: A Bio-bibliogr. Guide, N. Y. 1989 (= Music Reference Collection 22) ▪ G. N. SWIFT, The V. as Cross Cultural Vehicle: Ornamentation in South Indian V. and Its Influence on a Style of Western V. Improvisation, Diss. Wesleyan Univ. 1989 ▪ W. SALMEN, »… denn die Fiedel macht das Fest.« Jüd. Musikanten und Tänzer vom 13. bis 20. Jh., Innsbruck 1991 ▪ J. D. MARTINEZ, A Manual of Annotated Exerpts from the Duo/Sonata Literature for Strings and Keyboard for the Collaborative Artist, DMA. Diss. Univ. of Miami/Fla. 1993 ▪ J. GRIFFING, Audition Procedures and Advice from Concertmasters of American Orchestras, DMA. Diss. O. State Univ. 1994 ▪ GR. GUDNADOTTIR, An Annotated List and Survey of V. Music by Icelandic Composers, DMus Diss. Fla. State Univ. 1995 ▪ K. H. SUH, The Haegum: The Vanishing V. of Korea, DMA. Diss. Univ. of Miami/Fla. 1995 ▪ L. A. BRANDOLINO, A Study of Orchestral Audition Repertoire for V., DMA. Diss. Univ. of Mo./Kansas City 1997 ▪ J. K. DUBACH, An Encyclopedic Index of Commonly Used V. Etudes Catalogued and Organized Pedagogically by Technical Difficulty, DA. Diss. Ball State Univ. 1997 ▪ K. S. CHEE, The Question of Tradition. St. Staryk: Perspectives of V. Playing and Music, DMA. Diss. Univ. of Wash. 1998 ▪ D. GLÜXAM, Die V.skordatur in der Gesch. des V.spiels, Diss. Wien 1998 ▪ L. KLUGHERZ, A Bibliographical Guide to Spanish Music for the V. and Va., 1900–1997, Westport/Conn. 1998 ▪ S. LOUHIVUORI, Viulupedagogiikan vaiheet: Musiikkiesteettisen ajattelun heijastuminen viulunsoitonopetukseen 1750-luvulta 1970-luvulle (Die Gesch. der V.pädagogik: der Einfluß von musikästh. Denken auf die V.pädagogik von den 1750er bis zu den 1970er Jahren), Ph.D. Diss. Jyvaskylan Yliopisto (Finnland) 1998 ▪ N. L. VOLINSKY, V. Performance Practice and Ethnicity in Saraguro, Ecuador, Ph.D. Diss. Univ. of Il. Urbana-Champaign 1998 ▪ B. GREINER, V.tradition am Moskauer Kons. zwischen 1866 und 1966 – interdisziplinäre Reflexionen, Diss. Bln. 1999 ▪ E. GRONHOLZ, Der therapeutische Effekt von reiner und modifizierter V.musik bei chronischem Tinnitus. Eine prospektive randomisierte Doppelblindstudie bei 100 Patienten, Diss. Düsseldorf 2000 ▪ J. HOLOPAINEN, Jousenkäytön teoria ja todellisuus: jousitekniikan ja viulumusiikin vestaavuuden sysemaattinen tutkimus (Theorie und Realität des V.bogens: eine systematische Studie über die Entsprechung zwischen Bogentechnik und V.musik), Diss. Jyväskylä Yliopisto (Finnland) 2000.

2. 16.–18. Jahrhundert H. WEIZSÄCKER, Studien zur dt. V.musik des 17. Jh., Diss. Prag 1924 ▪ H. LUNGERSHAUSEN, Probleme der Übergangszeit von der altklassischen zur klassischen Epoche. Stilkritische Analysen am norddt. V.solokonzert des 18. Jh., Diss. Bln. 1928 ▪ M. DOUNIAS, Die V.konzerte G. Tartinis als Ausdruck einer Künstlerpersönlichkeit und einer Kulturepoche, Diss. Wfbl. 1935; Repr. ebd. 1966 ▪ R. GIAZOTTO, T. Albinoni. ›Musico di violino dilettante veneto‹ (1671–1750), Mld. 1945 [= Storia della musica 2,2] ▪ A. WIRSTA, Écoles de violon au XVIIe siècle d'après les ouvrages didactiques, P. 1955 ▪ H. R. JUNG, Joh. G. Pisendel (1687–1755). Leben und Werk. Ein Beitr. zur Gesch. der V.musik der Bach-Zeit, Diss. Jena 1956 ▪ B. A. G. SEAGRAVE, The French Style of V. Bowing and Phrasing from Lully to J. Aubert (1650–1730), Diss. Stanford Univ. 1958 ▪ E. BORROFF, The Instrumental Works of J.-J. Cassanéa de Mondonville, Diss. Univ of Mich. 1959 ▪ R. E. PRESTON, The Forty-eight Sonatas for V. and Figured Bass of J.-M. Leclair, Diss. Univ. of Mich. 1959 ▪ P. BRAINARD, Die V.sonaten G. Tartinis, Diss. Göttingen 1960 ▪ C. E. FORSBERG, The Clavier-V. Sonatas of W. A. Mozart, Diss. Ind. Univ. 1964 ▪ D. THEMELIS, Vorgesch. und Entstehung der V.etüde. Allgemeine spieltechnische und mus. Voraussetzungen bis zur Gründung des Pariser Conservatoire, Diss. Mn. 1964 ▪ K. M. STOLBA, A History of the V. Etude to about 1800, Diss. Univ. of Ia. 1965 ▪ H. EPPSTEIN, Studien über J. S. Bachs Sonaten für ein Melodieinstrument und obligates Cemb., Uppsala 1966 (= Studia musicologica Upsaliensa N.S. 2) ▪ A. MOSER/ H.-J. NÖSSELT, Gesch. des V.spiels, Bd. 1: Das V.spiel bis 1800 (Italien), erw. Tutzing ²1966 ▪ R. R. KIDD, The Sonata for Keyboard with V. Accompaniment in England (1750–1790), Diss. Yale Univ. 1967 ▪ R. E. NORTON, The Chamber Music of G. Torelli, Diss. Northwestern Univ. 1967 ▪ E. DANN, H. Biber and the Seventeenth-century V., Diss. Columbia Univ. 1968 ▪ TH. D. DUNN, The Instrumental Music of B. Marini, 2 Bde., Diss. Yale Univ. 1969 ▪ R. H. DEAN, The Music of M. Mascitti (ca. 1664–1760): A Neapolitan Violinist in Paris, 2 Bde., Diss. Univ. of Ia. 1970 ▪ J. HUNKEMÖLLER, W. A. Mozarts frühe Sonaten für Vl. und Klavier. Unters. zur Gattungsgesch. im

18. Jh., Diss. Bern/Mn. 1970 (= Neue Heidelberger Stud. zur Mw. 3) ▪ N. A. ZASLAW, Materials for the Life and Works of J.-M. Leclair l'Aîné, Diss. Columbia Univ. 1970 ▪ H. POULOS, G. Coperario and W. Lawes: The Beginnings of Pre-Commonwealth V. Music, DMA. Diss. Ind. Univ. 1971 ▪ M. L. SHAPIRO, The Treatment of Form in the V. Concertos of T. Albinoni, Univ. of Cal. Santa Barbara 1971 ▪ V. FREYBOLD, V.sonaten der Gb.-Epoche in Bearbeitungen des späten 19. Jh., Diss. Hbg. 1973 (= Hamburger Beitr. zur Mw. 10) ▪ BR. GEISER, Stud. zur Frühgesch. der V., Diss. Bern/Stg. 1974 ▪ J. W. HILL, The Life and Works of Fr. M. Veracini, Diss. Harvard Univ. 1974 ▪ A. M. KARPEL, The Works of Joh. M. Leffloth, Including an Edition of the Concerto in F for Cb. and V., DMA. Diss. Univ. of Ia. 1974 ▪ DM. KOLBIN, Skripičnye koncerty V. A. Mocarta [Die V.konzerte von W. A. Mozart], Diss. M. 1974 ▪ D. H. MOSKOVITZ, A Stylistic Evaluation of Cadenzas Presently in Print for W. A. Mozart's V. Concertos in G Major (K.216), D Major (K.218) and A Major (K.219), DMA. Diss. Univ. of Ia. 1974 ▪ G. BECKMANN, Die frz. V.sonate mit B.c. von J.-M. Leclair bis P. Gaviniès, Diss. Hbg. 1975 (= Hamburger Beitr. zur Mw. 15) ▪ J. LUCE, The Virtuosity and Unique Role of the Caprices for Solo V. in P. Locatelli's ›L'arte del violino‹, Diss. Univ. of Mich. 1975 ▪ A. PETRAŠ, Ëvoljuncija žanrov sol'noj smyčkovoj sonaty i sjuity do serediny XVIII veka (Die Entwicklung der Solostreichersonate und -suite bis zur Mitte des 18. Jh.), Diss. Lgr. 1975 ▪ E. SELFRIDGE-FIELD, Venetian Instrumental Music from Corelli to Vivaldi, Diss. Oxd. 1975 ▪ R. CHERUBINI, L. Mozart's ›Violinschule‹ as a Guide to the Performance of W. A. Mozart's Sonatas for V. and Keyboard, Diss. Case Western Reserve Univ. 1976 ▪ R. L. GINTER, The Sonatas of P. Gaviniès, Diss. O. State Univ. 1976 ▪ M. M. CURTI, J. Playford's ›Apollo's banquet‹, 1670, Diss. Rutgers Univ. 1977 ▪ R. E. STRAVA, The Concerto in C Major for V. and Strings (It. 315, Univ. of Cal. at Berkeley) by P. Nardini, DMA. Diss. Univ. of Ia. 1977 ▪ W. LEBERMANN, Mozart-Eck-André, Ein Beitrag zu KV 268 (356b), (C 14.04), in: Mf. 31, 1978, 452–465 ▪ B. H. MCWILLIAMS, The Concerto in D Major (Originally E-Flat) for V., Va., and Orchestra by C. Stamitz, Together with a Performing Edition, 2 Bde., DMA. Diss. Univ. of Ia. 1978 ▪ A. MISCHAKOFF, Ivan Evstaf'evich Kandoshkin and the Beginnings of Russian String Music, DMA. Diss. Univ. of Ill. Urbana-Champaign 1978 ▪ L. RAABEN, Istorija russkogo i sovetskogo skripičnogo iskusstva (Die Gesch. der russischen und sowjetischen Violinkunst), Lgr. 1978 ▪ R. R. EFRATI, J. S. Bach. Die Interpretation der Sonaten und Partiten für V. solo und der Suiten für Vc. solo, Z. 1979 ▪ M. P. OGLETREE, G. Tartini. His Influence on V. Technique and Literature, DMA. Diss. Univ. of Ky. Lexington 1979 ▪ FR. M. PAJERSKI, M. Uccellini (1610-1680) and His Music, Diss. N. Y. Univ. 1979 ▪ S. W. MCVEIGH, The Violinist in London's Concert Life, 1750–1784: F. Giardini and His Contemporaries, Diss. Univ. of Oxd. 1980 ▪ A. DUNNING, P. A. Locatelli. Der Virtuose und seine Welt, 2 Bde., Buren 1981 ▪ A. WIERICHS, Die Sonate für obligates Tasteninstrument und V. bis zum Beginn der Hochklassik in Deutschland, Diss. Kassel 1981 ▪ M. M. FILLION, The Accompanied Keyboard Divertimenti of Haydn and His Viennese Contemporaries (c. 1750–1780), 2 Bde., Diss. Cornell Univ. 1982 ▪ K. J. KROUT, Performance Edition and Selected Works from Joh. J. Walther's ›Hortulus chelicus‹ with Historical and Editorial Notes, Diss. Tex. Tech. Univ. 1982 ▪ U. MAZUROWICZ, Das Streichduett in Wien von 1760 bis zum Tode J. Haydns, Diss. Tutzing 1982 (= Eichstätter Abh. zur Mw. 1) ▪ D. E. NEAL, History of the Fantasia until 1735 together with Perfomances of Fantasias No. 1, 3, and 8 from the ›Twelve Fantasias‹ for Unaccompanied V. by G. Ph. Telemann, DMA. Diss. Univ. of North Tex. 1982 ▪ E. VAN V. PHILLIPS, The Divisions and Sonatas of H. Butler, Diss. Wash. Univ. 1982 ▪ W. APEL, Die italienische V.musik im 17. Jh., Wdbn. 1983 (= BzAfMw 21) ▪ P. S. SCHWARZE, Styles of Composition and Performance in Leclair's Concertos, Univ. of N. C. Chapel Hill 1983 ▪ J. C. LUCKTENBERG, Unaccompanied V. Music of the 17th and 18th Centuries: Precursors of Bach's Works for V. Solo, DMA. Diss. Univ. of S. C. 1983 ▪ M. A. EDDY, The Rost Codex and Its Music, Diss. Stanford Univ. 1984 ▪ E. LINFIELD, D. Buxtehude's Sonatas: A Historical and Analytical Study, Diss. Brandeis Univ. 1984 ▪ GR. J. MCPHAIL, The Accompanied Keyboard Sonata in France 1734–1778, MM. Univ. Wellington 1984 ▪ K. SCHILLING, J. S. Bach's ›Concerto for Oboe and V.‹, BWV 1060 and ›Brandenburg Concerto No. 2‹, BWV 1047: Two Performance Analyses Based on a Study of Rhythmic Groupings, DMus Diss. Ind. Univ. 1985 ▪ TH. G. WOOD, The Consort Music of Th. Baltzar, MM. Univ. of Cincinnati/O. 1985 ▪ K. KOMLOS, The Viennese Keyboard Trio in the 1780s: Studies in Texture and Instrumentation, 2 Bde., Diss. Cornell Univ. 1986 ▪ A. GLAZUNOV, Proizvedenija Fr. Džeminiani i P. Lokatelli i ich interpretacija vydajuščimisja skripačami sovremennosti (Die Werke Fr. Geminianis und P. Locatellis und ihre Interpretation durch herausragende zeitgenössische Violinisten), Diss. M. 1987 ▪ R. WECKER, Entwicklungszüge frühmonodischer V.musik in Mantua und Venedig, Diss. Wzbg. 1987 ▪ J. E. FRANCE, Sixteen V. Sonatas Dedicated to Madam Greggs of Durham by Joh. Chr. Pepusch. An Edition and Commentary, MA Univ. College of Wales, Cardiff 1989 ▪ S. MANGSEN, Instrumental Duos and Trios in Printed Italian Sources, 1600–1675, 2 Bde., Diss. Cornell Univ. 1989 ▪ R. E. SELETSKY, Improvised Variation Sets for Short Dance Movements in V. Repertory, ca. 1680–1800, Exemplified in Period Sources for Corelli's ›Violin Sonatas‹, op. 5, DMA. Diss. Cornell Univ. 1989 ▪ M. K. STUDEBAKER, A Stylistic Analysis of the Cantatas with V. Obbligato from ›The Harmonische Gottesdienst‹ by G. Ph. Telemann, DA Diss. Univ. of Northern Col. 1989 ▪ M. G. FIORENTINO, Le sonate per violino di G. A. Leoni (ca. 1600-post 1670), Diss. Padova 1990 ▪ D. E. EDMONDS, A Survey of the V. Concertos of W. A. Mozart, MA Central Mo.

State Univ. 1991 ▪ J. M. PRUETT, J. S. Bach's Chaconne in D Minor: An Examination of Three Arrangements for Piano Solo, DMA. Diss. The La. State Univ. 1991 ▪ VL. REVA, Predklassičeskoe skripičnoe iskusstvo Avstrii (17- načalo 18 vekov) (Die vorklassische Violinkunst in Österreich vom 17. bis zum beginnenden 18. Jh.), Diss. Lgr. 1991 ▪ T. CH. TSENG, Some Stylistic Observations of Vivaldi's V. Concerti op. 3, MA Mich. State Univ. 1991 ▪ P. ALLSOP, The Italian ›Trio-Sonata‹ from Its Origins until Corelli, Oxd. 1992 ▪ A. CATTORETTI, G. B. Sammartini: I quintetti per archi del 1773, Tesi di laurea Univ. Pavia 1992 ▪ L. CORDELLA, I ventuno capricci per due violini e b.c. di N. Fiorenza, Tesi di laurea Univ. Neapel 1992 ▪ FR. F. MANN, M. Stratico, The op. 1, sei sonate, and an Edition of Sonatas No. 2 and No. 6, 2 Bde., DMA. Diss. Univ. of Nebr. Lincoln 1992 ▪ B. SCIÓ, P. A. Locatelli: Le sonate per violino e basso opera VI, Tesi di laurea Univ. Pavia 1993 ▪ GL. E. BURDETTE, The V. Sonatas of G. B. Somis (1686-1763), Including an Edition of op. 3, Diss. Univ. of Cincinnati/O. 1993 ▪ M. R. CUSMA'PICCIONE, Le sonate per violino e organo di P. degli Antoni. Studio storico et edizione critica, Tesi di laurea Univ. Pavia 1993 ▪ P. HOLMAN, Four and Twenty Fiddlers: The V. at the English Court, 1540-1690, N. Y. 1993 ▪ VL. KUNZMANN, J.-F. Rebel (1666-1747) and His Instr. Music, Diss. Columbia Univ. 1993 ▪ M. HEINZEL, Die V.sonaten W. A. Mozarts, Diss. Fr.i.Br. 1996 ▪ GR. R. BARNETT, Musical Issues of the Late-Seicento: Style, Social Function, and Theory in Emilian Instrumental Music, Diss. Princeton Univ. 1997 ▪ CH. L. CHENG, The Performance of Handel's Solo V. Sonatas: With a Realization of the Ornaments and an Evaluation of the Authenticity, DMA. Diss. Univ. of Md. College Park 1997 ▪ D. O. RANDOLPH, A Performance Edition and Critical Report of the Six Sonatas for V. and Harpsichord by C. Chabran, Diss. Tex. Tech. Univ. 1997 ▪ S.-CH. YEON, Dittersdorfs KaM. für Streichinstrumente. Quellenkundliche und stilistische Untersuchungen, Diss. Münster 1997 ▪ K.-J. MIN, Analyses of the Twelve Fantasies for Solo Flute (1732/33) and the Twelve Fantasies for Solo V. (1735) of G. Ph. Telemann, DMA. Diss. Univ. of Wash. 1998 ▪ M. A. RAMIREZ, Program Notes for the Unaccompanied V. Duos of J. Aubert op. 15 and J.-M. Leclair l'aine op. 3: French Baroque Bowing Traditions Applied to the Dance Movements, DMA. Diss. Univ. of Md. College Park 1998 ▪ TH. DRESCHER, Spielmännische Tradition und höfische Virtuosität. Studien zu Voraussetzungen, Repertoire und Gestaltung von V.sonaten des deutschsprachigen Südens im späten 17. Jh., Diss. Basel 1999 ▪ E. I. FIELD, Performing Solo Bach: an Examination of the Evolution of Performance Traditions of Bach's Unaccompanied V. Sonatas from 1802 to Present, DMA. Diss. Cornell Univ. 1999 ▪ D. J. GOLBY, Technique and Performance on the V. in England, c.1750 – c.1800. A Case-study in Music Education, 2 Bde., Ph.D. Diss. Oxd. Univ. 1999 ▪ S. E. J. KYUNG, Chaconne from J. S. Bach's Partita No. 2: Linear Analysis, MM Cal. State Univ. Long Beach 1999 ▪ ST. REDFIELD, Four Selected Works by V. Orgitano: Resurrecting Eighteenth-century Accompanied Keyboard Sonatas as Ensemble Pieces for Intermediate Violinists, DMA. Diss. Univ. of Tex. Austin 1999 ▪ D. SACKMANN, Bach und Corelli. Studien zu Bachs Rezeption von Corellis V.sonaten op. 5 unter besonderer Berücksichtigung der ›sog. Arnstädter Orgelchoräle‹ und der langsamen Konzertsätze, Diss. Z. 1999 ▪ K. E. STRIECK, The Mystery of the ›Mystery Sonatas‹: a Musical Rosary Picture Book (H. I. Fr. von Biber), MA McGill Univ. (Kanada) 1999 ▪ F. P. CSESZKO, A Comparative Study of J. Szigeti's 1931, A. Grumiaux's 1960, and S. Luca's 1983 Recordings of J. S. Bachs Sonata Nr. 1 for Solo V., DMA. Diss. Univ. of Wis. Madison 2000.

3. Übergang 18./19. Jahrhundert G. NEURATH, Das V.konzert in der Wiener klassischen Schule, Diss. Wien 1926 ▪ W. ENGELSMANN, Beethovens Kompositionspläne in seinen Sonaten für Kl. und V., Diss. Erlangen 1931 ▪ P. BR. CURRY, The François Tourte V. Bow: Its Development and Its Effect on Selected Solo V. Literature of the Late Eighteenth and Early Nineteenth Centuries, Diss. Brigham Young Univ. 1968 ▪ R. GIAZOTTO, G. B. Viotti, Mld. 1956 ▪ E. CH. WHITE, G. B. Viotti and His V. Concertos, 2 Bde., Diss. Princeton Univ. 1957 ▪ J. SZIGETI, Beethovens V.werke, Z. 1965 ▪ N. K. NUNAMAKER, The Virtuoso V. Concerto before Paganini: The Concertos of Lolli, Giornovicchi, and Woldemar (1750-1815), Diss. Ind. Univ. 1968 ▪ M. FR. BOYCE, The French School of V. Playing in the Sphere of Viotti: Technique and Style, Diss. Univ. of N. C. 1973 ▪ M. D. WILLIAMS, The V. Concertos of R. Kreutzer, Diss. Ind. Univ. 1973 ▪ E. F. HIEBERT, Beethoven's Trios for Pfte., V., and Vc.: Problems in History and Style, Diss. University of Wis. 1970 ▪ R. A. KRAMER, The Sketches for Beethoven's V. Sonatas, op. 30: History, Transcription, Analysis, 3 Bde., Diss. Princeton Univ. 1974 ▪ R. STOWELL, The Development of V. Technique from L'Abbé le Fils (Jos. B. Saint-Sévin) to Paganini, Diss. Cambridge Univ. 1979 ▪ G. N. JOHANSEN, Beethoven's Sonatas for Piano and V., op. 12, No. 1 and op. 96: A Performance Practice Study, DMA. Diss. Stanford Univ. 1981 ▪ S. E. PICKETT, F. Fraenzl's ›Symphonie Concertante‹ op. 4: A Performing Edition with Historical and Editorial Notes, Diss. Tex. Tech. Univ. 1981 ▪ M. ROSTAL, L. van Beethoven. Die Sonaten für Kl. und V., Mn./Z. 1981 ▪ C. L. MCCORMICK, M.-Fr. Blasius (1758-1829): A Biographical Sketch, Catalog of Works, and Critical Performance Edition of the ›Quatuor Concertant‹ in F, op. 1, No. 1, Diss. Mich. State Univ. 1983 ▪ V. R. MILTON, An Analysis of Selected V. Concertos of G. B. Viotti within the Context of the V. Concerto in France of the Late Eighteenth and Early Nineteenth Centuries, DMA. Diss. American Conservatory of Music 1986 ▪ R. D. RIGGS, Articulation in Mozart's and Beethoven's Sonatas for Piano and V.: Source-critical and Analytic Studies, Diss. Harvard Univ. 1987 ▪ M. A. EDGE, V. and Va. Duos of the Late Eighteenth and Early Nineteenth Centuries, MA Univ. of Victoria, Canada 1992

■ L. D. GREENFIELD, A Study of the Characteristics and Performance Practices of the Beethoven V. and Piano Sonata op. 24 No. 5, MM. Cal. State Univ. Long Beach 1992 ■ CH. WHITE, From Vivaldi to Viotti. History of the Early Classical V. Concerto, Philadelphia/Pa. u.a. 1992 (= Musicology Series 11) ■ J. A. STURM, The Evolution of a Dramatic Compositional Style in the V. Concertos of L. Spohr, Diss. Ind. Univ. 1995 ■ M. WULFHORST, L. Spohr's Early Chamber Music (1796–1812): A Contribution to the History of Nineteenth-century Genres, 2 Bde., Diss. City Univ. of N. Y. 1995 ■ GR. M. SHERRELL, The V. Duets of L. Spohr, DMA. Diss. The Univ. of Tex. Austin 1996 ■ S. AHN, Genre, Style, and Compositional Procedure in Beethoven's ›Kreutzer‹ Sonata, op. 47, Diss. Harvard Univ. 1997 ■ Y. CHW. ER, The Historical Influences on the Works for V. and Orchestra by L. van Beethoven, DMA. Diss. Rice Univ. 1997 ■ H.-M. WANG, Beethovens Violoncell- und V.sonaten, Diss. Kassel 1997 (= Kölner Beitr. zur Mf. 199) ■ L. G. MAASER, A. Reicha's Quartets for Flute and Strings, op. 98: an Historical Perspective and Stylistic Overview, DMA. Diss. O. State Univ. 1998 ■ J. G. MORAN, Techniques of Expression in Viennese String Music (1780–1830): Reconstructing Fingering and Bowing Practices, Ph.D. Diss. Univ. of L. 2001 ■ H. TUNG, The Pedagogical Contributions of Rode's Caprices to V. Mastery, DMA. Diss. Univ. of Tex. at Austin 2001.

4. 19. Jahrhundert B. SWALIN, Das V.konzert der dt. Romantik, Diss. Wien 1932 ■ M. SONNLEITNER, Spohr's V.konzerte, Diss. Graz 1946 ■ R. SH. FISCHER, Brahms' Technique of Motivic Development in His Sonata in D minor, op. 108 for Piano and V., DMA. Diss. Univ. of Ariz. 1964 ■ WILH. LAUTH, Max Bruchs Instrumentalmusik, Diss. K. 1967 (= Beitr. zur rheinischen Mg. 68) ■ A. MOSER/H.-J. NÖSSELT, Gesch. des V.spiels, Bd. 2: Das V.spiel von 1800 (Deutschland) bis in die erste Hälfte des 20. Jh., erw. Tutzing ²1967 ■ V. FREYWALD 1973 [s. Lit. 2] ■ L. J. DEPEW, Fr. Schubert's Music for V. and Piano, MA Univ. of Ky. 1977 ■ J. A. STARR, A Critical Evaluation of Performance Style in Selected V. Works of Nineteenth-century American Composers, DMA. Diss. Univ. of Ill. Urbana-Champaign 1978 ■ G. WEISS-AIGNER, Joh. Brahms. V.konzert D-Dur, Mn. 1979 (= Meisterwerke der Mk. 18) ■ VL. GRIGOR'EV, Istorija pol'skogo skripičnogo iskusstva XIX veka (Die Gesch. der polnischen Violinkunst im 19. Jh.), Diss. M. 1981 ■ M. R. MORETTI, Catalogo tematico delle musiche di N. Paganini, Genua 1982 ■ C. A. HORAN, A Survey of the Piano Trio from 1800 through 1860, Diss. Northwestern Univ. 1983 ■ A. YARROW, An Analysis and Comparison of the Three Sonatas for V. and Piano by E. Grieg (1843–1907), Diss. N. Y. Univ. 1985 ■ C. DONOGHUE, The Duo Sonatas of Joh. Brahms. A Historical and Analytical Study, Diss. Trinity College Dublin 1987 ■ J. A. BOND, The Concert Etude from the Nineteenth Century Prague School of V. Playing, DMA. Diss. Memphis State Univ. 1988 ■ B. HY. KIM, Comparative Study of J. C. Arriaga's ›La Hungaria‹, DMA. Diss. Univ. of Miami/Fla. 1988 ■ M. STRUCK, R. Schumann. V.konzert d-Moll, Mn. 1988 (= Meisterwerke der Mk. 47) ■ M. A. NOTLEY, Brahms's Chamber-music Summer of 1886: A Study of Opera 99, 100, 101, and 108, Diss. Yale Univ. 1992 ■ TH. G. WOOD, Concerto for V. in G Minor, op. 26 by M. Bruch: A Critical Edition, DMA. Diss. The Univ. of Wis. Madison 1992 ■ F. ELUN, The Life and Works of H. Wilh. Ernst (1814–1865) with Emphasis on His Reception as Violinist and Composer, Diss. Cornell Univ. 1993 ■ R. CHR. ERDAHL, E. Grieg's Sonatas for Stringed Instruments and Piano: Performance Implications of the Primary Source Materials, 2 Bde., DMA. Diss. Peabody Inst. of the Johns Hopkins Univ. 1994 ■ N. DE C. HAMMILL, The Ten V. Concertos of Ch.-A. de Bériot, DMA. Diss. The La. State Univ. 1994 ■ H. YANG, Twelve Variations on Paganini's 24th Caprice: An Analysis, DMA. Diss. Univ. of Wash. 1994 ■ D. R. B. GRAVELLE, Stylistic Analysis and Performance Practice Issues in N. Paganini's ›Grand Sonata per Chitarra con Accompagnamento di V.‹ (M.S. 3), DMA. Diss. Univ. of Cal. Los Angeles 1997 ■ I. CH. HSIEH, Performance of the V. Concerto and Sonatas of Joh. Brahms with an Analysis of Jos. Joachim's Influence on His V. Concerto, Diss. The Univ. of Md. College Park 1997 ■ KL. KÖRNER, Die V.sonaten von Joh. Brahms, Agb. 1997 ■ K. SH. SHEN, An Analytical Study of Paganini's Twenty-Four Caprices for Solo V., DMA. Diss. Univ. of Wash. 1997 ■ J. KIM, The Compositions for V. and Piano of A. Dvořák, DMA. Diss. Boston Univ. 1999 ■ CH.-Y. BAK, An Eclectic Analysis and Performance Guide of R. Schumann's First Two V. Sonatas, Ph.D. Diss. N. Y. Univ. 2000 ■ A. T. LEONG, The First Five Concertos of H. Vieuxtemps: Style, Structure, Influence, and Performance Practice, DMA. Diss. Univ. of Conn. 2000.

5. Übergang 19./20. Jahrhundert D. A. SHAND, The Sonata for V. and Piano from Schumann to Debussy (1851–1917), Diss. Boston Univ. 1948 ■ H. H. MÜLLER, Stud. zu Regers Personalstil an Hand seiner V.-Klavier-Sonaten, Diss. Wien 1964 ■ A. MOSER/H.-J. NÖSSELT 1967 [s. Lit. 4]
■ G. HELDT, Das dt. nachromantische V.konzert von Brahms bis Pfitzner, Diss. Rgsbg. 1973 (= Kölner Beitr. zur Mf. 76)
■ A. KAPILOV, Razvitie skripičnogo iskusstva v Belorussii v XX-načale XX veka (Die Entwicklung der Violinkunst in Weißrußland im 19. und frühen 20. Jh.), Diss. M. 1981 ■ P. G. TAYLOR JR., Thematic Process and Tonal Organization in the First Movement Sonatas of M. Reger's Nine Sonatas for V. and Piano, Diss. Catholic Univ. of America 1982 ■ D. G. TUBERGEN, A Stylistic Analysis of Selected V. and Piano Sonatas of Fauré, Saint-Saëns, and Franck, Diss. N. Y. Univ. 1985
■ B. J. ENGLESBERG, The Life and Works of Ethel Barns: British Violinist-composer (1873–1948), Music Education Degree Boston Univ. 1987 ■ M. STOCKHEM, E. Ysaÿe et la musique de chambre, Liège 1990 ■ S. I. BAER, The Virtuoso V. Works of

M. Ravel: An Analysis of Structural, Technical and Interpretive Features, Diss. Tex. Tech. Univ. 1992 ▪ L. PRČIK, Stylistic Evolution of L. Janáček's Lesser-known Compositions of V., DMA. Diss. Ariz. State Univ. 1996 ▪ W. CHUNG, The Role of Solo V. in the Orchestral Compositions of R. Strauss, DMA. Diss. Univ. of Wash. 1997.

6. 20. Jahrhundert P. B. CARLSON, A Historical Background and Stylistic Analysis of Three Twentieth Century Compositions for V. and Piano, DMA. Diss. Univ. of Mo., Kansas City 1965 ▪ A. MOSER/H.-J. NÖSSELT 1967 [s. Lit. 4] ▪ A. P. DRUCKER, A Chronological Survey and Stylistic Analysis of Selected Trios for Piano, V., and 'Cello Composed by Native-born United States Composers during the Period 1920 to 1945, DMA. Diss. Peabody Conservatory of Music 1970 ▪ W. W. LISTER, The Contemporary Sonata for V. and Piano by Canadian Composers, MAD. Boston Univ. 1970 ▪ BR. PETROVITSCH, Studien zur Musik für V. solo 1945-1970, Diss. Rgsbg. 1972 (= Kölner Beitr. zur Mf. 68) ▪ R. B. SIDOTI, The V. Sonatas of B. Bartók: An Epitome of the Composer's Development, DMA. Diss. O. State Univ. 1972 ▪ R. E. FRANK, Quincy Porter: A Survey of the Mature Style and a Study of the Second Sonata for V. and Piano, DMA. Diss. Cornell Univ. 1973 ▪ R. K. PERRY, The V. and Piano Sonatas of B. Martinů, DMA. Diss. Univ. of Ill. Urbana-Champaign 1973 ▪ E. RADITZ, An Analysis and Interpretation of the V. and Piano Works of E. Bloch (1880-1959), Diss. N. Y. Univ. 1975 ▪ CH. W. WEST, Music for Woodwinds and Strings, Five to Thirteen Players, Composed between c.1900 and c.1973. A Catalogue of Compositions and Analyses of Selected Works of Composers Active in the United States after 1945, DMA. Diss. Univ. of Ia. 1975 ▪ S. Z. RUBINSTEIN, A Technical Investigation and Performance of Three French V. Sonatas of the Early Twentieth Century (1915-1927), Debussy, Ravel and Fauré, EdD Diss. Columbia Univ. Teachers College 1976 ▪ A. SZENTKIRÁLYI, Bartók's Second Sonata for V. and Piano (1922), Diss. Princeton Univ. 1976 ▪ L. HENDERSON, The Evolution of Prokofiev's Style and Treatment of Structure in His Instrumental Music, with Special Reference to the Piano and V. Concertos, Diss. Southhampton 1977 ▪ D. MELLADO, A Study of 20th-century Duets for V. and Vc., Diss. Mich. State Univ. 1979 ▪ V. R. F. STRAUSS, The Stylistic Use of the V. in Selected Works by Stravinsky, DMA. Diss. Univ. of Tex. Austin 1980 ▪ L. J. KLUGHERZ, A Performer's Analysis of Three Works for V. and Piano by Contemporary Spanish Composers, DMA. Diss. Univ. of Tex. Austin 1981
▪ CHR. PAŠUNKOVA, Narodno-instrumental'nye istoki skripičnogo tvorčestva bolgarskich kompozitorov XX veka i problemy interpretacii ich proizvedenij (Die Quellen der instr. Volksmusik von Violinwerken bulgarischer Komponisten des 20. Jh. und Probleme der Interpretation ihrer Werke), Diss. M. 1981 ▪ V. V. BOBETSKY, An Analysis of Selected Works for Piano (1959-1978) and the Sonata for V. and Piano (1964) by

John Corigliano, DMA. Diss. Univ. of Miami/Fla. 1982 ▪ A. T. MCDONALD, A Conductor's Analysis of ›Serenade for Solo V., String Orch., Harp and Percussion‹ by L. Bernstein, DMA. Diss. Stanford Univ. 1982 ▪ K. L. SARCH, The Twentieth Century V.: A Treatise on Contemporary V. Technique, Music Education Degree Univ. of Boston 1982 ▪ TH. W. JOINER, The V. Concerto of Will. Walton, DMus Diss. Fla. State Univ. 1983 ▪ W. J. RICHARDS, An Analysis of Three Works of Luening, Rochberg, and Wolff as Representative of Unaccompanied Solo V. Literature Composed 1970-1979, DA Diss. Univ. of Northern Col. 1983 ▪ D. E. BRUNELL, An Analysis of Melody, Harmony, and Developmental Techniques in the First Movement of ›Sonata for V. and Piano (1977:3)‹ by David Deboor Canfield, DMus Diss. Ind. Univ. 1984 ▪ N. R. PING-ROBBINS, The Piano Trio in the Twentieth Century: A Partially Annotated Bibliogr. with Introduction and Appended Lists of Commissioned Works and Performing Trios, Raleigh/ N. C. 1984 ▪ J. E. BRAWAND, The V. Works of Roque Cordero, DMA. Diss. The Univ. of Tex. Austin 1985 ▪ M. ZORMAN, Music for Solo V. 1950-1960: A Study in Twentieth-century Nontonal Melodic Writing as Exemplified in Works by Perle, Shifrin, Ehrlich, Zimmermann, and Sessions [...], Diss. Univ. of N. Y. 1985 ▪ W. J. GRESHAM, Aspects of Style in Five Works for Winds by K. Weill, DMA. Diss. Univ. of Cincinnati/O. 1986 ▪ G. MANOLIU, G. Enescu. Poet și gînditor al viorii/G. Enescu. Poète et penseur de l'art du violon, Bukarest 1986 [rumänisch/frz.] ▪ J. M. WATROUS, Harmonic and Transpositional Logic in the First Movement of the Schoenberg ›V. Concerto‹, Diss. Brandeis Univ. 1986 ▪ U. Y. WHANG, An Analysis of Dello Joio's Chamber Music for Piano and Strings with Performance Suggestions, EdD Columbia Univ. Teachers College 1986 ▪ B. D. GOLDSCHMITH, A Style Analysis of the Piano Compositions and Two Works for V. and Piano by Lazare Saminsky, DMA. Diss. Peabody Inst. of the Johns Hopkins Univ. 1987 ▪ D. H. LEE, A Study of ›Suite No. 1, Seven Korean Folksongs for V. (or Vc.) and Piano‹ (1958) by Min-Jong Park, DMA. Diss. The La. State Univ. 1987 ▪ B. MECHTIEV, Azerbajdžanskij skripičnyj koncert (Das aserbaidschanische Violinkonzert [1950er-1970er Jahre]), Diss. Tiflis 1987 ▪ E. PEREIRA, Twentieth-century V. Technique, DMA. Diss. Univ. of Tex. Austin 1987 ▪ R. STEPHAN, A. Berg. V.konzert (1935), Mn. 1988 (= Meisterwerke der Mk. 49) ▪ R. J. ALDAG, R. Session's Duo for V. and Vc.: An Edition and an Examination of the Composition Process, Diss. City Univ. of N. Y. 1990 ▪ I. GREBNEVA, Zanr skripičnogo koncerta v zarubežnoj evropejskoj muzyke 1920-1930-ch godov (Das Violinkonzert in der europäischen Musik der 1920er und 1930er Jahre), Diss. M. 1991 ▪ R. LORKOVIČ, Das V.konzert von A. Berg, Winterthur 1991 (= Musikreflexionen 3) ▪ A. POPLE, Berg. V. Concerto, Cambridge 1991 (= Cambridge Music Handbooks) ▪ LYN. C. RITZ, The Three V. Sonatas of G. Enesco, DMA. Diss. Univ. of Ky. 1991 ▪ S. W. CHO, Structural Analysis and Extra Musical

Meaning in A. Berg's ›V. Concerto‹, Diss. Univ. of Cal. Los Angeles 1992 ▪ PH. R. COONCE, The Genesis of the B. Bartók Sonata for Solo V., DMA. Diss. Manhattan School of Music 1992 ▪ L. D. DICKSON, V. Timbre as a Structural Element in the Music of Grazyna Bacewicz (1909-1969), DMA. Diss. Univ. of Tex. Austin 1992 ▪ R. ELLERO, Le composizioni violinistiche di Stravinskij per Dushkin, Tesi di Laurea Univ. Vdg. 1992 ▪ N. O. HARPER, J. Ireland's First Sonata for V. and Piano, DMA. Diss. O. State Univ. 1992 ▪ X. LANG, He Zhanhao and Cheng Gang: ›The Butterly Lovers‹ V. Concerto, [Music Education Degree] Univ. of Ariz. 1992 ▪ A. J. NAGY, B. Bartók's V. Concerto No. 2: An Analysis of the Creative and Compositional Process through a Study of the Manuscripts, Diss. City Univ. of N. Y. 1992 ▪ C. J. BARRON, Three V. Works by Mexican Composer M. M. Ponce (1882-1948): Analysis and Performance, DMA. Diss. Univ. of Tex. Austin 1993 ▪ D. A. BURWASSER, A Study of L. Harrison's Concerto for V. and Percussion Orch. and Concerto for Organ and Percussion Orch., Diss. City Univ. of N. Y. 1993 ▪ K. L. DANNESSA, An Annotated Bibliogr. of Trios for Clarinet, One String Instr. and Piano Composed Between 1978 and 1990 by Composers Active in the United States, DMus Diss. Fla. State Univ. 1994 ▪ CHR. KENNESON, Székely and Bartók. The Story of a Friendship, Portland/Oreg. 1994 ▪ A. KWAK, A Performer's Analysis of A. Pettersson's Concerto No. 2 for V. and Orch., DMA. Diss. O. State Univ. 1994 ▪ L. E. LANTZ, The V. Music of K. Szymanowski: A Review of the Repertoire and Stylistic Features, DMA. Diss. O. State Univ. 1994 ▪ S. LEE, The Unique Expression of Shostakovich's V. Writing, DMA. Diss. Univ. of Wash. 1994 ▪ GW. L. PENG, A Descriptive Thematic Catalog of the Works of Fr. Kreisler, DMA. Diss. City Univ. of N. Y. 1994 ▪ V. SANDLER, Zapadnoevropejskaja sonata dlja skripki solo pervoj poloviny XX veka-Istorija, stil', problemy interpretacii (Die westeuropäische V.-Solosonate in der ersten Hälfte des 20. Jh. Gesch., Stil, Probleme der Interpretation), Diss. M. 1994 ▪ E. DOFLEIN, Briefe an B. Bartók 1930-1935. Zur Entstehungsgeschichte von Bartóks 44 Duos für 2 Violinen, hrsg. von U. Mahlert, K. 1995 ▪ J. M. FADIAL JR., Twentieth-century Duos for V. and Cello, DMA. Diss. Univ. of Md. College Park 1995 [vgl. B. D. Vanderborgh 1995] ▪ JOH. P. GRÄSSER, Der Jazzgeiger Stephane Grappelli. Personalstil und Violintechnik, Diss. Gießen 1995 ▪ VL. L. HIRSU, East Meets West in Enescu's Second Sonata for Piano and V., op. 6, DMA. Diss. La. State Univ. 1995 ▪ H. J. HWANG, Transformation of Rumanian Folk Sources into Abstract Pitch Formations in Bartók's V. Rhapsodies, DMA. Diss. Univ of Tex. Austin 1995 ▪ B. D. VANDERBORGH, Twentieth-century Duos for V. and Cello, DMA. Diss. Univ. of Md. College Park 1995 [vgl. J. M. Fadial 1995] ▪ PH. R. BALDWIN, An Analysis of Three V. Sonatas by William Bolcom, DMA. Diss. O. State Univ. 1996 ▪ JOH. M. DIETRICH, The V. in the Pre-bebop Era Jazz, DMA. Diss. Univ. of Cincinnati/O. 1996 ▪ D. KIM, A Recording and an Analytical Overview of Two V. Works by I. Yun, DMA. Diss. Ariz. State Univ. 1996 ▪ H. KIM, Selected V. Repertoire by Contemporary Korean Composers, DMA. Diss. Univ. of Md. College Park 1997 ▪ D. E. SCHNEIDER, Expression in the Time of Objectivity: Nationality and Modernity in Five Concertos by B. Bartók, DMA. Diss. Univ. of Cal. Berkeley 1997 ▪ L. VELICKOVIC, Musical Language and Style of E. Bloch's ›Poème Mystique‹, DMA. Diss. Univ. of Tex. Austin 1997 ▪ J. G. R. VIANNA, A. Matraga: Oper in One Act. Chamber Symphony for Winds. ›Metamorphosis‹ for V. and Piano, Ph.D. Diss. Catholic Univ. of America 1997 ▪ J. D. ACETO, A Compact Disc Recording of Selected Works for MIDI V. and Electronics, DMA. Diss. Ariz. State Univ. 1998 ▪ C. D. BRUDERER, A Study of Twentieth Century V. and Va. Duos, Including Critical Reviews and Analyses of Selected Works, Ph.D. Diss. Univ. of Cal. San Diego 1998 ▪ T. S. LIEBIG, Performance Edition and Analysis of the V. Part of Lutosławski's ›Partita‹ and ›Subito‹, DMA. Diss. Univ. of Miami/Fla. 1998 ▪ A. R. PEREA, Electro-acoustic Music: an Historical Overview, with an In-depth Study of Prepartory Techniques for M. Davidovsky's ›Synchronisms No. 9‹ for V. and Tape, DMA. Diss. Univ. of Tex. Austin 1998 ▪ L. E. ROBERTSON, R. Burgin, Artist and Master Teacher, DMus. Diss. Fla. State Univ. 1998 ▪ A. C. SILVA, The Sonatas for V. and Piano of M. C. Guarnieri: Perspectives on the Style of a Brazilian Nationalist Composer, DMA. Diss. Boston Univ. 1998 ▪ S. B. VEIGA, An Analysis and Comparison of the Duo of Z. Kodály and the Sonata of M. Ravel for V. and Vc., DMA. Diss. Univ. of Ky. 1998 ▪ M. T. ZENG, The Works for Piano and V. by T. Takemitsu: a Cultural and Stylistic Perspective, DMA. Diss. Univ. of Southern Miss. 1998 ▪ J. M. GELFAND, G. Tailleferre: Piano and Chamber Works [u.a. V.sonaten], Ph.D. Diss. Univ. of Cincinnati/O. 1999 ▪ S. C. FL. GEORGE, A Performance-based Study of Musical Maturation in the V. Compositions of Th. R. George, DMA. Diss. Univ. of Cincinnati/O. 1999 ▪ J. KIM, The Diasporic Composer: the Fusion of Korean and German Musical Cultures in the Works of I. Yun [u.a. Gasa für V. und Kl.], Ph.D. Diss. Univ. of Cal. Los Angeles 1999 ▪ L. E. MILLER, The Sound of Dreams: T. Takemitsu's ›Far Calls. Coming, Far!‹ and J. Joyce's ›Finnegans Wake‹, MA McGill Univ. (Kanada) 1999 ▪ S. E. OH, Cultural Fusion in the Music of the Korean-german Composer I. Yun: Analysis of ›Gasa für V. und Kl.‹ and ›Sonatina für 2 V.‹, DMA. Diss. Univ. of Houston/Tex. 1999 ▪ J. A. PINELL, Four Contemporary Compositions for the V. by Bolivian Composers with an Introduction to Folk-related Influences, DM. Diss. Fla. State Univ. 1999 ▪ CH. R. SCHEIDEMANTLE, The V. Works of Fr. Kreisler, an Analysis and Performance Guide, Ph.D. Diss. N. Y. Univ. 1999 ▪ K. WALTER-CLARK, B. Martinůs Three Works für Flute, V., and Keyboard, DMA. Diss. Univ. of Houston/Tex. 1999 ▪ K. M. BERNIER, Disparate Measures: Two 20th Century Treatments of the Paganini Theme (N. V. Bentzon, R. Muczynski), DMA. Diss. Univ. of Ariz. 2000 ▪ E. Y. CHUNG, Bartók's

Sonata No. 2 for V. and Piano: Structural Functions of Polymodal Combinations, DMA. Diss. Univ. of Tex. Austin 2000 ▪ P. R. EWOLDT, ›La Bande a Franck‹: Chamber Music for Piano and V., DMA. Diss. Univ. of Md. College Park 2000 ▪ O. HAJIOFF, Program Notes for the Forty-four Duos, the V. Rhapsodies and the Rumanian Folk Dances of B. Bartók: a Performance Study, DMA. Diss. Univ. of Md. College Park 2000 ▪ SH.-L.LIN, The Three V. Sonatas of British Composer W. Josephs, DMA. Diss. O. State Univ. 2000 ▪ M. TAKEDA, The Secrets of J. Heifetz's Playing Style as Revealed by His Editing of Works by Walton, Korngold, and Waxman, DMA. Diss. City Univ. of N. Y. 2000 ▪ A. I. USAREK, The Genesis and Fate of B. Bartók's 1907 V. Concerto, DMA. Diss. Univ. of Tex. Austin 2000 ▪ SC. FR. COLE, E. Schulhoff: His Life and Violin Works, DM. Diss. Fla. State Univ. 2001.

THOMAS DRESCHER
BRAM GÄTJEN
MARIANNE RÔNEZ
ULRICH MAZUROWICZ
JÖRG JEWANSKI (LITERATUR ZU D.)

Violoncello

INHALT: A. *Geschichte*. I. Allgemeines. 1. Nomenklatur. 2. Besaitung und Stimmung. 3. Geschichte. 4. Haltungshilfen. - II. Violoncello piccolo. - III. Guitarre-Violoncell/Arpeggione. B. *Violoncellospiel*. C. *Violoncellomusik*. I. Das Cello als Soloinstrument. - II. Das Cello im Ensemble.

A. Geschichte
I. Allgemeines

Das Violoncello ist heute der von der Stimmlage her tiefste Vertreter der Violinfamilie mit der Stimmung C-G-d-a. Es nimmt eine dominierende Stellung im Baßbereich der Orchesterinstrumente ein und hat sich seit dem Ende des 17. Jh. als wichtigstes Solostreichinstrument neben der Violine etabliert (zur Herstellungstechnik → Streichinstrumentenbau).

Die Geschichte des Violoncello läßt sich in zwei Phasen einteilen. Die erste reicht von der Enstehung im Kontext der Violinfamilie kurz nach 1500 (→ Violine B.1. und 2.) bis in das zweite Drittel des 17. Jh. und ist gekennzeichnet von unterschiedlichen Baugrößen, die in der Tiefe bis in den Übergangsbereich zur Sechzehnfußlage reichen. Die morphologische und terminologische Vielfalt der frühen Geschichte mit allen hierbei implizierten Problemen wird erst seit etwa 35 Jahren differenzierter untersucht. Besonders die Interpretation des Begriffes *Violone* hat zu kontroversen Darstellungen geführt (S. Bonta 1977, M. H. Schmid 1987, A. Planyavsky 1984 und 1989, J. Loescher 1997; → Violone, → Kontrabaß III.1. und 2., IV.1.). Erst im letzten Drittel des 17. Jh. entstand ein Instrument im bis heute gültigen Format, das den Namen *Violoncello* erhielt. Beide Entwicklungslinien - die der älteren und meist größeren Baßinstrumente und die des ›modernen‹ Violoncello - überlagern sich allerdings je nach regionaler Tradition um etwa ein Jahrhundert, sodaß sich das Violoncello erst in der zweiten Hälfte des 18. Jh. als alleiniges Baßstreichinstrument der Achtfußlage endgültig durchgesetzt hatte.

1. Nomenklatur

Die Bezeichnungen waren bis ins 18. Jh. hinein uneinheitlich (K. Marx 1963, S. 62-72; M. H. Schmid 1987). Korrekt im Hinblick auf die Familienzugehörigkeit wäre *basso di viola da braccio* (Baßinstrument der Violinfamilie) wie es um 1600 häufiger zu lesen ist (L. Zacconi 1592, S. 218; C. Monteverdi, Partiturdruck von *L'Orfeo*, Vdg. 1609, S. 28; PraetoriusS 2, S. 26). In Frankreich war der analoge Terminus *basse de violon* bis nach 1700 in Gebrauch, in England *bass violin*. Eine Verkürzung des italienischen Namens erfolgte mit dem Augmentativ → *Violone*, das ohne differenzierende Beifügungen in Italien seit Beginn des 17. Jh. in der Regel ein Baßinstrument der Violinfamilie in tiefer Achtfußlage bezeichnete (M. H. Schmid 1987, J. Loescher 1997). Der Terminus *Violoncello* ist bisher erstmals in einem Ensembledruck von G. C. Arresti belegt (*Sonate a 2, & a tre, con la parte del violoncello a beneplacido*; op. 4, Vdg. 1665), allerdings gebraucht G. B. Fontana schon 1641 das verwandte *violoncino*. Die Begriffe vereinen ein Augmentativsuffix zu *Viola* (*-one*), mit einem Diminutivsuffix (*-ello*, *-ino*) und bringen damit zum Ausdruck, daß es sich um eine kleinere Variante des *Violone* handelt. Die Tatsache, daß beide Bezeichnungen in Italien bis in die ersten Jahrzehnte des 18. Jh. parallel benutzt und von *contrabasso* unterschieden werden, deutet darauf hin, daß es sich um Instrumente derselben Lage, aber von unterschiedlicher Korpusgröße handelt, die zu einem unterschiedlichen klanglichen Timbre führte. Gleichzeitig ist auch ein Funktionsunterschied zu beobachten. *Violone* findet meist für Aufgaben im Basso-continuo-Bereich Verwendung, das kleinere *Violoncello* war eher für solistische Zwecke vorgesehen. So fordert beispielsweise G. Muffat (Vorrede zu den Concerto grossi des *Armonico tributo*, Salzburg 1682, in: DTÖ 23, S. 118; s. auch W. Kolneder 1970, S. 11f.), in direkter Bezugnahme auf seinen Aufenthalt in Rom bei A. Corelli, für ein Concertino zwei Violinen »e *Violoncino ò Viola di Gamba*«, zur Verstärkung der Bässe des Concerto grosso hingegen »*Contrabassi è Violoni*«. Dies deckt sich mit zahlreichen Instrumentenangaben in den Rechnungsbüchern von Cardinal Pietro Ottoboni, Corellis Dienstherrn. Auch dort wird konsequent in *violoni* und *contrabassi* unterschieden (H. J. Marx 1968, S. 123ff.).

Im deutschsprachigen Raum wird nach 1700 vielfach das italienische *Violoncello* übernommen und Namen wie *Bassel* oder *Bassett* verwendet (L. Mozart 1756, S. 3). *Violone* bleibt hier – anders als in Italien – überwiegend dem Baßstreichinstrument in Sechzehnfußlage vorbehalten.

2. Besaitung und Stimmung

Während für die Diskant- und Mittelstimmeninstrumente der Violinfamilie bis in die Mitte des 16. Jh. dreisaitige Bezüge belegt sind, ist das Baßinstrument schon in frühen Quellen als Viersaiter beschrieben (H. Gerle 1532, fol. H4v, wohl noch für ein Instrument in → Rebec-Form; G. M. Lanfranco 1533, S. 137;

M. Agricola 1545, fol. 46r-47v; Ph. Jambe de Fer 1556, fol. H3r-H3v). Dabei sind prinzipiell zwei Stimmungen zu unterscheiden: B^1-F-c-g und C-G-d-a. Die erste ergibt sich aus dem Quintabstand zum Instrument der Mittellage auf c (= F-c-g) mit Umfangserweiterung um eine Quint nach unten (= B^1). Die C-Stimmung ist in einem zweiten Schritt als Angleichung im Oktavabstand zur Bratsche zu betrachten (K. Marx 1963, S. 44). Denkbar ist aber auch, daß die B^1-Stimmung aus einer insgesamt tieferen Familienanordnung hervorgeht, bei der schon das Alt/Tenor-Instrument auf F basiert und der Baß auf B^1 zu stehen kommt (J. Eppelsheim 1987, S. 162-165). Von dieser Konstellation, die bei Zacconi (1592, fol. 218) beschrieben ist, hätte nur das tiefe Instrument überlebt. Tatsächlich gibt Praetorius (PraetoriusS 2, S. 26) in der Tabella universalis für die viersaitige Baß Viol de Braccio sowohl eine Stimmung auf C wie eine auf F an und spiegelt damit Möglichkeiten für beide Zuordnungen. Während sich in Italien vermutlich schon nach 1600 die C-Stimmung durchgesetzt hatte, wird die B^1-Stimmung in Frankreich und England noch bis zum Beginn des 18. Jh. gepflegt. Neben den viersaitigen Instrumenten sind im 17. Jh. auch vielfach fünfsaitige Modelle benutzt worden, wie bildliche Darstellungen und zusätzliche Wirbellöcher an überlieferten Instrumenten zeigen. Auch strukturelle Eigenheiten der Musik, wie Akkordfolgen und Doppelgriffe im frühen Solorepertoire, machen die Verwendung einer fünften Saite wahrscheinlich. Noch J. S. Bach schrieb für die sechste seiner Suiten für Violoncello solo (BWV 1012) ein Instrument »a cinque acordes« (C-G-d-a-e') vor.

3. Geschichte

Mit dem Auftreten der Violinfamilie in den ersten Jahrzehnten des 16. Jh. ist auch deren Baß existent und wird bereits 1533 von Lanfranco erwähnt. Frühe ikonographische Zeugnisse kleinformatiger Baßinstrumente – vermutlich noch für eine Stimmung auf F – finden sich unter anderem bei Gaudenzio Ferrari (Kuppelfresko des Doms zu Saronno, 1535) sowie in einem Gemälde von Ludovico Fiumicelli (Padua 1537; Abb. 32).

Zur klanglichen Verbesserung der tiefen Lage kam es noch im 16. Jh. in Italien zur Entwicklung eines größeren Modells mit rund 80 cm Korpuslänge, das in Frankreich als basse de violon bis ins 18. Jh. hinein gespielt wurde. Praetorius beschreibt 1619 außerdem einen Groß Quint-Baß, der die Familienbildung noch um eine Stimmlage in die Tiefe erweitert (F1-C-G-d-a). Dieses Instrument – fünfsaitig und mit einer maßstäblich wiedergegebenen Korpuslänge von über 84 cm – ist auf Taf. XXI der Sciagraphia (PraetoriusS 2) unter Nr. 6 abgebildet (in der Legende mehrdeutig als *Bas-Geig de bracio* bezeichnet). Erst mit der Technik der Saitenumspinnung, die offensichtlich kurz nach der Mitte des 17. Jh. von Italien aus Verbreitung fand, konnte man kleinformatige Instrumente herstellen, die gleichzeitig in tiefer wie in hoher Lage befriedigende Klangeigenschaften aufwiesen (S. Bonta 1977). Die Korpusgröße pendelte sich daraufhin in den klassischen oberitalienischen Werkstätten um 1700 bei ca. 71–76 cm ein. Damit war das *Violoncello* entstanden, wie es heute noch gebaut wird. Dennoch kamen andernorts weiterhin großformatige Ripieno-Celli neben den kleineren Soloinstrumenten zum Einsatz (J. J. Quantz 1752, S. 212). Diese älteren Bautypen wurden im Lauf der Zeit fast ausnahmslos auf die kleineren Maße reduziert (drastisch beschrieben von B. Romberg, 1840, S. 4f.: »*Von dem Verschneiden der Instrumente*«), sodaß über deren ursprüngliche Mensurverhältnisse heute keine allgemeinen Aussagen mehr getroffen werden können. Die schwingende Saitenlänge dürfte sich jedoch deutlich über 75 cm bewegt haben.

Hinsichtlich der baulichen Einrichtung und der Veränderungen an der Halskonstruktion um 1800 folgt das Violoncello auf analoge Weise den Enwicklungen bei der Violine (→ Violine II.3.). Als Besonderheit ist die Erfindung einer Stellschraube zur Veränderung der Halsneigung durch J. G. Staufer in Wien zu nennen (AmZ 7, Wien 1823, H. 12, Sp. 89–93), die jedoch nur kurze Zeit Verwendung fand.

Erwartungsgemäß finden sich vom 16. bis ins 18. Jh. die verschiedensten Baugrößen. J. Talbot gibt ca. 1695 eine Korpuslänge von nur 71 cm an, bei einer Zargenhöhe von 11,4 cm. Heutige Instrumente, die gerne nach Modellen von A. Stradivari, M. Goffriller oder D. Montagnana gebaut werden, orientieren sich an einer Korpuslänge von rund 75 cm und einer Saitenmensur von 68 bis 70 cm. Die Tabelle listet die Korpusmaße einiger unverändert gebliebener Instrumente auf:

Abb. 32: Ludivico Fiumicelli, Madonna mit Kind und Schutzheiligen von Padua, Ausschnitt: Musizierende Engel mit Laute, kleinem dreisaitigen Baßinstrument der Violinfamilie und Rebec (1537) (Foto: Padova, Museo Civico)

	Maße in cm	Korpuslänge	Zargenhöhe
[Klemm, Randeck] c. 1594		c.71	12,5/13,5
William Baker, Oxford 1672		c.71	
F. Ruger, Cremona o. J.		76,1	11,8
H. Krouchdaler, Oberbalm/Bern c.1685		76	12,2/12,4
F. Straub, Friedenweiler 1689		81,6	15,7
D. Galli, Modena 1691		80,2	11,8/12,1
A. Stradivari, Cremona 1701 (»Servais«)		79,1	12,5/12,8
G. Bourbon, Brüssel 1702		80,3	13,0
A. Stradivari, Cremona 1711 (»Duport«)		75,9	11,7
D. Montagnana, Venedig 1739		74,1	
G. Aman, Augsburg 1709		74,7	11,2/11,9
M. Snoeck, Brüssel 1718		72,2	11,9
S. Schelle, Nürnberg 1735		73,4	12,1/12,5

Im süddeutsch-österreichischen Raum scheint bis um 1700 vor allem ein spezieller Typ der → Viola da gamba mit Merkmalen der Violinfamilie (FF-Löcher, gelegentlich mit Randüberstand, auch fünf- und viersaitig) als Baßinstrument des Achtfußbereichs verwendet worden zu sein. J. J. Prinner (1677) nennt noch kein dem Violoncello entsprechendes Instrument, D. Merck (1695) verweist nur beiläufig auf den »französischen Bass mit 4. Saiten« (in B^1-Stimmung), und G. Muffat muß noch 1698 in Passau ausdrücklich das italienische *violoncino* wie den *Frantzösischen Bass* für die Ausführung seiner Suiten empfehlen, ohne die Instrumente jedoch weiter zu differenzieren (DTÖ 4, S. 24; W. Kolneder 1970, S. 74).

4. Haltungshilfen

Die Violinfamilie war von Beginn an für den mobilen Einsatz im Freien bei Tanz und Umzügen vorgesehen, wie es bereits Ph. Jambe de Fer (1556, S. 63) beschrieben hat. Das Baßinstrument mit seiner aufrechten Spielhaltung wurde durch Umhängevorrichtungen diesen Erfordernissen angepaßt (Abb. 33), eine Praxis, die noch im 19. Jh. für ›Dorfmusikanten‹ beschrieben wird (W. Schneider 1834, S. 77) und in vereinzelten Traditionen der populären Musik bis heute fortlebt.

Im stationären Gebrauch wurde das Violoncello im 17. und frühen 18. Jh. meist direkt auf den Boden gestellt oder mit einem Holzstachel bzw. durch Positionierung auf erhöhte Objekte (z. B. auf einen niedrigen Schemel) in eine günstige Spielposition gebracht. Die Schulen des 18. Jh. (seit Corrette 1741) bis gegen Ende des

19. Jh. beschreiben jedoch ausschließlich die Haltung zwischen den Beinen, ohne weitere Stütze. Erst um 1880 findet der Stachel im Violoncello-Spiel größere Verbreitung, eingeführt vermutlich von A. F. Servais (s. auch B.).

II. Violoncello piccolo

Als Violoncello piccolo werden Instrumente in kleiner Bauweise bezeichnet, häufig mit fünf Saiten ausgerüstet (C-G-D-a-e'/d'), die sich besonders für das solistische Spiel eigneten. Der Wunsch nach beweglichen Streichinstrumenten der Baßlage und der gleichzeitige Mangel an qualifizierten Spielern des Violoncello führte im späten 17. und frühen 18. Jh. vor allem im deutschsprachigen Bereich zu besonders kleinen Bauformen des Baßinstruments, die in Armhaltung, gegebenenfalls mit Umhängevorrichtung, gespielt werden konnten. Sie waren unter Namen wie viola/violoncello da spalla (B. Bismantova, Nachtrag 1694 [S. 119], mit der Stimmung D-G-d-a; J. Mattheson 1713, S. 285), Fagottgeige (Daniel Speer, Grundrichtiger […]

Abb. 33: Leonaert Bramer (1596–1674), Wandernde Musikanten mit Violoncello am Tragband, Violine, Schalmei (?) und Sänger (Foto: München, Staatliche Graphische Sammlung)

Unterricht, Ulm ²1697, S. 207) oder Handbaßel (L. Mozart 1756, S. 2) bekannt (→ Viola). Das von Bach in etlichen Kantaten vorgeschriebene Violoncello piccolo (hierzu resümierend A. Dürr 1989) gehört höchstwahrscheinlich in dieselbe Kategorie (U. Drüner 1987). In der Regel ist seine Partie im (oktavierenden) Violinschlüssel sowie im Kontext der Violinstimmen aufgezeichnet und war damit für einen Geiger gut ausführbar. Fünfsaitige Instrumente mit hohen Zargen (Korpuslänge 45,5 cm; Zargenhöhen zwischen 7,7 und 9 cm) vom Leipziger Geigenbauer Johann Christian Hoffmann (1683–1750) könnten speziell für Bachs Anforderungen gebaut worden sein. Spätere Biographen Bachs (GerberATL 1, Sp. 90), die mit dem Terminus *Violoncello* wohl ausschließlich ein Instrument in Kniehaltung verbanden, beschrieben das fünfsaitige Instrument (C-G-d-a-e') mit dem ihnen geläufigeren Begriff *viola pompos*a – den Bach selbst niemals verwendete – und stifteten dadurch anhaltende Verwirrung (→ Viola).

III. Guitare-Violoncell/Arpeggione

Das Instrument ist durch Fr. Schuberts berühmte a-Moll-Sonate von 1824 (D 821) heute noch ein Begriff. Der Name *Arpeggione* allerdings scheint ein Neologismus Schuberts gewesen zu sein, der nur im Autograph seiner Sonate zu finden ist und mit deren Druck seit 1871 Verbreitung fand. Die Literatur der Entstehungszeit spricht von *Guitare-Violoncell*, *Guitarre d'amour*, *Bogen-Guitarre* oder *Chitarra col arco*. Das Instrument besitzt häufig einen gitarrenförmigen Korpus mit gewölbter Decke und flachem Boden (Abb. 34). Es hat das Format eines etwas kleineren Violoncello und wird wie dieses in Kniehaltung gespielt, aber offenbar mit einem Geigenbogen gestrichen. Die sechs Saiten in tief oktavierter Gitarrenstimmung (E-A-d-g-h-e') laufen über ein gewölbtes Griffbrett mit meist 24 fest eingelassenen Bünden aus Metall (oder Bein/Elfenbein), die einen etwas gläsernen Klang bewirken. In Bauform und Stimmung kann der Arpeggione auch als später Verwandter der Viola da gamba betrachtet werden.

Als Erfinder des Instruments wird im April 1823 der Wiener Gitarren- und Geigenmacher J. G. Staufer genannt (AmZ 26, 1823, H. 18, Sp. 280; Cäcilia 1, 1824, S. 168–169), doch meldet kurz darauf auch Peter Teufelsdorfer (1784–1845) in Pest seinen Anspruch darauf an (*Gemeinnützige Blätter – Zur vereinigten Ofner und Pesther Zeitung*, 1823, 29. Mai; AmZ 25, 1823, H. 38, Sp. 626). Dieser nannte seine Erfindung Sentimental-Guitarre. Das Guitarre-Violoncell erfreute sich nur kurzer Beliebtheit. Vincenz Schuster (Lebensdaten unbekannt), der Schuberts Sonate uraufführte, schrieb eine Schule. Als Spieler der Bogen-Guitarre erlangte der Cellist H. A. Birnbach einige

Bekanntheit. Es sind gut ein Dutzend Instrumente erhalten geblieben, gebaut von verschiedenen Herstellern, teilweise als Umbauten aus Violoncelli und Viole da gamba (P. Jaquier 1997). Staufer selbst entwarf mindestens drei in der Korpusform unterschiedliche Modelle.

THOMAS DRESCHER

B. Violoncellospiel

Ursprünglich lagen die Aufgaben des Violoncellos – wie die der gesamten Violinfamilie – im Bereich der Tanz-, Unterhaltungs- und Repräsentationsmusik (→ Violine, → Viola, → Viola da gamba). Das Cello spielte die tiefste Stimme eines mehrstimmigen Satzes, der in der Regel gemeinsam mit Vokalstimmen ausgeführt

Abb. 3: ›Guitare-Violoncell‹ [Arpeggione], Stich aus V. Schuster, Anleitung zur Erlernung des von Hrn: Georg Staufer neu erfundenen Guitare-Violoncells, Wien, Diabelli Nr. 2052 [1825] (Foto: Gesellschaft der Musikfreunde, Wien)

wurde oder vokalen Vorbildern folgte. Nach heutiger Auffassung waren die spieltechnischen Anforderungen denkbar gering. Entsprechend den jeweiligen Gegebenheiten spielte man Cello nicht nur im Sitzen, sondern gleichfalls im Stehen und verschiedentlich sogar im Gehen; das Cello wurde dabei um die Schultern gehängt (s. A.I.4. und Abb. 2). Die Haltung der linken Hand entsprach erstaunlicherweise nicht der der Gambe, sondern folgte dem Vorbild der Violine. Man setzte die Finger nicht vertikal zur Saite auf, sondern in Schrägstellung von oben. Die Hand umfaßte den Hals in der Weise, daß der Daumen an der vom Spieler aus gesehen rechten Seite lag und nicht an der Unterseite. Gleichfalls dem Vorbild der Violine folgte der Fingersatz: Er war diatonisch, nicht chromatisch. Zwischen den vier Spielfingern befanden sich nicht immer Halbtonabstände, sondern wechselweise Ganz- und Halbtöne, je nachdem, wie die diatonische Skala sie vorgab. Griffen die ersten beiden Finger Sekund und Terz zur leeren Saite, so der 3. Finger die Quart und der 4. die mit der oberen leeren Saite identische Quint. Insgesamt war der Tonumfang beschränkt; Lagenwechsel kamen überhaupt nicht vor oder konnten ausnahmsweise mit einem kleinschrittigen Fortrücken der Hand ausgeführt werden (→ Violone).

Im 17. und 18. Jh. fand die Violinfamilie auch in Kirche, Hof und neuentstehender Oper Eingang. Gleichzeitig mit der Herausbildung einer eigenständigen, am Prinzip der Monodie orientierten Instrumentalmusik, bei der dem Cello einerseits die Gestaltung des Generalbasses, andererseits immer aber auch kleinere und größere solistische Aufgaben zukamen, erfolgte ein rascher Ausbau der Spieltechnik. Das Cello wurde mehr und mehr im Sitzen gespielt und dabei nicht mehr einfach auf den Boden gestellt, sondern (noch ohne Stachel) zwischen Knien und Unterschenkeln gehalten. Die linke Hand, von der Notwendigkeit, das Instrument zu halten, dispensiert, gab die violinanaloge Haltung auf. Wie bei der Gambe wurden die Finger nun vertikal zur Saite aufgesetzt, der Daumen lag an der Unterseite des Halses. Nach einem diatonisch-chromatischen Übergangsstadium wurde auch die violinanaloge diatonische Applikatur von dem gambenspezifischen sogenannten halbchromatischen Fingersatzsystem abgelöst: Halbtonschritte zwischen 2., 3. und 4. Finger, wahlweise Ganz- oder Halbton zwischen 1. und 2. Finger. Die Ausbildung der halbchromatischen Applikatur erfolgte in Wechselwirkung mit der Emanzipation des Lagenwechsels vom zuvor üblichen kleinschrittigen ›Rücken‹; der freie Lagenwechsel war aufgrund des erweiterten Tonumfangs ohnehin notwendig geworden. Die Erweiterung des Tonumfangs führte auch zum Einsatz des Daumens als fünftem Spielfinger in den oberen Lagen. Der Obergriff der rechten Hand setzte sich allmählich gegenüber dem lange Zeit bevorzugten Untergriff durch. Der Bogen wurde zunehmend näher am Frosch und mit den vorderen Fingergliedern gehalten, was die Ausnutzung des gesamten Bogens wie eine größere Flexibilität in der Tongebung erlaubte. Zum anfänglich ausschließlichen Détaché kamen sowohl das Staccato als auch die Bindung mehrerer Noten im Legato (→ Violine C.).

Die ersten namhaften Cellisten waren Italiener. An der Cappella von San Petronio in Bologna, wo G. B. Vitali, P. Franceschini, D. Gabrielli und G. M. Jacchini wirkten, entstand bereits im ausgehenden 17. Jh. ein frühes Zentrum des Cellospiels. Italien stellte auch für lange Zeit die Cellisten der Kirchen- und Hofkapellen des übrigen Europa: in London G. Cervetto, S. Lanzetti, A. Caporale und G. B. Cirri, in Paris J.-B. Stuck (gen. Batistin) und C. Ferrari, in München E. F. Dall' Abaco und B. Aliprandi, in Berlin C. Graziani, in Prag A. Vandini und in St. Petersburg Giuseppe Dall'Oglio. Sie alle wurden überragt durch Boccherini, der vor allem in Paris und Madrid wirkte, in den Jahren 1786–1797 als ›Hofkompositeur‹ aber auch ein zusätzliches Gehalt vom preußischen Hof bezog. Seit Mitte des 18. Jh. traten auch Cellisten anderer Länder hervor. Aus dem deutschsprachigen Raum stammten Joh. B. Baumgartner, Jos. Fr. Weigl, Joh. G. Chr. Schetky, Joh. R. Zumsteeg und P. Ritter. Aus Böhmen kamen A. Filtz, A. Kraft, J. Reicha und Jan Šťastný. Das englische Cellospiel repräsentierten Jos. Reinagle und J. Gunn. In Frankreich (Paris) kam es im ausgehenden 18. Jh. um M. Berteau und seine Schüler zur ersten bedeutenden Schulbildung (sog. Französische oder Pariser Schule). Zu den Schülern Berteaus gehörten Jos. B. Tillière, Fr. Cupis, J. P. Duport und J.-B.-A.-J. Janson, die ihrerseits J.-B. S. Bréval, J. L. Duport, L.-A.-J. Janson und Ch.-N. Baudiot zu ihren Schülern und Jacques-Michel Hurel de Lamare, P.-Fr. Levasseur und P.-L. Hus-Desforges zu ihren Enkelschülern zählten.

In Paris erschien seit Mitte des 18. Jh. auch eine große Anzahl bedeutender Lehrwerke: die Violoncelloschulen von M. Corrette, in der zum erstenmal der Daumenaufsatz beschrieben wird (1741), Tillière (1764?), Cupis (um 1768?), Joseph Muntz-Berger (vor 1800), Dominique Bideau (1802?) und Bréval (1804?), die *Méthode de violoncelle et de basse d'accompagnement* des Pariser Conservatoire (1804?), an der u. a. Baudiot und J. H. Levasseur mitwirkten, sowie der Epoche machende *Essai sur le doigté du violoncello et sur la conduite de l'archet* (1808?) von J. L. Duport, der die erste systematische Beschreibung des bis heute gültigen halbchromatischen Fingersatzsystems enthält. Andere bedeutende Celloschulen erschienen in Amsterdam (Lanzetti, um 1762?), Den Haag (Baumgartner, 1774?) und London (Robert Crome, 1765?; Gunn, 1789?) (alle Jahreszahlen nach W. Pape/W. Boettcher 1996).

Gegen Ende des 18. Jh. gewann der solistische Aufgabenbereich eine neue Qualität. Mit der Entstehung des öffentlichen Konzerts hatte sich der reisende Virtuose herausgebildet, der vor allem danach trachtete, in eigenen Kompositionen instrumentaltechnische Errungenschaften zur Schau zu stellen. An der Haltung von

Instrument und Bogen änderte sich kaum etwas. Was sich jedoch änderte, war die ungeahnte Entfaltung virtuoser Ressourcen. Rasches und sehr rasches Figuren- und Passagenwerk erstreckte sich unter Einsatz von Daumen und viertem Finger nun bis in die entlegensten Regionen des Griffbretts. Doppelgriff- (neben Terzen, Sexten und Oktaven auch Dezimen), Akkord-, Triller- und Flageolettspiel erfuhren eine erhebliche Erweiterung. Hinsichtlich der Bogenführung wurde das Détaché durch einen Legato-Grundstrich abgelöst; virtuose Stricharten wie Staccato und Spiccato gelangten zum Einsatz. Mit der Abkehr vom Détaché scheint zunehmend mehr vibriert worden zu sein. Unter den drei in der *Violonzell-Schule* (1832?) von J. Joh. Fr. Dotzauer diskutierten Arten des Vibratos - der ›Bebung‹ (auch *tremolo*), dem Bogenvibrato sowie dem ›Pochen‹ (dem rhythmischen Berühren nicht angestrichener, lediglich mitschwingender leerer Saiten) - setzte sich im weiteren Verlauf des 19. Jahrhunderts nur die erste Art des Vibratos durch, wobei das anfängliche Fingervibrato allmählich in ein Handgelenk- und Unterarmvibrato überging (→ Violine C.).

Wurde der Typus des Virtuosen paradigmatisch durch die beiden bedeutendsten Cellisten der ersten Jahrhunderthälfte repräsentiert - B. Romberg und A. Fr. Servais -, so folgten jedoch alle bedeutenden Cellisten bis zum Ende des Jahrhunderts virtuosen Idealen. Die Gründung zahlreicher Konservatorien führte zur Bildung von Schulen und regionalen Zentren des Cellospiels in einem früher nicht gekannten Ausmaß. Zu Paris kamen Brüssel und vor allem Dresden, in geringerem Umfang auch Prag, Wien, Berlin und London. In Paris wirkten Louis Pierre Martin Norblin, A. Jos. Franchomme, P.-A. Fr. Chevillard und Jules Delsart, in London A. Piatti, Robert Lindley, William Edward Whitehouse und Leo Stern. In Wien traten namentlich A. und N. Kraft, Joseph Lincke und Joseph Merck hervor, in Berlin E. M. Ganz, Julius Stahlknecht und Robert Hausmann. Die Brüsseler Schule repräsentierten maßgeblich N.-Jos. Platel, sein Schüler Servais und dessen Schüler J. de Swert. Zum bedeutendsten Zentrum des Cellospiels aber wurde Dresden. Ausgehend von Dotzauer lassen sich - über Fr. A. Kummer, Carl Drechsler und C. E. Schuberth, über B. Cossmann, J. Goltermann, Fr. Grützmacher und K. J. Davydov, über D. Popper, Wilhelm Fitzenhagen, H. Becker und Aleksandr Valerianovič Veržbilovič (1849/50-1911) sowie über J. Klengel und Leopold Rostropovič - Schüler-Lehrer-Verhältnisse rekonstruieren, die in fünfter und sechster Generation im 20. Jh. bis hin zu E. Feuermann, G. Piatigorsky, E. Mainardi und M. Rostropovič reichen.

Vor dem Hintergrund veränderter ästhetischer Anschauungen sowie der Konsolidierung des bürgerlichen Konzertwesens wurde das Ideal der Virtuosität im 20. Jh. durch das der Werkinterpretation verdrängt. Das vornehmste Ziel des Cellospiels bestand nicht länger in spieltechnischen Errungenschaften, die es in eigenen Kompositionen darzulegen galt, sondern in der Interpretation klassischer ›Meisterwerke‹. Die Kammermusik – das Sonaten-, Trio- und Quartettspiel – erfuhr dabei eine erhöhte Aufmerksamkeit. Soweit die Quellen eine Rekonstruktion des Cellospiels im 19. Jh. zulassen, scheint es, als sei über die extensive Steigerung der Virtuosität die intensive Lösung dynamischer, klanglicher, artikulatorischer und intonatorischer Probleme vernachlässigt worden. Diese stand im Zentrum der spieltechnischen Entwicklung des 20. Jh. und bewirkte schließlich die Anerkennung des Cellos als eines der Geige ebenbürtigen Instrumentes. Von einer durchgreifenden Vervollkommnung der Intonation abgesehen, zielten alle spieltechnischen Modifikationen auf die Vergrößerung des Tonvolumens und eine verbesserte Klangqualität, vor allem in höheren Lagen. Auf die Vergrößerung des Tons zielte die Einführung des Stachels, der nicht nur dem Spieler größere Sicherheit und Beweglichkeit garantierte, sondern auch die Zargen des Instruments von dem resonanzhemmenden Umschließen durch Knie und Waden befreite. Zwar wurde ein kurzer Stachel zuweilen bereits im 16. und 17. Jh. verwendet, und Robert Crome empfahl dem Anfänger schon 1765 einen ›wooden peg‹ (*The Compleat Tutor for the Violoncello*), doch fand der Stachel erst seit dem letzten Drittel des 19. und vollends im 20. Jh. allgemeine Verbreitung. Gleichfalls auf die Vergrößerung des Tons und eine verbesserte Klangqualität zielten dann die zunehmende Länge des Stachels sowie der Gebrauch eines Knickstachels. Inwieweit sich die Erhöhung der Kontaktstelle und die flachere Saitenlage tatsächlich vorteilhaft auf Lautstärke und Klangfarbe auswirken, ist trotz der vehementen Fürsprache von P. Tortelier und Rostropovič umstritten. Auf eine Vergrößerung des Tons und die Verbesserung der Klangfarbe zielten die meisten spieltechnischen Modifikationen der Bogen- wie der Griffhand: die zunehmende Beteiligung von Oberarm und Schulter an der Bogenführung, ebenso die bewußte Kontrolle von Kontaktstelle, Bogendruck und Bogengeschwindigkeit; die generelle Vermeidung hoher Lagen auf tiefen Saiten, die weitgehende Preisgabe der ›Daumenpositionstechnik‹ sowie die Bevorzugung der mittleren Spielfinger in Melodie und Kantilene. Der Verbesserung der Artikulation diente ein prononcierter Fingeraufsatz (Percussion) sowie das Ausschalten künstlerisch unmotivierter, nur der technischen Sicherheit dienender Glissandi.

Die Ablösung des Virtuosen durch den Werkinterpreten bahnte sich bereits in der zweiten Hälfte des 19. Jh. an (Piatti, Grützmacher), setzte sich aber erst im 20. Jh. durch, paradigmatisch repräsentiert durch P. Casals. Casals führte keine eigenen Kompositionen mehr auf, und zu den unbestrittenen Höhepunkten seiner Laufbahn gehörte das Triospiel mit A. Cortot und J. Thibaud. Von kleinen Einschränkungen abgesehen, folgten alle Cellisten im 20. Jh. diesem Ideal: so u. a. G. Cassadó, Mainardi, Feuermann, Piatigorsky, P. Fournier, André Navarra, Tortelier, Leonard Rose, Antonio Janigro, Zara Nelsova, M. Gendron, J. Starker, Rostropovič und Jacqueline du Pré, D. Geringas, Yo Yo Ma, B. Pergamenšikov.

Andererseits ist das Cellospiel des 20. Jh. durch einen Prozeß zunehmender Spezialisierung gekennzeichnet, die zwischen Solist, Kammer- und Orchestermusiker weit stärker unterscheidet, als es im 19. Jh. der Fall war, eine Spezialisierung, die es auch dem Cellisten ermöglicht, allein vom Solo- oder Kammermusikspiel zu leben. Mitunter erstreckt sich die Spezialisierung sogar auf das Repertoire. So hat S. Palm ausschließlich durch die Interpretation Neuer Musik Weltgeltung erlangt, Anner Bijlsma durch das Spiel Alter Musik bzw. auf historischen Instrumenten.

C. Violoncellomusik
I. Das Cello als Soloinstrument

Von seinen Anfängen bis ins 20. Jh. hat das Cello als Soloinstrument ein langsam, doch stetig wachsendes Interesse bei Komponisten von Rang gefunden. Doch stand es, mit Ausnahme von zwei Jahrzehnten im 20. Jh. (den 1960er und 1970er Jahren), immer im Schatten der Violine. Die tiefe Lage ließ das Cello nicht nur ästhetisch insgesamt weniger ansprechend erscheinen, sie bereitete auch handfeste kompositorische Probleme. Einerseits gefährdete sie in größeren Besetzungen (etwa in Solokonzerten) stets die Hörbarkeit des Cellos. Andererseits stand sie quer zum satztechnischen Prinzip der Monodie, bei der die Hauptstimme in der Regel die höchste Stimme des Satzes bildet. Die geringere spieltechnische Beweglichkeit beruhte nur partiell auf einem lange Zeit ungeeigneten Applikatursystem (s. B.). Vor allem beruht sie auf der Länge und Dicke der Saiten, die sowohl die Zahl an möglichen Griffkombinationen im einstimmigen wie mehrstimmigen (Doppelgriff-)Spiel beschränkt als auch eine rasche und mühelose Ansprache des Bogens erschwert.

Eine eigenständige Literatur für das Violoncello gibt es seit dem ausgehenden 17. Jahrhundert. Die ersten Kompositionen wurden in Italien verfaßt, oftmals im Umkreis der Capella von San Petronio zu Bologna, fast immer von Cellisten, deren Namen heute kaum jemand mehr kennt. Ungefähr zeitgleich entstanden die ersten Werke für Cello solo wie für Cello und Basso continuo, darunter Ricercare und Partiten von G. B. Degli Antonii (Bologna 1687), D. Gabrielli (Ms., 1689) und G. B. Vitali (undatiert). Wurde das Cello bereits zu dieser Zeit auch in Opern solistisch eingesetzt (Gabrielli, *Flavio Cuniberto*, 1682 Vdg., *Il Maurizio*, 1687 ebd.), so entstanden die frühesten Kompositionen mit konzertierendem Cello erst eineinhalb Jahrzehnte später (G. M. Jacchini, *Concerti per camera*... op.4, Bologna 1701). Cellokonzerte im eigentlichen (späteren) Sinne schrieb erst A. Vivaldi.

Bis ins späte 18. Jh. wurden nur ganz wenige bedeutende Cellokompositionen verfaßt. Strenggenommen zählen nur die sechs Suiten für Violoncello solo von Bach (BWV 1007-1012) und zwei Konzerte von Haydn dazu (D-Dur, Hob. VIIb:2, und das erst 1961 wiederentdeckte in C-Dur, Hob. VIIb:1). Bei einem weiteren, kompositorisch deutlich schwächeren Konzert in D-Dur, dem sogenannten ›kleinen‹ D-Dur-Konzert (Hob. VIIb:4), wird die Autorschaft Haydns heute eher bestritten.

Waren die Solosuiten Bachs qualitativ wie quantitativ eine Ausnahme in der Gattung der Solosonate – neben Bach wurden im 18. Jh. keine weiteren Solosonaten komponiert –, so entstanden Konzerte, aber auch Sonaten mit Basso continuo in keineswegs geringer Zahl. Doch handelte es sich in der Regel um Werke komponierender Cellisten (darunter S. Lanzetti, G. B. Cirri, A. Vandini, J. B. Bréval, J. P. Duport, J. L. Duport, A. Filtz, A. Kraft, Fr. Danzi und P. Ritter) oder um bloße Gelegenheitswerke (L. Leo, G. B. Pergolesi, B. Marcello, Fr. Geminiani, G. Sammartini, Jos. Bodin de Boismortier, W. de Fesch, G. Ph. Telemann, I. J. Holzbauer, C. Stamitz, C. Ph. E. Bach, G. M. Monn, G. Chr. Wagenseil oder I. Pleyel). Nicht, daß die Komposition von Cellosonaten und -konzerten ein unüberwindliches Hindernis gewesen wäre. In der Basso-continuo-Sonate war die geringe Lautstärke des Cellos weniger ein kompositionstechnisches als ein aufführungspraktisches Problem. Es beruhte auf der Besetzung und Gestaltung der Continuogruppe. Einem Cembalo war das Cello dynamisch in jedem Falle gewachsen. Kaum anders verhielt es sich im Solokonzert. Bei allen Einflüssen der Sonatenform blieb das Solokonzert bis zum Ausgang des Jahrhunderts der Ritornellform verpflichtet, die auf dem regelmäßigen Wechsel von Soli und Tutti basierte. Konnte sich in den Tutti das ohnehin noch nicht allzugroß besetzte Orchester ungehindert entfalten, so wurden die Soli meist auch nur von einem gering verstärkten Continuo begleitet. Auch diesem war das Cello in der Regel mühelos gewachsen. Die Komposition von Cellosonaten und -konzerten war also kein unüberwindliches Hindernis, sie schien insgesamt nur weniger lohnend.

Den Höhepunkt der Sonaten- und Konzertkomposition in der ersten Hälfte des 18. Jh. bildeten die Werke Vivaldis, in der zweiten Jahrhunderthälfte neben den Konzerten Haydns die Werke des Cellisten und Komponisten L. Boccherini. Von Vivaldi sind zehn Cellosonaten und 27 Cellokonzerte erhalten, deren Zahl sich angesichts der über 230 Violinkonzerte jedoch eher bescheiden ausnimmt. Von Boccherini konnten bis heute 42 Cellosonaten (einschließlich der Duos für zwei Celli) und

12 Cellokonzerte nachgewiesen werden. Von der gelegentlichen Aufführung des einen oder anderen Werkes der beiden Komponisten abgesehen, vermochte sich bis heute allein Boccherinis Konzert in B-Dur (s. Thematisches Verzeichnis von Y. Gerard, L. 1969, 482) im Repertoire zu behaupten, und das auch nur in der erheblich bearbeiteten Fassung von Friedrich Grützmacher aus dem Jahre 1897. Grützmacher ersetzte nicht nur den langsamen Satz durch den Satz eines anderen Konzerts (s. ebd., Adagio aus 480), in den Ecksätzen komponierte er ganze Teile neu.

Im 19. Jh. entstanden deutlich mehr Cellokompositionen von Rang. Neben dem allgemein gewachsenen spieltechnischen Niveau dürfte das einerseits auf dem beruhen, was Alfred Einstein die »*Entdeckung des Cellos in der Romantik*« (s. *Die Romantik in der Musik*, Mn. 1950, S. 235) nannte: auf der Entdeckung der besonderen klanglichen und expressiven Qualitäten des baritonalen und tenoralen Registers des Cellos. Andererseits scheint es aber auch mit der Herausbildung zweier Gattungen zusammenzuhängen, die sich der Komposition für Cello als ausgesprochen günstig erwiesen: der Duosonate und dem lyrischen Stück für Violoncello und Klavier (bzw. für Klavier und Violoncello). In der Duosonate war das Cello von dem Anspruch befreit, den alleinigen *point de l'attraction* zu bilden, das lyrische Stück erlaubte die gezielte, zeitlich begrenzte Entfaltung cellistischer Kantabilität.

Wurden im 19. Jh. überhaupt keine Solosonaten für Cello geschrieben, so entstand eine stattliche Zahl von Kompositionen für Cello und Klavier, die bis heute maßgeblich das Cellorepertoire repräsentieren: so vor allem die Sonaten von Beethoven (fünf Sonaten), Mendelssohn Bartholdy (zwei Sonaten), Chopin, Brahms (zwei Sonaten), Saint-Saëns (zwei Sonaten), R. Strauss, E. Grieg, H. Pfitzner, M. Reger (vier Sonaten), S. Rachmaninov und G. Fauré (zwei Sonaten), die Variationen von Beethoven (3 Variationszyklen) und Mendelssohn sowie Charakterstücke und Piècen von Schumann, Chopin, Saint-Saëns, Fauré, Strauss, Dvořák, Bruch und Reger.

Erwies sich die Duosonate dem Cello insofern als günstig, als sie es von der Verpflichtung dispensierte, den alleinigen *point de l'attraction* zu bilden, so wurde das ausgewogene Verhältnis von Cello und Klavier zu einem ernstzunehmenden Problem. Beethoven hatte – wenn auch noch nicht in den Sonaten op. 5, in denen das Cello sich mit permanentem Spiel in Baß- und Baritonlage nur schwer gegenüber dem brillanten Klaviersatz zu behaupten vermag, so doch in den Sonaten op. 69 und 102 – eine größtmögliche Ausgewogenheit zwischen Cello und Klavier erreicht: durch die Beschränkung auf ein Figuren- und Passagenwerk, das von beiden Instrumenten gleichermaßen gespielt werden kann sowie durch den besonnenen Einsatz der tieferen und höheren Register des Cellos. Das kantable Hauptthema der Sonate op. 69 in Baßlage wird vom Cello ohne Begleitung des Klaviers vorgetragen. Es ist nicht nur gut hörbar, auch der spezifische Klang des Baß- und Baritonregisters kann sich ungehindert entfalten. Und die über zweieinhalb Oktaven reichenden Skalen vom tiefen, gedeckt klingenden E (bzw. H) bis zum hohen, strahlenden h^1 (bzw. fis^2) im zweiten Thema derselben Sonate sind thematisch-motivisch nichts anderes als der allmähliche Übergang von einer Neben- zur Hauptstimme. Von der enormen Schwierigkeit, die verschiedenen Register des Cellos neben einem anspruchsvollen Klaviersatz wirkungsvoll zur Geltung zu bringen, zeugen die zahlreichen Korrekturen im Autograph der Sonate op. 69 (s. L. Lockwood 1970).

Unter den allerdings erschwerten Bedingungen eines ständig an Umfang zunehmenden Konzertflügels ist nach Beethoven ein ausgewogenes Verhältnis von Cello und Klavier selten mehr in so vollendeter Weise geglückt. Außer Schuberts *Arpeggione*-Sonate, in der das Klavier meist auf reine Begleitung beschränkt ist und die im übrigen ja auch nicht für Cello, sondern für *Arpeggione* (s. A.) geschrieben wurde, besteht das Problem fast immer darin, daß sich das Cello nur schwer gegen den glänzenden (Mendelssohn op. 58, Chopin) oder vollgriffigen (Brahms op. 99, Reger) Klaviersatz durchzusetzen vermag, ein Eindruck, der zuweilen durch den übermäßigen Einsatz der tiefen Register des Cellos noch verstärkt wird (Mendelssohn op. 45, Rachmaninov).

Bedeutende Konzerte für Cello und Orchester entstanden im 19. Jh. in weit geringerer Zahl. Nur die Werke von Schumann (1850), Saint-Saëns (zwei Konzerte 1872/73 und 1902), Pfitzner (ein erst 1977 uraufgeführtes Jugendkonzert aus dem Jahre 1888) und Dvořák (1894/95) zählen dazu. Cajkovskij verfaßte für Cello und Orchester lediglich einen Variationen-Zyklus (›Rokoko-Variationen‹ 1876/77), Beethoven (Tripelkonzert 1803/04) und Brahms (Doppelkonzert 1887) ließen das Cello nur gemeinsam mit anderen Instrumenten konzertieren. Die Konzerte von Schumann und Saint-Saëns (op. 33) zeugen von dem besonderen Problem des Cellokonzerts im Zeitalter des symphonischen Stils: ein vergleichsweise tonschwaches und in seiner Virtuosität begrenztes Instrument wirkungsvoll mit einem größeren, gegenüber dem 18. Jh. beträchtlich gewachsenen symphonischen Apparat zu verbinden. In beiden Konzerten führen die Voraussetzungen zu einem ästhetischen Paradox: Einem relativ wenig virtuos eingesetzten Solocello steht ein auffallend zurückgehaltenes Orchester gegenüber. Zu überzeugenderen Lösungen gelangten erst Pfitzner und Dvořák: Soloinstrument und Orchester kommen weit besser zur Geltung. Was Pfitzner allerdings nur um den Preis struktureller Dissoziation erreichte – Soloinstrument und Orchester entfalten sich in eigenen, voneinander weitgehend unabhängigen Formteilen –, glückte Dvořák auch bei formaler Integration: Solo- und Tuttiteile sind unmitelbar aufeinander bezogen. Wie sehr Dvořák den unterschiedlichen Qualitäten von Solo und Tutti bei maximaler struktureller Integration gerecht zu werden vermochte, zeigt die doppelte Exposition des Kopfsatzes, in der Orchester und Solocello nacheinander mit ein und demselben, doch eben sehr spezifisch aufbereiteten thematischen Material höchst eindrucksvoll in Szene gesetzt werden.

Für die generelle Zunahme bedeutender Celloliteratur im 20. Jh. dürften drei Faktoren ausschlaggebend gewesen ein: 1. die weitere Verbesserung des spieltechnischen Niveaus, 2. die Ablösung des Virtuosen durch den Werkinterpreten, der seine (schlechteren) Kompositionen nicht mehr selbst schrieb, sondern bei (besseren) Komponisten in Auftrag gab, und 3. die Auflösung der Tonalität, die auch auf dem Cello eine größere Zahl von Griffkombinationen im einstimmigen wie mehrstimmigen (Doppelgriff-)Spiel ermöglichte. Gefördert durch den musikalischen Historismus, vor allem aber durch den Neobarock mit seiner Vorliebe für lineare melodische Strukturen, entstand bis in die 1960er Jahre eine Reihe bemerkenswerter Kompositionen für Cello solo, darunter Werke von E. Bloch, B. Britten, H. Cowell, G. Crumb, L. Dallapiccola, M. Feldman, H. W. Henze, P. Hindemith, Z. Kodály, E. Křenek und Reger. Wie in den anderen Gattungen der Cellomusik reicht die stilistische Bandbreite der Werke von der Spätromantik über den Impressionismus, die freie Atonalität, Dodekaphonie, Neobarock, Neoklassizismus und Neoromantik bis hin zur Seriellen Musik.

Auch im Bereich des Solokonzerts wurde bis in die 1960er Jahre eine große Zahl ausgezeichneter Kompositionen verfaßt, darunter Konzerte von S. Barber (1945), Bloch (1915/16), Britten (1963), J. Françaix (1934 und 1950), Hindemith (zwei Konzerte 1925 und 1940), A. Honegger (1929), J. Ibert (1925), A. Jolivet (zwei Konzerte 1961/62 und 1966), Martinů (vier Konzerte 1924, 1930/39, 1940 und 1944/45), D. Milhaud (zwei Konzerte 1934 und 1945), S. Prokof'ev (1934-38, rev. 1950/52), A. Roussel (1936), A. Schönberg (1932/33), D. Šostakovič (zwei Konzerte 1959 und 1966), E. Toch (1924/25) und W. Walton (1956). Die Zunahme an Solokonzerten wurde durch die ebenfalls neobarocken Idealen entsprechende Orientierung an einer gleichsam kleinen, gewissermaßen spielfreudigen Virtuosität begünstigt sowie durch die Hinwendung zu reduzierten, häufig sogar kammermusikalischen Besetzungen. War eine ›spielfreudige‹ Virtuosität dem Cello ebenso zugänglich wie anderen Instrumenten, so gewährleisteten kammermusikalische Besetzungen seine Hörbarkeit weit besser als die symphonischen Besetzungen des 19. Jahrhunderts. Wo indessen an den Idealen großer Virtuosität und symphonischer Besetzung festgehalten wurde, stand man denselben Problemen gegenüber wie im 19. Jh., wobei man sich zuweilen mit einer erstaunlichen Rücksichtslosigkeit über die spieltechnischen und dynamischen Grenzen des Cellos hinwegsetzte (Bloch, Schönberg und Hindemith 1940)

In den Kompositionen für Cello und Klavier, darunter Werke von Barber, Britten, E. Carter, Cl. Debussy, Hindemith, Honegger, L. Janáček, Kodály, Martinů, Milhaud, Fr. Poulenc, Prokof'ev, Šostakovič, A. Webern und K. Weill, wurde durch die Abkehr von einem spezifisch pianistischen Klaviersatz oftmals eine größere Ausgewogenheit zwischen Cello und Klavier erreicht als im 19. Jahrhundert.

In den 1960er und 1970er Jahren folgte ein regelrechter Boom an Cellokompositionen, vor allem im Solo- und Solokonzertbereich. Winfried Pape und Wolfgang Boettcher (1996, S. 200ff.) nennen für die 1960er und 1970er Jahre 89 Kompositionen für Cello solo (gegenüber 29 Kompositionen für die beiden vorhergehenden Jahrzehnte), 77 Cellokonzerte (gegenüber 50 Konzerten in den beiden voraufgehenden Dezennien) und 48 Werke für Cello und Klavier (im Unterschied zu 40 Werken in den 1940er und 50er Jahren). Unter den Komponisten finden sich die größten Namen der Zeit, häufig mit mehreren Arbeiten in den verschiedenen Gattungen der Cellomusik: L. Berio, J. Cage, H. Dutilleux, M. Feldman, S. Gubajdulina, Cr. Halffter, Henze, M. Kagel, H. Lachenmann, G. Ligeti, W. Lutosławski, A. Pärt, K. Penderecki, A. Reimann, W. Rihm, A. Schnittke, K. Stockhausen, I. Xenakis, I. Yun und B. A. Zimmermann.

Das enorm gewachsene Interesse am Cello, das nicht nur in absoluten Zahlen, sondern auch im Vergleich zur Komposition für andere Instrumente deutlich wird, war zunächst einmal zwei Cellisten zu verdanken, die die bedeutendsten Komponisten in ungekannter Weise zur Komposition für ihr Instrument zu inspirieren vermochten: M. Rostropovič und S. Palm. Letztlich ausschlaggebend aber war, daß das Cello sich für die Belange der postseriellen Musik besonders zu eignen schien: für die Klang- und Geräuschkomposition ebenso wie für das Musikalische Theater. Dabei erwiesen sich oftmals dieselben Faktoren als Vorteil, die das Cello bisher benachteiligt hatten. Aufgrund der Länge und Dicke der Saiten erlaubt das Cello einerseits die umfassende Ausnutzung des mikrotonalen Bereichs und des Glissandos, andererseits verfügt es, unter Einsatz der verschiedensten und differenziertesten Arten des Pizzicato, über ein besonders breites Spektrum an Klangfarben, gerade auch in dem für die Klangkomposition so wesentlichen untersten dynamischen Bereich, dem Bereich zwischen Klang, Geräusch und Stille. Schließlich lassen sich auf dem Cello – bedeutsam für das Musikalische Theater – sämtliche sonst nie zur Klangerzeugung mitherangezogenen Instrumententeile bespielen, wie Korpus, Saitenhalter, Stachel u. a. (H. Lachenmann, *Notturno*, 1966/68; M. Kelemen, *Changeant*, 1967/68; P. Ruzicka, *in processo di tempo*, 1971).

Die ungeheure Zunahme insbesondere an Solokompositionen dürfte darauf beruhen, daß sich das schier unerschöpfliche Reservoir von Klang- und Geräuschbildungen - Klang- und Geräuschbildungen, die oftmals dem untersten dynamischen Bereich angehören - ohne Begleitung am wirkungsvollsten entfalten ließ. Zudem übte im Zeichen von Antitraditionalismus und dem sogenannten Musikalischen Theater der Auftritt eines einsamen Cellisten einen besonderen Reiz aus. Der beträchtliche Zuwachs an Konzertkompositionen war gleichfalls eine Funktion der neugewonnenen spieltechnischen Möglichkeiten. Begünstigt wurde er aber auch dadurch, daß unter den Voraussetzungen der Klang- und Geräuschkomposition satztechnische Indifferenz - das unmerkliche Changieren von Klängen und Klangflächen - zum Ideal selbst von Solokonzerten wurde (G. Ligeti, K. Penderecki, Cr. Halffter). Sollte sich ein Klang aber nicht länger plastisch von anderen Klängen abheben, so waren auch geringe Lautstärke und ein gedeckter Ton kein Nachteil mehr.

Seit den 1980er Jahren ist die Produktion an Celloliteratur insgesamt rückläufig, auch wenn viele und zum großen Teil dieselben Komponisten wie in den vorhergehenden zwei Jahrzehnten noch immer Werke in großer Zahl für das Cello schreiben. Im gleichen Maße, in dem die Ideale der Klang- und Geräuschkomposition sowie des Musikalischen Theaters preisgegeben wurden, scheint auch das Cello seine Sonderstellung wieder verloren zu haben.

II. Das Cello im Ensemble

Bis in die zweite Hälfte des 18. Jh. war das Cello in größeren wie kleineren Ensembles mit der Ausführung des Generalbasses betraut. Erst im Zuge der Ablösung des streng hierarchisch gegliederten Satzes des Barockzeitalters und des galanten Stils durch die ›durchbrochene Arbeit‹ und das ›obligate Akkompagnement‹ der Wiener Klassik wurde die Rolle des Cellos der Rolle der anderen Instrumente angeglichen. Das Cello wurde an der thematisch-motivischen Arbeit ebenso beteiligt wie an der Exposition der Themen. Mitunter wurde es als Melodieträger auch über die zweite Violine und Bratsche hinausgeführt.

Ist in Symphonik wie Kammermusik der Prozeß zunehmender Beteiligung an der thematisch-motivischen Arbeit bereits bei Haydn erkennbar (Streichquartette op. 17, 20 und 33), so wurde die weitgehende Gleichstellung mit den höheren Streichinstrumenten - deren Kehrseite bei symphonischer Musik in der Loslösung von der Kontrabaß-Stimme bestand - doch erst beim mittleren Beethoven erreicht (Eroica, Streichquartette op. 59, Klaviertrios op. 70). Der dankbare Einsatz des Cellos in Haydns Quartetten op. 50 sowie den drei letzten Quartetten Mozarts beruhte vor allem auf ihrer Widmung an den cellospielenden König Friedrich Wilhelm II. von Preußen. (Dem König und seinen Hofcellisten, den Brüdern Duport, sind auch Beethovens Cellosonaten op. 5 und eine Reihe von Kompositionen Boccherinis gewidmet.)

Ist die weitgehende Gleichstellung des Cellos mit den oberen Streichinstrumenten im wesentlichen auf die Wiener Klassik zurückzuführen, so blieb die eigentliche ›Entdeckung des Cellos‹ doch der Romantik vorbehalten. Der gezielte Einsatz des baritonalen und tenoralen Registers im Dienste klanglicher und expressiver Wirkungen erfolgte erst in der Kammer-, Orchester- und Opernmusik Schuberts, C. M. von Webers und G. Rossinis und begleitete das Cello mit einer Fülle exponierter Kantilenen (Schumann, Wagner, Bruckner, Brahms, Čajkovskij, Mahler) bis zum Ausgang des 19. Jahrhunderts. Erfolgte der gezielte Einsatz des spezifisch expressiven Celloklangs auch in einer großen Zahl von Soli (vom Einzelsolo bis zum Gruppensolo mit mehrfach geteilten Celli, u.a. bei Wagner, *Die Walküre*, R. Strauss, *Also sprach Zarathustra*, Cl. Debussy, *La Mer*), so gab es das einfache Cellosolo bereits im 18., ja sogar schon im ausgehenden 17. Jahrhundert. Cellosoli finden sich nicht erst bei Rossini, Verdi, Puccini oder Strauss (am exponiertesten im ›Don Quixote‹), und auch nicht erst bei Vivaldi, Bach oder Händel. Cellosoli gab es bereits bei A. Scarlatti (*Il prigioniero fortunato*, 1698, und *L'eraclea*, um 1700) und Gabrielli, dem Verfasser der ersten Ricercare für das Cello.

HEINZ VON LOESCH

Literatur

Zu A. I. M. AGRICOLA, *Musica instrumentalis deudsch*, Wittenberg 1529; Faks. Hdh. 1969 ▪ DERS., *Musica instrumentalis »newlich zugericht«*, ebd. 1545 ▪ H. GERLE, *Musica Teusch auf die Instrument der grossen vnnd kleinen Geygen*, Nbg. 1532; ³1546 als *Musica und Tabulatur auff die Instrume[n]t der kleinen vnd grossen Geygen*, ebd. 1546; Faks. G. 1977 ▪ G. M. LANFRANCO, *Scintille di musica*, Brescia 1533; Faks. Bologna 1970 ▪ S. GANASSI, *Regola rubertina. Letione seconda*, Vdg. 1543, Kap. 23 ▪ G. ZANETTI, *Il Scolaro [...] per imparar a svonare di violino, et altri stromenti*, Mld. 1545; Faks. Flz. 1984 ▪ L. ZACCONI, *Prattica di musica*, Vdg. 1592; Faks. Bologna 1967 ▪ P. CERONE, *El melopeo y maestro*, Neapel 1613; Faks. Bologna 1969 ▪ PRAETORIUSS ▪ M. MERSENNE, *Harmonie universelle*, P. 1636-37; Faks. hrsg. vom Centre National de la Recherche Scientifique, P. 1963 ▪ J. J. PRINNER, *Musikalischer Schlissl* [1677l, US-Wc, ML 95.P 79; s. Th. Drescher 1995 ▪ B. BISMANTOVA, *Compendio musicale*, Ferrara 1677, Nachtrag 1694; Faks. hrsg. von M. Castellani, Flz. 1978 ▪ D. MERCK, *Compendium musicae instrumentalis chelicae*, Erster Theil, Agb. 1695 ▪ J. TALBOT, [= Ms. über Musikinstrumente, ca. 1695], GB-Och, Mus.Ms.1187; Teilübertr. von R. Donington, James Talbot's Manuscript, Bowed Strings, in: GSJ 3, 1950, 27-45 ▪ J. MATTHESON, *Das neueröffnete Orchestre*, Hbg. 1713; Faks. Hdh. 1993 ▪ H. LE BLANC, *Défense de la basse de viole contre les entreprises du violon et les prétentions du violoncello*, Adm. 1740; Faks. G. 1975; dt. als *Verteidigung der Viola da Gamba ...*, Kassel usw. 1965 ▪ M. CORRETTE, *Méthode théorique et pratique pour apprendre en peu de temps le violoncelle dans sa perfection*, P. 1741; Faks. G. 1972 ▪ J. J. QUANTZ, *Versuch einer Anleitung die Flöte traversiere zu spielen*, Bln. 1752 ▪ L. MOZART, *Versuch einer gründlichen Violinschule*, Agb. 1756 ▪ J. GUNN, *The Theory and Practice of Fingering the Violoncello*, L. [1789], darin 1-35: Dissertation on the Origin of the Violoncello ▪ J. LINCKE/V. SCHUSTER/F. A. KANNE, *Wichtige Erfindung für das Violoncell*, in: AmZ 7, Wien 1823, H. 12, 89-93 ▪ J. C. NICOLAI, *Wichtige Erfindung für das Violoncell*, in: dass., H. 22, 354-356 ▪ W. SCHNEIDER, *Hist.-technische Beschreibung der mus. Instrumente*, Neiße/Lpz. 1834 ▪ B. ROMBERG, *Violoncell Schule in zwei Abteilungen*, Bln. [ca. 1840] ▪ W. J. VON WASIELEWSKI, *Das Violoncell und seine Gesch.*, Lpz. 1889; ebd. ³1925 hrsg. von W. von Wasielewski; Faks. Wbdn. 1974, Vaduz 1986 ▪ L. GRILLET, *Les Ancêtres du violon et violoncelle*, 2 Bde, P. 1901; Faks. N. Y. 1969 ▪ L. FIORINO, *Il violoncello - il violoncellista ed i violoncelli*, Mld. 1905; ebd. ²1930 ▪ C. LIÉGEOIS/É. NOGUÉ, *Le Violoncelle. Son histoire, ses virtuoses*, P./Bordeaux 1913 ▪ E. VAN DER STRAETEN, *History of the Violoncello, the Viol da Gamba, Their Precursors and Collated Instruments*, 2 Bde, L. 1915; Faks. ebd. 1971 ▪ M. VADDING/M. MERSEBURGER, *Das Violoncello und seine Lit.*, Lpz. 1920 ▪ A. BROADLEY, *The Violoncello. Its History, Selection and Adjustment*, L./N. Y. 1921 ▪ F. VATIELLI, *Primordi dell'arte del violoncello*, in: Ders., *Arte e vita musicale a Bologna*, Bologna 1927, 117-148 (= Studi e saggi 1) ▪ L. FOLEGATTI, *Il violoncello*, Mld. 1931 ▪ E. NOGUÉ, *Le Violoncelle, jadis et aujourd'hui*, P. 1937 ▪ W. MIRANDOLLE, *De violoncel, haar bouw, geschiedenis en ontwikkelingsgang*, Den Haag [?1943] ▪ R. ERAS, *Über das Verhältnis zwischen Stimmung und Spieltechnik bei Streichinstr. in Da-gamba-Haltung*, Diss. Lpz. 1958 ▪ G. J. KINNEY, *The Musical Literature for Unaccompanied Violoncello I: History of the Violoncello and Analysis of 17th-century Music for Violoncello Solo*, Diss. Univ. of Ann Arbor/Mich. 1962 ▪ W. PAPE, *Die Entwicklung des Violoncellspiels im 19. Jh.*, Diss. Saarbrücken 1962 ▪ K. MARX, *Die Entwicklung des Violoncells und seiner Spieltechnik bis J. L. Duport (1520-1820)*, Rgsbg. 1963, ²1977 ▪ H. J. MARX, *Die Musik am Hofe Pietro Kardinal Ottobonis*, in: AnMl 5, 1968, 104-177 ▪ W. KOLNEDER, *Georg Muffat zur Aufführungspraxis*, Strbg./Baden-Baden 1970 ▪ L. MALUSI, *Il violoncello*, Padua 1973 ▪ E. COWLING, *The Cello*, L./Sydney 1975 ▪ M. DAUPS, *Un Instrument romantique, le violoncelle en france de 1804-1915. La facture, les interprètes, l'evolution technique*, Diss. Aix-Marseille 1975 ▪ A. DIOLI, *Il violoncello in Italia*, in: Fs. F. Haberl, hrsg. von Fr. H. Stein, Rgsbg. 1977, 79-84 ▪ S. BONTA, *From Violone to Violoncello. A Question of Strings?*, in: JAMIS 3, 1977, 64-99 ▪ S. BONTA, *Terminology of the Bass Violin in Seventeenth-century Italy*, in: dass. 4, 1978, 5-42 ▪ S. MILLIOT, *Le Violoncelle en France au 18ème siècle*, 2 Bde, Lille 1981 ▪ W. PLEETH, *Cello*; hist. Einführung von N. Pyron, L. 1982; dt. als *Das Cello*, Unterägeri 1985 ▪ A. BAINES, *The Size of the Cello*, in: GSJ 36, 1983, 132-133 ▪ M. M. SMITH, *Certain Aspects of Baroque Music for the Violoncello as Finally Exemplified in the Suites for Unaccompanied Violoncello by Joh. S. Bach*, Diss. Flinders Univ. of South Australia, Adelaide 1983 ▪ F. HELLWIG, *Violoncello und Viola da gamba bei Jakob Stainer*, in: Kgr.Ber. Innsbruck 1983, hrsg. von W. Salmen, Innsbruck 1984, 87-93 ▪ A. PLANYAVSKY, *Violone und Violoncello im 17. Jh.*, in: Musicologica Austriaca 4, 1984, 43-84 ▪ D. MARKEVITCH, *Cello Story*, Princeton 1984 ▪ S. LA VIA, *Il violoncello a Roma al tempo del Cardinale Ottoboni. Ricerche e documenti (1629-1751)*, Diss. Rom 1984 ▪ M. H. SCHMID, *Instrumentennamen und Stimmlagenbezeichnungen vom 16. bis 18. Jh.*, in: W. Salmen (Hrsg.), *Kontrabaß und Baßfunktion*, Innsbruck 1986, 17-32 ▪ H. SCHMIDT, *Beitr. zur Gesch. der Bassettinstrumente*, in: dass., 57-65 ▪ J. EPPELSHEIM, *Stimmlagen und Stimmungen der Ensemble-Streichinstr. im 16. und frühen 17. Jh.*, in: T. Drescher (Hrsg.), *Capella Antiqua München*, Fs. zum 25jährigen Bestehen, Tutzing 1987, 145-173 ▪ T. RUSSEL, *The Development of the Cello Endpin*, in: Imago Musicae 4, 1987, 335-355 ▪ H. SCHMIDT, *Die Viola da gamba der Violinfamilie. Ein vergessener Gambentyp des Barock*, in: Kgr.Ber. Stg. 1985, hrsg. von D. Berke/D. Hanemann,

Kassel 1987, 422-426 ▪ M.H. SCHMID, Der Violone in der ital. Instrumentalmusik des 17. Jh., in: Fs. J. H. van der Meer, hrsg. von F. Hellwig, Tutzing 1987, 407-436 ▪ A. PLANYAVSKY, Der Barockkontrabaß Violone, Salzburg 1989; 2. wesentl. erw. Aufl. Tutzing 1998 ▪ ST. LA VIA, ›Violone‹ e ›violoncello‹ a Roma al tempo di Corelli. Terminologia, modelli organologici, tecniche esecutive, in: Kgr.Ber. Fusignano 1986, hrsg. von P. Petrobelli/G. Staffieri, Flz. 1990, 165-192 ▪ ST. BONTA, Corelli's Heritage: The Early Bass Violin in Italy, in: dass., 217-231 ▪ F. HOFFMANN, Instrument und Körper, Lpz. 1991 ▪ TH. DRESCHER, »Von allerhand Geigen«, Johann Jacob Prinner zu Streichinstr. in Österreich (1677), in: Glareana 44, 1995, H.1, 4-21 ▪ M. SMITH, The Cello Bow Held the Viol-way; Once Common, But Now Almost Forgotten, in: Chelys. The Journal of the Viola da gamba Society 24, 1995, 47-61 ▪ K. UND A. BIRSCH, Gambe-Cello-Kontrabaß: Katalog der Zupf- und Streichinstrumente im Carolino Augusteum, Salzburg 1996 ▪ W. PAPE/W. BOETTCHER, Das Violoncello. Geschichte – Bau – Technik – Repertoire, Mainz/L. etc., 1996 ▪ J. LOESCHER, Der Violone in Italien, Magisterarbeit Univ. Erlangen-Nbg. 1997 (mschr.) ▪ W. PAPE, Von musizierenden Engeln und »polnischen Geigeln«. Die Gesch. des Violoncellos, in: Das Orchester 45, 1997, H. 4, 16-22 ▪ G. BARNETT, The Violoncello da Spalla: Shouldering the Cello in the Baroque Era, in: JAMIS 24, 1998, 81-106.

Zu A. II. F. W. GALPIN, Viola Pomposa and Violoncello Piccolo, in: ML 12, 1931, 354-364 ▪ H. HUSMANN, Die Viola pomposa, in: BJ 33, 1936, 90-100 ▪ DS. W. C. DE JONG, De violoncello piccolo, in: Mens en Melodie 14, 1959, 373-380 ▪ W. SCHRAMMEK, Viola pomposa und Violoncello piccolo bei Joh. S. Bach, in: Kgr.Ber. 3. Internationales Bachfest der DDR September 1975, Lpz. 1977, 345-354 ▪ U. PRINZ, Violoncello, Violoncello piccolo und Viola da gamba im Werk Johann Sebastian Bachs – historische und aufführungspraktische Aspekte, in: Programmbuch des 53. Bachfestes der NBG, Marburg 1978, 159-163 ▪ M. M. SMITH, Joh. S. Bach's Violoncello Piccolo: a Violoncello Small Enough to Be Held on the Arm, Univ. of South Autralia, Bedford Park, Flinders 1980 ▪ P. LIERSCH, Anmerkungen zu Violino piccolo und Violoncello piccolo, Mitteilungen zu einigen erhaltenen Instrumenten, in: Stud. zur Aufführungspraxis und Interpretation von Intrumentalmusik des 18. Jhs., H. 19, 1983, 20-29 ▪ L. DREYFUS, Bach's Continuo Group. Players and Practises in His Vocal Works, Cambridge/Mass. 1987 [172-175: The Violoncello Piccolo and the Viola Pomposa] ▪ U. DRÜNER, Violoncello piccolo und Viola pomposa bei Joh. S. Bach. Zu Fragen von Identität und Spielweise dieser Instr., in: BJ 73, 1987, 85-112 ▪ A. DÜRR, Philologisches zum Problem Violoncello alto piccolo bei Bach, in: Fs. W. Rehm, hrsg. von D. Berke/H. Heckmann, Kassel 1989, 45-50.

Zu A. III. V. SCHUSTER, Anleitung zur Erlernung des von Hrn: Georg Staufer neu erfundenen Guitare-Violoncells, Wien, Diabelli Nr. 2052 [1825] ▪ G. KINSKY, Musikhistorisches Museum von Wilhelm Heyer in Cöln, Katalog, Bd. 2, K. 1912, 174-176, 266 ▪ J. ZUTH, Handbuch der Laute und Gitarre, Wien 1926-28 (Faks. Hdh./N.Y. 1978), 266: Art. »Streichgitarren« ▪ K. GEIRINGER, Die Bogen-Gitarre (Schuberts »Arpeggione«), in: Schubert-Gabe der Österreichischen Gitarre-Zeitschrift, Wien 1928, 27-29 ▪ V. GUTMANN, ›Arpeggione‹: Begriff oder Instrument, in: Schubert-Kongress Wien 1978, Graz 1979, 233-245 ▪ K. GEIRINGER, Schubert's Arpeggione Sonata and the ›Super Arpeggio‹, in: MQ 65, 1979, 513-523 ▪ E. GÁT [Fontana], Teufelsdorfer contra Stauffer, in: Gitarre & Laute 12, 1991, H. 2, 15-19 ▪ P. JAQUIER, Autour d'un arpeggione. Copie ou Restauration? Reflexion sur la démarche dans le domaine des cordes, in: Bulletin d'information de l'association des musées suisses 58, Juni 1997, 55-70 ▪ L. DE GEEST, Arpeggione, Diss. Univ. Paris-Sorbonne, P. 1983 ▪ G. DARMSTADT, Auf der Suche nach einer neuen Klangwelt. Der Arpeggione und Franz Schubert, in: JbSIMPK 2001 ▪ Freundl. Mitteilungen von P. Jaquier.

Zu B. und C. W. J. VON WASIELEWSKI, Das Violoncell und seine Gesch., Lpz. 1889, ³1925, Repr. Vaduz 1986 ▪ E. S. J. VAN DER STRAETEN, History of the Violoncello, the Viol da Gamba, Their Precursors and Collateral Instruments, L. 1915, Repr. 1971 ▪ P. BAZELAIRE, L'Enseignement du violoncelle en France, P. 1925 ▪ H. BECKER/D. RYNAR, Mechanik und Ästhetik des Violoncellspiels, Wien/Lpz. 1929 ▪ B. WEIGL, Handbuch der Violoncello-Lit., Wien/Lpz. ³1929 ▪ L. GINSBURG, Istorija violončel'nogo iskusstva (Gesch. der Violoncellospielkunst), 4 Bde., M./Leningrad 1950, M. 1957, 1965, 1978 ▪ P. BAZELAIRE, Pédagogie du violoncelle, P. 1952 ▪ M. EISENBERG, Cello Playing of Today, L. 1957 ▪ K. HASSLWANTER, Paul Hindemiths Cellowerke, Diss. Innsbruck 1958 ▪ J. BÄCHI, Von Boccherini bis Casals, Z. 1961, ⁴1987 ▪ A. C. BACON, The Evolution of the Violoncello as a Solo Instrument, Diss. Syracuse Univ., Syracuse/N. Y. 1962 ▪ G. J. KINNEY, The Musical Literature for Unaccompanied Cello, Diss. Florida State Univ., Tallahassee/Fla. 1962 ▪ W. PAPE, Die Entwicklung des Violoncellspiels im 19. Jh., Diss. Saarbrücken 1962 ▪ G. J. SHAW, The Violoncello Sonata Literature in France During the Eighteenth Century, Diss. The Catholic Univ. of America, Wash./D. C. 1963 ▪ K. MARX, Die Entwicklung des Violoncells und seiner Spieltechnik bis J. L. Duport (1520-1820), Rgsbg. 1963, ²1977 ▪ E. COWLING, The Italian Sonata Literature for the Violoncello in the Baroque Era, Diss. Northwestern Univ., Evanston/Il. 1967 ▪ U. ZINGLER, Stud. zur Entwicklung der ital. Violoncellosonate von den Anfängen bis zur Mitte des 18. Jhs., Diss. Ffm. 1967 ▪ J. ECKHARDT, Die Violoncellschulen von J. J. F. Dotzauer, F. A. Kummer und B. Romberg, Rgsbg. 1968 ▪ R. LÜCK, Wo steht das Violoncello heute? Fragen an S. Palm, in: NZfM 9, Mz. 1969, 419-423 ▪ L. LOCKWOOD, The Autograph of the First Movement of Beethoven's Sonata for Violoncello and Pianoforte Opus 69, in: Music Forum 2, 1970, 1-109 ▪ Ch. D. GRAVES, The Theoretical and Practical Method for Cello by Michel Corrette: Translation, Commentary with Seven Other Eighteenth-Century Cello Methods, Diss. Michigan State Univ., East Lansing/Mich. 1972 ▪ G. MANTEL, Cellotechnik. Bewegungsprinzipien und Bewegungsformen, K. 1972 ▪ R. STEPHAN, György Ligeti: Konzert für Violoncello und Orchester, in: Die Musik der 60er Jahre, hrsg. von R. Stephan, Mz. 1972, 117-127 ▪ G. BLEES, Das Cello-Konzert um 1800. Eine Untersuchung der Cello-Konzerte zwischen Haydns op. 101 und Schumanns op. 129, Rgsbg. 1973 ▪ L. MALUSI, Il violoncello, Padua 1973 ▪ B. A. ZIMMERMANN, Über die neuerliche Bedeutung des Cellos in der neuen Musik, in: Intervall und Zeit, hrsg. von Chr. Bitter, Mz. 1974, 73-82 ▪ L. LÜTZEN, Die Violoncell-Transkriptionen Fr. Grützmachers..., Rgsbg. 1974 ▪ E. COWLING, The Cello, L./Sydney 1975 ▪ M. DAUPS, Un Instrument romantique, le violoncelle en France de 1804-1915. La facture, les interprètes, l'évolution technique, Diss. Aix-Marseille 1975 ▪ W. PAPE, Bemerkungen zum heutigen Violoncellspiel. Ein Gespräch mit S. Palm, in: Musik und Bildung 6, Mz. 1975, 296-299 ▪ W.-A. SCHULTZ, Zwei Studien über das Cellokonzert von Ligeti, in: ZfMth. 2, Herrenberg 1975, 97-104 ▪ J. WEBSTER, Violoncello and Double Bass in the Chamber Music of Haydn and His Viennese Contemporaries, 1750-1780, in: JAMS 29, 1976, 413-438 ▪ J. M. KNIGHT, Fundamental Issues Concerning the Earliest Stages of Cello-playing and Associated Pedagogic Literature, Diss. Lancester 1977 ▪ I. FUCHS, Die sechs Suiten für Violoncello solo von Joh. S. Bach. Ein Beitr. zur hist. Stellung, Aufführungspraxis und Editionsgesch., Diss. Wien 1980 ▪ K. MARX, Art. Violoncello, in: NGroveD ▪ E. GRÜTZBACH, Stil- und Spielprobleme bei der Interpretation der 6 Suiten für Violoncello solo [...] von Joh.

S. Bach, Hbg. ²1981 ▪ S. MILLIOT, Le Violoncelle en France au 18ème siècle, 2 Bde., Diss. Lille 1981 ▪ CHR. BUNTING, Essay on the Craft of Cello-playing, 2 Bde., L. 1982 ▪ W. PLEETH, Cello. Historical Introduction by Nona Pyron, ebd. 1982 ▪ K. MARX, Art. Violoncello, in: NGroveDMI ▪ D. MARKEVITCH, Cello Story, Princeton 1984 ▪ D. S. ROSEN, Vieuxtemps, Servais, and Popper. Their Music and Influence on the Belgian School of Violoncello (1840-1900), Diss. Univ. of Miami, Coral Gables/Fla. 1988 ▪ M. CAMPBELL, The Great Cellists, L. 1988 ▪ S. MCINTOSH, The Dramatic Use of the Solo Cello in Italian and German Operas of the Nineteenth Century, Diss. Univ. of Texas at Austin/Tex. 1988 ▪ CHR. SPECK, Ein bisher unbekanntes Konzert für Violoncello und Orchester von Boccherini. Zur Frage von Ausführung und Besetzung des Bratschenbasses in Boccherinis Konzerten für Violoncello, in: Mf 1, Kassel 1989, 20-36 ▪ R. CADENBACH, Dramaturgie der Form und Dialektik der Struktur im Cellokonzert von W. Lutoslawski, in: Beitr. zur Gesch. des Konzerts, hrsg. von R. Emans/ M. Wendt, Bonn 1990, 423-442 ▪ K. W. NIEMÖLLER, Robert Schumanns Cellokonzert in der Instrumentation von D. Schostakowitsch ..., in: dass., 411-421 ▪ H. VON LOESCH, Das Cellokonzert von Beethoven bis Ligeti. Ästhetische und kompositionsgesch. Wandlungen einer mus. Gattung, Ffm. 1992 ▪ DERS., Eine verkannte Quelle der frühen Schumann-Rezeption. Die Briefe Robert Emil Bockmühls im Spiegel von Rezeption und Werkanalyse des Cellokonzerts, in: Jb. des Staatl. Inst. für Mf. Preußischer Kulturbesitz 1995, 114-133 ▪ R. SCHNITZER, Die Entwicklung dee Violoncellopädagogik im frühen 20. Jh., Ffm. 1995 ▪ W. PAPE/W. BOETTCHER, Das Violoncello. Gesch., Bau, Technik, Repertoire, Mainz 1996 ▪ H. VON LOESCH, Robert Schumann: Konzert für Violoncello und Orchester a-Moll op. 129, Mn. 1998 (= Meisterwerke der Musik 64).

THOMAS DRESCHER
HEINZ VON LOESCH

Violone

INHALT: I. *Probleme der Terminologie.* – II. *Instrumententypen und Überlieferung.* – III. *Geschichte.* 1. Italien. 2. Frankreich, England, Niederlande. 3. Der deutschsprachige Raum.

I. Probleme der Terminologie

Violone wird heute fast allgemein als Synonym für den barocken Kontrabaß verstanden. Dieser Gebrauch ist jedoch unter historischen Gesichtspunkten problematisch: Im Hinblick auf Korpusgröße, Saitenzahl und Stimmung gibt es bis weit in das 19. Jh. keinen festgelegten Typus, sondern äußerst unterschiedliche Streichbässe mit einer Vielzahl von Benennungen. Darüber hinaus macht die bis in das 20. Jh. nachweisbare Verwendung von Violone eine auf die Barockzeit eingeengte Benutzung fragwürdig. Violone bezeichnete zeitweise auch die Viola-da-gamba-Familie sowie später den 8'-Streichbaß des Viola-da-braccio-Typus (*da braccio* bezieht sich dabei nicht auf die Spielhaltung, sondern auf die Zugehörigkeit zur Violinfamilie). Dieser Sachverhalt hat in der neueren Forschung zu teilweise heftigen Kontroversen geführt. Alfred Planyavsky (1970, 1986, 1989) bringt Violone grundsätzlich nur mit Kontrabaßinstrumenten (→ Kontrabaß) in Verbindung, während besonders Stephen Bonta (1977, 1978) und Manfred Hermann Schmid (1986, 1987, 1991) auf den italienischen Kontext im 17. Jh. hinweisen, in dem Violone überwiegend zur Bezeichnung des Baßinstrumentes der Violinfamilie benutzt wird. Eine Schwierigkeit dieser Diskussion besteht in der geringen Beachtung der organologischen und funktionalen Unterschiede zwischen dem großen und dem kleinen Da-braccio-Baß. Die gleichzeitige Erwähnung von Violoncello, Violone und Kontrabaß in dokumentierten Orchesterbesetzungen des 17. und 18. Jh. ist deutliches Beispiel einer als notwendig empfundenen terminologischen Abgrenzung. In solchen Zusammenhängen wird das → Violoncello häufig als konzertierendes, der Violone hingegen als Ripieno- oder Continuoinstrument eingesetzt. Zu differenzieren ist auch zwischen der bloßen Augmentativform Violone als Vergrößerung von Viola und Hinzufügungen wie (Violone) *grosso, grande,* (in) *contrabasso*, oder Wortverbindungen wie *Baßviolon, Contraviolon*, die zwischen 8'- und 16'-Instrument unterscheiden können.

Im Englischen und Französischen gibt es keine von Violone abgeleiteten Bildungen, vergleichbar den Benennungen der Violine als *violin* bzw. *violon;* die Baßinstrumente wurden dort vielmehr als *bass violin* und *basse de violon* bezeichnet. Im Französischen bestand allerdings auch Verwechslungsgefahr zwischen *violon* und *violone.* Im deutschsprachigen Raum war dagegen die eingedeutschte Form *Violon* gebräuchlich, welche in mehreren Theoriewerken mit einem sechssaitigen Instrumententypus in Verbindung gebracht wurde, den J. J. Quantz (1752, S. 219) rückblickend sogar als »*deutschen Violon*« bezeichnete. Findet man in den Quellen hingegen die italienische Form *violone*, sollte sorgfältig geprüft werden, ob nicht ein Baß der Violinfamilie gemeint ist. Schon diese Beispiele regionaler und geschichtlicher Vielfalt machen deutlich, wie sehr sich der Begriff *Violone* einer pauschalen Beurteilung entzieht. Das Bedürfnis nach einer organologischen Normierung im Sinne des 20. Jh. ist mit der historischen Situation nicht vereinbar.

II. Instrumententypen und Überlieferung

Bis in das 18. Jh. sind konstante Merkmale der Familienzugehörigkeit, Baugröße, Stimmlage, Saitenzahl, Spielhaltung und Stimmung bei den Baßstreichinstrumenten selten. Die im folgenden gezeigten Idealtypen dienen zur Darstellung von Entwicklungslinien; auf die zahlreichen Abweichungen und Zwischenformen sei noch einmal ausdrücklich hingewiesen. In frühen italienischen Quellen des 16. Jh. ist *Violone* auf die Instrumentenfamilie der → Viola da gamba bezogen. Zu Beginn des 17. Jh. nennt A. Banchieri (1609, S. 53f.) auch größere Instrumente als die Baßgambe in D: *Violone da gamba* (gestimmt in G_1, C, F, A, d, g) und *Violone in contrabasso con tasti* (D_1, G_1, C, E, A, d). Auch im deutschsprachigen Raum ist die Stimmung auf G_1 im 17. Jh. und in der ersten Hälfte des 18. Jh. die für tiefe Bässe häufigste. Entweder in dieser Besaitung und/oder in der Variante G_1, C, E, A, d, g geben sie J. J. Prinner (1677), D. Speer (1687, S. 89), G. Falck (1688, S. 189), D. Merck (1695, Kap. 8), J. G. Walther (1732, S. 637), J. P. Eisel (1738, S. 47ff.), J. F. B. C. Majer (1741, S. 100), J. C. und J. D. Stößel (1749, 59) und J. C. Gottsched (1760, Sp. 1619) an. Die tiefe Stimmung auf D_1 übernimmt Eisel (1738, S. 47ff.). Auch wenn die in diesen Quellen vorausgesetzte Sechssaitigkeit auf die Abstammung von der Viola da gamba hinweist, finden sich bei überlieferten Instrumenten und ikonographischen Belegen oft starke Abweichungen von deren klassischen Merkmalen, gerade auch im Hinblick auf die Saitenzahl, die von drei bis sechs variieren kann. Ein repräsentatives Beispiel bietet Joh. Chr. Weigel (ca. 1722 [Blatt 23]). Der dort mit dem Untertitel *Violon* abgebildete Kupferstich zeigt ein relativ kleines fünfsaitiges Baßinstrument ohne Bünde mit Randüberstand der Decke und F-Löchern (die spiegelverkehrte Anordnung der Saiten ist sicher ein Fehler des Stechers, s. Abb. 35).

Obwohl sie weit verbreitet waren, ist die Überlieferung originaler Instrumente dieser Stimmlage ausgesprochen mangelhaft. An den erhaltenen Exemplaren wurden meist gravierende Veränderungen vorgenommen (K. Moens 1986, S. 33f.). Als aussagekräftige Beispiele relativ gut erhaltener Instrumente seien die Bässe von Hanns Vogel (1563, Inv. Nr. MI 5) und Ernst Busch (1641, Inv. Nr. MI 15, beide im Germanischen Nationalmuseum Nürnberg) sowie der viersaitige Halbbaß von Michael Perr (1766, Inv. Nr. 1145, im Berliner Musikinstrumenten-Museum) angeführt.

Bartolomeo Bismantova (1694, S. 118) definiert den »Contrabasso, ò Violone grande« mit nur noch vier Saiten in G_1, A_1, D, G. Die Stimmung der beiden tiefsten Saiten im Sekundabstand begründet er mit der unverhältnismäßigen Dicke einer E_1-Saite aus blankem Darm: »[…] s'accorda in quarta saluo che il Basso, che s'ariuasse, p[er] essere corda troppo grossa, s'accordarebbe in E, la, mi; mà p[er]che non può ariuare;

Abb. 35: »Violon«, aus: Joh. Chr. Weigel, ca. 1722
[Blatt 23]

bisogna accordarlo in G«. Exakt diese Stimmung findet sich bei T. B. Janowka (1701, S. 322), der sie anscheinend oktavversetzt auch für den *Violone piccolo* vorsieht. Weitere Belege, die Violone als drei- bis fünfsaitigen Kontrabaß ansehen, treten verstärkt erst wieder ab der Mitte des 18. Jh. auf.

Der seit dem zweiten Drittel des 17. Jh. in Italien dominierende Violonetypus hatte alle Merkmale der Violinfamilie. Sein Korpus war ca. 5 cm länger und entsprechend breiter als der des heutigen → Violoncellos, die Zargenhöhe konnte bis zu 13 cm betragen. Neben viersaitigen gab es auch fünfsaitige Instrumente, was außer der Abbildung der *Bas-Geig de bracio* bei M. Praetorius (PraetoriusS 2, Tafel 21) mehrere noch erhaltene Exemplare beweisen. Die am meisten verbreiteten Stimmungen waren B_1, F, c, g (wie für die französische *basse de violon*, die auch baulich vergleichbar ist) und C, G, d, a. Aufgrund ihrer Bauweise und auch ihrer stärkeren Besaitung hatten diese Violoni einen wesentlich kräftigeren und dunkleren Klang als das Violoncello, waren aufgrund ihrer Größe solistisch jedoch nur begrenzt einsetzbar. Dies war der Grund für die bereits Ende des 18. Jh. beginnenden Umbauten, bei denen der Korpus auf das nun standardisierte Maß des Violoncellos verkleinert wurde (vgl. B. Romberg 1840, S. 4ff., »*Von dem Verschneiden der Instrumente*«). Die Folgen solcher Eingriffe kann man an vielen Instrumenten des 16. bis 18. Jh. feststellen. Ein besonders schönes noch in Originalgröße (allerdings nicht mehr mit dem ursprünglichen Hals) erhaltenes Beispiel ist das Servais-Stradivari aus dem Jahr 1701 (Smithsonian Institute, Wash.). Als Sonderfall betrachten kann man die Verwendung des Terminus *Violone* für ein kleines Baßinstrument in G, d, a, e^1 bei A. Kircher (1650, S. 487), von ihm auch als »*Chelys maior*« bezeichnet. Diese Größe scheint zu Beginn des 17. Jh. noch eine wichtigere Rolle gespielt zu haben; die Stimmung wird auch von Banchieri (1609, S. 55) für den »*Primo Violino per il basso*« erwähnt. Große Da-braccio-Bässe wurden auch nördlich der Alpen gebaut, zunächst von Jakob Stainer (vgl. W. Senn/K. Roy 1986), danach noch im gesamten 18. Jh. von Geigenmachern der süddeutschen und insb. der Füssener Schule.

III. Geschichte
1. Italien

Die Bezeichnung *Violone* erscheint in Italien vermutlich erstmals um 1500. In einem Musikinstrumenteninventar von 1511 aus Ferrara finden sich »Quattro violoni alla napolitana«, die dort auch als *lauti* bezeichnet werden. William Prizer (1982, S. 110ff.) vermutet, daß es sich dabei um Vihuelas handelt. G. M. Lanfranco (1533) nimmt hingegen eindeutig Bezug auf die Streichinstrumente. Im Kapitel

»Dei Violoni da tasti:& da Arco« nennt er die Stimmintervalle für den *Violone Soprano, Tenore* und *Basso*. Aus der Sechssaitigkeit, der gemischten Quart-Terz-Stimmung und dem Zusatz *da tasti* ergibt sich eindeutig der Bezug zur Gambenfamilie. Die Viole da braccio werden im Kapitel »*Delle Violette da Arco senza tasti*« besprochen. *Violone* im Sinne von *Viola da gamba* verwenden auch S. Ganassi (1542 und 1543), A. Doni (1544, fol. 6v), D. Ortiz (1553) und sogar noch 1606 Giovanni Francesco Prandi (fol. 53v). Spätestens mit Beginn des 17. Jh. setzt ein Bedeutungswandel ein, *Violone* ist nicht mehr Familienbezeichnung, sondern wird nun für ein Streichinstrument in der Baßstimmlage verwendet. Zunächst ist noch ein ausschließlicher Bezug auf den Viola-da-gamba-Typus anzunehmen (Banchieri 1609), wenn auch nicht eindeutig klärbar (A. Agazzari 1607). Ab dem zweiten Drittel des 17. Jh. erscheint die Bezeichnung *Violone* regelmäßig in Musikdrucken und Manuskripten. Wie Schmid (1987, S. 415) an G. Legrenzis Sonaten op. 8 (Vdg. 1663) demonstriert, wird der Terminus synonym mit *Viola da brazzo* verwendet. Dem *Violone* kam besondere Bedeutung in den Violinsonaten *à due* oder *à tre* zu. Prominentestes Beispiel sind die Sonaten A. Corellis, die man in England noch 100 Jahre später nachdruckte und deren Besetzungsangaben geradezu zu einem Topos wurden (Abb. 36).

Aus dem 17. Jh. sind zwei römische Quellen überliefert, in denen Violoni im Sinne von Kontrabaß vorgestellt werden: G. B. Donis (1640) *Violone panharmonico* hatte ein kompliziertes Intonationssystem, das zur Wiedergabe der griechischen Modi geeignet sein sollte. Sowohl dem Instrument als auch dem erklärten Ziel seines Erbauers, die Musik der Antike in neuen Kompositionen wiederaufleben zu lassen, war kein Erfolg beschieden. M. Todini (1676) erklärt, den »*Violone grande, ò sia Contrabasso*« in das römische Musikleben eingeführt zu haben. Dem Instrumentennamen angefügte Attribute wie *grande, grosso, doppio, contrabasso, grande contrabasso* usw. weisen demnach auf Kontrabaßinstrumente hin. In manchen Fällen wird auch die Saitenzahl angegeben (vgl. das Inventar der Medici bei F. Hammond 1975, S. 202ff.). Allerdings lassen sich diese Spezifikationen eher in Archivalien wie Besetzungs- und Besoldungslisten nachweisen, während die einfache Form *Violone* durch den Notendruck eine größere Verbreitung erfuhr. Die Einführung der Begriffe *Violoncino* und *Violoncello* (G. B. Fontana 1641 und G. C. Arresti 1665, → Violoncello A.I.1.) hatte keine baldige Ablösung des älteren Terminus zur Folge. So entstanden noch im letzten Drittel des 17. Jh. solistische Werke für Violone von G. B. Vitali *Partite sopra diuerse Sonate* […] *per il Violone* (I-Moe) - Vitali bezeichnete sich in mehreren seiner Werke als *musico di violone da Brazzo* - sowie von Giuseppe Colombi *Toccata a violone solo. Lib. 17°* (I-MOe) und Antonio Gianotti *Sonata a Violon Solo* (mit B.c.) aus den *Balli e Sonate a 2 Violini e Basso, a Violino e Basso ed a Basso solo, con B. C.* (I-Bc). Zwei anonyme *Sonate a Violone Solo. Col Basso per l'Organo, o Cembalo* (GB-Ob) sind wahrscheinlich im Bologneser Umfeld entstanden (Joh. Loescher 1996, S. 34ff.). Es existieren einige kammermusikalische Kompositionen, die Violoncello und Violone nebeneinander verwenden: *Sinfonie* für zwei Violinen von G. B. Bononcini (Bologna 1686; I-Bc), Sonaten von Bartolomeo Bernardi (ebd. 1692; I-Bc) und Giovanni Reali (Vdg. 1709; I-Bc). Bei größeren Werken, wie z. b. bei Concerti grossi, läßt sich diese Gleichzeitigkeit ebenfalls beobachten, wobei dem Violoncello mehr obligate Aufgaben, dem Violone Continuo- oder Ripienofunktion zukommen. In G. A. Pertis *Messa a 5 concertate con instromenti* (I-Bsp) tritt sogar noch eine Stimme *Contrabasso* dazu.

Contrabassi und Violoni gleichzeitig sind gegen Ende des 17. Jh. für römische Oratorienaufführungen belegt. Mit einer für damalige Verhältnisse beeindruckend großen Besetzung wurde 1689 das Oratorium *S. Beatrice d'Este* von G. L. Lulier (Bei-

Abb. 36: A. Meloni/G. G. Frezza: Frontispiz des Erstdruckes der »*Sonate a Violino e Violone o Cimbalo*« op. 5, Rom 1700, von A. Corelli (Ausschnitt)

name *Giovannino del Violone*) im Palazzo des Kardinals Pamphilj in Rom aufgeführt. Das Orchester bestand aus: 40 *violini*, 10 *violette*, 17 *violoni*, 7 *contrabassi*, 1 *lèuto*, 2 *trombe* und 1 *trombone* (H.-J. Marx 1976, S. 22). In Rom schien sich die Bezeichnung Violone neben Violoncello besonders lange zu halten: In Besetzungslisten läßt er sich regelmäßig bis 1722 nachweisen. Ikonographische Quellen wie die Federzeichnungen Pierleone Ghezzis belegen die großen Instrumente noch bis zur Jahrhundertmitte (S. La Via 1990, S. 170ff.). Auch der bis 1747 in Rom arbeitende Geigenbauer David Tecchler hielt am großen Modell des Da-braccio-Basses fest (W. A./A. F./A. E. Hill 1902, S. 115). 1729 findet man im Florentiner *Vocabulario degli Accademici della Crusca* folgende Definition: »*Violone: Viola di tuono grave, che si dice anche Basso di Viola, e Violoncello, quando e di minor grandezza*«. Im Verlauf des 18. Jh. ging der Gebrauch des Terminus auf den Kontrabaß über, davon zeugen z.B. die *Regole per la costruzione de' violini, viole, violoncelli e violoni* von Antonio Bagatella (1786). Wieweit der Terminus in der italienischen Musikpraxis im Verlauf des 19. Jh. noch eine Rolle spielte, ist schwer zu entscheiden. Die Verwendung von Violone als Synonym für Contrabasso im *Dizionario* des in Venedig wirkenden Pietro Gianelli (⁵1830, S. 41) könnte durchaus schon retrospektiven Charakter haben oder von Benennungsgewohnheiten nördlich der Alpen beeinflußt sein.

2. Frankreich, England, Niederlande

In Frankreich und England ist die Verwendung des Begriffs Violone im Zusammenhang mit den italienischen Musikimporten zu sehen, weshalb sich die Rezeption des Terminus im wesentlichen auf das 18. Jh. beschränkt. Die wichtigste französische Quelle ist S. de Brossards *Dictionaire de musique*. In seiner Übersetzung italienischer Termini gibt der Autor als Äquivalent für Violone sowohl den französischen 8'-Baß auf B_1 als auch den Kontrabaß an: »*Violone. C'est nôtre Basse de Violon, ou pour mieux dire, c'est une Double Basse*« (Brossard ²1705, S. 221). Vielleicht ist die Floskel »*pour mieux dire*« ein Indiz für einen einsetzenden Bedeutungswandel, sicher jedoch ein Anzeichen für Übersetzungsprobleme, die diesen Eintrag als Zeugnis unzuverlässig erscheinen lassen. Als sehr frühe englische Quelle übersetzt John Florio (1598) übereinstimmend mit den zeitgenössischen italienischen Belegen Violone als »*a great violl, or Viole de gamba*«. Von Brossard abhängig definieren unter anderen J. Chr. Pepusch (1724, S. 90: »*Violone is a very large Bass Violin, or Double Bass*«) und P. Prelleur (1731, S. 4: »*Violoncello, a Bass Violin//Violone, a Double Bass, that is an Octave lower then a Common Bass Violin*«). Zu diesem Zeitpunkt wurden in London noch zahlreiche Drucke italienischer Kammermusik in der Corellitradition veröffentlicht. Ihre Titel lauteten meist *Sonate a tre, due violini, e violone, o arcileuto, col basso per l'organo* oder ähnlich. Daß mit *Violone* eindeutig ein Mitglied der Violinfamilie gemeint war, ergibt sich aus Übersetzungen der Titel ins Englische, in denen von *bass-violin* die Rede ist. Da der letzte Druck mit der obengenannten Besetzungsangabe noch 1790 erschien, scheinen sich hier Musik- und Verlegerpraxis zu trennen. Darauf weist auch John Hawkins (1776, S. 603) hin: »[...] *the instrument now used in concerts, called by the Italian and French the Violone, and by us in England the double bass; it seems that this appellation was formerly given to that instrument which we now call the Violoncello; as a proof whereof it may be remarked, that in the earlier editions of Corelli's Sonates, particularly that of Opera III. printed at Bologna in 1690, that bass part which is not for the organ is entitled Violone, whereas in the latter, printed at Amsterdam by Estienne Roger, the same part is entitled Violoncello; hence it appears that the name Violone being transferred to the greatest bass of modern invention, there resulted a necessity of a new denomination for the ancient bass-violin, and none was thought so proper as that of Violoncello, which is clearly a diminutive of the former*«.

Im Sinne Brossards und Prelleurs äußert sich noch John Hoyle (1791, S. 157). In den Niederlanden scheint sich die Rezeption von *Violone* auf das Verlagswesen in Amsterdam und Antwerpen mit Drucken italienischer oder italienisch beeinflußter Komponisten zu beschränken. Allerdings finden sich in der niederländischen Malerei zahlreiche Abbildungen großer Da-braccio-Bässe, die auf die Integration des Instruments in das heimische Musikleben hinweisen (ohne daß die in diesen Gemälden dargestellte Situation als aufführungspraktisches Zeugnis mißverstanden werden darf).

3. Der deutschsprachige Raum

Hier erscheint die Situation terminologisch am kompliziertesten. Zum einen lassen die Quellen vieles offen, zum andern muß der starke italienische Einfluß auf das Musikleben einiger Höfe berücksichtigt werden, so daß konkrete Aussagen nur für den Einzelfall getroffen werden können. Besonders anschaulich wird der Unterschied in den mehrsprachig verfaßten Vorworten G. Muffats zu seinen Werken *Armonico tributo* (Salzburg 1682) und *Florilegium secundum* (Passau 1698) deutlich, in denen die Auswahl und Terminologie der Baßinstrumente Rücksicht auf den jeweiligen geographischen und kulturellen Kontext nimmt. In den deutschsprachigen theoretischen Quellen wird *Violone* meist als *große Bass-Geige* definiert, auch findet man die bloße Erklärung *Bass-Geige*. Wie aus Stimmungsanweisungen hervorgeht, ist damit meist ein Streichbaß auf G_1 gemeint. Quellen, in denen zwischen verschiedenen Bässen differenziert wird, verfahren sprachlich auf zweierlei Art: Entweder das größere Instrument heißt *Violone* und das kleinere hat einen anderen Namen, wie *Baßviola* (N. Gengenbach 1616, S. 150; PraetoriusS 3, S. 142; C. Demantius 1632, S. 52) oder *Violoncello* (J. S. Beyer 1703, Appendix; Walther 1708, S. 161; Joh. Mattheson 1713, S. 285; Walther 1732, S. 636; Eisel 1738, S. 21), oder man verfährt nach italienischem Vorbild, indem man das größere Instrument durch eine Hinzufügung kennzeichnet: »*Violone* [...] *Est autem duplex, aliud Violone Grosso seu Magnum, aliud picolo seu parvum; quod per octavam à priore altiùs sonat*« (Janowka 1701, S. 322). »*Violone, Bass Geige. Violone Grosso, eine Octav Bass-Geige darauf das 16füßige Contra C*« (M. H. Fuhrmann 1706, S. 93).

Seit der zweiten Hälfte des 18. Jh. tritt verstärkt die Bezeichnung *Contraviolon* in Erscheinung, oft in der Verbindung mit *Contrabass* als Synonym (Quantz 1752, S. 218ff.; S. Petri 1782, S. 456; J. W. Hertel 1783, S. 33; H. C. Koch 1802, S. 393; G. Schilling 1835, S. 781; F. S. Gassner 1842, S. 211). Quantz (1752, S. 219) schreibt: »*Der sogenannte deutsche Violon von fünf bis sechs Seyten, ist also mit Recht abgeschaffet worden*«. Contraviolon scheint sich also ausdrücklich auf den drei- bis fünfsaitigen Kontrabaß zu beziehen, ohne daß damit eine Größe festgelegt würde: »*Sind bey einer Musik zweene Contraviolone nöthig; so kann der zweyte etwas größer, als der erste seyn: und was demselben an der Deutlichkeit abgeht, ersetzet er alsdenn an der Gravität*« (ebd.).

Besetzungsangaben in den musikalischen Quellen bleiben häufig unklar in der Frage, ob ein 8'- oder ein 16'-Instrument gemeint ist. So ist die häufig als Beleg für frühe Kontrabaßverwendung herangezogene Vorrede von H. Schütz in den *Musicalischen Exequien* (1636) nicht eindeutig. Vor dem Hintergrund des Italienaufenthalts des Komponisten wird auch die Verwendung eines 8'-da-braccio-Basses in Erwägung gezogen (B. Wackernagel 1997, S. 215). Generell ist die Klärung der Oktavierungspraxis schwierig, da sich diese weitgehend im nichtschriftlichen Bereich vollzog. Zahlreiche Werke des späten 17. Jh. in der Bibliothek von Kremsier (CZ-Kra) haben eine Violonestimme; in mehreren Kompositionen H. I. F. von Bibers wird ein *Violone* vorgeschrieben, ohne daß die Zuordnung zu einem spezifischen Instrument möglich wäre. Auch wenn die Verwendung einer Gambe in diesem Kulturraum wahrscheinlich ist, sollte der Einsatz von Da-braccio-Bässen nicht a priori ausgeschlossen werden. So hat Biber nach einem bei Paul Nettl (1921, S. 169) veröffentlichten zeitgenössischen Brief »*den Violin Bass und Viola di gamba gespilt*«. Für Werke J. S. Bachs machen die Untersuchungen von Laurence Dreyfus (1987, S. 142ff.) deutlich, daß mit *Violone* drei verschiedene Typen gemeint waren: eine sechssaitige Baßgambe in G_1, eine sechssaitige Kontrabaßgambe in D_1 und ein viersaitiger *Violone grosso* in C_1. In der süddeutschen Kirchenmusik des 18. Jh. erschienen häufig Besetzungsangaben mit *Violone* im Sinne des Violinbasses (vgl. u.a. R. Münster/R. Machold 1971). Dies korrespondiert mit dem Instrumentenbau der Region, für den das große Modell noch länger als anderswo eine Rolle spielte.

In den protestantischen deutschsprachigen Gebieten und im sächsisch-böhmischen Raum waren die kleineren Streichbässe auf G_1 noch länger verbreitet, wobei sich ihre Verwendung zunehmend auf die Tanz- und Unterhaltungsmusik verlagerte. In katholisch geprägten Gegenden und vor allem in Wien kamen sie im Verlauf des 18. Jh. außer Gebrauch (J. Focht 1994, S. 24). *Violone* wurde dort ausschließlich zur Bezeichnung für den Kontrabaß. In diesem Sinne verwendete den Terminus auch Haydn (J. Webster 1976, S. 418f.). Prager Orchester reisten noch im 19. Jh. mit sogenannten ›Halbviolons‹. Besonders in Österreich und Süddeutschland scheint die Verwendung des Begriffs *Violon* eine Traditionslinie bis in das frühe 20. Jh. zu bilden (Focht 1994, S. 144). Noch heute wird *Violon(e)* als Name eines Orgelregisters enger Mensurierung verwendet, das sowohl in 8'- als auch 16'-, seltener in 32'-Lage vorkommt.

LITERATUR G. M. LANFRANCO, Scintille di musica, Brescia 1533; Faks. Bologna 1970 ▪ S. GANASSI, Regola rubertina, Vdg. 1542; Faks. Bologna 1976 ▪ DERS., Lettione seconda pur della prattica di sonare il violone d'arco, ebd. 1543; Faks. ebd. 1970 ▪ A. DONI, Dialogo della musica, Vdg. 1544; Faks. Mld. 1965 ▪ D. ORTIZ, Trattado de glosas sobre clausulas y otros generos de puntos en la musica de violones, Rom 1553; Faks. Kassel 1967 ▪ J. FLORIO, A Worlde of Wordes, Or Most Copious, and Exact Dictionarie in Italian and English, L. 1598 ▪ G. F. PRANDI, Compendio di musica (1606), I-Bc, MS E.19 ▪ A. AGAZZARI, Del sonare sopra l'basso con tutti li stromenti e dell'uso loro nel conserto, Siena 1607; Faks. Bologna 1969 ▪ A. Banchieri, Conclusioni nel suono dell'organo, Bologna 1609; Faks. Mld. 1934 ▪ N. GENGENBACH, Wie die nothwendigsten Lateinischen/Griechischen und jetzo vbligen Italienischen Termini Musici zu verstehen, in: ders., Musica Nova. Newe Singskunst, Lpz. 1616; Faks. ebd. 1980 ▪ PRAETORIUSS 2 und 3 ▪ C. DEMANTIUS, Isagoge artis musicae, Freiberg ⁵1632 ▪ H. SCHÜTZ, Vor den Violon oder die grosse Bassgeigen etliche erinnerungen, in: ders., Musikalische Exequien, Dresden 1636 ▪ G. B. DONI, Annotazioni sopra il compendio de' generi e de' modi della musica, Rom 1640 ▪ L. ERHARD, Compendium musices latino-germanicum, Ffm. 1640 ▪ A. KIRCHER, Musurgia universalis, Rom 1650 ▪ J.A. HERBST, Musica moderna prattica, ouero maniera del buon canto, Ffm. 1653 ▪ M. TODINI, Dichiaratione della galleria armonica eretta in Roma, Rom 1676 ▪ B. BISMANTOVA, Compendio musicale, Ferrara 1677, ²1694; Faks. Flz. 1978 ▪ J. J. PRINNER, Musikalischer Schlissl, [1677]; s. T. Drescher 1995 ▪ D. SPEER, Grundrichtiger, kurtz, [...] Unterricht der musicalischen Kunst, Ulm 1687, erw. ebd. ²1697 ▪ G. FALCK, Idea boni cantoris [...] Violin, Violin di gamba, Violon, Fagott [...] und Generalbaß-Schlagen, Nbg. 1688 ▪ W.C. PRINTZ, Compendium musicae, Dresden 1689 ▪ J.R. AHLE, Kurze doch deutliche Anleitung zu der lieblich- und löblichen Singekunst, Mühlhausen 1690, ²1704 ▪ D. MERCK, Compendium musicae instrumentalis chelicae, Agb. 1695 ▪ T. B. JANOWKA, Clavis ad thesaurum magnae artis musicae, Prag 1701 ▪ J. S. BEYER, Anweisung zur Singe Kunst, Freyberg 1703 ▪ S. DE BROSSARD, Dictionaire de musique, P. ²1705 ▪ M. H. FUHRMANN, Musicalischer Trichter, Frankfurt/Oder 1706 ▪ J.G. WALTHER, Praecepta der mus. Composition, Weimar 1708; NA hrsg. von P. Benary, Lpz. 1955 ▪ J. MATTHESON, Das Neu-eröffnete Orchestre, Hbg. 1713 ▪ F. BONANNI, Gabinetto armonico pieno d'istromenti sonori indicati e spiegati, Rom 1722, ²1776 ▪ J.C. WEIGEL, Musicalisches Theatrum, Nbg. ca. 1722 ▪ J.C. PEPUSCH, A Short Explication of such Foreign Words. As Are Made Use of in Music Books, L. 1724 ▪ Vocabulario degli accademici della crusca, Flz. ⁴1729 ▪ P. PRELLEUR, The Modern Musick – Master or the Universal Musician, L. 1731 ▪ J.G. WALTHER, Musicalisches Lexicon oder Musicalische Bibliothec, Lpz. 1732 ▪ J.P. EISEL, Musicus autodidaktos, Erfurt 1738 ▪ J. F. B. C. MAJER, Neueröffneter Theoretisch und pracktischer Music-Saal, Nbg. 1741 ▪ J.C. und J. D. STÖSSEL, Kurtzgefaßtes Musicalisches Lexicon. Neue Auflage, Chemnitz 1749 ▪ J. J. QUANTZ, Versuch einer Anweisung die Flöte traversière zu spielen, Bln. 1752 ▪ L. MOZART, Versuch einer gründlichen Violinschule, Agb. 1756 ▪ J.C. GOTTSCHED, Handlexicon oder Kurzgefaßtes Wörterbuch der schönen Wissenschaften und freyen Künste, Lpz. 1760 ▪ J. HAWKINS, A General History of the Science and Practice of Music, L. 1776 ▪ S. PETRI, Anleitung zur praktischen Musik, Lpz. ²1782 ▪ J. W. HERTEL, Biographie des Herrn Johann Wilhelm Hertel, Schwerin 1783 ▪ A. BAGATELLA, Regole per la costruzione de' violini, viole, violoncelli e violoni, Padua 1786 ▪ J. HOYLE, A Complete Dictionary of Music, L. 1791 ▪ H C. KOCH, Musikalisches Lex., Ffm. 1802 ▪ P. GIANELLI, Dizionario della musica sacra e profana, Vdg. ⁵1830 ▪ G. SCHILLING (Hrsg.), Encyclopädie der gesammten mus. Wissenschaften oder Universal=Lexicon der Tonkunst, Stg. 1835 ▪ B. ROMBERG, Violoncell Schule, Bln. 1840 ▪ F. S. GASSNER, Universal-Lex. der Tonkunst, Stg. 1842 ▪ W. J. VON WASIELEWSKI, Das Violoncell und seine Geschichte, Lpz. 1889, ebd. ²1911 ▪ W.H./A.F./A. E. HILL, Antonio Stradivari. His Life & Work (1644–1737), L. 1902 ▪ F. VATIELLI, Primordi dell'arte del violoncello, Rom 1913, Bologna 1918 ▪ E. S. J. VAN DER STRAETEN, History of the Violoncello, the Viol da gamba, Their Precursors and Collateral Instruments, L. 1914 ▪ P. NETTL, Die Wiener Tanzkomposition in der zweiten Hälfte des 17. Jh., in: StMw 8, 1921, 45–175 ▪ A. LIESS, Materialien zur römischen Mg. des Seicento. Musikerlisten des Oratorio S. Marcello 1664–1725, in: AMl 29, 1957, 137–171 ▪ K. MARX, Die Entwicklung des Violoncells und seiner Spieltechnik bis J. L. Duport (1520–1820), Rgsbg. 1963 ▪ S. HANSELL, Orchestral Practice at the Court of Cardinal Pietro Ottoboni, in: JAMS 19, 1966, 398–403 ▪ U. KIRKENDALE, Antonio Caldara, Graz/K. 1966 ▪ E. COWLING, The Italian Sonata Literature for the Violoncello in the Baroque Era, Diss. Northwestern Univ., Evanston/Ill. 1967 ▪ U. KIRKENDALE, The Ruspoli Documents on Handel, in: JAMS 20, 1967, 222–273 ▪ O. JANDER, Concerto grosso Instrumentation in Rome in the 1660's and 1670's, in: dass. 21, 1968, 168–180 ▪ H.-J. MARX, Die Musik am Hofe Pietro Kardinal Ottobonis unter A. Corelli, in: AnMl 5, 1968, 104–177 (= Stud. zur ital.-dt. Mg. 5) ▪ A. MEIER, Konzertante Musik für Kb. in der Wiener Klassik, Giebing 1969 ▪ A. SCHNOEBELEN, Performance Practice at San Petronio in the Baroque, in: AMl 41, 1969, 37–55 ▪ F. BAINES, Der brummende Violone, in: GSJ 23, 1970, 82–85 ▪ W. KOLNEDER, Georg Muffat zur Aufführungspraxis, Strbg./Baden-Baden 1970 ▪ A. PLANYAVSKY, Gesch. des Kb., Tutzing 1970, ebd. ²1984 ▪ T. BORGIR, The Performance of the Basso Continuo in Seventeenth-century Italian Music, Diss. Berkeley Univ./Cal. 1971, Ann Arbor 1987 ▪ R. MÜNSTER/R. MACHOLD, Themat. Katalog der Musikhss. der ehemaligen Klosterkirchen Weyarn, Tegernsee und Benediktbeuren, Mn. 1971 ▪ M. CASTELLANI, A 1593 Veronese Inventory, in: GSJ 26,

1973, 15–24 ▪ S. HARRIS, Lully, Corelli, Muffat and the Eighteenth-century Orchestral String Body, in: ML 54, 1973, 197–202 ▪ E. COWLING, The Cello, N. Y. 1975 ▪ F. HAMMOND, Musical Instruments at the Medici Court in the Mid-seventeenth Century, in: AnMl 15, 1975, 202–219 ▪ H.-J. MARX (Hrsg.), A. Corelli, Hist.-kritische Gesamtausgabe der mus. Werke, Bd. 5, K. 1976 ▪ J. WEBSTER, Violoncello and Double Bass in the Chamber Music of Haydn and His Viennese Contemporaries, 1750–1780, in: JAMS 29, 1976, 413–438. ▪ F. BAINES, What Exactly is a Violone? A Note Towards a Solution, in: EM 5, 1977, 173–76 ▪ S. BONTA, From Violone to Violoncello: A Question of Strings?, in: JAMIS 3, 1977, 64–99 ▪ L. KUNZ, Basset und Kontrabaß. Ein Beitr. zur Organographie der Volksmusikinstr. in der Tschechoslowakei, in: Ethnographica 11 und Acta Musei Moraviae 62, Brno 1977, 161–224 ▪ S. BONTA, Terminology for the Bass Violin in Seventeenth-century Italy, in: JAMIS 4, 1978, 5–42 ▪ L. MALUSI, Il violone e il suo impiego nei secoli passati, in: NRMI 13, 1979, 603–608 ▪ H.-J. MARX (Hrsg.), A. Corelli: Catalogue raisonné, K. 1980 ▪ D. W. JONES, Vanhal, Dittersdorf and the Violone, in: EM 10, 1982, 64–67 ▪ W. F. PRIZER, Isabella d'Este and Lorenzo da Pavia, »Master Instrument Maker«, in: EMH 2, 1982, 87–127 ▪ A. BAINES, The Size of the Cello, in: GSJ 36, 1983, 132–133 ▪ H.-J. MARX, Die »Giustificazioni della casa Pamphilj« als mg. Quelle, in: Studi Musicali 12, 1983, H. 1, 122–187 ▪ K. MOENS, Die Frühgesch. der Violine im Lichte neuer Forschungen, in: Harfen, Lauten, Violinen, Programm der Tage alter Musik in Herne, Herne 1984, 54–86 ▪ A. PLANYAVSKY, Violone und Violoncello im 17. Jh., in: Musicologica Austriaca 4, 1984, 43–84 ▪ K. MOENS, Entwicklung von Baumerkmalen im frühen Baßstreichinstrumentenbau, in: Kgr.Ber. Innsbruck 1984, hrsg. von W. Salmen, Innsbruck 1986, 33–50 ▪ M. H. SCHMID, Instrumentennamen und Stimmlagenbezeichnungen vom 16. bis 18. Jh., in: dass., 17–32 ▪ W. SENN / K. ROY, Jakob Stainer. Leben und Werk des Tiroler Meisters (1617–1683), Ffm. 1986 ▪ L. DREYFUS, Bach's Continuo Group, Cambridge / M. 1987 ▪ O. GAMBASSI, La cappella musicale di S. Petronio: maestri, organisti, cantori e strumentisti dal 1436 al 1920, Flz. 1987 ▪ R. HARGRAVE, Antonio Stradivari »Servais« 1701, in: The Strad 98, 1987, H. 1172, 927–935 ▪ M. H. SCHMID, Der Violone in der ital. Instrumentalmusik des 17. Jh., in: Fs. J. H. van der Meer, hrsg. von F. Hellwig, Tutzing 1987, 407–436 ▪ J. EPPELSHEIM, Stimmlagen und Stimmung der Ensemble-Streichinstr. im 16. und frühen 17. Jh., in: T. Drescher (Hrsg.), Capella Antiqua München, Fs. zum 25-jährigen Bestehen, Tutzing 1988, 145–173 ▪ A. PLANYAVSKY, Der Barock-Kb. Violone, Salzburg 1989, Tutzing ²1998 ▪ O. ADELMANN, Die Alemannische Schule. Archaischer Geigenbau des 17. Jh. im südlichen Schwarzwald und in der Schweiz, Bln. 1990 ▪ S. BONTA, Corelli's Heritage: The Early Bass Violin in Italy, in: Studi Corelliana 4, 1990, 217–231 ▪ S. LA VIA, »Violone« e »violoncello« a Roma al tempo di Corelli. Terminologia, modelli organologici, techniche esecutive, in: Studi Corelliani 4, Flz. 1990, 165–191 ▪ M. H. SCHMID, Baugrößen, Besaitung und Instrumentennamen bei Streichinstr. des 17. Jh., in: E. Thom (Hrsg.), Saiten und ihre Herstellung in Vergangenheit und Gegenwart, Michaelstein 1991, 107–111 ▪ J. FOCHT, Der Wiener Kb. Spieltechnik und Aufführungspraxis, Musik und Instrumente, Diss. Tbg. 1994, Tutzing 1999 ▪ E. SELFRIDGE-FIELD, Venetian Instrumental Music from Gabrieli to Vivaldi, N. Y. ³1994 ▪ T. DRESCHER, »Von allerhand Geigen«, Johann Jacob Prinner zu Streichinstr. in Österreich (1677), in: Glareana 44, 1995, H. 1, 4–21 ▪ K. und A. BIRSAK, Gambe-Cello-Kb. und Katalog der Zupf- und Streichinstr. im Carolino Augusteum, Salzburg 1996 (Salzburger Museum Carolino Augusteum, Jahresschr. 42) ▪ JOH. LOESCHER, Der Violone in Italien, Magisterarbeit Erlangen 1996 (mschr.) ▪ W. PAPE / W. BOETTCHER, Das Violoncello, Mainz 1996 ▪ B. WACKERNAGEL, Europäische Zupf- und Streichinstr., Hackbretter und Äolsharfen. Dt. Museum München, Musikinstrumenteslg. Katalog, Ffm. 1997 ▪ P. BARBIERI, Gli strumenti poliarmonici di G. B. Doni e il ripristino dell'antica musica greca (c. 1630–1650), in: Stud. zur ital. Musikgesch. 16, hrsg. von F. Lippmann, 1998, 79–114 ▪ R. MEUCCI, Viola, violoncino e viola da braccio: il violoncello a Venezia all'epora di Montagnana, in: Domenico Montagnana. »Lauter in Venezia«. Kat. der Ausstellung 1997, Cremona 1998, 157–176.

JOHANNES LOESCHER

INHALT: I. Einleitung. – II. Die Frühgeschichte in Quellen des 16. Jahrhunderts. – III. 17. Jahrhundert. 1. Quellen und Instrumente. 2. Die Musikpraxis. – IV. Die Entwicklung im 18. Jahrhundert. 1. Violone und Violoncello. 2. Spieltechnische Anforderungen. 3. Kammermusik und Solospiel. – V. 19. Jahrhundert. 1. Modifizierte Stimmungen. 2. Der dreisaitige Kontrabaß. 3. Unterrichtswerke und der viersaitige Kontrabaß. – VI. 20. Jahrhundert. 1. Interpreten und Komponisten. 2. Der Kontrabaß im Jazz.

I. Einleitung

Kontrabaß (lat. *contra*, gegen, gegenüber) bezeichnet eine Stimmlage unterhalb des Basses (Sub-Baß). »*Contra bassus*« wurde z. B. die dritte Stimme im üblicherweise zweistimmigen Gymel genannt, der frühesten Form englischer Mehrstimmigkeit im 15. Jahrhundert.

Kontrabaß bedeutet a) einem Instrumentennamen voran- oder nachgestellt, das tiefste, aber nicht immer das 16'-Instrument einer Instrumentenfamilie; b) das größte und tiefste Streichinstrument. Der Kontrabaß (engl. *double bass*; frz. *contrebasse*; ital. *contrab[b]asso*; span. *contrabajo*) entwickelte sich aus den Baßinstrumenten der Viola-da-Gamba-Familie. Er hatte noch bis ins 18. Jh. Bünde auf dem Griffbrett und fünf bis sechs Saiten. Größe, Form und Besaitung sind bis in die Gegenwart nicht einheitlich. Das heutige Orchesterinstrument hat gewöhnlich vier Saiten in E_1-A_1-D-G (Korpuslänge ca. 100-120 cm, klingende Saitenlänge 95-115 cm), seltener drei oder fünf Saiten (die fünfte in C_1 oder H_2). Das viersaitige Instrument wird gelegentlich auch mit einer sog. *C-machine(extension)* ausgestattet, einem Klappensystem zur Verlängerung der E_1-Saite. Im deutschen Kulturbereich anfangs zu den »Groß Geigen« gezählt, erschienen Kontrabaß-Artikel bis ins 19. Jh. grundsätzlich unter dem Stichwort → Violone.

Die Voraussetzungen für die Verwendung eines ›doppelten Basses‹ in der Instrumentalmusik waren durch die Teilung des Contratenors in Contra-Tenor altus sowie bassus gegeben und a priori nicht an die Kontraoktave gebunden. Die Genealogie der Kontrabässe entspricht ihrer Familienzugehörigkeit, zumal sie bei vielen Musikinstrumenten auftreten. Die für die Zuordnung der Streichinstrumente maßgebenden Unterscheidungsmerkmale (Form, Größe, Register, Stimmung etc.) bildeten in der 1. Hälfte des 16. Jh. zwei Grundtypen heraus: Viola da gamba (Großgeigen, Viola) und Viola da braccio (Kleingeigen, Violine). Die unterschiedlichen Erscheinungsformen des Kontrabasses haben in der Fachliteratur zu divergierenden Auffassungen bezüglich Familienzugehörigkeit und Klangidentität geführt. Namentlich der unkritische Gebrauch des Begriffes Geige (Baßgeige) verleitete einige Autoren dazu, den Kontrabaß der Violinfamilie zuzuordnen. Der Kontrabaß stellt eine variantenreiche Mischform dar, wobei dominierende Elemente des Gamba-Typs (innere Baustruktur, abfallende Schultern, kein Randüberstand der Zargen, flacher Boden, sechs Saiten mit Bünden, Quart-Terz-Stimmung, – später vorwiegend Quarten) trotz gelegentlicher Formdetails des Braccio-Typs (Zargenekken, F-Löcher, Schnecke, gewölbter Boden) für die Verwandtschaft zur Gambenfamilie maßgebend bleiben.

II. Die Frühgeschichte in Quellen des 16. Jahrhunderts

Im Jahre 1493 wurden erstmals »manngroße Violen« erwähnt, die C. Sachs (1940, S. 348) als »double basses« bezeichnete. Nach 1500 lassen sich die ersten in der Form sehr verschiedenen Kontrabaß-Streichinstrumente auch bildlich nachweisen. Die früheste, bis jetzt bekannte bildliche Darstellung eines manngroßen Streichinstrumentes fand sich auf Wiener Fresken von 1509 (vgl. A. Planyavsky, Get the picture, in: Double Bassist Nr. 17/2001, S. 50). Ein stehend gespieltes Kontrabaß-Streichinstrument in Fidelform ist auf dem Gemälde Gastmahl des Herodes (Innsbruck 1516) zu sehen (Innsbruck, Landesmuseum Ferdinandeum, Inventar-Nr. 96). Ein Kontrabaß des frühen Gambentyps findet sich in einem Nürnberger Schemparthbuch aus dem Jahre 1518 abgebildet (D-Ngm, HS.5664). Auf einem Gobelin, der die Feierlichkeiten anläßlich der Vermählung Heinrichs II. von Frankreich (1533) festhält, werden zwei Baß- und eine Kontrabaßgambe dargestellt (A7razzeria di Bruxelles, Sec. XVI, Festa de gli ambasciatori polacchi; Florenz, Uffizien, Inv. Arazi n. 139). M. Agricola erwähnt einen »Groß Geigen Bassus« (1529) mit der Stimmung G_1-C-F-A-d-g, der bis in die Zeit der Klassik gebräuchlichen Kontrabaß-Besaitung, wohingegen S. Ganassi dal Fontego bereits den tiefsten Violone durch den adjektivischen Zusatz »contrabasso« vom Baß unterschied (→ Violone). Einen frühen Beleg für die Bezeichnung Kontrabaß im deutschen Kulturraum liefert ein Fugger-Inventar von 1566: »ain Contra Bass von Holz« (R. Schaal, Die Musikinstrumenten-Slg. von Raimund Fugger d.J., in: AfMw 21, 1964, H. 3/4, S. 212). Die Funktion eines Baßinstruments als Kontrabaß ergibt sich aus einem Innsbrucker Inventar von 1596: ›mer violen, so zu Cremona erkauft worden, darunter ... Baß und ain grosser Baß‹ (F. Waldner, Zwei Inventare aus dem XVI. und XVII. Jh. etc., in: StMw 4, 1916, S. 128). Fr. Lesure (La Facture instrumentale à Paris au seizième siècle, in: GSJ 7, 1954) erwähnt eine »double basse contre de viole« (1557) und eine »basse contre de viollon« (1570). Die Umrahmung des Titels der 1575 in Paris gedruckten Sonetz de P. de Ronsard in der Vertonung durch Ph. de Monte zeigt vier gambenmäßig gespielte Instrumente, darunter Baß und Kontrabaß. Eine für den französischen Kontrabaß typische Betonung der Braccio-Form läßt das Instrument beim Bal à la cour des Valois (um 1580) erkennen (Rennes, Musée des Beaux-Arts), obwohl in diesem Land auch Kontrabässe des Gamba-Typs zu finden sind, wie die Escole de musique (1583) zeigt (F-Pn, Pd.29.Rés.).

III. 17. Jahrhundert
1. Quellen und Instrumente

Im Laufe des 16. Jh. erfolgte die sukzessive Lösung des »violone contrabasso« aus dem Gambenstimmwerk; sowohl A. Banchieri (1609, S. 53f.) als auch M. Praetorius erwähnen den Kontrabaß getrennt von den Gamben als genuine Spezies. Praetorius bezeichnet den »Contrabasso da Gamba« als »welschen Violone« (PraetoriusS). Seine Ausführungen zeigen, daß der Trend zur Erweiterung der instrumentalen Baßregion in dieser Zeit einen Höhepunkt erreicht hatte. *»Je tieffer die Baßgeigen gestimbt seyn/je gravitetischer unnd prechtiger sie einher prangen«*, urteilt Praetorius (ebd., Bd. 2, S. 14) und nennt in seiner Tabella universalis in der Gruppe der »Viole de Gamba/ Violen« 19 Besaitungsvarianten, wovon acht bis in die Subbaßlage reichten. Bei der Beurteilung der Einsatzmöglichkeiten damaliger Kontrabässe bleibt zumeist unbeachtet, daß die heute bekannteste Stimmung durch zwei zusätzliche Saiten (E_1-A_1-D-G-d-f) den Stimmungsumfang des Violinbasses übertraf. Ein sog. »Groß Quint-Baß« mit der Stimmung F_1-C-G-d-a (auf Tafel XXI als »Bas-Geig de bracio« bezeichnet) stellt den mißlungenen Versuch dar, auch die Violinfamilie mit einem Kontrabaß-Instrument auszustatten. Das Instrument wird gelegentlich fälschlich als Violone bezeichnet. Praetorius kommt auch auf die Kaiserliche Hofkapelle in Wien zu sprechen, deren »Harmonia noch mehr erfüllet« wird, wenn man »eine grosse Baß Geygen (Italis, Violone)« gebraucht (ebd., Bd. 3, S. 113). Seine detailgetreuen Illustrationen zeigen die zwei Prototypen des Kontrabasses, wobei schon damals auffallend viele Namen gebraucht wurden; Tafel V: »Groß Contra-Bas-Geig«, auch »Gar gross Viol de Gamba Sub Baß« (ebd., Bd. 2, S. 46) und »Gar groß Baß-Viol« (ebd., S. 25); Tafel VI: »Violone, Groß Viol-de Gamba Baß«, auch »Die große Viol de gamba (Italis Violono, oder Contrabasso da gamba« (ebd., S. 44) bzw. »Groß Baßgeig. Violone« (ebd., Index). In jeder der erwähnten Quellen wird der Begriff Violone auf die Gambenfamilie bezogen. Ansehen und Kaufwert eines Streichinstruments werden weitgehend vom Renommee seines Erbauers und Spielers mitbestimmt. Da Ausmaß und Gewicht des Kontrabasses (10–15 kg) größeren Verschleiß als bei kleineren Instrumenten bedingen und die Aufgaben als Virtuosen- und Kammermusikinstrument beschränkter sind, reduzierte sich das Interesse der Fachwelt weitgehend auf einige wenige erhalten gebliebene, durch die Literatur bekannte Meisterinstrumente, etwa von der Familie Amati, Gasparo da Salò, A. Guarneri (1540-1609), Carlo Guiseppe Testore, Bartolomeo Cristofori (1655-1731) oder Domenico Montagnana (1699-1750). Detaillierte Hinweise auf die Rolle der »großen Baßgeige« finden sich in der Triosonate bei H. Schütz.

Der bedeutendste deutschsprachige Instrumentenbauer, J. Stainer, hat mehrere Kontrabässe gebaut (vgl. Abb. 37a, 37b). Da Stainer im Briefwechsel mit den Auftraggebern für seine diversen Kontrabaßtypen verwirrend viele Namen gebraucht, wurden hinter einigen Bezeichnungsarten Celli vermutet. A. Kircher bildet in seiner *Musurgia universalis* (Rom 1650) ein violinartiges Instrument mit der Stimmung G-D-A-E ab und nennt es »*Violone*«. Stephen Bonta sieht darin »*a cellolike instrument*« (1977, S. 78). In einer zeitgenössischen Übersetzung des Kircher-Textes von Andreas Hirsch heißt es aber: »*In Rom ist ein fünfsaitiger* [!] *Baß-Violon* [*gebaut worden* ...] *dessen grösste Saite aus 200 Därmen gemacht*« (Philosophischer Extract, Schwäbisch Hall 1662, S. 100). Einen mannsgroßen, stehend gespielten Kontrabaß findet man auch darge-

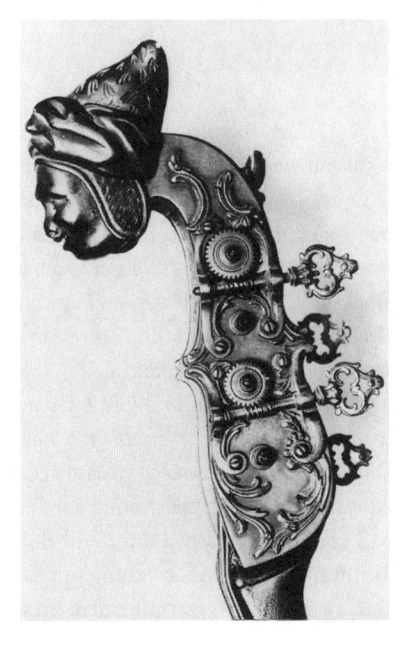

Abb. 37a und b: Kontrabaß von Jakob Stainer, Absam 1648, Gesamthöhe: 183,5 cm
(Innsbruck, Tiroler Landesmuseum Ferdinandeum, Inventar-Nummer 32)

stellt am Gipfel einer allegorischen Wolkenformation in Kirchers Phonurgia nova (Kempten 1673; Abb. in MGG [1958] Bd. 7, Taf. 37). Noch 1722 beruft sich F. Bonanni auf Kirchers »Violone« und bildet ihn als stehend gespielten Kontrabaß ab (1722, S. 121, Taf. LIX). Gottfried Tielke baute 1662 einen Kontrabaß. Auffallendstes Merkmal sind die Oberbügel nach Art der Violin-Form, wodurch es eher einem Riesenvioloncello als einem Kontrabaß gleicht. Daher werden Instrumente dieser Art gelegentlich auch als Kontrabässe der Violinfamilie bezeichnet. Das Tielke-Instrument weist eine Gesamtgröße von 202 cm auf und muß folgerichtig in die Kontrabaß-Klangtiefe reichen. Michele Todini berichtet in seiner Dichiaratione della galleria armonica (Rom 1676, S. 81), er habe einen großen Kontrabaß (»Violone grande«) gebaut und mit großem Erfolg in die römische Musik eingeführt. Der in Rom lebende deutsche Instrumentenmacher Alberto Platner kaufte im Dezember 1676 zwei Violone-Saiten, »una di argento« (zitiert nach: P. Barbieri, Cembalo, organaro, chitarraro e fabbricatore di corde armonichi nella Polyanthea technica di Pinaroli (1718-1732), in: Recercare 1, 1989, S. 198). A. Liess erwähnt einen römischen Violonisten namens Teodosio (Materialien zur röm. Musikgeschichte des Seicento, in: AMl 29 1957, S. 149), für dessen Instrument 1681 silberdrahtumsponnene Saiten gekauft wurden. Das Instrument wurde bei dieser Gelegenheit als »Contrabbasso« bezeichnet (L. Monalto, Un mecenate di Roma barocca, Flz. 1955, S. 223).

2. Die Musikpraxis

Der solistische Einsatz des »Violone in contrabasso« bei Banchieri (1609, S. 50f.) sowie des sowohl im 16′ als auch 8′ notierten »Contrabasso« bei Cl. Monteverdi (L'Orfeo, Combattimento di Tancredi e Clorinda) spiegelt die unterschiedlichen Aufgaben wider, die das Instrument zu erfüllen hatte. Dies kommt auch in der bildlichen Darstellung zweier verschieden großer Kontrabaß-Instrumente im gleichzeitigen Spiel zum Ausdruck (Hans von Francolini, Turnierbuch, Wien 1561; Jost Amman, Drey Geiger, 1568; Nicolaus Solis, Fürstenhochzeit, Mn. 1568); auch H. I. Fr. Biber läßt in seiner Battalia zwei Solovioloni, G. Ph. Telemann zwei »contrebasses concertantes« (Concert à 9 parties) auftreten, und Joh. J. Quantz gibt sogar detaillierte Hinweise auf diese Instrumentationsart (Versuch einer Anweisung, Bln. 1752, XVII. Hauptstück, S. 219). Die Verwendung des ›Contrabasso al Cembalo‹ ist bereits seit Ende des 16. Jh. nachzuweisen. Eine Federzeichnung von Carlo Caliari († 1596) zeigt einen Fidel-Kontrabaß im Generalbaßspiel mit Cembalo und Laute (München, Staatliche Graphische Sammlung). Die Triobesetzung mit Sängerin, Laute und sechssaitigem Violone hat G. A. Fasolo (1529-1572) auf einem Fresko in Albettone bei Vicenza dargestellt. Dieselbe Besetzung (mit einem Fünfsaiter) bildete A. Palemedesz um 1640 ab. In kleinen Ensembles (ohne Violin-Baß oder Tasteninstrumente) wird der Kontrabaß im Gemälde *König David im Tempel* von Pieter Lastmann (1618) sowie in einer *Musizierenden Gesellschaft* von Valentin de Boulogne (Rom? 1620) dargestellt, und Peter Paul Rubens zeigt im Hintergrund seines Gemäldes *Krönung der Maria de Medici* (um 1622) drei Musiker mit Laute, Posaune und großem Kontrabaß. Eine römische Ballettszene hielt Andrea Sacchi um 1634 in einem Kupferstich fest, wobei Cembalo und Chitarrone mit einem kleinen sechssaitigen Kontrabaß-Instrument den Generalbaß ausführen (Abb. in MGG [1963] 11, Sp. 725-726). Das Zusammenspiel Chitarrone/ Kontrabaß ist (auch alternativ) aus dem verwandten Register abzuleiten; beide Instrumente verfügen über Kontrabaßsaiten. Der Lautenist A. Piccinini berichtet, er habe 1594 eine große Laute bauen lassen »*che serviva per tratta de i contrabassi*«, und für seine Pandora verwendete er später silberdrahtumsponnene Kontrabaßsaiten (O. Mischiati/L. F. Taglianini, Art. *A. Piccinini,* in: MGG [1962]). R. Cesti nennt für die ihm zugeschriebene *Serenata* von 1662 folgende Besetzung: »*Le Voci à Solo, a 2. e 3. furone Accompagnate da una Spinetta grossa a 2 registri; dalla Tiorba e dall Contrabasso*«. Erst beim »*coro a otto*« sollten »*un Basso di Viola e della Spinetta*« (Vorwort) die Solobesetzung vergrößern. Hinweise auf die Verwendung von Kontrabaßinstrumenten dieser Epoche in England gibt Praetorius. Demnach wurden die Bässe im Gambenconsort »*bißweilen umb ein Quart, bißweilen auch eine Quinte tieffer*« gestimmt, wobei »*der Baß ins GG*« reichte »*und daß gibt [...] viel eine anmutigere/prächtigere und herrlichere Harmonij*« (PraetoriusS Bd. 2, S. 44). In einigen *Fantasies* von O. Gibbons wird »*the great dooble base*« mit einer Tiefe bis zum Kontra-A verlangt. Ein jetzt viersaitiger Violone des engl. Geigenbauers Edward Lewis wurde 1695 in London gebaut. Genaue Anweisungen über den Einsatz des ›Violon oder die grosse Bassgeige‹ im ›Tricinio‹ gibt Heinrich Schütz im Vorwort zu seinem ›Exequien‹ von 1636. Bei genauer Befolgung authentischer Besetzungsangaben läßt sich die Anweisung »*mit einem Violone*« bzw. »*mit dem Violone*« usw. in der deutschen Musik des ganzen 17. Jh. von der Triosonate bis zur Quartett- und Quintettbesetzung mit Basso continuo verfolgen, was bei heutigen Wiederaufführungen nicht immer die nötige Beachtung findet.

Einen Grundstock für die Triosonatenproduktion diesseits der Alpen konnte bereits 1623 der in Wien tätige G. B. Buonamente mit seinen Sonaten »*von zwey Violinen und einem Violone*« legen (WaltherL 1732, S. 106). Joh. H. Schmelzer schrieb 1670 Ballette für Orchester und Soloquintett (»*fünf obligirte Geigen*«) für 2 Violinen, 2 Violen und Violone (vgl. P. Nettl, *Die Wiener Tanzkomposition in der zweiten Hälfte des siebzehnten Jh.,* in: StMw 8, 1921, S. 133). Weitere Beispiele für solche Besetzungen finden sich bei A. Poglietti: Sonate für 2 Violinen, Viola da gamba, Violone, Fagott. Ein frühes Streichquintett für 2 Violinen, »Viola da Braccio, Viola da Gamba und Violone« hatte Joh. J. Prinner »concertweis componirt«, wie er in seinem Musicalischen Schlissl von 1677 erwähnt. In Prinners Musiklehre finden sich auch die bis jetzt frühesten didaktischen Anweisungen für Violine, Viola da gamba und den F_1-A_1-D-Fis H gestimmten Violone, die allerdings bisher kaum Beachtung gefunden haben. Abermals werden zwei Streichbässe des Gamba-Typs mit Kontrabaßreichweite erwähnt: G_1-C-F-A-d-g und F_1-A_1-D-Fis-H, wobei die F_1-Stimmung mit einer hohen a-Saite zum Wiener Quart-Terz-Violon mutierte. Die Entwicklung der Methodik ist bei Daniel Speer weiterzuverfolgen, der die früheste Applikatur (Buchstaben ohne Fingersystem) sowie die Höhengrenze d_1 für den von ihm Baß-Violon genannten Violone mit der üblichen G_1-Stimmung festlegt. Bei Speer finden sich auch die ersten Hinweise auf die Bogenführung beim Kontrabaß: »Es sollen aber Incipienten sich den Bogen in feinem langen Streichen zu führen/sich lassen angelegen seyn« (D. Speer, Grundrichtiger Unterricht der mus. Kunst oder Vierfaches mus. Kleeblatt, Ulm 1697, Lpz. 1974, S. 206f.)

Die Entwicklung der Baß-Violine zum Violoncello wurde durch die allmähliche Lösung aus der Alt-Tenor-Lage (Schulterhaltung) zugunsten der Baß-Lage (Kniehaltung) gefördert. Offenbar konnte das Violoncello erst durch die Konzentration auf die vertikale Spielhaltung und die damit verbundene Vergrößerung des Korpus seine Eignung zum Soloinstrument unter Beweis stellen. In den 1680er Jahren traten in Bologna einige Cellisten mit Solostücken hervor. Nachrichten über Violonisten, die teils zum handlicheren Violoncello wechselten, oder immer häufiger als Kontrabassisten bezeichnet wurden, sind u.a. auch in Rom und Wien nachweisbar (vgl. A. Liess 1957 und H. Knaus 1967-1969). Im letzten Drittel des 17. Jh. fallen in Augsburger Notendrucken Ausführungsanweisungen auf, die die Heranziehung einer kleineren Baßgeige zur Unterstützung des Violone propagieren: »Und weilen es endlich in dem Bass ziemlich zu schaffen gibt, als würde hiezu ein Französisch mit 4. Seiten und ein wie eine gemeine Prätschen gestimtes Bass-Geigl oder noch mehr (nachdem man die Partien starck besetzen wil) zum allertauglichsten sein« (R. I. Mayr, Pythagorische Schmids-Fünchlein, Agb. 1692, zitiert nach dem Vorwort von A. Sandberger, in: DTB 35, 1928, S. 46). Die Rolle des »üblichen Violone« (Joh. C. Fischer, Journal du Printemps, Agb. 1695, Vorwort, S. 12) sollte durch ein wendigeres Instrument ersetzt werden. Daniel Merck (ebd., Kap. 8, o.S.) erwähnt neben zwei Kontrabaß-Stimmungen auch einen »Französischen Baß mit 4 Saiten (B_1-C-F-g)«. Die für den großen Violoncello-Typ verbindliche vertikale Spielhaltung führte zu Verwechslungen mit Baßgamben und kleinen Kontrabässen (»Halbbaß«, »Cellogambe«, »Kontrabaßvioline«) und schließlich sogar zur genealogisch widersinnigen Konstruktion des Begriffes ›Violoncello‹.

IV. Die Entwicklung im 18. Jahrhundert
1. Violone und Violoncello

Im Widerspruch zu den in Theoriewerken und Musiklexika angebotenen Definitionen, wonach Violone und Violoncello zwei Instrumente unterschiedlicher Herkunft und Funktion waren, wurden bestimmte Violone-Partien nach 1700 für Violoncello herausgegeben. Zeitgenossen Corellis, wie etwa der Cellist D. Gabrielli, besetzten Baßstimmen bereits mit Violoncello e Violone. Auch die (Corelli gewidmeten!) Sonaten Op. 1 von G. Reali (Venedig 1709) waren ›per Violone e Violoncello obligatti‹ bestimmt. Ein C-g-d-g gestimmter ›Violone‹ findet sich in G. M. Bononcini's Op. 2 (D. Glüxam, Diss. Wien 1998, I. 107). Über die Violone-Praxis bei Corelli informiert Georg Muffat. Im Sinne neuer Hörgewohnheiten sollte der Baß im Solotrio nun »besser auf einem Violoncino als auf einem diser Orthen gebräuchigen Violone« ausgeführt werden. Bei Bedarf seien noch zwei Violinen und »Violone oder Cembalo« hinzuzufügen, und schließlich werde bei größerer Besetzung »zu desto Majestätischer Harmoni des Baß ein großer Violone gar wohl taugen« (G. Muffat, 6 Concerti Grossi I. Auserlesene, mit Ernst und Lust Gemengte Instrumentalmusik, Passau 1701, hier zitiert nach DTÖ 23, 1959, Vorrede, S. 8f.; die eindeutige Unterscheidung von »Violoni ò Contrabassi« und »Violoncini« ist u. a. auf S. 13 zu belegen). Demnach konnte zum Trio mit Violoncello noch ein Trio mit Violone hinzutreten und im Tutti ein zusätzlicher großer Violone. Beide Streichbässe hatten somit eigenständige Aufgaben zu erfüllen und konnten allenfalls gemeinsam Violonepartien ausführen.

Die römische Kontrabaßpraxis ist durch einige Bildbeispiele gut zu überblicken. Bonanni zeigt einen großen Kontrabaß mit vier Saiten (aber sechs Wirbeln) und bezeichnet ihn als Violone (1722, Taf. LVII). Außerdem bildet er einen monströsen Liren-Kontrabaß mit 12 Saiten ab, den er »Accordo« nennt (Taf. LVIII). Bonannis »Viola« stellt sich als massiv gebautes, kurzhalsiges Violoncello ohne Stachel dar. Zu erwähnen ist in diesem Zusammenhang, daß Corelli-Sonaten u. a. auch von Chr. Pepusch in London nachgedruckt wurden, der selbst Sonaten für Violine und Violone komponierte und in seinen Rules [...] for Attaining to Play a Thorough Bass (L. um 1730) den Violone als »Double Bass« bezeichnete. Die Corelli-Literatur ist traditionell Bestandteil des Kontrabaß-Unterrichts, wie aus den Methoden von M. Corrette oder Isaia Billè hervorgeht. Die berühmten 12 Sonaten op. 5 erschienen 1706 bei Sala in Venedig mit Baß-Stimmen »per Violone o Violoncello«. Im Begleittext einer bei Antonio Zatta gedruckten Ausgabe heißt es dazu: »per essere utilissime, e necessarie a formare un perfetto Suonatore tanto di Cembalo, che di Violino, Violoncello, o Contrabasso«. Auch die exakten Auskünfte über den Violone in den frühesten, jedoch weitgehend unbeachtet gebliebenen *Regole per violoncello e violone* von B. Bismantova (*Compendio Musicale*, Ferrara 1677; zusätzliche ›Regole‹ für Violoncello und Violone, 1694, S. 118f.; vgl. A. Cavicchi, *Prassi strumentale in Emilia nell' ultimo quarto del Seicento*, in: Studi musicali 2, 1973, S. 111ff.) sowie die ausführlichen Erläuterungen der Situation der Streichbässe durch S. de Brossard (›*Violoncello: notre Quinte de Violon, ou une Petite Basse de Violon. Violone: notre Basse de Violon, une Double Basse*‹ [Dict. 1703]), konnten spätere Interpretationen des Violone als Violoncello nicht verhindern. Bei Bismantova war der »Contrabasso ò Violone« (ebd., S. 119) nur noch mit vier in Quarten gestimmten Saiten ausgestattet, die wohl noch auf die traditionelle Kontra-G-Saite zurückgriff, doch durch die alternative E_1-Saite die allmählich dominierende Bespannung des Kontrabasses der Folgezeit darstellt: E_1-A_1-D-G. Nach dem Verlust zweier hoher Saiten und der Registerverlagerung eine Terz tiefer, wurde dem Kontrabaß nun seine eigentliche Rolle als Orchester-Kontrabaß zugewiesen. Als symbolisches Zeichen dafür mag gelten, daß Bismantova, vielleicht zum erstenmal, den Namen *Contrabasso* vor *Violone* reihte, allerdings vorläufig noch ohne allgemeine Beispielfolge. Im Zuge dieser Metamorphose wurde auch zunehmend auf die Bünde verzichtet, wenngleich sie gelegentlich noch im 19. Jh. nachzuweisen sind.

2. Spieltechnische Anforderungen

Bei der oberflächlichen Beurteilung der Leistungsfähigkeit des Kontrabasses bleiben zumeist auch die spieltechnischen Anforderungen unberücksichtigt, die am Beginn des 18. Jh. an den Orchester-Kontrabaß gestellt wurden. G. Fr. Händel aktivierte die Bässe in seinen Opern durch furiose Läufe bis in die Violin-Lage (*Teseo*, 1713); Bachs Kantaten oder die *Brandenburgischen Konzerte* boten eine Fülle neuer Aufgaben mit kammermusikalischer Transparenz und Wendigkeit, wie sie von den an der Ausführung von Rezitativen und Triosonaten beteiligten Instrumenten erwartet werden konnten. Violonepartien aus der Köthener Zeit wurden von Bach in Leipzig mit zusätzlichen Violoncellostimmen versehen. Violinvirtuosen, wie der Corellisch-üler Somis, spielten ihre Sonaten mit Cembalo, Cello ›*mais encore avec une Contre-basse cela faisoit un effet charmant*‹ (Corrette, S. 31). Diese Entwicklung spiegelt sich auch in der Ausweitung des Höhenbereichs, der ohne die hohen Saiten durch Erweiterung der Spieltechnik auf dem viersaitigen Kontrabaß wettgemacht werden mußte. Walther nennt 1732 einen Tonumfang »*vom contra G bis ins ā.ē*« (WaltherL). J. Fr. B. C. Majer erweiterte die Buchstaben-Applikatur Speers zum ersten deutschen Fingersatz 1-3, läßt jedoch offen, ob die hohen Töne seiner bis c^1 reichenden Skala mit dem vierten Finger auszuführen war, zumal es bei Joh. P. Eisel heißt: »Man kann auch höher hin-

auf steigen, doch das gehöret vor keine Schüler, sondern geübte auf dem Violon« (Musicus autodidaktus, Erfurt 1738, S. 48). Eisel ist zwar von Mattheson abhängig, erweitert aber den Text zum umfangreichsten Kontrabaßartikel der Bachzeit. Der Terminus Baß-Violon dient Eisel als Oberbegriff für insgesamt vier Violonetypen, darunter ein Viersaiter mit Kontra-C, der »*von vielen wie ein Violoncello (eine Octave tiefer)* [...] *gestimmet wird*«. Johann Christoph und Johann David Stössel erwähnen im Artikel »*Contrabassa da gamba* [...] *viele doppelte Griffe und mancherlei Verstimmungen*« (Scordatura; Kurtzgefasstes musicalisches Lexicon, Chemnitz 1737, S. 416). In der 1. Hälfte des 18. Jh. waren zwei bedeutende Theoretiker bzw. Komponisten über drei Jahrzehnte als Kontrabassisten tätig. M. P. de Montéclair (1667-1737) wird in widersprüchlichen Berichten als erster, bzw. einer der ersten Kontrabassisten im Pariser Opernorchester bezeichnet. Er wird als Spieler der »*Basse de Viole à l'octave*« erwähnt und wechselte später zum dreisaitigen Contrebasse. Seit 1710 war J. D. Zelenka in der Dresdner Hofkapelle als Kontrabassist engagiert. Bei Zelenka treten Fagott und Kontrabaß bisweilen als »*due bassi obligati*« auf, wobei der Kontrabaß die Bezifferung liefert und somit die eigentliche Basso-continuo-Stimme darstellt. Der Schriftverkehr zwischen den Hofkapellmeistern und dem Wiener Hof vermittelt eine Kontrabaßpraxis, die in der gängigen Beurteilung des Instruments dieser Periode bisher kaum verarbeitet worden ist. So unterstützte Antonio Pancotti das Ansuchen des Kontrabassisten Andreas Freydig von 1703 um Gagenerhöhung mit dem Hinweis auf dessen zusätzliche Dienste »*vornemblich in der Cammer und auf dem Theatro*« (H. Knaus 1967-1969, Bd. 3, S. 107, 125). 1722 verhinderte Hofkapellmeister Fux die Anstellung eines Musikers »*bey dermalen so schweren Bässen*« (L. von Köchel, Johann Josef Fux, Wien 1892, S. 392); umso mehr unterstützte er das Ansuchen des Violonisten Anton Schnauz um Gagenerhöhung mit dem Hinweis, daß dieser »*durch viele Jahre mit größtem Rum [als] Kay(serlicher) Violonist*« gewirkt habe und zu befürchten sei, daß »*ein solcher Vituos dergleichen kaum mehr zu hoffen ist*« (ebd., S. 417). 1727 lehnte Fux das Ansuchen eines Geigers ab (der von der Violine zum Kontrabaß wechseln wollte), um zu verhindern, »*dass ein so guter Violinist in einen schlechten Violnlisten verwandelt werde*« (Köchel, Fux S. 414). Im Jahre 1700 wird dem Kaiser empfohlen, das Violoncello »*bey dero Music zu introduciren*« Ch. Knaus 1967-1969, Bd. 3, S. 87). Die jährlich erschienenen, aber nicht lückenlos überlieferten Hofkalender verzeichnen erst von 1709 an auch »*Violoncellisten*«. Mit gleichem Fachverstand wie Fux beurteilte Mattheson (1713) die Leistungsfähigkeit des Kontrabasses und ihre Grenzen. Auch er kommentiert die Veränderungen im Bereich der Baßgeigen. »*Der hervorragende Violoncello*« hatte sich zum unentbehrlichen Bestandteil des Instrumental-Basses entwickelt, zumal man »*mit leichterer Arbeit als auff den grossen Machinen allerhand geschwinde Sachen machen*« konnte. Dennoch qualifiziert Mattheson den Kontrabaß als »*hauptnöthig*« beim Rezitativ.

3. Kammermusik und Solospiel

Die Anforderungen an den Orchesterkontrabaß schlugen sich in der 1. Hälfte des 18. Jh. sowohl in der Kammermusik als auch im Konzertspiel nieder. Zu den originären Aufgaben im Orchester und Rezitativ traten im 18. Jh. reine Kammermusikformen ohne Generalbaß. Als Partner im Duo (Johann Christoph Mann, L. Borghi, C. Ditters von Dittersdorf), Trio (I. Holzbauer, A. Lotti, J. Haydn [Hob IV:D3], Joh. G. Albrechtsberger), Quartett (Holzbauer, Telemann, J. und M. Haydn, Mozart [KV 239]) sowie im Quintett (Anton Filtz, Dittersdorf, Albrechtsberger) ist der Kontrabaß auch an der Entwicklung vom Divertimento zum Streichquartett beteiligt, wie aus den frühen, noch als »Baß« bezeichneten Stimmen dieser Gattung ersichtlich wird. Auch Telemann verwendete den Kontrabaß in mehreren Kammermusik-Besetzungen, wie etwa in der *Sonate a 2 Violini, Violae e Violone* (D-DS, Mus.Ms.3775/19), oder in den *2 Sonate à 2 Oboi d'Amore, 2 Viole con Violone* (Katalog Breitkopf 1763).

In der Mitte des 18. Jh. ist die Entwicklung des Kontrabasses auch anhand der epochemachenden ›Versuche‹ von Quantz und L. Mozart zu verfolgen. Eine wichtige Veränderung dieser Zeit ist die erwähnte Reduktion der Besaitung. Der Stilwandel von der improvisierten Begleitung zum akkuraten Orchesterspiel, verbunden mit Ensembleleistungen offenbarte Qualitätsunterschiede. Deshalb riet Quantz den weniger qualifizierten Kontrabassisten »*in großer Geschwindigkeit, zumal wenn sie ein Stück accompagniren müssen, das sie nicht selbst gesetzet haben*«, sich nach den Hauptnoten zu richten, um sich nicht »*der Nachrede einer Faulheit oder Tücke auszusetzen*« (J. J. Quantz, *Versuch einer Anweisung*..., Bln. 1752, S. 221). Der Orchestermusiker Quantz eröffnete recht eigentlich den Reigen kritischer Stimmen gegen den Kontrabaß und seine Spieler durch den erstaunlich unprofessionellen Vergleich mit dem erfolgreich ins Blickfeld getretenen Violoncello.

J. J. Quantz berichtet ausführlich über das Orchesterspiel in Berlin, wobei er auch auf einige Kontrabassisten der Hofkapelle verweist, »*welche alles nur mögliche auf diesem Instrument rein und deutlich herausbringen*« (ebd., S. 219). Der »Contraviolonist« Joh. G. Janitsch, seit 1736 Kammermusiker in der Hofkapelle, gründete 1740 die »*Freitagsakademien, die zu den angesehensten Konzerteinrichtungen Berlins gezählt werden*« (H. Becker, Art. Joh. Gottlieb Janitsch, in: MGG Bd. 6, 1957, Sp. 1704). Janitsch ging auch als erfolgreicher Komponist in die lokale Musikgeschichte ein und spielte einen »Lautenviolon« (EitnerQ V-VII, S. 276).

Im Gegensatz zu Quantz beurteilte Mozart den »*mit 5. Seyten bezogenen Violon*« als jenen Kontrabaß, auf dem man »*die schweren Passagen leichter herausbringen kann*:

und ich habe Concerte, Trio, Solo etc. ungemein schön vortragen gehört« (L. Mozart, Agb. 1769, Einleitung, S. 3). Er hat diesen sehr erfolgreichen Kontrabaßtyp (vgl. A. Meier 1969) offenbar bei seinem ersten Besuch in Wien kennengelernt, an dem vor allem die schlanke Gambenform sowie die sog. Wiener Quart-Terz-Violon-Stimmung mit zwei A-Saiten (F_1-A_1-D-Fis-A) auffällt. A. Meier (^{2}1979, S. 9) weist auf den Einfluß der Kontrabässe Jakob Stainers und spricht vom »typischen Wiener Wirbelkastenprofil«. Die spezielle Entwicklung dieses Kontrabaßtyps ist auf den dominierenden Einfluß des Lautenbaus in Wien, noch vor dem Aufkommen des Violin-Instrumentariums, sowie auf die Treue zu Gambenform und -stimmung zurückzuführen. Der Wiener Kontrabaßbau ist durch die umfangreiche photographische Sammlung Schreinzer (D-Ngm) gut dokumentiert.

In den 1760er Jahren schrieb J. Haydn konzertante Kontrabaß-Variationen in den Symphonien Nr. 6, 7, 8, später 31 und 72, sowie 1763 (oder davor) das früheste Kontrabaß-Konzert (Hob. VIIc. 1) etwa gleichzeitig mit seinem ersten Cellokonzert. Die konzertante Literatur für Kontrabaß erreichte im Rahmen der Wiener Kontrabaß-Schule, deren wichtigste Vertreter Josef Kämpfer (1735 bis nach 1796), Friedrich Pischelberger (1741-1813) und Joh. M. Sperger waren, eine bis dahin nicht gekannte Blüte. Angeregt durch ihr Spiel entstanden innerhalb von vier Jahrzehnten etwa 30 Konzerte, komponiert von J. Haydn (um 1763), Dittersdorf (2), K. v. Kohat (um 1765), D. J. Kneissel, B. R. Roslaub (›Concerto Nr. 3‹, Burgsteinfurt). Konzertante Variationen in Kammermusikwerken (M. Haydn, J. Eybler) unterstreichen die Ansprüche an das Kontrabaßspiel in dieser Zeit. W. Pichl (2), A. Zimmermann, J. K. Vaňhal, Fr. A. Hoffmeister (3) und Sperger (1750-1812) (18). Die früheste detaillierte Besprechung eines Kontrabaßkonzerts stammt aus Salzburg, wo 1766 ein namentlich nicht genannter Virtuose »sonderbar gerühmet wurde, dann er hat auf dem Violon nicht allein so geschwind, sondern auch so hoch gespielt, als der vornehmste Geiger an seiner kleinen Violin immer sich produciren kan«. Weiter heißt es: »Letztlich machte er mit einem Doppelgriff einen Triller, oder Passage, welcher der hunderte Geiger nicht kann zuwegebringen« (Diarium patris Bedae Huebener, Salzburg, Stiftsbibl. St. Peter, Hs/b VIII 36, zitiert nach R. Klein, in: Fs. A. Orel, hrsg. von H. Federhofer, Wien 1960, S. 93). Den eindrucksvollsten Beitrag zur klassischen Konzertliteratur des Kontrabasses leistete zweifellos Mozart durch den Obligatopart in der Konzertarie KV 612. Diese Blütezeit dauerte jedoch nicht lange, denn mangels schriftlicher Fixierung der Methodik geriet die Wiener Kontrabaß-Schule im 19. Jh. in Vergessenheit, das Haydn-Konzert ist verschollen. Die konzertanten Variationen in den Symphonien wurden bis in die Zeit der ersten Schallplatten vom Violoncello ausgeführt. Wahrscheinlich wurde keines der klassischen Kontrabaßkonzerte in der Nachklassik wiederaufgeführt.

V. 19. Jahrhundert

1. Modifizierte Stimmungen

Die Forderung nach zunehmender Tonfülle und Klangtiefe führte dazu, daß tiefergelegene Töne durch Umstimmen während des Spielens realisiert werden sollten (vgl. KochL, Sp. 46). Die Bezeichnung *Violone* wurde allmählich zugunsten der Bezeichnung *Kontrabaß* (in mehrsprachiger Abwandlung) aufgegeben.

Die moderne Tonentwicklung, verbunden mit intensiverem Vibrato, beschleunigte den Verzicht auf die Bünde. Die Saiten wurden dicker, der Bogen länger (in Angleichung an den Violinbogen). Der Verzicht auf die Quart-Terz-Stimmung veranlaßte einige Kontrabassisten, eine eigene ›Solostimmung‹ zu kreieren, indem sie die Saiten um einen Ganzton zu Fis_1-H_1-E-A erhöhten, um wieder eine A-Saite als Chanterelle zur Verfügung zu haben. Damit konnte jedoch die für die Quart-Terz-Stimmung komponierte alte Konzertliteratur nicht mehr ohne Umlegungen aufgeführt werden. Im Unterschied zur gelegentlichen Scordatura um einen Halbton, die bereits im Kompositionsplan einkalkuliert war, mußte nun auch der Begleitapparat um einen Ganzton höher transponiert werden, und Soli aus dem Orchester ließen sich nicht mehr ohne Saitenmanipulation (bzw. Transposition) ausführen. Die neue ›Solostimmung‹ (A-Stimmung) hat somit nur bei jenen Werken ihre Berechtigung, die dafür komponiert worden sind. Die Nachteile dieser Entwicklung sind an den zahlreichen redaktionellen Eingriffen in die klassische Konzertliteratur abzulesen, die eine eklatante Vernachlässigung dieser Thematik offenbaren. Im Interesse einer Angleichung der vier Streichinstrumente des großen Symphonieorchesters wurden die bisher gebräuchlichen Kontrabaß-Stimmungen zugunsten der Einheitsstimmung E_1-A_1-D-G aufgegeben.

2. Der dreisaitige Kontrabaß

Über Kontrabässe, die nur mit drei Saiten bespannt waren, wird in der vorklassischen Literatur kaum berichtet. Ihre Verwendung blieb seit dem 18. Jh. auf den romanischen Kulturraum und England beschränkt. Gelegentlich wurden dreisaitige ›Kirchen-Bässe‹ erwähnt, die zur Unterstützung der Orgelbässe dienten. Nach Nicolai (1816, S. 258) wurden solche Instrumente in Quinten gestimmt (G-D-A oder F-C-G) und »*gewöhnlich nur für sogenannte Pfundnoten*« gebraucht. Einen dezidierten Hinweis auf Kontrabässe, die nur mit drei Saiten bezogen sind, gibt L. Mozart erst in der zweiten Auflage seiner Violinschule, allerdings ohne die Stimmung anzugeben (²1769). Um so detaillierter sind die Angaben im *Praktischen Geig-Fundament* von Joh.

A. Kobrich, das ebenfalls 1787 in Augsburg erschien. Kobrich zitiert sechs Kontrabaß-Stimmungen: A_1-D-G, G_1-D-A, F_1-A_1-D-G, A_1-D-G-c, F_1-D-G-c, G_1-C-F-A (S. 49-54). Die früheste Applikatur für einen Dreisaiter findet sich in der Méthode pour apprendre à jouër de la contre-basse (P. [1781]) von M. Corrette. Dabei bestätigt Corrette die Identität Violone/Contre-Basse (Vorwort, S. 14). Auch der von J.-B. Vuillaume 1849 gebaute Octobass war nur mit drei Saiten (C-G-C) bespannt und klang »in der tieferen Oktave des Violoncells« (Hector Berlioz, Instrumentationslehre, erg. und rev. von R. Strauss, Teil I, Lpz. 1905, S. 433). R. Millant (J. B. Vuillaume, Sa Vie et son Ouvre, London 1972) erwähnt bei Nr. 47 den ›Contrebasse Ste. Cécile: »la peinture représente le Saint-Ferdinand«. Der Octobass auf S. 70 ist etwa doppelt so groß wie der danebenstehende Kontrabaß. Der Dreisaiter, mit dem D. Dragonetti am Ende des 18. Jh. ins Rampenlicht trat, war durch seine feinere Bauart und durch die helle Stimmung A_1-D-G zum Solo- und Kammermusikspiel bestimmt. Dragonetti entwickelte sich durch sein phantasievolles Continuospiel, durch seine oft zitierte Improvisationskunst und Virtuosität zum ersten Kontrabassisten von europäischem Rang. Von den beiden außerhalb der Wiener Schule um 1800 entstandenen Kontrabaßkonzerten ist eines für den Dreisaiter (Giovanni Battista Cimador), das andere für den Viersaiter (G. A. Capuzzi) bestimmt. Im letzten Viertel des 18. Jh. wetteiferten französische und englische Kontrabaßbauer in der Herstellung hervorragender Instrumente, wobei starke Bezüge zur Violinform auffallen. In den romanischen Ländern kam es sogar periodisch zu einem Übergewicht in Quinten gestimmter Dreisaiter (G_1-D-A). Kontrabässe von Auguste Sébastien Bernadel, J. B. Vuillaume oder Charles Quenoil lassen eine Entwicklung erkennen, die den gesteigerten Ansprüchen im Instrumentenbau dieser Zeit entsprach. In England konnten Meister wie die Familien Forster und Panormo, Bernard Fendt (1756-1832) und John Lott († 1871) sowie Thomas Kennedy Kontrabässe herstellen, die über den handwerklichen und künstlerischen Wert hinaus auch hohe Preise erzielten. Bemühungen um die kritische Aufarbeitung des Themenkomplexes Streichinstrumentenbau haben in jüngerer Zeit zu neuen Erkenntnissen in Theorie und Praxis geführt (vgl. T. Martin 1983; R. Slatford 1977, 1984). Vor allem Duane D. Rosengard gelang es durch langjährige Forschungen einige tradierte Meinungen über alte Kontrabässe zu revidieren und auf bisher unbeachtet gebliebene Instrumente aufmerksam zu machen (vgl. D. D. Rosengard 1987, 1988, 1991/92, 1992).

3. Unterrichtswerke und der viersaitige Kontrabaß

Der entscheidende Durchbruch in der Methodik des Kontrabaßspiels gelang Wenzl Hause (1764-1847). Seine *Gründliche, mit Regeln, Beispielen und Erklärungen versehene Contrabaß Schule* wurde 1807 in Prag zur Subskription ausgeschrieben, jedoch erst 1809 in Dresden gedruckt. Hause festigte das Fingersystem 1-2-4 für den betreffenden Kulturkreis, forderte ausgewogenes Lagenspiel auf allen vier Saiten, legte Wert auf strenge Beachtung von Dynamik, Agogik, Rhythmus sowie Intonation und gab die frühesten Beispiele für das Akkord- und Flageolettspiel. Mit seinen Anweisungen für den gestreckten Fingersatz (Ablangen) und für das Konzertspiel auf dem A_1-D-G-c gestimmten Bariton-Violon betrat Hause völliges Neuland in der Kontrabaß-Didaktik, die als fachlich einwandfreie Anleitung zur Bewältigung der Anforderungen des großen Symphonieorchesters konzipiert, jedoch als solche weder von der Kritik noch von den Kontrabassisten erkannt worden war. Um so mehr Resonanz fanden die methodischen Anleitungen von Fröhlich und Nicolai, die ohne vergleichbare Professionalität propagiert worden sind (vgl. J. Fröhlich 1810, 1829; Dr. Nicolai 1816). Ähnlich bescheiden war die Wirkung der zu dieser Zeit in Italien und Frankreich herausgebrachten Kontrabaß-Methoden: *Elementi per il Contrabasso* von Bonifazio Asoli (italienisches Fingersystem 1-3-4; Mld. um 1820), *Méthode de Contrebasse* (P. 1827) von Jacques Claude Adolphe Miné. Die Bemühungen Hauses schufen die denkbar besten Voraussetzungen für die Entwicklung der Prager Kontrabaß-Schule, die im 19. Jh. in alle Welt ausstrahlte. Einer ihrer bedeutendsten Vertreter, Franz Simandl (1840-1912), übersiedelte 1869 nach Wien und wurde Solo-Kontrabassist bei den *Wiener Philharmonikern*. 1874 brachte Simandl seine *Neueste Methode des Kontrabass-Spiels* heraus, mit der es ihm gelang, die methodischen Errungenschaften Hauses auf die Ansprüche von Berlioz, Wagner, Verdi und Bruckner auszuweiten.

Das Kontrabaßspiel im Italien des 19. Jh. ist durch diverse Systeme gekennzeichnet, u.a. auch in der Bogenhaltung (Dragonetti benutzte den Unter- oder Gambengriff, G. Bottesini den Ober- oder Violin-Griff). Daraus wird ersichtlich, daß die heute übliche Bezeichnung ›deutsche‹ bzw. ›französische‹ Bogenhaltung weniger aussagekräftiger ist als Ober- und Untergriffbogenhaltung. Bottesinis vielfältige Tätigkeit als Virtuose, Komponist und Dirigent trug wesentlich zum allgemeinen Aufschwung des Kontrabaßspiels in der Zeit der Nationalen Schulen bei. Die Konzertliteratur Bottesinis gilt als Gradmesser höchster spieltechnischer und gestalterischer Ansprüche bei Wettbewerben und Konzerten.

Die erste Kontrabaßklasse am Pariser Konservatorium wurde 1827 installiert, wobei ausschließlich der in Quinten gestimmte Dreisaiter G_1-D-A unterrichtet wurde. Der einflußreichste Lehrer und erfolgreiche Solist des französischen Kontrabasses dieser Epoche war Achille Gouffé (1804-1874). Den Wechsel zum Viersaiter am Pariser Konservatorium vollzogen L.-F. Chatt (Chaft) (1780-1856) und Charles Labro (1810-1882). Die früheste englische Kontrabaß-Methode faßte die Schulen von Fröhlich und Miné in einem Brewer Tutor (L. um 1830) zusammen. In den 1880er Jahren bemühte sich Adolphe C. White um eine Aufarbeitung der Situation des Kontrabasses in England und veröffentlichte einen Vortrag zum Thema The Double Bass (A. C. White [1880]), worin auch ein Dreisaiter abgebildet ist, der in Untergriff-Bogenhaltung gespielt wird, offensichtlich eine Reminiszenz an die Dragonetti-Bogenhaltung.

VI. 20. Jahrhundert
1. Interpreten und Komponisten

Das Orchester des 20. Jh. forderte neue Möglichkeiten im Spiel- und Klangbereich, die auch neuer didaktischer Anstrengungen bedurften. Komponisten wie I. Stravinskij, P. Hindemith oder H. Pfitzner gaben durch solistische Passagen in ihren Orchesterwerken und durch Beteiligung des Kontrabasses in der Kammermusik nachhaltige Impulse. Beispiele für kantable Soli finden sich bei G. Mahler, S. Prokof'ev, A. Berg, B. Britten, K. A. Hartmann und B. A. Zimmermann. Im Sinne einer Rückbesinnung auf traditionelle Praktiken trachteten Kontrabassisten aus den romanischen Ländern und England, den durch den Dreisaiter beschränkten Stimmumfang wieder zurückzuerobern. Isaia Billè, seit 1921 Contrabasso al Cembalo im Teatro alla Scala, brachte 1922 seine Nuovo Metodo per Contrabbasso a 4 e 5 corde heraus (vgl. auch I. Billè 1928). 1929 erschien das erste Heft Der Kontrabass als Mitteilungsblatt des Kontrabassisten-Bundes in Leipzig, das aber nach fünf Heften sein Erscheinen einstellte. Inzwischen konnte der in Rußland geborene S. A. Kusevickij (Koussevitzky) ein Beispiel für eine erfolgreiche Karriere als Kontrabaß-Virtuose geben. Durch eine neue Spielkultur war er Vorbild für die Kontrabassisten, die ihm ein applikaturgerechtes Konzert und einige gern gespielte Vortragspiecen verdanken. Als Nachfolger mit internationalem Ansehen als Kontrabaß-Virtuose gründete Gary Karr (*1941) die International Society of Bassists (ISB, Sitz in Dallas, Texas). Als Meister seines Instruments hat sich in erstaunlich kurzer Zeit der Amerikaner Edgar Meyer einen Namen gemacht. Seit 1969 sind Kontrabassisten auch bei den Internationalen Musikwettbewerben beteiligt.

Bei amerikanischen Kontrabaßgruppen fallen unterschiedliche Bogenhaltungen auf, die das multikulturelle Erbe Europas widerspiegeln. Einige amerikanische Spieler ziehen es vor, Töne unter der E_1-Saite auf sog. *C-Extensions* zu realisieren. Im Unterschied dazu vertrauen deutsche, österreichische, niederländische oder tschechische Kontrabassisten auf die durch den großen Fünfsaiter (C_1-E_1-A-D-G) erreichte Tiefe und Tonfülle. Amerikanische Orchester leisteten Pionierarbeit, um das schwerstgriffige Streichinstrument auch für weibliche Interessenten attraktiv zu machen, die heute gleichwertig Spitzenpositionen in Orchestern und Hochschulen einnehmen, wobei Verfeinerungen im Instrumentenbau und in der Saitenproduktion neue Wege in der Pädagogik gehen ließen. Hand in Hand damit gelang es auch, das Problem des durch die Schwergriffigkeit bedingten späteren Studienbeginns zu minimieren. Heute ermöglichen Achtel-Kontrabässe und Baby-Bass-Methoden einschließlich Suzuki, mit Vorbereitungskursen vor dem 10. Lebensjahr zu beginnen. Das 1974 gegründete Wiener Kontrabaß-Archiv signalisiert ebenso wie das Auftreten hervorragender Spieler ein neues Verständnis für das alte Instrument. Die Virtuosität Ludwig Streichers (*1920) führte eine große Zahl von Schülern in seine Hochschulklasse, die er nach seiner Methode (Streicher 1977–1980) unterrichtete. Die im Rahmen des Wiener Kontrabaß-Archivs bis 2000 dokumentierten Werke umfassen: 800 Duos, 690 Trios, 520 Quartette, 815 Quintette, 458 Sextette, 313 Septette, 325 Oktette, 283 Nonette.

Klaus Stoll (*1943) vermochte als Solokontrabassist der Berliner Philharmoniker ein umfangreiches Konzertprogramm einzuspielen und mit dem Cellisten Jörg Baumann als *Berliner Duo* internationale Maßstäbe zu setzen. Als *Grand Duo* traten die Kontrabassisten Hans Roelofsen und Rudolf Senn in und außerhalb ihrer niederländischen Heimat auf. Die Rolle des Kontrabasses als Soloinstrument wurde durch František Pošta aus der Prager Schule und von Yoan Goylav wesentlich beeinflußt. François Rabbath erspielte sich einen guten Ruf als Vorkämpfer der Musik seiner syrischen Heimat in Frankreich, wo das Kontrabaßspiel durch Jean-Marc Rollez geprägt wird. An der Spitze des Kontrabaßspiels in Rom steht unangefochten der auch als Dirigent begabte Franco Petracchi (*1937). Jorma Katrama (*1936) hat sich als führender Vertreter des finnischen Kontrabaßspiels in die erste Reihe der Kontrabaßvirtuosen gespielt. Der englische Kontrabassist Rodney Slatford hat sich als Verleger (York-Edition) insbesondere auch um die didaktische Literatur sowie als Forscher und Solist Verdienste um das Instrument erworben. Als Bottesini-Spezialist in Theorie und Praxis konnte Thomas Martin bewundernswerte Leistungen erbringen. Die Rückbesinnung auf die historischen Stimmungen förderte das Interesse an der authentischen Ausführung von Violone-Partien. Kontrabassisten wie

Margaret. S. Urquhart, Joëlle Morton oder Jerry Fuller nützten die G_1-C-F-A-d-g Stimmung für die alte Literatur, indessen A. Ackerman, J. Focht, I. Pecevski und T. Glöckler bestrebt sind, die Konzertliteratur mit der Stimmung A_1-D-Fis-A wieder zu beleben. Nachhaltige Impulse in dieser Richtung gingen von K. Trumpf aus, dessen Aktivitäten als Solist, Lehrer und Herausgeber beeindruckende Ergebnisse zeitigten. Unter seinen zahlreichen Schülern ist vor allem Roman Patkoló (geb. 1982) zu erwähnen. Trumpf gründete 2001 die *Johann-Matthias-Sperger-Gesellschaft*.

In der Liste der zeitgenössischen Komponisten, die sich für den Kontrabaß als Soloinstrument interessieren, finden sich folgende Namen: P. Angerer, S. Borris, V. Bucchi, J. Cage, A. Copland, L. Dallapiccola, G. von Einem, J. Françaix, Paul Walter Fürst, H. Genzmer, A. Ginastera, Erich Hartmann (*1920), H. W. Henze, K. Huber, N. Huber, M. Kagel, R. Kelterborn, G. Klebe, Fr. Leitermeyer, Paul Ramsier (*1937), M. Rubin, A. Schnittke, G. Schuller, N. Skalkottas, Fr. Skorzeny, J. Takács, E. Urbanner, I. Xenakis und J.-Fr. Zbinden.

ALFRED PLANYAVSKY

2. Der Kontrabaß im Jazz

Im Jazz hat sich der zunächst noch mit dem Bogen gestrichene, ab ca. 1911 auch gezupfte ›Bass‹ mit vier in E_1-A_1-D-G gestimmten Saiten erst allmählich etablieren können. In der Frühzeit wurde er nur gelegentlich eingesetzt, die Baßstimme gewöhnlich der leichter zu transportierenden Tuba oder dem Sousaphon übertragen. Daß der Kontrabaß die Blechblasinstrumente schließlich verdrängen konnte, liegt daran, daß das Baßinstrument im Jazz eine Doppelfunktion hat: es muß die harmonische Basis liefern und gleichzeitig als Rhythmusinstrument dienen, und dies kann der gezupfte Kontrabaß sehr viel präziser als eine Tuba. Der erste bedeutende Jazz-Bassist war George Murphy, ›Pops‹ Foster (1892-1969), der u.a. mit King Oliver, Kid Ory, D. L. Armstrong und S. Bechet gespielt hat. Die von ihm entwickelte Technik des *slappin' bass* (auch Slap-Technik), bei welcher der Spieler die Saiten nach dem Anzupfen auf das Griffbrett zurückschnellen läßt, wodurch eine stark perkussive Wirkung entsteht, wurde zum Vorbild für alle Bassisten des traditionellen Jazz, die den Kontrabaß vor allem als harmonisches Stütz- und Rhythmusinstrument einsetzten. Erst die großen Bassisten der Swing-Ära wie u.a. Bob Hoggart, John Kirby, Slam Stewart und vor allem Walter Page (1900-1957), der der berühmten *Count Basie*-Rhythmusgruppe angehörte, machten den Baß zunehmend auch zu einem Soloinstrument. Wegbereiter einer Entwicklung vom harmonischen zum melodischen Instrument im modernen Jazz war der jung verstorbene Jimmy Blanton (1921-1942), der wie nach ihm Oscar Pettiford zum Orchester von D. Ellington gehörte. Pettiford war neben Ray Brown, Milt Hinton und Ch. Mingus einer der großen Bassisten nach Blanton. Zu den herausragenden Spielerpersönlichkeiten des Free Jazz seit dem Ende der 1950er Jahre gehörten Scott LaFaro und Ch. Haden. LaFaro entwickelte einen ungewöhnlichen Klangreichtum auf seinem Instrument, und Charlie Haden veränderte die harmonische Auffassung des Baßspiels grundlegend. Er spielte als erster sein Instrument so, daß es keine vorgegebenen Harmonieschemata ausfüllte, sondern das harmonische Fundament aus fließenden Melodielinien entstehen ließ. Unter den Kontrabassisten seit den 1960er Jahren gibt es nicht nur sehr vielseitige Musiker wie z.B. Richard Davis, sondern auch Spieler, die neue Klangeffekte erfanden, wie Eddie Gomez, der einen ausgeprägt perkussiven Klang durch Überreißen der G-Saite, d.h. durch abruptes seitliches Wegziehen des Griffingers erzielt. In den 1980er Jahren besannen sich viele Kontrabassisten wieder auf die tiefen Klangqualitäten ihres Instrumentes, und das Interesse an den solistisch gespielten Linien trat in den Hintergrund.

Neben dem akustischen Kontrabaß entwickelte sich seit den 1960er Jahren, ausgehend von Jazz-Rock-Spielern, das Spiel auf dem elektrischen Baß. Das Instrument besaß zwar eine größere Beweglichkeit, war aber klanglich nicht zufriedenstellend und nicht ausdrucksstark genug. Das änderte sich, als Anfang der 1970er Jahre der Rock-Bassist Larry Graham begann, mit dem Daumen zu spielen und damit nachhaltig andere E-Bassisten beeinflußte (z.B. Stanley Clarke). Wirklich akzeptiert wurde der E-Baß aber erst duch Jaco Pastorius, der auf einem bundlosen E-Baß die LaFaro-Beweglichkeit mit einer Oktavtechnik und virtuosem Flageolett- und Akkordspiel kombinierte. Durch ihn wurde der E-Baß zu einem dem Kontrabaß vergleichbaren, ausdrucksvoll klingenden Instrument. Selten wurde neben dem viersaitigen auch der sechssaitige E-Baß eingesetzt, ein schwer zu beherrschendes Instrument, das jedoch viele neue klangliche Möglichkeiten schuf (Anthony Jackson, John Patitucci). Die Entwicklung des Kontrabaßspiels im Jazz hat dazu geführt, daß aus einem nur Harmonie und Rhythmus stützenden Instrument eine ausdrucksvolle, überaus nuancenreiche selbständige Instrumentalstimme sogar in Solo-Konzerten wurde, wie sie Rick Rozie, Pastorius oder David Friesen erfolgreich gegeben haben.

MARIANNE BRÖCKER

Literatur

The Bass Sound Post, begonnen 1967, seit 1972 unter dem Namen Probas, seit 1974 unter dem Namen International Society of Bassists, seit 1983 als A Publication of the International Society of Bassists (Sigle im folgenden: ISB)

1. Zeitgenössische Schulwerke
(Auswahl aus insgesamt etwa 170 erfaßten Methoden)

F. SIMANDL, Neueste Methode des Contrabass-Spiels, Wien 1874, Faks. N.Y. 1948; engl. Ausgabe als New Method for the Double Bass, bearbeitet von F. Zimmermann, hrsg. und kommentiert von L. Drew und C. Fischer, N.Y. 1984 - 1987 ▪ I. CAIMMI, Metodo per contrabasso a quattro corde, Sanzogno 1916 ▪ I. BILLÈ, Nuovo metodo per contrabbasso a 4 e 5 corde, Rom 1922; engl. Ausg. als New School for Double Bass, Bd. 1-7, Belwin 1973 ▪ TH. A. FINDEISEN, Der Lehrer des Kb.-Spieles. Eine Grundschule für die höhere Lagen-, Bogen- und Fingertechnik. Geordnet und durchgesehen von M. Schulz, 5 Bde., Lpz. 1938 ▪ L. MONTAG, Nagybőgőiskola (Kb.-Schule), 5 Bde., Budapest 1955-1976 ▪ G. BOTTESINI, Metodo per Contrabasso, revidiert und bearbeitet für das viersaitige Instrument von I. Caimmi, Mld. 1958; engl. Ausgabe als Method for the Double Bass, hrsg. von R. Slatford, L. 1981/82 ▪ E. CRUFT, The Eugene Cruft School of Double Bass Playing, L. 1966 ▪ B. GREEN, The Fundamentals of Double Bass Playing, Cincinnati/O. 1971 ▪ W. BENFIELD/J. S. DEAN JR., The Art of Double Bass Playing, Evanston/Ill. 1973 ▪ R. REID, The Evolving Bassist, Teaneck/N.J. 1973 ▪ B. TURETZKY, The Contemporary Contrabass, Univ. of California 1974 ▪ B. GREEN, Advanced Technique of Double Bass Playing, Cincinnati/O. 1975 ▪ L. STREICHER, Mein Musizieren auf dem Kb., 5 Bde., Wien 1977-1980 ▪ P. BREUER, Methode des Kb.-Spiels, Bd. I/1, II/2, Köln o.J., Bd. I/3, Köln 1978, Bd. I/4, Köln 1979 ▪ FR. RABBATH, Nouvelle Technique de la contrebasse, Méthode complète et progressive, 3 Bde., P. 1978 ▪ B. GREEN, Bass Evolution, Cincinnati/O. 1980 ▪ G. KARR, Double Bass Book. A New Approach for Teaching the Double Bass, 2 Bde., Pacific/Mo. 1987 ▪ C. EMERY, bass ist best! yorke mini-bass book, hrsg. von R. Slatford, L. 1988 ▪ K. TRUMPF, Kb.-Bogentechnik, 2 Bde., Lpz. 1992/93 ▪ K. GUETTLER, A Guide to Advanced Modern Double Bass Technique, Bln. 1993 ▪ J.-M. ROLLEZ, Méthode des contrebasse, 3 Bde., P. o.J.

2. Allgemeine Literatur

M. AGRICOLA, Musica instrumentalis deudsch, Wittenberg 1529 ▪ A. BANCHIERI, Conclusioni nel suono dell'organo, Bologna 1609, 53f. ▪ G. B. DONI, Compendio del trattato de' generi e de' modi della musica, Rom 1635 ▪ DERS., Annotazioni sopra il compendio de generi, e de modi, Rom 1640 (darin: Discorso quarto sopra il violone panharmonico al signor Pietro Della Valle, S. 314-336) ▪ J. J. PRINNER, Musicalischer Schlissl (1677), Ms. US-Wc (Mikrofilm Deutsches Musikgeschichtliches Archiv Kassel) ▪ D. SPEER, Grundrichtiger Unterricht der musicalischen Kunst oder Vierfaches musicalisches Kleeblatt, Ulm 1687, erw. ²1697 ▪ D. MERCK, Compendium musicae instrumentalis chelicae, Kap. 7, Agb. 1695 ▪ J. MATTHESON, Das Neu=Eröffnete Orchestre, Hbg. 1713, 70 ▪ F. BONANNI, Gabinetto armonico pieno d'istromenti sonori indicati e spiegati, Rom 1722, 121, Taf. LIX ▪ L. MOZART, Versuch einer gründlichen Violinschule, Agb. 1756, erw. ³1787 ▪ M. CORRETTE, Méthode pour apprendre à jouër de la contre-basse à 3., à 4., et à 5. cordes, P. [1773]; Repr. G. 1977 ▪ J. FROEHLICH, Vollständige Theoretisch-praktische Musikschule, Bonn [1810] ▪ DR. NICOLAI, Das Spiel auf dem Contrabass, in: Leipziger AmZ 16, 1816, 257-265 ▪ J. FROEHLICH, Systemat. Unterricht in den vorzüglichsten Orchester-Instr., Wzbg. 1829 (S. 471: Kb.-Schule) ▪ F. CAFFI, Domenico Dragonetti, viniziano, suonatore di contrabbasso, in: Storia della musica sacra nella già cappella ducale di S. Marco, Bd. 2, Vdg. 1855, 75-91 ▪ A. C. WHITE, The Double Bass, L. [1880] (= Novello's Musical Primers & Educational Series 32) ▪ FR. WARNECKE, ›Ad infinitum‹. Der Kontrabaß. Seine Gesch. und seine Zukunft. Probleme und deren Lösung zur Hebung des Kb.-Spiels, Hbg. 1909 ▪ I. BILLÈ, Gli strumenti ad arco, Rom 1928 ▪ Der Kontrabass. Mitteilungsbl. des Kontrabassisten-Bundes, hrsg. von W. Altmann, Lpz. März 1929 bis Febr. 1931 ▪ C. SACHS, The History of Musical Instruments, N.Y. 1940, 348 ▪ E. HALFPENNY, A Note on the Genealogy of the Double Bass, in: GSJ 1, 1948, 41-45 ▪ A. LIESS, Materialien zur röm. Mg. des Seicento. Musikerlisten des Oratorio San Marcello 1664-1725, in: AMl 29, 1957, 137-171 ▪ M. GRODNER, A Comprehensive Catalog of Available Literature for the Double Bass, Bloomington 1958, Albuquerque/N.Mex., ³1974 ▪ A. HUTCHINGS, The Baroque Concerto, L./Boston 1959, ⁴1978, 75 ▪ R. ELGAR, Introduction to the Double Bass, St. Leonards-on-Sea 1960 u.ö. ▪ C. BÄR, Zum Begr. des ›Basso‹ in Mozarts Serenaden, in: MJb 1961/62, 133-155 ▪ R. ELGAR, More about the Double Bass, St. Leonards-on-Sea 1963 u.ö. ▪ D. E. ANDRÉ, Contemporary Concepts of Stringing up the Double Bass, Diss. Univ. of Washington 1966 ▪ I. H. COHEN, The Historical Development of the Double Bass, Diss. Univ. of N.Y. 1967 ▪ R. ELGAR, Looking at the Double Bass, St. Leonards-on-Sea 1967 ▪ H. KNAUS (Hrsg.), Die Musiker im Archivbestand des Kaiserlichen Obersthofmeisteramtes (1637-1705), 3 Bde., Wien 1967-1969 ▪ L. HURST, The Bass Extension Machine vc. the Five-String Bass, in: The Instrumentalist 22, 1968, 77-79 ▪ PH. ALBRIGHT, Original Solo Concertos for The Double Bass, Diss. Univ. of Rochester 1969 ▪ A. MEIER, Konzertante Musik für Kb. in der Wiener Klassik. Mit Beitr. zur Gesch. des Kb.-Baues in Österreich, Giebing 1969, ²1979 (= Schriften zur Musik 4) ▪ F. BAINES,

Der Brummende Violone, in: GSJ 23, 1970, 28-85 ▪ K. TRUMPF, Verz. der Kb.-Kompos. von J. M. Sperger, (unveröff.) 1970 ▪ H. BURNETT, The Various Meanings of the Term ›Violone‹, in: Journal of the Viola da gamba Society of America 8, 1971, 29-35 ▪ A. PLANYAVSKY, Mozarts Arie mit obligatem Kb., in: MJb 1971/72, 313-336 ▪ R. MILLANT, J. B. Vuillaume, sa vie et son oeuvre, L. 1972 ▪ S. CARLIN, Il contrabbasso, Ancona/Mld. 1974 ▪ B. TURETZKY, The Contemporary Contrabass, Berkeley 1974 ▪ E. SELFRIDGE-FIELD, Venetian Instrumental Music from Gabrieli to Vivaldi, N.Y./Washington 1975 ▪ K. TRUMPF, Joh. M. Sperger, Kontrabassist und Komp., in: Das Orch. 9, 1975, 539-543 ▪ J. WEBSTER, Vc. and Double Bass in the Chamber Music of Haydn and His Viennese Contemporaries, 1750-1780, in: JAMS 29, 1976, 413-420 ▪ F. BAINES, What Exactly is a Violone? A Note Towards a Solution, in: EM 5, Apr. 1977, 173-176 ▪ ST. BONTA, From Violone to Violoncello: A Question of Strings?, in: JAMIS 3, 1977, 64-99 ▪ R. SLATFORD, Dragonetti and Lindley, in: ISB 3, 1977, H.2, 245-247 ▪ ST. BONTA, Terminology for the Bass Violin in Seventeenth-Century Italy, in: JAMIS 4, 1978, 5-42 ▪ P. ALLSOP, The Role of the String Bass as a Continuo Instrument in Italian Seventeenth-Century Instrumental Music, in: Chelys 8, 1978/79, 31 ▪ H. MAHR, Kb.-Saiten für Solostimmung, verwendet in normaler Orchesterstimmung, in: Das Orch. 5, 1979, 353-355 ▪ TH. BORGIR, Art. Violone (I), in: NGroveD ▪ P. BRUN, Histoire des contrebasses à cordes, P. 1982 ▪ B. EPPINGER, Die Verwendung des Kb. in der KaM., Wiss. Hausarbeit Staatl. Hochschule für Musik Fr.i.Br. 1982 ▪ TH. MARTIN, In Search of Bottesini, in: ISB 10, 1983, H.1, 6-12; ISB 10, 1984, H.2, 6-12; ISB 11, 1985, H.2, 25-39 ▪ TH. BORGIR, Art. Violone (I), in: NGroveDMI (1984) ▪ A. PLANYAVSKY, Johann Hindle (1792-1862). Ein reisender Baßgeiger des Biedermeier, in: Jb. des Ver. für Gesch. der Stadt Wien 40, 1984, 89-121 ▪ R. SLATFORD, Art. Double Bass, in: NGroveDMI (1984) ▪ A. H. KÖNIG, Die Viola da gamba, Ffm. 1985 ▪ W. SALEN (Hrsg.), Kontrabaß und Baßfunktion, Kgr.-Ber. Innsbruck 1984, Innsbruck 1986 (= Innsbrucker Beitr. zur Mw. 12) ▪ L. ROBLEDO, Vihuelas de arco y violone en la corte de Felipe III, in: España en la música de occidente 2, hrsg. von E. Casares u. a. Madrid 1987, 63-76 ▪ O. GAMBASSI, La cappella musicale di S. Petronio, Flz. 1987 ▪ D. D. ROSENGARD, The 1789 King George III Double Bass by William Forster II, in: ISB 14, 1987, H.1, 30 ▪ M. H. SCHMID, Der Violone in der ital. Instrumentalmusik des 17. Jh., in: Fs. J. H. van der Meer, hrsg. von Fr. Hellwig, Tutzing 1987, 407-436 ▪ F. BAINES, The Five String Fretted Double-Bass, in: GSJ 41, 1988, 107-109 ▪ H. MAHR, Über die Saitenspannkräfte beim Kb., in: Das Orch. 4, 1988, 373-379 ▪ D. D. ROSENGARD, The Raffaelle Fiorini Double Bass, in: ISB 15, 1988, H.1, 34ff. ▪ E. ABBAS, Klangliche Eigenschaften des Kb., Rgsbg. 1989 ▪ P. BARBIERI, Cembalaro, organaro, chitarrono e fabbricatore di corde armoniche della Polyanthea technica di Pinaroli (1718-23), in: Recercare 1, 1989, 123-205 ▪ Giovanni Bottesini 1821-1889, Fs. G. N. Vetro, Parma 1989 ▪ Giovanni Bottesini, virtuoso del contrabbasso e compositore, Mld. 1989 (Texte von L. Inzaghi, F. Dorsi, S. Martinotti, E. Borri) ▪ J. FOCHT, Die Wiener Kb.-Konzerte: Spieltechnik, Instrumentenbau und Auff.-Praxis, mschr. Magisterarbeit Mn. 1989 ▪ A. PLANYAVSKY, Der Barock-Kb. Violone, Salzburg 1989, Tutzing ²1998 ▪ ST. LA VIA, ›Violone‹ e ›Violoncello‹ a Roma al tempo di Corelli. Terminologia, modelli organologici, tecniche esecutive, Flz. 1990 ▪ D. D. ROSENGARD, Nicola Bergonzi, in: ISB 16, 1990, H.3, 40-43 ▪ DERS., Baladantoni – The ›Guitar Bass‹, in: ISB 18, H.1, 1991/92, Centerfold ▪ DERS., Contrabbassi Cremonesi/Cremonese Double Basses, Cremona 1992 ▪ J. CH. BARKET, The Speaker of the Orchestra: An Analytical Study of the Bass Line in the Fourth Movement of Beethoven's Ninth Symphony, Diss. Univ. of North Carolina 1993 ▪ K. DELANEY, The Electric Upright: Common Grounds for Bassists, in: ISB 19, 1993, H.1, 48-56 ▪ M. A. HALLER, Methodik/Didaktik des Kb.-Unterrichts mit 6-14jährigen, Ffm. 1993 (mschr.) ▪ A. PLANYAVSKY, Der Patriarch der Kontrabassisten. Der ital. Kontrabassist und Komp. D. Dragonetti (1763-1846), in: Das Orch. 6, 1993, 666-671 ▪ W. RITCHIE, An Expanded Sampling of Double Bass Repertoire, in: ISB 19, 1994, H.2, 64-69 ▪ A. PLANYAVSKY, Ehe Empire Strikes Back, in: The Strad, Febr. 1995, 157-160 ▪ M. VANSCHEEUWIJCK, The Baroque Cello and Its Performance, in: Performance Practice Review 9, 1996, H.1, 78-95 ▪ A. und K. BIRSAK, Gambe, Cello, Kontrabaß, Salzburg 1996 (= Jahresschr. des Carolino Augusteum 42) ▪ A. ACKERMAN, Violone verismo, in: Double Bassist 3, 1997, 62 f. ▪ T. GLÖCKLER, Von verschollenen Autographen und ›verstimmten‹ Kontrabässen. Konzert-Arien mit obligatem Kontrabaß von Wolfgang Amadeus Mozart und Johannes Sperger, in: Das Orchester 1997, H. 9, 20-27 ▪ M. URQUHART, The Seventeenth Century Violone, in: ISB Bass World 21, Nr. 3, 1997, 18-21 ▪ J. BARKET, In Search of the Violone, in: The Bass Line (JSB), April 1998, 1-5 ▪ J. FOCHT, Der Wiener Kontrabaß: Spieltechnik und Aufführungspraxis – Musik und Instrumente, Tutzing 1999 ▪ X. C. GÁNDARA, La escuela de contrabajo en España, in: RdM 23/1, Juni 2000, 147-186 ▪ H. SEIFERT, Dittersdorfs Kontrabaßkonzerte – Der Beginn einer Gattung?, in: Kgr.-Ber. Neisse Sept. 1999, Oppeln 2000, 109-119 ▪ A. PLANYAVSKY, The Golden Age of Virtuosity, in: Double Bassist 13, 2000, 34-39 ▪ DERS., Get the Picture. What Can We Learn from the Way the Double Bass was Pictured in Art in Its Early History?, in: dass. 17, 2001, 50-55

ALFRED PLANYAVSKY

3. Zum Kontrabaß im Jazz

E. JOST, Free Jazz, Mz. 1975 ▪ A. ROIDINGER, Der Kb. im Jazz, Wien ²1981 (= Reihe Jazz 11) ▪ DERS., Der Elektrobaß im Jazz, ebd. ²1982 (= dass. 12) ▪ S. BUSCH, Jazz Bass Compendium, Rottenburg/N. 1984 ▪ T. COOLMAN, The Bass Tradition, New Albany 1985 ▪ R. REID, The Evolving Bassist, Rottenburg/N. 1986 ▪ E. JOST, Europas Jazz 1960-1980, Ffm. 1987 ▪ U. J. MESSERSCHMIDT, Einige Anm. zum Werdegang des Jazz-Bassisten Eberhard Weber, in: Jazzforschung/Jazz Research 19, 1987, 9-39 ▪ H. KERNFELD (Hrsg.), The New Grove Dict. of Jazz, 2 Bde., L./N.Y. 1988 ▪ M. KUNZLER, Jazz-Lex., 2 Bde., Reinbek 1988 ▪ J. E. BERENDT, Das Jazzbuch. Von New Orleans bis in die achtziger Jahre, Ffm. ²1989 ▪ J. WÖLFER, Lex. des Jazz, Mn. 1993.

MARIANNE BRÖCKER

Abkürzungen

	AAlt, Altus	AMS	American Musicological Society
Abb.	Abbildung	AmZ	(Leipziger) Allgemeine musikalische Zeitung
Abdr.	Abdruck	AMz	Allgemeine Musikzeitung
Abh.	Abhandlung	Anh.	Anhang
Abk.	Abkürzung	Anm.	Anmerkung
Abschn.	Abschnitt	AnM	Anuario musical
Abschr.	Abschrift	AnMl	Analecta musicologica
Abt.	Abteilung	AnnMl	Annales musicologiques
acc.	accompagnamento, accompagnement, accompaniment	Anon, anon.	Anonymus, anonym
		Ant.	Antiphon
Accad.	Accademia	Anth.	Anthologie
ADB	Allgemeine Deutsche Biographie, herausgegeben durch die Historische Commission bei der Koeniglichen Akademie der Wissenschaften, 56 Bände, Leipzig 1875-1912	ao.	außerordentlich
		AO	Ars organi
		AOl	Acta organologica
		AP	Archiv Produktion
		Apr.	April
		AR	Antiphonale Romanum
AdlerH	Guido Adler (Herausgeber), Handbuch der Musikgeschichte, Frankfurt am Main 1924, 2 Bände, Berlin ²1930	Arch.	Archiv
		ARD	Arbeitsgemeinschaft der öffentlich-rechtlichen Rundfunkanstalten der Bundesrepublik Deutschland
		Ariz.	Arizona
ad lib.	ad libitum	Ark.	Arkansas
Adm.	Amsterdam	Arr., arr.	Arrangement, arrangiert
ADMV	Allgemeiner Deutscher Musikverein	Art.	Artikel
AfMf	Archiv für Musikforschung	Ass.	Associaton
AfMw	Archiv für Musikwissenschaft	Ästh., ästh.	Ästhetik, ästhetisch
afr.	afrikanisch	AT	AltesTestament
Agb.	Augsburg	Atpn.	Antwerpen
AH	Analecta hymnica medii aevi	Auff.	Aufführung
ahd.	althochdeutsch	aufgef.	aufgeführt
AIBM	Association internationale des bibliothèques, archives et centres de documentation musicaux	Aufl.	Auflage
		Aug.	August
		Ausg.	Ausgabe
Ak., ak.	Akustik, akustisch	ausgew.	ausgewählt
Akad., akad.	Akademie, akademisch	Ausw.	Auswahl
AKL	Allgemeines Künstlerlexikon: Die Bildenden Künstler aller Zeiten und Völker, begründet und mitherausgegeben von Günter Meissner, München/Leipzig 1983ff.	Autogr., autogr.	Autograph, autograph
		AW	Ausgewählte Werke
		B	Baß
		B&H	Breitkopf & Härtel, Leipzig, Wiesbaden
Ala.	Alabama		
Alas.	Alaska	B.A.	Bachelor of Arts
All.	Alleluia	BAMS	Bulletin of the American Musicological Society
allg.	allgemein		
AM	Antiphonale monasticum: Pro diurnis horis, Paris/Tournai/Rom 1934	Bar.	Bariton
		BB	László L. Somfai, Béla Bartók. Composition, Concepts, and Autograph Sources, Berkeley 1996
am.Colb.	Columbia (amerikanische; vor 1938)		
amer.	amerikanisch		
AMl	Acta musicologica		
AMP	Antiquitates musicae in Polonia	BBC	British Broadcasting Corporation

B.c.	Basso continuo	BVK	Bärenreiter-Verlag Kassel
BC	Bach Compendium. Analytisch-bibliographisches Repertorium der Werke Johann Sebastian Bachs, herausgegeben von Hans Joachim Schulze/Christoph Wolff, 3 Bände, Frankfurt am Main/Leipzig 1985ff.	BW	Brustwerk
		BWV	Wolfgang Schmieder, Thematisch-systematisches Verzeichnis der musikalischen Werke von Johann Sebastian Bach. Bach-Werke-Verzeichnis, zweite überarbeitete und erweiterte Ausgabe, Wiesbaden 1990
Bd., Bde., Bdn.	Band, Bände, Bänden		
Bearb., bearb.	Bearbeiter, Bearbeitung, bearbeitet	byz.	byzantinisch
Begl.	Begleitung	BzAfMw	Beihefte zum Archiv für Musikwissenschaft
Beih.IMG	Beihefte der Internationalen Musikgesellschaft		
		BzMw	Beiträge zur Musikwissenschaft
Beil.	Beilage	BzRM	Beiträge zur rheinischen Musikgeschichte
Beisp.	Beispiel		
Beitr.	Beitrag, Beiträge	bzw.	beziehungsweise
BeJb	Beethoven-Jahrbuch		
Ber.	Bericht	C.	Cantus
bes.	besonders	ca.	circa
betr.	betreffend	Cal.	California
B.F.A.	Bachelor of Fine Arts	Cant.	Cantate
Bibl.	Bibliothek, Bibliothèque, Biblioteca	Cap.	Capitol
Bibliogr., bibliogr.	Bibliographie, bibliographisch	CBDM	Centre belge de documentation musicale
Biogr., biogr.	Biographie, biographisch	CBS	Columbia (amerikanische; ab 1938)
BJb	Bach-Jahrbuch	CBS/Sony	Columbia-Aufnahmen auf CD
BJbHM	Baseler Jahrbuch für historische Musikpraxis	CD	Compact Disc
		CEKM	Corpus of Early Keyboard Music
BKlar.	Baßklarinette	Cel.	Celesta
Bl.	Blatt	Celletti	Rodolfo Celletti (Hrsg.), Le grandi voci, Rom 1964
Bln.	Berlin		
BN	Biblioteca nazionale, Bibliothèque nationale	Cemb.	Cembalo
		c.f.	Cantus firmus
Bo&Bo	Bote & Bock, Berlin	Chb.	Chorbuch
Bo&Ha	Boosey & Hawkes, London	Chdgt.	Chordirigent
Br.	Bratsche	ChDir.	Chordirektor
BRD	Bundesrepublik Deutschland	chin.	chinesisch
Briefw.	Briefwechsel	CHM	Collectanea historiae musicae
Brs.	Brüssel	chron.	chronologisch
BUCEM	The British Union-Catalogue of Early Music, herausgegeben von Edith Betty Schnapper, 2 Bände, London 1957	Chw	Das Chorwerk
		CM	Current Musicology
		CMM	Corpus mensurabilis musicae
BückenH	Handbuch der Musikwissenschaft, herausgegeben von Ernst Bücken, 10 Bände, Potsdam 1927–1934	CNRS	Centre national de la recherche scientifique
		Cod.	Codex
BUM	Bulletin de la société »Union musicologique«	COJ	Cambridge Opera Journal
		Col.	Colorado
BullSIM	Bulletin français de la Société internationale de musique	Colb.	Columbia (britische)
		Coll. mus.	Collegium musicum
BurneyGH	Charles Burney, A General History of Music from the Earliest Ages to the Present Period, 4 Bände, London 1776–1789	Comm.	Communio
		Compl.	Completorium
		Conc.	Concert, Concerto
		Conn.	Connecticut

Abkürzungen MGGprisma

Cons.	Conservatoire, Conservatorio, Conservatorium, Conservatory	Dgt.	Dirigent
		d. h.	das heißt
CS	Charles-Edmond-Henri de Coussemaker, Scriptorum de musica medii aevi, 4 Bände, Paris 1864–1876	dhm	deutsche harmonia mundi
		Dicc.	Diccionario
		Dict.	Dictionary, Dictionnaire
CSc	Candidate of Science	dies.	dieselbe
ČSHS	Československý hudební slovník, 2 Bände, Prag 1963, 1965	Dim., dim.	Diminution, diminuieren
		Dir.	Direktor
CSM	Corpus scriptorum de musica	Disp.	Disposition
Ct.	Contratenor, Countertenor	Diss.	Dissertation
CUP	Cambridge University Press	Diz.	Dizionario
		d.J.	der Jüngere
D	Otto Erich Deutsch, Franz Schubert. Thematisches Verzeichnis seiner Werke in chronologischer Folge, Neuausgabe in deutscher Sprache, Kassel und andere 1978	DJbM	Deutsches Jahrbuch für Musikwissenschaft
		DKL	Das deutsche Kirchenlied. Kritische Gesamtausgabe der Melodien, Band I Teil 1: Verzeichnis der Drucke, Kassel u. a. 1975 (RISM B/VIII/1)
D.	Diskant		
d.Ä.	der Ältere	DM	Documenta musicologica
DAM	Dansk årbog for musikforskning	DMA	Divitiae musicae artis. Schola palaeographica Amsteldamensi conspirante collectae auspice Josepho Smits van Waesberghe, Buren 1975ff.
dass.	dasselbe		
dat.	datiert		
dB	Dezibel		
DBB	Felipe Pedrell, Diccionario biográfico y bibliográfico de músicos y escritores de música españoles, portugueses e hispano-americanos antiguos y modernos, Barcelona 1897	DMEH	Diccionario de la música española e hispanoamericana, herausgegeben von Emilio Casares Rodicio/Ismael Fernández de la Cuesta/José López-Calo, Madrid (in Vorbereitung)
DBI	Dizionario biografico degli Italiani, begründet von Giovanni Treccani, bisher 42 Bände erschienen, Rom 1960ff.	DMT	Dansk musiktidsskrift
		DNB	Dictionary of National Biography, herausgegeben von Leslie Stephen, 63 Bände, London 1885–1900, Supplement 1901–1971
DBE	B. Saldoni, Diccionario biográfico-bibliográfico de efemérides de músicos españoles, Madrid 1868–1881, Faks. hrsg. von J. Torres, ebd. 1986		
		Dok.	Dokument, Dokumente
		Doz.	Dozent
D.C.	District of Columbia	dpm	dramma per musica
DDR	Deutsche Demokratische Republik	Dr.i.Vorb.	Druck in Vorbereitung
DDT	Denkmäler deutscher Tonkunst	DSc.	Doctor of Sience
Decca	Decca (britische; Schellackplatten)	Dst.	Darmstadt
Decca/London	Decca (britische; nach 1948)/ L'Oiseau-Lyre (nach ca. 1970)	dt.	deutsch
		DTB	Denkmäler der Tonkunst in Bayern
Del.	Delaware	DTÖ	Denkmäler der Tonkunst in Österreich
Dép., dép.	Départment, départmental		
ders.	derselbe	DTV	Deutscher Taschenbuch Verlag
desgl.	desgleichen	Dur.	Editions Durand & Cie., Paris
DEUMM	Dizionario enciclopedico universale della musica e dei musicisti, herausgegeben von Alberto Basso, 12 Bände, Turin 1983–1988, Appendice 1990	DVfLG	Deutsche Vierteljahrsschrift für Literaturwissenschaft und Geistesgeschichte
Dez.	Dezember	EA	Erstaufführung
DG	Deutsche Grammophon	EB	Encyclopaedia Britannica
d.Gr.	der Große	ebd.	ebenda

Ebg.	Eulenburg, Leipzig, London	ES	Enciclopedia dello spettacolo, herausgegeben von Silvio d'Amico, 9 Bände, 2 Supplementbände, Rom 1954-1968
ECM	ECM New Series		
ed., edd.	edidit, ediderunt		
EdK	Edition deutsches Kirchenlied	ESTA	European String Teacher's Association
EdM	Das Erbe deutscher Musik	europ.	europäisch
EECM	Early English Church Music	ev.	evangelisch
ehem.	ehemals, ehemaliger	Ex.	Exemplar
Einf.	Einführung	ExpertMMFR	Henri Expert (Herausgeber), Les Monuments de la musique française au temps de la Renaissance, 10 Bände, Paris 1924-1929
einger.	eingerichtet		
Einl.	Einleitung		
einschl.	einschließlich		
EitnerBg	Robert Eimer, Bibliographie der Musiksammelwerke des XVI. und XVII. Jahrhunderts, Berlin 1877	ExpertMMRF	Henri Expert (Herausgeber), Les Maîtres musiciens de la Renaissance française, 23 Bände, Paris 1894-1908
EitnerQ	Robert Eitner, Biographisch-bibliographisches Quellenlexikon, 10 Bände, Leipzig 1900-1904, Nachtrag Leipzig 1904; Miscellanea musicae bio-bibliographica, herausgegeben von Hermann Springer/Marius Schneider/Werner Wolffheim, ebd. 1912-1916; revidierte Ausgabe, 11 Bände, Graz ²1959/60	f., ff.	folgende (Singular bzw. Plural)
		Faks.	Faksimile
		FAM	Fontes artis musicae
		Fasz.	Faszikel
		Febr.	Februar
		FétisB	François-Joseph Fétis, Biographie universelle des musiciens et bibliographie générrale de la musique, 8 Bände, Paris ²1860-1865, 2 Supplementbände, herausgegeben von Arthur Pougin, Paris 1878 und 1881
EKM	Early Keyboard Music		
Elec.	Electrola (nationale Produktion)		
elektr.	elektrisch	Ffm.	Frankfurt am Main
Em	Ethnomusicology	Fg.	Fagott
EM	Early Music	Fischb.	Fischbacher, Paris
EMB	Editio Musica Budapest (=Zenemükiadó Budapest)	Fischer	Jens Malte Fischer, Große Stimmen. Von Enrico Caruso bis Jessye Norman, Stuttgart/Weimar 1993
EMH	Early Music History		
EMI	alle Labels des EMI-Konzerns nach 1945	fl.	floruit
		Fl.	Flöte
EmPWM	E. Dzębowska (Hrsg.), Enciklopedia muzyczna PWM, Krakau 1979ff. (bislang 5 Bde., A - Ł)	Fla.	Florida
		flor.	florentinisch
		Flz.	Florenz
EMS	The English Madrigal School, herausgegeben von Edmund Horace Fellowes, 36 Bände, London 1913-1924, ²1956ff.	fol.	folio
		fortgef.	fortgeführt
		fortges.	fortgesetzt
		Forts.	Fortsetzer, Fortsetzung
engl.	englisch	Fragm.	Fragment
Ens.	Ensemble	FrCh.	Frauenchor
enth.	enthält, enthalten, enthaltend	Frhr.	Freiherr
EPTA	European Piano Teacher's Association	Fr.i.Br.	Freiburg im Breisgau
Erg.Bd., Erg.Bde.	Ergänzungsband, -bände	Friedlein	Anicii Manlii Torquati Severini Boetii De institutione arithmetica libri duo. De institutione musica libri quinque. Accedit Geometria, quae fertur Boetii, herausgegeben von Gottfried Friedlein, Leipzig 1867; Neudruck Frankfurt am Main 1966
erh.	erhalten		
erl.	erläutert, erläuternd		
ersch.	erschienen		
erw.	erweitert		
Erw.	Erweiterung		

Abkürzungen MGGprisma

frz.	französisch	gr.Orch.	großes Orchester
Fs.	Festschrift	Gr.Tr.	Große Trommel
G.	Genf	Grad.	Graduale
Ga.	Georgia	greg.	gregorianisch
GA	Gesamtausgabe	griech.	griechisch
Gb.	Generalbaß	GroveD	George Grove, Dictionary of Music and Musicians, 9 Bände, London ⁵1954, Supplement 1961
geb.	geboren		
Gebr.	Gebrüder		
gedr.	gedruckt	Gs	Graduale Sarisburiense, London 1894
gegr.	gegründet	Gs.	Gedenkschrift
Geh.	Gehäuse	GS	Martin Gerbert, Scriptores ecclesiastici de musica sacra potissimum, 3 Bände, St. Blasien 1784
GEMA	Gesellschaft für musikalische Aufführungs- und mechanische Vervielfältigungsrechte		
		Gsg., Gsge.	Gesang, Gesänge
gemCh.	gemischter Chor	GsgB.	Gesangbuch
gen.	genannt	GSJ	The Galpin Society Journal
GerberATL	Ernst Ludwig Gerber, Historisch-biographisches Lexicon der Tonkünstler, 2 Bände, Leipzig 1790 und 1792	Gtg.	Göttingen
		GW	Gesammelte Werke
		H	Eugene Helm, Thematic Catalogue of the Works of Carl Philipp Emanuel Bach, New Haven/London 1989
GerberNTL	Ernst Ludwig Gerber, Neues historisch-biographisches Lexikon der Tonkünstler, 4 Bände, Leipzig 1812-1814		
		H.	Heft
Gerbert, De Cantu	Martin Gerbert, De cantu et musica sacra a prima ecclesiae aetate usque ad praesens tempus, 2 Bände, St. Blasien 1774	HabSchr.	Habilitationsschrift
		Hansen	Wilhelm Hansen Edition, Kopenhagen
		Harm.	Harmonium
GerbertMon	Martin Gerbert, Monumenta veteris liturgiae alemannicae, 2 Bände, St. Blasien 1777-1779	Hbg.	Hamburg
		Hdb.	Handbuch
		Hdbg.	Heidelberg
germ.	germanisch	Hdh.	Hildesheim
ges.	gesammelt	Hdn., hd.	Händen, -händig
Ges.	Gesellschaft	Hdwb.	Handwörterbuch
Gesch.	Geschichte	hebr.	hebräisch
Ges.Schr.	Gesammelte Schriften	Henle	G. Henle Verlag, München
gest.	gestorben	Heugel	Heugel et Cie., Paris
get.	getauft	Hf.	Harfe
GfM	Gesellschaft für Musikforschung	HHA	Hallische Händel-Ausgabe
Git.	Gitarre	Hi.	Hawaii
GKV	Georg Kallmeyer-Verlag, Wolfenbüttel	hist.	historisch
gleichn.	gleichnamig, gleichnamiger	HJb	Händel-Jahrbuch
GmbH	Gesellschaft mit beschränkter Haftung	Hl., hl.	Heilige(r), heilige(r)
		Hlsk.	Helsinki
GMD	Generalmusikdirektor	HM	Hortus musicus
GMth	Frieder Zaminer (Herausgeber), Geschichte der Musiktheorie, 15 Bände, Darmstadt 1984ff.	hmF	harmonia mundi France
		HMT	Handwörterbuch der Musikalischen Terminologie, herausgegeben von Hans Heinrich Eggebrecht, Loseblattsammlung, Stuttgart 1972ff.
Gouv.	Gouvernement		
GR	Graduale Romanum		
Gramo	alle Labels der Gramophone Company und ihrer Schwestergesellschaften (u.a. Electrola) vor 1945	HMUB	Hudební matice umelecké besedy
		HMV/EMI	His Master's Voice
		HMY	Hinrichsen's Musical Year Book

MGGprisma Abkürzungen

Hob.	Anthony van Hoboken, Joseph Haydn. Thematisch-bibliogaphiches Werkverzeichnis, 3 Bände, Mainz 1957–1978	IRASM	International Review of the Aesthetics and Sociology of Music
holl.	holländisch	ISCM	International Society for Contemporary Music = IGNM
Hr.	Horn	ISME	International Society for Music Education
HR	Hessischer Rundfunk		
Hrsg., hrsg.	Herausgabe, Herausgeber(in), herausgegeben	ital.	italienisch
		IVMB	Internationale Vereinigung der Musikbibliotheken, Musikarchive und Musikdokumentationszentren
Hs., Hss., hs.	Handschrift, Handschriften, handschriftlich		
Hug	Hug & Co., Zürich		
HW	Hauptwerk	J	Friedrich Wilhelm Jähns, Carl Maria von Weber in seinen Werken. Chronologisch-thematisches Verzeichnis seiner sämtlichen Compositionen, Berlin 1871
HWV	Händel-Handbuch. Thematischsystematisches Verzeichnis, 3 Bände, Kassel und andere 1978–1985 (Supplement zur Hallischen Händel-Ausgabe)		
		JAMIS	Journal of the American Musical Instrument Society
Hz	Hertz		
hzgl.	herzoglich	JAMS	Journal of the American Musicological Society
Ia.	Iowa	Jan.	Januar
IAML	International Association of Music Libraries, Archives and Documentation Centres	JanM	Karl von Jan, Musici scriptores graeci, Leipzig 1895, Supplement 1899
		jap.	japanisch
IASA	International Association of Sound Archives	JASA	Journal of the Acoustical Society of America
ICTM	International Council for Traditional Music	Jb.	Jahrbuch
		JbfVldf	Jahrbuch für Volksliedforschung
Id.	Idaho	JbLH	Jahrbuch für Liturgik und Hymnologie
i.e.S.	im engeren Sinn		
IFMC	International Folk Music Council	JbP	Jahrbuch der Musikbibliothek Peters
i.pr.NA	in praktischer Neuausgabe	JbSIMPK	Jahrbuch des Staatlichen Instituts für Musikforschung Preußischer Kulturbesitz
IGMW	Internationale Gesellschaft für Musikwissenschaft		
IGNM	Internationale Gesellschaft für Neue Musik	Jg.	Jahrgang
		Jh.	Jahrhundert
Il.	Illinois	JMT	Journal of Music Theory
Ill.	Illustration	JRME	Journal of Research in Music Education
IMAMI	Istituzioni e monumenti dell'arte musicale italiana		
		jun.	junior
IMG	Internationale Musikgesellschaft	K	Ralph Kirkpatrick, Domenico Scarlatti, Princeton/N.J. 1953, NewYork ³1968, deutsche erweiterte Ausgabe, 2 Bände, München 1972
IMS	International Musicological Society		
Ind.	Indiana		
Inh.	Inhalt		
insb.	insbesondere	K.	Köln
insges.	insgesamt	K&S	Kistner& Siegel, Leipzig
Inst.	Institut	K&S&Co.	Kistner & Siegel & Co., Lippstadt
Instr., instr.	Instrument, instrumental	KaM., kam.	Kammermusik, kammermusikalisch
Instrk.	Instrumentenkunde	Kan.	Kansas
internat.	international	Kant.	Kantate
Intr.	Introitus	KaOrch.	Kammerorchester
in Vorb.	in Vorbereitung	Kap.	Kapitel

Kat.	Katalog	L	Lexikon in Zusammensetzung mit einem Autor, z. B. WaltherL (sonst Lex.)
kath.	katholisch		
Kb.	Kontrabaß		
KdG	Komponisten der Gegenwart, herausgegeben von Hanns-Werner Heister/Walter-Wolfgang Sparrer, Loseblattsammlung, München 1992ff.	L	Alessandro Longo, Domenico Scarlatti e la sua figura nella storia della musica, Neapel 1913
		L.	London
Kesting	Jürgen Kesting, Die großen Sänger, 3 Bände, Düsseldorf 1986	La.	Louisiana
		LAMR	Latin American Music Review
Kfg.	Kontrafagott	lat.	lateinisch
kgl.	königlich	LavignacE	Albert Lavignac (Herausgeber), Encyclopédie de la musique et dictionnaire du Conservatoire, 11 Bände (Bände 4-11 herausgegeben von Lionel de La Laurencie), Paris 1920-1931
Kgr.	Kongreß		
Kgr.Ber.	Kongreßbericht		
Kinsky	Georg Kinsky, Das Werk Beethovens. Thematisch-bibliographisches Verzeichnis seiner sämtlichen vollendeten Kompositionen, abgeschlossen und herausgegeben von Hans Halm, München/Duisburg 1955		
		LB	Landesbibliothek
		LD	Landschaftsdenkmale des Erbes deutscher Musik
		Ldb.	Liederbuch
Kl.	Klavier	Lex.	Lexikon (in Zusammensetzung mit einem Autor nur L, z. B. WaltherL)
Kl.A.	Klavierauszug		
Klar.	Klarinette	Lfg.	Lieferung
kl.Orch.	kleines Orchester	Lgr.	Leningrad
Kl.Tr.	Kleine Trommel	Lib.	Liber, Libro
KM., km.	Kirchenmusik, kirchenmusikalisch	Libr.	Libretto
KMD	Kirchenmusikdirektor	Lit., lit.	Literatur, literarisch
KmJb	Kirchenmusikalisches Jahrbuch	Losebl.	Loseblattsammlung
KnCh.	Knabenchor	lothr.	lothringisch
KochL	Heinrich Christoph Koch, Musikalisches Lexikon, Frankfurt am Main 1802	LP	Langspielplatte
		Lpz.	Leipzig
		LSJ	The Lute Society Journal
Kom., kom.	Komödie, komisch	Lt.	Laute
Komp., komp.	Komponist, komponiert	Ltd.	Limited
Kompos., kompos.	Komposition, kompositorisch	LThK	Lexikon für Theologie und Kirche, begründet von Michael Buchberger, herausgegeben von Josef Höfer/ Karl Rahner, 15 Bände, Freiburg im Breisgau ²1957-1968
Kons.	Konservatorium		
Konz.	Konzert		
KonzM	Konzertmeister		
Kopp.	Koppeln	LThK³	dasselbe, dritte, völlig neu bearbeitete Auflage, herausgegeben von Walter Kaspar und anderen, 11 Bände, Freiburg im Breisgau und andere 1993ff.
Kp., kp.	Kontrapunkt, kontrapunktisch		
Kphn.	Kopenhagen		
Kpm.	Kapellmeister		
Kr.	Kreis (im geographischen Sinn)		
Kutsch/ Riemens	Karl Josef Kutsch/Leo Riemens, Großes Sängerlexikon, 3. Auflage in 5 Bänden, München 1997	LU	Liber usualis
		LudwigR	Friedrich Ludwig, Repertorium organorum recentioris et motetorum vetustissimi stili, Band 1: Halle 1910, New York/Hildesheim ²1964; Band 2: Langen bei Frankfurt am Main 1962, New York/Hildesheim 1972
KV	Ludwig Ritter von Köchel, Chronologisch-thematisches Verzeichnis sämtlicher Tonwerke Wolfgang Amadé Mozarts, Leipzig 1862, Wiesbaden⁶1964		
Ky.	Kentucky	luth.	lutherisch

LWV	Herbert Schneider, Chronologisch-thematisches Verzeichnis sämtlicher Werke von Jean-Baptiste Lully, Tutzing 1981
M.	Moskau
MA	Master of Arts
MA., ma.	Mittelalter, mittelalterlich
M.A.	Magister artium
MAB	Musica antiqua bohemica
Madr.	Madrigal
mail.	mailändisch
Man.	Manual
Manitius	Max Manitius, Geschichte der lateinischen Literatur des Mittelalters, 3 Bände, München 1911–1931 (= Handbuch der Altertumswissenschaft 9)
MAP	Musica antiqua polonia
Mass.	Massachusetts
MB	Musica Britannica
Mbl.	Monatsblätter
McCorkle	Margrit L. McCorkle, Johannes Brahms. Thematisch-bibliographisches Werkverzeichnis, München 1984
MCh.	Männerchor
Md.	Maryland
MD	Musica disciplina
MD.	Musikdirektor
MdR	Viorel Cosma, Muzicieni din România, Bukarest 1989ff. (bislang Bd. 1 A-C)
MDR	Mitteldeutscher Rundfunk
Me.	Maine
MĖ	J. V. Keldyš (Hrsg.), Muzykal'naja ènciklopedija, 6 Bde., Moskau 1973–1982
mech.	mechanisch
Mendel-Reißmann	Hermann Mendel/August Reißmann, Musikalisches Conversations-Lexicon, 11 Bände, Berlin 1870–1878, ²1880–1882, Supplement 1883
Mez.	Mezzosopran
Mf	Die Musikforschung
Mf.	Musikforschung
MfM	Monatshefte für Musikgeschichte
Mg., mg.	Musikgeschichte, musikgeschichtlich
MgB	Musikgeschichte in Bildern
MGG	Die Musik in Geschichte und Gegenwart, herausgegeben von Friedrich Blume, 17 Bände, Kassel 1949–1986
MGG2S	Die Musik in Geschichte und Gegenwart. Zweite, neubearbeitete Ausgabe, herausgegeben von Ludwig Finscher, Sachteil 9 Bände, Kassel/Stuttgart 1994–1998
MGG2P	Die Musik in Geschichte und Gegenwart. Zweite, neubearbeitete Ausgabe, herausgegeben von Ludwig Finscher, Personenteil 12 Bände, Kassel/Stuttgart 1999ff.
MGH	Monumenta germaniae historica inde ab anno Christi 500 usque ad annum 1500. Auspiciis societatis aperiendis fontibus rerum germanicorum medii aevi, Hannover/Leipzig 1826–1913; Neudruck Stuttgart/New York 1963/64 (in zahlreichen durch Zusatztitel unterschiedenen Reihen)
mhd.	mittelhochdeutsch
Mich.	Michigan
Minn.	Minnesota
Miss.	Mississippi
Mitarb.	Mitarbeiter
mitget.	mitgeteilt
Mitgl.	Mitglied
Mitt.	Mitteilungen
Mitw.	Mitwirkender, Mitwirkung
MJb	Mozart-Jahrbuch des Zentralinstituts für Mozart-Forschung
Mk	Die Musik
MK	Musik-Konzepte
ML	Music and Letters
Mld.	Mailand
MLex.	Musiklexikon
M.M.	Master of Music
MMB	Monumenta musicae belgicae
MmBullSIM	Mercure musical et bulletin français de la Société internationale de musique
MMByz	Monumenta musicae byzantinae
MME	Monumentos de la música española
MMI	Monumenti di musica italiana
MMMLF	Monuments of Music and Music Literature in Facsimile
MMN	Monumenta musicae neerlandicae
MMP	Monumenta musicae in Polonia
MMR	The Monthly Musical Record
MMS	Monumenta musicae svecicae
MMSa	Monumenta musicae sacrae
Mn.	München
Mo.	Missouri
MonMon	Monumenta monodica medii aevi

Mont.	Montana	ndl.	niederländisch
Möseler	Möseler-Verlag, Wolfenbüttel	NDR	Norddeutscher Rundfunk
Mot.	Motette	neap.	neapolitanisch
MPG	Jacques Paul Migne (Herausgeber), Patrologiae cursus completus, series graeca, 166 Bände, Paris 1857–1866	Nebr.	Nebraska
		Neudr.	Neudruck
		Nev.	Nevada
MPL	Jacques Paul Migne (Herausgeber), Patrologiae cursus completus, series latina, 221 Bände, Paris 1844–1864, 5 Supplementbände 1958–1974	N.F.	Neue Folge
		NGroveD	The New Grove Dictionary of Music and Musicians, herausgegeben von Stanley Sadie, 20 Bände, London 1980
MQ	Musical Quarterly	NGroveDAM	The NewGrove Dictionary of American Music, herausgegeben von H. Wiley Hitchcock/Stanley Sadie, 4 Bände, London 1986
MR	The Music Review		
MRy	Musikrevy		
Ms., Mss.	Manuskript, Manuskripte		
mschr.	maschinenschriftlich	NGroveDJ	The New Grove Dictionary of Jazz, herausgegeben von Barry Kernfeld, 2 Bände, London 1988
Mschrf.	Monatsschrift		
MschrfGKK	Monatsschrift für Gottesdienst und kirchliche Kunst		
		NGroveDMI	The New Grove Dictionary of Musical Instruments, herausgegeben von Stanley Sadie, 3 Bände, London 1986
MSD	Musicological Studies and Documents		
MT	The Musical Times		
Mth	Die Musiktheorie	NGroveDO	The New Grove Dictionary of Opera, herausgegeben von Stanley Sadie, 4 Bände, London 1992
Mth., mth.	Musiktheorie, musiktheoretisch		
MuB	Musik und Bildung		
MuG	Musik und Gesellschaft	NGroveDWC	The New Grove Dictionary of Women Composers, herausgegeben von Julie Anne Sadie/Rhian Samuel, London 1994
MuK	Musik und Kirche		
mus.	musikalisch, musical		
Mus.B.	Bachelor of Music		
Mus.D.	Doctor of Music	N.H.	New Hampshire
MuzA	Muzykal'naja akademija (Nachfolgerin von SovM, ab 1992)	nhd.	neuhochdeutsch
		Nhdb	Neues Handbuch der Musikwissenschaft, herausgegeben von Carl Dahlhaus, fortgeführt von Hermann Danuser, 12 Bände, Laaber 1980–1992
Mw., mw.	Musikwissenschaft, musikwissenschaftlich		
Mz.	Mainz		
		N.J.	New Jersey
NA	Neuausgabe, Neue Ausgabe	NM	Nagels Musikarchiv
Nachdr.	Nachdruck	NMA	Neue Mozart-Ausgabe
Nachf.	Nachfolge, Nachfolger	N.Mex.	New Mexico
Nachr.	Nachrichten	NMZ	Neue Musikzeitung
Nachw.	Nachwort	NOHM	The New Oxford History of Music, herausgeben von Egon Wellesz und anderen, 10 Bände, London 1954–1990
nat.-soz.	national-sozialistisch		
NB	Nationalbibliothek		
Nb.	Neubau	NoM	Nordiska musikförlaget, Stockholm
NBA	Neue Bach-Ausgabe	Nov.	November
NBeJb	Neues Beethoven-Jahrbuch, hrsg. von Adolf Sandberger, 1924–1942	Novello	Novello & Co., London
		Nr., Nrn.	Nummer, Nummern
Nbg.	Nürnberg	N.R.	Neue Reihe
N.C.	North Carolina	NRMI	Nuova rivista musicale italiana
n. Chr.	nach Christi Geburt	N.S.	Neue Serie
N.D.	North Dakota	NT	Neues Testament
NDB	Neue Deutsche Biographie, herausgegeben von der Historischen Kommission bei der Bayerischen Akademie der Wissenschaften, Berlin 1953ff.	NuM	Nutida Musik
		NWDR	Nordwestdeutscher Rundfunk (bis 1.1.1956)

N.Y.	New York	PalMus	Paléographie musicale
NZfM	Neue Zeitschrift für Musik	PäM	Publikationen älterer Musik, 11 Jahrgänge, herausgegeben von Theodor Kroyer, Leipzig 1926-1940
o.	ordentlich		
O.	Ohio	PAMS	Papers of the American Musicological Society
Ob.	Oboe		
obl.	obligat	PÄMw	Publikation älterer praktischer und theoretischer Musikwerke, herausgegeben von der Gesellschaft für Musikforschung, 29 Bände, Berlin/Leipzig 1873-1905
Off.	Offertorium		
OFM	Ordo fratrum minorum		
O(F)MCap	Ordo (fratrum) minorum Capucinorum		
OHM	The Oxford History of Music, herausgegeben von William Henry Hadow, 6 Bände, London 1901-1905	Parl.	Parlophon(e)
		Part.	Partitur
o. J.	ohne Jahr	Pauly-Wissowa RE	Pauly's Realenzyclopädie der classischen Altertumswissenschaft. Neubearbeitung von Georg Wissowa, 1. Reihe: 24 Bände, 2. Reihe: 10 Bände, 15 Supplementbände, Stuttgart/München 1894-1978
Okla.	Oklahoma		
Okt.	Oktober		
OL	L'Oiseau-Lyre (bis ca. 1970, danach → Decca/London)		
ÖMZ	Österreichische Musikzeitschrift		
o.O.	ohne Ort	PC	Alfred Pillet/Henry Carstens, Bibliographie der Troubadours, Halle 1933
o.Op.	ohne Opus		
o.O.u.J.	ohne Ort und Jahr	Ped.	Pedal
op.	Opus	Peters	C. F. Peters, Leipzig/Frankfurt am Main
OP	Ordinis Praedicatorum		
op.buf.	opera buffa	Pfte.	Pianoforte
op.com.	opéra comique	PGfM	siehe PÄMw
op.ser.	opera seria	Ph.D.	Philosophiae Doctor, Doctor of Philosophy
Or.	Oratorium		
Orch.	Orchester	PiperE	Pipers Enzyklopädie des Musiktheaters, herausgegeben von Carl Dahlhaus und dem Forschungsinstitut für Musiktheater der Universität Bayreuth unter Leitung von Sieghart Döhring, 6 Bände, München/Zürich 1986-1997
Oreg.	Oregon		
ORF	Österreichischer Rundfunk		
Org.	Organist		
Orgm	Organum, begründet von Max Seiffert		
Orig., orig.	Original, original		
ORTF	Office de radiodiffusion-télévision française	Pk.	Pauke
		Pl.	Plural
orth.	orthodox	PM	Portugaliae musica
OSA	Ordo Sancti Augustini	PMA	Proceedings of the Musical Association
OSB	Ordo Sancti Benedicti		
österr.	österreichisch	PMAP	Publications de la musique ancienne polonaise
OUP	Oxford University Press		
Ouv.	Ouvertüre	PMFC	Polyphonic Music of the Fourteenth Century
OW	Oberwerk		
Oxd.	Oxford	pneum.	pneumatisch
OYB	The Organ Year Book	PNM	Perspectives of New Music
P	Marc Pincherle, Antonio Vivaldi et la musique instrumentale, Band 2: Inventaire thématique, Paris 1948	portug.	portugiesisch
		Pos.	Posaune
		posth.	posthum
P.	Paris	PraetoriusS	Michael Praetorius, Syntagma musicum, 3 Bände, Wolfenbüttel 1614-1619
Pa.	Pennsylvania		

Präs.	Präsident	RIAS		Rundfunksender im amerikanischen Sektor (von Berlin)
PRMA	Proceedings of the Royal Musical Association	Ric.		Ricordi, Mailand
Proc.Mon.	Processionale monasticum	RIdIM		Répertoire international d'iconographie musicale
Prof.	Professor			
Progr.	Programm	RIDM		Rivista italiana di musicologia
prot.	protestantisch	RiemannB		Hugo Riemann, Musikgeschichte in Beispielen, Leipzig 1912
Prov.	Provinz			
provenz.	provenzalisch	RiemannH		Hugo Riemann, Handbuch der Musikgeschichte, 2 Bände, Leipzig 1904–1913
Ps., Pss.	Psalm, Psalmen			
Pseud.	Pseudonym			
PSFM	Publications de la Société française de musicologie	RiemannL		Hugo Riemann, Musiklexikon, 5 Bände, herausgegeben von Wilibald Gurlitt und anderen, Mainz ^{12}1959–1975
Publ., publ.	Publikation, publiziert			
P.U.F.	Presses universitaires de France			
PWM	Polskie wydawnictwo muzyczne, Krakau	RiemannMth		Hugo Riemann, Geschichte der Musiktheorie im IX.-XIX. Jahrhundert, Leipzig 1898, Berlin ^{2}1921
Qnt.	Quintett			
Qu.	Quartett	RILM		Répertoire international de litérature musicale
r	recto	RIPM		Répertoire international de la presse musicale
R	Reihe			
RAI	Radiotelevisione italiana	RISM		Répertoire international des sources musicales
RaM	Rassegna musicale			
RB	Revue belge de musicologie	RM		La Revue musicale
RC	The Record Collector	RMA		Royal Musical Association
RCA Vic.	Radio Corporation of America Victor	RMARC		Royal Musical Association Research Chronicle
rd.	rund			
RD	Reichsdenkmale des Erbes deutscher Musik	RMG		Russkaja muzykal'naja gazeta
		RMI		Rivista musicale italiana
Rdfk.	Rundfunk	RMl		Revue de musicologie
RdM	Revista de musicología	RMS		Renaissance Manuscript Studies
Recit.	Recitativo	RP		Rückpositiv
Red., red.	Redakteur, Redaktion, redigiert	RRMBE		Recent Researches in the Music of the Baroque Era
reform.	reformiert			
Reg.	Register	RRMCE		Recent Researches in die Music of the Classical Era
reg.	reginat			
Renov.	Renovierung	RRMMAER		Recent Researches in die Music of the Middle Ages and Early Renaissance
Rep.	Reparatur			
Repr.	Reprint	RRMR		Recent Researches in the Music of the Renaissance
Resp.	Responsorium			
Rest.	Restaurierung	RS		Gaston Raynaud, Bibliographie des Chansonniers français des XIIIe et XIVe siècles, Paris 1884; neu bearbeitet und ergänzt von Hans Spanke, Leiden 1955
rev.	revidiert			
Rezit.	Rezitativ			
RGG	Die Religion in Geschichte und Gegenwart, herausgegeben von Kurt Galling, 6 Bände, Tübingen ^{3}1957–1962, Register 1965			
		RSIM		Revue de la Société internationale de musique
		RSO		Radio Symphonie Orchester
RGMP	Revue et gazette musicale de Paris	russ.		russisch
Rgsbg.	Regensburg	RV		Peter Ryom, Verzeichnis der Werke Antonio Vivaldis. Kleine Ausgabe, Leipzig 1974, Supplement Poitiers 1979
R.I.	Rhode Island			

s.	siehe	SL	Schriftleitung (Kennzeichnung bei Artikeln)
S	Sopran		
S.	Seite	Slg., Slgn.	Sammlung, Sammlungen
SACEM	Société d'auteurs, compositeurs et éditeurs de musique	SM	Studia musicologica
		SMD	Schweizerische Musikdenkmäler
SachsH	Curt Sachs, Handbuch der Musikinstrumentenkunde, Leipzig ²1930	SMZ	Schweizerische Musikzeitung
		SNKLHU	Státní nakladastelství krásné literatury, hudby a umění
SachsR	Curt Sachs, Reallexikon der Musikinstrumente, Berlin 1913	s. o.	siehe oben
Sal.	Editions Salabert, Paris	sog.	sogenannt
SartoriL	Claudio Sartori, I libretti italiani a stampa dalle origine al 1800: catalogo analitico con 16 indici, 7 Bde., Mailand 1990–1995	Son.	Sonate
		SovM	Sovetskaja muzyka
		Sp.	Spalte
		span.	spanisch
Sax.	Saxophon	SPb.	Sankt Petersburg
s.b.Art.	siehe besonderen Artikel	SRG	Schweizerische Radio- und Fernsehgesellschaft
Sbd.	Sammelband		
S.C.	South Carolina	SSR	Sozialistische Sowjetrepublik
ScheringB	Arnold Schering, Geschichte der Musik in Beispielen, Leipzig 1931, Wiesbaden ⁵1962	St., st.	Stimme, -stimmig
		Stb.	Stimmbuch
		StB	Staatsbibliothek
Schirmer	G. Schirmer, NewYork, London	Stg.	Stuttgart
SchillingE	Gustav Schilling, Encyclopädie der gesammten musikalischen Wissenschaften, oder Universal-Lexicon der Tonkunst, 6 Bde., Stuttgart 1835–1838, ergänzt 1841/42	STMf	Svensk tidskrift för musikforskning
		StMw	Studien zur Musikwissenschaft (Beihefte der DTÖ)
		Str.	Streicher
		Strbg.	Straßburg
Schlgz.	Schlagzeug	StrOrch.	Streichorchester
SchmidlD	Carlo Schmidl, Dizionario universale dei musicisti, 2 Bände, Mailand ²1926–1929, Supplement 1938	StrQu.	Streichquartett
		StrQnt.	Streichquintett
		Stud.	Studie
Schott	B. Schott's Söhne, Mainz	s. u.	siehe unten
Schriftl.	Schriftleiter, Schriftleitung	SulzerTh	Johann Georg Sulzer, Allgemeine Theorie der schönen Künste, 2 Bände, Leipzig 1771,1774
schweiz.	schweizerisch		
S.D.	South Dakota		
Sdr.	Sammeldruck	sup.	supra, super
Sept.	September	Suppl.	Supplement
Sequ.	Sequenz	s.v.	sub verbo
SFB	Sender Freies Berlin	SW	Schwellwerk
SfVMw	Sammelbände für Vergleichende Musikwissenschaft	SWF	Südwestfunk, Baden-Baden
		SWR	Südwestrundfunk
Sg.	Singular	Swk.	Sammelwerk
SHV	Státní hudební vydavatelství, Prag	SWV	Schütz-Werke-Verzeichnis, herausgegeben von Werner Bittinger, Kassel 1960
Sig.	Signatur		
SIM	Société internationale de musicologie		
SIMG	Sammelbände der Internationalen Musikgesellschaft	Symph., symph.	Symphonie, symphonisch
Sinf., sinf.	Sinfonie, sinfonisch	Synth.	Synthesizer
SJ	Societas Jesu		
SJbMw	Schweizerisches Jahrbuch für Musikwissenschaft	T	Tenor
		T.	Takt
skand.	skandinavisch	Tab.	Tabelle

Taf.	Tafel	USA	United States of America, Vereinigte Staaten von Amerika
Tbg.	Tübingen		
TCM	Tudor Church Music	usw.	und so weiter
Tel	Telefunken (vor 1945)	Ut.	Utah
Teldec	Teldec/Teldec Classics/Telefunken (nach 1945)	u. v. a.	und viele andere
Tenn.	Tennessee	v	verso
Tex.	Texas	v.	vox, voces
TH	Technische Hochschule	V.	Violine
Thieme/ Becker	Allgemeines Lexikon der Bildenden Künstler von der Antike bis zur Gegenwart, begründet von Ulrich Thieme und Felix Becker, 37 Bände, Leipzig 1907-1950	V&R	Vandenhoeck & Ruprecht, Göttingen
		Va.	Viola
		Var., var.	Variation, variiert
		Vc.	Violoncello
		v. Chr.	vor Christi Geburt
Thür., thür.	Thüringen, thüringisch	Vdg.	Venedig
Tl., Tle., tl.	Teil, Teile, -teilig	VEB	Volkseigener Betrieb
Torchi	Luigi Torchi (Herausgeber), L'arte musicale in Italia, 7 Bände, Mailand 1897-1907	Ver.	Verein
		verb.	verbessert
		Verf., verf.	Verfasser, verfaßt
Trag.	Tragödie	Verf.-Lex.	Die Deutsche Literatur des Mittelalters, Verfasserlexikon, herausgegeben von Wolfgang Stammler / Karl Langosch, 5 Bände, Berlin und andere 1933-1955, Nachträge
trag.lyr.	tragédie lyrique		
Transkr.	Transkription		
Transm.	Transmission		
transpon.	transponiert		
Transpos.	Transposition	Verf.-Lex.2	dasselbe, zweite, völlig neu bearbeitete Auflage, herausgegeben von Kurt Ruh und anderen, Berlin und andere 1978ff.
Trp.	Trompete		
TU	Technische Universität		
TVNM	Tijdschrift van de Vereniging voor nederlandse muziekgeschiedenis		
		Verh.	Verhandlungen
		Veröff., veröff.	Veröffentlichung, veröffentlicht
u. a.	und andere	versch.	verschollen
UA	Uraufführung	Verz.	Verzeichnis
u. ä.	und ähnliche	VfMw	Vierteljahrsschrift für Musikwissenschaft
UB	Universitätsbibliothek		
Ub.	Umbau	Vg.	Virginia
Übs., übs.	Übersetzung, Übersetzer, übersetzt	vgl.	vergleiche
Übtr., übtr.	Übertragung, übertragen	Vibr.	Vibraphon
UE	Universal Edition, Wien	Vic.	Victor (Label)
umgearb.	umgearbeitet	Vld.	Volkslied
UMI	University Microfilms International, Ann Arbor/Michigan	Vldf.	Volksliedforschung
		VNM	Vereniging voor nederlandse muziekgeschiedenis
unbegl.	unbegleitet		
undat.	undatiert	VogelB	Emil Vogel, Bibliothek der gedruckten weltlichen Vocalmusik Italiens aus den Jahren 1500-1700, 2 Bände, Berlin 1892; revidiert von François Lesure/Claudio Sartori, Genf 1978
Univ.	Universität, University, Université, Universidad		
Unters.	Untersuchungen		
unveröff.	unveröffentlicht		
unvollst.	unvollständig	vok.	vokal
u.ö.	und öfter	Vol.	Volume
Urk.	Urkunde	vollst.	vollständig
urspr.	ursprünglich	Vorr.	Vorrede
		Vorw.	Vorwort

Vs.	Vers, Versus		der musikalischen Werke Richard Wagners und ihrer Quellen, Mainz 1986
Vt.	Vermont		
Wagner	Peter Wagner, Einführung in die gregorianischen Melodien, Leipzig Band 1, ³1911, Band 2, ²1912, Band 3, 1921	Wy.	Wyoming
		Wzbg.	Würzburg
WaltherL	Johann Gottfried Walther, Musicalisches Lexicon, Leipzig 1732	Xyl.	Xylophon
Wash.	Washington	Z.	Zürich
Wbdn.	Wiesbaden	zahlr.	zahlreich
WDR	Westdeutscher Rundfunk	z. B.	zum Beispiel
West.	Westminster (Label)	Zbl.	Zentralblatt
Wfbl.	Wolfenbüttel	ZDF	Zweites Deutsches Fernsehen
Wis.	Wisconsin	ZfÄallgKw	Zeitschrift für Ästhetik und allgemeine Kunstwissenschaft
Wiss., wiss.	Wissenschaft, wissenschaftlich		
WolfM	Johannes Wolf, Geschichte der Mensuralnotation von 1250–1460, 3 Bände, Leipzig 1904	Zfl	Zeitschrift für Instrumentenbau
		ZfM	Zeitschrift für Musik
		ZfMth	Zeitschrift für Musiktheorie
WolfN	Johannes Wolf, Handbuch der Notationskunde, 2 Bände, Leipzig 1913–1919	ZfMw	Zeitschrift für Musikwissenschaft
		ZIMG	Zeitschrift der Internationalen Musikgesellschaft
WoO	Werk ohne Opuszahl		
Wq	Alfred Wotquenne, Thematisches Verzeichnis der Werke von Carl Philipp Emanuel Bach (1714–1788), Leipzig 1905	zit.	zitiert
		Zs., Zss.	Zeitschrift, Zeitschriften
		z. T.	zum Teil
		Ztg.	Zeitung
Württ., württ.	Württemberg, württembergisch	zugeschr.	zugeschrieben
W.Vg.	West Virginia	zus.	zusammen
WWV	John Deathridge/Martin Geck/Egon Voss (Herausgeber), Wagner Werk-Verzeichnis (WWV). Verzeichnis	Zuschr.	Zuschreibung
		z.Z.	zur Zeit